BIBLIOTECA DE DERECHO ADMINISTRATIVO

Luigi Garofalo
(Director)

Carlos Antonio Agurto Gonzáles
Sonia Lidia Quequejana Mamani
Benigno Choque Cuenca
(Coordinadores Generales)

COLECCIÓN ALLAN R. BREWER-CARÍAS

José Araujo-Juárez

Constitución
administrativa

editorial jurídica venezolana

Ediciones Olejnik

Título: Constitución administrativa

© José Araujo-Juárez

© Ediciones Olejnik
Huérfanos 611, Santiago - Chile
E-mail: contacto@edicionesolejnik.com
Web site: http://www.edicionesolejnik.com

ISBN: 978-956-407-002-5

Diseño de Carátula: Ena Zuñiga
Diagramación: Luis A. Sierra Cárdenas

La primera edición de Ediciones Olejnik fue impresa en Argentina, 20

La reimpresión en coedición entre Ediciones Olejnik y Editorial Jurídica Venezolana fue impresa por Lightning Source, an Ingram Company, para Editorial Jurídica International Inc., 2021

ÍNDICE

CAPÍTULO III
LA CONSTITUCIÓN ADMINISTRATIVA

CAPÍTULO IV
LA CONSTITUCIÓN ADMINISTRATIVA
Y LA ADMINISTRACIÓN PÚBLICA

CAPÍTULO V
LA CONSTITUCIÓN ADMINISTRATIVA Y LA FUNCIÓN PÚBLICA

CAPÍTULO VI
LA CONSTITUCIÓN ADMINISTRATIVA Y LA CONTRATACIÓN PÚBLICA

CAPÍTULO VII
LA CONSTITUCIÓN ADMINISTRATIVA Y LOS BIENES PÚBLICOS

CAPÍTULO VII
LA CONSTITUCIÓN ADMINISTRATIVA Y LA EXPROPIACIÓN PÚBLICA

CAPÍTULO IX
LA CONSTITUCIÓN ADMINISTRATIVA Y EL SERVICIO PÚBLICO

CAPÍTULO XI
LA CONSTITUCIÓN ADMINISTRATIVA
Y EL PROCEDIMIENTO ADMINISTRATIVO

CAPÍTULO XI
LA CONSTITUCIÓN ADMINISTRATIVA
Y LA RESPONSABILIDAD PATRIMONIAL DE LA ADMINISTRACIÓN PÚBLICA

CAPÍTULO XII
LA REFLEXIÓN FINAL

AGRADECIMIENTO:

El autor quiere dejar constancia de su enorme gratitud al Instituto Nacional de Administración Pública (INAP) y al Centro de Estudios Políticos y Constitucionales (CEPC), Madrid, y a la Biblioteca Virtual A.R. Brewer-Carias, pero, sobre todo, al amable, eficiente y profesional personal bibliotecario con que cuentan, por cuanto sin el impagable servicio que este me prestó, y los formidables fondos bibliográficos físicos y virtuales, hubiera sido -en época excepcional de confinamiento- nada más imposible, la preparación decorosa e indispensable para enfrentar al reto que suponía la escritura de esta nueva obra. Y por supuesto, al amigo y jurista Dr. Jorge H. Sarmiento García, por su muy amable presentación. Y por último, pero no en importancia, al Sr. Francisco Olejnik, por su muy deferente disposición y siempre generosa confianza depositada en el autor, y por el cuidado esmerado de cada edición.

ÍNDICE DE ABREVIATURAS

Para mayor comodidad se ha utilizado, en el texto, el sistema de abreviaturas que se indica a continuación con relación a organismos, textos normativos vigentes y publicaciones periódicas de más frecuente uso:

C	:	Constitución de la República Bolivariana de Venezuela
CC	:	Código Civil
CE	:	*Conseil d'Etat*, Francia
CEPC	:	Centro de Estudios Políticos y Constitucionales, España
CERECO	:	Centro de Estudios de Regulación Económica, UMA
CF	:	Corte Federal
CFC	:	Corte Federal y de Casación
CIDEP	:	Centro para la Integración y el Derecho Público, Venezuela
COT	:	Código Orgánico Tributario
COPP	:	Código Orgánico Procesal Penal
CPC	:	Código de Procedimiento Civil
CPCA	:	Corte Primera de lo Contencioso-Administrativo
CSJ	:	Corte Suprema de Justicia
CSJ/CP	:	Corte Suprema de Justicia, Corte Plena
DA	:	Revista de Documentación Administrativa, España
DDHC	:	*Déclaration des Droits, de l'Homme et du Citoyen*, Francia
DRAE	:	Diccionario de la Real Academia Española
DPGR	:	Doctrina de la Procuraduría General de la República
EDCE	:	*Etudes et Documents du Conseil d'Etat,* Francia
EJV	:	Editorial Jurídica Venezolana, Venezuela
EJVI	:	Editorial Jurídica Venezolana Internacional, Venezuela
EMC	:	Exposición de Motivos de la Constitución de la República Bolivariana de Venezuela
Extr.	:	Extraordinario
FPGR	:	Fundación Procuraduría General de la República
FUNEDA	:	Fundación Estudios de Derecho Administrativo, Venezuela
GFJAF	:	Grandes Fallos de la Jurisprudencia Administrativa Francesa
GF	:	Gaceta Forense, Venezuela
GO	:	Gaceta Oficial de la República Bolivariana de Venezuela
IDP	:	Instituto de Derecho Público, UCV, Venezuela
INAP	:	Instituto Nacional de Administración Pública, España
JCSJ	:	Jurisprudencia de la Corte Suprema de Justicia
LCP	:	Ley de Contrataciones Públicas
LCJ	:	Ley de Carrera Judicial
LDA	:	Ley sobre Derechos de Autor

LEFP	: Ley del Estatuto de la Función Pública
LGDJ	: *Librairie Géneral de Droit et Jurisprudence*, Francia
LOAP	: Ley Orgánica de la Administración Pública
LOBP	: Ley Orgánica de Bienes Públicos
LOCSJ	: Ley Orgánica de la Corte Suprema de Justicia
LOEE	: Ley Orgánica de Estado Constitucional de Excepción
LOH	: Ley Orgánica de Hidrocarburos
LOJCA	: Ley Orgánica de la Jurisdicción Contencioso Administrativa
LOPA	: Ley Orgánica de Procedimientos Administrativos
LOPGR	: Ley Orgánica de la Procuraduría General de la República
LOTEL	: Ley Orgánica de Telecomunicaciones
LOTSJ	: Ley Orgánica del Tribunal Supremo de Justicia
LPI	: Ley de Propiedad Industrial
LPO	: Ley de Publicaciones Oficiales
LSTA	: Ley de Simplificación de Trámites Administrativos
M	: Memoria, Corte Suprema de Justicia
PGR	: Procuraduría General de la República
RAP	: Revista de Administración Pública, España
RDA	: Revista de Derecho Administrativo, Ed. Sherwood, Venezuela
RDC	: Revista de Derecho Constitucional, Ed. Sherwood, Venezuela
RDP	: Revista de Derecho Público, Venezuela
RDPGR	: Revista Doctrina Procuraduría General de la República
RDPSP	: *Revue de Droit Public et Sciences Politiques*, Francia
REDA	: Revista de Estudios de Derecho Administrativo, España
REDC	: Revista de Estudios de Derecho Constitucional, España
REP	: Revista de Estudios Políticos, España.
RF	: Repertorio Forense
RFPGR	: Revista Fundación Procuraduría General de la República
RTD	: Revista Tachirense de Derecho
Sent	: Sentencia
SF	: Sala Federal
SFC	: Sala Federal y de Casación
SPA-ET	: Sala Político Administrativa-Especial Tributaria
UCAB	: Universidad Católica Andrés Bello
UCAT	: Universidad Católica del Táchira
UCV	: Universidad Central de Venezuela
UEC	: Universidad Externado de Colombia, Colombia
UMA	: Universidad Monteávila
TC	: *Tribunal de Conflits*, Francia
TCA	: Tribunal de Carrera Administrativa
TSJ	: Tribunal Supremo de Justicia
TSJ/SC	: Tribunal Supremo de Justicia, Sala Constitucional
TSJ/SCC	: Tribunal Supremo de Justicia, Sala de Casación Civil
TSJ/SE	: Tribunal Supremo de Justicia, Sala Electoral
TSJ/SPA	: Tribunal Supremo de Justicia, Sala Político Administrativa

«... considérant que l'ignorance, l'oubli ou le mépris des droits de l'Homme sont les seules causes des malheurs publics et de la corruption des Gouvernements, ont résolu d'exposer, dans une Déclaration solennelle, les droits naturels, inaliénables et sacrés de l'Homme, afin que cette Déclaration, constamment présente à tous les Membres du corps social, leur rappelle sans cesse leurs droits et leurs devoirs; afin que les actes du pouvoir législatif, et ceux du pouvoir exécutif, pouvant être à chaque instant comparés avec le but de toute institution politique, en soient plus respectés; afin que les réclamations des citoyens, fondées désormais sur des principes simples et incontestables, tournent toujours au maintien de la Constitution et au bonheur de tous».

Déclaration des Droits de l'Homme et du Citoyen de 1789

PRESENTACIÓN

Esta es una obra original sobre la denominada por su autor "*Constitución administrativa*", que debe estudiarse en la ciencia del derecho dentro del fenómeno o proceso de su "constitucionalización" en general, y del derecho administrativo, en particular.

Considera José Araujo Juárez que la Constitución debe estimarse no sólo por su valor político de creación y organización del Estado Constitucional sino, también, como norma jurídica de aplicación directa e inmediata, sin necesidad de desarrollo legal, y prevaleciente sobre la propia ley, siendo el "marco constitucional" de todas las ciencias dogmáticas del derecho.

Es por ello que posee una incidencia especial en lo referente a la regulación de la organización y funcionamiento de la Administración pública, sus relaciones con las personas, así como las garantías jurídicas correspondientes, "signos" o "núcleo identificador" de la ciencia que estudia el derecho administrativo.

Ahora bien, la relación entre la Constitución y el derecho administrativo es un evento resaltante desde la segunda mitad del siglo XX en Europa, que es cuando -dice el autor-redescubrió a la Constitución, entendiéndose que la ley fundamental es directamente ejecutable por los jueces y aplicable a los poderes públicos y a los ciudadanos.

Antes, los conceptos, categorías e instituciones del derecho administrativo se estudiaban sin contar con principios o bases constitucionales; se trataba de un derecho administrativo sin Constitución, pues en sus inicios, su ciencia dogmática partía de que el ordenamiento jurídico no empieza en la Constitución sino en la ley, al menos en Europa, cuna del derecho administrativo.

Hoy, en cambio, no es discutible que el sistema del derecho administrativo debe inspirarse en la Constitución, dato que impone la puesta en marcha de un proceso de revisión a fondo del derecho administrativo en cada sistema nacional.

No creemos esté de más destacar aquí brevemente un tema fundamental que trata Araujo Juárez y que a nuestro juicio constituye el remate de la lógica jurídica kelseniana: la famosa concepción de la pirámide jurídica, debida a Merkl, que considera al orden jurídico positivo como un mundo de normas, en donde la zona más pegada y directa a la realidad está compuesta por normas individuales, por encima de las cuales vienen otras normas cada vez más generales; en esta forma, las normas jurídicas positivas se distribuyen en diversos escalones o gradas desde el vértice hasta la base de la pirámide, disminuyendo en cantidad a medida que vamos remontándonos hacia la cúspide. En el vértice de la pirámide la Constitución; en la grada inmediatamente inferior las normas generales y, en la base, las individuales. Las normas superiores otorgando validez a las inferiores, y éstas dando vigencia a las primeras.

Si bien el formalismo lógico exige ser complementado con la consideración sociológica y ética, la estructura jerárquica del orden jurídico positivo, como la hemos expuesto, apuntala la doctrina de que la Constitución representa en aquél su nivel más alto; es, como dice Sánchez Agesta, el derecho fundamental de la organización.

La doctrina en cuestión -al menos en la Argentina- se aplica no sólo respecto a las leyes del Congreso o Parlamento, sino también a los actos del Poder Ejecutivo, funcionarios y entes u órganos de la administración pública, a las sentencias de los jueces y aún a la conducta de los particulares.

Pero por cierto que no basta formular el principio de la supremacía constitucional sin crear instrumentos que posibiliten la efectiva vigencia de la doctrina, y parafraseando a Burdeau, diremos que buscar los medios de obligar a los gobernantes a respetar el estatuto de su función, a utilizar sus poderes conforme a los procedimientos previstos en la Constitución, a "orientar la vida del país según la idea del Derecho que deben servir y de la que procede, en definitiva, su autoridad, todo esto demanda, en el fondo, la búsqueda de un procedimiento susceptible de impedir la arbitrariedad" de los gobernantes.

Ante tales requerimientos, los ordenamientos positivos han respondido de diversas formas, que se diferencian en cuanto a quién controla, a cómo se controla y a los efectos del control. Y en razón de ello se han creado Cuerpos que -aunque asuman las apariencias y hasta el nombre de los órganos judiciales, como Tribunales o Cortes, no pertenecen a la administración de justicia- específicamente deben controlar la constitucionalidad; por ejemplo, los tribunales constitucionales, concebidos por Hans Kelsen como órganos de naturaleza legislativa y no judicial, destinados a garantizar que las Constituciones no resultasen falseadas por actos inferiores a ellas, órganos especiales concebidos justamente para revisar la constitucionalidad de las leyes, entendidas en sentido amplio (incluyendo reglamentos y tratados internacionales) -aunque luego desempeñen más funciones- con una competencia concentrada y especializada, anulando "erga omnes" cualquier disposición que se oponga a la Constitución formal.

Ahora bien, más tarde y según los países, los tribunales de marras, sin perder su carácter político-legislativo, desarrollan funciones propias de los jueces e incluso se han convertido -en algún caso y en ciertos aspectos- en los auténticos tribunales supremos de facto.

Efectivamente, pueden desempeñar las funciones de proteger los derechos que figuran en las Constituciones. Hay que advertir que los tribunales constitucionales, aunque eso fuera lo concebido en principio, normalmente no desarrollan sólo la revisión abstracta de la constitucionalidad de las leyes (la cual puede tener lugar sin que se produzca ningún pleito e incluso antes de que las leyes entren en vigor), sino también la que suele designarse como "incidental" o concreta, que se plantea cuando, durante el transcurso de un pleito ordinario, una de las partes alega que alguna de las leyes en juego es inconstitucional. Y como en los hechos sometidos a juicio, y esto nos interesa subrayar, los tribunales no pueden aplicar normas que infrinjan lo dispuesto en la constitución ni los principios en ella consignados, el asunto se eleva al tribunal constitucional para que se pronuncie sobre la inconstitucionalidad de la norma en cuestión.

El asunto cambia radicalmente cuando los jueces, e inclusive la Administración pública en ciertos casos, pueden abstenerse de aplicar la norma inconstitucional.

Así las cosas, la formación singular del derecho administrativo se encuentra inmerso en un proceso de transformaciones, condicionado por las Constituciones modernas, siendo uno de los grandes desafíos a los se enfrenta su ciencia, rescatar o redescubrir y repensar el significado de las que la doctrina denomina las grandes líneas, las bases estructurales, los dogmas o las "señas de identidad" (ideas o pensamientos que vertebran la construcción científica del sistema de derecho administrativo), para abordarlas entonces con perspectiva constitucional.

En efecto, los preceptos constitucionales relativos a la regulación del derecho administrativo han obligado a actualizar -desechar, modificar y, fundamentalmente, rescatar o redescubrir- muchos de los conceptos, categorías o instituciones administrativas heredados, en un proceso que ni mucho menos está concluido.

Analiza el autor algunos ejemplos de los temas administrativos basales a lo largo de la obra, a modo de ejemplos, fácilmente multiplicables, pero que constituyen muestras de cómo la Constitución ha sabido incorporar a su seno, los más destacados conceptos, categorías e instituciones de la ciencia del derecho administrativo en orden a la transformación -adaptación e innovación- y enseñanza del mismo, tan trabajosamente conseguidos y depurados, tras larga y laboriosa evolución durante algo más de dos siglos; y dada la diversidad y el volumen de las fuentes del derecho administrativo exige, como en ninguna otra disciplina jurídica, la sistematización adecuada del modelo de sistema administrativo constitucional, lo cual resulta conveniente para dotar de fundamento constitucional a la disciplina y de cohesión al sistema de derecho administrativo.

Con lo que antecede solo hemos tratado de anoticiar un libro de particular atracción, porque de la pluma de un distinguido jurista, revive el espíritu de lo que fue, y nos da a gustar adelanto apetitoso de la madurez de frutos que va produciendo la espinosa carrera de los estudiosos del derecho administrativo basado en el derecho constitucional.

Se advierte que Araujo Juárez no claudica nunca de su amor por la ciencia del derecho, habiendo ejercitado su pensamiento en excelentes ámbitos universitarios y actualmente en este libro, entre otros, para satisfacer esa afición que es en su intelecto la facultad predominante, exhibiendo en la obra un mérito excepcional (dicho esto aun sabiendo que el censor más meticuloso e imparcial se encuentra aprisionado, aun sin sospecharlo, por simpatías personales que pueden amenguar, en terceros, el valor de su parecer).

En definitiva, creemos que este volumen cumple con largueza una función práctica y docente con eficacia, mereciendo ser leído con atención y afecto, como todos los demás publicistas hispanoamericanos que con autoridad se han dedicado a estas materias, logrando incuestionable influencia jurídica, política y social.

Y aprovechamos para reiterar que el momento presente exige, tal vez más que nunca, "la lucha por el derecho", con alegatos que muestren la altura moral que caracteriza a quienes creen en la virtud, en el bien, en la justicia y cuya fuerza de convicción finque en un fondo de entusiasmo por los más nobles ideales.

Mendoza, Argentina, 2021
Jorge H. Sarmiento García
Profesor Emérito en la Universidad Nacional de Cuyo

CAPÍTULO I

LA CONSTITUCIÓN

Sección 1.ª La teoría del Estado Constitucional

Introducción

§1. Planteamiento de la cuestión – El Derecho –con mayúscula– se exterioriza como un conjunto de normas que regulan los comportamientos sociales, que pretenden ordenar la vida social y resolver los conflictos que en ella surgen. Y es la existencia de este «conjunto organizado de normas jurídicas conforme a unos determinados principios y criterios», lo que permite hablar con propiedad de sistema normativo, de Ordenamiento jurídico –conjunto de normas vigentes en una determinada entidad territorial y en un momento dado, articulados conforme a unos principios y criterios que rigen su aplicación– (J.M. Bilbao Ubillos)[1], y el cual se nutre de las llamadas fuentes de Derecho.

Esta idea de Ordenamiento jurídico es reciente. Data de 1917 cuando S. Romano[2] publica su obra titulada *El ordenamiento jurídico.* En ésta defiende la consideración del concepto Derecho como Ordenamiento jurídico, considerado global y unitariamente como una institución, teoría opuesta a la teoría normativa que lo concibe como un conjunto de normas, o como la suma aritmética de distintas normas, siendo que es algo más que los elementos materiales concretos que lo integran, resaltándose así, fundamentalmente, el carácter esencialmente organizativo que aquél presenta. Los partidarios de la nueva teoría institucional tacharon de insuficiente la concepción del Derecho como norma o como un sistema de normas, sosteniendo que el Derecho no sólo está integrado por normas, sino también por otro elemento todavía más esencial y característico, como es la organización. De este modo, el Ordenamiento jurídico no es tanto un conjunto de normas como una institución, entendiendo como tal un ente o cuerpo social organizado. Por tanto, el Ordenamiento jurídico es, ante todo, una organización social, un sistema social organizado que puede crear normas y en donde la idea de organización antecede a la norma. De este modo, cada Ordenamiento jurídico es una institución e, inversamente, toda institución es un Ordenamiento jurídico; la correspondencia entre esos dos conceptos es absoluta y necesaria.

---

1 Bilbao Ubillos, J.M., Rey Martínez, F. y Vidal Zapatero, J.M. (2018). *Lecciones de Derecho Constitucional* I, 4ª edición. Pamplona, Thomson Reuters-Aranzadi, 31 y 314.

2 Romano, S. (2013 [1917]). *El Ordenamiento Jurídico*. Madrid, CEPC, 13 y 24.

Desde entonces, ha alcanzado una gran divulgación el uso de la expresión Ordenamiento jurídico. La Constitución de 1999[3] emplea en varios de sus artículos tal expresión. Así el Art. 7 *eiusdem* dispone que «La Constitución es la norma suprema y el fundamento del ordenamiento jurídico». Y lo hace a sabiendas, con un determinado alcance y con una precisa finalidad. La Constitución aparece como una parte, la principal, de un todo: un sistema normativo, al que se denomina Ordenamiento jurídico, y a cuyas prescripciones están sujetos «Todas las personas y los órganos que ejercen el Poder Público».

No obstante, el texto constitucional también recoge la expresión «Derecho» y lo hace como un límite expreso al Poder público de la Administración Pública. En efecto, el Art. 141 de la C dispone que la Administración Pública está al servicio de los ciudadanos, «[...] con sometimiento pleno a la ley y al derecho». Aparece en este precepto una concepción del Derecho como algo distinto de la ley positiva, dando validez a otras formas de normas, como pueden ser los principios generales del Derecho, e incluso los valores superiores vertebradores que se superponen al puro positivismo.

Ahora bien, el Ordenamiento jurídico es un todo y el *deus ex machina* de ese todo unitario es, justamente, la Constitución (E. García de Enterría)[4]. De donde se sigue que el Ordenamiento jurídico es el conjunto total de las normas jurídicas que rigen en el Estado constituido por la norma fundamental: la Constitución, que tiene la doble condición de fuente del Derecho por sí misma y también, en tanto que norma fundamental del sistema normativo, de norma para la producción —y determinante de la validez— del resto del Derecho —el «Derecho sobre el resto del Derecho»— y sobre los actos del poder (A. Garrorena Morales)[5]. Y es que no hay más Ordenamiento jurídico que aquél que nace de la Constitución, o que siendo anterior a ella, la Constitución ampara o legitima. La Constitución es, pues, el origen y la fuente de toda legitimación jurídica y política.

Ahora bien, la verdadera tesis de esta obra parte de que la relación —que es un hecho nuevo y contemporáneo— entre, por un lado, la Constitución como núcleo identificador del Derecho constitucional; y por el otro, el Derecho administrativo —y que ha contribuido a caracterizar a este último de una manera particularmente interesante—, es un evento resaltante de la segunda mitad del siglo *xx* y muy de actualidad en este siglo *xxi*, que es cuando Europa volvió a descubrir a la Constitución, en el sentido de ley fundamental directamente ejecutable por los jueces y aplicable a los individuos, y en lo que aquí nos interesa, cuando la jurisprudencia del *Conseil Constitutionnel*, a partir de su Preámbulo y de los principios generales del Derecho, ha venido aplicando progresivamente el denominado «bloque de constitucionalidad» para regular a la Administración pública.

Y es que como nos recordaban J.L. Meilán Gil y A. Gallego Anabitarte[6], cuando en sus orígenes se lleva a cabo la verdadera sistematización del Derecho admi-

[3] La Constitución de 1999 fue el fruto de un arduo proceso constituyente y aprobada mediante Referendo del 15-12- 1999, publicada en la GO N° 36.600, del 30-12-1999, y después publicada de nuevo con correcciones en la GO N° 5.453 Extr., del 24-03-2000.

[4] García De Enterría, E. (1985). «Prólogo» a *La Constitución como norma y el tribunal constitucional*. 3a ed., Civitas, Madrid, 19.

[5] Garrorena Morales, A. (2020). *Derecho constitucional. Teoría de la Constitución y sistema de fuentes*, 4ª edición. Madrid, Ed. CEPC, 43.

[6] Meilán Gil, J. L. (2011). *Categorías jurídicas en el Derecho Administrativo*. Madrid, Iustel, 159; y Gallego Anabitarte, A. (1983). «Las asignaturas de Derecho político y administrativo, el destino del Derecho público español». En RAP, núm. 100-102, 804.

nistrativo[7], sus categorías jurídicas se estudiaban sin contar con principios o bases constitucionales. En la argumentación mencionada, J. Pérez Royo[8] sostiene que se trata de un Derecho administrativo sin Constitución, pues es sabido que en sus inicios, el Ordenamiento jurídico no empieza en la Constitución sino en la ley, al menos en Europa, cuna del Derecho administrativo. Mientras que hoy, por el contrario, sostenemos que el sistema del Derecho administrativo debe inspirarse, tanto en principios jurídicos tradicionales como también en otros novedosos, pero, se insiste, con perspectiva de futuro. Y así, la Constitución es el dato que posibilita la puesta en marcha de un proceso de revisión a fondo del Derecho administrativo en cada Derecho positivo[9].

Ahora bien, la historia de la formación singular del Derecho administrativo —*Droit administratif*[10]—, «sin duda la más alta y valiosa expresión del 'monumento de la Revolución'» (García de Enterría)[11], en las últimas décadas se encuentra inmerso en un proceso de cambios, condicionado por la aprobación y promulgación de las Constituciones modernas. Y uno de los grandes desafíos a los que hoy se enfrenta, es rescatar o redescubrir —«vuelta a»— y repensar el significado de las que la doctrina denomina las grandes líneas, las bases estructurales, los dogmas o las «señas de identidad» -en cuanto ideas o pensamientos que vertebran la construc-

---

7 El desarrollo del tema requiere de cierta precisión en torno al concepto preliminar del Derecho administrativo, sin dejar de advertir no solo sobre su complejidad e importancia, sino también sobre su carácter polisémico. Dicho esto, se trataría de no incurrir en el error de muchos que han reflexionado sobre el concepto, como ha sido mezclar a menudo diversos significados de la expresión, con la consiguiente confusión de planos metodológicos. Santamaría Pastor se inclina por distinguir dos significados, aunque en la práctica se hallan íntimamente ligados: como subsistema positivo dotado de individualidad propia dentro del Ordenamiento jurídico de una nación; pero al propio tiempo, como sistema o disciplina científica. Santamaría Pastor, J.M. (2018). *Principios de Derecho Administrativo General*, T. I, 5.ª ed. Madrid, Iustel, 34. En nuestro caso y, por de pronto, aludiremos a su significado como *saber* -ciencia o área de conocimiento-, pero en lugar de seleccionar un concepto, de entre los muchos y excelentes que nos ofrecen los Manuales al uso, que no dejaría de tener una carga de convencionalismo, apelo por la entrada que recoge el *Diccionario del español jurídico*, que nació de la preocupación de claridad y seguridad del lenguaje jurídico, que dice así: «Rama del derecho que estudia la organización y funcionamiento de las administraciones públicas, sus relaciones con los ciudadanos, así como el sistema normativo que las rige y las garantías jurisdiccionales correspondientes». En Real Academia Española y Consejo General del Poder Judicial (2016). *Diccionario del español jurídico* (DEJ). Madrid, Espasa.

8 Pérez Royo, J. y Carrasco Durán, M. (2018). *Curso de Derecho constitucional*. Décimosexta edición. Madrid, Marcial Pons, 48.

9 Con la expresión Derecho positivo se designa el *«ius in civitate positum»*, es decir, el Derecho «puesto» o «impuesto» por quien ejerce el Poder píublico en una determinada sociedad, y por ello, válido en su ámbito. A partir de entonces, los términos «Derecho positivo», o «ley positiva» serán frecuentemente utilizados para designar las normas prescritas, en principio, como válidas en cada sociedad.

10 J.L. Mestre nos enseña que fue Thomas Metivier, con 27 años, en su condición de encargado de la clase de legislación de la Escuela central del departamento de la Charente-Inférieure —hoy Charente-Maritime—, un 28 de diciembre de 1789, sin pensarlo ni explicarlo, propone denominarlo con el sintagma *«Droit administratif»*, a secas, cuando la incorpora al programa de enseñanza del Curso, como lo sigue haciendo dos siglos después la mejor doctrina comparada hasta el día de hoy. Cuando se le utiliza por primera vez, se lo hace con referencia aún exclusivamente a la *«legislation administrative»*. Mestre, J. L. (1993). «Aux origins de l'enseignement du droit administrative: le 'Cours de legislationadministrative' de Portiez de l'Oise (1808)». En *Revue Franç¹ise de droit administrative*, 244; y Mestre, J.L. (2002). «Administration, justice et droit administratif». En *Annales historiques de la Révolution française*. Paris, La Révolution et le Droit, núm. 328, avril-juin, 61 a 75.

11 García De Enterría, E. (1981). *Revolución francesa y Administración contemporánea*. 2ª. edición. Madrid, Taurus, 54.

ción científica del sistema de Derecho administrativo-, para abordarlas —se insiste— con perspectiva de futuro.

En efecto, los preceptos constitucionales relativos a la regulación del Derecho administrativo han obligado a actualizar —desechar, modificar y, fundamentalmente, rescatar o redescubrir— muchas de los conceptos, categorías o instituciones administrativas heredados, en un proceso que ni mucho menos está concluido. Es así como en el Derecho comparado, el legislador, la doctrina y la jurisprudencia —sobre todo la constitucional— han detraído consecuencias de las Constituciones, que de manera lenta pero imparable han ido modelando un Derecho administrativo postconstitucional muy distinto al heredado. Y es que la promulgación de las Constituciones a lo largo del siglo *xx* vino a implicar, como es sabido, no solo una profunda transformación del sistema político, sino también del modelo jurídico-político de los Estados.

Ahora bien, es sabido que el estudio inicial en el Derecho administrativo de la teoría de *les bases constitutionnelles* (G.Vedel)[12], los fundamentos constitucionales, o el fenómeno de la constitucionalización del Derecho administrativo ha tenido lugar, fundamentalmente, a través del análisis particular de los distintos principios jurídicos, valores superiores y reglas jurídicas constitucionales que inciden en el desarrollo y aplicación de ejes temáticos muy puntuales o particularizados. Y es que la necesidad de entroncar el Derecho administrativo con el estudio de los aspectos constitucionales del Ordenamiento jurídico resulta muy positivo para reflexionar sobre las grandes áreas o temas —categorías e instituciones— [13] que sirven de apoyo a los sistemas de Derecho administrativo, no se diga cuando en el entorno se están produciendo cambios y mutaciones sin límite en la sociedad y en el Estado Constitucional.

Sin embargo, el estudio de la estructura general de la relación entre la Constitución y el Derecho administrativo positivo ha recibido menos atención y, sobre todo, un tratamiento, salvo muy contadas y valiosas excepciones en nuestro país (J. Araujo-Juárez y A.R. Brewer-Carías)[14], al igual que en otros países[15], tal y como

[12] Vedel, G. (1954). «Les bases constitutionnelles du droit administratif». En *Etudes et Documents du Conseil d'Etat*, N° 8.

[13] Según García de Enterría, una institución es un régimen orgánico de un tipo de relación social determinda: por ej., contrato, expropiación, dominio público, centros universitarios, pues las instituciones, como ya intuyó Savigny, y no las normas, son las verdaderas unidades elementales de la vida jurídica, Y así como la vida se ordena sobre células, así el Derecho se presenta bajo una estructura institucional. García De Enterría, E. y Fernández, T. R. (2020). *Curso de Derecho Administrativo* T. I, Décimonovena edición. Madrid, Civitas-Thomson Reuters, 108.

[14] Araujo-Juárez, J (2017). *Derecho Administrativo Constitucional*. «Prólogo» de A.B. Brewer-Carías. Caracas, CIDEP- EJV; Araujo-Juárez, J (2020). *Derecho Administrativo Constitucional*. «Prólogo» de A.B. Brewer-Carías. Santiago-Chile, Ediciones Olejnik; y Brewer-Carías, A.R. (1983). «Bases constitucionales del Derecho Administrativo en Venezuela». En RDP, EJV, N° 16, octubre-diciembre 1983; y Brewer-Carías, A.R. (2000). «Algunos aspectos del proceso de constitucionalización del Derecho administrativo en Venezuela». En *Los requisitos y vicios de los actos administrativos, V Jornadas de Derecho Administrativo Allan Randolph Brewer-Carías*. Caracas, FUNEDA.

[15] Vid. en Alemania: Ibler, M. (2018). *Derecho administrativo y Constitución. La experiencia jurídica alemana*. Argentina, Ediciones Olejnik; y Schmidt-Assmann, E. (2003). *La Teoría General del Derecho Administrativo como Sistema. Objeto y fundamentos de la construcción sistemática*, Trad. española. Madrid, Inap-Marcial Pons. En España: Arroyo Jiménez, L. (2019). «Derecho administrativo y Constitución española». En RAP N° 209; Barnés, J. (2014). «La interacción entre la Constitución y el Derecho administrativo: límites y patologías». En Constitucionalización *del Derecho administrativo, XV Jornadas Internacionales de Derecho Administrativo*, Ed. A.Montaño Plata y A.F. Ospina Garzón.

también señala L. Arroyo Jiménez[16] al referirse a España. Por tanto, la finalidad de esta obra es analizar de conjunto la estructura general, la comprensión desde un punto de vista más general de la vinculación entre: por un lado, la Teoría de la Constitución y su Derecho constitucional; y por el otro, el Derecho administrativo contemporáneo.

Y es que el Derecho administrativo presenta una específica relación con la Constitución que, por regir con la superioridad que el es propia la totalidad de los órganos, funciones y actividades del Estado Constitucional es, por definición, cabecera de capítulo del tratamiento jurídico-administrativo de cualesquiera materias, de modo que puede afirmarse —recordando la expresión devenida célebre de F. Werner— que el Derecho administrativo es siempre Derecho constitucional «desarrollado» y, en tal sentido, concretizado (L. Parejo Alfonso).

§2. Innovación del Derecho administrativo — Lo anteriormente expuesto supone, en consecuencia, que ante la promulgación de una nueva Constitución que se ha renovado sustancialmente, surja la necesidad imperiosa de «actualizar» el Derecho administrativo contemporáneo, mediante un movimiento de adaptación[17], cuando acontecen cambios profundos en la sociedad y en el Estado Constitucional. Pero ello, repetimos, ha merecido escasa atención entre la doctrina nacional y comparada, salvo contadas y honrosas excepciones, habituados como estamos a la continuidad y estabilidad de los dogmas tradicionales con los que opera. Y es que como sostiene J.Barnés[18], a la Constitución no le es indiferente la efectividad o la obsolescencia del Derecho administrativo. La Constitución necesita del Derecho administrativo, pues éste es a la Constitución, lo que la ciencia aplicada es a la ciencia básica.

El Derecho administrativo, aun cuando conservando principios jurídicos originarios, en realidad, tiene un inevitable grado de dinamismo que lo hace estar en constante evolución, como consecuencia directa, precisamente, de la propia evolución del Estado; lo que impone a ambos, al Estado y a su Derecho administrativo, la necesidad de adaptarse a los cambios que se operan en el ámbito social y político de cada sociedad, de manera que siempre «refleja los condicionamientos políticos y sociales vigentes en un momento dado» (M. Bassols)[19].

Bogotá, UEC; Meilán Gil, J. L. (2006). «El Marco Constitucional del Derecho Administrativo español». En *V Foro Iberoamericano de Derecho Administrativo. El Marco Constitucional del del Derecho Administrativo en Iberoamérica*. Quito, Ecuador; y Rodríguez-Arana, J. (2000). *Derecho Administrativo y Constitución*. Granada, EEMCi, Temas de Administración Local. Granada. En Francia: Delvolvé, P. (2014). «La actualidad de la teoría de las bases constitucionales del Derecho administrativo». En *La constitucionalización del Derecho administrativo. XV Jornadas Internacionales de Derecho Administrativo*, Montaña Plata, A, y Ospina Garzón A. F. Coords. Bogotá, UEC; y Stirn, B. (2006). *Les sources constitutionnelles du droit administratif. Introduction au droit public*. 5e edition. Paris, LGDJ. Y en Italia: Cassese, S. (2014). «Las tres etapas de la constitucionalización del Derecho administrativo». En *La constitucionalización del Derecho administrativo. XV Jornadas Internacionales de Derecho Administrativo*, Montaña Plata, A, y Ospina Garzón, A.F. Coords. Bogotá, UEC.

16 Arroyo Jiménez, L. Ob. cit., nota 15,145.

17 Como lo ha puesto de manifiesto A. Nieto en estas últimas décadas, al Derecho administrativo se le exige que actúe en perfecta armonía con el medio social, y como éste es cambiante, el administrativista debe esforzarse en un permanente proceso de adaptación que dé a sus construcciones el valor de la agilidad y la eficacia. Es un derecho que debe corresponderse al reto del cambio. Nieto, A. (1975). «La vocación del Derecho Administrativo de nuestro tiempo». EnRAP, núm. 76, 9 y ss.

18 Barnés, J. Ob. cit., nota 15, 507, 508 y 509.

19 Martín Bassols, M. (1980). «Sobre los principios originarios del derecho administrativo y su evolución». En *Libro homenaje al profesor Juan Galván Escutia*, Valencia, 57

Pero también, es cierto, como señala Brewer-Carias[20], explica que nuestra disciplina, como parte del Derecho público, es ante todo, un Derecho del Estado; y que como tal, gústenos o no nos guste, está ineludible y necesariamente vinculado al modelo político en el cual el mismo opera, conforme a la práctica política del gobierno actuante, siendo los condicionamientos políticos uno de los más importantes elementos que moldean a nuestra disciplina[21].

En tal sentido, hemos de ser conscientes —y consecuentes con ello— de que si bien muchas de las bases o premisas estructurales a partir de las cuales se elaboraron las grandes y clásicas construcciones sobre el concepto de Derecho administrativo y sus categorías jurídicas se mantienen, también lo es que otras no son las mismas que las que hoy han de ser tomadas en consideración. La realidad política, social y económica de hoy, no es en absoluto la que dio origen a las diversas teorías que se han mantenido sobre el concepto de Derecho administrativo (sistema abierto). Toda concepción de una rama del Ordenamiento jurídico es necesariamente tributaria de una serie de factores ajenos que confluyen a configurarla. Y en este sentido, los factores que en nuestro tiempo configuran el Derecho administrativo contemporáneo son los que definen e identifican la actual realidad política, social y, principalmente, económica, y sobre todo, si se trata de dar respuesta a las crisis globales como las que se suceden bajo tiempos de anormalidad institucional que tienen causa en las crisis de todo tipo como las económicas y las de pandemias.

Ahora bien, «actualizar» —repensar, reconstruir o redescubrir—, es poner al día. El Derecho administrativo está urgido, cuando concurren tales circunstancias, de una sistematización más profunda, a fin de dar respuestas a una realidad en continuo cambio. Y he aquí cómo el fenómeno de constitucionalización ha jugado un papel fundamental, con lo que se abre una nueva era también para la enseñanza científica de esta disciplina jurídica. La Constitución obliga, pues, a una profunda innovación del contenido, la sistemática y la misión del Derecho administrativo si se quiere adaptado al siglo XXI, que es precisamente la perspectiva del movimiento de innovación y de reforma que encabezan los trabajos del administrativista alemán E. Schmidt-Assmann, y que contiene una de las más notables reflexiones de la doctrina iusadministrativa de los últimos tiempos, con una contundente frase de partida: «¡La constitucionalización exige creatividad! Ella es un proyecto de la práctica y de la ciencia»[22].

Esta es también otra tesis de la que aquí se parte. En efecto, según Schmidt-Assmann[23], para determinar en qué medida una categoría administrativa cumple su función o, por el contrario, no conduce a resultados razonables —indicio suficiente de que habrá que cuestionarla y someterla a revisión—, se habrá de tener en cuenta el siguiente test de revisión: 1.°, una caracterización del Derecho administrativo

---

20 Brewer-Carías, A.R. (2014). «Modelo Político y Derecho Administrativo». En *La Constitucionalización del Derecho Administrativo. XV JornadasInternacionales de Derecho Administrativo,* Alberto Montaña Plata y AndrésFernando Ospina Garzón (Editores). Bogotá, Universidad Externado de Colombia, 231-256.

21 Sobre el tema, bajo el ángulo de la Administración pública, véase a Brewer-Carías, A. (1979). «Les conditionnements politiques de l'administration publique dans les pays d'Amérique Latine». En *Revue Internationaledes Sciences Administratives,* Vol. XLV, N° 3, Institut International des Sciences Administratives, Bruselas, 213-233; y Brewer- Carías, A. (1980). «Los condicionamientos políticos de la Administración Pública en los países latinoamericanos». En *Revista de la Escuela Empresarial Andina,* Convenio Andrés Bello, N° 8, Año 5, 239-258

22 Schmidt-Assman, E. Ob. cit., nota 15, 35.

23 Schmidt-Assman, E. Ob. cit., nota 15, 27 y ss.

como «ciencia de dirección», que se asienta sobre la premisa de que la ciencia jurídica no puede conformarse sin más con la mera construcción dogmática de categorías y doctrinas —*saber*— sino que, asimismo, debe ocuparse por encontrar las condiciones y los presupuestos que hagan posible que el Derecho administrativo sea eficaz y eficiente —aplicabilidad—; 2.°, una comprensión más amplia de su sistema y de los objetivos a los que ha de atender la ciencia del Derecho administrativo; y por último 3.°, el cultivo de novedosos sectores de referencia, cuenta tenida de los problemas, intereses y objetivos específicos que ellos suscitan.

Así las cosas, sostiene A. F. Ospina Garzón[24], el movimiento de innovación y de reforma del Derecho administrativo hace parte del mismo grupo de fenómenos al que pertenecen otras tantas teorías suficientemente conocidas: la «huida del Derecho administrativo», la «contractualización», la «constitucionalización», la «convencionalidad» y, por último, la «trasnacionalización» o «globalización» del Derecho administrativo, que todas ellos no hacen sino poner en evidencia su permanente adaptación, innovación, transformación, revalorización y enseñanza científica integral. Y es que, ciertamente, se señala que ningún otro Derecho es tan dinámico como el Derecho administrativo y su interés intelectual consiste, justamente, en sus constantes transformaciones: las grandes teorías caducan, se adaptan a modelos políticos distintos, se modulan por la economía, se convierten en instrumentos de la Democracia —y en no pocos casos hasta su enemigo— y, en fin, deben responder a las aspiraciones actuales de la sociedad como serían la rapidez y la facilidad de las tecnologías de la información y del conocimiento, el medio ambiente y, por último, la globalización[25].

Y es por ello que, sin duda, el Derecho administrativo es, y continuará siendo, la más alta y valiosa expresión del monumento jurídico que desde la libertad y los principios jurídicos de base ha legado Francia a los sistemas de Derecho público contemporáneo —pues muy bien afirma doctrina autorizada—, que del brillantísimo iusadministrativismo francés es de donde proceden los administrativismos del mundo entero, y en el que todos los administrativistas de otras lenguas debemos aún seguir alimentándonos (García De Enterría)[26]. Y es que como también señala R. Parada Vázquez[27], el modelo de régimen administrativo francés sigue pasando por ser el de mayor pefección, conforme acredita su influencia en la organización, función pública, régimen de actos y de contratos y control judicial, etc, por lo que las instituciones administrativas francesas merecen un puesto de honor y una constante referencia en cualquier obra, y así se hará en ésta también.

§3. Plan metodológico — Y sin más, pasamos a precisar el objeto de esta obra por si no quedara suficientemente claro con su título: *Constitución administrativa*. El Derecho administrativo, ha dicho P. Weil[28], tiene sus raíces en problemas funda-

---

24 Ospina Garzón, A. F. (2004). «Presentación» a la obra *Constitucionalización del Derecho administrativo, XV Jornadas Internacionales de Derecho Administrativo*. Bogotá, Ed. A. Montaña Plata y A. F. Ospina Garzón, UEC, 11.

25 AA.VV. (2016). *El Derecho Administrativo Global y el arbitraje internacional de inversiones*. (Coords. Rodríguez-Arana, J. y Hernández, J.I. Madrid, INAP; y Allí Aranguren, J. C., *Derecho administrativo y globalización*, Ed. Thomson Aranzadi, Madrid, 2004.

26 García De Enterría, E. «Prólogo» a Moderne, F. (2005). *Principios Generales del Derecho Público*. Santiago de Chile, Editorial Jurídica de Chile, 11 y 12.

27 Parada Vázquez, R. (2019). *Derecho Administrativo* T. II *Régimen Jurídico de la Actividad Administrativa* 26ª edición. Madrid, Dykinson, 39.

28 Weil, P. (2020). *El derecho administrativo*. Argentina, Ediciones Olejnik, 11.

mentales de la Ciencia política y del Derecho constitucional, como son las relaciones del Estado con el ciudadano, la autoridad con la libertad, la sociedad con el individuo, y este rasgo fundamental, tan ligado a sus orígenes, no debe pasarse por alto, si es que quiere entenderse el Derecho administrativo.

Ahora bien, el análisis que se emprende aquí es eminentemente jurídico y, sin ser un constitucionalista profesional, lo hago impulsado por las razones siguientes: la 1.ª,, por la estricta necesidad técnica en el manejo del Derecho administrativo, pues ello no es posible hoy día en el plano técnico, sin manejar la Teoría de la Constitución y del Derecho constitucional para configurar los núcleos institucionales básicos del Derecho administrativo; y la 2.ª, hay que entender como lo ha notado García de Enterría que las relaciones entre la Constitución y el Derecho administrativo son capitales, pues la Constitución es el «contexto» necesario de todas las leyes y de todas las normas y, que, por consiguiente, sin considerarla expresamente no puede siquiera interpretarse el precepto más simple; ello es particularmente cierto en el campo del Derecho administrativo, donde habrá de articularse siempre el juego dialéctico Poder público—derechos y garantías, articulación que es el tema primario de la Constitución.

Ahora, el Derecho constitucional es un Derecho particular, cuyo objeto de estudio es la Constitución actual, individual y concreta de un país, del que sea en cada caso. En el nuestro, la Constitución aprobada en el proceso constituyente de 1999. Ello exige, pues, la referencia a unos presupuestos previos y, por consiguiente, un examen de la Constitución, y de la interpretación de la doctrina y de la jurisprudencia proferida por la función «correcta» de la Justicia constitucional, por supuesto, allí donde verdaderamente exista y funcione, tanto nacional como comparada.

En tal sentido, algunas líneas deben dedicarse a la cuestión del método. Y no solo para lograr, dentro de la posible, una cierta claridad, sino para intentar conseguir algún resultado útil, ya no del análisis particular de las normas constitucionales que inciden en la aplicación y desarrollo del Derecho administrativo, sino de la comprensión de la estructura general de la relación de la Constitución, y más concretamente de la Constitución administrativa, con el Derecho administrativo. Así las cosas, el plan metodológico para abordar el tema propuesto sería, a grandes rasgos, el siguiente.

El capítulo I pienso que constituye un buen punto de partida para la exposición de una obra sobre la Constitución administrativa, que pretende ser solo una lección pórtico, una primera aproximación y una visión panorámica, global, donde nos limitaremos solo a apuntar las características más relevantes de la Teoría de la Constitución y los principios fundamentales, teniendo como telón de fondo el modelo de Estado Constitucional, que si bien es un producto histórico, su seña de identidad se mantiene, y es lo que le confiere continuidad a lo largo de su evolución, esto es, cómo se ha entendido el Estado Constitucional, el Poder político organizado que surge para salvaguardar la libertad de los ciudadanos, como principal valor, hasta llegar a ser el Estado Constitucional de nuestros días: *Estado democrático y social de Derecho* y —agregamos— *de Justicia*. En este sentido debe entenderse la expresión cuando es empleada a lo largo de esta obra.

En el capítulo II se estudia el fenómeno o proceso de constitucionalización del Derecho administrativo y su evolución, a partir del cambio de paradigma que significó otorgarle pleno valor normativo a la Constitución, y la virtualidad o significado de la construcción de un nuevo Derecho administrativo constitucional.

El centro de gravedad descansa en el capítulo III que aborda el concepto mismo de Constitución administrativa, en razón de que la Constitución incorpora también un complejo contenido normativo heterogéneo dotado de eficacia ordenadora referido a la Administración Pública y su organización —estructura y funcionamiento—, actividad —medios y fines— y relaciones —personas y demás ramas del Poder Público—, que si bien puede que la misma a todo lo largo de su texto no lo haga de manera estructurada ni sistemática, de su estudio es posible prefigurar el sustento dogmático para un modelo de Constitución administrativa.

Luego en los capítulos IV al XI se pretende estudiar, analíticamente, la vinculación de la Constitución administrativa con el Derecho administrativo, para examinar de forma sucesiva los diversos contenidos temáticos que puede presentar, y los términos en los que se produce a la vista de la estructura de las normas constitucionales relevantes. Por supuesto, el estudio pormenorizado de la Constitución administrativa mediante la realización de estas secciones en el objeto de análisis arrojará un espectro de enorme diversidad en razón también de la enorme heterogeneidad de las áreas o temas que nos ofrece el Derecho administrativo contemporáneo. Sin embargo, se procederá a ordenar sistemáticamente en grupos normativos materialmente homogéneos que reflejan las decisiones estructurales más relevantes expresadas por la Constitución administrativa sobre los diversos y específicos ejes temáticos.

Por último, en el capítulo XII se intenta una reflexión de conjunto, lo que tanto contribuirá a seguir fomentando el análisis desde el anclaje o la perspectiva constitucional o, más propiamente, dentro del marco de la Constitución administrativa, para ampliar el conocimiento «crítico» del Derecho administrativo acorde con nuestro tiempo.

A. Modelos de Estado

§4. Plan — El Derecho administrativo, ha dicho Weil[29], no puede desvincularse de la Historia política; en ella encuentra su verdadero fundamento y de ella recibe su filosofía y trazos específicos. Que no se trata de un mero recordar el pasado sino, por el contrario, de conocer el suelo del que el Derecho administrativo ha extraído la savia con la que aún hoy se nutre.

Así las cosas, debemos señalar que, a lo largo de la historia del ser humano, han existido múltiples organizaciones políticas. Entre ellas encontramos las tribus, los imperios de Oriente (Egipto, China, Persia, Babilonia), las «*polis*» griegas, el Imperio romano, el imperio sacrogermánico, los sistemas feudales, las organizaciones internacionales, y un gran etc. Entre todas estas organizaciones, la que más nos interesa por su actualidad es el Estado, que es una forma determinada y precisa de organización política, surgida hacia el siglo *xiii* o *xiv* y que ha ido evolucionando hasta el punto de que, para evitar que su gran Poder público suponga una amenaza a los grupos humanos y a los propios individuos, ha terminado sometiéndose también al Derecho, como un miembro más de la colectividad. Así surgió en el siglo *xviii* el «Estado de Derecho».

29 Weil, P. Ob. cit., nota 28, 38.

Ahora bien, el Estado aparece en la historia mucho más tarde que el Derecho. El Estado surge en Europa en los inicios de la Edad Moderna: no es algo que haya existido siempre. Es una de las muchas formas de organización política que se ha dado entre los hombres y que nace al concentrar y monopolizar una masa ingente de poderes, tales como la exacción de tributos, el uso de la fuerza, la administración de justicia, la declaración de la guerra, y un gran etc. Tampoco ha existido siempre un Estado sometido al Derecho.

El denominado Estado de Derecho surge a partir de la Revolución Francesa como reacción al absolutismo de los monarcas. Es una modalidad determinada de Estado, coyuntural y no siempre permanente. Mientras el Estado absoluto se caracterizó por la concentración de poderes en el monarca y en el ejercicio arbitrario de los mismos, el Estado de Derecho se identifica con el sometimiento de los Poderes públicos del Estado y su ejercicio al imperio de la ley, pero siempre que dicha ley sea expresión de la voluntad general y se oriente a la defensa de los derechos y libertades de los ciudadanos. El Preámbulo de la Constitución subraya la voluntad del pueblo de Venezuela de establecer un Estado que consolide «el imperio de la ley para esta y futuras generaciones» como expresión de la voluntad popular. Y el Art. 2 de la C constituye a Venezuela como un Estado de Derecho.

Ahora bien, no se puede entender cabalmente lo que sea la Constitución y el Derecho constitucional sin una referencia obligada al Estado, pues tal como lo enuncia R. Jiménez Asencio[30], el Estado es presupuesto del Derecho constitucional, pues es un elemento nuclear de lo que es o pueda ser una Constitución.

Para comprender mejor la vinculación entre Estado y Derecho, es preciso destacar la evolución histórica que ha sufrido el Estado en el mundo jurídico occidental, y que puede estructurarse en varias etapas. En efecto, la existencia de la Constitución en el sentido moderno de este término solo es comprensible a partir de determinadas características estructurales de los Ordenamientos jurídicos modernos, y que aluden a dos versiones dentro de la evolución del constitucionalismo europeo: 1.°, el Estado Legal de Derecho —1789-1848—; y 2.°, el Estado Constitucional de Derecho —1848 hasta nuestros días—.

I. Estado Legal de Derecho

§5. Planteamiento de la cuestión — En primer lugar, según el constitucionalista I. De Otto[31], la palabra Constitución se encuentra en su origen europeo ostensiblemente cargada de significado político, y evoca de inmediato ideas tales como libertad y democracia, garantía de los derechos de los ciudadanos, limitación del poder. Este significado político responde al sentido que históricamente ha tenido en el constitucionalismo como movimiento ideológico y de política, el cual tiene una expresión clásica tanto en la Declaración de los Derecho de Virginia de 1776 que dice:

That the legislative and executive powers of the state should be separated and distinct form the judiciary.

---

[30] Jiménez Asensio, R. (2005). *El constitucionalismo. Proceso de formación y fundamentos del Derecho constitucional.* Tercera edición.Madrid, Marcial Pons, 19.

[31] De Otto, I. (1999). *Derecho Constitucional. Sistema de Fuentes*, 7ª. Reimpresión, Barcelona, Ariel Derecho, 12.

Como por su parte, la lapidaria declaración del Art. 16 de la *Déclaration des droits de l'homme et du citoyen* (DDHC)[32] proclamada por la Revolución Francesa el 26 de agosto de 1789, que dice:

> *Toute société dans laquelle la garantie des droits n' est pas assurée, ni la séparation de pouvoirs determinée, n' a pas de Constitution.*

Este sería el contenido mínimo indispensable de la Constitución: el catálogo de principios jurídicos, valores y derechos —la parte dogmática— y la organización del Poder público —de los poderes constituidos— con arreglo al principio de división de poderes, atendiendo en cada caso a un determinado diseño territorial —parte orgánica—.

En tal sentido, como sostiene igualmente De Otto[33], por una serie de razones, en Europa durante mucho tiempo no llegó a afianzarse claramente la idea de que la Constitución escrita era efectivamente una norma jurídica que obligara a los Poderes públicos del Estado Constitucional cuya infracción resulta antijurídica. De ahí que en sus inicios la Constitución fuera considerada una ley como cualquier otra, que no vinculaba al Poder legislativo. Por tanto, a partir de la concepción jacobina de la primacía absoluta del legislador, expresión permanente de la voluntad general ilimitada, el objetivo garantista se persigue en Europa fundamentalmente a través de una determinada forma de organizar el Estado: asamblea representativa con funciones legislativas. El resultado es que la posición suprema en el Ordenamiento jurídico corresponderá a la ley.

Así las cosas, la etimología de la palabra nos ofrece una primera indicación sobre la «ley». Ella nos ofrece tres pistas principales. El término ley proviene del latin «*lex*» que viene del verbo *legere*: recoger, escuchar y leer. La ley es leída. Ella es una palabra importante, dicha y escrita de manera solemne por los hombres, o gravadas en nosotros por Dios. La ley es siempre consignada de una manera u otra.

Ahora, la más perfecta formulación de la supremacía de la ley aparece tras la Revolución Francesa que lleva a proclamar al Parlamento, órgano superior del Estado por su legitimidad representativa; y siendo la ley el acto a través del cual adquieren forma las decisiones del Parlamento, a la supremacía jurídica y política de este le corresponde asegurar también la supremacía jurídica de la ley que, como «*l'expression de la volonté générale*», esto es, la voluntad soberana del pueblo, se sitúa en la cúspide del Ordenamiento jurídico y subordina absolutamente cualquier otra fuente del Derecho.

La superioridad de la ley, con la secuela de su equiparación a la Constitución y de la omnipotencia del legislador, se asienta así en la confianza en el legislador, en la concepción de la ley que ve en ella autodeterminación de la sociedad sobre sí misma. La ley es creación de la sociedad a través de sus representantes, voluntad de los propios ciudadanos, no voluntad del aparato estatal.

Así, en sus orígenes, el Estado de Derecho tiende a configurarse como una Estado centrado en el imperio de la ley —que aparece como sinónimo de soberanía de la razón— y, por consiguiente, como una Estado legal. Este periodo se caracteri-

[32] Conseil Constitutionnel (1989). *La Déclaration des Droits de l'Homme et du Citoyen et la jurisprudence*. Paris, PUF.

[33] De Otto, I. Ob. cit., nota 31, 13.

za por el principio de legalidad, es decir, por la afirmación de la primacía de la ley sobre los restantes actos del Estado, hecha efectiva por el funcionamiento de unos tribunales destinados a garantizar la legalidad de la acción administrativa estatal, lo que se conoce como «Estado legal de Derecho» (M. García Pelayo)[34].

Concluiremos la exposición sobre la construcción doctrinal del Estado de Derecho con una aclaración fundamental en la que los autores que vengo citando coinciden pero que es, de nuevo, R. Carré de Malberg[35] quien la expresa con una fuerza especial: el Estado de Derecho que se desarrolla en Europa a partir de la Revolución de 1789 es un Estado Legal de Derecho o Estado de Derecho legal. La ley es, en él, el centro, la norma superior e irresistible. Sus reglas sirven para definir y delimitar los derechos de los ciudadanos. La dominación de la ley afecta a todos los poderes del Estado que han de someterse a sus dictados. Y, por contraste, la ley no tiene freno alguno. Ni las declaraciones de derechos ni la Constitución son preservadas por ningún tribunal frente a los abusos, los excesos, o las contradicciones con sus postulados en los que la ley puede incurrir.

No existe, en Europa, en definitiva, ningún sistema de control de la constitucionalidad de las leyes —hasta muy entrado el siglo *xx*, específicamente con la promulgación de la Constitución de Austria el 1 de octubre de 1920—; hasta tanto en las leyes queda depositada la soberanía y concentrada la creación del Derecho. En tal sentido, el resultado es que entre la Constitución y la ley ordinaria no hay diferencia alguna de valor, y aquella fue considerada durante mucho tiempo una ley como cualquier otra que no vinculaba al Poder legislativo.

II. Estado Constitucional de Derecho

§6. Planteamiento de la cuestión — Por el contrario, sostiene De Otto[36], en el constitucionalismo americano, donde faltan los factores condicionantes que se dan en Europa, resulta claro desde el principio que las normas contenidas en la Constitución escrita son Derecho, el Derecho supremo del país, al que han de sujetarse los órganos del Estado Constitucional en el ejercicio de sus poderes públicos, con la consecuencia de que es posible el control de constitucionalidad del mismo, y que viene a constituir la más importante creación del constitucionalismo americano —seguido en el resto de América—.

En tal sentido, como señala M. Aragón[37], la DDHC de 1789 es un ejemplo, casi paradigmático, de todo ello. En primer lugar, en cuanto al concepto de Constitución, enunciado en términos bien conocidos como una ordenación del Estado que debe necesariamente basarse en la división de poderes y en la garantía de los derechos fundamentales. Y en segundo lugar, en cuanto al concepto de ley, entendida como expresión de la voluntad general.

De estos postulados se derivarían notables consecuencias para el constitucionalismo democrático: la doble limitación material y funcional del Poder

---

34 García Pelayo, M. (2009). «Estado legal y Estado constitucional de Derecho». En *Obras Completas*, Vol. III. Segunda edición revisada y aumentada. Madrid, CEPC, 3029.

35 Carré De Malberg, R. (2003 [1920]). *Contribution à la théorie générale de l'Etat; spécialement d'après les données fournies par le droit constitutionnel français*, Vol. I. Paris, Dalloz; y Carre de Malberg, R. (1998 [1920]). Teoría General del Estado, 2ª edición en español. México, Fondo de Cultura Económica.

36 De Otto, I. Ob. cit., nota 31, 13 y 14.

37 Aragon, M. (1987). «El control como elemento inseparable del concepto de Constitución». En REDC, núm. 7, 24.

público, por un lado; y, por otro, la consideración del derecho como producto inmediato de la decisión del pueblo o de sus representantes. El Estado constitucional aparecerá, así, como una forma específica de Estado que responde a los principios de legitimación democrática del Poder público —soberanía nacional—, de legitimación democrática de las decisiones generales del Poder público —ley como expresión de la voluntad general— y de limitación material —derechos fundamentales—, funcional —división de poderes— y temporal —elecciones periódicas— de ese poder.

Es por ello que el planteamiento anterior, supremacía de la ley sobre cualquier otro tipo de fuente normativa, sufrirá en Europa un cambio ideológico-jurídico solo después de la I Guerra Mundial, desde el momento en que se critica al Estado Legal de Derecho y se reconoce a la Constitución, valor y fuerza normativa, es decir, desde el momento en que la Constitución adquiere el carácter de norma jurídica, por influencia de H. Kelsen en la Constitución de Austria de 1920, que se extiende a la totalidad de la misma, sin perjuicio del diferente grado de concreción de sus diferentes preceptos. Es ahora, pues, que se recibirá la concepción norteamericana de reducir el legislativo a un Poder público constituido dentro de los límites superiores de la Constitución, y es cuando puede decirse que aparece la verdadera o genuina Constitución —con mayúscula ahora sí— y su correspondiente y genuino Estado Constitucional: el «Estado Constitucional de Derecho». Desde entonces, la finalidad garantista de la Constitución ya no se asegura tan solo con una organización y desde la confianza en su buen funcionamiento, sino que se persigue también normativamente.

En efecto, si bien puede afirmarse que el concepto de Estado Legal de Derecho comparte las características con el de Estado Constitucional de Derecho, sin embargo, las notas distintivas de aquel consisten en que ahora no cabe predicar la absoluta e incondicionada primacía de la ley sino, por el contrario, existe una norma jurídica superior, no solo a todas las demás normas que integran el Ordenamiento jurídico, sino también a todos los órganos del mismo, y que además se nutre de un contenido material integrado en buena medida por los derechos fundamentales de las personas. En consecuencia, el Estado Derecho solo se reputará Estado de Derecho, si esa norma superior resulta ser fuente directa de derechos y garantías inmediatamente aplicables por todos los operadores jurídicos y, sobre todo, provista además de un contenido material de principios jurídicos, valores superiores y fines esenciales de rango constitucional.

Por último, señala Aragón[38] a ello se debería agregar, además de la fidelidad a la idea de frenos y contrapesos, a la interconexión y colaboración de funciones, es decir, al sistema de «gobierno bien equilibrado», el gran aporte del cosntitucionalismo norteamericano, la puesta en marcha de una serie efectiva de controles sobre el Poder público, reforzados, desde la famosa sentencia del Juez Marshall de 1803, con el propio control judicial de la constitucionalidad de las leyes que, desde entonces, son inseparables al concepto de Constitución, como elementos primordiales del Estado constitucional.

Por todo ello, la vigencia de la Constitución dependerá de su capacidad de «realización», es decir, de su efectividad normativa, que, como ha señalado K. Hesse, requiere necesariamente «que la cooperación, la responsabilidad y el control que-

[38] Aragon, M. Ob. cit., nota 37, 27 y 28.

den asegurados» (*Escritos de Derecho Constitucional*). No es concebible, pues, la Constitución como norma, y menos la Constitución del Estado Constitucional, si no descansa en la existencia y efectividad de los controles.

La creación de tribunales constitucionales, la aplicación de la Constitución por los jueces, en suma, es sólo una faceta, aunque sea la más relevante, de este sistema. Junto al control de la constitucionalidad de las leyes, de los reglamentos y de otros actos del Poder público e incluso del poder social o de los particulares —«*drittwirkung*»—, o a la resolución jurisdiccional de los conflictos de atribuciones o de competencias, la ampliación y eficacia de los controles se manifiesta en la completa sumisión de la Administración pública a la ley, con la desaparición de ámbitos exentos, en el establecimiento de nuevas instituciones de fiscalización —como la figura del «*ombudsman*»-, en la extensión del control parlamentario a actividades o entidades de carácter administrativo, en la multiplicación, por vías formales, de otros medios de control del Poder público a cargo de asociaciones, sindicatos o grupos de interés e incluso en la creación —para determinados ámbitos: Consejo de Europa, Comunidades Europeas— de instrumentos supranacionales, políticos y jurídicos, de control.

§7. Principio de constitucionalidad — Pero también desde este momento, en el concepto moderno, la Constitución ya no solo es una norma jurídica sino, precisamente, es la norma jurídica suprema de todo el Ordenamiento jurídico, y se consolida con el establecimiento de uno o varios procedimientos de control jurisdiccional de la constitucionalidad por los tribunales constitucionales.

A partir de entonces, el nuevo periodo se caracteriza por el «principio de constitucionalidad», es decir, por la primacía de la Constitución sobre la ley y por el funcionamiento de una jurisdicción que entienda de la constitucionalidad de los actos del Estado Constitucional, incluida la propia ley, y se denomina al Estado Legal de Derecho como Estado Constitucional de Derecho. Así, según García Pelayo[39], el Estado Constitucional de Derecho mantiene, pues, el principio de legalidad, pero subordina sus formas concretas de manifestarse al principio de constitucionalidad, pues empleando una famosa expresión escolástica se podría decir que, el Estado de Derecho no anula sino que perfecciona al Estado Legal de Derecho.

En efecto, en cuanto ordenación jurídica del Estado Constitucional, si se considera la Constitución como una simple norma jurídica, se marginaría alguno de sus elementos esenciales, ya que es al tiempo un proyecto de futuro que se auto-asigna la comunidad nacional. En tal sentido puede afirmarse, la Constitución es algo más que la norma suprema del Ordenamiento jurídico: es el centro de dicho Ordenamiento jurídico, «por donde pasan todos los hilos del Derecho»[40], y que ha supuesto la aportación básica de la Constitución moderna a la cuestión de las fuentes como lo es el principio de constitucionalidad.

Y es que la supremacía del mencionado principio de constitucionalidad sobre el tradicional principio de legalidad —y, en consecuencia, la del «bloque de constitucionalidad» sobre el «bloque de legalidad»—, se manifiesta no solo en sentido negativo en cuanto invalidante de todo acto o norma incompatible con la

39 García Pelayo, M. Ob. cit., nota 34, Vol. III, 3029.

40 Nieto, A. (1983). «Pecualiaridades jurídicas de la norma constitucional». En RAP, núms. 100-102, 368-377.

Constitución, sino en el sentido positivo en cuanto condiciona y limita su marco de actuación y que es una de las aportaciones básicas del constitucionalismo moderno.

En consecuencia, que una sociedad tenga Constitución, que un Estado sea constitucional —Estado Constitucional—, significa que en él la organización de los Poderes públicos responda a un determinado fin, el aseguramiento y garantía de la libertad de los ciudadanos. Por tanto, la finalidad del movimiento que históricamente se llamó constitucionalismo no era, obviamente, introducir en los Ordenamientos jurídicos una norma denominada Constitución, sino asegurar la garantía de la libertad frente al ejercicio del Poder público.

En el mismo sentido, señala Bilbao Ubillos[41], el Estado Constitucional, como forma jurídica de organización de la convivencia social, de configuración del Estado Constitucional en su conjunto, cuya razón de ser es la salvaguarda de la libertad individual —entendida como la capacidad del ciudadano para autodeterminarse—, como principal valor, como su seña de identidad, surge como experiencia histórica en la Europa continental a finales del siglo *xviii*, y evoluciona desde entonces hasta convertirse en lo que es hoy, estación de llegada del trayecto histórico del Estado Constitucional: el modelo del *Estado social y democrático de Derecho* —y agregamos, *de Justicia*—, la última expresión categorizada del Estado Constitucional. Y el Estado Constitucional de Derecho es, a su su vez, el marco en el que el Derecho constitucional se desenvuelve. Toda forma de Estado Constitucional se sirve del Derecho para regular la convivencia, pero no todo Estado tiene por finalidad la garantía de la libertad. Esta, es pues, su seña de identidad (Bilbao Ubillos)[42].

Y es que el Estado Constitucional representa, tal y como ha llegado hasta nuestros días, el más alto umbral civilizatorio, y que —se insiste— será el concepto que manejaremos en esta obra. El disfrute de la libertad vinculado a la existencia de mecanismos efectivos de control de un Poder público que se expresa cómo y con arreglo a Derecho, que traduce la igualmente libre voluntad de los ciudadanos manifestada en elecciones periódicas y al que se habilita para sumir la responsabilidad de velar por la cohesión social, que es la mejor forma de organizar la convivencia para quienes teniendo memoria de la violencia, de la miseria y de la sumisión han querido escapar para siempre de ellas (Bilbao Ubillas)[43].

Así las cosas, es evidente que la Constitución no tiene sentido fuera del Estado Constitucional. La fuente suprema del Ordenamiento jurídico en el Derecho positivo viene a ser la Constitución, la fuente jurídica de mayor importancia. Y, por ende, cada capítulo del Derecho administrativo contemporáneo, se ha dicho, está encabezado por una norma de rango constitucional y de ahí que, según R. Bielsa[44], el Derecho administrativo tendrá el carácter o la fisonomía del Derecho constitucional de cada Estado Constitucional. Por tanto, desde ese punto de vista hay que concluir afirmando que la Constitución es la base, el fundamento y, en definitiva, el punto de anclaje y el marco de referencia constante del Derecho administrativo —posconstitucional—, cuyo estudio abordaremos a continuación.

---

41 Bilbao Ubillos, J.M., Rey Martínez, F. y Vidal Zapatero, J.M. Ob. cit., nota 1, 27, 29 y 30; y Brewer-Carias, A.R. (2007). *Estudios sobre el Estado Constitucional (2005-2006)*. Caracas, EJV, Cuadernos de la Cátedra Fundacional A.R. Brewer-Carias de Derecho Público, UCAT.

42 Bilbao Ubillos, J.M., Rey Martínez, F. y Vidal Zapatero, J.M. Ob. cit., nota 1, 32.

43 Bilbao Ubillos, J.M., Rey Martínez, F. y Vidal Zapatero, J.M. Ob. cit., nota 1, 211.

44 Bielsa, R. (1964). *Derecho administrativo*, T. 1. Buenos Aires, La Ley, 40.

Sección 2.ª La teoría de la Constitución

Introducción

§8. Planteamiento de la cuestión – El punto de partida del estudio sobre lo que hemos dado en denominar la Constitución administrativa ha de ser, necesariamente, la Constitución. Este si es materia que debe ser tomada en consideración en una obra sobre la Constitución administrativa, en su lección introductoria como ésta. En efecto, un hecho importantísimo en el Ordenamiento jurídico de cualquier país lo constituye la aprobación de la Constitución, que influye en las nuevas y específicas cuestiones que el contenido, la sistemática y la misión del Derecho administrativo de nuestro tiempo debe resolver, ante la emergencia de nuevas formas de la Administración pública y de la gestión pública del siglo *xxi*.

Ahora bien, la notable extensión de la Contitución de 1999 puede deberse, quizá, a la pretensión de constitucionalizar la mayor cantidad posible de los derechos fundamentales –Arts. 19 al 129, divididos en los Caps. I al IX del Título III *De los Derechos Humanos y Garantías, y de los Deberes*–, así como los principios jurídicos básicos o fundamentales y los valores superiores de la regulación de casi todas las materias del Derecho, razón por lo cual hoy día resulta extremadamente utópico lo de las Constituciones «mínimas». Es así como con relación a su contenido se detecta, en primer lugar, la influencia de los antecedentes del constitucionalismo nacional, en cuanto a estructura o términos tradicionales, pues conserva visibles influencias de Constituciones anteriores, fundamentalmente de la Constitución precedente de 1961 (A.R. Brewer-Carías, J.M. Casal Hernández, e I. Loreto González)[45].También es muy significativa la impronta del Derecho comparado, de los proyectos e ideas de los constitucionalismos americano y sobre todo del europeo continental, donde se observan múltiples influencias de las Constituciones francesa revolucionaria y, más recientemente, de las alemana y española, que como fuente de inspiración son muy notables, de donde se importan instituciones foráneas inéditas en nuestro constitucionalismo, por lo que en términos «formales» el texto puede presumir de grandes aportaciones e innovaciones.

Pero, también, es sabido que todo Derecho aspira a la «eficacia», a su efectividad. De ahí que las categorías e instituciones jurídicas no pueden ser estudiadas o enseñadas meramente como algo abstracto, supraordenado y objetivo, esto es, al margen de su eficacia (A.R. Brewer-Carias)[46]; por el contrario, hay que recordarlo, las instituciones jurídicas y dentro de ellas, la Constitución, deben ser estudiadas en su operatividad, «con un influjo efectivo y creciente» (García De Enterría)[47], es decir, como el vehículo que permite en la realidad el desarrollo de la vida social y política.

Así las cosas, la Constitución, en tanto es la primera de las «normas de producción», la «*norma normarum*», se manifiesta como el resultado de la autodetermi-

[45] Brewer- Carias, A.R. (2013). *Tratado de Derecho Constitucional* T.I *Historia Constitucional de Venezuela*. Caracas, EJV; y Brewer- Carias, A.R. (2014). *Tratado de Derecho Constitucional* T.II *Orígenes del Constitucionalismo Moderno en Hispanoamérica*. Caracas, EJV; Casal Hernández, J.M. (2019). *Apuntes para una historia del Derecho constitutcional en Venezuela*. Caracas, CIDEP-EJV; y Loreto González, I. (2005). *Génesis del Constitucionalismo en Venezuela*. Caracas. Centro de Investigaciones Jurídicas.

[46] Vid. *in extenso* a Brewer-Carías, A.R. (2017). *Tratado de Derecho Constitucional*. Tomo XVI. *La destrucción del Estado de Derecho, la ruina de la democracia y la dictadura judicial*. Caracas. .

[47] García De Enterría, E. y Fernández, T. R. Ob. cit., nota 13, T.I, 136.

nación de la sociedad, incorporando un condensado de principios, valores y fines esenciales, que si no se cumplen podrá llamarse tal, pero lo será solo en un sentido nominalista o semántico, con lo cual se evidencia como señalara el constitucionalista K. Loewenstein[48], que una visión eminentemente formalista es insuficiente para identificar el concepto actual de Constitución.

En tal sentido, es bien cierto que la Constitución se erige sobre la afirmación de su carácter plenamente normativo, y como tal una institución jurídica, pero también su análisis exige que habrá de desarrollarse en su instrumentación, es decir, a la luz de su proyección social, pues tal como señala J. González Pérez[49] el Derecho «ha de ser real. Un Derecho que no es real. No es derecho, es utopía», y, por consiguiente, como muy bien advierte R. Bielsa[50]: «[...] el derecho expresado en declaraciones y preceptos constitucionales equivaldría a un medicamento que, no obstante, su virtud, no se suministraría al que lo necesita para defender su salud».

§9. Constitucionalismo — Sostiene Jiménez Asencio[51], que la correcta comprensión de lo que sean las Constituciones actuales y el Derecho constitucional y, en particular —agregamos— la comprensión de la Constitucióndе 1999, no es tarea fácil si previamente no se disponen, como *prius*, de unos mínimos fundamentos del proceso que conocemos como «constitucionalismo», pues si algo caracteriza al concepto de Constitución es su impronta histórica y. sobre todo, su condición de herencia de un proceso y resultado en un momento muy concreto de la historia de la humanidad que básicamente se desarrolla en los siglos *xvi, xvii y xviii*. Pero tambien hay decirlo, está fuera de nuestro alcance y de nuestro interés actual realizar una minuciosa exposición de todas las nociones de Constitución que se han propuesto en la historia del pensamiento jurídico-político. Si queremos aludir a varios momentos elementales en la formación y evolución del fenómeno del constitucionalismo y de su expresión racionalizadora por excelencia que es la Constitución. En tal sentido, Jiménez Asensio[52] entiende que el fenómeno de constitucionalismo «no es otra cosa que la lucha por la limitación del poder y la conquista de la libertad frente a la arbitrariedad y el despotismo, así como la profundización en la igualdad y en los presupuestos democráticoa de cada sistema».

Como es bien conocido, la idea de Constitución es mucho más antigua que su concepto. Este último, sostiene M. Aragón Reyes[53], no surge hasta que nace el Esta-

---

48 Loewenstein, K. (1979 [1959]). *Teoría de la Constitución*, Traducción y estudio por A. Gallego Anabitarte, Reimpresion de la 2ª. ed. Barcelona, Ariel, 215, 217. 218 y 219.

49 González Pérez, J. (1957). «El método en el derecho administrativo». En RAP, núm. 22, 38.

50 Bielsa, R. Ob. cit., nota 44, 40.

51 Jiménez Asensio cita a F. Tomás y Valiente, quien magistralmente afirmó: «No hay dogmática sin historia. O no debería haberla, porque los conceptos e instituciones no nacen en un vacío puro e intemporal, sino en lugar y fechas conocidos y como concecuencia de procesos históricos de los que arrastran una carga invisible, pero condicionante». Jiménez Asensio, R. Ob. cit., nota 30, 14 y 15. En el mismo sentido A. Garrorena (1997). «Cuatro tesis y uncorolario sobre el Derecho Constitucional». En REDC, núm. 51, 45 y 46.

52 Jiménez Asensio. R. Ob. cit., nota 30, 24.

53 Sobre el desarrollo histórico de la idea y del concepto de Constitución, véase Aragón Reyes, M. (1986). «Sobre las nociones de supremacía supra-legalidad constitucional». En REP, núm. 50, marzo-abril. Madrid. Asimismo, puede consultarse a S. Chiaracane, quien sostiene que la Constitución viene siendo un concepto que de simple abstracción filosófica, relacionado con una sociedad ideal pasa a ser, luego, sinónimo de acto fundacional del Estado Constitucional constitucional, sobre la base de la idea de soberanía estatal producto del Tratado de Westfalia de 1648 y reconocido, por

do Constitucional hacia fines del siglo *xviii*; en cambio desde la más remota antigüedad, o al menos desde el mundo griego y romano, puede detectarse la idea de que existe o debe existir en toda comunidad política, un conjunto de normas superiores al Derecho ordinario cuyo objeto sería preservar la continuidad de la forma de organización que ha de regir en esa comunidad. Esa idea, presente en los períodos de esplendor de la democracia ateniense y de la república romana, resurge en la Edad Media como base de la llamada «Constitución estamental» y continúa en la Edad moderna a través de la noción de *lex fundamentalis*.

§10. Origen – Si el fenómeno de la Constitución escrita es relativamente nuevo, el término constitución es antiquísimo, que se remonta a la antigüedad clásica. En efecto, la palabra «constitución» deriva del latín *constitutio* –*cum* y *statuere* = con y establecer–, que ya usa M.T. Cicerón (106 a 43 a.C.) en su obra La República –*De re publica*–[54], y tiene el sentido de forma de un régimen, pero además de *ius publicum* o de Derecho público de la ciudad, comprendiendo el conjunto de disposiciones concretas de la autoridad. Significa ordenar, reglar, regular, decidir con autoridad, establecer. Efectivamente, lo que se ha denominado de forma gráfica como constitución de los antiguos, se caracteriza por una serie de metas comunes que tienen como hilo conductor la disciplina social y política (Jiménez Asensio)[55].

Para Aristóteles (384-322 a.C.), una constitución es la que determina con relación al Estado, la organización regular de todas las magistraturas y su funcionamiento determina lo que debe hacer el cuerpo gobernante y cuál es el fin de cada comunidad. Así, en su obra La Política (–*Politeia*–[56] distingue dentro del orden –*taxis*– de una comunidad, la *politeia* –constitución– y las *nomoi* –leyes–. Sin embargo, aunque se encuentra este antecedente remoto, el término constitución con el significado que hoy se le atribuye es moderno.

La noción de Constitución, esencialmente jurídica, solo ha sido utilizada recientemente por parte de la romanística (M.S. Giannini)[57]. Ahora bien, si hubiera que responder a la pregunta que formulara F. Lassalle en su conferencia de abril de 1862 ¿Qué es una Constitución?, o lo que es lo mismo, ¿en qué consiste su verdadera esencia?, habría que responder con las palabras de A. Posada[58], quien pone de relieve la esencia específica de la Constitución como la expresión jurídica del régimen del Estado Constitucional respecto de la organización de los Poderes públicos o instituciones fundamentales en las que se encarna prácticamente el ejercicio de la soberanía, y de la limitación de la acción de los Poderes públicos en sus relaciones con la persona humana, o sea, que la Constitución, a la par que sienta las normas o

---

lo general, como fecha oficial en la cual el mundo occidental se ha presentado como organizado en Estado Constitucionals, y en el resultado exitoso, a partir de 1687, de las revoluciones de Inglaterra, Francia y las Américas. Chiaracane, S. (2016). *Espejismo de una Constitución y Autoridad Global*, Tesis de Doctorado en Derecho y Relaciones Internacionales. Caracas. (consultado en original)

54 Cicerón, M. T. (2014). *La República*. Madrid, Alianza Editorial.

55 Jiménez Asensio. R. Ob. cit., nota 30, 20.

56 Aristóteles (2005). *Obras Filosóficas de Aristóteles, Política*. Tomo III, Libro sexto, Capítulo VI, (Trad. de Patricio de Azcárate Corral). Edición disponible en digital http://www.filosofia.org/cla/ari/azc03.htm, por el *Proyecto Filosofía en español*. Oviedo, 198.

57 Giannini, M. S. (1987). M. *Premisas sociológicas e históricas del Derecho administrativo, 2ª edición*, traducción, M. Baena del Alcázar y J.M. García Madaria. Alcalá de Henares, INAP, Estudios Administrativos, 10.

58 Posada, A. cit. por Fernández Vázquez, E. (1981). *Diccionario de Derecho Público*. Buenos Aires, Ed. Astrea, 134.

cánones fundamentales que estructuran la organización y el funcionamiento del Estado Constitucional, restringe los Poderes públicos de éste frente a las personas, a las cuales asegura el desarrollo de su dignidad con la «proclamación» —reconocimiento— y «protección» —defensa, respeto y servicio— de los derechos fundamentales anteriores y superiores a la Constitución. Esto es, el concepto normativo de Constitución.

En esta línea de pensamiento, la jurisprudencia[59] de la Sala Político-Administrativa de la antigua Corte Federal y de Casación, define la Constitución en los términos siguientes:

> El conjunto de normas jurídicas fundamentales que, con el nombre de Constitución, organizan la vida política del Estado, el número y competencia de sus Poderes Públicos, así como la enunciación y reconocimiento de los Derechos y Garantías de los ciudadanos.

A. Génesis

§11. Cuestión previa — Según F. Rubio Llorente[60], de acuerdo con su concepción «moderna» y normativa alumbrada en las grandes Revoluciones de las que surge el Estado Constitucional y definida en el célebre Art. 16 de la DDHC de 1789, la Constitución ha de disciplinar por entero la organización y el funcionamiento del Poder público para asegurar la libertad de los ciudadanos, su emancipación; sobre todo respecto del Poder político, pero también de los poderes sociales basados en privilegios, una función que manifiestamente ya no cumple en este Estado Constitucional «transformado». El debate sobre el constitucionalismo pretende desvelar las razones de esta incapacidad y eventualmente reelaborar esa concepción moderna de Constitución, sin alterar su naturaleza ni privarla de su normatividad.

Un primer paso en esta tarea sostiene Rubio Llorente[61], es el acotar el alcance de esa normatividad, revisando la diferencia radical supuestamente existente entre la concepción «moderna» y «normativa» y la «antigua» o histórica, simplemente descriptiva. En la primera, la Constitución es un texto escrito, producto de un acto deliberado que persigue la limitación del poder mediante una Ley Fundamental de la que deriva la validez de todo el Derecho positivo, pero cuya propia validez no depende de norma previa alguna, sino de ser expresión de la voluntad del «pueblo». La existencia previa del pueblo como unidad de decisión requiere, sin embargo, un acto o un proceso histórico —no una simple hipótesis constructiva como la del contrato social— de contenido jurídico, que convierta en «pueblo» lo que de otro modo sólo sería multitud: la Constitución «histórica» es condición de posibilidad de la moderna: esta organiza el poder, pero es aquella la que crea el Estado Constitucional[62].

Sin embargo, esta confluencia entre lo antiguo y lo nuevo en la delimitación del pueblo no niega, sino que da por supuesto y más bien refuerza, el principio básico del constitucionalismo tradicional, de acuerdo con el cual el fundamento de

---

59 Sent. de la CFC/SPA Acc. del 4-12-1941, M. 1942, 345.

60 Rubio Llorente, F. (2015). «El constitucionalismo contemporáneo». En REDC, núm 105, 377.

61 Rubio Llorente, F. Ob. cit., nota 60, 377.

62 Laughlin, M. (2010). «What is Constitutionalism?». En *The Twilight of Constitutionalism*, Dobner, P. y Laughlin, M. (eds.). Oxford University Press, 51-52. Cit. por Rubio Llorente, F. Ob. cit., nota 60, 377.

la supremacía de la Constitución, de su validez como norma suprema, como *lex superior* no deriva de ninguna norma suprapositiva, sino de ser producto directo de la voluntad popular, de ser obra del Poder constituyente. Este principio es, por el contrario, el que centra los ataques de la crítica radical.

Como se indicaba más arriba, el objeto real del debate sobre la historia del constitucionalismo, es la determinación de cuál sea el equilibrio posible y deseable entre el constitucionalismo «moderno» y el «contemporáneo». Algunos autores consideran que la dualidad es transitoria, o ha sido exagerada porque se ha puesto el acento en las instancias transnacionales y se ha ignorado la cadena de legitimidad que crean los acuerdos internacionales, o es ilusoria, porque tampoco el poder de los Estados nacionales está democráticamente legitimado[63]. En conclusión, Rubio Llorente[64] afirma que no sabe si es mayoritaria, pero a su juicio la más sólida es la postura de quienes aceptan la pluralidad, la existencia real de diversos niveles de constitucionalismo que difieren en el modo de concebir los derechos, la relación entre Estado Constitucional y sociedad, y quizás, por encima de todo, la idea misma del Estado Constitucional.

§12. Concepto normativo — La Constitución, se ha dicho, es un producto típico de la Ilustración. En tal sentido, señala J. Pérez Royo[65], el ideal del Poder constituyente de finales del siglo *xviii* es descubrir, a partir del estudio de la naturaleza del ser humano mediante el uso de la razón cuál es la Constitución que debe presidir su organización en la sociedad, y una vez descubierto, fijarla por escrito de manera prescritiva, con el fin de evitar que su «olvido, desconocimiento o menosprecio» por utilizar la terminología de la DDHC de 1789, condujera a los hombres a las desgracias y catástrofes de todo tipo a las que se habían visto sometidos en el pasado.

Por esta razón, ha sido definida de manera muy acertada por García Pelayo como Constitución racional-normativa, en el que se concibe la Constitución como un complejo normativo establecido de una sola vez y en el que de una manera total, exhaustiva y sistemática se establecn las funciones fundamentales del Estado Constitucional y se regulan los órganos, el ámbito de sus competencias y las relaciones entre ellos (Pérez Royo)[66].

En efecto, García Pelayo[67] sostiene que el concepto de Constitución es uno de los que ofrece mayor pluralidad de formulaciones, lo cual explicaría que haya ido frecuentemente acompañada de adjetivos, hablándose así de Constitución jurídica o real, política o normativa, material o formal, en definitiva, muchas tipologías. Por tanto, estimamos que debe partirse de un concepto que resulte útil para entender la Constitución vigente, y ese concepto es el «normativo» —al que se le pudiera llamar de muchas otras maneras racional-normativo, formal, garantista, etc.—. Con este capital sentido se incorpora, pues, el concepto de Constitución a la cultura jurídica de occidente, y con idéntica finalidad, bien que, con inevitables altibajos y retrocesos, ha permanecido en ella hasta nuestros días.

---

63 Dobner, P. «More Law, less Democracy?». En *The Twilight of Constitutionalism,* Dobner, P. y Laughlin, M. (eds.). Oxford University Press, 149-154. Cit. por Rubio Llorente, F. Ob. cit., nota 60, 380.

64 Rubio Llorente, F. Ob. cit., nota 60, 380.

65 Pérez Royo, J. y Carrasco Durán, M. Ob. cit., nota 8, 71.

66 Pérez Royo, J. y Carrasco Durán, M. Ob. cit., nota 8, 71.

67 García Pelayo, M. Ob. cit., nota 34, «Derecho constitucional comparado», Vol. I, 260 y ss.

Así las cosas, lo que se ha venido denominando concepto normativo de Constitución, sostiene J.A. Santamaría Pastor[68] —y a quien seguimos muy de cerca en el desarrollo que sigue en las páginas siguientes—, es una noción que se consagra en el vocabulario jurídico de los países occidentales en el último tercio del siglo *xviii*. No se trata, obviamente, de una noción que surja de la nada en este momento de la Historia: antes bien, se trata de un concepto-síntesis producido por la acumulación paulatina de una serie de ideas y postulados del origen más diverso, aparecidos a lo largo de toda la larga historia jurídica europea; de entre ellas —sostiene— conviene destacar las cuatro siguientes que se citan a continuación[69].

§12.a Norma de rango superior — Ante todo, es una concepción de la Constitución que gravita sobre su condición de norma jurídica suprema del Estado Constitucional: es la idea de una «norma»[70] —o conjunto de normas— de rango superior al resto de las normas del Ordenamiento jurídico y que, por tanto, resulta inmodificable por los procedimientos ordinarios de producción legislativa. Las manifestaciones históricas de esta idea son múltiples: en los Derechos romano y canónico se empleaba el término «*constitutio*» para designar las normas dotadas de un valor o rango preeminente —*constitutiones principis,* constituciones pontificias o sinodales—.

Así las cosas, dentro de la evolución del Estado Constitucional se pude mencionar, en primer lugar, la variante histórica del constitucionalismo que es ciertamente singular. La misma comienza con la experiencia constitucional medieval, que se afinca principalmente en Inglaterra y se concreta en la Carta Magna de 1215. En efecto, en la Edad Media -sostiene Santamaría Pastor- esta condición se atribuye en Inglaterra a la denominada *lex terrae* o ley de la tierra; esto es, al conjunto de derechos y privilegios feudales de base consensual, concedidos por el rey a las asambleas estamentales, en las que están representados los intereses de los tres órdenes o estamentos: el clero, la nobleza y la burguesía. Que la expresión más clara de la idea se encuentra, sin embargo, en el concepto de *lois fondamentales,* acuñado en el marco de la teoría política francesa del siglo *xvi*, para designar un complejo de principios esenciales del sistema monárquico que nadie, ni siquiera el rey, podía alterar; el concepto se generalizó, en el siguiente siglo, en la doctrina inglesa y en la del Imperio alemán, siendo utilizado al inicio de las Revoluciones liberales.

Ahora bien, el mencionado concepto de *lex terrae* no es nada preciso: aparece por vez primera en la versión definitiva de la Carta Magna (1215), en la que el Rey se compromete a no detener ni aprehender a ningún hombre libre, sino mediante el juicio de sus pares y de acuerdo con la ley de la tierra —Art. 29: la redacción original de la Carta, de 1215, no hablaba de *lex terrae*, sino de *leges regni nostri*, expresión mucho más «monarquizante»; por cierto que el antecedente de una y otra norma, el decreto de Conrado II del 1037, utilizaba la expresión, mucho más fami-

---

[68] Santamaría Pastor, J.A. (1988). *Fundamentos de Derecho Administrativo* I. Madrid, Editorial Centro de Estudios Ramón Areces, S.A., 432.

[69] Santamaría Pastor, J.A. Ob. cit., nota 68, 432 y ss.

[70] La noción de «norma» dista de tener significado preciso en el lenguaje jurídico, pues este no suele responder a los conceptos bien establecidos en la Teoría general del Derecho. De ahí que aquí se sigue más bien un concepto pragmático de norma jurídica en el sentido acuñado por J. A. Santamaría Pastor: la proposición prescriptiva de carácter jurídico empleada por los diferentes operadores jurídicos como parte del razonamiento tendente a dar solución correcta a los conflictos que se plantean. Vid. Santamaría Pastor, J.A. Ob. cit., nota 68, 97 y 98.

liar de «*secundum constitutionem antecessorum nostrorum*»—. Que la expresión designa al conjunto del Derecho feudal, hecho de común acuerdo por el rey y los señores, lo refleja claramente un texto de 1359: «*La Ley de la terre est fait en parlement par le roy et les seigneurs espirituels et temporell et tout la communalte du roiaume*». En definitiva, como después señalaría el Juez E. Coke, *lex terrae* era la expresión con que se designaba en el siglo XIII, lo que luego se denominaría *common law*[71]. El término *lex terrae* termina su singladura en la Constitución de Estado Constitucionals Unidos, cuyo Art. 6.° la utiliza para calificar ésta como «*the supreme law of the land*».

La evolución del concepto de *loi fondamental* no es menos compleja. Según su principal investigador A. Lemaire[72], la expresión aparece inicialmente en un escrito inédito del canciller Michael de L'Hôpital de 1570, y es utilizada en los escritos polémicos de los monarcómacos —contra lo que alguna vez se ha afirmado, la fórmula no se halla en la obra de J. Bodin, que habla de «*loix qui concernent l'estat du Royaume*», para distinguirlas de las simples «*loix Royales*»; el sentido de ambas fórmulas es, sin embargo, el mismo; su característica básica es que no pueden ser derogadas: «*le Prince n'y peut deroger*», dice J.Bodin; «*les loix fondamentales d'un royaume ne se peuvent jamais abolir*», según el canciller de L›Hôpital—. Pero si la expresión data del siglo *xvi*, el contenido de estas leyes fundamentales es mucho más antiguo: se trataba del conjunto de reglas de sucesión monárquica —principalmente, la Ley Sálica— y de inalienabilidad de los bienes de la corona[73].

Posteriormente —continúa el autor citado—, el concepto de ley fundamental pasó a Inglaterra en el siglo *xvii*, siendo utilizado dialécticamente en el marco de las luchas entre el Monarca y el Parlamento: uno y otro se acusaban recíprocamente de haber violado las leyes fundamentales del reino, pero sin que nadie alcanzase a precisar cuáles eran dichas leyes. T.Hobbes decía irónicamente que «*I could never see in any Author, what a Fundamentall law signifieth*»[74]. La noción fue igualmente utilizada en Alemania para calificar los textos básicos de la organización política del Imperio, como la Bula de Oro, las paces religiosas, las capitulaciones electorales imperiales y, sobre todo, los tratados de Westfalia[75].

§12.b Constitución escrita — En segundo lugar, el carácter escrito de la Constitución —que hoy nos puede parecer un requisito elemental— ha tenido una significación relevante: solo el Derecho escrito —frente a los simples pactos y costumbres— ofrece suficiente seguridad como para permitir contrastar con rigor la licitud de los actos del poder.

La Constitución escrita es un fenómeno relativamente reciente en la historia de la organización de las sociedades humanas. Únicamente a lo largo del siglo *XVIII* empiezan a existir documentos en los que pretende fijarse por escrito las normas a las que debe responder la organización política general de la sociedad,

---

71 Ullmann, W. (1971). *Principios de gobierno y política en la Edad Media*, Madrid, 165 y ss. Cit. por Santamaría Pastor, J.A. Ob. cit., nota 68, 432.

72 Lemaire, A. (1907). *Les lois fondamentales de la monachie française d'apres les théoriciens de l'Ancien régime*. Paris. Cit. por Santamaría Pastor, J.A. Ob. cit., nota 68, 432 y 433.

73 Ellul, J. (1980). *Histoire des institutions*, III, 8ª ed. Paris, 318 y ss.; R. Mousnier. R. (1974). *Les institutions de la France sous la Monarchie absolue*, I. Paris, 502 y ss. Cit. Cit. por Santamaría Pastor, J.A. Ob. cit., nota 68, 433.

74 Sobre ello, véase García Pelayo, M. Ob. cit., nota 34, Vol. I, «Derecho constitucional comparado», 23.

75 Bussi, E, (1970). *Il Diritto pubblico del Sacro Romano Imperio alla fine del XVII secolo*, I. (2.ª ed.). Milano, 19 y ss. Cit. por Santamaría Pastor, J.A. Ob. cit., nota 56, 433.

con especificación de los órganos y procedimientos a través de los cuales se debería ejercer el poder, así como de la relación de tales órganos con los individuos y sus derechos. Dichos documentos parecen, por primera vez, en las colonias inglesas de América del Norte y después en los Estados Unidos constituídos por aquellas colonias tras la independencia de Inglaterra. (J. Pérez Royo)[76].

Así las cosas, sostiene Santamaría Pastor, la idea de una norma que codifica en un solo texto las reglas de organización y funcionamiento de los Poderes públicos, que surge a mediados del siglo *xvii*, de modo simultáneo a uno y otro lado del Atlántico con la segunda variante del movimiento constitucional contemporáneo que estará representado por el proceso de independencia de las colonias norteamericanas y por la independencia ulterior de la Constitución de 1787 en norteamérica, a través de las cartas de colonización —«*Charters*», o «*patent letters*»— otorgadas por el Rey a compañías o particulares, en las que se contenía una completa regulación de los órganos del gobierno de la colonia. En Inglaterra, con los documentos surgidos en el período del Protectorado de O. Cromwell; el primero es el intento democrático de los *levellers, diggers* (1647/1649) de establecer a través de la publicación del *Agreement of the People* —a partir de 1647 con versiones sucesivas— una Contitución escrita; y sobre todo el segundo, el *Instrument of Government* (1653), que constituye un documento calificado como «Constitución otorgada», representando la primera y única Constitución escrita no solo de Inglaterra, dentro del periodo conocido como la época de las revoluciones, sino el primer texto escrito de carácter constitucional de la historia, a pesar de la paradoja que supone que este país jamás volverá a disponer de una Constitución (Bilbao Ubillos)[77] .

Es justamente en esta idea donde se halla el germen de la técnica de las Constituciones escritas, hoy de extensión prácticamente universal[78], con excepción del sistema constitucional británico, cuya característica más específica es la ausencia de una Constitución formal o «no escrita», lo cual no implica que no la tenga, donde la peculiaridad más relevante es que la constitución británica seria la suma de un conjunto de documentos constitucionales, de la tradición del *common law* y de una serie de prácticas que se transforman con el paso del tiempo en convenciones constitucionales que definen el funcionamiento armónico del sistema institucional.

Finalmente, será el contenido el que nos va a permitir saber cuándo bajo la forma de Constitución escrita existe una auténtico Constitución y cuándo es, por el contrario, una forma espúrea que «hace uso del nombre de Cosntitución en vano». La Constitución racional-normativa será, así, el resultado de la combinación de un elemento formal y de otro elemento material.

§12.c Norma fundacional — En tercer lugar -señala Santamaría Pastor -, el sentido de una norma fundacional —primario, constituyente—, mediante la cual los miembros de una comunidad, en un acto solemne de autodeterminación, proceden de común acuerdo a instaurar una determinada estructura estatal y a regular su organización y sus límites. En efecto, no se puede entender el proceso de formación

[76] Pérez Royo, J. y Carrasco Durán, M.Ob. cit., nota 8, 67.
[77] Bilbao Ubillos, J.M., Rey Martínez, F. y Vidal Zapatero, J.M. Ob. cit., nota 1, 94.
[78] Para la historia de la figura de las Constituciones escritas, vid. *in extenso* a la obra de Schmidt, C. (1982). *Teoría de la Constitución*, trad. esp. Madrid, 29 y ss. Sobre las cartas coloniales y su influencia en el constitucionalismo americano, H. L. Osgood, H.L. (1904-1907).*The American Colonies in the XVII Century*, New York, 3 vols.; Andrews, C. M. (1934-1938).*The Colonial period of American History*, 4 vols. New Haven. Cits. por Santamaría Pastor, J.A. Ob. cit., nota 68, 433 y 434.

del constitucionalismo norteamericano, sin una referencia a la época de la colonización donde los distintos territorios coloniales dispusieron de *Charters* de distinto tipo en las que se establecían las formas de gobierno de tales colonias y su sistema institucional, y donde se constituyeron comunidades de fuerte impronta religiosa, pero dotadas de una autoridad a la que todos acuerdan obedecer.

El origen de esta idea es doble: de una parte, y como G. Jellinek[79] señaló, surge de la transposición al plano político de las doctrinas calvinistas sobre la fundación de las comunidades cristianas y de la concepción bíblica de la alianza entre Dios y el pueblo elegido; una y otra se llevan a cabo mediante un *compact o covenant*, un contrato mediante el cual todos los miembros de la comunidad fundan ésta libremente, instituyen sus autoridades y se comprometen a obedecerlas. De otra parte, la idea aparece en el continente europeo como una consecuencia de la doctrina del contrato social, del que esta norma funcional constituye su actualización solemne.

La materialización de estas ideas se produce, en su forma más clara, en la segunda variante del movimiento constitucionl contemporáneo que se plasma en la organización política de las colonias norteamericanas: de enorme valor simbólico en Estado Constitucionals Unidos de América es la nueva forma de organización política, cuyo rasgo más relevante es su modo de gestación, que consiste en la elaboración de documentos escritos contentivos de un pacto fundacional denominado «*covenant*» o «*compact*». La primera de estas cartas es la concedida a la *Virginia Company* en 1606; sin embargo, la primera que regula sistemáticamente el esquema de gobierno de la colonia es la otorgada a la Compañia de la Bahía de Massachussets en 1629 que 42 puritanos separatistas —«*Pilgrimfathers*»— suscribieron a bordo del «*Mayflower*», el 11 de noviembre de 1620 —cuya parte fundamental rezaba así: «*We do solemny and mutually, in the presence of God and of one another, convenant and combine ourselves together, into a civil body politic*»—. No menos importancia poseen las *Fundamental Orders of Connecticut*, que los puritanos de Massachusetts suscribieron el 14 de enero de 1639, en el que la constitución de la colonia se expresa bajo la forma de un verdadero contrato social —«nos asociamos y unimos en un Estado Constitucional público o República, y entramos, nosotros mismos, nuestros descendientes y los que se nos unan, en una asociación o confederación»— [80].

Lo que interesa destacar es que fueron esos documentos escritos, que reflejaban las «reglas primeras» sobre la convivencia, los que van a prepar el terreno para la afirmación en tierras americanas, por primera vez en la historia del constitucionalismo, de una aportación de capital importancia: la Constitución como una verdadera norma jurídica escrita y superior del Ordenamiento jurídico (Bilbao Ubillos)[81].

Así, señala Jiménez Asensio[82], el concepto de supremacía de la ley, luego convenientemente revestido en supremacía de la Constitución y, sobre todo, el

---

[79] Jellinek, G. (1978). *Teoría general del Estado*, trad. esp. de la 2ª edición alemana. Buenos Aires, Editores Albatros, S.R.L., 384 y ss.

[80] Sobre todo ello, vid. Merriam, C.E. (1903). *History of American Political Theories*. New York; J. W. Gough (1957). *The Social Contract. A Critical Study of its Development*, (2ª ed.). Oxford, 86 y ss.; Eusden, J.H. (1960). *Natural Convenant Theology in New England*. En *Natural Law Forum*, cits. por Santamaría Pastor, J.A. Ob. cit., nota 68, 434.

[81] Bilbao Ubillos, J.M., Rey Martínez, F. y Vidal Zapatero, J.M. Ob. cit., nota 1, 112. Asimismo, Brewer-Carias, A. Ob. cit., nota 45, T.I, 115-117.

[82] Jiménez Asensio. R. Ob. cit., nota 30, 47 y 48.

papel del Poder judicial en calidad de garante de los derechos, será determinante en el constitucionalismo norteamericano. Lo verdaderamente llamativo del fenómeno noteamericano, consistirá en que daría lugar a un movimiento constitucional y, sobre todo, un concepto de Constitución completamente nuevo, con aportaciones trascendentales al Derecho constitucional, pero que tardaría más de un siglo en penetrar en la Europa continental.

§12.d Norma limitadora del poder del Estado Constitucional — Y, en cuarto y último lugar -finaliza Santamaría Pastor[83] - la idea de una norma cuya finalidad es limitar el Poder del Estado Constitucional en defensa de las libertades de los ciudadanos, que aparece en el marco de iusnaturalismo alemán del siglo *xviii* —G.R. Bohmer, Ch. Wolff y, sobre todo, E. de Vattel—, como consecuencia del reconocimiento de un conjunto de derechos individuales, innatos en cada persona y previos al Estado Constitucional, que éste ha de respetar: la ley fundamental o contrato social, pues, sólo puede entenderse como un mecanismo jurídico tendente a la limitación del poder del príncipe por el pueblo, no como un mero documento de regulación de la organización política, cualquiera que sea su contenido. Es esta, justamente, la tesis que, a través del Barón de Montesquieu, llega al antes mencionado Art. 16 de la DDHC de 1789, el «acta de defunción del Antiguo Régimen».

En este sentido llama la atención que la Constitución norteamericana de 1787 no recoge una declaración de derechos, que solo vino a paliarse muchos años después en 1991, cuando se incorporaron las Diez primeras Enmiendas a la Constitución de 1787 que en buena parte recogían el *Bills of Rights* (1689) que limitaba el poder regio, al tiempo que reforzaba la posicion del Parlamento y reconocía más libertades individuales a los ingleses, no obstante la obra constitucional norteamericana de enorme magnitud.

Por su parte, para Jiménez Asensio[84] la tercera variante del movimiento constitucional arranca de la experiencia revolucionria francesa, con un documento que se ha considerado emblemático del constitucionalismo, la declaración de los Derechos del Hombre y del Ciudadano del 26 de agosto de 1789, cuyo influjo directo, inmediato fue la Declaración de Derechos del Buen Pueblo de Virginia —mayo de 1776—, y la Constitución aprobada el 3 de septiembre de 1791. Dentro de los principios fundamentales de la parte orgánica de la Constitución destacan los siguientes: 1.°, la atribución de la soberanía a la nación, de quien emanan los poderes del Estado Constitucional; 2.°, la consagración del principio de separación de poderes, de una separación más bien rígida, con predominio del Poder legislativo; y 3.°, la afirmación del principio de primacía de la ley, los cuales han seguido teniendo una proyección hasta nuestros días, pues van a condicionar el desarrollo ulterior del Derecho público continental en general, y del Derecho constitucional en particular.

De todo lo anterior se puede deducir, claramente, tal como lo harían los teóricos posteriores, la trascendental importancia que tiene, si se quiere evitar el abuso del Poder público de los gobiernos, la idea de una Constitución escrita y la separación de poderes. La idea de separación de poderes como límite al despotismo y su expresión en un texto escrito representa la guía fundamental que orienta el camino del constitucionalismo como proceso, y sobre todo la construcción de un concepto de Constitución que sigue siendo insutituible: la supremacía de la Constitución

83 Santamaría Pastor, J.A. Ob. cit., nota 68, 434.

84 Jiménez Asensio. R. Ob. cit., nota 30, 65 y 77.

sobre el resto del Ordenamiento jurídico. Y así el gobierno de las leyes se imponía sobre el gobierno de los hombres (Jiménez Asensio)[85].

B. Notas básicas

§13. Plan — La conjunción de todas las anteriores ideas matrices había de desembocar, continúa señalando Santamaría Pastor[86], a fines del siglo *xviii* y comienzos de *xix*, en la formación de un modelo conceptual liberal de Constitución caracterizado por cinco notas básicas, a saber: 1ro., la autodeterminación; 2do., el sistema normativo; 3ro., la norma escrita; 4to., la ideología liberal; y 5to., la *lex* superior, que analizaremos a continuación.

§13.a Autodeterminación — En primer lugar —señala Santamaría Pastor—, la Constitución es un acto de autodeterminación fundamental de una comunidad, mediante el cual los miembros de ésta, de forma libre, unilateral y democrática, deciden constituirse en comunidad política soberana, regulando la organización de sus poderes. De acuerdo con su estricto sentido etimológico, pues, la Constitución se configura como la decisión constitutiva, el acto fundacional de un nuevo Estado Constitucional o régimen político, cuya única legitimidad se halla en la libre determinación del pueblo, no en la concesión de una autoridad preexistente y superior, ni en el pacto entre ésta y aquél.

La nota de autodeterminación es patente en los preámbulos de los primeros textos constitucionales: así, entre otras, en la Constitución federal norteamericana de 1787, cuyo breve y solemne preámbulo, redactado en primera persona del plural —«*We, the People of the United States...*»—, expresa la decisión colectiva de aprobar la Constitución; y en el mismo sentido se manifiesta el preámbulo del proyecto de Constitución girondina de 1793 —«*La nation française se constitue en République une et indivisible*»—.

§13.b Sistema normativo — En segundo lugar —continúa Santamaría Pastor— de acuerdo con el sistema racional normativo, la Constitución es un sistema de normas jurídicas; no una declaración retórica de intenciones, sino un acto de producción legislativa en sentido estricto, que da lugar a la aparición de un complejo normativo dotado de fuerza vinculante y aplicabilidad inmediata y directa por los ciudadanos y los poderes públicos. En consecuencia, por vagos o abstractos que resulten ciertos enunciados constitucionales, habrá de verse en ellos, como ha notado la doctrina aleamana, «Derecho concentrado» y no formulaciones literarias o simplemente retóricas (García De Enterría)[87]. De esta forma, el hecho de la fundación política se juridifica: la erección de una comunidad estatal se lleva a cabo mediante la aprobación de una norma jurídica.

Por su parte, el carácter e intencionalidad de este acto normativo ha sido magistralmente resumido por García Pelayo[88] en tres rasgos:

1.°, la Constitución se presenta como «un complejo normativo establecido de una sola vez y en el que de una manera total, exhaustiva y sistemática se establecen las funciones fundamentales del Estado Constitucional y se regulan los órganos, el

---

85 Jiménez Asensio. R. Ob. cit., nota 30, 50 y 62.
86 Santamaría Pastor, J.M. Ob. cit., nota 68, 435 a 437.
87 García De Enterría, E. y Fernández, R.-T. Ob. cit., nota 13, T.I, p. 128.
88 García Pelayo, M. Ob. cit., nota 34, Vol. I, 260, 261, 262 y 263.

ámbito de sus competencias y las relaciones entre ellos»; un acto que expresa «la creencia en la posibilidad de estructurar la vida toda del Estado Constitucional con arreglo a unas normas predeterminadas y predeterminadoras; en ese sentido significa una culminación del proceso de racionalización y planificación de la vida estatal» y que, por ello, se considera dotado de eficacia ordenadora: «no se trata solamente de que la Constitución sea expresión de un orden, [...] sino también de que ella misma es la creadora de ese orden» (García Pelayo)[89].

2.°, la Constitución es una norma soberana, en la que encarna la soberanía; todos los órganos del Estado Constitucional son creados y regulados por la Constitución, a la que deben su misma existencia y competencias, «puesto que todos los poderes de mando lo son en virtud de ella».

Y por último 3.°, la Constitución normativa es un instrumento de objetivización y racionalización de la estructura del Estado Constitucional y de sus modos de funcionamiento: la conversión de los poderes tradicionales en órganos y de sus funciones en competencias supone la «culminación del proceso de racionalización y planificación de la vida estatal que había iniciado el absolutismo», al eliminar del Estado Constitucional «todo elemento personal, histórico y socialmente particularizado». Pero la supremacía de la Constitución expresa, también, una exigencia de carácter social y económica: supone «la eliminación de poderes arbitrarios, así como la negación de toda autoridad más allá de la establecida por normas jurídicas precisas»; algo absolutamente preciso para el correcto funcionamiento de la economía capitalista, la cual, como decía Max Weber, «precisa confiar en que la justicia y la administración seguirán determinadas pautas; no es, por consiguiente, compatible con una situación de inseguridad jurídica, ya que sobre ella no puede fundarse ningún cálculo seguro».

§13.c Norma escrita — En tercer lugar, la Constitución asume, por naturaleza, la forma de norma escrita, en atención al efecto estabilizador y racionalizador de la Constitución que se ve potenciado cuando la Constitución es una Constitución escrita (K. Hesse)[90]. Como señalara A. Esmein[91], la plasmación escrita de las Constituciones modernas es un postulado en cuyo origen se hallan tres ideas: 1.ª, la superioridad de la norma escrita sobre la inseguridad e irracionalidad de la costumbre; sólo lo que consta por escrito ofrece garantía frente a la eventual arbitrariedad del Poder público; 2.ª, el significado simbólico del acto constitucional como renovación solemne del contrato social; y, finalmente, 3.ª, la utilización del documento constitucional como un medio de educación cívica y de difusión del conocimiento de las instituciones.

§13.d Ideología liberal — En cuarto lugar, la Constitución requiere para merecer la condición de tal, que su contenido se ajuste a los principios de la ideología liberal. Como ha señalado García Pelayo[92], el concepto de Constitución trata de ser monopolizado por una determinada tendencia; «sólo vale como Constitución aquello que establece una limitación de la actividad del Estado Constitucional ...; así

[89] García Pelayo, M. Ob. cit., nota 34, Vol. I, 261 y 262.

[90] Hesse, K. (2011). *Escritos de Derecho Constitucional*, Madrid, CEPC, Col. Democracia y Derecho, 48.

[91] Esmein, A. y Nezard, H. (1927). *Eléments de droit constitutionnel français et comparé*, I, 8.ª ed. París, 603-604.

[92] García Pelayo, M. Ob. cit. Vol. III, nota 34, 263. La mejor exposición sobre la apropiación por el régimen liberal del concepto de Constitución se encuentra en Schmitt, C. Ob. cit., nota 78, 58 y ss., 137 y ss.

pues, no es constitucional cualquier ordenación fundamental del Estado Constitucional, sino precisamente aquélla que reúne estas dos condiciones: a) la garantía de los derechos individuales, y b) la división de poderes que sirva a la efectividad de aquéllos».

Es precisamente a finales del siglo *xviii*, con el triunfo político de las ideas ilustradas, cuando la Constitución, como sinónimo de racionalización del Poder público, queda inseparablemente unida a la idea de libertad.

§13.e *Lex superior* — Y, en quinto y último lugar —finaliza Santamaría Pastor—, la Constitución ostenta la calidad de «*lex superior*»; no es una norma jurídica más, sino precisamente la primera, la más solemne e importante, la norma suprema, cúspide de todo el sistema normativo. Lo cual entraña dos consecuencias: 1.ª, de orden formal, cual es la de que su modificación o derogación se encuentra sometida a trámites especiales, distintos y más dificultados que los previstos para la reforma de las leyes; y 2.ª, de orden material, su superioridad sustantiva respecto de las restantes normas, que sólo serán válidas y aplicables en la medida en que respeten sus prescripciones.

C. Naturaleza

§14. Planteamiento general — La Constitución, cuya génesis y transformación histórica hemos trazado con la ayuda de Santamaría Pastor y otros autorizados autores, tendrá características formales y materiales. Desde el punto de vista formal será una norma fundamental, escrita y rígida; una super-ley situada por encima del Derecho ordinario. Desde el punto de vista material, será una norma que habrá de tener un determinado contenido: la garantía de los derechos fundamentales de las personas y el establecimiento de la división de Poderes públicos (Art. 16 de la DDHC).

De lo expuesto deriva que la Constitución tenga una doble vertiente: 1.ª, como tal está dirigida fundamentalmente a establecer la organización o normas de organización y vida política y número de ramas del Poder público; y 2.ª, comporta también la necesidad de que ella contemple otro aspecto fundamental del Estado Constitucional de Derecho, como lo es el reconocimiento de rango constitucional de los derechos y las garantías fundamentales de las personas[93].

Así las cosas, en cuanto al contenido de la Constitución, su integralidad suele dividírsele en tres grandes partes. La primera, el preámbulo —cuyo rango constitucional ha sido reconocido—, que será la *ratio* de la Constitución, el esbozo de la constelación axiológica que inspira a su contenido sustancial (G.J. Bidart Campos)[94]; pero también la columna vertebral o la expresión de un orden de valores primordiales y básicos que sirve de punto de partida para configurar y ordenar la parte orgánica y con ella, los poderes del Estado Constitucional, sus objetivos y límites (García De Enterría)[95]. La segunda, la parte orgánica, que se ocupa del Estado Cons-

---

93 Sents. de la CSJ/SPA del 8-8-1989, RDP, N° 39, 10; de la CSJ/SPA del 19-01-1999; y de la CSJ/SC N° 23 del 22-01-2003.

94 Bidart Campos, G. J. (1955), *El derecho de la Constitución y su fuerza normativa*. Buenos Aires, Ediar, 127; y Sarmiento García, J.H. (2020). «El Preámbulo de la Constitución Argentina». En *Revista Foro de Cuyo*. Suplemento Especial. Mendoza.

95 García De Enterría, E. Ob. cit., nota 4, 97 y 98; y García de Enterría, E. (1998). «Los fundamentos constitucionales del Estado». En REDC, núm. 52. Madrid, CEPC, 16.

titucional en sí, de la implantación efectiva de la organización y funcionamiento de las instituciones fundamentales del Estado Constitucional por ella construidas, así como de los límites del ejercicio del Poder público. Y la última, la parte dogmática o sustantiva, que trata de las relaciones del Estado Constitucional con las personas, reconociendo el ámbito de los derechos, de las libertades y de las garantías fundamentales de las mismas.

Finalmente, todo el contenido descrito se manifiesta mediante una Constitución cuya naturaleza es la de constituir: 1.ª, una norma jurídica; y 2.ª, que además reviste la característica de ser una norma jurídica suprema, como analizaremos a continuación.

I. Norma jurídica

§15. Concepto — Es sabido que el Derecho, que ha constituido a lo largo del tiempo un factor civilizador y cultural de singular importancia, en su consideración más elemental es un orden normativo, es decir, como algo que manda la realización de determinadas conductas y prohíbe otras. Es, pues, un mandato, una orden por la que se insta a alguien a que realice una determinada conducta o se abstenga de ella. Pues bien, el Derecho es un mandato y este mandato se expresa a través de la «norma jurídica»; a su vez, ésta es la expresión del mandato del Derecho, la forma escrita o vehículo a través del cual llega al obligado la voluntad de aquél. De ahí surge la idea o concepción del significado y valor jurídico de la Constitución que ha pasado a ser, una norma jurídica plenamente —es decir, jurisdiccionalmente— aplicable, dotada de supremacía y supra-legalidad.

§16. Consagración constitucional — El concepto de Constitución se erige, después de una muy lenta evolución, sobre la afirmación de su carácter plenamente normativo. En efecto, el concepto de Constitución hubo evolucionado a partir de una suerte de programa político que establece una declaración de intenciones, pasando por un documento eminentemente instrumental o técnico de organización del Estado Constitucional, para llegar hoy día a la teoría de la vinculación normativa de la Constitución. Sin embargo, en el Derecho positivo, la idea de la Constitución como norma suprema de aplicación inmediata y fundamento del Ordenamiento jurídico, posee una tradición normativa que se remonta a la Constitución de 1811.

En este orden de ideas, la EMC señala:

> [...] ella es la norma de mayor jerarquía y alcanza su vigencia a través de esa fuerza normativa o su capacidad de operar en la vida histórica de forma determinante o reguladora.

En tal sentido, el carácter de la Constitución como norma jurídica viene regulado con carácter expreso en la propia Constitución al precisar en su Art. 7, lo siguiente:

> **Artículo 7.** La Constitución es la norma suprema y el fundamento del Ordenamiento jurídico. [...].

Pero la Constitución, si bien es una norma jurídica[96], es también cualitativamente distinta de las demás, por cuanto incorpora el sistema de valores

[96] Sents. del TSJ/SC N° 1347 del 09-11-2000; N° 963 del 5-06-2001; y N° 1278 del 17-06-2005.

superiores esenciales —concretamente, la libertad, la justicia, la igualdad y el pluralismo político—, que ha de constituir el orden de convivencia política e informar todo el Ordenamiento jurídico general; es, pues, la norma jurídica fundamental y fundamentadora de todo el Ordenamiento jurídico.

Por ello la jurisprudencia del TSJ/SC[97] ha destacado: «La determinación de la naturaleza normativa (vinculante) de las disposiciones constitucionales fue uno de los grandes avances del Derecho Público», de manera que —concluye— la jurisdicción constitucional que la Sala Constitucional representa, «sólo puede basarse en la afirmación del carácter normativo del Texto Fundamental».

Por su parte, la jurisprudencia había sostenido con anterioridad que el régimen legal o las normas reguladoras de la vida del Estado Constitucional aparece clasificado, en cuanto a normas concretas, en dos grupos esenciales: «las constitucionales y las ordinarias o secundarias, incluyendo por sobre estas últimas, con rango intermedio, la categoría de las leyes orgánicas previstas en el régimen constitucional vigente»[98].

En efecto, a diferencia de lo que ocurría con las Constituciones decimonónicas, entendidas como unos simples «programas políticos», manifestaciones solemnes donde se expone un programa político, es decir, más unas declaraciones de intenciones de carácter formalista que reales instrumentos jurídicos. Por el contrario, contemporáneamente se reconoce que las Constituciones son verdaderas normas jurídicas, y como tales tienen efectos vinculantes directos, sin necesidad de que sean expedidas normas legales intermedias que permitan su eficacia, esto es, que gozan de plena fuerza normativa, en que consistía la clásica doctrina de la intermediación legal como requisito para la efectiovidad normativa de la Cosntitución..

En conclusión, a diferencia de un sector de la doctrina que en sus comienzos afirmó que las disposiciones constitucionales no eran normas jurídicas porque carecían de sanción[99], hoy día es pacífica la buena doctrina que considera que la Constitución es un sistema normativo completo, con valor propio, inmediato y directo, según García De Enterría[100], quien nos ha ofrecido la más innovadora construcción sobre la naturaleza y el método jurídico para entender y aplicar la Constitución. Es de recordar que «La Constitución como fuente de Derecho»[101], va a constituir junto con el extraordinario estudio de «La Constitución como norma jurídica»[102], dos de las extraordinarias aportaciones más decisivas al constitucionalismo, para la puesta en marcha del necesario proceso de constitucionalización de la cultura jurídica y puntos de partida claros del Derecho constitucional contemporáneo.

II. Norma jurídica suprema

§17. Planteamiento de la cuestión — No basta con que la Constitución proclame su valor superior, sino que se hace necesario alguien que pueda impedir la

---

[97] Sent. del TSJ/SC N° 1278 del 17-06-2005, caso *Aclaratoria de la sentencia interpretativa sobre los Art.s 156, 184 y 304 de la Constitución*, RDP, N° 102, 56.

[98] Sent. de la CSJ/SPA del 14-03-1962, G.F. N° 35, 1962, 177.

[99] Merk, A. (2004). *Teoría general del derecho administrativo*. Granada, Comares, 17.

[100] García De Enterría, E., Ob. cit., nota 4, 49 y ss; y García De Enterría, E. y Fernández, R.-T. Ob. cit., nota 13, T.I, 77.

[101] Rubio Llorente, F. (2012). *La forma del poder. Estudios sobre la Constitución*. Vols. I Tercera edición.Madrid, CEPC, 83 a 101.

[102] García De Enterría, E. Ob. cit., nota 4, 49.

aplicación de leyes inconstitucionales. Es el caso que la Constitución norteamericana no atribuía —ni atribuye— expresamemnte a los jueces la facultad del control judicial de la constitucionalidad de las leyes —«*judicial review of legislation*»—[103], cuestión que se zanjará definitivamente. como es sabido, por obra de la creación jurisprudencial norteamericana, que tuvo su más importante expresión en la emblemática sentencia que en 1803 dictó el Juez John Marshall, presidente de la Corte Suprema, en el celebérrimo *Mandamus case Marbury v. Madison*, como una de las decisiones judiciales más importantes —si no la más—, para la historia del constitucionalismo, como origen del control de la constitucionalidad de las leyes, y en suma como el momento determinante de la aparici*ón del concepto de la Cons*titución normativa o de la supremacía material de la Constitución, que si bien se encontraba implícita en los primeros pasos del constitucionalismo norteamericano, de modo que el terreno se encontraba suficientemente abonado, y aunque en su decisión no hay invocación alguna de precedentes judiciales, va a tener una importancia decisiva por ser la primera vez que la más alta instancia judicial de los Estados Unidos declaraba inconstitucional una ley federal.

Desde entonces va a convertirse en la formulación «canónica» de la *judicial review of legislation*, pero que habrá que esperar hasta 1857 para que el Tribunal Supremo vuelva a anular una ley federal con la sentencia *Dred Scott*, aunque su posterior elaboración corresponde a la dogmática alemana del Siglo XIX, a partir de la cual se inicia el proceso de juridificación de todo el Derecho público contemporáneo. La Constitución se configuraba, así, como un límite frente a todos los Poderes públicos, incluido el Poder legislativo.

Así las cosas, la noción de la normatividad de la Constitución es una herencia del movimiento constitucional norteamericano de indudable importancia que consigue aportar una noción de Constitución completamente novedosa a la existente en la Europa continental: eleva la Contitución al rango de ley culminante — «*paramount law*»— que rige a título de ley suprema —«*supreme Law of the Land*»— y permite que la autoridad judicial invalide toda regla contraria a la Constitución, aunque aquella provenga del legislador (Jiménez Asensio)[104].

En este orden de ideas, señala Garrido Falla[105], decir que la Constitución es norma jurídica fundamental —«*norma normarum*»— afirmación que, en principio, hoy día parece una obviedad,no nos exonera de un más detenido análisis jurídico en el doble sentido siguiente: 1.°, su contenido constituye el punto de arranque para el desarrollo legislativo del total Ordenamiento jurídico del Estado Constitucional que, además, ha de interpretarse, precisamente, de acuerdo con el sentido de la Constitución; 2.°, la primacía de la Constitución con respecto al resto del Ordenamiento jurídico tiene rango formal, constituye el primer escalón en el Ordenamiento jerárquico de las fuentes del Derecho y, por tanto, tiene rango y valor de superley —supralegalidad constitucional—; y por último, la Constitución establece la propia jerarquía de las fuentes del Derecho, de lo cual deriva la positivación de una serie de principios jurídicos proclamados por la propia Constitución y que analizaremos en la sección siguiente.

[103] Hamilton, A., Madison, J. y Jay, J. (2001). *El Federalista*, trad. esp. de G. R. Velasco, Segunda edición en español. México, Fondo de Cultura Económica, 332. Asimismo, Brewer-Carias, A. R. Ob. cit., nota 45, T.I, 131-133.

[104] Jiménez Asensio, R. Ob cit., nota 30, 99 y 110.

[105] Garrido Falla, F., Palomar Olmeda, A. y Lozada González, H. (2010). *Tratado de Derecho Administrativo*, Vol. I, *Parte General*. Décimoquinta edición. Madrid, Ed. Tecnos, 214.

En este orden de ideas, la propia EMC señala:

> En las disposiciones fundamentales se consagran los principios de supremacía y fuerza normativa de la Constitución, según los cuales ella es la norma de mayor jerarquía y alcanza su vigencia a través de esa fuerza normativa o su capacidad de operar en la vida histórica de forma determinante o reguladora. Dichos principios constituyen el fundamento de todos los sistemas constitucionales del mundo y representa la piedra angular de la democracia, de la protección de los derechos fundamentales y de la justicia constitucional.

Por último, las bases del esquema constitucional que viene de ser descrito le permite afirmar con sobrada razón a J.C. Cassagne[106] que, para los países americanos, el sistema europeo denominado Estado Constitucional de Derecho no representa ninguna novedad, pues siempre lo tuvieron en sus respectivos Ordenamienmtos jurídicos desde los comienzos de la Constitución americana.

D. Principios fundamentales de la Constitución

I. Régimen jurídico

§18. Planteamiento de la cuestión – Sostiene M. Aragón Reyes[107], que las Constituciones del presente son disposiciones normativas de una gran complejidad. Como tantas veces se ha dicho, las Constituciones se caracterizan por su pretensión de establecer, no sólo el modelo de ser jurídico del Estado Constitucional, sino de toda la sociedad, por dotar de una determinada orientación al Ordenamiento jurídico en su conjunto –tanto en lo que se refiere al Derecho público como al Derecho privado–, con la consecuencia de que por ellas pasan, dicho en frase bien conocida, «todos los hilos del Derecho», de lo que resulta que la Constitución enuncia o contiene normas.

Ahora bien, la Constitución es un texto o documento normativo que, como fuera expuesto por R. Guastini[108], se compone de un conjunto de enunciados que llama disposiciones – erige el *nomen* «disposición», equivalente a «norma»–, y sobre estas es que se proyectará, por tanto, la interpretación constitucional. Y el resultado de esa interpretación constitucional será la norma, esto es, el significado que el operador jurídico extraiga de ese enunciado constitucional, recogido en una disposición normativa.

De tal modo que esa amplitud del objeto que la Constitución abarca hace que además de normas jurídicas estructurales –ya sean organizativas o procedimentales–, contenga normas jurídicas materiales de diversa significación –declarativas de derechos fundamentales y de sus garantías, de establecimiento de mandatos al legislador, de imposición de fines que el Poder público debe cumplir, de señalamiento de cláusulas de habilitación, facultativas y no imperativas, etc.–. Al mismo tiempo, aquella pretensión de «orientar» de una determinada manera el Derecho en su conjunto, hace que las normas o disposiciones de la Constitución contengan, no sólo reglas jurídicas o de Derecho, sino también principios jurídicos y valores superiores, y todos ellos con la misma jerarquía y validez –como normas constitucionales que son–, pero con diverso grado de eficacia.

---

106 Cassagne, J. C. (2016). *Los grandes principios del Derecho Público (Constitucional y Administrativo)*. Madrid, Reus, 21

107 Aragón Reyes, M. (2013) «El buen Derecho constitucional». En REDC, núm. 97, 403.

108 Guastini, R. (1993). *Le fonti del diritto e línterperetazione*. Milano, Giuffrè, 17 y ss.

En conclusión, el texto constitucional recoge diversas normas o disposiciones jurídicas que pueden adoptar la forma de valores, principios jurídicos o reglas, y por tanto, todas ellas disfrutan del valor normativo de la Constitución (Aragón). La distinción entre estos tres conceptos no es tarea fácil, pues el criterio que para ello pudiera, en principio, considerarse más útil, esto es, el referido al significado ontológico de determinados conceptos —como pudiera ser, por ejemplo, la idea de libertad— resulta insuficiente. En efecto, el criterio referido debe descartarse, en atención al hecho de que en gran parte de supuestos una misma noción puede revestir, al tenor de un determinado contexto constitucional, el significado de un valor, de un principio jurídico, o de un bien jurídico, de una norma específica. Ejemplo de lo afirmado es la noción de libertad reconocida en la Constitución a la vez que valor, como principio jurídico y como norma jurídica. En efecto, la Constitución se refiere a la libertad como valor superior (en el Preámbulo y Arts. 1 y 2), como principio jurídico (Art.2) y como regla específica, al consagrar constitucionalmente las diferentes formas de libertad en el ámbito de la personalidad (Art.20); la libertad personal (Art. 27 y 44); de residencia y circulación (Art. 50); de expresión (artículo 57); de asociación (Art. 52) de reunión (Art. 53), etc.

§19. Distinción — Desde el punto de vista teórico, la distinción entre principios jurídicos y valores superiores, por una parte, y reglas, por la otra, es relativamente sencilla, atendiendo a que los primeros dos enuncian cláusulas de carácter «general», mientras que las reglas constituyen disposiciones específicas, tipificadoras de determinados supuestos de hecho, con sus correspondientes consecuencias jurídicas (M. Aragón)[109]. La dificultad está en distinguir la diferencia entre valores superiores y principios y, al respecto, la doctrina no facilita criterios suficientes. Así, por ejemplo, para Remotti Carbonel y Freixes Sanjuán[110], la distinción entre valores superiores y principios radica en que los primeros enumeran cláusulas generales o finalidades, en tanto que los segundos se extraen de las reglas constitucionales que, una vez determinados, adquieren proyección normativa (L. Pietro Sanchiz)[111].

A.E. Pérez Luño[112], por su parte, defiende una distinción tripartita entre principios, valores superiores y normas, atendiendo a su grado de menor o mayor concreción, de forma tal que, desde su óptica personal, los principios serían normas de segundo grado respecto de las propias normas, mientras que los valores vendrían a ser normas de segundo grado respecto de los principios y, por ende, de tercero respecto de las normas. En consideración de García de Enterría[113] —por citar un último ejemplo— dentro de la categoría que él denomina *principios constitucionales* han de incluirse tanto valores como principios. Igualmente, por cuanto hace a la jurisprudencia del Tribunal Constitucional español[114], la confusión entre los términos *valor* y *principio* no constituye la excepción a la regla.

109 Aragón, M. (1989). *Constitución y democracia,* Madrid, Tecnos, 84 y ss.

110 Freixes Sanjuán, T., y Remoti Carbonel, C. (1995). «Los valores y principios en la interpretación constitucional». En REDC, año 12, núm. 35, 98 y 99.

111 Con relación al tema de los valores y de los principios pueden consultarse de Prieto Sanchís, L. (1982). *Los derechos fundamentales en la Constitución española de 1978,* UCM, 1982 (tesis doctoral); y Prieto Sanchís, L. (1998). *Ley, principios, derechos.* Madrid, Dykinson.

112 Pérez Luño, A. E. (1991). *Derechos humanos, Estado de derecho y Constitución,* Madrid, Tecnos, 291 y 292.

113 García de Enterría, E. Ob. cit., nota 4, 97-103.

114 Ejemplo de ello es la siguiente aseveración: «en todo caso, deben ser respetados los *principios* de libertad, igualdad y pluralismo político, como *valores fundamentales* del Estado Constitucional». *Cfr.* STC 74/1982, f. 4.

Finalmente, el estudio de las normas o disposiciones constitucionales plantea problemas de interpretación especialmente significativos debido, entre otras cosas, a los valores superiores que incorporan y a los principios generales de Derecho que de ellas pueden extraerse como fundamento, a su vez, de otras reglas jurídicas. En tal sentido, señala Aragón[115], en el Ordenamiento jurídico se ha de partir, en consecuencia, de que la Constitución contiene normas o disposiciones jurídicas que pueden adoptar, a su vez, la forma principios generales de Derecho, los valores superiores y las reglas jurídicas o de Derecho, y de que todos ellos disfrutan de la condición normativa propia de la Constitución, esto es, se encuentran normativizados o positivizados. Ahora bien, para singularizar la eficacia de los principios generales del Derecho constitucionalizados, es preciso tener en cuenta que las categorías mencionadas difieren en cuanto a su estructura y su función.

§20. Principios fundamentales del Derecho público — Dentro de los 'principios, principios jurídicos o generales del Derecho del Ordenamiento jurídico, hay los que por un lado tienen relevancia constitucional, y por el otro los principios jurídico de rango legal, y a su vez, los explícitos o implícitos o deducidos por la vía jurisprudencial constitucional.

Partiendo de la base de la clasificación expuesta, abordaremos el tema de los principios, principios jurídicos o generales del Derecho constitucionalizados. Ahora, reducir a principios es tarea propia de la ciencia, según enseñaba Gracián, y es así como muchas de las Constituciones contemporáneas, según el primer modelo de recepción constitucional directa, los integran por la vía de la positivizaciónn de muchos de ellos. Finalmente, nos enseña García de Enterría[116] que el pensamiento jurídico por principios generales, como técnica tanto científica como aplicativa, es la verdadera herencia de los juristas romanos a la civilización occidental.

Por su parte, sostiene E. Fernández Vásquez[117], la utilización de la palabra «principios» es pauta indicadora de su carácter básico, de puntos de apoyo para todo el sistema del Ordenamiento jurídico, al que también imprimen todo su sentido. El calificativo «generales» significa que no se refieren ya y solamente a un precepto concreto, sino que «organizan y dan sentido a muchos». Finalmente, al decir que son principios «del Derecho» se significa su carácter de fórmulas técnicas del mundo jurídico y no criterios de índole moral o de inciertas y vagas directivas.

Así las cosas, las Constituciones emplean reiterativamente la expresión principios. Unas veces lo hace con referencia a los suyos propios y otras veces lo hace en forma genérica. En el primer sentido, el Ordenamiento jurídico que la Constitución diseña es un Ordenamiento principial, formado tanto por valores superiores, así como por principios generales y reglas jurídicas positivizadas o no. Y eso no sólo se debe a que, según sostiene Santamaría Pastor[118], son principios generales del Derecho, pero principios muy singulares, en cuanto que son el punto de arranque de todos los restantes principios y normas constitucionales en cuanto supraprincipios jurídicos —*principe de principes*, principio de principios, metaprincipios, rectores, superiores,como indistintamente se les denomina— o más recientemente «fundamentales», y a ello se aplican obras extraordinarias sobre los principios generales

[115] Aragón, M. Ob. cit., nota 109, 83. Asimismo, Freixes Sanjuán, T, y Remotti Carbonell, J.C. Ob. cit., nota 110, 97-109.
[116] García De Enterría, E. y Fernández, R.-T. Ob. cit., nota 13, T. I, 111.
[117] Fernández Vásquez, E. Ob. cit., nota 58, 604.
[118] Santamaría Pastor, J. A. Ob. cit., nota 68, 191.

del Derecho público[119], forman el basamento último, nuclear e irreductible de todo el Ordenamiento jurídico general sino, ante todo, a que tales principios generales constitucionales constituyen el correlato de otros tantos valores superiores que también la Constitución consagra.

Efectivamente, los principios constitucionales, a su vez, se enlazan unos con otros, de suerte que un mismo principio constitucional más genérico puede irse concretando en otros específicos o derivados (Aragón)[120], esto es, (sub)principios. En efecto, se debe partir sobre un doble criterio diferenciador, en atención a la directa relación o no que los principios constitucionales presenten en sede de los conceptos, categorías e instituciones del Derecho público, así:

(i) Por un lado, están los principios constitucionales que informan la actuación de los órganos del Poder público, en un plano más general.

(ii) Por el otro, están aquellos otros principios constitucionales que tienen directa proyección en el Derecho administrativo, como disciplina jurídica, en tanto que «principios administrativos».

(iii) Y en ambos casos, están los supraprincipios constitucionales, que por configurar un conjunto de postulados esenciales se erigen en principios fundamentales, de cabecera o troncales, capaces de aglutinar o albergar, a su vez, a otros principios derivados y más específicos, tanto en el plano adjetivo como sustantivo —muchos de los cuales están reconocidos en instrumentos internacionales—.

En tal sentido, Dworkin[121] concibe los principios como estándares o cláusulas genéricas que enuncian *modos de ser* del Derecho, esto es, que reflejan la dimensión jurídica de la moralidad. Por su parte, los principios generales de Derecho —enseña García De Enterría[122]— expresan los valores materiales básicos de un Ordenamiento jurídico, aquellos sobre los cuales se constituye como tal, es decir, convicciones ético-jurídicas fundamentales de una comunidad.

Finalmente, F. Moderne[123] al referirse a este tema, señala la economía del vocabulario con el nuevo enunciado introducido por la jurisprudencia constitucional francesa, en el sentido que más que evocar los principios generales del Derecho con valor constitucional, y oponerlos a los principios generales del Derecho con valor legislativo —o más bien infra-legislativo—, bastaría con referirse a los «principios constitucionales» —o de valor constitucional—, y que han sido descubiertos, formulados y sistematizados como los «grandes principios fundamentales del Derecho público», que resultan aplicables aún en ausencia de textos

---

119 AA.VV. (2020). *Principios fundamentales del Derecho Público. Desafíos actuales. Libro conmemorativo de los 20 Años de la publicación de la Constitución de 1999* (A.R. Brewer-Carías, y J. Araujo-Juárez, J. Coords.). Caracas, EJVI; Brewer-Carías. A.R. (2005). *Principios fundamentales del Derecho Público (Constitucional y Administrativo)*. Caracas, EJV; Brewer-Carías, A.R. (2016). *Principios del Estado de Derecho*. Miami-Caracas, EJVI; Cassagne, J. C. Ob. cit., nota 106; y Moderne, F. (2005). *Principios Generales del Derecho Público*, «Prólogo» de E. García De Enterría. Santiago de Chile, Editorial Jurídica de Chile.

120 Aragón, M., Ob. cit., nota 109, 85. El autor Cassagne propone una distinción entre principios fundamentales y principios institucionales o sectoriales. Ob. cit., nota 106, 91.

121 Dworkin, R. (1984 [1977]). *Los derechos en serio*. Barcelona, Editorial Ariel, S.A., 75.

122 García De Enterría, E. y Fernández, R.-T. Ob. cit., nota 13, T. I, 107.

123 Moderne, F. Ob. cit., nota 119, 98.

normativos, desarrollados inicialmente por el Consejo de Estado francés, a partir de los fallos «*Dame Trapier-Garnier*» (1944) y «*Aramú*» (1945). Y éstos se encuentran en el Preámbulo, como los que están expresamente enumerados a través del primer modelo de recepción constitucional directa como lo es la vía de la positivización; o ya sea que derivan a lo largo y a lo ancho del texto de la Constitución, tanto de su parte orgánica como de su parte dogmática, mediante el segundo modelo de recepción constitucional indirecta, como es la vía de la interpretación jurisprudencial constitucional.

Finalmente, señala García de Enterría[124], cada institución está construida sobre uno o varios principios generales del Derecho propios y específicos, sin perjuicio de que puedan afectarla otros de radio más amplio. Serán los principios institucionales los que organizan las distintas normas reguladoras para el régimen de la institución, los que dan a las mismas todo su sentido y alcance y, a la vez, los que precisan, según su propia lógica, la articulación de todas ellas, así como la solución procedente en caso de insuficiencia de alguna de ellas o de laguna. Son como ha dicho Forsthoff «*institia normas*» más que «*ius normatum*». Y si en todos los campos del Derecho el papel de los principios generales del Derecho es cardinal, ello es particularmente cierto en el ámbito del Derecho administrativo.

§21. Concepto – Por lo que respecta al significado de los principios constitucionales, la doctrina lo relaciona no ya con el carácter principialista del Derecho de la Constitución –de su Ordenamiento–, sino con el carácter principialista de la misma norma constitucional –es decir, está orientada por unos principios que le dan sentido– y por ende, el reconocido carácter «principialista» de la Constitución. En efecto, sostiene Aragón[125] que ese carácter es propio de la Constitución democrática de nuestro tiempo que, por pretender regular no sólo la organización del Estado Constitucional, sino también el *status* de las personas, pues «establece las líneas vertebrales del orden social y, en consecuencia, formula las directrices de todas las ramas del Derecho, lo que conduce a que el texto constitucional haya de contener, junto a normas en sentido estricto (materiales o estructurales), una gran diversidad de principios».

En tal sentido, señala Aragón[126], los principios «constitucionalizados» ocupan en las fuentes del Derecho, el lugar de la Constitución simplemente porque son Constitución y, por tal razón, en nuestro caso, operarían con el alcance y la fuerza que les reconoce el Art. 4 del CC. Su rol es servir de base y fundamento a todo el Ordenamiento jurídico general; son las grandes directrices hermenéuticas y de aplicación; y a falta de otra norma jurídica, la última fuente del Derecho. Por tanto, son principios generales los que la Constitución define como tales, y tienen así el rango de principios constitucionales o fundamentales del Derecho público. Sin embargo, no todos están recogidos en la Constitución.

Ahora, señala Aragón[127], la «constitucionalización» de los principios generales «más fundamentales» lleva a la consecuencia de que cualesquiera otros principios de distinto rango o no positivizados, hayan de conformarse en congruencia con aquellos, es decir, han de estar inspirados en los principios recogidos en el

[124] García De Enterría, E. y Fernández, R.-T. Ob. cit., nota 13, T. I, 108 y 109.
[125] Aragón, M. Ob. cit., nota 109, 75 y 76.
[126] Aragón, M. (1988). «La eficacia jurídica del principio democrático. En REDC, núm. 24, Sep-dic, 18.
[127] Aragón, M. Ob. cit., nota 126, 17.

texto de la Constitución. De ahí que una Constitución «principialista» tiene una gran capacidad de evolución o adaptación a nuevas circunstancias, de convertirse en una «*living constitutio*» sin requerir, para ello, en muchos casos, de la reforma constitucional. Pero, también, esos principios constitucionalizados son, a su vez, un límite frente a la excesiva adaptación o, en otras palabras, frente a mutaciones desvirtuadoras de la normatividad constitucional.

Ahora bien, cuando un principio fundamental del Derecho público se positiviza constitucionalmente —y más aún si se hace de manera expresa, sin necesidad de ser deducidos ni inducidos—, se convierte en un criterio jurídico, y por eso el Tribunal Constitucional español los llama criterios inspiradores del Ordenamiento jurídico[128]. Por consiguiente, se está, pues, en presencia de auténticas normas constitucionales de aplicación inmediata y con fuerza derogatoria de toda norma anterior que les sea contraria, inclusive las leyes. Pero no pueden prevalecer sobre un precepto constitucional concreto y expreso de signo contrario o meramente diferente (A.Torres del Moral)[129].

Por tanto, el estudio del Derecho administrativo debe realizarse con un criterio de carácter metodológico como señala V.E. Orlando[130], quien en la advertencia preliminar manifiesta que como enemigo convencido de la subordinación de la ciencia al criterio exegético, se hubo esforzado en expresar más bien un sistema de principios jurídicos que de preceptos legales y, por ende, lo concibe «como un sistema de principios jurídicos sistemáticamente coordinados». Por ello, como muy bien concluye Moderne[131], son los principios más que las normas, los que son susceptibles de asegurar la coherencia y la plenitud del sistema normativo, y de conformar por lo mismo el modelo del Estado de Derecho en los Estados democráticos contemporáneos.

§22. Valor normativo — Superada la idea de la Constitución como mera norma política y de los principios constitucionales como exclusivamente «programáticos», que en el sentido menos riguroso del término significaba sin eficacia jurídica alguna, se plantea el tema de su verdadero valor normativo.

Los principios generales del Derecho, recordaremos, ha sido una de las construcciones más originales de la jurisprudencia del *Conseil d'État* hacia finales del siglo *xix* que referirá con frecuencia a los «*principes généraux du Droit, aplicables même en l'absence de texte*», y de su utilización para ampliar el control de la actividad administrativa más allá de las reglas positivizadas, como lo advirtió en su momento E. Laferrière, fundador del Derecho administrativo francés, de «principios tradicionales, escritos o no escritos, que son en cierta manera inherentes a nuestro Derecho Público y Administrativo», y que mucho después J. Rivero[132] desarrolló admirablemente en uno de los trabajos pioneros sobre el tema, y que hoy día viene a cobrar renovada actualidad. Los primeros principios generales utilizados por el *Conseil d'État* estaban íntimamente conectados con las ideas de 1789, siendo el prin-

---

128 Sent. del TC 9/1981 del 31-03-1981.

129 Torres del Moral, A. (1992). *Principios de Derecho Constitucional Español*, 3a. ed. renovada. Madrid, Ed. SPFD, 55.

130 Orlando, V. E. (1978 [1892]). *Principios de Derecho Administrativo*, Trad. española de la ed. Valiana. Madrid, INAP, 2 y 10.

131 Moderne, F., Ob. cit., nota 116, 30.

132 Rivero, J. (1951). «Los principios generales del derecho en el Derecho administrativo francés contemporáneo». En RAP, núm. 6, 292 y ss.

cipio de igualdad ante la ley[133] como el pionero; es el que inaugura la doctrina de los principios generales del Derecho, y a partir de entonces, las fuentes de donde extraen los principios generales del Derecho en esta última época constitucional por parte de los Tribunales Constitucionales se han enriquecido y diversificado.

El resultado definitivo se resuelve en el fenómeno de su eclosión y sistematización doctrinal a partir de la década de los 40, y más recientemente de su codificación legislativa como sucede con las más recientes reformas administrativas de última generación hechas en Perú, República Dominicana y El Salvador, todo ello con una doble ventaja:

(i) De consolidarse como principios generales.

(ii) Y de adquirir como tales su propia fuerza jurídica vinculante.

Por otro lado, el dato de la positivización de los principios generales del Derecho, según el nivel normativo permite también establecer una relevante distinción desde una perspectiva formal y de rango, entre los principios constitucionales y los que pertenecen al resto del Ordenamiento jurídico. Este proceso de constitucionalización[134] le aporta así al Derecho administrativo sistematicidad, como un *corpus* elaborado alrededor de unos principios y valores superiores que la Constitución contiene y, por ende, capital para la comprensión del sistema normativo del Derecho administrativo, y tendrán operatividad directa e inmediata en los conceptos, categorías e instituciones del Derecho administrativo —general y especial—, que encuentra así un último fundamento en el marco de la Constitución.

Los principios constitucionalizados ocupan, pues, en las fuentes del Derecho, el lugar de la Constitución, simplemente porque son Constitución. Por tanto, al tener no solo eficacia interpretativa sino también directa, los principios constitucionales tienen la cualidad, pues, de ser los principios generales fundamentales del Ordenamiento jurídico y, por tanto, principios fundamentales del Derecho público —constitucional y administrativo—.

Por tal razón, la casi generalidad de la doctrina administrativa se ha ocupado también del estudio de los grandes principios fundamentales del Derecho Público (A.R. Brewer-Carías, J. Carlos Cassagne, R. Chapus, E. García de Enterría, J. González Pérez, K. Larenz, F. Moderne, Santamaría Pastor, J.Rivero, etc.), que además de estudiar la funciones básicas de estos, ha destacado la indudable fuerza de obligar, cuando los mismos se encuentran formalmente establecidos en la Constitución o se derivan de ésta como subprincipios de otro más general.

Por su parte, el Tribunal constitucional español ha sostenido que, por tal razón, los principios generales del Derecho informan al conjunto del Ordenamiento jurídico «que debe así ser interpretado de acuerdo con los mismos»[135], no pudiendo separarse unos de otros, a efectos de su interpretación y aplicación, en compartimentos estancos, puesto que «cada uno de ellos cobra valor en función de los demás»[136]; finalmente ha subrayado, también, la relación de instrumentalidad

---

[133] Conseil d'Etat, *arrêt Abdaulhousse,* de 13 de noviembre de 1936, Igualdad ante los impuestos; y Conseil d'Etat, *arrêt Sociètè l'alcool dénaturé de Coubert,* de 1 de abril de 1938, Igualdad ante los servicios públicos.

[134] Vid. *in extenso* sobre la teoría de la constitucionalización del Derecho administrativo a Araujo-Juárez, J. (2017). Ob. cit., nota 14, 100 a 108; y Araujo-Juárez, J. (2020). Ob. cit., nota 14, 81 y ss.

[135] STC 4/1981, de 2 de febrero.

[136] STC 27/1981, de 20 de julio.

existente con los valores superiores, y así cada uno de los principios básicos tiene sentido, en tanto sirva a promover los valores superiores del Ordenamiento jurídico que propugna el Estado social y democrático de Derecho[137].

Estrechamente relacionado con lo anterior, García de Enterría[138] ha destacado, al respecto, la importante misión que la declaración de los principios constitucionales tiene en la sociedad actual y en el marco jurídico configurado por la Constitución, así como el carácter directamente normativo de los principios constitucionalizados, señalándose que con ello quedan dotados de superioridad normativa formal que la Constitución implica, lo que conlleva al reconocimiento de su doble condición: 1ra., de principios -cuya condición de tal dimanará de su propia esencia-; y 2da., de normas positivas -directamente operativos y aplicables- y que resultan fortificados, por consecuencia de la inserción en la Constitución.

Por su parte, la jurisprudencia nacional[139] señala que este sistema de valores y principios constitucionales tienen carácter y fuerza normativa, establecido expresamente en el Art. 7 de la C, y conlleva la sujeción y vinculatoriedad de todos los órganos que ejercen el Poder público impregnando la vida del Estado Constitucional —en sus aspectos jurídico, político, económico y social—. Así lo reconoció en los términos más categóricos, bajo la vigencia de la Constitución de 1961, la antigua CSJ[140] en sentencia que contiene tres conclusiones:

(i) El reconocimiento de principios generales del Derecho, aun cuando no figuren expresamente en la Constitución.

(ii) Que son principios normativos inspiradores del Ordenamiento positivo.

(iii) Y que la Constitución de 1961 no hacía otra cosa que consagrar lo que ha estado en el espíritu de las Constituciones anteriores.

§23. Valores superiores — Es sabido que todas las Constituciones modernas son consideradas, no sólo como un texto orgánico que configura las funciones y Poderes públicos del Estado Constitucional por ella construidos, sino también como la expresión de un conjunto o sistema de «valores superiores» que inspiran y debe inspirar la acción institucional jurídica. Por tanto, a partir de la positivización en la Constitución se pueden considerar a dichos valores superiores como instituciones dotadas de una estructura jurídica concreta, y a las cuales se asignan funciones constitucionales y prescriptivas y, por ende, vinculantes, obligatoria, eficaces y expresivas de un contenido material.

Ahora bien, por valores superiores hay que entender ciertos estados de cosas que el Derecho reconoce como valiosos porque enumeran cláusulas generales o finalidades y que, en consecuencia, merecen ser protegidos y/o promocionados, esto es, reales bienes jurídicos. Las expresiones «valores jurídicos», «bienes jurídicos» o «valores superiores»[141] son en este contexto sinónimas: decir que la libertad, la vida, la seguridad, etc., son valores jurídicos quiere decir que el Ordenamiento jurídico los considera bienes jurídicos que debe proteger y/

137 STC 27/1981 y 20/1987.

138 García de Enterría E. Ob. cit., nota 4, 102 y ss.

139 Sent. Nº 224 del TSJ/SPA, del 24-02-2000, RDP Nº 81, 131.

140 Sent. de la CSJ/SPA, del 18-01-1966.

141 Véase para un desarrollo amplio del concepto y significado jurídico de los valores superiores a Díaz Revorio, F. J. (1997). *Valores superiores e interpretación constitucional*. Madrid, CEPC.

o promocionar (J. Aguiló Regla)[142]. En todo caso, los valores no deberían abrir el camino a lo que la jurisprudencia alemana denomina la «tiranía de los valores», es decir, la aplicación indiscriminada de valores, positivizados o no, por parte del intérprete constitucional.

Por último, las Constituciones también contienen «reglas»[143] jurídicas o de Derecho, cuya idea es común en la doctrina, en cuanto contienen disposiciones específicas en las que se especifican supuestos de hecho, con sus correspondientes consecuencias jurídicas. En todo caso, el intérprete constitucional deberá aplicar las reglas jurídicas conforme a los valores y a veces se ve obligado a recurrir a los principios constitucionales para deducir de los mismos una solución adecuada al caso concreto.

En conclusión, señala N. Bobbio[144], la positivización de los valores y principios, es decir, su inclusión en normas jurídicas constitucionales, que son las normas supremas del Ordenamiento jurídico y que tienen eficacia directa, no permite, en primer lugar, eludir su aplicación ni, en segundo lugar, realizar cualquier interpretación valorativa. Por otra parte, la interpretación y aplicación de las reglas jurídicas debe ajustarse a un orden de valores previo y determinado, que está descrito en la Constitución. Asimismo, los principios de los cuales se han de extraer reglas también deben responder a estructuras constitucionales claras e indiscutidas. Los valores y principios constitucionales toman así un carácter institucional que ha de impregnar, a su vez, las reglas jurídicas tanto a nivel estructural como funcional, y por eso desempeñan una función esencial como criterios orientadores de la decisión del intérprete constitucional.

II. Clasificación

§24. Plan — Así las cosas, el examen sistemático de la Constitución vigente nos revela cómo en forma completa y exhaustiva se determinan claramente, entre otros, un conjunto de principios constitucionales que son instrumento de conformación jurídica y social que expresan valores jurídicos de la sociedad, que sirven de engarce a todo el sistema jurídico en general, y tienen particular importancia para el Derecho Público, en general, y para el Derecho administrativo, en particular, con lo cual como ya advirtiera Brewer-Carías[145], el régimen fundamental del Derecho administrativo ha quedado constitucionalizado, pues su contenido configura también el marco constitucional de actuación de la Administración pública.

Y esa Administración pública es la que regula el Derecho administrativo, parte de cuya misión consiste en rastrear el marco constitucional, ahondar en el fin de las normas, profundizar en su análisis, esbozar técnicas tendentes a facilitar la comprensión y fuerza vinculante de los principios de la propia Constitución, referidos no solo al Derecho en general, sino también al Derecho administrativo en concreto, los cuales son los siguientes: 1.°, el principio de la fuerza normativa; 2.°, el principio de la supremacía constitucional; 3.°, el principio de la eficacia directa; 4.°,

[142] Aguiló Regla, J. (2000). *Teoría general de las fuentes del Derecho (y del orden jurídico)*. Barcelona, Ariel Derecho, 142.

[143] En este texto utilizaremos el término más correcto de regla de Derecho, en lugar de norma en su significado común de texto escrito, es decir, de disposición normativa escrita.

[144] Bobbio, N. (2007). *Dalla struttura alia funzione*. Roma, Editore Laterza.

[145] Brewer-Carías, A.R. (2014). Ob. cit., nota 20, 242.

el principio de la interpretación conforme a la Constitución; y por último 5.°, el principio de la fuerza derogatoria de la Constitución.

a. *Principio de la fuerza normativa*

§25. Concepto – El Derecho se propone ordenar de determinada manera las relaciones sociales, lo que solo se logra si está investido de *imperium*, si es un auténtico mandato en sentido pleno, es decir, si posee imperatividad. Al ser la Constitución un «orden jurídico» o «sistema de normas» de ello deriva, a su vez, el principio «de la fuerza normativa» –o principio de imperatividad–, en el sentido que la Constitución debe considerarse como una norma obligatoria, es decir, con fuerza coactiva inmediata y por sí misma que crea derechos y obligaciones directamente ejercibles y exigibles, tanto a los órganos y ramas que ejercen el Poder público como a las personas.

Sin embargo, como señala Hesse[146], la fuerza normativa de la Constitución no es algo que quepa dar por supuesto, y no la alcanza por el solo hecho de existir; es necesario que sus normas se hallen en «vigor», no solo hipotéticamente sino también realmente. De ahí que esa fuerza normativa se halla condicionada, de una parte, por la posiblidad de realización de los contenidos de la Constitución; y de otra, por la voluntad constante de los implicados en el proceso constitucional de la realización de los contenidos de la Constitución. Solo en la medida en que se den ambos presupuestos podrá la Constitución desplegar su fuerza normativa.

Así las cosas, el carácter normativo de la Constitución determina la regularidad jurídica de todos los órganos y ramas que ejercen el Poder público y, por ende, constituye un mandato de autoridad y, en consecuencia, vincula al Estado Constitucional a los mandatos de la Constitución (Garrido Falla)[147].

Así, pues, el Art. 7 de la C declara que la Constitución no sólo es la norma suprema y el fundamento del Ordenamiento jurídico, sino que establece su valor y fuerza jurídica en los términos siguientes:

> **Artículo 7.** [...]
>
> Todas las personas y los órganos que ejercen el Poder Público están sujetos a esta Constitución.

En igual sentido la propia EMC señala:

> En las disposiciones fundamentales se consagran los principios de supremacía y fuerza normativa de la Constitución, según los cuales ella es la norma de mayor jerarquía y alcanza su vigencia a través de esa fuerza normativa o su capacidad de operar en la vida histórica de forma determinante o reguladora. Dichos principios constituyen el fundamento de todos los sistemas constitucionales del mundo y representan la piedra angular de la democracia, de la protección de los derechos fundamentales y de la justicia constitucional.

Y más adelante la EMC agrega:

> [...] todos los órganos que ejercen el Poder Público, sin excepción, están sometidos a los principios y disposiciones consagrados en la Constitución, y por tanto, todos sus actos pueden ser objeto del control jurisdiccional de la constitucionalidad.

---

146 Hesse, K. Ob. cit., nota 90, 51, 52 y 53.

147 Garrido Falla, F. (1980). «La posición constitucional en la Administración Pública. En *La Administración en la Constitución*. Madrid, CEC.

Para luego concluir la EMC en los términos siguientes:

> Como consecuencia del principio de supremacía y fuerza normativa de la Constitución, así como del principio de legalidad, se consagra el deber de toda persona de cumplir y acatar el Texto Fundamental, las leyes y demás actos que en ejercicio de sus funciones legítimas dicten los órganos que ejercen el Poder Público[148].

Por su parte, en este último sentido, el Art. 131 de la C dispone con respecto al deber constitucional de las personas lo siguiente:

> **Artículo 131.** [...]
>
> Toda persona tiene el deber de cumplir y acatar esta Constitución, las leyes y los demás actos que en el ejercicio de sus funciones dicten los órganos del Poder Público.

Con ello se recurre de forma taxativa al carácter normativo de la Constitución, en todas sus partes y contenido, aunque se traduce en un «deber constitucional»[149] de distinto signo, tanto para las personas como para los órganos y ramas que ejercen el Poder Público.

Con relación a las personas, éstas tienen un deber general negativo de abstención de cualquier actuación que vulnere la Constitución, sin perjuicio de los supuestos en que la propia Constitución establezca deberes positivos. Los órganos y ramas que ejercen el Poder público, en cambio, tienen un deber general positivo de realizar las funciones estatales con acuerdo o conforme a la Constitución. En tal sentido, es la regla primera del Estado Constitucional de Derecho que nadie, ningún órgano y rama que ejerza el Poder público puede estar autorizado para desconocer o contrariar de manera alguna la Constitución[150].

En conclusión, la Constitución viene a configurarse como una verdadera norma jurídica y con la fuerza normativa dentro del Ordenamiento jurídico positivo.

§26. Consecuencias jurídicas — Desde el punto de vista del que se conceptúa la Constitución como fuente del Ordenamiento jurídico-administrativo, en tanto que fuente suprema del Ordenamiento jurídico, se van a derivar las consecuencias jurídicas siguientes:

(i) La Constitución, a pesar de ser la fuente jurídica máxima o suprema, sin embargo, a su vez integra o forma parte del Ordenamiento jurídico. En tal sentido, constituye parte de un sistema constitucional[151].

(ii) Del carácter de fuente jurídica —la primera y de carácter supremo— deriva que se sitúa dentro de una posición jerárquica y escalonada, por encima de todas las demás normas y actos jurídicos del Estado Constitucional.

---

148 Sent. del TSJ/SC N° 963 del 5 de junio de 2001, caso *José A. Guía y otros vs. Ministerio de Infraestructura*, RDP, N° 85-88, 447.

149 Alfonso Paradisi, J.D. (2020). «De los deberes constitucionales de los ciudadanos en la Constitución de 1999». En *Principios fundamentales del Derecho Público. Desafíos actuales. Libro conmemorativo de los 20 años de la publicación de la Constitución de 1999* (A.R. Brewer-Carías y J. Araujo-Juárez, J. Coords.). Caracas, EJVI.

150 Sent. del TSJ/SC N° 370 del16 de mayo de 2000.

151 Sent. del TSJ/SC N° 179 del28 de marzo de 2000, caso *Gonzalo Pérez Hernández*.

(iii) Por cuanto la Constitución forma parte del Ordenamiento jurídico deriva la fuerza normativa o imperatividad que se extiende al Preámbulo, la parte orgánica y finalmente a la parte dogmática.

(iv) Los órganos del Estado Constitucional y los particulares deben respetar las normas constitucionales, tanto las que se establecen en el propio texto, como las que regulan principios constitucionales del Preámbulo, los enumerados expresamente o que derivan del propio «bloque constitucional».

(v) Y, por último, como cualquier norma jurídica, las normas constitucionales son directamente vinculantes y, por ende, son fuente del Derecho directamente aplicables —principio de la eficacia directa—.

Sobre la base de lo anterior, todos los órganos u ramas que ejercen el Poder Público, sin excepción, así como todas las personas, están sometidos a los principios jurídicos, valores superiores y reglas jurídicas consagrados en la Constitución y, por tanto, todos sus actos pueden ser objeto de control jurisdiccional de la constitucionalidad.

b. ***Principio de la supremacía constitucional***

§27. Planteamiento de la cuestión — El principio de jerarquía normativa —relación vertical entre normas—, consiste en ordenar la relación entre diversas categorías normativas, mediante la atribución a cada una de ellas de determinado rango o valor formal, correspondiendo a cada rango una determinada fuerza de obligar, de tal modo que las normas de rango inferior deben respetar estrictamente —esto es, no contradecir— el contenido de las normas del nivel superior.

Así, las normas se ordenan en una escala vertical de mayor a menor rango jerárquico. Esa estructura jerarquizada tiene forma piramidad y en la cúspide se encuentra la Constitución. Y las que ostentan el mismo rango poseen lógicamente la misma fuerza normativa. Y la razón de ser de este principio de jerarquía normativa, radica en la diferente posición que ocupan en el sistema político los diversos órganos o Poderes públicos a los que se les reconoce capacidad normativa. La superioridad o inferioridad política se transfiere al producto normativo (Bilbao Ubillos)[152].

En este orden de ideas, la doctrina señala una última consideración. Si la Constitución es norma jurídica, no puede ser sino la norma jurídica superior del Ordenamiento jurídico, atendiendo a su origen y significado políticos —el producto del Poder constituyente y el que se establece las reglas de juego básicas de la convivencia social—. De ahí que pueda definirse como el «orden jurídico fundamental de la Comunidad» (K. Hesse)[153].

Esa posición relativa de intrínseca superioridad —y correlativa subordinación— de unas normas sobre otras, es lo que se conoce como jerarquía normativa, que es el criterio más elemental y tradicional, reconocido explícitamente como principio general en el Art. 7 de la C al disponer:

> **Artículo 7**. La Constitución es la norma suprema y el fundamento del ordenamiento jurídico. [...]

---

152 Bilbao Ubillos, J.M., Rey Martínez, F. y Vidal Zapatero, J.M. Ob. cit., nota 1, 318 y 319.
153 Hesse, K. Ob. cit., nota 90, 43.

Así las cosas, al tener la Constitución como atributo el de ser la norma jurídica suprema del Ordenamiento jurídico, dicha preeminencia se manifiesta a través del denominado principio «de la supremacía constitucional»[154] —o principio de supremacía de la Constitución—, en el sentido de que sobre ella no puede existir otra norma jurídica[155]; se trata, por supuesto, de una supremacía normativa de la cual se va a derivar una clasificación de los sub-principios constitucionales siguientes: 1.°, el principio de superioridad material; y 2.°, el principio de superioridad formal.

§27.a Principio de la superioridad material — El principio «de la superioridad material» —o de supremacía material— de la Constitución implicará que su contenido condiciona la actividad del legislador; significa que siendo la Constitución la norma fundamental o suprema del Ordenamiento jurídico general, las leyes y demás normas subordinadas a ella jerárquicamente, deben ajustarse a sus prescripciones. En efecto, el principio de superioridad material significa que la ley y demás normas deben ser conformes al texto constitucional, de forma que una norma contraria a la Constitución no debe aplicarse, y de donde derivan las consecuencias siguientes:

(i) La Constitución va a tener un mayor valor que las demás normas jurídicas del Ordenamiento jurídico general, pues es la norma primaria a la cual debe sustentarse todo el Ordenamiento jurídico, y también del (sub)sistema jurídico-administrativo[156].

(ii) La Constitución va a tener más eficacia que cualquier otra norma jurídica del Ordenamiento jurídico-administrativo; por tanto, se va a caracterizar por el principio de supremacía constitucional que ha sido reconocido por la jurisprudencia[157].

(iii) La Constitución presenta un carácter de superioridad material por oposición a las demás normas del Ordenamiento jurídico general, al integrar la estructura básica y el fundamento de la República[158].

(iv) Finalmente, la Constitución produce un efecto derogatorio de la legislación anterior —preconstitucional— que se oponga a lo en ella establecido, y un efecto anulatorio si es legislación posterior —postconstitucional— [159].

En conclusión, como señala Garrorena Morales[160], al hacer de la Constitución verdaderamente un «Derecho superior», lleva elaborar un nuevo concepto de «inconstitucionaloidad», y a establecer nuevas categorías, en este caso, la categoría de «nulidad del Derecho inconstitucional» desde el cual poder concluir que toda norma contraria a la Constitución es nula —deja de ser Derecho— y que, en consecuencia, debe salir del Ordenamiento jurídico, certificándose así la efectiva superioridad de la Constitución.

---

154 Brewer-Carias, A. R. Ob. cit., nota 119, 13 y 14; Sarmiento García, J.H. (2020). «Principio de la supremacía constitucional». En *Principios fundamentales del Derecho Público. Desafíos actuales. Libro connmemorativo de los 20 años de la publicación de la Constitución de 1999* (A.R. Brewer-Carias y J. Araujo-Juárez, J. Coords.). Caracas, EJVI. En el mismo sentido sent. de la CSJ/SPA del14-03-1962 GF. N°35, 1962, 177.

155 Sent. de la CSJ/SPA del7 de junio de 1973, GO N° Extr. del17 de octubre de 1973, 7.

156 Sent. del TSJ/SC N° 488 del30 de marzo de 2004, RDP, N° 97-98, 104.

157 Sent. de la CFC/SPA del05 de mayo de 1973; y reiterada en otras Sents. de la CSJ/SPA del 16-10-de 1973, del 20-01-1966, del 16-01-1968, del 20-01-1980, 14-02-1989; y de la CPCA del 09-04-1983.

158 Sent. de la CSJ/SPA del 14-10-1962.

159 Sent. de la CSJ/SPA del 21-12-1967, *G.F.* N° 58, 1967, 231.

160 Garrorena Moreno, A. Ob. cit., nota 5, 50.

§27.b Principio de la superioridad formal – El principio «de la superioridad formal» hace referencia a las garantías institucionales como a los mecanismos de defensa o protección de la Constitución, los cuales son de dos tipos: 1.°, las garantías jurisdiccionales; y 2.°, las garantías institucionales propiamente dichas, temas estos sobre los cuales volveremos más adelante.

§28. Constitución estadal – La Constitución viene a complementar la estructura básica de los fundamentos de la República y de los fundamentos del Estado Constitucional, pero también esa preeminencia la va a tener la Constitución con las denominadas constituciones estadales, esto es, de los Estados federales que integran la Nación.

En este último sentido, cuando se plantea un conflicto o contradicción entre lo que se ha denominado tradicionalmente la Constitución nacional y una constitución de un Estado federal, señala la jurisprudencia[161], que no es un problema de inconstitucionalidad sino de condición legal, que es evidente que ha de privar la primera sobre la constitución estadal, por virtud del principio de supremacía de la Constitución nacional.

¿Pero qué sucede cuando hay contradicción entre la constitución de un Estado federal y una ley del Estado federal? En ese caso, la misma jurisprudencia ha sostenido que las constituciones de los Estados federales no son constituciones, sino simplemente leyes estadales; que simplemente por una tradición que se remonta al siglo *xix*, las leyes que organizan la estructura política de los Estados federales se las denomina constituciones, pero no constituyen una constitución en su verdadero sentido que se le da al concepto de la Constitución nacional. Por tanto, de existir una contradicción o incompatibilidad entre, por ej., una ley de un Consejo Legislativo y una constitución del Estado federal no es un problema de inconstitucionalidad, sino lo que se plantea allí es un problema simplemente de colisión de leyes que tienen el mismo rango.

c. *Principio de la eficacia directa*

§29. Planteamiento de la cuestión – Señala De Otto[162] que uno de los problemas claves de los Ordenamientos jurídicos en los que la Constitución tiene verdadero carácter de norma jurídica, es el de si resulta o no aplicable por los órganos llamados a aplicar el Ordenamiento jurídico (eficacia directa). El «principio de la eficacia directa», continúa sosteniendo la doctrina citada, no tiene nada que ver con el del carácter normativo o no de la Constitución, pues sólo puede plantearse si previamente se parte de que la Constitución es una norma jurídica.

Así las cosas, la Constitución no se limita a regular la génesis del Derecho, el sistema de las fuentes, sino que regula directamente diversas materias y fija los principios generales que habrán de presidir la regulación de las demás, las líneas maestras de todas las ramas del Ordenamiento jurídico. Es, pues, una norma jurídica con eficacia directa, inmediatamente aplicable por los operadores jurídicos (Bilbao Ubillos)[163].

Por tanto, hoy día el problema no radica en establecer si la Constitución tiene o no una significación normativa, ni siquiera en puntualizar su posible aplicación

---

161 Sents. de la CSJ/SPA del 6-08-1970, G.O. N° 29346; y de la CSJ/SPA del 17-10-1970,19.279.

162 De Otto, I. Ob. cit., nota 31, 76 y 77.

163 Bilbao Ubillos, J.M., Rey Martínez, F. y Vidal Zapatero, J.M. Ob. cit., nota 1, 329.

directa. El problema lo plantea la determinación de los casos de «aplicación directa» o «eficacia directa», en el sentido de que no todas las normas aparecen redactadas en los mismos términos de abstracción o concreción.

Lo expuesto ha llevado a distinguir entre disposiciones sobre materias en las que la Constitución es de aplicación o eficacia directa como norma de decisión de cualquier clase de procesos, de aquellas otras disposiciones sobre materias que no gozarían de aquella virtud por requerir para ello de una previa legislación de desarrollo, lo cual tiene que ver más con la falta de complitud porque requiere la remisión o reenvío a otras normas o reglas de Derecho, que con su carácter propiamente normativo[164].

Así las cosas, el principio de eficacia o aplicación directa significa que el Juez y, en general todos los operadores llamados a aplicar el Derecho habrán de tomar la norma constitucional como una premisa de su decisión, dotada de eficacia vinculante, y no solo interpretativa como la que tenía en una etapa de la evolución del constitucionalismo, igual que cualquier otra norma jurídica, junto a la ley o en ausencia de ley. De ello derivan consecuencias prácticas de gran alcance para las personas, pues el principio de la eficacia directa implica que la Constitución es apta por sí misma para declarar o reconocer derechos y libertades fundamentales sin necesidad de que intervenga el legislador —fuente del Derecho sin más—. Los derechos y garantías fundamentales que la Constitución reconoce son inmediatamente operativos aun cuando el legislador no haya procedido a regularlos.

Ahora bien, además de que la propia Constitución proclama el carácter y fuerza normativa de la Constitución —Art. 7 de la C—, dispone también la fuerza vinculante general de la Constitución, como se corresponde con un Estado Constitucional constitucional de Derecho, la referencia a las personas y a los órganos y ramas que ejercen el Poder público en los términos siguientes:

> **Artículo** 7. [...]
>
> Todas las personas y los organismos que ejercen el Poder Público están sujetos a esta Constitución.

Ahora bien, como hemos señalado más arriba, esa mención a la sujeción no es idéntica. Así, mientras que las personas tienen un deber negativo de abstenerse de cualquier actuación que vulnere la Constitución —vinculación negativa, salvo los deberes positivos como el sostenimiento de los gastos públicos—, los órganos del Poder público tienen, además, un deber positivo de realizar sus funciones de acuerdo con la Constitución —vinculación positiva, por tanto, y de ahí la obligación de prestar juramento de acatamiento por parte de los funcionarios—. Por otro lado, la fuerza normativa de la Constitución se reafirma en la Disposición Derogatoria Única, punto este sobre el cual volveremos más adelante.

Finalmente, la jurisprudencia[165] del TSJ/SC en esta misma línea de pensamiento ha sostenido:

> Las normas constitucionales tienen vigencia plena y aplicación directa, y que cuando las leyes no han desarrollado su ejercicio y se requiere acudir a tribu-

[164] Nieto, A. Ob. cit., nota 40; y Díez Picazo, L. (1985). «*Constitución, ley, juez*». En REDC, año 5, núm. 15, septiembre-diciembre.

[165] Sent. de TSJ/SC N° 332 del 14-03-2001, *caso INSACA vs. Ministerio de Sanidad y Asistencia Social*, RDP, N° 85-88, 2001, 492.

nales de justicia, debido a la aplicación directa de dichas normas, es la jurisdicción constitucional, representada por esta Sala Constitucional, la que conocerá de las controversias que surjan con motivo de las normas constitucionales aún no desarrolladas legislativamente, hasta que las leyes que regulan la jurisdicción constitucional, decidan lo contrario.

Finalmente, De Otto[166] señala los elementos característicos del principio de la eficacia directa de las normas constitucionales, a saber:

(i) La operatividad como criterio de interpretación de las normas jurídicas.

(ii) La capacidad de regular por sí misma relaciones jurídicas y, en consecuencia, servir de norma para dirimir los litigios que de ellas surjan.

(iii) Y, por último, eficacia derogatoria de las normas jurídicas anteriores.

§30. Tipología de las normas constitucionales — Señala Bilbao Ubillos[167] que una vez afirmado, con carácter general, la condición normativa de la Constitución, conviene precisar que la Constitución, más que una norma homogénea es, en realidad, un complejo de normas sumamente hetereógeneas, de muy diversa naturaleza que tienen, por ello, diferente operatividad o eficacia jurídica, aunque coinciden en un tipo de eficacia básica o común: son todas ellas condición de validez y parámetro de interpretación de las restantes normas de rango inferior.

Ahora, según Bilbao Ubillos[168], las diversas modalidades normativas pueden reconducirse a cinco supuestos característicos que no agotan, sin embargo, toda la casuística:

(i) Normas constitucionales que no precisan de un ulterior desarrollo normativo y que pueden servir para fundar una pretensión jurídica ante los tribunales competentes por parte de quienes se sienten pejudicados por su incumplimiento. Son normas que se pueden llamar completas o *self-executing*: son las que reconocen derechos fundamentales, disciplinan la composición y el funcionamiento de los órganos constitucionales —normas organizativas— , las normas que regulan el sistema de las fuentes, y las de carácter imperativo.

(ii) Normas constitucionales de eficiacia debilitada que requieren un desarrollo normativo ulterior, que no pueden sustentar por sí mismas pretensiones, pues no generan inmediatamente derechos subjetivos ni obligaciones exigibles judicialmente, directrices o de carácter económico y social. En el Derecho positivo, a diferencia de otros constitucionalismos, si existe la posibilidad de controlar jurisdiccionalmente la omisión legislativa, lo que en la práctica ha sido objeto de graves distorsiones[169].

(iii) Normas que consagran garantías institucionales, punto este sobre el cual volveremos más adelante.

(iv) Normas que consagran principios generales o valores superiores del sistema jurídico-político, y las cuales tienen entidad por sí mismas para ser

166 De Otto, I. Ob. cit., nota 31, p. 78.

167 Bilbao Ubillos, J.M., Rey Martínez, F. y Vidal Zapatero, J.M. Ob. cit., nota 1, 338 a 341.

168 Bilbao Ubillos, J.M., Rey Martínez, F. y Vidal Zapatero, J.M. Ob. cit., nota 1, 346.

169 Brewer-Carias, A.R. (2017). *Tratado de Derecho Constitucional*. XVII *Justicia constitucional y jurisdicción constitucional*, Cafracas, FDP-EJV; y Badell Madrid, R. (2020). *Derecho Procesal Constitucional*. «Prólogo» de C. Sosa Gómez. Caracas, EJV-ACIENPOL, Serie Estudios N° 121.

invocadas, si bien su invocación no sería suficiente por sí sola como principio en abstracto para fundamentar una pretensión jurídica. Su eficacia sería, pues, inmediata pero indirecta.

(v) Por último, el supuesto de eficacia más débil sería el de las normas que contienen mandatos, habilitaciones o remisiones al legislador, ordenando o posibiltando la regulación por ley de determinadas materias. El cumplimiento de estos mandatos no puede exigirse judicialmente, salvo que quepa según el Derecho positivo un recurso de inconstitucionalidad por omisión.

d. *Principio de la interpretación conforme a la Constitución*

§31. Concepto — Un principio general reconocido en todo Ordenamiento jurídico dotado de Constitución como norma suprema, es el de que la supremacía de la Constitución opera condicionando la validez de la ley y todas las demás normas del Ordenamiento jurídico, no solo en el momento de su elaboración a su compatibilidad con ella, sino que también se prolonga a la fase de aplicación de las mismas, en el sentido que la interpretación que se haga de las mismas ha de tomar en cuenta y ser compatible con la Constitución, esto es, interpretación adecuada o «conforme a la Constitución» (De Otto)[170].

Y es que por cuanto el contenido de la Constitución establece el punto de arranque para el desarrollo normativo del total Ordenamiento jurídico del Estado Constitucional, este ha de interpretarse precisamente de acuerdo con el sentido de la Constitución. Por tanto, la supremacía normativa de la Constitución no se manifiesta solo en su aptitud para servir de parámetro de validez al momento de la creación o aprobación de todas las demás normas, sino también en la exigencia de que estas, al momento de su aplicación, se interpreten de acuerdo con los preceptos constitucionales. Y es como señala Bilbao Ubillos[171], a la eficacia normativa de la Constitución, se añade su eficacia como marco de referencia o criterio dominante en la interpretación de las restantes normas —el resultado de ese proceso interpretativo ha de ser también compatible con la Constitución—.

Lo expuesto no niega que la ley tenga un carácter primario en cuanto norma que procede de un órgano representativo dotado de legitimidad democrática. Sin embargo, esa primariedad está condicionada a que la ley no sea disconforme con la Constitución; esto es, la relación entre la Constitución y la ley se plantea en el terreno de los límites, no en el plano de que la segunda sea ejecución de la primera (Jiménez Asensio)[172]. En todo caso, no se deben confundir dos cuestiones, aunque en la práctica bien puedan confluir: 1.ª, la interpretación —de las normas infraconstitucionales— conforme a la Constitución; y 2.ª, la interpretación de la Constitución (Bilbao Ubillos)[173], cuestión esta ultima sobre la cual volveremos más adelante.

Así las cosas, señala Garrorena Moreno[174], el principio de interpretación conforme a la Constitución, opera desplegando varios sub-principios o principios se-

---

170 De Otto, I. Ob. cit., nota 31,79.
171 Bilbao Ubillos, J.M., Rey Martínez, F. y Vidal Zapatero, J.M. Ob. cit., nota 1, 346.
172 Jiménez Asensio, R. Ob. cit., nota 30, 94.
173 Bilbao Ubillos, J.M., Rey Martínez, F. y Vidal Zapatero, J.M. Ob. cit., nota 1, 343.
174 Garrorena Moreno, A. Ob. cit., nota 5, 105 y 106.

gundos, así: 1.°, el principio de interpretación o de integración del sentido de las normas; 2.°, el principio de cobertura de las lagunas del Ordenamiento jurídico; 3.°, el principio de conservación de las normas o de economía jurídica; y por último 4.°, el principio de exclusión de interpretaciones inconstitucionales.

Por tanto, el principio mencionado quiere significar que toda interpretación debe atribuir al resto de las normas jurídicas, cualesquiera sea su rango, un significado que sea conforme o compatible con la Constitución y, por tanto, debe recibir la consideración de marco general —«contexto»— dentro del cual ha de realizarse la indagación del sentido y finalidad de la totalidad de las normas del Ordenamiento jurídico, incluidas —por supuesto— las que integran el Ordenamiento jurídico-administrativo. Esto es, en nuestro caso, que todo deriva de la Constitución y todo ha de legitimarse por su concordancia directa o indirecta con la Constitución, pues siendo norma de normas, sería como «el punto de Arquímides de la legalidad estatal» (W. Burckhardt), de manera que un precepto jurídico solo es válido en cuanto derive de la Constitución (García Pelayo)[175].

De ahí que la defensa y protección de la Constitución —y la Justicia o jurisdicción constitucional correlativa que la garantiza— exigen, no solo que se elimine la norma jurídica en caso de inconformidad o contradicción con la Constitución, sino que exige también que de ser posible, esta se interprete de modo que la contradicción no se produzca o sea insalvable, y que la Justicia constitucional solo proceda a declararla nula cuando no sea posible encontrarle, mediante la interpretación constitucional, un sentido en el que la norma resulte adecuada o conforme a la Constitución. Es decir, que antes de considerar a una norma jurídica como inconstitucional —constitucionalmente inválida—, es preciso agotar todas las posibilidades de encontrar en ella un significado que la haga compatible con la Constitución, y que le permita susbsistir dentro del Ordenamiento jurídico.

Asimismo, la interpretación de la ley y todas las demás fuentes jurídicas que integran el Ordenamiento jurídico general ha de hacerse con este criterio de actuación, denominado principio de interpretación conforme a la Constitución, esto es, en caso de existir varias posibilidades de interpretación de la norma se debe escoger aquella que sea conforme con la Constitución y se rechace la que sea contraria a esta (De Otto)[176].

Por razones obvias, el principio de interpretación conforme a la Constitución aplicable a todo el Ordenamiento jurídico general, derivado a su vez del principio de la supremacía constitucional, debería de haber acompañado siempre a la Constitución, ya que, para decirlo según la conocida fórmula originada en los Estados Unidos en el proceso de constitucionalidad de la leyes, las cuales solo deben poder interpretarse «*in harmony with the Constitution*»,— y después en Alemania, como un postulado básico, y finalmente como una exigencia idéntica recogida expresamente en el Art. 334 de la C que dispone:

> **Artículo 334.** Todos los jueces o juezas (sic) de la República, en el ámbito de sus competencias y conforme a lo previsto en esta Constitución y en la ley, están en la obligación de asegurar la integridad de esta Constitución.
>
> En caso de incompatibilidad entre esta Constitución y una ley u otra norma jurídica, se aplicarán las disposiciones constitucionales, correspondiendo a los tribunales en cualquier causa, aún de oficio, decidir lo conducente. [...]

[175] García Pelayo, M., Ob. cit., nota 34, «Derecho constitucional comparado», Vol. I, 261.
[176] De Otto, I., Ob. cit., nota 31, 79.

En tal sentido, la jurisprudencia[177] sostiene que:

> [...] el ordenamiento jurídico venezolano da cabida a la tesis según la cual, ante múltiples interpretaciones, habrá de aplicarse la que se mantenga dentro de los principios y reglas constitucionales, respetando su contenido esencial y por tanto, salvaguardando el principio general de unidad del ordenamiento, donde la Constitución tiene prevalencia.

e. *Principio de la fuerza derogatoria*

§32. Planteamiento de la cuestión — Por último, frente al principio de conservación del Ordenamiento jurídico, la condición de norma jurídica suprema que se predica de la Constitución tenemos el «principio de la fuerza derogatoria» que implica atribuirle, a su vez, una función derogatoria de todas aquellas normas o Derecho precedente o dictado antes de la Constitución —preconstitucional— que sea incompatibles o en contradicción con ella. A este fenómeno de contradicción de una norma preconstitucional con una norma constitucional posterior, se le conoce con el nombre de «derogación».

Por un lado, la derogación que la realiza el propio órgano normativo puede ser total o parcial, expresa o tácita. La derogación es «expresa» cuando la norma constitucional posterior o derogatoria identifica de forma explícita y precisa la norma o normas derogadas. Un caso de derogación expresa es la operada por virtud de la Disposición Derogatoria Única de la C, cuando establece, a modo de cláusula de cierre, que:

> **Única**. Queda derogada la Constitución de la República de Venezuela decretada el veintitrés de enero de mil novecientos sesenta y uno. [...].

Por otro lado, la derogación es «tácita» cuando el propio órgano no hace explítamente esa indicación desde el punto de vista formal, y el intérprete tiene que valorar y constatar por su cuenta la contradicción de las dos disposiciones incompatibles, que puede generar o no una gran complejidad. En tal sentido, tratándose de la Constitución, en tanto la norma superior, su efecto derogatorio es potencialmente universal: esto es, se extiende a todas las disposiciones anteriores, cualquiera que sea su rango, si se aprecia una contradicción no eludible mediante la aplicación del principio de interpretación conforme a la Constitución; y, por el contrario, las normas cuyo contenido no sea contrario a lo previsto en la Constitución seguirán siendo válidas.

Ahora bien, la Constitución incluye dentro de la Disposición Derogatoria Única en la que, tras la mencionada derogación expresa de la Constitución de 1961, termina también con la conocida cláusula de estilo de derogación tácita, esto es, no identifica explícitamente las normas derogadas, de la forma siguiente:

> **Única**. [...]
>
> El resto del ordenamiento jurídico mantendrá su vigencia en todo lo que no contradiga a esta Constitución.

Ahora bien, el supuesto de la derogación o inconstitucionalidad sobrevenida tiene en común con el supuesto de la anulación que en ambos casos se produ-

[177] Sent. del TSJ/SC N° 1307 del 28-06-2006, caso *Narciso Cenovio Franco*.

ce el cese de vigencia de la norma derogada o de la anulada, según sea el caso; ambas dejan de pertencer al Ordenamiento jurídico y en principio no podrán surtir efectos jurídicos. Sin embargo, tanto la causa del cese de la vigencia como la forma en que se produce son bien distintas: la nulidad implica invalidez y solo puede ser declarada por el órgano juridiccional competente; mientras que la derogación la lleva a cabo el propio órgano normativo, aunque en el caso de la derogación tácita podrá requerir de un esfuerzo interpretativo por parte del órgano jurisdiccional competente.

E. Garantías institucionales

§33. Concepto – El principio de superioridad formal, señalábamos más arriba, hace igualmente referencia: por un lado, a las «garantías institucionales» –o normativas de la Constitución–; y por el otro a las garantías jurisdiccionales.

Así, la Constitución goza de una estabilidad jurídica reforzada, resistencia o fuerza pasiva que se denomina «rigidez», que le confiere su identidad formal como norma distinta y superior a las demás normas jurídicas. Por tanto, la premisa de la que parten el tipo de garantías institucionales, es la de una Constitución entendida como norma jurídica suprema y rígida, y ello significa, básicamente, la exigencia de que solo puede ser reformada por otra de igual rango –reforma constitucional–, y que la reforma constitucional exige el seguimiento de unos trámites procedimentales en ella previstos, que son normalmente más complejos y especialmente rigurosos para permitir la modificación constitucional.

En tal sentido, la Constitución norteamericana de 1787 presenta un doble interés desde el punto de vista de su significación a la hora de proceder a definir el valor asignado a la Constitución en los Estados Unidos: de un lado, por el esquema que en la misma se establece en relación con la división de poderes; de otro, por la previsión en su tenor literal de un procedimiento expreso y especial de reforma constitucional. Es así como el segundo elemento mencionado desde el punto de vista de la teoría general de la Constitución, y en lo que aquí nos concierne, es suficiente dejar constancia de como los constituyentes norteamericanos tuvieron plena conciencia de las consecuencias que debería derivarse del hecho que la Constitución estableciese un procedimiento especial de reforma como garantía institucional.

Ahora, la finalidad de la garantía institucional –garantía constitucional o garantía de instituto– implica, pues –ha indicado L. Parejo–[178], «otorgar una específica protección constitucional frente al legislador ordinario a determinadas y típicas características de una institución en la medida en que éstas han pasado a ser –como resultado de la evolución histórica de dicha institución– esenciales e identificativas de la misma». Supone, en consecuencia, una protección reforzada de una institución prevista por el Poder constituyente, protección que, referida al «núcleo esencial» de aquélla, se proyecta hacia el futuro y produce efectos tanto frente a los poderes públicos como frente a los particulares.

En efecto, la rigidez es consustancial a la Constitución normativa, por cuanto la génesis de la Constitución se halla en el pacto social, en el consentimiento de los ciudadanos, ella sería la expresión por antonomasia de la autodeterminación políti-

[178] Parejo Alfonso, L. (1981). *Garantía institucional y autonomías locales.* Madrid, IEAL, 23.

ca de los ciudadanos. En este sentido, al proceso que conduce a la aprobación de esta norma tan singular se le conoce como «proceso constituyente», porque se «constituye» —o reconstituye— el Estado Constitucional. Y a la decisión del pueblo —o de la nación— de imponer la Constitución como norma jrídica se le conoce como «Poder constituyente»: un poder singular, excepcional, que solo surge cuando una determinada sociedad decide establecer —o modificar— las normas básicas, las reglas esenciales, de la convivencia social (Bilbao Ubillos)[179].

En caso contrario, si la Constitución fuere fácilmente reformable, las garantías podrían fácilmente ser adulteradas o socavadas mediante el simple proceso de modificar la norma suprema, lo que obviamente dejaría a las mismas en manos del Poder legislativo. De modo que las garantías institucionales se proyectan fundamentalmente frente al Poder legislativo —excepto la reserva de ley—. Así, la modificación constitucional supone añadir, suprimir o cambiar una o varias normas de la Constitución, cuando ello es necesario para ajustar el texto constitucional a los cambios políticos, sociales y económicos.

Así las cosas, el fundamento teórico de la imposición de procedimientos agravados de reforma constitucional ha sido nítidamente expuesto por García Pelayo[180] al señalar:

> Es claro que si los órganos e instituciones fundamentales del Estado Constitucional existen por la Constitución y derivan de ella sus poderes y competencias, no pueden ser, a su vez, creadores de esta Constitución, ni ha de caber dentro de sus competencias la facultad de reformarla...; Pero es claro, además, que las normas constitucionales, en cuanto fundamento de todo el ordenamiento jurídico, en cuanto expresión de la razón... han de estar dotadas de mayores garantías de estabilidad que las leyes ordinarias...; pero, por una parte, las exigencias democráticas..., y, por otra, el hecho patente e insoslayable de la mutabilidad de la vida histórica, condujeron... a la síntesis de la superlegalidad constitucional: ya que no es posible sustraer la Constitución al cambio histórico, éste penetrará tan sólo por los cauces previstos en ella, es decir, por un método especial de reforma llevado a cabo por unos órganos también especiales.

En tal sentido, la Constitución de 1999 es inequívocamente rígida, porque solo puede modificarse a través de los procedimientos más complejos y expresamente previstos en ella, además de la participación directa y decisoria de los ciudadanso en determinados casos. Ahora bien, la rigidez no es inmutabilidad, no impide el cambio, solo lo dificulta, pues la EMC señala que la democracia moderna insertada en un mundo globalizado y condicionada por la dinámica de la vida actual, a su vez determinada por los cambios tecnológicos, requiere de una institucionalidad lo suficientemente flexible para poder adaptarse a los cambios que se van generando.

De allí que la Constitución de 1999, a pesar de tener la rigidez de las Constituciones escritas, ha de incluir elementos que permitan esa adaptación a la realidad. Uno de esos elementos lo constituye la existencia de un Alto Tribunal que tiene, en primer lugar, por misión que puedan surtir efectos jurídicos las decisiones de los Poderes constituidos —en particular, las leyes— que vulneren la Constitución; y en segundo lugar, que mediante una interpretación de carácter histórico progresivo,

---

179 Bilbao Ubillos, J.M., Rey Martínez, F. y Vidal Zapatero, J.M., Ob. cit., nota 1, 37.

180 García Pelayo, M. Ob. cit., nota 34, Vol. I, 264 y 265.

fundamentada en la comprensión del momento histórico, permita la mejor aplicación posible de la Constitución a la realidad que le corresponde regir, tal como se prevé en la Constitución con la creación de la Sala Constitucional del Tribunal Supremo de Justicia. De modo que la garantía de la supremacía normativa de la Constitución se completará con la consecuencia lógica del «control jurisdiccional de la constitucionalidad», a través de la configuración de los dos modelos, el norteamericano —o control difuso de constitucionalidad—, y el europeo —o control concentrado de constitucionalidad, con la incorporación de la modificación relevante de la llamada «cuestion de inconstitucionalidad»—.

Pero, además, debe incluir elementos de flexibilidad en el aspecto más rígido de las Constituciones escritas que lo conforman, como son las previsiones relativas a la forma y mecanismos para la modificación de la propia Constitución. En este sentido, las posibilidades de modificación de las bases jurídicas fundamentales del país son amplias y están efectivamente en manos de una pluralidad de actores políticos y sociales, como se analiza a continuación.

§34. Bloque de la constitucionalidad — Tratándose de una Constitución escrita y rígida, es su texto la fuente primaria del Derecho constitucional. La segunda fuente del Derecho constitucional es la jurisprudencia del Tribunal Constitucional —o quien haga sus veces— en su labor interpretativa de la Constitución. Pero, junto a la Constitución, la doctrina y la jurisprudencia constitucional han propuesto el denominado *«bloc de constitutionnalité»* —o bloque de la constitucionalidad—. Es sabido que en el Derecho administrativo se hace referencia habitualmente a la noción bloque de legalidad que había propuesto Hauriou bajo la denominación «bloque legal», a partir de la cual ha nacido y se ha desarrollado la de «bloque de constitucionalidad».

Pues bien, fue L. Favoreu[181] el primero en determinar el contenido inicial de la noción *bloc de constitutionnalité*[182], como conjunto de los «principios y reglas de valor constitucional» que designan el conjunto de normas situadas en el nivel constitucional, cuyo respeto se impone a la ley[183], y que permiten hablar globalmente de la Constitución como conjunto de textos que forman el bloque de

---

181 Favoreu, L. (1975) «Le principe de constitutionnalité. Essaie de définition d'après la jurisprudence du Conseil constitutionnel». En Waline, M. (Ed.) *Recueil d'études en hommage à Charles Eisenmann.* Paris, Ed. Cujas, 33; Favoreu, L., et Philip, L. (1993). *Le grandes décisions du Conseil constitutionnel*, 7ª. Éd., Paris; Favoreu, L. y Rubio Llorente, F. (1991). *El bloque de la constitucionalidad.* Simposium Franco-Español. Madrid, Civitas; y Rubio Llorente, F. «El bloque de la constitucionalidad». En *Estudios sobre la Constitución Española. Homenaje al Profesor Eduardo García de Enterría*, T. I. Madrid, Civitas, 3 y ss. En Venezuela Urdaneta Sandoval, C. (2020). «Principio del bloque de constitucionalidad y de convencionalidad. Dificultades teóricas y entorno práctico de un Derecho 'in fieri'». En *Principios fundamentales del Derecho Público. Desafíos actuales.Libro connmemorativo de los 20 años de la publicación de la Constitución de 1999* (A.R. Brewer-Carias y J. Araujo- Juárez, J. Coords.). Caracas, EJVI.

182 La expresión *«bloque de constitutionnalité»* se utiliza en Francia para designar el conjunto de los «principios y reglas de valor constitucional» que designan el conjunto de normas situadas en el nivel constitucional, cuyo respeto se impone a la ley, y que permiten hablar globalmente de la Constitución como conjunto de textos que forman el bloque de constitucionalidad, incluso de normas que aún estando fuera de la Constitución comparten con ella el primer escalón en la pirámide jurídica, y que el Consejo Constitucional francés aplica en el control previo de constitucionalidad de las leyes y de los reglamentos parlamentarios, conjunto normativo que no se limita a la Constitución de 1958. *Conseil Constitutionnel.* Decisión de 007-1966. En RDCC, 15.

183 Favoreu, L. «El bloque de la constitucionalidad». En RCEC, núm. 5, enero- marzo 1990. Madrid, 46.

constitucionalidad[184]. A tal conclusión llegó luego de analizar los elementos que eran considerados por el Consejo Constitucional francés al momento de realizar control de la constitucionalidad [185], con lo que demostró que hay normas fuera de la Constitución que comparten con ella el primer escalón en la pirámide jurídica de cada país, y que se utilizan en conjunto para evaluar la constitucionalidad de las normas de inferior jerarquía. Por efecto de ello, la tarea del Juez constitucional se ha expandido, pues ahora «no se limita a comparar solamente término a término dos textos, uno inferior, otro superior; sino a establecer inicialmente el término superior, luego a efectuar la comparación»[186].

Esto es así porque las Constituciones no son textos cerrados y pueden ser normativamente algo más que el propio texto constitucional, al hacer remisiones a otras reglas o principios que adquieren valor en la práctica constitucional. Por ende, el bloque de constitucionalidad se encuentra formado por: 1.°, los derechos que la Constitución explicita sin taxatividad; 2.°, los derechos que asegura el derecho internacional por virtus de los principios *ius cogenes*; 3.°, los derechos que asegura el derecho convencional internacional internacional de derechos humanos y Derecho internacional humanitario; y 4.°, los derechos que asegura el Derecho internacional consuetudinario.

Finalmente, el efecto útil de la idea de un bloque de la constitucionalidad radica en que el conjunto de normas incorporadas a nuestra legislación son efectivas en cuanto sirven no solo como parámetro de constitucionalidad de las leyes, sino también como elemento hermenéutico e integrador ante una legislación incompleta.

Por consiguiente, en el Derecho positivo, y con el mismo carácter de normas constitucionales secundarias pueden considerarse los instrumentos internacionales en materia de derechos humanos —tratados, pactos y convenciones— suscritos y ratificados, incluyendo la Declaración Universal de Derechos Humanos de 1948, que no ha sido objeto propiamente de ratificación. Esta cualidad de fuente constitucional secundaria procede directamente del texto del Art. 23 de la C:

---

184 Favoreu, L. Ob. cit., nota 183, 60. Para 1989, en Francia, el bloque de constitucionalidad contiene elementos esenciales (Constitución de 1958, Declaración de derechos del hombre y del ciudadano de 1789, Preámbulo de la Constitución de 1946) y elementos marginales (principios fundamentales reconocidos por las leyes de la República). Vid. Favoreu, L. Ob. cit., nota 183, 50.

185 Favoreu, L. Ob. cit., nota 183, nsconstruirse a partir de la Cosos mlidad e derechos humanos y 34, 40 y 38. En contraste, el bloque de constitucionalidad en España se adoptó como instrumento para resolver conflictos de competencias entre el Estado Constitucional y las comunidades autónomas,incluyendo normas constitucionales, estatutos autonómicos y leyes orgánicas que regulan la distribución de competencias entre ordenamientos territoriales; mientras que, en Italia, el concepto fue asociado a la noción de «norma interpuesta», entendida como norma con rango de ley ordinaria pero que, por previsión explícita de la Constitución, vincula o limita otras normas a manera de un parámetro de control constitucional; lo que permite deducir que hay normas de rango legal que ostentan «valor constitucional» al pertenecer al parámetro de constitucionalidad, pero que carecen formalmente de jerarquía constitucional. Góngora-Mera, M. E. (2014). «La difusión del bloque de constitucionalidad en la jurisprudencia latinoamericana y su potencial de la construcción del *ius constitutionale commune* latinoamericano». En Bogdandy, A. V. Fix-Fierro, H. y Morales Antoniazzi, M. (Coords.) *Ius constitutionale commune en América Latina: Rasgos, potencialidades y desafíos*. México, Instituto de Investigaciones Jurídicas de la UNAM/Instituto Max Planck de Derecho Público Comparado y Derecho Internacional, 306 y 307.Disponible en: http://biblio.juridicas.unam.mx

186 Favoreu, L. Ob. cit., 183, 41.

Artículo 23. Los tratados, pactos y convenciones relativos a derechos humanos, suscritos y ratificados por Venezuela, tienen jerarquía constitucional y prevalecen en el orden interno, en la medida en que contengan normas sobre su goce y ejercicio más favorables a las establecidas por esta Constitución y en las leyes de la República, y son de aplicación inmediata y directa por los tribunales y demás órganos del Poder Público.

§35. Modificación – La modificación de la Constitución se hará necesaria cuando ya no sea posible la adaptación a las nuevas circunstancias por la vía de la interpretación constitucional, que permite la actualización del significado de las normas constitucionales, sin cambiar su texto. Cuando la norma no deje ningún margen para la actualización jurisprudencial, cuando el texto se convierte en un obstáculo insalvable, no quedará más alternativa que la modificación. Pero también la doctrina[187] advierte, sobre la conveniencia de que el Tribunal constitucional competente contemple con cautela la posibilidad de dictar sentencias «interpretativas» ante el riesgo de que se sitúe en lugar del legislador democrático, dando a la ley un contenido, que no es el que necesaria e inmediatamente resulta del texto original, excluyendo otras posibles lecturas de la norma en cuestión.

En tal sentido, la reforma de la Constitución está regulada por ella misma. La voluntad democrática de modificar la Constitución solo es posible conforme a la clasificación que ha mantenido y que distingue entre: 1.°, la enmienda constitucional, y 2.°, la reforma constitucional, incorporando, a su vez, la facultad de convocar a una Asamblea Nacional Constituyente, para ser consecuentes con la idea de que es el pueblo el legítimo depositario del Poder constituyente originario. Esto guarda concordancia con lo establecido en la misma Constitución, que hace residir la soberanía en el pueblo quien la ejercer de manera directa o indirectamente (Art. 5 de la C).

A tal efecto se establecen una serie de mecanismos o garantías institucionales a través de los cuales las posibilidades de modificación del texto constitucional sean factibles y accesibles, para evitar el divorcio entre la norma suprema del Ordenamiento jurídico y la realidad social, política, cultural y económica. La contraposición entre una Constitución «formal» y una Constitución «real» genera distorsiones que agravan considerablemente las crisis de gobernabilidad y de legitimidad del sistema político, al no existir opciones para superarlas. Es solo y mediante los mencionados mecanismos, y con los procedimientos que los mismos se den, que es posible la modificación del Texto constitucional[188]. Ellos constituyen unas garantías institucionales, porque la propia Constitución establece el mecanismo de reforma o de su propia reforma y enmienda.

En tal sentido, la Constitución vigente establece una serie de previsiones relativas a la forma, materia y procedimientos —iniciativa y trámites— a través de los cuales, las posibilidades de modificación del texto constitucional sean factibles y accesibles, al distinguir entre: 1.°, la enmienda constitucional; 2.°, la reforma constitucional; y por último 3.°, el llamamiento a una Asamblea Nacional Constituyente, según analizaremos brevemente a continuación.

§35.a Enmienda constitucional – En lo que respecta al procedimiento de «enmienda constitucional», se superan las limitaciones establecidas en la Constitución

[187] Brewer-Carias, A.R. Ob. cit., nota 169; y Badell Madrid, R. On. Cit., nota 169.

[188] Sent. del TSJ/SC N° 1140 del 5-10-2000, RDP, N° 84, 101.

de 1961, que hacían complicada la consecución de resultados efectivos. En el nuevo texto constitucional se ha previsto una manera más ágil y flexible y el Art. 340 de la C procede a formular una definición de enmienda, en los términos siguientes:

> **Artículo 342.** La enmienda tiene por objeto tiene por objeto la adición o modificación de uno o varios artículos de la Constitución, sin alterar su estructura fundamental.

Por otro lado, de conformidad con el Art. 341, la iniciativa podrá partir de: 1.°, el quince por ciento de los ciudadanos inscritos en el Registro Civil y Electoral; 2.°, un treinta por ciento de los integrantes de la Asamblea Nacional; y por último 3.°, del Presidente de la República en Consejo de Ministros. Ahora, cuando la iniciativa parta de la Asamblea Nacional, la enmienda requerirá la aprobación de ésta por la mayoría de sus integrantes y se discutirá, según el procedimiento establecido en la Constitución para la formación de leyes. Luego el Poder electoral someterá a referendo las enmiendas a los treinta días siguientes a su recepción formal.

Por consiguiente, las enmiendas constitucionales se considerarán aprobadas de acuerdo con lo establecido en la Constitución y la ley respecto al referendo aprobatorio. Las enmiendas constitucionales serán numeradas consecutivamente y se publicarán a continuación de la Constitución sin alterar el texto de ésta, pero anotando al pie del Art. o Arts. enmendados, la referencia de número y fecha de la enmienda que lo modificó.

Finalmente, la enmienda constitucional, a su vez, tendrá rango constitucional[189], de acuerdo con el procedimiento descrito en el Art. 341 de la C.

§35.b Reforma constitucional — La Constitución vigente es una Constitución de contenido «abierto al tiempo», en el sentido señalado por K. Hesse[190], de que permanece incompleta e inacabada, cumpliendo los mecanismos de «reforma constitucional» una función de defensa y protección de la propia Constitución, a fin de que el Derecho constitucional pueda ir experimentando las correspondientes transformaciones. Y ello porque es imposible una juridificación total de la política, debiéndose acudir a las reglas de la interpretación constitucional como instrumento de concreción, para evitar la tensión entre los mandatos contenidos en los textos constitucionales y la realidad social y política.

En tal sentido, el Art. 342 de la C señala cuál es el objeto de la reforma constitucional, así:

> **Artículo 342.** La reforma constitucional tiene por objeto una revisión parcial de la Constitución y la sustitución de una o varias de sus normas que no modifiquen la estructura y principios fundamentales del texto constitucional.

Por otro lado, de conformidad con el Art. 343 de la C, la iniciativa de la reforma se le atribuye: 1.°, a la Asamblea Nacional, por la mayoría de sus miembros; 2.°, al Presidente de la República en Consejo de Ministros; y finalmente 3.°, a los electores inscritos en el registro electoral en número no menor del quince por ciento (15%). Una vez cumplidos estos requisitos se inicia la tramitación ante la Asamblea Nacional, la cual realizará tres discusiones antes de la aprobación del proyecto para lo cual tiene un plazo no mayor de dos (2) años, contados a partir de la fecha en la cual conoció y aprobó la solicitud de reforma.

---

189 Sent. de la CSJ/SPA del14 de agosto de 1973, G.O. N° 30183, del 20-08-1973, 226.079.

190 Hesse, K. Ob. cit., nota 90, 46.

Para la aprobación del proyecto de reforma se requiere una mayoría calificada de dos terceras partes de sus miembros. Además, de acuerdo con el Art. 344 de la C, el proyecto aprobado por la Asamblea Nacional será sometido a referendo dentro de los treinta (30) días siguientes a su sanción, y bastará para su aprobación con un número mayor de votos positivos, según lo establece el Art. 345 de la C.

Finalmente, el Presidente de la República estará obligado a promulgar las enmiendas y reformas dentro de los diez (10) días siguientes a su aprobación. Si no lo hiciere se aplicará lo previsto en el Art. 346 de la C, esto es, el Presidente de la República estará obligado a promulgar las enmiendas y reformas dentro de los diez días siguientes a su aprobación.

§35.c Asamblea Nacional Constituyente — Y por último, el Art. 347 de la C consagra la «Asamblea Nacional Constituyente», instrumento fundamental que garantiza la posibilidad abierta de modificar sustancialmente o «transformar al Estado Constitucional, crear un nuevo ordenamiento jurídico y redactar una nueva Constitución», que adquiere así consagración formal expresa, y de acuerdo con el procedimiento regulado en los Arts. 348 a 350 de la C.

En efecto, la iniciativa de convocatoria a la Asamblea Nacional Constituyente podrá hacerla: 1.°, el Presidente de la República en Consejo de Ministros; 2.°, la Asamblea Nacional, mediante acuerdo de la dos terceras partes de sus integrantes; 3.°, los Concejos Municipales en cabildos, mediante el voto de las dos terceras partes de los mismos; y por último 4.°, el quince por ciento de los electores inscritos en el registro electoral.

Ahora bien, siendo que el pueblo es el depositario del Poder constituyente originario, el Presidente de la República no podrá objetar la nueva Constitución. Y los poderes constituidos no podrán en forma alguna impedir las decisiones de la Asamblea Nacional Constituyente.

Por último, a los efectos de la promulgación de la nueva Constitución, ésta se publicará en la Gaceta Oficial de la República de Venezuela o en la Gaceta de la Asamblea Nacional Constituyente.

F. Conclusión

§36. Planteamiento de la cuestión — En este punto hemos de partir del hecho de que, en el concepto normativo moderno, la Constitución es a la vez:

(i) El cuerpo normativo de más alta jerarquía dentro del Ordenamiento jurídico[191], o el «conjunto de normas de rango superior a cualquier otra» y, por lo tanto, inmodificables por los procedimientos ordinarios de producción legislativa[192].

(ii) La «fuente de las fuentes del Derecho», ya que todas las demás se deben adaptar a ella, tanto en su proceso de formación, como en cuanto a su contenido.

En tal sentido, la doctrina remarca una tendencia amplia de constitucionalización del Derecho, generado en virtud del reconocimiento de la

191 Sent. del TSJ/SC N° 6 del 27-01-2000, caso *Milagros Gómez y otros*.
192 Santamaría Pastor, J. A. Ob. cit., nota 68, 142 y 143.

Constitución, ya no sólo como documento con valor político que lleva consigo un modelo jurídico-político determinado que ha de inspirar la creación, organización y actuación del Estado Constitucional sino, también, como norma jurídica de aplicación directa e inmediata, sin necesidad de desarrollo legal y prevaleciente sobre la propia ley y con una jerarquía superior en el sistema de las fuentes del Derecho, así como el aumento significativo de su contenido, esto es, principios, valores superiores y reglas jurídicas aplicables a múltiples esferas, ha generado, sin lugar a dudas, que se hable del fenómeno o proceso de constitucionalización del Derecho, y el Derecho administrativo no ha sido ajeno a esta tendencia.

Por eso mismo, es forzoso constatar que la mayoría de los debates que agitan a la sociedad contemporánea, como por ejemplo: la reforma administrativa y su descentralización, el control ciudadano de la gestión pública, la protección del medio ambiente y otros, son planteados en términos constitucionales. Sin embargo, es necesario señalar que esta evolución no ha llegado a su término.

De ahí que frente a la afirmación de O. Mayer de que la Constitución pasa y el Derecho administrativo permanece, creemos que debe reivindicarse el valor preeminente o la posición central de la Constitución, así como los instrumentos jurídicos internacionales sobre derechos humanos —Acuerdos, Tratados, Convenios, Convenciones, etc.— integrados en la misma a través del Art. 23 de la C, como los puntos de anclaje sobre los que actualizar, innovar y enseñar el vigente Derecho administrativo.

Así las cosas, se debe afirmar que por cuanto la fuente y norma jurídica suprema del Derecho positivo viene a ser la Constitución, por consiguiente, también lo será para el Derecho administrativo. Cada capítulo del Derecho administrativo, se ha dicho, tiene como «*tête de chapitre*» o cabecera una norma de rango constitucional.

En consecuencia, desde el punto de vista recién expuesto hay que concluir afirmando que la Constitución debe ser el contexto, el marco de referencia constante del Derecho administrativo contemporáneo, y de ahí la necesidad de analizar también el sistema de las relaciones, las funciones y las desviaciones entre el Derecho administrativo y el Derecho constitucional, y por ello como ya lo afirmara muy bien J.L. Meilán Gil[193], no parece forzado hablar de un auténtico Derecho administrativo constitucional, que persigue investigar hasta dónde la irradiación de la nueva realidad constitucional ha transformado y/o habrá de trasformar el Derecho administrativo contemporáneo —su contenido, sistemática y misión— en cada Derecho positivo, tema este que abordaremos a continuación.

[193] Meilán Gil, J.L. Ob. cit., nota 15, 159.

CAPÍTULO II
EL DERECHO ADMINISTRATIVO CONSTITUCIONAL

SECCIÓN 1.ª LA TEORÍA DE LA CONSTITUCIONALIZACÓN DEL DERECHO ADMINISTRATIVO

Introducción

§37. Planteamiento de la cuestión — El Derecho administrativo, sostiene Santamaría Pastor[194], es también un subsistema normativo o un sistema normativo sectorial dentro del total Ordenamiento jurídico de una nación, que tiene en la Constitución su base misma y su culminación en términos formales. La Constitución, ciertamente, no agota la materia jurídica, pero todo el Derecho positivo ha de interpretarse a partir de ella y adaptarse a la misma. Si es cierto que en la Constitución se contienen, como se ha dicho gráficamente, «*les têtes de chapitres*», los enunciados fundamentales de toda rama jurídica, la dependencia respecto de las normas y principios constitucionales es un postulado que cobra una particular intensidad en el Derecho administrativo, cuyo objeto es la disciplina del ejercicio mismo del Poder público. Por todo ello, el estudio de la denominada inicialmente teoría de «*les bases constitutionnelles*» —o las bases constitucionales— comportó un presupuesto lógicamente previo -más aún indispensable— a la descripción de su contenido.

Por eso hoy día constituye un lugar común hablar del fenómeno o «proceso de constitucionalización» del Derecho administrativo, a partir del cambio del paradigma que significó otorgarle pleno valor normativo a la Constitución. Sin embargo, es también evidente la ausencia durante mucho tiempo de estudios profundos acerca de la cuestión, o lo que es más grave, de análisis que buscaran identificar la extensión y los alcances de dicho proceso de constitucionalización, salvo contadas pero muy honrosas excepciones.

El punto de inicio se encuentra, pues, en la teoría de las bases constitucionales del Derecho administrativo esbozada por G. Vedel, al estudiar las relaciones entre la Constitución y el Derecho administrativo, como clave de interpretación de esta disciplina jurídica, que ya analizámos en otra obra nuestra[195].

A. Teoría de las bases constitucionales

§38. Planteamiento general — Desde el momento en que surge en el horizonte del Estado contemporáneo la Administración pública como complejo orgánico

---

194 Santamaría Pastor, J.A. Ob. cit., nota 68, 189.
195 Vid. *in extenso* a Araujo-Juárez, J. (2017). Ob. cit., nota 14, 90 a 114.

por excelencia de la acción del Estado, se manifiestan una serie de tensiones entre esta organización instrumental, servicial, y los ciudadanos. Desde esta perspectiva es donde se hace necesario incidir en el papel que las Constituciones tienen para todo el Derecho administrativo, para significar cómo la regulación del equilibrio entre el Poder público y la libertad, que este Derecho persigue, no puede prescindir y dejar de tener siempre presente, pues han de observarse necesariamente las potencialidades desde los postulados constitucionales.

Y en esa línea de deducir un sistema y unas consecuencias prácticas de las Constituciones, se dirigieron los esfuerzos de muchos administrativistas, que precisaban hallar y analizar las bases o presupuestos constitucionales que servirían de sustento y enmarcarían la disciplina que preferentemente cultivaban. Y así tuvieron que rastrear las apoyaturas constitucionales, la incidencia de la Constitución en todos y cada uno de los sectores regulados por Ordenamientos jurídicos específicos.

Uno de los autores clásicos en el estudio de las relaciones entre la Constitución y el Derecho administrativo, como es sabido, Vedel[196], sostuvo que ni teórica ni pedagógicamente era posible definir autónomamente el Derecho administrativo, y solo era posible su definición a partir de la Constitución. El punto de inicio se encontraría, pues, en la teoría de las «bases constitucionales» del Derecho administrativo, al constatar la afirmación, objeto de un acuerdo generalizado, según la cual «la Constitución es la base necesaria de las reglas que componen el Derecho administrativo», y cuya demostración sería inútil, pues «se deriva de la naturaleza misma de la Constitución, fundamento del Ordenamiento jurídico francés y carta de la organización estatal». Pero va más lejos al buscar «en cuáles bases constitucionales se puede construir el Derecho administrativo», concluyendo que es sobre «las nociones de poder ejecutivo y de prerrogativas del poder público». En tal sentido concluye: «El Derecho administrativo es el conjunto de reglas especiales aplicables a la actividad del poder ejecutivo en la medida en que haga uso de las prerrogativas del poder público».

La teoría, cuyo fundamento se encuentra: por un lado, en los textos constitucionales de 1875 y 1946, y por el otro, en la jurisprudencia a la que dieron lugar, tuvo que ser actualizada por el propio autor una primera vez con la aprobación de la Constitución francesa de 1958. En este orden de ideas, al publicar su Manual en el año 1958 afirmaba ya que el Derecho administrativo será «el derecho común de las prerrogativas del poder público»[197]. De esta manera, más que encontrar las bases constitucionales del Derecho administrativo, estableció la base constitucional.

En contra de esta tesis se pronunció un importante sector de la doctrina francesa, principalmente las críticas expuestas por Ch. Eisenmann y accesoriamente las de R. Chapus y P. Amselek[198]. El primero señala que la Constitución define las competencias, principalmente las del Poder ejecutivo a la cabeza del aparato que constituye la Administración pública; determina ciertas reglas de fondo, en especial los derechos y libertades que limitan el ejercicio de tales competencias; sin embar-

---

196 Vedel, G. Ob. cit., nota12, 21 y ss.

197 Vedel, G. (1980). *Derecho administrativo*, traducido por Rincón Jurado. Madrid, Biblioteca Jurídica Aguilar, VI.

198 Eisenmann, Ch. (1972). « La théorie des «bases constitutionnelles du droit administratif». En *Revue du Droit Publique*, Paris, 1.345-1.434; Chapus, R. (1968). «Le service public et la puissance publique». En *Revue du Droit Public*, 235-282; y Amselek, P. (1968). «Le service publique et la puissance publique-Reflexions autor d'une étude récente». En *Actualité Juridique-Droit Administratif*, 492-507.

go, ella no determina un régimen específico que sería el *régime administratif* y, por ende, no determina el Derecho administrativo.

Posteriormente, Vedel[199] al revisar las críticas de que fue objeto por la doctrina, recuerda la necesidad lógica de establecer una relación entre el Derecho administrativo y el Derecho constitucional, y la importancia de la noción de un Poder ejecutivo dotado de prerrogativas de poder público. Mantiene la idea según la cual, el Derecho administrativo descansa sobre unas bases constitucionales, pero la afinó y precisó, al definir en primer lugar a la Administración pública como «el conjunto de las actividades del gobierno y de las autoridades descentralizadas, distintas de las que manejan las relaciones internacionales, y las relaciones entre los poderes públicos, que se ejerce bajo un régimen de prerrogativas del poder público»; y al Derecho administrativo como el Derecho de tales actividades.

De acuerdo con la teoría de las bases constitucionales, sostiene J.C. Alli Aranguren[200] alineado con esta tesis, el Derecho administrativo, ni desde el punto de vista pedagógico ni desde el punto de vista teórico, puede definirse de manera autónoma, pues sólo sería posible a partir de la Constitución. Habría, pues, una solución de continuidad entre el Derecho constitucional y el Derecho administrativo[201], al punto que este último constituiría la prolongación del primero (J.E. Ibañez Najar)[202].

Así, las bases constitucionales emergen cada vez en el Derecho positivo, razón por la cual Vedel[203] se hace la siguiente pregunta: ¿Es posible escribir un simple manual de Derecho administrativo sin integrar los textos y la jurisprudencia constitucional a propósito de la descentralización, del sector público, de la policía, etc.? De ahí la afirmación de Brewer-Carias[204], en cuanto que el Derecho administrativo de un país no se puede llegar a conocer, interpretar ni exponer adecuadamente, si no se establecen e identifican, con claridad, sus bases, y éstas, por supuesto, estarían en el Derecho constitucional.

§39. Crítica a la teoría de las bases constitucionales — Luego de transcurrido alrededor de más de 60 años de haber formulado Vedel la teoría de las bases constitucionales del Derecho administrativo, la doctrina contemporánea intenta establecer la utilidad actual de la misma.

Al respecto P. Delvolvé[205] señala que el decano Vedel formó su teoría en un marco exclusivamente francés y, por tanto, ese método ya no es posible, la reflexión acerca de la identidad del Derecho administrativo no puede limitarse a un marco exclusivamente nacional, pues el desarrollo del Derecho administrativo en varios sistemas jurídicos es por la vía de la interacción, por la observación, intercambios, comparación que ha conducido, si no a una unificación, al menos a una convergencia que permite apreciar nociones y soluciones comunes.

---

199 Vedel, G. (1986). «Les bases constitutionnelles du droit administratif». En *La pensé de Charles Eisenmann.* Aix-en Provence, Presses Universitaires d'Áix-Marseille, 134-145.

200 Alli Aranguren, J. C. (2004). *Derecho Administrativo y Globalización.* Madrid, Thomson-Civitas, 19.

201 Dromi, J. (2004). *Derecho Administrativo,* 10ª edición. Buenos Aires, Ciudad Argentina, 331.

202 Ibañez Najar, J. E., «El Derecho Público Colombiano», en *V Foro Iberoamericano de Derecho Administrativo. El Marco Constitucional del Derecho Administrativo en Iberoamérica,* Universidad San Francisco de Quito, Quito, 2006, 130.

203 Vedel, G., Ob. cit., nota 12, 145.

204 Brewer-Carías, A. R. Ob. cit., nota 14, 5.

205 Delvolvé, P. Ob. cit., nota 15, 43.

De ahí que la reflexión acerca de la identidad del Derecho administrativo no puede limitarse a un marco exclusivamente nacional. No obstante, cada Derecho administrativo nacional tiene sus especificidades: su contenido varía de un Estado Constitucional a otro, en la medida que se encuentre más o menos desarrollado, y donde los principios fundadores son de distinto tipo, las reflexiones jurídicas serán muy amplias o muy concretas.

Frente a este panorama en que el Derecho administrativo no tiene un valor general y universal, Delvolvé[206] se pregunta: ¿Se debe, entonces, renunciar a encontrar una teoría única de las bases constitucionales, en la medida en que el Derecho administrativo, en sí mismo, no es unívoco? ¿Se puede al menos buscar, si más allá de la diversidad, existe un núcleo constitucional del Derecho administrativo? Al respecto se responde que, si bien los Derechos administrativos pueden ser variados, que sus bases constitucionales también, sin embargo, el sistema de las bases constitucionales debería permitir la construcción de una teoría que las englobe a todas.

Para ello el mismo Delvolvé señala que se requiere establecer lo que debería entenderse por esas bases, puesto que se habla indistintamente tanto de las bases constitucionales como de las fuentes constitucionales. Que, según el diccionario, en sentido figurado, base es el principio fundamental sobre el cual descansa un razonamiento, una proposición, un sistema o en fin una institución. La palabra se refiere a un fundamento, lo que es en sana lógica, el sustento de un orden o de un conjunto de conocimientos. Base y fundamento son, de esta manera, conceptos similares. Por su parte, la fuente es, en primer lugar, el punto del que emana el agua o el agua que brota, considerada en sí misma. En sentido figurado, es el punto de origen de cualquier cosa, del que ella surge.

Ahora bien, si se aplicaran estas definiciones en el espacio, la base —o el fundamento— permite elevar un edificio verticalmente; por el contrario, la fuente se expande horizontalmente. La base sostiene, la fuente produce. La base sirve para construir, la fuente permite usos diversos.

Asimismo, si estas definiciones se aplicaran a las relaciones entre el Derecho administrativo y el Derecho constitucional, las fuentes constitucionales contribuyen a determinar el contenido del Derecho administrativo, mientras que las bases constitucionales constituyen el pedestal sobre el que se construye el Derecho administrativo. Sin embargo, no siempre es fácil diferenciar las bases constitucionales y las fuentes constitucionales, puesto que las fuentes pueden servir tanto para identificar las bases del Derecho administrativo como para determinar su contenido.

En mérito a lo anterior, Delvolvé[207] propone que para buscar la manera como el Derecho constitucional permite la construcción del Derecho administrativo como un edificio jurídico concreto, existen dos maneras:

(i) El desarrollo de normas constitucionales en el Derecho administrativo.

(ii) Y la superación de la teoría de las bases constitucionales del Derecho administrativo.

B. Desarrollo de la normas constitucionales en el Derecho administrativo

§40. Planteamiento de la cuestión — Hoy día constituye un lugar común hablar del fenómeno o proceso de constitucionalización del Derecho administrativo, a

[206] Delvolvé, P. Ob. cit., nota 15, 45.
[207] Delvolvé, P. Ob. cit., nota 15, 46.

partir del cambio de paradigma que significó otorgarle pleno valor normativo a la Constitución. Sin embargo, es también evidente la ausencia durante mucho tiempo de estudios profundos acerca de la cuestión, o lo que es más grave, de análisis que buscaran identificar la extensión y los alcances de dicho proceso, salvo contadas pero muy honrosas excepciones.

El punto de inicio se encuentra, pues, en la mencionada teoría de las bases constitucionales del Derecho administrativo esbozada por el decano Vedel, al estudiar las relaciones entre la Constitución y el Derecho administrativo, como clave de interpretación de esta disciplina jurídica.

§41. Normas constitucionales en el Derecho administrativo — Al respecto Delvolvé[208] sostiene que el desarrollo de las normas constitucionales en el Derecho administrativo es un aspecto del desarrollo del proceso de la constitucionalización del Derecho en su conjunto, bajo el efecto del constitucionalismo, marcado tanto por un aumento en el número y en el campo de aplicación de las normas constitucionales, como por el refuerzo de la Justicia constitucional.

Como se hubo mencionado más arriba, el Vedel elaboró su teoría a partir de algunos fallos del Consejo de Estado francés en los que se interpretan disposiciones normativas de rango constitucional, donde se les da un sentido y un alcance concretos. Luego aquel fue desplazado por el Consejo Constitucional francés, en la medida en que fueron ampliando sus intervenciones y consolidando su autoridad. Así las cosas, Delvolvé[209] señala que el proceso de constitucionalización del Derecho administrativo se muestra como un fenómeno entre muchos otros. Ello puede permitir la relativización de la teoría de las bases constitucionales del Derecho administrativo, al mismo tiempo que esas normas se desarrollan de dos maneras:

(i) Formalmente, por el desarrollo de las disposiciones normativas constitucionales en materias administrativas.

(ii) Y materialmente, por el desarrollo constitucional de nociones propias del Derecho administrativo.

§42. Normas constitucionales en materia administrativa — Vedel sustentó su teoría de las bases constitucionales del Derecho administrativo de manera exclusiva en muy pocas disposiciones referidas a la atribución de ejecución de las leyes al Poder ejecutivo. Señalaba que ni teórica ni pedagógicamente era posible definir autónomamente Administración pública y Derecho administrativo, pues ello sólo es posible a partir de la Constitución. Esa definición debía abarcar dos elementos: el primero, constituido por la tradición constitucional francesa, la supremacía de la ley y el carácter ilimitado de la esfera legislativa; y el segundo, a tener en cuenta es la renovación llevada a cabo por las Constituciones francesas de 1875 y 1946. Ahora, también es cierto, en el Derecho comparado las Constituciones son muy dispares en el tratamiento de las materias administrativas.

En efecto, en el Derecho comparado las Constituciones son muy dispares en el tratamiento de las materias administrativas. En el Derecho positivo, por ejemplo, la Constitución de 1999, además de dedicarle un Sección a las disposiciones generales de la organización del Estado Constitucional, le dedica en el Capítulo I del Título V

[208] Delvolvé, P. Ob. cit., nota 15, 46.
[209] Delvolvé, P. Ob. cit., nota 15, 47.

Del Poder Público a la Sección Segunda *De la Administración Pública* (Arts. 141 a 143); la Sección Tercera *De la Función Pública* (Arts. 144 al 149); y la Sección Cuarta *De los contratos de interés público* (Arts. 150 al 151), estableciendo junto con otras disposiciones constitucionales, el tratamiento del entramado de lo que pudiera denominarse una Constitución administrativa, aspecto sobre el cual volveremos más detenidamente.

§43. Desarrollo constitucional de las nociones del Derecho administrativo — Delvolvé[210] continúa sosteniendo que la jurisprudencia administrativa fue quien, inicialmente, y partiendo de varias disposiciones constitucionales, erigió a nivel constitucional algunos elementos esenciales del Derecho administrativo, en particular, las nociones centrales que sirvieron para la construcción y sistematización del Derecho administrativo —por ej., servicio público, poder público, responsabilidad, etc.—. Y también ciertos elementos del *régime administratif* como son: el principio del sometimiento de la Administración pública al Derecho —principio de legalidad, Estado Constitucional de Derecho, seguridad jurídica, motivación, buena fe, etc.—, y el principio de la sumisión de la Administración pública al control jurisdiccional —derecho a un recurso efectivo, derecho a la defensa, control universal, etc.—.

C. Superación de la teoría de las bases constitucionales

§44. Planteamiento de la cuestión — La importancia del desarrollo de las normas constitucionales en el Derecho administrativo conduce, paradójicamente, según Delvolvé[211], a la superación de la teoría de las bases constitucionales del Derecho administrativo desde un doble punto de vista:

(i) La teoría de Vedel parece que ya no subsiste.

(ii) Y por cuanto más allá de la teoría propia de Vedel, parece que ya no es posible fundar el Derecho administrativo a partir de la teoría de las bases constitucionales.

Así las cosas, los desarrollos del Derecho administrativo, en particular de la jurisprudencia, confirman esta perspectiva. Si se toma la definición de Administración pública, y correlativamente del Derecho administrativo elaborada a partir de la misma, la teoría ha sido superada en los aspectos siguientes.

En primer lugar, la definición de Administración pública integraba las actividades del gobierno y de las autoridades descentralizadas, y es aún exacto que como tales son órganos administrativos, pero no se puede considerar que estos últimos hagan parte exactamente del Poder ejecutivo. Que deben agregarse, además, otras autoridades distintas del Poder ejecutivo que se desarrollan a partir de los años 80's como autoridades administrativas o públicas independientes, que constituyen una ampliación del ámbito de la Administración pública, por fuera de disposiciones constitucionales.

En segundo lugar, la misma observación se hace respecto de los organismos privados encargados de una misión de servicio público y dotados legalmente de prerrogativas del Poder público, con reconocimiento como sujetos de Derecho administrativo y de la competencia de la jurisdicción contencioso administrativa; inclusive de las autoridades parlamentarias en sus funciones administrativas, por

210 Delvolvé, P. Ob. cit., nota 15, 49 a 52.
211 Delvolvé, P. Ob. cit., nota 15, 52.

ejemplo, los contratos celebrados por las asambleas parlamentarias. En tales casos se reconoce que la función administrativa supera el ámbito de la función del Poder ejecutivo, pues incluso las autoridades jurisdiccionales puntualmente ejercen funciones administrativas. En definitiva, ya no se puede definir entonces la Administración pública como la que corresponde, apenas, a las actividades del gobierno y de las autoridades descentralizadas.

Y, por último, a pesar de que el criterio del régimen de Poder público, de prerrogativas, sea tan importante para caracterizar tanto al Derecho administrativo como a la competencia de la jurisdicción administrativa, aquel no es exclusivo, pues como criterio el servicio público se basta a sí mismo sin necesidad del criterio de las prerrogativas de Poder público.

Por consiguiente, la teoría de Vedel al fundar el Derecho administrativo no sobre las bases constitucionales, sino sobre una sola base constitucional -la teoría de las prerrogativas de poder público- no puede ser aceptada. Y si se amplía el análisis sobre los Derechos adminstrativos extranjeros, la misma observación puede hacerse.

Por tanto, concluye Delvolvé[212], es difícil considerar hoy en día que el Derecho administrativo, en tanto tal, tenga una base constitucional, entendida como el fundamento sobre el que se establece. Se puede, sin embargo, ensayar de precisar, teóricamente, los vínculos entre el Derecho constitucional y Derecho administrativo.

§45. Teoría del «marco constitucional» del Derecho administrativo — La importancia y el número de las disposiciones constitucionales relativas al Derecho administrativo y al reconocimiento constitucional de las categorías propias al Derecho administrativo no permiten, evidentemente, negar los vínculos entre el Derecho constitucional y el Derecho administrativo (Araujo-Juárez)[213].

Esos vínculos son puestos en evidencia cuando se habla de las fuentes constitucionales del Derecho administrativo. La fórmula sólo subraya el origen de las soluciones de Derecho administrativo. Pero esto no hace del Derecho constitucional el fundamento del Derecho administrativo, ya que este último tiene otras fuentes, tales como hoy día la cuestión de la convencionalidad administrativa. Es cierto que el Derecho constitucional aparece, así, sin duda, mucho más que en otras ramas del Derecho, pero al mismo título, como determinante de un cierto contenido de las diferentes materias del Derecho administrativo. Como las otras ramas del Derecho, pero eso sí con más fuerza, el Derecho constitucional nutre al Derecho administrativo.

Pero es que las otras ramas del Derecho también son igualmente nutridas por el Derecho constitucional, y de ese punto de vistas no hay diferencias, respecto del Derecho constitucional, entre el Derecho administrativo y los Derechos civil, penal, procesal, financiero, etc. En cuanto a su contenido, las fuentes constitucionales del Derecho administrativo son, sin duda, más numerosas que para las otras ramas, pero estas no constituyen, en sí, el Derecho administrativo. Lo que, si es cierto, es que el Derecho administrativo encuentra en el Derecho constitucional un soporte. Entonces ¿cómo calificar esto?

Al respecto Delvolvé[214] señala que la Constitución ya no se limita a establecer órganos y a regular sus relaciones; pues determina su rol y la manera de ejercerlo

[212] Delvolvé, P. Ob. cit., nota 15, 56.
[213] Vid. *in extenso* a Araujo-Juárez, J. (2017). Ob. cit., nota 14, 73 a 80.
[214] Delvolvé, P. Ob. cit., nota 15, p. 58.

con mucha más fuerza que antes; así como los límites y las obligaciones que derivan del reconocimiento de los derechos y libertades de los ciudadanos. Desde este nuevo punto de vista, la Constitución determina, al menos en parte, pero frecuentemente de manera más amplia, la organización y la acción administrativas; por tanto, el Derecho específico de esta organización y de esta acción. Por todo lo anterior, concluye, se podría decir, en sentido amplio, que el Derecho constitucional sí es la base del Derecho administrativo, la base a partir de la cual, él se construye y sistematiza, y agregamos, se redescubre.

Esto es lo que también observa Cassese[215], sin dejar de señalar la relación ambigua del Derecho constitucional con el Derecho administrativo, ya que «el Derecho administrativo depende del Derecho constitucional, pero, en el mismo tiempo, lo condiciona» para terminar señalando que: «En los límites de las instituciones, la relación se vuelve más compleja. El Derecho administrativo aparece como [...] Derecho constitucional concretizado [...]».

Esta última fórmula subraya bien la relación estrecha que une a las dos ramas del Derecho público. Pero también implica que va mucho más allá que el Derecho constitucional. En efecto, la mayoría de los grandes temas torales del Derecho administrativo —acto administrativo, contrato público, dominio público, responsabilidad administrativa, servicio público, y un gran etc., son autónomos con respecto al Derecho constitucional; su noción y su régimen aparecieron independientemente de este y continúan a desarrollarse sin él. Estos temas no encuentran su fundamento en el Derecho constitucional.

Es por esto, después de haber señalado el autor P. Bon[216] que, si bien existe «un estatuto constitucional de la administración», y que algunas soluciones del Derecho administrativo son determinadas por el Derecho constitucional, que no se puede decir, sistemáticamente, en su conjunto, que el Derecho administrativo tenga como base el Derecho constitucional. Pero se puede decir más propiamente, siguiendo a O. Joaunjan[217] que existe un «marco constitucional del Derecho administrativo», en el sentido que aquél solo delimita los contornos, que son aquellos de la organización y de la acción administrativa. En el mismo sentido en España, Rodríguez-Arana[218] sostiene que «el marco en el que deba explicarse el Derecho administrativo» es la Constitución, pues debe reconocerse que las líneas maestras sobre las que debe pivotar el Derecho Administrativo del presente se encuentran en el conjunto de criterios, parámetros, vectores y principios que están reconocidos en la Constitución.

Por ello mismo, la caracterización del Derecho administrativo desde la perspectiva constitucional —el «amarre a la Constitución» (*verfassungskräftige Verankerung*)—, comportará la adecuación de sus instituciones, que nacieron en contextos históricos bien distintos y en el seno se sistemas políticos también bien

[215] Cassese, S. (2000). *La construction du droit administratif. France et Royaume-Uni*, trad. del italiano. Paris, Montchrestien, 11; y también Cassese, S. «Le basi costituzionali». En *Tratato di diritto amministrativo*, al cuidado de S, Cassese, Dirito Amministrativo.

[216] Bon, P. (2008). «Peut-on parler de 'pouvoir' administratif?». En *Cinquantième anniversaire de la Constitution française*. Paris, Dalloz.

[217] Jounjan, O. (2011). «La Constitution». En *Traité de droit administratif*, T. I. Paris, Dalloz, 394. En el mismo sentido Schmidt-Assmann, E. Ob. cit., nota 10, 17.

[218] Rodríguez-Arana, J. (2011). «El marco constitucional del Derecho administrativo (El Derecho administrativo constitucional)». En *Revista de la Asesoría Jurídica de la Xunta de Galicia* nº 6, 243, 247y 248.

diferentes, más en consonania con el Estado Constitucional contemporáneo. Pero deja una variedad de soluciones posibles en cuanto al contenido; puede nutrirse de fuentes diversas, pero como tales fuentes constitucionales solo algunas de ellas, dejando la posibilidad de desarrollarse con soluciones que le son propias, en tanto que *«ius commune»*, con capacidad de auto-integración para resolver en su ámbito el problema último de las lagunas legales que plantea la realidad —política y administrativa—, y las eventuales contradicciones que su aplicación pueda provocar.

Así, pues, el Derecho administrativo de cada Estado Constitucional puede insertarse en el Derecho constitucional que le es propio. Que como bien precisó Cassese[219], el Derecho administrativo varía de un país a otro, en función de las tradiciones nacionales que se encuentran en el sistema constitucional que se prolonga a su vez en el sistema del Derecho administrativo. Y así, se concluye, cada sistema constitucional constituye un marco constitucional en el que se inserta el sistema nacional de Derecho administrativo: él lo estructura y le delimita sus contornos, que son aquellos de la organización, actividad, medios y fines administrativas.

En consecuencia, se concluye siguiendo a Delvolvé[220], si bien no hay verdaderamente una base constitucional que sirva de fundamento a la construcción del Derecho administrativo, a la manera de la teoría denVedel, si hay, en todo caso, un «marco constitucional del Derecho administrativo». Es en este sentido que puede ser actualizada la teoría de las bases constitucionales del Derecho administrativo.

Por eso mismo, el enjuiciamiento de lo que debería hoy día denominarse el marco constitucional del Derecho administrativo, debería formularse fijando en su extensión material, a través de su evolución, los antecedentes que aquél encuentra en la tradición de las distintas Constituciones. Cabría, por tanto, formalizar en sus presupuestos, el estudio constitucional de las diversas materias que integran el sistema del Derecho administrativo, a las que con frecuencia se refieren las Constituciones modernas, que en su contenido formulan un conjunto de declaraciones de principios jurídicos, valores superiores y fines esenciales constitucionales que sintetizan lo que ha de constituir, dentro del modelo jurídico-político de Estado Constitucional, esto es, *Estado democrático y social de Derecho y de Justicia*, una suerte de hoja de ruta que nos proporciona para proceder a las profundas y heterogéneas reformas y tranformaciones inminentes a que habrán de estar sometidos tanto el Estado Constitucional como la Administración pública, así como un método para realizar el proceso de innovación (reforma y cambio) que nos exige el Derecho administrativo contemporáneo —tanto general como especial—.

D. Proceso de constitucionalización

I. Constitucionalización del Derecho

§46. Planteamiento de la cuestión — La consecuente distancia entre el Derecho administrativo y el Derecho constitucional, e inclusive entre aquél y la fuerza normativa de la Constitución, se dio en el contexto de una constante búsqueda de fortalecimiento de su autonomía científica, la cual trajo consigo la necesidad de encontrar respuestas sobre su naturaleza y justificación dentro de sí mismo, es decir, en los desarrollos doctrinarios y en la jurisprudencia francesa.

219 Cassese, S. Ob. cit., nota 215, 12.
220 Delvolvé, P. Ob. cit., nota 15, 59.

Sin embargo, la verdadera relación entre el Derecho constitucional y el Derecho administrativo sólo se empezó a evidenciar cuando se reconoció la fuerza normativa superior de la Constitución como fuente jurídica del Derecho, y se dio el primer paso hacia el proceso de constitucionalización del Derecho administrativo dentro de un verdadero Estado Constitucional. Las Constituciones transformaron así al Derecho administrativo, poniéndolo al servicio de los principios jurídicos, valores superiores y fines esenciales constitucionales, como al de las garantías de los derechos y libertades de las personas.

Y es que en ese proceso estimo que, como señala J. Pérez Royo[221], no solo hay que hacer frente a las circuntancias que dificultan el aprendisaje a partir de la Constitución y sobre el lugar y la función del Derecho constitucional, en la medida en que este contempla, desde una perspectiva general, el ejercicio del Poder público, que es lo que lo singulariza y lo distingue de los demás Derechos, por cuanto es el Derecho portador de los elementos más simples y generales a partir de los cuales se construyen todos los demás Derechos. Por eso es el punto de partida de todos ellos sin excepción Sin el Derecho constitucional, hoy día el resto del Derecho resulta ininteligible. No es, en consecuencia, como se suele decir frecuentemente, el punto de partida del Derecho público, sino el punto de partida de todo el Derecho, tanto del público como del privado, base y soporte de la actuación del Estado Constitucional y de la sociedad. El Derecho no tiene más que un tronco común, que es el Derecho constitucional. Con él empieza el Derecho, ya que los dos elementos necesarios para que el Derecho sea posible, el ciudadano y el Estado Constitucional, los derechos fundamentales y la división de poderes, es el objeto del Derecho constitucional, disciplina jurídica que se ocupa del Derecho «de la Constitución» entendida ésta como norma. El Derecho constitucional es, así, el presupuesto y «*conditio sine qua non*» de los demás Derechos —público y privado—. En tal sentido se ha dicho que en la Constitución se hallan los principios generales de todas las ramas del Derecho, además de los principios generales relativos a la formación del Derecho mismo —«el sistema de las fuentes»—.

Por su parte, Bilbao Ubillos[222] sostiene también que la Constitución se sitúa a la cabeza del Derecho público, en cuanto contiene reglas y principios jurídicos que afectan a las demás ramas jurídicas que pertenecen al mismo. Un radio de acción que se extiende, incluso, a las demás ramas del Ordenamiento jurídico, pues la Constitución no se limita a recoger un estatuto del Poder público —y de las relaciones entre este y el ciudadano—, sino que se pronuncia como norma sobre las grandes ideas de ordenación de la vida social, por lo que incide también sobre el Derecho privado —también nuestro Derecho civil no se puede construir y entender al margen de las normas constitucionales sobre propiedad privada o sobre la familia o sobre el principio de igualdad—.

Hoy en día nadie discute dentro del ámbito del Derecho público y del Derecho privado, la importancia que para el mismo ha tenido la Constitución. Esta ha pasado a constituir el primer cuerpo normativo de todo el Ordenamiento jurídico, incluidas aquellas partes que tradicionalmente se han considerado propias del Derecho privado —por ej., el Art. 34 de la Constitución española contiene referencia expresa a las fundaciones y al derecho a su creación—. Ello ha tenido repercusiones inmediatas, tanto en el campo legislativo, como en el jurisprudencial, como en el doctrinal. Lógicamente, esa influencia debe seguir acentuándose en la medida en

221 Pérez Royo, J. y Carrasco Durán, M. Ob. cit., nota 8, 22 y 23.

222 Bilbao Ubillos, J.M., Rey Martínez, F. y Vidal Zapatero, J.M. Ob. cit., nota 1, 32.

que los diversos operadores jurídicos y la doctrina vayan siendo capaces de ahondar y perfilar, el alcance que tienen los preceptos constitucionales tanto para las personas como para la sociedad.

Por último, cuando se habla del lugar y de la función del Derecho constitucional en la formación del jurista, Pérez Royo[223] nos dice que es el presupuesto y «*conditio sine qua non*» de los demás Derechos. Los demás Derechos son el «para qué» del Derecho constitucional. De ahí por qué el estudio del Derecho en la licenciatura o carrera del Derecho se tiene que empezar por el Derecho constitucional. Por eso es que la enseñanza del Derecho constitucional se hace y tiene que hacerse en el primer curso de la licenciatura y no puede no hacerse sino en él. Todos los demás Derechos encuentran el contexto o marco en el Derecho constitucional, y son impensables hoy día científicamente sin él. Por eso mismo, el combate contra la ignorancia jurídica tiene que empezar por el Derecho constitucional.

En vista de lo expuesto, concluímos que no se puede desconocer la existencia, en sentido amplio, de un zócalo constitucional, de *les bases constitutionnelles* o *les têtes de chapitres*, si se quiere, por utilizar las expresiones clásicas o, más propiamente, de un contexto o «marco constitucional», no sólo ya del Derecho administrativo, sino de todas las demás disciplinas del Derecho —«constituido»—, incluso ajenas al Derecho público según Vedel[224]: ambiental[225], civil[226], internacional[227], laboral[228], penal[229], privado[230], procesal[231], social[232], tributario[233], etc. Este imperativo lógico, común a todas las ramas del Derecho, posee una incidencia muy especial en lo que se refiere al sistema del Derecho administrativo[234].

---

223 Pérez Royo, J. y Carrasco Durán, M. Ob. cit., nota 8, 23.

224 Vedel, G. Ob. cit, nota 12, VI. Asimismo, Schmidt-Assmann, E. Ob. cit., nota 15, 23 y ss.

225 Canosa Usera, R. (1996). «Aspectos constitucionales del Derecho ambiental». REP Nº 94, 76 y ss; Escobar Roca, G. (1995). *La ordenación constitucional del medio ambiente,* Dykinson, Madrid.

226 Domínguez Guillén, M. C. (2018). *Derecho Civil Constitucional (la constitucionalización del Derecho Civil*). Caracas, Ed. CIDEP-EJV.

227 Cass, S. (2001). «*The 'Constitutionalization' of International Trade Law: Judicial Norm-Generation as the Engine of Constitutional Development in International Trade*». En *European Journal of International Law,* Vol. 12.

228 Alonso Olea, M. (2002). *Introducción al Derecho del Trabajo*. Madrid, 529-531.

229 AA.VV. (2015). *Derecho penal constitucional.* (González Quintero, O. Dir.-Jaria i Manzano, J. Coord.); Carbonell, M. (2013). «La reforma constitucional en materia penal: luces y sombras». En *Constitucionalismo. Dos siglos de su nacimiento en América Latina* (Astudillo, C. y Carpizo, J. Coords.). Ed. UNAM, 473 y ss; y Mir Puig, S. (2011). *Bases Constitucionales del Derecho Penal.* Madrid, IUSTEL, Biblioteca Básica,

230 Bercovitz Rodríguez-Cano, R. «Presentación». En *Revista Derecho Privado y Constitución.* Madrid, CEPC.

231 Duque Corredor, R.J. ((2006). «Constitucionalización del proceso». En *El Derecho Público a los 100 de la Revista de Derecho Público, 1980-2005,* Caracas, EJV, 865-878.

232 Camargo González, I. (2013). «Derecho constitucional social y reconocimiento de los derechos de las minorías. En *Constitucionalismo. Dos siglos de su nacimiento en América Latina* (Astudillo, C. y Carpizo, J. Coords.). UNAM, 361 y 362; Espinoza de los Monteros, S.J. (2013). «Los desafíos del constitucionalismo social». En *Constitucionalismo. Dos siglos de su nacimiento en América Latina* (Astudillo, C. y Carpizo, J. Coords.). Ed. UNAM, 375; y Figuereido, M. (2013). «Balance y perspectivas del constitucionalismo social en Latinoamérica». *Constitucionalismo. Dos siglos de su nacimiento en América Latina* (Astudillo, C. y Carpizo, J. Coords.). E, UNAM, 393.

233 Escribano López, F. (1988). *La configuración jurídica del deber de contribuir. Perfiles constitucionales.* Madrid, Civitas.

234 Santamaría Pastor, J. A., Ob. cit., nota 68, 76; Stirn, B., Ob. cit., nota 15, 5; Vidal Perdomo, J. (2004). *Derecho Administrativo,* 12 ed. Bogotá, Ed. Legis, 3; Ivanega, M. M. (2006). «La Constitución Nacio-

§47. Proceso de constitucionalización del Derecho – Tal modo que viene de ser descrito de comprender la Constitución ha calado tan profundamente, sostiene De Otto[235], que no es infrecuente encontrar trabajos doctrinales en los que el examen de una categoría o institución se encabeza con una exposición de las normas constitucionales correspondientes, como si estas contuvieran el núcleo de la disciplina jurídica que se examina, que ha sido calificado como el de mayor relevancia en el mundo del constitucionalismo democrático entero, porque abarca a todas las rámas del Derecho en sus objetivos, sustancia y métodos (J.L. Cea Egaña)[236] .

Y es que el referido proceso de constitucionalización se ha convertido en una de las más notables fuerzas de desarrollo del Derecho en general, es decir, una irrigación o, más propiamente, una «irradiación» por la Constitución de todo el Ordenamiento jurídico, significándose con ello, la «adaptación, orientación y reorganización del ordenamiento jurídico ordinario a los parámetros de la Constitución que no se agotan en los estrictos y simples mandatos y prohibiciones» (Schmidt-Assmann)[237].

Ahora, como sostiene García De Enterría[238], el proceso de constitucionalización del Derecho se explica porque el Derecho constitucional «[...] en su sentido estricto de Derecho de la Constitución en cuanto norma jurídica [...]», ostenta una superioridad frente a las otras ramas del Ordenamiento jurídico, dentro de las que se incluye el Derecho administrativo, no solo a partir de la concepción kelseniana sobre el escalonamiento normativo, sino por el contenido material de la Constitución, es decir, porque en ella se establecen los principios generales o básicos que irradian todo el Ordenamiento jurídico. Así, todas las categorías e instituciones del Derecho administrativo están marcadas por la regulación básica del Poder público y de la libertad que se contienen en la Constitución. Es por ello que se puede y debe ratificar con García De Enterría[239], que hoy la Constitución domina la totalidad de la vida jurídica de la sociedad, con un influjo efectivo y creciente.

Al tiempo se advierte que la mencionada irradiación de la norma constitucional en las diversas disciplinas del Derecho ha sido desigual, o para decirlo de otro modo: el Derecho existente fue alterado sustancialmente en unas ramas del Derecho, y en otras apenas ha supuesto modificaciones nacidas de la supremacía constitucional. En todo caso, la Constitución ha extendido su manto sobre el Ordenamiento jurídico, dándole un tinte especial y un grado elevado de coherencia que abarca tanto el Derecho público como el Derecho privado. Esta suerte de equilibrio constitucional permite la subsistencia y la simultaneidad.

Finalmente, el organismo vivo que es el Derecho se transforma, cambia en definitiva y obliga a un entendimiento de la Constitución coherente con las nuevas necesidades de la sociedad. Cada día se integra en armonía con la Constitución, más y más necesidades que deben adecuarse a la interpretación constitucional, aspecto este último sobre el cual volvermos más adelante.

---

nal y su incidencia en la organización de la Administración Pública Nacional en la República Argentina». En *V Foro Iberoamericano de Derecho Administrativo. El Marco Constitucional del Derecho Administrativo en Iberoamérica,* Quito, Ed. Universidad San Francisco de Quito, 143.

[235] De Otto, I., Ob. cit., nota 31, 45 y 46.

[236] Cea Egaña, J. L. (1996). «La constitucionalización del Derecho». En *Revista de Derecho Público*, núm. 59. Santiago, 11-22.

[237] Schmidt-Assmann, E., Ob. cit., nota 15, 23 y ss.

[238] García De Enterría, E., y Fernández, T. R., Ob. cit., nota 4, 31.

[239] García De Enterría, E., y Fernández, T. R., Ob. cit., nota 13, T. I, 136.

II. Constitucionalización del Derecho admnistrativo

a. *Concepto*

§48. Planteamiento de la cuestión — Debemos empezar señalando que dos frases famosas, de dos no menos célebres iuspublicistas —el Derecho Constitucional pasa, el Derecho Administrativo permanece, de O. Mayer, y el Derecho Administrativo es el Derecho Constitucional concretado, de F. Werner— ilustran bien sobre la estrecha relación dialéctica entre ambos Derechos, y de consiguiente, entre la Constitución y el Derecho administrativo, según pasamos a examinar.

Como cuestión previa habrá de hacerse referencia a la posición negadora de la dependencia intrínseca del Derecho administrativo respecto del Derecho constitucional, la cual fue formulada inicialmente por O. Mayer con palabras que se hicieron célebres en el Prólogo a la tercera edición de su obra en los términos siguientes: «No hay que señalar grandes novedades que hayan tenido lugar entre 1914 y 1917. El Derecho Constitucional pasa, el Derecho Administrativo permanece (*Verfassungsrecht vergeth, Verwaltungsrechtbbesteht*); esto es algo que se viene observando ya desde hace largo tiempo».

Tal posición de indeferencia del Derecho administrativo frente a los cambios constitucionales, fue enérgicamente rechazada por la doctrina a partir de la segunda postguerra haciendo suyo, por el contrario, el título de un célebre trabajo de F. Werner[240], antiguo Presidente del Tribunal Administrativo Federal: El derecho Administrativo no es otra cosa que el derecho constitucional concretado —«*Verwaltungsrecht als konkretisiertes Verfassungsrecht*»—. En efecto, si la Constitución es una auténtica norma, la primera y más importante de cuantas integran el Ordenamiento jurídico, el Derecho administrativo no puede permanecer impasible ante sus cambios. El Derecho administrativo, pues, ha de construirse jurídicamente a partir de los contornos delimitados por la Constitución, a cuyos postulados debe adaptarse la realidad administrativa.

En tal sentido, sostiene Schmidt-Assmann[241], que constituye una clásica afirmación sostener que la Constitución impregna de forma particularmente intensa el entero Derecho administrativo. Ello es algo que ya la doctrina de R. Von Mohl en el siglo *xix* puso de manifiesto. De ahí que el Derecho administrativo haya de cimentarse sobre los principios jurídicos y valores constitucionales, tanto formales como sustantivos, sin caer jamás en su vulneración. Por su parte, Ospina Garzón[242] sostiene que más allá de saber si la existencia del Derecho administrativo se encuentra o no en las Constituciones, a través del proceso de constitucionalización del Derecho administrativo se hace menos controvertible, y las críticas y los pretendidos proyectos de abolición se vuelven fundamentalismos absurdos por déficit de argumentos.

Ahora bien, el término «constitucionalización» es usado en múltiples variantes, pero tienen en común que indican una necesidad básica de trasmitir valores de

---

240 Werner, F. (1959).»Verwaltungsrecht als konkretisiertes Verfassungsrecht». En DBV1, 527 y ss. Cit. por Ibler, M. (2006). «Pasado y presente de la relación entre el derecho constitucional y el Derecho administrativo». En *Cuadernos Constitucionales de la Càtedra Fadrique Furió Ceriol* nº 50/51. Valencia, 6; y Santamaría Pastor. Ob. cit., nota 68, 190.

241 Schmidt-Assmann, E. Ob. cit., nota 15, 15.

242 Ospina Garzón, A.F. Ob. cit., nota 24, 14.

tecnicidad y una necesidad de orientación a líneas fundamentales de regulación de detalle (Schmidt-Assmann)[243]. En otras palabras, Ospina Garzón[244] sostiene que el Derecho administrativo no se encuentra constitucionalizado porque uno o varios artículos de la Constitución le sirven de base en sentido amplio, sino porque el Derecho administrativo, apreciado en su conjunto, no solo no contradice algún artículo de la Constitución, sino porque revela sus principios generales, valores superiores y fines constitucionales, es decir, porque se encuentra imbuido de ésta última.

En tal sentido podemos señalar con Cassagne[245], que la realidad actual muestra que estamos en presencia de un nuevo escenario jurídico constitucional, que se proyecta con intensidad a la mayoría de las instituciones del Derecho público, particularmente del Derecho administrativo. De ahí que el proceso de constitucionalización le aporta así al Derecho administrativo sistematicidad, lo estructura como un cuerpo elaborado alrededor de unos mismos principios generales y valores superiores; lo guía hacia la consecución de unos fines esenciales constitucionales socialmente fundamentales y en su aplicación a la función administrativa, le permite flexibilidad en la búsqueda de esos fines esenciales constitucionales. Por tanto, el proceso de constitucionalización se ha de entender como un fenómeno que no solo se limita al reconocimiento de la Constitución como un marco o fuente del Derecho, la superior, la más importante, sino también como la guía abstracta pero permanente del Derecho administrativo.

Así, Ibañez Najar[246] sostiene que mientras por regla general, para el Derecho constitucional el punto de llegada es la Constitución, en cambio, para el Derecho administrativo es el punto de partida, lo cual significa que esta disciplina se construye en cada Estado Constitucional, a partir de lo que se defina en última instancia en la Constitución, y no podrá abordarse su estudio si previamente no se ha hecho otro tanto con el Derecho administrativo, tanto general como especial. A su vez, el sólo Derecho constitucional es insuficiente si no se concreta en el estudio y la praxis del Derecho administrativo, el cual tiene por objeto, precisamente, desarrollar el Derecho constitucional[247].

Por todo lo anterior hay que concluir, también, como muy bien sostiene la doctrina[248], constituyendo la propia Constitución su principal fuente de Derecho, se ha operado un proceso de constitucionalización del Derecho administrativo, y que estimamos tiene real importancia y que conviene mostrar en toda su trascendencia por las razones siguientes:

(i) La Constitución contiene disposiciones que afectan directamente a la posición constitucional de la Administración pública, los límites de su actividad y la configuración positiva de la misma y, en fin, a su control.

(ii) Y por cuanto el Derecho administrativo tendrá una estructura formal y un tipo de principios generales o básicos muy diferentes, según sea el

---

243 Schmidt-Assmann, E. Ob. cit., nota 15, 27.
244 Ospina Garzón, A.F. Ob. cit., nota 24, 14.
245 Cassagne, J.C. Ob. cit., nota 106, 18.
246 Ibañez Najar, J. E. Ob. cit., nota 202, 129.
247 Ibañez Najar, J. E. Ob. cit., nota 202, 129.
248 Brewer-Carias, A.R. (2005). *Derecho Administrativot*. I. Caracas, UEC-UCV, 185; Sayagués Laso, E. (2004). *Tratado de Derecho Administrativo* T.I, 9ª edición puesta al día. Montevideo, Ed. FCU, 40; e Ibañez Najal, J. E., Ob.cit., nota 246, 141.

sistema constitucional imperante, y la manera en que la Constitución haya organizado y constituido el modelo jurídico-político de Estado Constitucional[249].

Finalmente, Ospina Garzón[250] afirma que el proceso de constitucionalización del Derecho administrativo hace parte del mismo grupo de fenómenos al que pertenecen la «crisis del Derecho administrativo», la «crisis del servicio público», la «huida del Derecho administrativo», la «teoría de la convencionalidad del Derecho administrativo», la «reforma del Derecho administrativo», etc. Todos ellos ponen en evidencia la permanente adaptación, evolución y transformación del Derecho administrativo, pues ningún otro Derecho es tan dinámico como este, y su interés consiste, justamente, en sus constantes transformaciones y readaptaciones a las expectativas sociales de su tiempo.

b. *Evolución*

§49. Fases — El proceso de constitucionalización del Derecho administrativo, sostiene Cassese[251], es un fenómeno complejo que se desarrolla en el arco de un largo periodo, en tres fases donde existen diferencias notables, y no se puede decir ni siquiera que esté terminado.

(i) La primera es la de la separación evidenciada entre la Administración pública respecto al Poder ejecutivo, que incide sobre la Constitución material.

(ii) La segunda es la del reconocimiento formal en la Constitución escrita de algunos principios fundamentales del Derecho administrativo.

(iii) Y la última todavía en curso, es el de la penetración en los sistemas nacionales de Derechos administrativos de algunos principios fundamentales propios del Derecho constitucional supranacional, y con ello la relevancia adquirida de la Administración pública en el espacio supranacional y global, las cuales se abordan de seguidas.

§49.a Separación de la Administración pública del Poder ejecutivo — La primera fase, sostiene Cassese[252], la de la «separación» —o distinción— de la Administración pública con respecto al Poder ejecutivo, se inicia con el crecimiento de las dimensiones administrativas. Esta primera constitucionalización del Derecho administrativo ocurrió con la Constitución en sentido material, y concierne indiferentemente a la mayoría de los países desarrollados. Es un fenómeno general, porque responde a un modelo de desarrollo difundido, caracterizado por el aumento de la demanda social y política de servicios públicos, por el crecimiento de «*l'État-Providence*», y por el incremento de la necesidad de tutela de los ciudadanos.

El fenómeno indicado no comprende solo a la Administración pública, sino que también su derecho se encuentra en los cimientos del Derecho administrativo. Precisamente, el crecimiento de la Administración pública y su lenta distinción respecto del gobierno, y finalmente la sujeción al control del juez producen el

[249] Gordillo, A. (2013). *Tratado de Derecho administrativo* T. I Parte General, 11e ed. Buenos Aires, FDA, VIII-7 y III-9.

[250] Ospina Garzón, Ob. cit., nota 24, 11.

[251] Cassese, S. Ob. cit., nota 15, 283.

[252] Cassese, S. Ob. cit., nota 15, 284 y ss.

nacimiento del Derecho administrativo. Por eso mismo se puede concluir que el proceso de constitucionalización no sería un fenómeno reciente y que, paradójicamente, no debería hablarse de constitucionalización del Derecho administrativo como de un fenómeno que se produce respecto a un Derecho administrativo maduro, bien desarrollado. De hecho, desde sus origines el Derecho administrativo habría tenido un lugar en la Constitución[253].

§49.b Reconocimiento constitucional de la Administración pública — La segunda fase del proceso de constitucionalización del Derecho administrativo, nos enseña Cassese[254], se inicia cuando las Constituciones en sentido formal, como documentos escritos y dotados de fuerza superior a la ley, dictan normas sobre la Administración pública y sobre el Derecho administrativo, y ello acontece cuando las Administraciones públicas se convierten en cuerpos más extensos y poderosos en el aparato público, se vuelve evidente que los derechos de las personas dependen de las Constituciones, debiendo asegurar los medios materiales para garantizarlos.

De ahí que, en los Ordenamientos jurídicos contemporáneos, las Administraciones públicas gozan de su propia posición constitucional, y esa es tan relevante que tiene un «reconocimiento» en las Constituciones en sentido formal, al regularlas de modo directo e indirecto. En el primer caso, la Constitución encarga a la ley su organización, establece responsabilidades, dicta criterios para la transferencia de las funciones; y en el segundo caso, asigna a las personas derechos respecto a los cuales existen límites de las actividades de las Administraciones públicas u obligaciones de prestaciones a su cargo.

§49.c Derecho administrativo global — Por último, Cassese[255] sostiene que uno de los fenómenos más importantes en curso de desarrollo es la pérdida del anclaje estatal del Derecho administrativo, que creció y se desarrolló como un producto del Estado Constitucional. La globalización jurídica, así sea de modo fragmentario se extiende, rápidamente, estableciendo principios que tienen relevancia directa en los sistemas nacionales de Derecho administrativo, incluso asegurando una tutela jurisdiccional multinivel. Ya muchos derechos de las personas son tutelados frente a las Administraciones públicas, no solo por tribunales nacionales sino también por tribunales supranacionales.

Así las cosas, el Derecho administrativo nacional está sujeto tanto a una normativa tanto estatal como supranacional. Ello conduce a que exista desde el punto de vista jurídico, una influencia recíproca, entre los Ordenamientos jurídicos nacionales y los Ordenamientos jurídicos supranacionales —el denominado Derecho administrativo trasnacional o global—.

En esta línea de pensamiento, se pone de manifiesto, según J. O. Santofimio Gamboa[256], la inescindible, intensa y constante interacción entre el Ordenamiento jurídico interno y el Derecho internacional convencional o Derecho convencional, quedando la actividad del Estado Constitucional alumbrada por el cumplimiento

---

[253] Cassese, S. Ob. cit., nota 15, 284. Asimismo Araujo-Juárez, J. (2012). *Derecho Administrativo General. Vol. I. Concepto y Fuentes.* Caracas, Ediciones Paredes, 9 y 10.

[254] Cassese, S. Ob. cit., nota 15, 284 y ss.

[255] Cassese, S. Ob. cit., nota 15, 287 y ss.

[256] Santofimio Gamboa, J. O. (2018). *El concepto de convencionalidad. Vicisitudes para su construcción sustancial en el sistema interamericano de Derechos Humanos. Ideas rectoras*, 2° ed. Bogotá, UEC.

de los más altos compromisos internacionales, para la protección de los derechos humanos, proyectándose así la convencionalidad como nuevo paradigma del Derecho administrativo contemporáneo[257].

§50. Derecho positivo — El Derecho administrativo como Derecho del Estado de Derecho, debemos recordarlo, es el producto directo de los aportes de las revoluciones francesa y norteamericana de finales del siglo *xviii*, de las cuales surgió precisamente el Estado de Derecho, basado en los principios de la supremacía constitucional, soberanía popular, republicanismo, separación de poderes y declaración de derechos; y el desarrollo posterior de la democracia como régimen político,particularmente después de la II guerra mundial.

En ese marco político, el Derecho administrativo comenzó a ser un orden jurídico que además de regular a los órganos administrativos del Estado y a su actividad, también comenzó a regular las relaciones jurídicas que en plano igualitario se comenzaron a establecer entre el Estado y los ciudadanos, basadas no ya en la antigua ecuación entre prerrogativas del Estado y sujeción de las personas a la autoridad, sino entre el poder del Estado y los derechos y libertades de los ciudadanos, los cuales además pasaron a ser proclamados en las Constituciones. En ese marco político fue que se consolidó el modelo político Estado de Derecho, montado sobre un régimen político de democracia representativa, basado en el principio del sometimiento del Estado al Derecho y a la Justicia, y en la primacía de los derechos y garantías constitucionales de los ciudadanos. En dicho marco político, la acción de Estado y de la propia Administración pública comenzó a encontrar límites formales, los cuales también comenzaron a ser recogidos en normas constitucionales, produciéndose así la muy conocida y progresiva constitucionalización del propio Derecho administrativo[258]. Se estableció, así, el esencial equilibrio entre uno y otro aspecto: entre prerrogativas estatales y derechos ciudadanos, el cual ha sido el que ha conformado la columna vertebral del deber ser de nuestra disciplina[259].

---

257 Brewer-Carías, A. R. (2018). «Sobre el control de convencionalidad ejercido por los Tribunales nacionales y el Derecho Administrativo». En Hernández-Mendible, V. R. y J. L. Villegas Moreno (Dirs.), *Hacia un Derecho Administrativo para retornar a la la democracia. Liber Amicorum al Profesor José R. Araujo- Juárez,* Centro de Estudios de Regulación Económica (CERECO) Universidad Monteávila-Centro para la Integración y el Derecho Público (CIDEP), Caracas, 265-284; Hernández- Mendible, V.R. «La Convencionalización del Derecho Público en América». En Hernández-Mendible, V. R. y J. L. Villegas Moreno (Dirs.), *Hacia un Derecho Administrativo para retornar a la democracia. Liber Amicorum al Profesor José R. Araujo- Juárez,* Centro de Estudios de Regulación Económica (CERECO) Universidad Monteávila- Centro para la Integración y el Derecho Público (CIDEP), Caracas, 2018, 233-263; y Hernández-Mendible, V.R. (2020). *El Estado Constitucional Convencional. Cincuentenario de la Convención Americana sobre Derechos Humanos (1969-2019)*, 2ª. Edición. Santiago de Chile, Ediciones Olejnik.

258 Brewer-Carías, A. B. (1998). «El proceso de constitucionalización del Derecho Administrativo en Colombia». En Juan Carlos Cassagne (Director), *Derecho Administrativo. Obra Colectiva en Homenaje al Prof. Miguel S. Marienhoff,* Buenos Aires 1998, 157-172; y en *Revista de Derecho Público,* Nº 55-56. Caracas, EJV julio-diciembre 1993, 47-59; y Brewer-Carías, A. B. (2000). «Algunos aspectos de proceso de constitucionalización del derecho administrativo en la Constitución de 1999». En *Los requisitos y vicios de los actos administrativos. V Jornadas Internacionales de Derecho Administrativo Allan Randolph Brewer-Carías, Caracas 1996.* Caracas, FUNEDA, 23-37.

259 Véase Allan R. Brewer-Carías, «El derecho a la democracia entre las nuevas tendencias del Derecho Administrativo como punto de equilibrio entre los poderes de la Administración y los derechos del administrado». En Víctor Hernández Mendible (Coordinador), *Desafíos del Derecho Administrativo Contemporáneo (Conmemoración Internacional del Centenario de la Cátedra de Derecho Administrativo en Venezuela,* Tomo II, Ediciones Paredes, Caracas 2009,1417-1439.

La Constitución se aprobó y es, en efecto, el punto de partida de todo el Derecho posterior y el contexto y marco del Derecho público y, muy especialmente, del Derecho administrativo. De ahí que el proceso de constitucionalización del Derecho administrativo también en nuestro país tiene mucha trascendencia, por las razones siguientes:

(i) La Constitución de 1999 ha incorporado al Derecho positivo, nuevas normas e instituciones de contenido iusadministrativo.

(ii) La aparente duplicación de objeto, derivada de la común denominación de los temas en ambas disciplinas, no involucra repetición de conceptos ni superposición científica, sino doble examen desde dos puntos de vista científicos de unos mismos objetos (las normas constitucionales de contenido iusadministrativo).

(iii) Las normas y categorías de contenido iusadministrativo introducidas en la Constitución, han quedado constitucionalizadas y con ello dotadas de superioridad normativa formal que la Constitución implica, de directa aplicación e invocación ante los tribunales. Sin embargo, Schmidt-Assmann[260] sostiene que solo allí, donde se trate, en cada caso y en toda extensión, de un mandato vinculante del Derecho constitucional, el Derecho administrativo adquiere el rango y la estabilidad de Derecho constitucional, pero estos son proporcionalmente solo pocos puntos específicos.

(iv) La definición legal de la organización y la actividad de la Administración Pública está condicionada por los principios jurídicos, valores superiores y fines que la Constitución reconoce y declara, por lo que no es posible su desconocimiento por ninguno de los centros o complejos orgánicos que ejercen el Poder público, ni tampoco por las personas, quedando todos de esa manera vinculados por la voluntad del Poder constituyente.

(v) La necesidad imperiosa de interpretar las normas constitucionales de contenido iusadministrativo, a la luz de la concepción global de la Teoría de la Constitución elaborada por el Derecho constitucional como ciencia[261].

(vi) Y, por último, dado el nuevo rango jerárquico constitucional, el control jurisdiccional se efectúa, tanto sobre la validez jurídica de las normas legales que positivizan el Derecho administrativo, comosobre la actividad de la Administración pública, a través del ejercicio de las garantías constitucionales correspondientes.

Finalmente, como sostiene M. Brito[262], la Constitución que es el fundamento del propio ser del Estado Constitucional y se refiere al mismo en su totalidad, caracteriza y determina por ello de forma expresa, en su fundamento (marco precisamente constitucional), el «objeto o contenido, límites y fines» del Derecho administrativo y de la Administración pública.

---

260 Schmidt-Assmann, E. Ob. cit., nota 15, 25.

261 Cajarville Pelufo, J. P. (2006). «El Marco Constitucional del Derecho Administrativo. Algunas reflexiones desde el Derecho Uruguayo». En *V Foro Iberoamericano de Derecho Administrativo. El Marco Constitucional del Derecho Administrativo en Iberoamérica*. Quito, Universidad San Francisco de Quito, 43.

262 Brito, M. R. (2006). «Estudio de las relaciones entre el Derecho administrativo y el Derecho Constitucional en el Uruguay». En *V Foro Iberoamericano de Derecho Administrativo. El Marco Constitucional del Derecho Administrativo en Iberoamérica*.Quito, Universidad San Francisco de Quito, 34.

SECCIÓN 2.ª EL DERECHO ADMINISTRATIVO CONSTITUCIONAL

Introducción

§51. Planteamiento general – La mayor virtualidad o significado que hoy posee el Derecho constitucional, sostiene Schmidt-Assmann[263], reside justamente en su capacidad de fortalecer e impregnar el entero sistema del Derecho administrativo, su reforma y evolución. En este sentido sostiene que el Derecho constitucional ha de operar: de un lado, como «marco» en cuyo ámbito se verifica la constante revisión de los dogmas tradicionales y, de otro, como «receptor» de las nuevas tendencias. De ahí concluye que las interrogantes por resolver saltan a la vista: ¿Resulta actualmente el Derecho administrativo lo suficientemente flexible para hacer frente a las nuevas situaciones y escenarios de riesgo que la sociedad presenta? ¿Son apropiadas las categorías jurídicas de que dispone para ahormar y disciplinar razonablemente las cambiantes técnicas de dirección y de producción del Estado Constitucional moderno, de acuerdo con los dictados y las exigencias de la cláusula de Estado de Derecho?

Ahora, es bien sabido que el gran jurista italiano P.Rossi[264], en sus lecciones de Derecho constitucional pronunciadas en la fundación de esta cátedra en La Sorbona, ya señalaba la importancia de tal disciplina, en la que se encuentran los epígrafes generales de todo el Derecho. Rossi afirmó rotundamente en la lección inaugural de su famoso Curso lo siguiente:

> [...] *c'est dans le droit public que se trouvent les titres de chapítre de droit privé. L'etat des personnes, la división des biens, les sucesslons dépendent essentiellement de l'organisation sociale et política du pays.*

Y añadía el ilustre maestro:

> *Qui ne sait pas en méme temps que c'est dans le droit constitutionnelle, dans le liberté du pays, qu'il faut chercher les principales garantías contra l'abus, toujours sí face de pouvoir coercítif de l'homme sur l'homme?*[265].

Finalmente, Rossi[266] se anticipaba a las referencias contemporáneas de la doctrina alemana del *Verfassungsgefühl* cuando escribía:

> *II y a plus: L'étude approfondie des institutions nationales et des garanties politiques contribue á réveiller et á entretenir le sentiment de leur importance. II se forme ainsi entre les institutions et les hommes ce lie moral sans lequel ríen n'est solide ni regulier, sans lequel il n'y a ni zéle dans la défense de ce qui existe, ni esprit de suite dans les reformes.*

---

263 Schmidt-Assmann, E. Ob. cit., nota 15, 17.

264 Rossi, P. (1877). *Cours de Droit Constitutionnel*, Professé á la Faculté du Droit de París, Recueillé par M. A. Porée y publiées sous les auspices du gouvernement italien, Tome premiére. París, Librairie de Guillamin, LXIII. Por su parte, M. Duverger menciona que el origen de la tradicional rúbrica «*Droit constitutionnel*» se sitúa en Francia para la fecha de 1834, en que se concede por Guizot la primera cátedra de Derecho constitucional en París al Dr. Rossi, luego refrendada por la Academia francesa en 1835, y finalmente consolidada tanto en los títulos de los manuales más acreditados como en los planes de estudio de las facultades de Derecho en Europa e Iberoamérica. Duverger, M. (1962). *Instituciones políticas y Derecho constitucional*, Barcelona, Ariel, 1.

265 Rossi, P. Ob. cit., nota 264, LXVI.

266 Rossi, P. Ob. cit., nota 264, LXVI.

Así las cosas, la penetración del Derecho constitucional en el Derecho administrativo, en las tres fases indicadas más arriba, produce muchas consecuencias. La más importante es la de atribuir mayor fuerza a los principios fundamentales del Derecho administrativo que vienen a encontrar, se insiste, sus *têtes de chapitre* en la Constitución. Pero esta constitucionalización no sucede sin un efecto de retroacción, en el sentido de que el Derecho administrativo reacciona conquistando, a su vez, el Derecho constitucional. La constitucionalización del Derecho administrativo no es un proceso en una única dirección, porque se presenta también un proceso inverso, de penetración y de influencia del Derecho administrativo en el Derecho constitucional.

Finalmente, Ospina Garzón[267] sostiene que gracias al proceso de constitucionalización del Derecho administrativo se realizan las aspiraciones de L. Duguit y A.V. Dicey comentadas en otra obra nuestra[268], en torno a la unidad del Derecho público, lo que no significa en modo alguno amalgama entre el Derecho constitucional y el Derecho administrativo o pérdida de su autonomía, identidad y rol propios, sino solo la presencia de unas relaciones estrechas, permanentes y de mutua interdependencia, esto es, que transforman al Derecho administrativo, por el influjo del Derecho constitucional y al Derecho constitucional, por el contacto social del Derecho administrativo contemporáneo.

Ahora, es de todos sabido que en sus orígenes, las categorías jurídico-administrativas se construyeron sin contar con principios, valores y reglas jurídicas constitucionales (J.L. Meilán Gil)[269]. Y esto se nota cuando se lleva a cabo la moderna construcción sistemática del Derecho administrativo en Europa durante el siglo XX. Hoy día, por el contrario, tanto la propia concepción dogmática del Derecho administrativo como los demás aspectos de sus conceptos, categorías e instituciones jurídicas deben ser revisados a la luz del contexto o marco de la Constitución, y así se ha hecho en muchos casos, aunque pueden observarse inercias que obedecen a diferentes motivos que no es del caso precisar, y que traen su causa principal del papel prioritario que han pasado a desempeñar los derechos fundamentales de las personas.

A. Concepto

§52. Planteamiento de la cuestión — Si la Constitución es como sostiene la doctrina[270], el «ordenamiento jurídico fundamental del Estado Constitucional», es imperativo que la Constitución irradie todas las partes del Ordenamiento jurídico, entendida en sentido amplio la «irradiación» como el conjunto de normas jurídicas relacionadas entre sí, escalonadas o jerarquizadas, que rigen en un momento a un país determinado.

Así las cosas, por cuanto la fuente suprema de los Ordenamientos jurídicos es la Constitución, por consiguiente, también lo será para el Derecho administrativo. De lo dicho hasta ahora resulta absolutamente imprescindible actualizar, innovar y enseñar el Derecho administrativo contemporáneo desde el comntexto o marco constitucional, esto es, el necesario anclaje constitucional, cuyos capítulos

---

267 Ospina Garzón, A.E., Ob. cit., nota 24, 15.
268 Araujo-Juárez, J. (2017). Ob. cit., nota 14, 75 y 76.
269 Meilán Gil, J, L. Ob. cit., nota 15, 159.
270 Werner Kagi, cit. por Schmidt-Assmann, E., Ob. cit., nota 15, 23.

se nutren en los principios jurídicos, valores superiores y fines esenciales de rango constitucional.

En este último sentido, el Derecho administrativo, en su doble vertiente de herramienta de control público del ejercicio del Poder público y de instrumento garantizador de los derechos y libertades fundamentales de las personas, se convierte así en la piedra de toque de la Constitución, en el lugar donde se plasman y desarrollan concretamente los grandes principios jurídicos, valores superiores y fines esenciales constitucionales.

El Derecho administrativo será, así como se ha dicho, el Derecho constitucional «de lo concreto» —concretado—, esto es, materializado sobre la realidad, porque sus categorías e instituciones jurídico-administrativas tienen necesariamente un marco constitucional. De ahí que el Derecho administrativo, ni desde el punto de vista pedagógico ni desde el teórico puede definirse de manera autónoma, y solo es posible dentro del marco de la Constitución.

En todo caso, el Derecho administrativo nunca ha sido, simplemente, Derecho constitucional concretado. Esta vieja fórmula expresa de manera plástica la vinculación jurídica del primero respecto del segundo, así como la función de la Constitución de determinar el contenido del Derecho administrativo. Sin embargo, la relación que media entre ambos no se deja encerrar en la imagen de la simple concreción[271]. Resulta más preciso afirmar que el Derecho constitucional limita y dirige el desarrollo y la aplicación del Derecho administrativo. En otra obra[272], en la línea de las enseñanzas de J. Barnés, hemos analizado con más detalle en el marco de la teoría de las relaciones y desviaciones entre el Derecho constitucional y el Derecho administrativo, el modo en que se produce ese doble efecto de limitación y dirección.

Lo expuesto significa que resulta absolutamente imprescindible iniciar el estudio del Derecho administrativo contemporáneo desde el punto de vista del marco constitucional, en razón de lo cual Meilán Gil[273], teniendo en cuenta su doble condición académica de profesor universitario y de constituyente, con una participación muy activa en la elaboración y discusión de la Constitución española de 1978 —y al no existir una tajante separación en la materia tratada por los cultivadores de ambas disciplinas— propone la construcción de un denominado «Derecho administrativo constitucional»[274]: es decir, el estudio del Derecho administrativo desde el anclaje y perspectiva del marco constitucional. Por tanto, la propia concepción del Derecho administrativo y los distintos aspectos de sus conceptos, categorías e instituciones deberían ser revisados a la luz del marco constitucional, ya que no es fácil y en su opinión no conveniente, establecer unas rígidas fronteras entre ambas disciplinas del Derecho público. Y concluye sosteniendo, lo que acerca y unifica el estudio científico desde ambas disciplinas *iuspublicísticas* es el enfoque jurídico, la común dependencia de la Constitución, que por auto-declaración forma parte del Ordenamiento jurídico, y por la interpretación de la jurisprudencia constitucional.

---

[271] Schmidt-Assmann, E. (2012). «Cuestiones fundamentales sobre la reforma de la teoría general del Derecho administrativo». En *Innovación y reforma del Derecho administrativo,* J. Barnés (ed.). Sevilla, Global Law Press, 52 y ss.

[272] Vid. *in extenso* a Araujo-Juárez, J. (2917). Ob. cit., nota 14, 73 a 89.

[273] Meilán Gil, J. L. Ob. cit., nota 15,159.

[274] Vid. *in extenso* a Araujo-Juárez, J. (2017). Ob. cit., nota 14, 108 a 114.

En este último punto, se recordará que según los términos del Art. 335 de la C, se consagra que las interpretaciones —y agregamos, conforme a Derecho— que establezca la Sala Constitucional del Tribunal Supremo de Justicia sobre el contenido o alcance de las normas y principios constitucionales, serán vinculantes para las otras Salas y demás tribunales de la República. Lo dicho significa que el Derecho constitucional jurisprudencial no puede ser desconocido ni por la Jurisdicción contencioso administrativa ni por la Administración pública, es más, debe ser aplicada por éstas. De ese modo, la Constitución y el Derecho constitucional se afirman de pleno derecho con relación al Derecho administrativo y a la Administración pública, en virtud del deber de actuar «con sometimiento pleno a la ley y al derecho» establecido en el Art. 141 de la C. Y así se convierte literalmente en parte integrante de este último[275].

§53. Concepto — En mérito a lo antes expuesto, se pone en valor lo conveniente que resultaría precisar el concepto del Derecho administrativo constitucional que se va a utilizar. Es decir, el estudio de la propia concepción del Derecho administrativo como de sus conceptos, categorías e instituciones jurídicas, revisadas a la luz del marco constitucional. De ahí que el Derecho administrativo tendrá el carácter o la fisonomía del sistema constitucional de cada Estado Constitucional[276].

Ahora, volviendo al hilo conductor de la exposición , Rodríguez-Arana[277] sostiene también que la denominación Derecho administrativo constitucional explicaría, el sistema de relaciones —y agregamos funciones y desviaciones— que residiría en la necesaria reconciliación y complementariedad entre ambas ramas del Derecho público, y en la consideración de «*norma normarum*» que tiene la Constitución, que proyecta sobre el conjunto del sistema del Derecho administrativo todos sus principios y criterios.

En esta línea, siempre según Rodríguez-Arana, el Derecho administrativo constitucional proyecta la fuerza de la Constitución en el entero sistema del Derecho administrativo, sobre todos y cada uno de los conceptos, categorías y principios que lo conforman[278]. Asimismo, plantea la necesidad de releer y de repensar los dogmas y principios considerados hasta no hace mucho como las señas de identidad de una rama del Derecho público que se configuraba esencialmente a partir del régimen de exorbitancia de la posición jurídica de la Administración pública como correlato necesario de su papel de gestor, nada más y nada menos, que del interés público.

Por tanto, no se trata de arrumbar los conceptos, categorías y principios esenciales del Derecho administrativo, sino repensarlos a la luz del marco de la Constitución. En tal sentido, el Derecho administrativo constitucional evita el tradicional estancamiento de la evolución del Derecho administrativo, a la vez que exige que el administrativista profundice más en el estudio de la Teoría Constitucional[279]. Es el caso, por ejemplo, de la ejecutividad del acto, que ya no puede entenderse como

---

275 Robert, J. (1998). «Droit administratif et droit constitutionnel». En *Revue de Droit Publique*, N° 4. Paris, 974.

276 Bielsa, R., Ob. cit., nota 44, 40.

277 Rodríguez-Arana, J. (2007). «Nota Explicativa», en *Aproximación al Derecho Administrativo Constitucional*. Caracas, EJV, 11.

278 Rodríguez-Arana, J (2006). «Un Nuevo Derecho Administrativo: El Derecho del Poder para la Libertad». En *Revista de Derecho Administrativo*, RPUCP, 99.

279 Rodríguez-Arana, J. Ob. cit., nota 278, 97.

categoría absoluta sino en el marco del principio de tutela jurisdiccional efectiva, como consecuencia de los postulados de un pensamiento compatible y complementario que facilita esta tarea[280].

Ahora bien, realizar esta tarea, sólo es propio, precisamente por su amplitud, de la construcción de una obra general de Derecho administrativo constitucional[281]. La densidad conceptual que suscita tal planteamiento exige, que en un Manual se atienda exclusivamente a los aspectos expositivos más sobresalientes y, muy especialmente, a los principios fundamentales del Derecho público que, como muy bien señala Brewer-Carías, condicionan tanto al Derecho constitucional como al Derecho administrativo contemporáneos[282], y a una visión dinámica de su incidencia en este último, sin perjuicio de que en este como en futuros trabajos se estudien con más profundidad y extensión, muchos de los temas que en aquella ocasión simplemente apuntamos o llamamos la atención. En definitiva, el planteamiento acerca del alcance teórico del denominado Derecho administrativo constitucional nos servirá de adecuado colofón en la medida en que coloca sobre la mesa las insuficiencias, pero, también, las fortalezas de dicha perspectiva.

B. Denominación

§54. Denominación – Por todo lo anteriormente expuesto sigue siendo válido hoy en día, el análisis del Derecho administrativo desde un prisma o «marco constitucional», lo cual no solo es pertinente sino también el «contexto necesario» (García de Enterría)[283], el más adecuado en el papel de actualizar, revalorizar y enseñar (innovación) la disciplina del Derecho administrativo contemporáneo, por las razones siguientes:

La primera de las razones que aconsejan (*rectius*: reclaman) un análisis del Derecho administrativo desde un prisma o marco constitucional es que este no resulta para nada contraproducente para la unidad y defensa de su autonomía didáctica —quien duda hoy de que ésta existe— sino que, además, es precisamente en el marco de la Constitución y del Derecho constitucional donde puede encontrar unidad, sentido y fundamento el Derecho administrativo.

La segunda de las razones es que una gran cantidad de categorías e instituciones más importantes del Derecho administrativo, aunque acuñados durante más de dos siglos por los « *faiseurs de systèmes*» del Derecho administrativo[284], se encuentran recogidos expresamente en la Constitución, en su conjunto, y por extensión, en los textos que se integran en lo que hemos visto más arriba, se ha dado en denominar el «bloque de la constitucionalidad» o «bloque de constitucionalidad» —y como es bien sabido exportada de la expresión francesa «*bloc de constitutionnalité*» —, y también en el «bloque de convencionalidad» al amparo de los Arts. 2, 22 y 23 de la C.

En tales casos, no nos encontramos ante conceptos, categorías y principios más o menos relacionados con el Derecho constitucional, sino frente a materias jurídico-administrativas que forman parte integral del mismo. Se trata, por tanto, de los que exigen la indagación acerca de cuál sea su contenido constitucional, esto es, que

[280] Rodríguez-Arana, J. Ob. cit., nota 278, 85.
[281] Vid. *in extenso* a Araujo-Juárez, J. Ob. cit., nota 14, 108 y ss.
[282] Brewer-Carías, A. R., Ob. cit, nota 119, 9.
[283] García de Enterría, Ob. cit., nota 13, t. I, 134.
[284] Rivero, J. (1951). «Apologie pour les 'faiseurs de systèmes'». Paris, Dalloz, Chr. 23, 99 y 102.

reclaman vigorosamente una interpretación llevada a cabo desde y dentro del marco de la Constitución —y esto es muy importante asumirlo— con criterios hermenéuticos propios, específicos, del Derecho constitucional que, como tales, han sido acuñados —como no podía ser de otro modo— por constitucionalistas. En todo caso, no es dudoso que si lo de que se trata es de estudiar los aspectos constitucionales del Ordenamiento jurídico administrativo, los rasgos o matices del método a seguir deberían ser los propios del Derecho constitucional.

En tales circunstancias, nos preguntamos ¿a quiénes corresponde asumir el estudio científico y la elaboración doctrinal del Derecho administrativo constitucional? ¿A los constitucionalistas o a los especialistas del Derecho administrativo? Cuestión a la que equivaldría a la de saber si aquel sector del Ordenamiento jurídico habría de recibir la denominación tanto «Derecho constitucional administrativo» como «Derecho administrativo constitucional»[285] pues, como bien sabido es, han sido ambas las denominaciones utilizadas por la doctrina, distinción por lo demás nada baladí según veremos a continuación.

Como cuestión previa señalamos, hace tiempo surgieron voces que criticaron abiertamente tanto la óptica constitucional de estudio de las normas administrativas como, sobre todo, los resultados a los que han llegado quienes han contrastado dichas normas con la Constitución. Como es sabido, una de las primeras voces que se alzaron contra el análisis constitucional del Derecho administrativo fue la de P. Lucas Verdú[286], quien en su día se mostró convencido de que esta era una tarea que correspondía fundamentalmente a los constitucionalistas, reprochándole a los administrativistas de una suerte de «invasión administrativista» metodológica y práctica del Derecho constitucional; y, en tal sentido, avanzaba en su preocupación por lo que ya denominaba «administrativización» del Derecho constitucional y, finalmente, de pretender convertir al Derecho administrativo como el «Derecho común de todo el Derecho público».

---

285 Arroyo Jiménes, L. Ob. cit., nota 15.

286 Al respecto debemos recordar la conocida polémica que tuvo lugar en los primeros años de la interpretación de la Constitución española de 1978, entre los profesores P. Lucas Verdú y E. García de Enterría. Ahora, como muy bien se sabe, sin discusiones no hay avance en cualquier disciplina jurídica. García de Enterría, a la vista de la deserción en que, a su juicio, habían incurrido durante lustros los profesores de Derecho político, impulsó el quehacer de los administrativistas en el estudio e interpretación de las normas constitucionales, al ofrecer la más innovadora construcción sobre el valor normativo, vinculante y directo, y el método jurídico para entender y aplicar la Constitución (García de Enterría, E. «Prólogo». Ob. cit., nota 4). La réplica vino directamente de parte de Lucas Verdú, quien sostenía la inviabilidad de lo que denominaba un «Derecho constitucional administrativo», esto es, el intento de trasplantar al Derecho fundamental las categorías del Derecho administrativo, que se demostraría porque tal intento equiparaba en el fondo las normas constitucionales a las administrativas. Aunque insistan en la supremacía de la Constitución, continuaba señalando, en el carácter normativo de sus disposiciones y aunque estudien minuciosamente cuestiones de Derecho constitucional procesal (sic) para concretar la supremacía de la Constitución, el hecho indubitable es que se estarían tratando las normas constitucionales como si fuesen administrativas y las examinan e interpretan del mismo modo. Esto sería un error. ¿Por qué? Porque las normas constitucionales se diferencian de las administrativas, como advirtió R. Smend. Así, por ejemplo, los derechos fundamentales contemplados en la parte segunda de la Constitución de Weimar no deben interpretarse técnicamente desde el punto de vista jurídico-administrativo ni iusprivatista. A su juicio, el contenido jurídico-político de los derechos y libertades fundamentales estriba en su función integradora, informadora de todo el Estado Constitucional, mientras que las consecuencias jurídico-administrativas son secundarias y subalternas, técnicas, respecto a sus contenidos. Smend insiste en que los derechos fundamentales noson Derecho administrativo, Derecho específico de policía, Derecho privado, sino Derecho constitucional. Lucas Verdú, P. (1982). «El Derecho constitucional como Derecho administrativo (La «ideología constitucional» del profesor Eduardo García de Enterría). En REP, núm. 13. Madrid, 15.

Al respecto es pertinente recordar que, en Europa, en sus inicios, ni los cultivadores del denominado «Derecho político» ni tampoco quienes se dedicaban al análisis del Derecho constitucional, le habían dedicado esfuerzo alguno al estudio de la Constitución en cuanto tal. Algo parecido podría decirse de los especialistas o estudiosos del Derecho administrativo, aunque, en honor a la verdad, también es cierto que no escasean, sino todo lo contrario, en la literatura jurídica, numerosas aportaciones doctrinales por obra de los iusadministrativistas, muy a menudo de gran altura científica, sustancialmente pertenecientes al ámbito del Derecho administrativo, entre los que ni siquiera son todavía habituales ni son generalmente utilizadas las expresiones de lo que aquí, siguiendo la buena doctrina, se ha dado en llamar Derecho «administrativo constitucional».

Pese a ello, serán aquellos estudiosos del Derecho administrativo quienes estarían destinados a realizar esa labor en razón a que, ciertamente, son quienes cuentan con la experiencia y los conocimientos precisos —los rudimentos— para llevar a cabo tal tarea de indagación sobre el significado y contenido de la Constitución. Y por último, es que aunque se pensara que el análisis de la Constitución y del consiguiente Derecho administrativo constitucional, correspondería más bien a los estudiosos del Derecho constitucional, es claro que ninguno lo había hecho, salvo que se tuviera la doble condición de constitucionalista y administrativista, lo cual no es muy común.

Ahora bien, la gran mayoría de los administrativistas —salvo la excepción notable de quienes también ostentan la condición de constitucionalistas: en Alemania: K. Ster, T. Maunz; en Argentina R. Bielsa y J.C. Cassagne; en Estados Unidos de América S. A. de Smith, H.W.R. Wade, O.H. Phillips; en Colombia J. Vidal Perdomo; en España E. García de Enterría, F. Garrido Falla; en Francia M. Hauriou, L. Duguit, G. Vedel; y en Venezuela A.R. Brewer-Carías— llevamos tiempo haciendo un examen muy poco riguroso —a menudo meramente instintivo— de la Constitución pero donde, paradójicamente, hay no pocas contribuciones muy meritorias a la dogmática del Derecho constitucional, como lo admitía el mismo Lucas Verdú[287], debido al aporte que supuso en el tránsito hacia la democracia constitucional, la incorporación de la brillante Escuela del Derecho administrativo española en la década de los años 60 al proceso de teorización del nuevo constitucionalismo español[288].

Y es que el análisis constitucional de las normas administrativas —sustantivamente— constitucionales —formalmente— para que pretenda ser riguroso, precisa de un conocimiento pormenorizado, no solo de los preceptos constitucionales —de su dicción—, sino también de la jurisprudencia que sobre los mismo haya proferido el Tribunal Constitucional correspondiente —por supuesto, allí donde existe y funciona con corrección—, así como de las nomenclaturas, las categorías y los criterios hermenéuticos que manejan los constitucionalistas.

En definitiva, de lo que se trata es de operar como muy bien mencionaba a su vez García de Enterría[289] —en su formidable contestación a Lucas Verdú—, con la

---

[287] Ante la «tradicional ausencia de la interpretación del Derecho constitucional», sostiene también, no obstante habrá que agradecer a muchos administrativistas sus aportaciones valiosísimas a la ciencia del Derecho constitucional. Lucas Verdú, P. Ob. cit., nota 286, 19.

[288] De Otto, I. Ob. cit., nota 31, 45.

[289] García de Enterría, E. (1982). «El Derecho constitucional como Derecho». En REP, núm. 15, 14.

técnica jurídico-constitucional que incluye valores materiales funcionalizables jurídicamente, y no solo la lógica formal sobre textos legales, lo cual es especialmente imprescindible en la Justicia constitucional y que era donde, en definitiva, Lucas Verdú anunciaba lo que llamaba el mayor riesgo de «administrativización» del Derecho constitucional. Por tanto, digámoslo ya, hay que dominar en profundidades conceptos recogidos en la Constitución o acuñados por los constitucionalistas como son los casos de «principio de coherencia», «principio de funcionalidad», «principio de unidad de la Constitución», «garantía de contenido esencial», «limitación» o «delimitación de los derechos fundamentales», «precaución», «parámetro de la constitucionalidad», «función constitucional», «bloque de constitucionalidad», «mandato de optimización», «juicio de razonabilidad», y «juicio de ponderación», para mencionar solo algunos de ellos.

Ahora bien, el tratamiento doctrinal de estas cuestiones administrativas —sustantivamente— constitucionales —formalmente—, se viene haciendo las más de las veces desde un enfoque lógico-jurídico, englobándolas o absorviéndolas en una denominada «parte general», los «fundamentos constitucionales» o las «bases constitucionales» del Derecho administrativo general, por poseer la sistematización y los conceptos necesarios para el análisis y la elaboración de esa parcela jurídica.

Pues bien: en esas circunstancias anotadas, y a la luz de las consideraciones que preceden, estimamos que es en el Derecho administrativo, en el que puede y debe emprenderse con mayor profundidad y mayores posibilidades de éxito el estudio del «marco constitucional del Derecho administrativo». Por tanto, los conceptos, las categorías e instituciones administrativas contenidas en la Constitución, deben ser atraídos al Derecho administrativo, pero no como una parte del Derecho constitucional (Derecho «constitucional administrativo»), sino como parte integrante del Derecho administrativo (Derecho «administrativo constitucional») que habrá, eso sí, de ser analizado con criterios hermenéuticos singulares, propios del Derecho constitucional, sin que ello comporte cualquier posible menoscabo para la unidad y autonomía de dicha rama del Derecho público y, en definitiva, cualquier peligro para su desarrollo y pervivencia como disciplina jurídica separada de las demás, y sin incurrir por ello en el «peligro de administrativización» del Derecho constitucional del que se defendía sin fundamento Lucas Verdú[290].

En definitiva, las apuntadas son razones de peso que avalan un análisis constitucional del Derecho administrativo. Un estudio conveniente para dotar de fundamento a la disciplina y cohesión a cada una de las ramas que la componen; un análisis preciso para proveer de contenido a los conceptos, categorías e instituciones basilares del Derecho administrativo, así como de los derechos y garantías (fundamentales o no) que pudieran verse afectados por sus normas o actos de aplicación o ejecución. Un análisis, en fin, que resulta imprescindible para la formación de unos juristas integrales y permeables a los valores de la sociedad que la Constitución consagra, y de una ciudadanía con una conciencia constitucional.

Por lo expuesto, es el momento de pasar de un Derecho «constitucional administrativo» —, a un Derecho «administrativo constitucional», como sector antecedente o preliminar del Derecho administrativo singularizado por su peculiar método de análisis, esto es, sin desconocer los «estándares interpretativos» o «cánones interpretativos» de la hermenéutica constitucional. La utilidad y rele-

[290] Lucas Verdú, P. Ob. cit., nota 286, 29.

vancia de los estándares interpretativos, generalmente se justifica y dependen jerárquicamente de un principio, lo que origina una subordinación del criterio respecto del contenido del principio al que desarrolla[291]. De lo que se trata es, en definitiva, de considerar las normas administrativas —materialmente— constitucionales —formalmente—, como parte integrante de la disciplina del Derecho administrativo contemporáneo.

Así las cosas, se debe insistir en que el denominado Derecho administrativo constitucional[292] plantea la necesidad, más que de arrumbar categorías esenciales del Derecho Administrativo, de revisar y repensar dogmas y principios jurídicos considerados hasta no hace mucho como los dogmas o señas de identidad de una rama del Derecho que se configuraba, esencialmente, a partir del régimen de exorbitancia de la posición jurídica de la Administración pública y de las prerrogativas o potestades de Poder público consecuentes, como correlato necesario de su papel de gestor, nada más y nada menos, que del interés público.

En este orden de ideas, sostiene Rodríguez-Arana[293], instituciones señeras del Derecho administrativo como los poderes, prerrogativas o potestades de que goza la Administración pública para cumplir su papel de organización, para cumplir con eficacia su labor constitucional de estar al servicio y disposición de la persona —ejecutividad, ejecutoriedad, *potestas variandi*, potestad sancionadora, etc.—, requieren de nuevos planteamientos, pues, nacieron en contextos históricos bien distintos y en el seno de sistemas políticos bien diferentes; revisar los conceptos, categorías e instituciones que hoy encajan mal y que por ello se deben avenir —conforme a— con los nuevos paradigmas constitucionales, y todo ello en aras a su adecuación al nuevo modelo de la cláusula constitucional de Estado democrático y social de Derecho y de Justicia que proclama el Art. 2 de la C vigente.

Por último, si por un lado los derechos fundamentales por decisión del constituyente hoy día encuentran un lugar muy destacado en las Constituciones vigentes, en razón de lo cual el Tribunal Constitucional español[294] expresó que «constituyen la esencia misma del régimen constitucional»; y si por el otro, el Derecho administrativo en cuanto ordenamiento regulador del régimen de uno de los Poderes públicos tiene como espina dorsal, la efectividad y aseguramiento de los derechos fundamentales en el marco constitucional, ello traerá consigo una manera nueva y especial de entender hoy día el ejercicio y la operatividad de la actividad o función de la Administración pública en el nuevo modelo de la cláusula constitucional de Estado Constitucional democrático y social de Derecho y de Justicia.

C. Enseñanza

§55. Planteamiento de la cuestión — Finalmente, tampoco nadie podría dudar dentro de la doctrina constitucionalista sobre la importancia que el estudio del Derecho Constitucional ha adquirido para las instituciones del Derecho administrativo. Sin embargo, hasta el presente no existe en nuestro país una disciplina, específica y permanente, para el estudio de esta recíproca incidencia de la doctrina administrativista y constitucionalista, enriquecedora para ambas. Esa es la finalidad

[291] Para un estudio profundo sobre la diferencia entre principio y criterios es imprescindible la obra de Canosa Usera, R. (1988). *Interpretación constitucional y fórmula política*. Madrid, CEC, 141-147.
[292] Véase Araujo-Juárez, J., Ob. cit., nota 14, p. 373 y ss.
[293] Rodríguez-Arana, J., Ob. cit., nota 277, 60.
[294] TCE Sentencia del 14 de julio de 1981.

que se pretende atender con la propuesta en el plano didáctico de un Derecho administrativo constitucional. La denominación responde, pues, fielmente a ese objetivo de ser un lugar destinado al estudio del Derecho administrativo desde el contexto o marco de la Constitución, y de la Constitución desde el prisma del Derecho administrativo.

Por tanto, resulta absolutamente imprescindible que la construcción, comprensión —conocer, interpretar o exponer—, la innovación y la revalorización jurídica adecuada del Derecho administrativo positivo se haga dentro del contexto o marco de la Constitución de cada país, cuyos capítulos se nutren en los principios jurídicos, valores superiores y reglas básicas constitucionales. Por lo expuesto, no parece forzado hablar de un auténtico Derecho administrativo constitucional, y donde la exposición de todas las consecuencias que para el Derecho administrativo ha supuesto o supone la incidencia de la Constitución, llevaría consigo todo un curso académico.

En mérito a lo antes expuesto, deberíamos hacernos la pregunta siguiente que se hacía el decano Vedel: ¿Es posible escribir o enseñar sobre el Derecho administrativo sin integrar los textos y la jurisprudencia constitucional a propósito de la descentralización, de la función pública, de la policía, o de cualesquier otra categoría jurídica? De ahí la afirmación que compartimos en cuanto que el Derecho administrativo de un país no se puede llegar a conocer, interpretar ni exponer adecuadamente, si no se establece e identifica, con claridad, dentro de cada sistema, un contexto o «marco constitucional» en el que se inserta: pues éste lo estructura y delimita en sus contornos, que son aquellos de la organización, la actividad, los medios y los fines administrativos.

Partiendo de esta propuesta, sometíamos a consideración del lector el abordaje del orden metodológico de su enseñanza, en el sentido de que un curso de Derecho administrativo constitucional debería como pauta sistemática estudiar -y entender-, los ejes temáticos siguientes[295]:

(i) El sistema de vinculaciones o conexiones inevitables entre el Derecho administrativo y el Derecho constitucional.

(ii) La proyección del modelo de organización jurídico-político del Estado Constitucional en el sistema del Derecho administrativo.

(iii) El plexo de principios jurídicos, valores superiores y derechos fundamentales que irradian al Derecho administrativo.

(iv) Y por último, el conjunto de categorías del Derecho administrativo que se han elevado al rango constitucional.

Y estos son, justamente, algunos de los ejes temáticos que se deberían desarrollar en la enseñanza de un Derecho administrativo constitucional, no sin antes subrayar que las consideraciones expuestas encuentran fundamento en autores tanto nacionales como extranjeros y, de manera principal, autores españoles. De este modo, el programa de Derecho administrativo constitucional que se proponga persigue investigar hasta dónde la irradiación de la nueva realidad —que debería contemplar, pero no solo, la era postpandemia— ha transformado y/o habrá de

[295] Araujo-Juárez, J. (2019) «El derecho administrativo constitucional y su enseñanza». En RTD, N° 30, Edición impresa/ N° 5 Edición digital. San Cristóbal, UCAT, 105 y ss.

trasformar el sistema de Derecho administrativo -su contenido, sistematización y misión- en cada Derecho positivo.

Por tanto, se reafirma —conclusión a la que han llegado otros autores mucho antes y con mayor autoridad— que la caracterización clásica del Derecho administrativo y de sus categorías jurídicas debería ir adecuándose dentro del marco constitucional para construir un nuevo concepto con otras nuevas características. De allí emergerá un nuevo Derecho administrativo desde paradigmas y postulados diferentes a los clásicos que hemos conocido. Pero, al fin y al cabo, Derecho administrativo *tout court*, convertido hoy por hoy en una de las grandes áreas del saber jurídico.

Por todo lo expuesto, y como ya lo afirmara muy bien Meilán Gil[296], no parece forzado hablar de un auténtico Derecho administrativo constitucional, y donde la exposición de todas las consecuencias que para el Derecho administrativo ha supuesto o supone la incidencia de la Constitución, llevaría consigo todo un curso, más que una brevísima presentación como la que hemos pretendido hacer por obvias razones de espacio. Es digno de mencionar en este último sentido que ya existe camino andado, pues con diversas denominaciones —*Droit administratif approfondie*, Derecho administrativo profundizado, Fundamentos constitucionales del Derecho administrativo, *Administrative constitution*, *Administrative constitutionalism*, Derecho constitucional administrativo, etc.— y con contenidos similares, ya se ofrecen congresos o cursos académicos donde se integra el estudio de esta nueva disciplina jurídica, y donde varias obras de referencia son recomendadas, lecturas aconsejadas, y un plan es puesto a la disposición de los alumnos al comienzo del curso o de cada lección.

---

[296] Meilán Gil. J.L. Ob. cit., nota 10.

CAPÍTULO III
LA CONSTITUCIÓN ADMINISTRATIVA

Sección 1.ª La propuesta de la Constitución administrativa

Introducción

§56. Planteamiento de la cuestión – La proposición de una Constitución administrativa, se inscribe en la dogmática del fenómeno o proceso de constitucionalización del Derecho generada en virtud del reconocimiento de la Constitución, ya no sólo como valor político de creación y organización del Estado Constitucional sino, también, como norma jurídica de aplicación directa e inmediata, sin necesidad de desarrollo legal y prevaleciente sobre la propia ley. De ahí que se haya advertido sobre la existencia de un zócalo constitucional, de las bases constitucionales, o más propiamente de un contexto o «marco constitucional» de todas las disciplinas del Derecho, incluso ajenas al Derecho público.

Este imperativo lógico común a todas las ramas del Derecho posee una incidencia muy especial en lo que se refiere a la regulación de la organización y funcionamiento de la Administración pública, sus relaciones con las personas, así como el sistema normativo que las rige y las garantías jurídicas correspondientes, como las señas de identidad o «núcleo identificador» de la ciencia o disciplina de Derecho administrativo.

Y sin más, comienzo por señalar como ha destacado reiteradamente K. Loewenstein[297], las Constituciones contemporáneas han ampliado el ámbito tradicional de su *telos*, no limitándose al establecimiento de las reglas de creación de instituciones para limitar y controlar el Poder político y la protección de los destinatarios del Poder público contra la arbitrariedad y falta de mesura de los detentadores del poder, por las que debe desarrollarse el proceso político o manifestarse la declaración estatal sino incorporando, además, con más o menos exactitud, principios jurídicos y valores superiores que deba medir la acción del Estado Constitucional, reformas de orden social, así como los derechos, funciones y deberes que han de ser cumplidas tanto por los órganos estatales en ejercicio del Poder público, como también por los derechos y deberes constitucionales de la persona. De esa manera se supera lo que Carré de Malberg[298] denominó «Constituciones limitadas», cuyo objeto exclusivo era la organización del Poder público.

---

297 Loewenstein, K. Ob. cit., nota 48, 151-153 y especialmente 211-213.
298 Carré De Malberg, R. Ob. cit., nota 35.

Surge, así, en el ámbito del Derecho constitucional, la existencia junto a la Constitución constituida por mecanismos institucionales de la limitación del Poder público y de la participación —en términos de Loewenstein[299]—, una clasificación de la Constitución sobre la base de las normas o disposiciones constitucionales destinadas a disciplinar diversas materias, según analizaremos a continuación.

A. Clasificación

§57. Plan — En términos materiales, es sabido que el contenido de las Constituciones es de una extraordinaria heterogeneidad, como es lógico en una norma que constituye el vértice y resumen de todo el sistema normativo u Ordenamiento jurídico general. La Constitución pasa a considerarse norma jurídica fundamental, en cuanto contiene el Ordenamiento jurídico básico de los diversos sectores de la vida social y política. Desde este planteamiento, señala I. De Otto[300], se busca en la Constitución al menos un diseño básico del orden económico, una «Constitución económica»; o también un diseño de la sociedad en su conjunto, una «Constitución social», con lo cual la Constitución es una norma que ya no señala al Poder público los límites de lo permitido, sino que le impone también al legislador el deber de crear un orden. Y la Constitución ya no solo incorpora solo la concepción política de lo que el Estado Constitucional debe «ser», sino un programa de lo que debe «hacer», en «desarrollo» de la Constitución.

En este orden de ideas, es sabido que la doctrina de la teoría constitucional ha procedido desde una perspectiva didáctica, a sustantivar cada parcela de la Constitución coincidente con determinadas disciplinas, dándoles diversos nombres, así: 1.°, la Constitución política; 2.°, la Constitución social; 3.°, la Constitución económica; 4.°, la Constitución fiscal; y por último, pero no en importancia, nos permitimos agregar la Constitución administrativa.

§57.a Constitución política — En primer lugar, la denominada Constitución «política» que hace referencia tanto a la organización del Estado Constitucional como a la distribución del Poder público. Es así como en el pensamiento de F. Rubio Llorente[301], la Constitución, como reza el título de su obra más importante, y donde se abarcan la casi totalidad de las cuestiones del Derecho constitucional, es la «forma del poder». Un Poder público definido en su configuración, esto es, en su alcance y límites, y en su ejercicio, a cargo de terminados órganos —los «superiores»— y autoridades, exclusivamente, por el Derecho.

Ahora bien, la Constitución contempla el ejercicio general del Poder público, es decir, contempla al Estado Constitucional exclusivamente como representante político general de los individuos, de la sociedad. En efecto, sostiene la doctrina[302], los hombres que ejercen el Poder político no lo ejercen por un poder propio, sino por una atribución del Ordenamiento jurídico. Se dice entonces que ostentan, ya sea individual o ya colegiadamente, la calidad de órganos del Estado Constitucional, porque sus actos se tienen como ejercidos por el Estado Constitucional, y por ello se le atribuyen al propio Estado Constitucional. Y se les denomina autoridades o

[299] Loewenstein, K. Ob. cit., nota 48, 213.
[300] De Otto, I. Ob. cit., nota 31, 44.
[301] Rubio Llorente, F. Ob. cit., nota 101.
[302] Hamon, F. et Troper, M. (2012). *Droit Constitutionnel.* 33eme édition. Paris, LGDJ, 31 y 32.

Poder público. Vendría a corresponder con lo que la doctrina alemana[303] conoce como Derecho de Estado en sentido restringido, esto es, la ordenación del ejercicio del Poder estatal «hacia adentro» —por oposición al ejercicio del Poder «hacia afuera» que correspondería al Derecho internacional—; es decir, sería la denominación genérica de todas aquellas normas constitucionales que se refieren al Estado Constitucional, y a la organización y actividad hacia adentro de los órganos de éste, aunque no todos, sino solo de los «superiores», así como las relaciones fundamentales entre la persona y el Estado Constitucional.

Es así como en la práctica totalidad de los documentos constitucionales que se aprueban en la Europa continental durante el siglo XIX, tienen el carácter de textos que regulaban, principalmente, como noción dominante la organización política, que contenía las reglas organizativas fundamentales de los Poderes públicos. De ese concepto que dominó las Constituciones decimonónicas, hasta que se arraiga la noción de garantía institucional y, más tarde, la del contenido esencial de los derechos fundamentales, solo resta el vestigio de denominar Constitución política, a aquella parte que regula la organización y actividad general del Poder público, que resulta de la distribución de competencias entre tales órganos «superiores» o ramas del Poder Público —con mayúsculas— de acuerdo con el Art. 136 de la Constitución de 1999 (en adelante C).

Sin embargo, como señala K. Hesse[304], la Constitución como «el plan estructural básico, orientado a determinados principios de sentido para la conformación jurídica de una Comunidad» abarca materias que no se limitan a la ordenación de la vida del Estado Constitucional, tales como el matrimonio, la familia, la propiedad, la educación la libertad del arte y de la ciencia; en ese sentido, el Derecho constitucional va más allá del Derecho del Estado Constitucional. En efecto —añade Hesse—, el Derecho «político» —«*Staatsrecht*»— el cual, tanto en virtud del objeto como del significado literal, se refiere solo al Derecho del Estado, pues comprende materias que no pertenecen al orden fundamental de la comunidad, como «el Derecho administrativo o el Derecho procesal», lo cual daría lugar a identificar también esas otras materias. La diferenciación del Derecho del Estado frente a otros sectores del Derecho público no puede venir dada —en opinión de Jórn Ipsen[305]— por el hecho de que aquél se refiera a la organización del Estado Constitucional, puesto que a los órganos y funcionarios del Estado Constitucional se refiere también el Derecho administrativo. De acuerdo con ello, la «*differentia specifica*» consistiría, para esto autor, en que el Derecho del Estado se refiere solo a los órganos «superiores» del Estado Constitucional.

§57.b Constitución social — En segundo lugar, la otra dimensión de la Constitución es la de la denominada Constitución «social», a la que normalmente se presta menor atención y que, sin embargo, constituye igualmente una de las piedras angulares del edificio constitucional, y una de sus más destacadas virtudes: el diseño de un modelo social, que se ha traducido en un enorme avance en la cohesión de la sociedad y en la igualdad de oportunidades. La importancia de esta pieza

303 Stern, K. (1984). *Das Staatsrecht der Bun esrepublik Dewschlani,* vol . I, 1.a ed. Munich. 7-11. Cit. por González Encinar, J.J. (1994). «Derecho del Estado Constitucional y Ciencia del Derecho del Estado Constitucional». En REDC, núm. 41, 346.

304 Hesse, K. Ob. cit., nota 90, 44.

305 Jórn Ipsen (1989). *Staatsorganisationsrecht (Stoatsrecht, I), 2.a* id., Frindoit del Maine, 30-31. Cit. por González Encinar, J.J. Ob. cit., nota 287, 348.

del entramado constitucional se pone de relieve desde el Art. 2 de la C, que define al Estado Constitucional nacional como un Estado Constitucional social y de Derecho, y que proclama como valores superiores de nuestro Ordenamiento jurídico, junto con la libertad y la justicia.

Ahora bien, salvo el único precedente de la Constitución de 1793 de reconocer en la misma algunos derechos de naturaleza social, la posterior Constitución francesa de 1848, se anticipó en mucho tiempo a la implantación del denominado Estado social, como avance de lo que sería un futuro reconocimiento constitucional que entonces apenas se advertía. Tan solo, una vez más, A. Tocqueville[306] lo diagnosticó certeramente al escribir: « [...] en materia de *constitución social*, el campo de lo posible es mucho más vasto de lo que se imaginan los hombres que viven en cada sociedad» (Cursiva nuestra).

Ahora bien, la fórmula Estado social aparece en Alemania y es acuñada por K. Heller, iuspublicista, en el año 1929[307]. Es solo a partir de la II Guerra Mundial cuando aparece el primer texto constitucional que consagra la expresión Estado social de Derecho: la Ley Fundamental de Bonn de 1949 y, en concreto, en sus Arts. 20.1 y 28.1. En tal sentido, la Constitución social hace referencia tanto al estatuto de las personas como a las relaciones entre la sociedad y el Estado Constitucional.

Así las cosas, la concepción de Estado social[308] de la que parte la Constitución, lleva a ésta a expresar un conjunto de valores superiores, derechos fundamentales y principios rectores de la política o materia de orden laboral y de protección social pública —o si se prefiere, ampliamente, jurídico social—, muy en concordancia con el modelo jurídico-político de Estado social elegido por la Constitución, como mandatos a los órganos o ramas del Poder público y, a la vez, que generan el nacimiento de los denominados derechos fundamentales sociales o prestacionales (Araujo-Juárez)[309]. El contenido mencionado es muy amplio, y desborda el simple encargo a los órganos y ramas del Poder público para que estos lleven a cabo una determinada tarea normativa, para alcanzar también la adopción de otras medidas políticas y administrativas, y que ha dado lugar todo ello a la conformación de un modelo social constitucional o, más propiamente, a la instauración de una Constitución social.

En definitiva, por cuanto la cláusula del Estado social le impone al Estado Constitucional la realización de fines de naturaleza social, la calificación de Constitución social obedece al criterio de que se utilice en la Constitución la vía de imponer a través de sus normas o disposiciones, un fin o una tarea social al Estado Constitucional o la enumeración de derechos sociales de los ciudadanos (J.M. Rodríguez de Santiago[310]).

§57.c Constitución económica — En tercer lugar, la denominada Constitución «económica» que hace referencia al conjunto de normas y principios constitucional-

306 Tocqueville, A. (1994). *Recuerdos de la Revolución de 1848*. Madrid, Trotta, 93.

307 Heller, H. (1985). *Escritos Políticos*, Selección y «Prólogo» de A. López Pina. Madrid, Alianza, Universidad, 261 y ss.

308 Vid. *in extenso* a Araujo-Juárez, J. Ob. cit., nota 14, 244 a 262; Araujo-Juárez, J (2020). Ob. cit., nota 9, 199 a 206.

309 Araujo-Juárez, J. Ob. cit., nota 14, 244 y ss.

310 Rodríguez de Santiago, J.M. (2007). *La administración del Estado social*. Madrid, Marcial Pons, nº 34, 27 y 28.

les destinados a proporcionar el marco jurídico fundamental para la estructura y funcionamiento de la economía[311].

La Constitución económica es un término que tiene también su origen en Alemania, por primera vez, por Beckerath[312] en 1933, donde se la utiliza para distinguirlo de otra disciplina relacionada: el Derecho Administrativo de la Economía. Ahora, es sabido que las relaciones entre la Constitución y la economía son bastante recientes, pues se ha debido esperar a la Constitución alemana de Weimar, para que lo económico entre en lo constitucional, para que se empiece hablar de Constitución económica, esto es, «la suma de los elementos estructurales del orden de las economías» (R. Schmidt[313]).

En tal sentido, corresponde a la Constitución establecer lo que doctrinalmente se ha llamado «orden económico», esto es, el conjunto de todas las reglas por las que se rige la economía nacional y los procesos económicos, así como la totalidad de las instituciones competentes para la administración, dirección y estructuración de la economía en general. En suma, las líneas rectoras del régimen económico, consagrar los derechos económicos de las personas y, por último, delimitar el ámbito de participación del Estado Constitucional en la vida económica. A ese conjunto de normas que regulan los aspectos económicos de la vida nacional se les ha denominado Constitución económica.

Desde entonces, doctrinalmente, es sabido, el concepto de Constitución económica ha sido ampliamente tratado. Así, en opinión de M.A. Aparicio Pérez[314], en realidad lo que se plasma en la Constitución económica es «una combinación entre iniciativa privada y planificación o programación pública: la formulación es, pues, es la propia del capitalismo bajo un Estado Constitucional intervencionista»; o para M. Aragón Reyes[315], la Constitución no establece un modelo económico específico, pero sí un concepto genérico que rechaza, al menos, dos soluciones extremas: por un lado, la absoluta libertad económica del conocido principio del liberalismo que postula la máxima abstención estatal —«*laissez faire, laissez passer*»— o economía de libre mercado; y por el otro, la pura estatatización de la economía o la plena socialización o colectivización de la economía o economía interventora.

Así las cosas, la Constitución económica comprenderá el conjunto de principios y normas constitucionales que establecen la ordenación económica general o el marco regulatorio constitucional para el desarrollo de la actividad económica, previendo formas de interrelación entre la iniciativa económica de los particulares —individualmente o en grupos, asociaciones o empresas—, y la actividad económica del Estado Constitucional.

Es por ello que autores como García Pelayo[316] han definido a la Constitución económica como:

---

311 Sent. de la CSJ/CP, del 15-12-1998, caso *Pedro Antonio Pérez.*

312 Beckerath (1933). «Politische und Wirtschaftsverfassung». En *Festgabe fiir Werner Sombart.* Munich.

313 Schmidt, R. (1988). «Staatliche Verantwortung für die Wirtschaft». En Isensee/Kirchhof, vol. III, 1148, se toma la traducción de Baquero Cruz, J. (2002). *Entre competencia y libre circulación. El derecho constitucional económico de la Comunidad Europea.* Madrid, Civitas, 59.

314 Aparicio Pérez, M.A. (1993). «El Estado social en la jurisprudencia del Tribunal Constitucional». En *Estudio sobre el Estado Social.* (Cámara Villa, G. y Cano Bueso, J. (Coords.). Madrid, Tecnos, 56.

315 Aragón Reyes, M. (1995). *Libertades económicas y Estado social.* Madrid, Mc Graw-Hill, 12 y 13.

316 García Pelayo, M. Cit. en Bermejo Vera, J. y otros (1996). *Derecho Administrativo Especial.* Madrid, Editorial Civitas, 673.

> [...] el conjunto de las normas básicas destinadas a proporcionar el marco jurídico fundamental para la estructura y funcionamiento de la actividad económica o, dicho de otro modo, para el orden y proceso económico [...].

En este orden de ideas, la jurisprudencia[317] del Alto Tribunal ha señalado lo siguiente:

> [...] la Constitución Económica se constituye de un conjunto de normas con carácter de directrices generales o principios esenciales que garantizan una economía social de mercado, que se inspiran en el fin de la justicia social, pero tales normas constitucionales poseen una indiscutible naturaleza «neutral», lo cual implica la posibilidad del legislador de desarrollar esas directrices generales o principios básicos constitucionales atendiendo a las necesidades reales de la Nación y respetando los límites que la propia Constitución impone.

A la luz de todos los principios de ordenación económica contenidos en la Constitución de la República Bolivariana de Venezuela, se patentiza el carácter mixto de la economía venezolana, esto es, un sistema socioeconómico intermedio entre la economía de libre mercado (en el que el Estado funge como simple programador de la economía, dependiendo ésta de la oferta y la demanda de bienes y servicios) y la economía interventora (en la que el Estado interviene activamente como el «empresario mayor»).

§57.d Constitución fiscal — Siguiendo la estela de la doctrina anglosajona[318], y sobre todo la doctrina alemana donde la expresión Constitución «financiera» o Constitución «fiscal» —«*Finanzverfassung*»— ha llegado a adquirir carta de naturaleza, tanto en la doctrina del Derecho público[319] como en el lenguaje de la Hacienda Pública, e incluso en el de la propia normativa[320], de la misma manera surgiría así, con toda naturalidad, una parte del Derecho financiero a la que se le puede llamar con toda propiedad un Derecho «constitucional financiero»[321], o más propiamente un Derecho «financiero constitucional», perfectamente individualizable respecto del Derecho financiero, al que se le denomina Derecho financiero ordinario[322], o si se le prefiere denominar con más propiedad un Derecho «fiscal constitucional»[323].

---

317 Sent. del TSJ/SC, de fecha 6 de febrero de 2001, caso *Pedro Antonio Pérez Alzurutt*.

318 Brenan, G. y Buchanan J.M. (1987). *El Poder Fiscal. Fundamentos analíticos de una constitución fiscal*, trad. y presentación de Alvarez Rendueles. Madrid, Unión Editorial; y Buchanan, J.M., y Tullock, G. (1962). *The calculus of Consent*. Michigan, University of Michigan Press, Ann Arbor; Dam, K.W. (1989). «The American Fiscal Constitución». En *The University of Chicago Law Review*, Vol. 44, num. 2, 271-320, cit. por Casas Pardo,J., y Fernández, J.J. «Las Constituciones económica y fiscal en la Constitución española de 1978». En *Diez Años de Régimen Constitucional*, Enrique Alvarez C. (Ed.). Madrid, Tecnos, Universitat de Valencia, 39 y ss.

319 Sánchez Serrano, L. (1997). *Tratado de Derecho Financiero y Tributario constitucional*, I. Madrid, Marcial Pons, 101.

320 Ley de modificación y desarrollo de la Constitución Financiera (*Gesetz zur Änderung und Ergänzung der Finanzverfassung del* 23-12-1955). Cit. por Sánchez Serrano, Ob. cit., nota 22, 99-100 y 161-163.

321 AA.VV. (1994). *Estudios de Derecho Constitucional Tributario*. Buenos Aires, Depalma; Sanpaio Doria, H. (1986). *Direitto constitucional tributário e dues process of law*. Rio de Janeiro, Forense; y Spisso, R.R. (1992). *Derecho constitucional tributario*. Buenos Aires, Depalma.

322 Sánchez Serrano, L. Ob. cit., nota 319, 103; y Aguallo Avilés, A. (2001). «Derecho Financiero Constitucional». En *Estudios en Memoria del Profesor Jaime García Añoveros*, 50.

323 Philip, L. (1999). *Droit fiscal constitutionnel*. Paris, Edit. Económica; y Jarach, D. (1996). *El hecho imponible*. Tercera edición. Buenos Aires, Abeledo Perrot, 22 y ss.

Así las cosas, la doctrina reconoce la llamada Constitución financiera o Constitución fiscal[324], cuyo contenido estaría formado por las normas de la hacienda pública —ingresos y gastos públicos— del Estado Constitucional que conforman las reglas —constitucionales y cuasi-constitucionales básicas de financiamiento— de la economía financiera pública y de sus agentes. Esas reglas abarcan tanto al denominado vínculo fiscal como al gasto público y sus pautas de distribución, siendo las relativas a esta última vertiente de la actividad financiera las que aportan novedades a la Constitución fiscal.

B. Constitución administrativa

Introducción

§58. Planteamiento general — Y por último surge en el ámbito de la Constitución, una Constitución «administrativa» —marco constitucional de la disciplina del Derecho administrativo y «núcleo identificador» del correspondiente Derecho administrativo constitucional—, y como tal constituida por las normas o disposiciones constitucionales destinadas a disciplinar u ordenar la materia iusadministrativa o, en términos generales, a regular la Administración Pública y la función administrativa, en razón de lo cual proponemos agregar a la anterior clasificación, la denominada Constitución administrativa, tema este que anticipáramos en su oportunidad[325], y que trataremos de desarrollar más ampliamente a continuación.

Como cuestión previa hemos de señalar que fue A. de Tocqueville[326], en una de las más grandes obras historiográficas de todos los tiempos, y cuyos criterios centrales parten de perspectivas iusadministrativas, el primero en haber formulado la famosa y feliz caracterización de Constitución administrativa, a comienzos del siglo XIX, al escribir:

> Es que desde 1789 la *constitución administrativa* ha permanecido siempre en pie en medio de las ruinas de las Constituciones políticas. Se cambiaba la persona del príncipe o las forma del poder central, pero el curso diario de los negocios no era inenterrumpido ni alterado [...] porque si bien en cada revolución la administración era decapitada, su cuerpo estaba intacto y vivo; las mismas funciones eran ejercidas por los mismos funcionarios, quienes conservaban, a través de la diversidad de las leyes políticas, su mentalidad y su experiencia [...] ¿Qué les importaba a ellos el nombre de su amo? Su oficio consistía en ser buenos jueces y buenos administradores, más que buenos ciudadanos. Une vez pasada la primera sacudida era, por tanto, como si nada se hubiese movido en el país. (Cursiva nuestra)

De manera más contemporánea, tal y como lo reconoció García de Enterría[327] en una obra también imprescindible, sobre la enorme importancia del sistema administrativo creado por el Imperio Napoleónico, como un ejemplo de un proceso de racionalización, adquiriendo una fortaleza que le garantizará una continuidad

324 Sánchez Serrano, L. Ob. cit., nota 319, 99 y 100.

325 Araujo-Juárez, J. Ob. cit., nota 14, 154 a 157.

326 Tocqueville, A. de (1952 [1856]). «L'Ancien Régime et la Révolution». En *Œuvres complètes*, Tomo 2º, I. Paris, Gallimard, 242 y 243; y Tocqueville, A. de (1969 [1856]). *El Antiguo Régimen y la Revolución*. Madrid, Guadarrrama, 257.

327 García De Enterría, E. Ob. cit., nota 11, 54 y 55.

para atravesar e influir literalmente los diferentes regímenes constitucionales de los siglos *xix* y *xx*, nos reitera la misma idea de Tocqueville al señalar: « Napoleón acertó a dar a Francia un *sistema administrativo* que lleva camino de hacerse definitivo. La observación de que al lado de la Constitución política Francia tiene una *Constitución administrativa*, que ha permanecido inalterada desde Napoleón, haciendo así superficiales los constantes cambios de aquélla, es una observación certera que revela una de las claves de la vida francesa» para concluir enfáticamente: «Esta *Constitución administrativa* permanente ha sido precisamente la napoleónica» —cursivas nuestras—. Las citas son largas, pero sin duda expresivas.

Por otro lado, se debe resaltar también la importancia que para este tema tiene el conocimiento y la utilización del Derecho constitucional norteamericano, el primero de todos en la historia y uno de los más notables y más instructivos en su desarrollo, como sostiene García de Enterría[328]. En este orden de ideas, sostiene Schmidt-Assmann[329], que si bien en Estados Unidos el término «constitucionalización» al que se refiere ampliamente la doctrina no es empleado, sin embargo, el concepto de «*Administrative Constitution*» juega un papel importante y es un punto de cristalización para reflexionar en las influencias de la Constitución de 1787 en el *Administrative Law —delegation of power, federalism, due proces*, etc.—.

Ahora bien, más recientemente con motivo del Simposio en la Universidad de Pennsylvania de fecha 18-19 de octubre de 2018 denominado «*Revisión de leyes*»[330], se abordó el tema del «*Administrative Constitutionalism*». En efecto, al reunir a los principales académicos para analizar y debatir el constitucionalismo en y sobre el Estado administrativo, se hace referencia a que se ha desarrollado un campo de estudios que arroja nueva luz histórica y teórica sobre estos temas entrelazados de la Administración pública y el Derecho constitucional. Reunidos bajo el nombre de «Constitucionalismo Administrativo», los académicos estudian las raíces constitucionales del Estado administrativo, el papel que juegan sus agencias federales en la interpretación, implementación y transformación del Derecho constitucional, y las herramientas que los presidentes, legisladores, jueces y ciudadanos comunes usan para controlar la creatividad constitucional del Estado administrativo.

Finalmente, cuando se enfrenta un sector de la doctrina italiana a la explícita consideración de la Constitución administrativa, deduce que constituiría el primer punto de referencia para la visión administrativa, valorada como fuente para la conformación no solo de la Administración pública, sino también para el Derecho administrativo y, por último, como fuente para su innovación. En tal sentido debemos de mencionar a U. Allegretti[331], quien sostiene que la Administración pública está siempre en una relación esencial con la Constitución, que es en realidad

---

[328] Araujo-Juárez, J. Ob. cit., nota 14, 154 a 157.

[329] Schmidt-Assmann, E. Ob. cit., nota 15, 31.

[330] Véase «*The history, theory, and practice of Administrative Constitutionalism*». En University of Pennsylvania, *Law Review Symposium*, October 10-20, 2018.

[331] Allegretti, U. (1997). «Reformas constitucionales y reformas administrativas». En DA, núm. 248-249, 183 y 184. Cita también a otros autores que han valorado favorablemente la lectura de la Constitución administrativa que explícitamente contribuirían a valorarla como fuente directa para la conformación de la Administración pública y del Derecho administrativo, y más aún como fuente para su innovación, como lo hace, por ejemplo, Bachelet, V. (1966). *La giustizia amministrativa nella Costitutione italiana*. Milano, Giuffré, 1966; Bachelet, V (1981). *Scritti giuridice*, II, Giuffré, 451 y ss.); y más difundido y complejo, por ejemplo, Nigro, M. (1983). *Giustizia Amministrativa* II. Bologna, Mulino.

bidireccional. En este orden de cosas, se debería proceder no exegéticamente, sino reconstructivamente para diseñar una nueva figura de la Administración pública y del Derecho administrativo. En sustancia, no cabe pensar que la Constitución no penetre en la Administración pública, lo que puede denominarse como la «coextensividad» —*coestensività*—, entre Constitución y Administración pública; es decir, que la Constitución cubre toda la Administración pública y que, a su vez, en toda la Constitución hay una dimensión administrativa —doble coextensividad—.

I. Concepto

§59. ***Régime administratif*** — Cuando la Revolución Francesa consagra junto con el principio de libertad, el denominado principio de legalidad al proclamar la exigencia de que los distintos Poderes públicos debía ajustar sus actividades a la ley, va a nacer un modelo administrativo de tipo francés llamado por M. Hauriou[332] «*régime administratif*» —por oposición al «*régime judiciaire*»—, el cual J. Rivero[333] lo caracteriza más tarde por los tres postulados fundamentales siguientes, y así fue como se fraguó la existencia de un Derecho administrativo (Weil)[334].

El 1.°, es el postulado según el cual la Administración pública, guardiana del interés general o público, debe hacerlo prevalecer, y por esta razón se la inviste de potestades o prerrogativas exorbitantes al Derecho común, inconcebibles entre sujetos privados. Es la noción de la «*puissance publique*» —Poder público—.

El 2.° postulado, puesto que se trata de un Estado de Derecho, es el de la necesidad, aun reconociendo tales potestades exorbitantes al Derecho común en cabeza de la Administración pública, de que sean fijadas con precisión y de limitarlas en interés del principio de la libertad de las personas mediante reglas de Derecho. Es el denominado *principe de legalité* —principio de legalidad—. La autonomía del Derecho administrativo con relación al Derecho común o privado se afirma a través de estos dos postulados.

Y el 3.° y último postulado que emerge de los ya mencionados, es la necesidad de someter el ejercicio de la actividad de la Administración pública al control jurisdiccional de un Juez, para verificar que esta se desarrolle conforme al principio de legalidad, y al cual se ha juzgado necesario subordinarla.

Así las cosas, es bien sabido que dentro del conjunto de relaciones que se desenvuelven entre el Estado Constitucional y las personas, se encuentran las relaciones de carácter iusadministrativo. De ahí que cualquier modelo de «sistema —orden o régimen— administrativo»[335], precisa de una estructura normativa que

---

332 Hauriou, M. (2002 [1933]). *Précis de droit administratif et de droit public*, 12ª. édition. Réédition. Paris, Sirey, 7 y ss.

333 Rivero, J. y Waline, J. (2006). *Droit administratif*, 21 éme édition. Paris, Dalloz, 469 y ss.

334 Weil, P. Ob. cit., nota 28, 41 y 42.

335 El concepto de «sistema» no es algo novedoso en la literatura jurídica. Se puede decir que va ligado estrechamente a la dogmática jurídica alemana del siglo XIX, en el campo del Derecho privado (Savigny,Puchta, Ihering) y en el terreno del Derecho público (Gerber, Gierke o Laband), han contribuido de manera decisiva a la «institucionalización» del concepto de sistema. La dogmática jurídica actual resultaría incomprensible al margen del concepto de sistema, pues ésta se concibe a sí misma como sistema conceptual ordenador de la «materia» jurídica. Ahora dentro de los distintos usos más frecuentes del concepto de sistema jurídico en los diversos discursos que conforman el «universo jurídico» y del análisis que recoge G. Tarello, con la expresión «sistema» queremos hacer referencia a la «común proyección institucional», y según este criterio forman o pertenecen a un

permita a los diferentes actores de la vida iusadministrativa, la seguridad jurídica que implica la certeza de sus normas y la existencia de confianza por parte de las personas en el Ordenamiento jurídico y en su correcta aplicación. En conclusión, todo modelo de sistema administrativo necesariamente ha de tener su formulación jurídica, concreta y particular y, en tal sentido, su organización y funcionamiento depende de las fuentes del Derecho. Es así que como fundamento del sistema jurídico, la Constitución constituye no solo una de las bases en sentido amplio o más propiamente el marco, si no la más importante de las fuentes normativas de todo modelo de sistema administrativo.

Por tanto, nadie dudaría hoy de que dentro del arsenal de contenidos actuales de las Constituciones comprende un sector de principios jurídicos, valores superiores y reglas básicas que se refieren o son aplicables al modelo de sistema administrativo, actual, individual y concreto y, de manera principal, a la Administración pública y su actividad o función estatal, relaciones jurídicas y control público. Estas normas a veces integran un segmento de la codificación constitucional dedicado específicamente al modelo de sistema administrativo, y de ello el Derecho comparado puede dar ejemplos. Otras veces, por lo general, tales normas están dispersas en el articulado total de la Constitución pero, tanto de una manera como de otra, ello nos permite proponer la existencia de una Constitución administrativa tanto formal como material.

En conclusión, en razón de la posibilidad cierta de aislar e identificar un conjunto de principios jurídicos, valores superiores y de reglas jurídicas básicas constitucionales definitorios, cuyo ámbito material concierne a los aspectos fundamentales del modelo de sistema administrativo de rango constitucional, esto es, de la Administración pública, de su actividad o función estatal, de sus relaciones y del correlativo control público en todo Ordenamiento jurídico general, se propone emplear el término de Constitución administrativa.

§60. Concepto — Pero ¿Qué debemos entender por Constitución administrativa? ¿Cómo se puede expresar su esencia de una forma sucinta y elemental? Desde luego, no con una definición, siempre difícil de obtener y hasta peligrosa, si es que hemos de creer al jurisconsulto romano —«*Omnis definito periculosa*»—. El intento hay que dirigirlo, pues, a la captación del concepto que mejor lo representa.

Así las cosas, el primer problema que nos encontraremos puede ser el diverso y a veces impreciso significado que podría recibir tal expresión de cada uno de los autores que decidan utilizarlo. Problema que a su vez se agudiza con el que derivaría de los diversos significados que histórica, política y doctrinalmente ha ido adquiriendo el propio término de «Constitución» y que —recordaremos—, el propio García Pelayo[336] clasificó en los conceptos «racional normativo», «histórico» y «sociológico» de la misma. Por tanto, debemos remitirnos aquí de nuevo a esos conceptos previos acerca de qué sea una Constitución, cuyo desentrañamiento y desarrollo nos llevaría muy lejos y sería impropio de este lugar. Solo efectuaremos las precisiones al respecto que parecen imprescindibles en atención a la obra que nos ocupa.

---

sistema todas las normas que regulan una misma institución, que en nuestro caso es la materia iusadministrativa. Tarello, G. (1988). *Cultura giuridica e política del Diritto*. Bolonia, Ed. Il Mulino, 164 y ss. Por otro lado, los sistemas jurídicos se caracterizan por ser sistemas: autoregulados, institucionalizados, jerarquizados, comprehensivos, supremos, y por último, abiertos. López Ruiz, F, (1994). «Sistema jurídico y criterio de producción normativa». En REDC, núm 40, 164 y 165.

336 García Pelayo, M. Ob. cit., nota 34, «Derecho constitucional comparado», Vol. I, 260 y ss.

En tal sentido, podemos sostener que el concepto amplio de Constitución encierra, a su vez, una Constitución administrativa, actual, individual y concreta, la cual está constituida por un sistema administrativo constitucional destinado a proporcionar el contexto o «marco constitucional» que tiene por objeto ordenar, dirigir, limitar y controlar a la Administración pública y su función estatal, o dicho de otro modo, esto es, como fuente normativa primaria y suprema para la regulación del entero sistema del Derecho administrativo.

Definiciones al margen, la Constitución administrativa, denominada convencionalmente así porque vendría a ser, entonces, de manera omnicomprensiva, el modelo de «sistema administrativo constitucional» incorporado a la Constitución formal, y que preside la configuración amplia del Estado administrativo, del Poder administrativo o del Estado de Derecho administrativo[337]. Por tanto, guarda relación con el Derecho administrativo y sus grandes áreas o temas —categorías, conceptos e instituciones— y, de consiguiente, son todas las normas constitucionales aplicables directamente a la Administración pública en su organización —estructura y funcionamiento—, actividad o función estatal —medios y fines—, relaciones jurídico-administrativas —con personas y demás ramas del Poder Público— y su control público —preponderamente jurisdiccional—.

Sin embargo, el modelo de sistema administrativo constitucional no es una pieza aislada, sino un elemento más dentro de la estructura básica de la Constitución en sentido amplio. Es más, se debe enmarcar la Constitución administrativa dentro de un contexto más amplio: el modelo de sociedad y el modelo jurídico-político del Estado Constitucional nacional que ha diseñado el Poder constituyente: «Estado democrático y social de Derecho y de Justicia» (Art. 2 de la C), la última expresión categorizada de la evolución del Estado Constitucional.

De la misma manera que las denominaciones Constitución económica, social, o cualesquiera otra, por poner algunos ejemplos, son predicables de una Constitución en la medida que esta adopte determinados contenidos —o más bien acoja determinados elementos estructurales normativos—, independientemente que además formalice o no la correspondiente «denominación», el carácter administrativo se deriva de un texto constitucional cuando este cumple determinados requisitos, aunque la expresión «Constitución administrativa» no apareciese literalmente en ese texto constitucional. Y en todos esos casos la ausencia «literal» de la expresión, no lo dejaría vacío de significado jurídico constitucional. Serían elementos indispensables para la comprensión e interpretación de la Constitución como cuerpo de Derecho. Es decir, serían términos jurídicamente relevantes. El problema, por lo demás, es común y perfectamente conocido en la ciencia jurídica. El Derecho opera con categorías que se desprenden del contenido de la norma, y no sólo de su mera denominación por ella.

Así las cosas, el modelo de sistema administrativo constitucional se encuentra enmarcado dentro de la Constitución administrativa en el sentido material de la expresión. Y solo cuando todos o parte de los principios jurídicos, valores superiores y reglas básicas de naturaleza administrativa son recogidos en el texto fundamental

---

337 Caillosse, J. (2015). *L'État de droit administratif.* Paris, LGDJ; y Mejías Betancourt, J.A. (2018). «La Configuración del Estado de Derecho administrativo en Venezuela». En Hernández-Mendible, V. R. y Villegas Moreno, J.L. (Dirs.), *Hacia un Derecho Administrativo para retornar a la democracia. Liber Amicorum al Profesor José R. Araujo-Juárez.* Caracas, CERECO-UMA-CIDEP, 143-168.

se hablará, entonces, de una Constitución administrativa en el sentido formal de la expresión. Razones, pues, de juridicidad y de seguridad jurídica aconsejan, cada día con más urgencia, la formalización de la Constitución administrativa. En cualquier caso, por encima de denominaciones o nomenclaturas más o menos consagradas, puede decirse que estamos ante el núcleo donde está anudada, la coherencia última del modelo del régimen o sistema administrativo constitucional, y que cabría hablar convencionalmente al referirse al citado contenido de Constitución administrativa.

La Constitución administrativa parece ser, en definitiva, la fuente jurídica más idónea para ocuparse de la ordenación, la dirección, la limitación y el control ya no solo político, sino del control público -preventivo y represivo- del Poder administrativo. Por eso, haya o no Constitución administrativa en sentido formal o literal, sí existe en todo caso una Constitución administrativa «material» que es el marco constitucional, cuando menos tácito, del Derecho administrativo en el más amplio de sus sentidos, como sistema normativo del Derecho positivo y como ciencia, que tiene por objeto y se ocupa del Derecho «de la Administración pública», entendida ésta como Poder administrativo.

Finalmente, la importancia de la Constitución administrativa que venimos de poner en valor en forma genérica se concreta, además de: 1.°, las razones o aspectos metodológicos de carácter científico; 2.°, las de orden didáctico[338]; así como por último 3.°, en el plano de la hermenéutica jurídica o de la interpretación constitucional aplicativa, sobre la cual volveremos más adelante.

II. Elementos estructurales normativos

§61. Planteamiento de la cuestión — Al respecto empezaremos afirmando que tanto las Exposiciones de Motivos, los Preámbulos como los propios textos de las Constituciones, se caracterizan por las abundantes remisiones a preceptos, declaraciones y principios de naturaleza iusadministrativa, al igual que son múltiples las categorías, instituciones y técnicas desde marcado carácter iusadministrativo.

En sentido amplio, la Constitución administrativa comprendería cuatro (4) conjuntos o grupos estructurales normativos: 1.°, las normas de organización -estructura y funcionamiento- de la Administración pública; 2.°, las normas de actividad —medios y fines— de la Administración pública; 3.°, las normas de relación, por las que al regularse sustancialmente la materia iusadministrativa, se fijan determinadas habilitaciones y límites a la referida Administración pública frente a las demás ramas del Poder público y las personas; y por último 4.°, las normas de control público —administrativo, parlamentario, pero sobre todo, fundamentalmente, de tipo jurisdiccional—.

Ahora, cuando se aborda el tema de la Constitución administrativa se pueden emplear conceptos referenciales y descriptivos. Desde el punto de su significación estrictamente iusadministrativa —por ej., la estructura o modelo de centralización o de descentralización administrativa—; o ya desde un lenguaje propiamente jurídico —por ej., la organización u orden administrativo, relaciones o potestades administrativas—.

Por tanto, el nexo entre la Constitución administrativa y el Derecho administrativo —y por extensión, el Derecho procesal administrativo— que se aprecia es el

[338] Araujo-Juárez, J. Ob. cit., nota 295.

de norma y de contenido normativo. De ahí que el objeto de análisis de la denominada Constitución administrativa serán las normas o disposiciones constitucionales con contenido iusadministrativo, por lo que se pretende ahora es hacer un desarrollo desde una perspectiva dogmática jurídica; por tanto, desde el punto de vista metodológico difiere de los que sobre el mismo tema parten del análisis de las Ciencias administrativas o de la Administración u otras ciencia sociales, cuyo objeto de estudio puede ser también la Administración pública. Y es que el Derecho administrativo, en tanto que ciencia jurídica, no es una ciencia política o social más, ni puede intentar manejarse desde sus categorías ordinarias del conocimiento o teoría social o política.

De lo expuesto se puede colegir que la Constitución administrativa establece el marco de la ordenación jurídica del modelo de régimen o sistema administrativo constitucional desde los puntos de vista siguientes:

(i) El *subjetivo*: le adjudica las potestades, establece las modalidades y los límites de actuación de los órganos y personas jurídicas (denominados entes en el lenguaje normativo) administrativos del Estado Constitucional —la «Administración Pública», con mayúscula según el Art. 141 de la Constitución cuando hemos de referirnos concretamente al Derecho positivo en concreto—, así como los derechos y garantías de las personas con las que establecen relaciones jurídicas —el «administrado»—.

(ii) El *sustantivo*: le determina a la Administración pública su ámbito jurídico de actuación y sujeta su conducta al Ordenamiento jurídico, que abarca tanto el bloque de constitucionalidad como el bloque de legalidad, y más recientemente el bloque de convencionalidad —en suma: el principio «de juridicidad»[339]—, y su correlativo control público —predominantemente jurisdiccional— para hacer efectiva la sujeción al Ordenamiento jurídico general.

(iii) El *adjetivo*: comprende el control de la Administración pública —estructura, actividad y fines— que reside, en lo esencial, en el sistema jurisdiccional denominado comúnmente —y ahora constitucional y legalmente— jurisdicción contencioso- administrativa o Justiciaadministrativa, cuyo

[339] En su bien conocida obra A. Merk elabora, en efecto, el concepto de «principio de juridicidad» en polémica con la idea, procedente del absolutismo y vigente todavía en la doctrina germánica de la Monarquía constitucional, de que la vinculación o enlace entre Administración pública y Derecho administrativo es una relación histórica, contingente, no necesaria, o, lo que es lo mismo, frente a la idea de que es conceptualmente posible una Administración pública que existe y actúa al margen del Derecho. Esa separación de Administración pública yDerecho es para Merkl, un imposible lógico porque no cabe identificar como acción del Estado Constitucional, una actuación humana cualquiera si no existe un precepto que así loestablezca, sin una «regla de atribución», de modo que es forzoso entender que el Derecho administrativo no es*conditio sine qua non* para la existencia de la Administración pública, sino más precisamente *conditio per quam.* «La conexión necesaria entre Derecho y Administración puede ser designada —nos dice— como principio de la juridicidad de la Administración.» Y es menester no confundir este principio con el principio, emparentado, de «legalidad de la administración» o de «administración legal», que «es un caso especial de aplicación del principio de juridicidad». Aquel significa, no solo que la Administración, considerada en conjunto está condicionada por la existencia de un Derecho administrativo, sino que también cadaacción administrativa aislada está condicionada por la existencia de un precepto administrativo que admitesemejante acción. Por tanto, deberá ser examinada desde el punto de vista de su relación con el orden jurídico, pues «la ley no es más queuna de las fuentes del Derecho, y la legalidad, por lo tanto, una juridicidad cualificada». Merk. A. Ob. cit., nota 99, 204 y 206.

estudio corresponde al Derecho procesal administrativo (Araujo- Juárez)[340], que no se confunde y es necesario distinguirlo del Derecho administrativo, que es un Derecho sustantivo por antonomasia.

Así las cosas, de la Constitución administrativa se deprenden los «elementos estructurales» del modelo de régimen o sistema administrativo constitucional, actual, individual y concreto, esto es, el contexto o marco constitucional de actuación tanto de los órganos y personas jurídicas de la Administración pública, a través del análisis particular dentro del marco de las fuentes que constituyen el catálogo de los principios jurídicos, valores superiores y normas constitucionales, y donde la tarea debe partir, como es obvio, sobre un doble criterio diferenciador, en atención a la directa relación o no que los mismos presentan en sede de la Administración pública, así:

(i) Por un lado, están los que informan la actuación de las ramas del Poder público, en un plano más general —por ej., los principios de separación de poderes, de juridicidad, de protección a los derechos fundamentales, et.—, así como del ejercicio de las potestades públicas —por ej. reserva estatal, dominio público, y un gran etc.—, y del posterior control público —por ej., el control de la jurisdicción contencioso administrativa—.

(ii) Y por el otro, están aquellos que tienen directa repercusión en la Administración pública, como instituto jurídico —por ej., iniciativa pública económica, expropiación pública, fomento, planificación, regulación, y un gran etc.—.

Y en ambos casos, están los *principe de principes*, supraprincipios, meta-principios, rectores, o fundamentales —como indistintamente se les denomina—, que por configurar un conjunto de postulados esenciales, se erigen en principios de cabecera, capaces de aglutinar o albergar, a su vez, otros principios derivados y más específicos, principios segundos o (sub)principios, tanto en el plano adjetivo como sustantivo —muchos de los cuales están reconocidos en instrumentos internacionales—. De lo anterior se concluye que, entre unos y otros, solo existe una relación meramente ideal o conceptual, de género a especie.

En resumen, la Constitución administrativa establece las coordenadas básicas por lo que respecta, en primer lugar, a las distintas fórmulas del modelo de sistema administrativo constitucional que consisten: 1.°, los sistemas de organización administrativa —central y descentralizada; nacional, estadal y municipal, etc.—; 2.°, los principios generales de su actividad —juridicidad, honestidad, participación, celeridad, eficacia, eficiencia, transparencia, rendición de cuentas y responsabilidad, etc.—; 3.°, por lo que respecta al catálogo de derechos y garantías fundamentales de las personas frente a la Administración pública —buena administración, debido proceso, acceso a la información, presunción de inocencia, etc.—; y por último —pero no en importancia— el control público de la Administración pública —en su estructura, actividad y fines— que reside, en lo esencial, en el control jurisdiccional.

De lo expuesto podemos establecer con la Constitución administrativa una suerte de «territorio común», en el que podemos destacar dos ideas fundamentales:

---

340 Araujo-Juárez, J. (2001). *Principios Generales del Derecho Procesal Administrativo,* 2da. Reimpresión. Caracas, Ed. Vadell Hnos.

(i) La Constitución administrativa no ha establecido un modelo de régimen o sistema administrativo constitucional cerrado y rígido. Es una suerte de «neutralidad» de la Constitución administrativa, de modo que no se garantiza un determinado modelo de sistema administrativo constitucional puro. Sin embargo, existe, a efectos descriptivos, un llamado modelo de sistema administrativo constitucional, actual, individual y concreto, en el que se integren y alcancen unidad sistemática, los diversos elementos estructurales normativos que la Constitución administrativa proyecta en los planos de la regulación sobre la Administración pública y su actividad o función estatal, y de la hermenéutica jurídica o de la interpretación constitucional aplicativa.

(ii) La neutralidad de la Constitución administrativa no equivale a apertura absoluta de la misma y, por ende, no significa que en su interior quepa cualquier modelo de régimen o sistema administrativo constitucional. Las normas constitucionales con proyección iusadministrativa destinadas a proporcionar el el contexto o marco para la estructura, funcionamiento y control de la Administración pública, no solo se construyen sobre la base de ciertos presupuestos ineludibles, sino que además establecen exigencias, directrices, límites y controles públicos que conllevan algunas opciones y excluyen otras, lo cual significa una toma de postura en relación con el modelo *Estado democrático y social de Derecho y de Justicia* que consagra el Art. 2 de la C.

En definitiva, podemos afirmar que la Constitución administrativa incorpora distintos contenidos normativos referidos al modelo de régimen o sistema administrativo —organización, actividad, relaciones jurídicas y control público—, pero si bien no en todos los casos lo hace de manera estructurada ni sistemática, de su estudio es posible prefigurar el sustento para un modelo de Constitución administrativa y siempre, naturalmente, que se precise que es lo que por Constitución administrativa se entiende —como esperamos haberlo dejado claro—, nada podría objetarse a su aceptación y al empleo jurídico de la expresión en la construcción doctrinal.

En mérito a lo antes expuesto, pudiéramos concluir que habría un consenso en torno a la idea de que la Constitución administrativa, sí prescribe un determinado modelo de régimen o sistema administrativo constitucional, actual, individual y concreto, que pueda utilizarse como parámetro para valorar la conformidad de la Administración pública con la Constitución, en general, y con la Constitución administrativa, en concreto. Por ello, la valoración de una decisión ya sea legislativa, administrativa o judicial, debería realizarse por referencia a las distintas normas o disposiciones constitucionales que las afectan, y que en el ámbito iusadministrativo, como también en otros, en normas relativas a la estructura, fines, potestades y derechos fundamentales que encierra la Constitución administrativa.

Así las cosas, desde la Constitución administrativa se proyectan exigencias positivas o negativas, cuyo respeto o cumplimiento constituirá el objeto esencial de los controles de constitucionalidad, de legalidad y de convencionalidad: en suma, del respeto al principio de juridicidad, y donde irá a jugar un papel importante la teoría de la hermenéutica jurídica o de la interpretación constitucional aplicativa.

Por último, no hay duda que el concepto propuesto de Constitución administrativa abre para la teoría jurídica de la rama que se ocupa del Derecho «de la Constitución» en sentido amplio, entendida ésta como norma y como «núcleo identificador» de la disciplina del Derecho constitucional, un conjunto de problemas del máximo interés sumamente relevante para una teoría de la interpretación constitucional, pero también para la propia teoría constitucional. Cierto que ese trabajo, todavía no acometido a fondo entre nosotros, de analizar, estudiar, concretar y sistematizar el conjunto de principios jurídicos, valores superiores y reglas de Derecho básicas que componen la Constitución administrativa, precisará de unos instrumentos conceptuales previos, pertenecientes a la Teoría de la Constitución y al Derecho constitucional, lo que nos obliga aquí, aunque solo sea a efectos de la obra que nos ocupa, a tratar de precisarlos en la medida que nos sea posible y necesario, asunto este que abordaremos a continuación.

Sección 2.ª La teoría de la interpretación constitucional

Introducción

§62. Planteamiento general — «La Constitución se compone de normas» (Hesse)[341]. Ahora, la aplicación de la Constitución requiere, como es lógico, que se fije bien el sentido de sus normas. Por ello deberíamos de ocuparnos del tema de la interpretación de la Constitución, una cuestión fundamental que ha dado lugar a largos tratamientos por parte de la mejor doctrina constitucional, preocupada por saber si la especificidad de tales normas comporta o no una simétrica especificidad en las reglas a utilizar para interpretarlas.

Ahora bien, hemos señalado que la Constitución administrativa recoge diversas categorías, conceptos e instituciones de Derecho administrativo, cuyo contenido y alcance no han sido aún precisados definitivamente por la doctrina o la jurisprudencia constitucional. Como hemos sostenido, es obvio que estas materias solo pueden ser examinadas desde la Constitución, con criterios propios de la Teoría de la Constitución y del Derecho constitucional. Por lo que, si de lo que se trata es de estudiar los aspectos constitucionales del Ordenamiento jurídico-administrativo, los rasgos o matices del método a seguir deberían ser los propios de la Teoría de la Constitución y del Derecho constitucional.

Y es que desde el punto de vista sistemático, es indudable la confusión en que se incurre al tratar conjuntamente y en absoluta mezcolanza cuestiones constitucionales con otros que no lo son, solo porque se refiere a una misma realidad material, sin establecer orden alguno de prioridad entre dichas cuestiones, y sin distinguir las básicas o fundamentales de las más contingentes o accidentales. Pese a lo que acabamos de señalar, se insiste, no son quienes se dedican exclusivamente al análisis del Derecho político o del Derecho constitucional, sino quienes se dedican a la doctrina y a la jurisprudencia iusadministrativa, quienes están destinados a realizar la labor de entroncar el estudio del Derecho administrativo y sus categorías, conceptos e instituciones jurídicas, en los aspectos constitucionales del Ordenamiento jurídico o del denominado bloque de constitucionalidad.

En primer lugar, porque aún con todo el respeto que nos merecen, los estrictamente constitucionalistas no cuentan con la experiencia y los conocimientos pre-

---

[341] Hesse, K. Ob. cit., nota 90, 51.

cisos —los rudimentos— para llevar a cabo esta tarea. En segundo lugar, porque aún en la hipótesis de que, efectivamente, se llegara a la conclusión de que el análisis de la Constitución administrativa y del Derecho administrativo constitucional correspondería más bien a la doctrina y la jurisprudencia del Derecho constitucional, es claro que sería una labor que estarían desatendiendo.

Por tanto, los principios, los valores y reglas jurídicas básicas o fundamentales que integran la Constitución administrativa, se han de atraer a la disciplina del Derecho administrativo que, en tanto que relacionados con la Administración Pública y su actividad, no deben ser objeto del conocimiento del Derecho constitucional —y por tanto, de un pretendido Derecho «constitucional administrativo»—, sino como parte integrante del Derecho administrativo —y por ende, de un Derecho «administrativo constitucional»—, que habrá de ser analizado, eso sí, con criterios de hermenéutica —término griego que significa aquello que nos da a conocer algo oculto— singulares, se insiste, propios de la Teoría de la Constitución y del Derecho constitucional. Ahí están, por ofrecer algunos ejemplos, las categorías de actos y reglamentos administrativos, procedimientos administrativos, contratos de interés público, dominio público, expropiación pública, responsabilidad administrativa y un gran etc. No estamos en estos casos —como se habrá advertido— ante conceptos más o menos relacionados con el Derecho constitucional, sino frente a categorías, conceptos e instituciones que forman parte integrante del sistema de Derecho administrativo.

En todo caso, se advierte que no se trata de construir una Constitución administrativa desconectada de la auténtica Constitución, pues no se debe olvidar que aquella es solo una parte inseparablemente unida al resto de la Constitución propiamente tal. Se trata, por tanto, de unos principios jurídicos, valores y reglas básicas o fundamentales que exigen la indagación de cuál sea su contenido constitucional, que reclaman vigorosamente la interpretación llevada a cabo, desde y dentro del marco de la Constitución y —esto es muy importante asumirlo— con criterios hermenéuticos propios, específicos, del Derecho constitucional que, como tales, han sido acuñados —como no podría ser de otro modo—, por la Teoría de la Constitución y del Derecho constitucional. Así, pues, no es dudoso que si de lo que se trata es de estudiar los aspectos constitucionales del Derecho administrativo, los rasgos o matices del método a seguir serán los propios de la hermenéutica jurídica o de la interpretación constitucional aplicativa.

Es el momento, en definitiva, de pasar de un Derecho constitucional administrativo —que ha venido siendo analizado por doctrinarios del Derecho administrativo, la mayor parte de veces, con desconocimiento de las nociones básicas de la hermenéutica específica jurídico-constitucional—, a un Derecho administrativo constitucional, como sector del Derecho administrativo, eso sí, singularizado por su peculiar método de análisis.

A este Derecho administrativo constitucional ha sido, precisamente, al que algún sector de la doctrina iusadministrativa le hemos dedicado esfuerzos, pero donde aún hay mucho por hacer, pues las categorías, conceptos e instituciones acuñados por la Constitución administrativa, que poseen un contenido concreto debe ser delimitado, así como determinar los límites constitucionales dentro de los cuales —en virtud de la «ductibilidad de la Constitución»— puede moverse el legislador en la elaboración del Ordenamiento jurídico-administrativo o sistema normativo administrativo, no han sido suficientemente definidos, ni tampoco el método de análisis empleado en muchos de los casos resulta satisfactorio.

A. Teoría de la interpretación constitucional

§63. Planteamiento de la cuestión – Es necesario poner en valor que tras la Constitución de 1999, se generó en la doctrina del Derecho administrativo –en general, podría decirse sin temor a error, en los estudiosos de todas las ramas del Derecho–, un especial interés por el análisis de las normas desde un anclaje o perspectiva constitucional.

Así las cosas, la primera de las razones que aconsejan –*rectius*: reclaman– un análisis del Derecho administrativo desde un contexto o marco constitucional es que este no solo no resulta contraproducente para la defensa de su unidad y autonomía didáctica –quien duda hoy de que esta exista– sino que, además, es precisamente en la Constitución y en el Derecho constitucional[342] donde pueda encontrar unidad, sentido y fundamento el Derecho administrativo postconstitucional. Y es que la patria del Derecho es la Constitución, porque en la Constitución y su evolución, es donde se plasman los valores sociales de un momento (L. Martín Rebollo[343]).

La segunda de las razones es que una gran cantidad de categorías, conceptos e instituciones más importantes del Derecho administrativo, aunque acuñados hace ya muchas décadas por los grandes «*faiseurs de systèmes*»[344], hoy día se encuentran recogidos expresamente dentro de la Constitución o del bloque de constitucionalidad.

Ahora bien, en algunas ocasiones los autores nos hemos detenido –sea o no de manera episódica– en el estudio de las categorías, conceptos e instituciones claramente relacionados con la disciplina del Derecho administrativo que se recogen en la Constitución. Pero también es evidente que la razón de una perspectiva tal de análisis –esto es, la constitucional– hay que buscarla sobre todo, con un método de pura «hermenéutica específica jurídico-constitucional». Todo ello sigue siendo hoy en día, no solo pertinente y más adecuado en la tarea de actualizar e innovar la disciplina del Derecho administrativo, sino también para la noble tarea de su enseñanza.

Ahora bien, tal y como señala J. Pérez Royo[345], en la tradición europea del Derecho constitucional nos encontramos con la doble singularidad: la interpretación jurídica brilla por su ausencia desde los orígenes del Derecho constitucional a comienzos del siglo XIX hasta los años cincuenta del siglo XX. Esto es, desde el principio y a lo largo de dos siglos de vida del Estado Constitucional, no hubo interpretación jurídica en la exposición del Derecho constitucional, como sí ha ocurrido en todas las demás disciplinas jurídicas, sin excepción; y cuando se incorporó la interpretación al Derecho constitucional desde fecha más reciente –específicamente después de la II Guerra mundial– ha sido una interpretación distinta de la de todas las demás disciplinas, también sin excepción.

Ahora bien, la determinación del contenido del mandato de toda norma no es sencillo porque siempre presupone un problema, una duda, una pregunta;

342 Araujo-Juárez, J. (2017). Ob. cit., nota 14, 41 y ss.

343 Martín Rebollo, L. (2011). «El procedimiento como garantía (Una reflexión sobre el fortalecimiento de las formas y la reducción de los principios». En AA. VV. *Derechos y garantías del ciudadano* (López Menudo. Coord.). Madrid, IUSTEL, 791.

344 Rivero, J. (1951). «Apologie pour les 'faiseurs de systèmes'». En Dalloz, chr. 23, 99 y 102.

345 Pérez Royo, J. y Carrasco Durán, M. Ob. cit., nota 8, 108.

pero que presenta notables dificultades, superiores en el caso de las normas constitucionales, en razón del propio objeto que pretenden regular. En efecto, las particularidades de la interpretación de la Constitución han sido resaltadas y sistematizadas por la doctrina alemana (K. Stern)[346], quien señala que cinco son los puntos en que se condensaría la peculiaridad de los preceptos de la Constitución para su interpretación:

(i) Dan cuerpo al fundamento material y organizativo de la vida del Estado Constitucional y de la sociedad.

(ii) Están formulados, con frecuencia, de modo amplio, indeterminado e incompleto.

(iii) Determinan los acontecimientos políticos.

(iv) Conllevan consecuencias para la totalidad del orden jurídico.

(v) Y por último, son confiados para su interpretación última y obligatoria a una jurisdicción específica.

I. Concepto

§64. Planteamiento de la cuestión — La interpretación constitucional, en el sentido estricto que aquí interesa, resulta necesaria y se plantea como problema cada vez que ha de darse respuesta a una cuestión constitucional que la Constitución misma no permite resolver de forma concluyente (Hesse)[347].

En tal sentido, sostiene Bilbao Ubillos[348], si ya de por sí la interpretación normativa es un elemento central de la dogmática jurídica en general, la doctrina coincide en destacar la especial relevancia que aquella posee para la Teoría de la Constitución. De hecho, el centro de gravedad de la Teoría de la interpretación se ha desplazado, durante el siglo pasado, desde el ámbito del Derecho privado —donde tradicionalmente tuvo su sede— al del Derecho público —como ha ocurrido con la propia Teoría de las fuentes—.

Así las cosas, una de las pocas cuestiones en que la doctrina de Derecho público se halla de acuerdo, es en proclamar la importancia capital del tema de la interpretación «constitucional», del que se ha dicho que es el núcleo central de la Teoría de la Constitución (Rubio Llorente)[349]. De ahí la advertencia de que el problema de la interpretación constitucional es, también, y sin duda por ese mismo carácter central, una de las cuestiones más complejas y controvertidas de toda la ciencia jurídica.

Al respecto debemos recordar, que la conocida frase del *Chief Justice* J. Marshall[350] «*We must never forget that is a Constitution we are expounding*», tuvo un enorme eco en Europa. No podía ser de otra forma, ya que se condensa ahí una realidad que condiciona todo el proceso interpretativo: la peculiaridad de la interpretación de la Constitución es consecuencia de la peculiaridad de la Constitución misma como norma.

---

346 Stern, K. (1984). *Das Staatsrecht der Bundesrepublik Deutschland,* t. I, 2.» ed., Munich, 1984. Cit. por De Borja López-Jurado Escribano, F. (1992). «La formulación de criterios de interpretación en la doctrina alemana: parámetros de admisibilidad. En REDC, núm. 34, 104.

347 Hesse, K. Ob. cit., nota 90, 57.

348 Bilbao Ubillos, J.M., Rey Martínez, F. y Vidal Zapatero, J.M. Ob. cit., nota 1, 343.

349 Santamaría Pastor, J.A. Ob. cit., nota 68, 485.

350 Marshall, J. (1839). *The Writings of John Marshall, Late Chief Justice of the United States,upon the Federal Constitution,* 165. Cit. por De Borja López-Jurado Escribano, F. Ob. cit., nota 346, 101.

Ahora bien, es sabido que la Constitución no solo conforma el Ordenamiento jurídico, sino que, como señala Rubio Llorente[351], es ella misma fuente material del Derecho, no limitándose a establecer las normas de organización y procedimiento indispensables para la creación y aplicación jurídicas. Contiene, pues, también, normas de contenido de muy heterogénea condición y naturaleza, las menos cerradas y autosuficientes, no precisadas para su correcta definición de más conexiones que no sean las inexcusables a los principios, ya institucionales, ya ordinamentales, que las integran en el sistema general; pero las más, son de carácter genérico y ambiguo, cuando no de sentido equívoco, incluso contradictorias e indeterminadas.

Y es que la «apertura» originaria de buen número de las normas constitucionales, su falta de complexión estructural revela tanto el origen pactado como su deliberada predisposición para hacerse compatible con la existencia de alternativas u opciones políticas diferenciadas. Su existencia demuestra, en fin, que el Poder constituyente no quiere pronunciarse definitivamente sobre una cuestión sujeta a distintas posibilidades, de desarrollo e interpretación, al ser consciente de la variabilidad de las circunstancias y de la conveniencia de que sea una norma futura de rango inferior, al efecto habilitada, esto es, una ley, quien ajuste el Ordenamiento jurídico a la realidad política del momento, asegurando así su constante adecuación a las demandas sociales que se susciten.

De ahí que como destaca A. Nieto[352], la Constitución sea, por naturaleza, esencialmente una «norma de reenvíos» que precisa de un desarrollo posterior, una guía de conductas que incluya escasos mandatos, abundando, sobre todo, en la enunciación de principios y valores, consciente de que dar más indicaciones precisas de las indispensables a una comunidad esencialmente pluralista, en la que coexisten perspectivas muy diferentes, aboca probablemente a su fracaso, y pronta obsolescencia. Esa heterogeneidad de sus normas explican el reiterado traslado, ya sea, primariamente al legislador, ya, derivativamente, como consecuencia de la función del control público jurisdiccional, al Poder judicial y, en su caso, al Tribunal constitucional. Es, pues, un «derecho de mínimos» que no pretende agotar la materia que regula, en relación con cualquier esfera sustantiva vinculada al mismo. Por ello conocer su estructura y clases, es la precondición que al intérprete de la Constitución se le impone, que procurará, en fin, antes que nada, si se halla ante un valor superior, un principio general del Derecho, o ante una regla jurídica; ante una cláusula fundamental determinante de la arquitectura y configuración del Estado Constitucional, de una norma declarativa de derechos, etc.

Ciertamente que esta concepción corre el peligro de ser objeto de manipulaciones políticas por ideologías de pensamiento único, cerrado o estático —por oposición al pensamiento abierto, compatible y dinámico—, de tal modo que con fundamento en un pretendido desarrollo de los intereses generales o públicos, se pueda llegar a desconocer la parte dogmática de la Constitución. Por ello, la Constitución deberá introducir criterios o estándares claros sobre los derechos fundamentales de la persona y el interés general o público que condicionen al legislador, al juez y, en fin, a la propia Administración pública, a la hora de la regulación y del ejercicio aplicativo de sus funciones, respectivamente.

---

351 Rubio Llorente, F. «La Interpretación de la Constitución». Vol. III, Ob. cit., nota 101, 1531.
352 Nieto, A. Ob. cit., nota 40, 394 y ss.

Finalmente, como señala Bilbao Ubillos[353], por cuanto las normas de la Constitución se caracterizan frente a las demás normas por tener una textura, abierta, elástica, para su interpretación se necesitará acudir, a veces, para esclarecer su significado, a otros enfoques complementarios, como el histórico, el sociológico, o el propio de la Ciencia Política o del Derecho comparado. Además, otra especificidad de las normas constitucionales radica en el hecho de que nacen directamente de la realidad política y se proyectan luego sobre ella, lo que implica que este tipo de normas no plantean sólo problemas de «validez» —o de corrección técnica—, sino también de «legitimidad», esto es, de justificación conforme a principios o valores políticos en el sentido amplio del término, lo cual explicaría también la necesidad de utilizar métodos de análisis distinto del estrictamente jurídico, eso sí, sin perder de vista en ningún momento que se seguirá estando ante una disciplina eminentemente jurídica.

Por consiguiente, el organismo vivo que es el Derecho se transforma, cambia en definitiva y obliga a un entendimiento de la Constitución coherente con las nuevas necesidades de la sociedad. Cada día se integra en armonía con la Constitución, más y más necesidades que deben adecuarse a la interpretación constitucional.

II. Método específico

§65. Planteamiento de la cuestión — ¿Y cómo se interpreta la Constitución? Y en nuestro caso también ¿cómo se interpreta la Constitución administrativa? Tal como se expone en el Diccionario panhispánico del español jurídico[354], la actividad de interpretación consiste en determinar el sentido de una norma o regla de derecho, principalmente el de un texto o documento. Bajo estas coordenadas es obvio que la intepretación constitucional tiene un objeto muy preciso: la Constitución. Pero si la interpretación de cualquier texto normativo plantea, en sí misma, un número considerable de problemas, mucho mayores aún serán los que se suscitan con la interpretación de un texto o documento normativo de naturaleza tan singular como la Constitución.

Así las cosas, señala Garrorena Morales[355], el hecho de que la Constitución sea la norma que, desde su superioridad, pone los fundamentos y fija las opciones primeras del resto del Derecho o del Ordenamiento jurídico, permite entender que en ella se contenga —quintaesenciada— la raíz de sentido de todo el Ordenamiento jurídico. La Constitución es, así, la síntesis última y más acabada de todo el Derecho, con lo cual se comprende que el auténtico significado de las demás normas solo se muestra y alcance cuando las ponemos en contacto con ese referente o matriz de sentido suyo que son las normas constitucionales —«eficacia hermenéutica» o «eficacia para la interpretación del resto de las normas».

En este orden de ideas, García de Enterría[356] sostiene lo siguiente: «La Constitución es una norma, pero una norma cualitativamente distinta de las demás —ha dicho el Tribunal Constitucional[357]—, por cuanto incorpora el sistema de valores esenciales que ha de constituir el orden de convivencia política y de informar todo

[353] Bilbao Ubillos, J.M., Rey Martínez, F. y Vidal Zapatero, J.M. Ob. cit., nota 1, 30 y 31.

[354] Real Academia Española y Consejo General del Poder Judicial (2016). *Diccionario del español jurídico* (DEJ).Madrid, Espasa.

[355] Garrorena Morales, A. Ob. cit., nota 5, T.I, 104.

[356] García de Enterría, E. Ob. cit., nota 95, 20.

[357] Sent. del TC español, de 31 de marzo de 1981.

el Ordenamiento jurídico. La Constitución es, así, la norma fundamental y fundamentadora de todo el orden jurídico». En esta afirmación puede concretarse la concepción esencial del Tribunal Constitucional español, sobre el modo de abordar la interpretación de la norma constitucional.

En cuanto norma jurídica, continúa señalando García de Enterría, la Constitución ha de interpretarse con métodos jurídicos, según toda la tradición de la jurisprudencia a partir del Derecho romano. Por ello, el Tribunal Constitucional español[358] no ha tenido inconveniente en citar y utilizar a veces el Art. 3 del Código Civil, que enuncia los criterios ordinarios interpretativos de las leyes, artículo que, sin embargo, no tiene más valor que el de una referencia a los métodos clásicos de interpretación, sin coartar en modo alguno las exigencias propias de la interpretación constitucional. Pero se trata —se insiste—de una norma completamente singular, que no se limita a regular una serie de relaciones jurídicas determinadas, sino que fundamenta la totalidad del Ordenamiento jurídico, al que es, por tanto, superior. Todas estas particularidades que hemos precisado de la posición y del contenido de la Constitución —y por supuesto, de la Constitución administrativa—, matizan necesariamente las reglas tradicionales de la hermenéutica jurídica haciendo de ellas preferentemente un «sistema axiológico»[359]. Ello prima necesariamente lo que el Tribunal Constitucional español llama «finalismo» sobre el «literalismo»[360].

Ahora bien, cuando el Derecho administrativo se construye como disciplina jurídica, a nadie se le ocurre pensar que la interpretación no es importante, pero tampoco a nadie se la ha ocurrido construir una teoría de la interpretación específica para el Ordenamiento jurídico-administrativo o sistema normativo administrativo. En cambio, una vez que la Constitución se afirma como norma jurídica, y en nuestro caso como texto o documento normativo, el problema de la interpretación constitucional se plantea como algo distinto de la interpretación jurídica «tradicional» para la interpretación de la ley administrativa o común —que también vale en tanto que es condición necesaria, pero no suficiente para la interpretación de la Constitución—.

Como no puede ser de otro modo, señala también J.M. Lafuente[361], el método de interpretación de la Constitución participa del método tradicional de interpretación del Derecho, norma que comparte con las demás, los criterios o técnicas interpretativas clásicas: 1.°, el *literal* o gramatical —sentido de las palabras—; 2.° el *histórico* —origen y procedimiento de elaboración—; 3.° el *sistemático* —posición y relaciones con otras en el conjunto del Ordenamiento jurídico— ; 3° el *teleológico* —espíritu y finalidad de la norma—; y por último 4.° el *sociológico* —realidad social del tiempo en que ha de ser aplicada—; pero, además, presenta unas reglas especiales y propias, que responden a la particularidad o singularidad de su objeto, es decir, a la especificidad de la norma constitucional.

Y esas reglas «específicas» o especiales lo son por razón del *objeto*: porque así lo exigen las características de las normas constitucionales que han de ser interpretadas; del *sujeto*, porque son diferentes los intérpretes de las mismas; y, por último, del elemento *teleológico*, porque es distinta la finalidad que persiguen[362]. A partir de

---

358 Sent. del TC español de 13 de febrero y 11 de noviembre de 1981 y 26 de enero de 1989.
359 Sent. del TC español de 13 de febrero de 1981
360 García De Enterría, E. Ob. cit., nota 95, 21.
361 Lafuente, J.M. (2000). *La judicialización de la interpretación constitucional*. Madrid, Colex, 37.
362 Pérez Royo, J. y Carrasco Durán, M. Ob. cit., nota 8, 98.

ese momento afirma su presencia como un método específico, una «teoría de la interpretación de la Constitución» distinta de la interpretación jurídica general. Y así, concluye Rubio Llorente[363], la teoría de la interpretación es hoy el núcleo central de la Teoría de la Constitución.

Por último, señala R. Alexy[364], en el mundo jurídico global se acepta cada día más la tesis de que los sistemas jurídicos modernos, desde el punto de vista de su estructura —que no de la importancia— están compuestos por dos tipos básicos de normas: las reglas y los principios —y agregamos, los valores superiores—. Así, reglas, principios y valores tendrán distintas técnicas de aplicación. Estos tipos de normas se aplican por medio de dos procedimientos diversos: la subsunción y la ponderación. La norma que contiene una regla es la norma tradicional, es aquella que contiene la idea clásica de la norma jurídica: enunciado que consta de un supuesto de hecho y de una consecuencia jurídica. Ellas se rigen por la técnica de la subsunción, es decir, la solución consiste básicamente en «un sí o un no», mediante las reglas básicas de la hermenéutica —literal, histórica, sistemática y teleológica— . Mientras que la norma que contiene un principio, contiene, sin embargo, un mandato de optimización de un determinado bien o valor jurídico; se ordena que el valor jurídico enunciado o protegido sea realizado en la mayor medida posible, y ellas se rigen, además, por la técnica de la ponderación[365], en cuanto que el intérprete ha de, en primer lugar, determinar cuál es el valor o el bien jurídico protegido, y, en segundo lugar, determinar hasta dónde puede llegar la optimización del mismo, o lo que se denomina que la respuesta que ofrecen se hace en términos de «más o menos». Por este motivo, la ponderación se ha convertido en un criterio metodológico básico para la interpretación y aplicación jurídica constitucional, en especial, para la aplicación jurídica de los derechos fundamentales.

Por todo lo dicho, no hay duda de que si lo que se trata es de analizar el marco constitucional del Ordenamiento jurídico-administrativo o sistema normativo administrativo, los rasgos o matices del método a seguir deberían ser los propios o específicos del Derecho constitucional; interpretar la

Constitución, orientar su aplicación, comprender y dirigir su eficacia normativa. Una función, como señalara García-Pelayo[366], «que no es solo interpretar la Constitución como si se tratara de una simple ley, sino desarrollarla, proseguirla y precisarla».

Es por eso que en esa línea de pensamiento, García de Enterría[367] dice que si bien la Constitución es una norma, pero una norma cualitativamente distinta a las demás, pues se trata de una norma completamente singular, que no se limita a regular una serie de relaciones jurídicas determinadas, sino que fundamenta la totalidad del Ordenamiento jurídico, al que es, por tanto superior y esto resulta capital en la interpretación de la misma: «Esto exige una especial formación, un

363 Rubio Llorente, R. Ob. cit., nota 101, Vol. III, 1531. En Venezuela ver por todos a Nikken, C. (2018). *Consideraciones sobre las fuentes del Derecho Constitucional y la interpretación de la Constitución*. Caracas, CIDEP-EJV.

364 Alexy, R. (2003), *Tres escritos sobre los derechos fundamentales y la teoría de los principios* (traducción de Carlos Bernal Pulido). Bogotá, Universidad Externado de Colombia, 93 y sigs.

365 Bernal Pulido, C. (2006). «La racionalidad de la ponderación». En REDC, núm. 78, 51-75.

366 García Pelayo, M. (1982). «Presentación» de *Jurisprudencia Constitucional*, T.I, TC-BOE. Madrid, VIII.

367 García de Enterría, E. (2005). «Prólogo», Ob. cit., nota 4, 30 y 31.

hábito en el manejo del Derecho y sus instrumentos, cuya sustantividad nadie puede razonablemente poner en duda».

§66. Preámbulo constitucional — Por último, debemos mencionar la problemática del valor del Preámbulo de las Constituciones a los efectos de la interpretación constitucional. Al respecto señalamos que el Preámbulo constitucional no es mera literatura carente de valor y significación jurídico-política, aunque no tenga por sí mismo contenido dispositivo alguno. En Derecho las palabras y conceptos empleados en el Preámbulo tienen un sentido jurídico-político: expresar y condensar el espíritu de la voluntad normativa configuradora del régimen jurídico-político contenido en la parte dispositiva del texto constitucional con el cual forma parte inescindible.

En tal sentido, nos adherimos a quienes afirman la normatividad del Preámbulo (J.G. Bidart Campos, y J. H. Sarmiento García)[368], pues es evidente que lo que diga el Preámbulo constitucional ha de vincular a todos, tanto a los órganos del Poder público como a las personas pues, de lo contrario, sería inútil. Él concreta los fines esenciales del Estado Constitucional, define los objetivos, lo que se debe hacer comunitariamente en síntesis de gobernantes y gobernados, ofrece y propone el modelo de lo que se debe realizar y alcanzar, anticipa normativamente lo que el Estado Constitucional decide, lo que va a hacer, a través de formulaciones que imponen pautas de ejemplaridad y deber ser.

El Preámbulo constitucional, pues, da sentido y sirve de interpretación de los conceptos y definiciones contenidas en la propia Constitución. Por todo ello, los términos empleados en el Preámbulo constitucional, aunque se pretenda que son meramente descriptivos de una realidad política que no tienen efecto jurídico directo o inmediato, no son inocentes y encierran un enorme valor simbólico y político que no carece de consecuencias.

Por su parte, la definición de «carga de principios o garantías» que la sociedad legitimada aporta al edificio constitucional, fue el fundamento empleado por la jurisprudencia del Tribunal Supremo de Justicia-Sala Constitucional[369] para definir el Preámbulo constitucional como fuente del Derecho constitucional.

B. Modelo de sistema administrativo constitucional

§67. Planteamiento de la cuestión — la Constitución no predetermina la exigencia de que la Administración pública utilice el Derecho administrativo. El principio relevante expreso de la Cosntitución es el de su «sometimiento pleno a la ley y al derecho» (Art. 141 de la C9. Sin embargo, la enumeración de normas o preceptos constitucionales de contenido administrativo es sumamente amplia y heterogénea. A esta enumeración habría que añadir que su misma diversidad plantea dos importantes cuestiones. De una parte, si nos encontramos ante normas o preceptos que tienen una misma naturaleza y fuerza de obligar; y, de otra parte, según lo analizáramos más arriba en el parágrafo § 59, si del conjunto de normas o preceptos constitucionales se deriva un modelo de sistema administrativo actual, individual y concreto por el que la Constitución administrativa ha optado frente a otros posibles.

---

368 Bidart Campos, J.G. Ob. cit., nota 94; y Sarmiento García, J.H. Ob- cit., nota 154.

369 Sent. del TSJ/SC N° 457 del 5-04-2001, caso *Recurso de interpretación sobre extensión del período presidencial*.

Con relación al primero, recordemos que García de Enterría[370] ha señalado que ha de quedar ya perfectamente claro que la Constitución ha pasado a ser una norma jurídica. De ello deducimos que si bien no todas las normas —o artículos o preceptos— de la Constitución administrativa tienen un mismo alcance y significación normativas, pero todas rotundamente enuncian efectivas normas jurídicas, sea cual sea su posible imprecisión o indeterminación, que vinculan tanto a las personas como a todos los órganos de las ramas que ejercen el Poder público.

Resuelta la primera de las cuestiones inicialmente planteadas, queda pendiente el segundo problema que cabe señalar: es si la denominada Constitución administrativa debe tener un pronunciamiento expreso o no sobre el modelo de sistema administrativo constitucional del Estado Constitucional de que se trate.

Al respecto, una primera posición sería pronunciarse sobre el principio de neutralidad, esto es, sobre la naturaleza o base «neutral» de la Constitución. Una segunda posición, y es la que compartimos, se pronunciaría sobre la necesidad de que la Constitución establezca el marco de regulación jurídico sobre el modelo nacional de sistema administrativo constitucional. La sanción constitucional de las normas básicas o fundamentales del modelo de sistema administrativo representa un elemento de seguridad jurídica pero que, sin embargo, deje abiertas las distintas posibilidades al legislador, por supuesto, con la estricta observancia por parte de este último de los límites y fines esenciales consagrados en la Constitución. Por ende, el Derecho constitucional incluye en el orden normativo de las Constituciones una serie de principios jurídicos, valores superiores y reglas básicas o fundamentales, que, versando sobre el sistema administrativo componen, hemos sostenido más arriba, la denominada Constitución administrativa. Y cuando a la Constitución se le adjudica un sistema axiológico y se le reconoce su fuerza normativa vinculante estamos, pues, en condiciones de afirmar la existencia también de la Constitución administrativa.

En mérito a lo antes expuesto: ¿Es posible deducir de todas las normas constitucionales la existencia de un modelo de sistema administrativo, actual, individual y concreto, por el que ha optado la Constitución administrativa? Dado el carácter unitario de la Constitución en general, y de la Constitución administrativa en concreto, su consideración como norma u Ordenamiento jurídico, y no como un conjunto de normas dispersas y discordinadas, la idea de la existencia de un modelo nacional de sistema administrativo constitucional, unitario o coherente, es posible deducir, de cada Cosntitución, actual, individual y concreta, en el país de que se trate.

I. Principios de interpretación

§68. Planteamiento de la cuestión — Como cuestión previa, es preciso advertir la distinción, como lo hace A.E. Perez Luño[371], entre parámetros metodológicos básicos, a través de los cuales se realiza la interpretación, e instrumentos o categorías metodológicas, que sirven de vehículo para concretar en la práctica interpretativa aquellas condiciones y teorías, así: «Si los métodos de la interpretación constitucional hacen referencia a los medios o instrumentos a través de los que se realiza la

---

370 García De Enterría, E. y Fernández, T. R. Ob. cit., nota 13, T.I, 124.

371 Pérez Luño, A.E. (1984). «La interpretación de la Constitución». En *Revista de las Cortes Generales*, núm. 1, 121-122.

actividad hermenéutica, los principios suponen directrices, pautas o *guide-lines* fundamentales, que orientan la labor del intérprete». Convendría, por ello, como continúa señalando Pérez Luño[372], tener presente también que la interpretación de la Constitución tiene sus propias y nuevas exigencias hermenéuticas, además de las generales propias de todo texto jurídico.

En primer lugar, constituye un principio esencial de la interpretación de la Constitución, entre otros, el principio «de la unidad constitucional» —o de unidad de la Constitución (Hesse)[373]—, esto es, el postulado de que el conjunto que resulta del Preámbulo constitucional y de las normas constitucionales forman una totalidad, de modo que toda determinación constitucional concreta o particular está en conexión de sentido con el resto de las normas de la Constitución, los cuales forman una unidad interna. La Constitución contiene normas muy heterogéneas, pero todas ellas deberían interpretarse como formando parte de un sistema con una unidad de significado —plasmado sobre todo, en las grandes definiciones que afectan a la forma de Estado Constitucional y de gobierno, así como en sus principios y valores fundamentales—.

En segundo lugar, dicha unidad remite, a su vez, a la necesidad del principio «de la coherencia constitucional» —principio de armonización o de la concordancia práctica (Hesse)[374]—, y partiendo de que una moderna Constitución es un todo unitario, y en cuanto tal deberá ser interpretada, se llega a que las controversias y las expresiones contradictorias que existen entre las distintas partes —normas o preceptos— que integran el modelo de sistema administrativo constitucional, deben ser niveladas, allanadas en una palabra: armonizadas. Debe evitarse la aplicación exclusiva de uno en perjuicio o a costa del otro, y ponderar el peso específico de cada una de ellas en el caso en concreto, buscando la maximización de ambas normas —eficacia normativa—.

Y en último lugar, el «principio de la corrección funcional», en el sentido que si la Constitución regula de una determinada manera el cometido respectivo de los órganos de las funciones estatales, de modo que el órgano de interpretación debe mantenerse en el marco de las funciones a él encomendadas, y no desvirtuar la distribución de funciones y el equilibrio entre los poderes del Estado Constitucional (Hesse y Pérez Royo)[375].

Ahora bien, por cuanto la Constitución en sentido amplio, como la Constitución administrativa en sentido concreto, poseen en su totalidad naturaleza normativa, por lo que no solo vincula a todas las personas (Art. 7 de la C) y a todos los órganos de las ramas del Poder público (Art. 7 y 137 de la C) sino porque, además, como norma y Ordenamiento jurídico de rango constitucional que es, ha de ser interpretada —y entendida— como un texto unitario y coherente, de forma que no resulta correcta la interpretación de las normas constitucionales de forma aislada, mucho más cuando mediante ese método se obtiene o se logra el efecto de atribuir a unos y a otros una distinta naturaleza que, en principio, no se deriva de la propia Constitución administrativa ni tiene por qué derivarse.

---

372 Pérez Luño, A.E., Ob. cit., nota 371,109.

373 Hesse, K. Ob. cit., nota 90, 67.

374 Hesse, K. Ob. cit., nota 90, 67 y 68.

375 Hesse, K. Ob. cit., nota 90, 68 y 69; Pérez Royo, J. y Carrasco Durán, M. Ob. cit., nota 8, 108.

Finalmente, es de mencionar que una ciencia se diferencia de otra no por el objeto, sino por el aspecto que contempla, por la perspectiva que utiliza: en suma, al método que emplea una ciencia determinada y concreta. De hecho, un mismo objeto como lo es en efecto la Administración pública, puede ser de interés para distintas ciencias jurídicas, como lo son para el Derecho constitucional y para el Derecho administrativo.

A partir de las anteriores consideraciones, resulta que la interpretación que pretenda aclarar la función y la estructura de la Ordenación administrativa constitucional ha de ser necesariamente sistemática de los preceptos constitucionales, cualquiera que sea su ubicación y contenido[376]. En consecuencia, de allí también se deduce inmediatamente que la unidad y coherencia constitucional que se obtienen con este método y este conocimiento constitucional dan como resultado, la descripción de un específico modelo de sistema administrativo constitucional, actual, individual y concreto, en cada Derecho positivo.

II. Delimitación

§69. Conclusión — En mérito a todo lo anterior se constata, hay que proseguir en el análisis desde la perspectiva o marco constitucional del Derecho administrativo, porque no solo resulta útil para avanzar en la actualización, transformación, innovación, revalorización y enseñanza científica integral del Derecho administrativo, sino porque sus categorías, conceptos e instituciones basilares —integrados en la Constitución administrativa— aún están en gran medida por delimitar con la mayor precisión posible:

Positivamente: en el sentido de saber qué está en la Constitución administrativa, bien en una norma constitucional concreta, bien en una norma constitucional que pueda ser deducida del bloque de constitucionalidad, y con qué concreto alcance y contenido.

Negativamente: en el sentido de saber qué no está en la Constitución administrativa, es decir, qué nociones, valores o exigencias no puedan extraerse o deducirse del bloque de constitucionalidad.

En todo caso, un análisis sosegado de la Constitución administrativa, llevado a efecto con arreglo a los criterios propios de la hermenéutica específica jurídico-constitucional nos permite alcanzar, al menos, las conclusiones siguientes:

No todo el sistema de Derecho administrativo es deducible, directa o indirectamente, de la Constitución administrativa; es decir, hay un Derecho administrativo general y hay un Derecho administrativo especial. En efecto, tal como derivan de los escasos trabajos doctrinales y de los razonamientos de la jurisprudencia, no todo el Ordenamiento jurídico-administrativo es corolario inmediato de la Constitución administrativa y, por tanto, todos los conceptos, categorías e instituciones no serán inmediata, inequívoca e invariable consecuencia de los mandatos constitucionales (L. Parejo Alfonso)[377].

---

376 Pérez Luño, J. Ob. cit., nota 371, 117-118.

377 Parejo Alfonso, L. (1993). *Administrar y juzgar: dos funciones constitucionales distintas y complementarias.* Madrid, Ed.Tecnos, 31 y ss.

De ahí que no todo problema jurídico que se plantea en su seno pueda resolverse acudiendo a la Constitución, ya sea bien porque ésta como «derecho dúctil» permite más de una solución, o bien porque la solución, simple y llanamente, no se encuentra en la Constitución. Y es que como denuncia Hesse[378], no es admisible desde el punto de vista metodológico, sistemático y práctico, que cada problema jurídico deba resolverse como problema constitucional.

(i) Que no todo el Derecho administrativo tiene el mismo alcance y protección en la Constitución administrativa, de modo que no todos tienen la misma resistencia. La Constitución administrativa no ofrece la posibilidad de construir un solo modelo de sistema administrativo cerrado, sino que establece un conjunto de lindes dentro de los cuales es posible adoptar diversas soluciones, pues es «derecho dúctil». En efecto, la Constitución administrativa como marco normativo, suele dejar márgenes más o menos amplios, por lo que el edificio concreto del Derecho administrativo positivo no será obra de la Constitución administrativa sino del legislador ordinario. De ahí también la necesidad de encontrar, un punto de equilibrio entre la libertad de configuración del legislador y la posibilidad de control público jurisdiccional del mismo mediante la «función correcta» de la Justicia constitucional, allí donde verdaderamente exista y funcione.

(ii) Finalmente, el contenido de la Constitución administrativa es susceptible de cambios, es decir, sin que su texto cambie, por ser «derecho móvil» o «mutable» —«mutación constitucional» —«*Verfassungswandel*»—. De la misma manera, la Constitución administrativa será también «derecho dúctil» o «elástico», puesto que junto a ciertos aspectos de indudable rigidez, coexisten otros de notoria movilidad que permiten responder al cambio histórico, así como a la diversidad de situaciones vitales a través de la «mutación constitucional», lo cual en modo alguno debería olvidar que existe «un límite infranqueable de la interpretación constitucional», cual es el respeto al texto mismo de la Constitución que veda o no debería confundirse con los supuestos de «el quebrantamiento constitucional» —«*Verfassungsdurchbrchung*»—, esto es, de inobservancia pura y dura o la descarada reforma de la Constitución por la simple vía interpretativa —transgresión—, sin que esta haya sido objeto de revisión alguna conforme a Derecho, como ha puesto de manifiesto Hesse[379].

§70. Conciencia constitucional — Por último, será de gran trascendencia la observancia de un principio «de lealtad» no solo a la Constitución en general, sino también a la Constitución administrativa en concreto, esto es, al modelo de sistema administrativo constitucional en su doble vertiente: tanto de respeto a sus postulados como al desarrollo progresivo de sus principios jurídiucos, valores superiores y reglas básicas o fundamentales constitucionales. Por todo lo anterior, y para evitar el peligro de una transformación-disolución de la Constitución —en la conocida expresión de E. Forsthoff— solo queda un camino: que la interpretación constitu-

[378] Hesse, K. Ob. ci., nota 90, 234; y Hesse, K. (1991). «La ley fundamental y la unidad en Alemania. Una conversación con Konrad Hesse (Freiburg, mayo de 1991)». En *Anuario de Derecho Constitucional y Parlamentario*, núm. 3, 17-18.

[379] Hesse, K. Ob. cit., nota 90, 49 y 50. En el mismo sentido Garrorena Morales, A. Ob. cit., nota 8, T.I, 101.

cional en las decisiones del operador de la Justicia constitucional no aparezcan como mero decisionismo, sino que presenten un sólida y racional fundamentación guiada por criterios argumentativos acrisolados: que sean Derecho y no política (De Borja López Jurado Escribano)[380].

En efecto, debemos señalar que la interpretación de la norma constitucional no solo exige, hacia abajo, su concreción normativa, de ordinario, sino que requiere, hacia arriba, especificación interpretativa. Eso quiere decir que la aplicación de la Constitución precisa de ordinario, además de un desarrollo normativo, su determinación significativa.

La especificación interpretativa, sostiene a su vez J.J. Solozabal Echavarría[381], se hace necesaria especialmente en el caso de las normas directivas y obligatorias, cuyo alcance efectivo sólo se consigue trasponiendo al sistema constitucional, y atribuyendo a los valores y bienes constitucionales protegidos normativamente, el significado que la conciencia jurídica de la comunidad en cada momento quiera conferirles, pues del sistema constitucional considerado aisladamente sólo pueden obtenerse principios estructurales lógicos y formales. Seguramente —continúa señalando Solozabal Echavarría—, la conciencia jurídica de cada comunidad puede representarse como la convicción sobre los valores y el sentido del Derecho que caracteriza a cada colectividad en razón de su propia experiencia y cultura, pero enriquecida por el contexto histórico-intelectual en que se integra y abierta a la reformulación, en condiciones de libertad y crítica, a que su propio proceso de conservación y enriquecimiento pueda llevarle.

Tal vez son dos las expresiones, ambas en interacción y conexión nutricias, a través de las cuales se manifiesta: 1.ª, la opinión pública; y 2.ª, la elaboración de la doctrina científica por la comunidad de juristas. Con seguridad, el éxito de la jurisprudencia constitucional dependerá de su capacidad para conectar y a su vez influir en estas dos expresiones de la cultura jurídica de la comunidad, especialmente en la primera.

También debemos señalar que forma parte de saber jurídico clásico, la idea de que la norma —constitucional, legal, reglamentaria, etc.— no tiene valor más que si se le aplica y el modo en que se le aplica[382]. En el mismo sentido, para evitar una Constitución nominal o semántica es imprescindible que se encuentre acompañada de una reforma institucional que promueva una cultura constitucional y, por consiguiente, una Constitución efectivamente «vivida» (Loewenstein)[383]; pues para que las normas o disposiciones constitucionales cumplan su finalidad de ordenación social y de justicia, es necesario que sean debidamente observadas y respetadas, esto es, que exista «conciencia constitucional».

Esta observancia y respeto hacia la Constitución, en general, y la Constitución administrativa, en concreto, viene a ser su propia eficacia en sentido propiamente jurídico, la cual será siempre presupuesto necesario de la eficacia o vigencia social, como fenómeno que se produce en la convivencia humana, y con una dimensión

---

380 De Borja López-Jurado Escribano. F. Ob. cit., nota 346, 125.

381 Solozabal Echavarría, J.J. (1985). «Alcance jurídico de las cláusulas definitorias constitucionales». En REDC, Nº 15, 86 y 87.

382 Castán, (1975). *Derecho Civil Español, Común y Foral,* Tomo Primero. *Introducción y Parte General.* Vol. I. Madrid, Reus, S.A., 1 y 377.

383 Loewenstein, K. Ob. cit., nota 48, 34 y 226 y ss.

social de trascendental importancia, en tanto que representa el grado, la medida o la proporción en que: 1.°, la necesidad jurídica de su aplicación —observancia— implicada en su validez —vigencia «técnica»— se satisface; y 2.°, por el contrario, la falta jurídica de aplicación —inobservancia—, cualesquiera que sean los motivos del fenómeno de desvalorización del factor jurídico —ley y Derecho—, en un momento y una sociedad determinados.

Sección 3.ª La Constitución administrativa en el Derecho positivo

Introducción

§71. Planteamiento de la cuestión — La Constitución administrativa, hemos sostenido más arriba, hace referencia a una serie de principios jurídicos, valores superiores y reglas de Derecho básicas o fundamentales sobre las materias iusadministrativas. Y ellos se extienden, prácticamente, a todo lo largo y a lo ancho de la Constitución vigente, siendo difícil incluso su enumeración completa. Y como es sabido, la Constitución debe interpretarse según el método propio de las reglas de la hermenéutica jurídica o de la interpretación constitucional sistemática, concibiéndola como un todo, con criterio de «eficacia integradora» (Hesse)[384], por lo que es una cuestión capital la inclusión de una norma en un contexto determinado, lo que sin duda influye en la relación entre unas y otras normas constitucionales. En este orden de ideas, la Constitución administrativa tiene un carácter central respecto a las categorías, conceptos e instituciones propios del Derecho administrativo, pues en ellos se abarcan las cuestiones más importantes que afectan a la Administración Pública y su función estatal.

No corresponde a la altura del objeto de este estudio efectuar un análisis completo de la definición, alcance, características y significación completa de cada uno de ellos, y sobre las cuales volveremos más adelante. En cuanto a su estructura, lo primero que llama la atención de la Constitución vigente es su extensión: es una Constitución larga —la más extensa de nuestra historia constitucional—: contiene un Preámbulo, 350 artículos distribuidos en 9 Títulos, más 18 Disposiciones Transitorias, una Disposición Derogatoria y una última Disposición Final.

Bástenos, por ahora, un pronunciamiento a grandes rasgos sobre el estatuto constitucional fijado en lo fundamental en nuestro Derecho positivo, cuya Constitución, además de dedicarle un Sección a las disposiciones generales de la organización del Estado Constitucional, le dedica en el Capítulo I del Título V *Del Poder Público* a la Sección Segunda *De la Administración Pública* (Arts. 141 a 143); la Sección Tercera *De la Función Pública* (Arts. 144 al 149); y la Sección Cuarta *De los contratos de interés público* (Arts. 150 al 151), las cuales establecen junto con otras normas constitucionales diseminadas a lo largo del texto constitucional, el tratamiento con un criterio orientador de eficacia integradora —en coherencia con el carácter de la Constitución—, del entramado normativo constitucional sobre el modelo de sistema administrativo constitucional, actual, individual y concreto; esto es, sobre la Administración Pública —organización, actividad, relaciones y control—, que al presentar un grado muy elevado de densidad regulatoria constituye, así, la Constitución administrativa.

---

[384] Hesse, K. Ob. cit., nota 90, 69.

A. Fundamento

§72. Planteamiento de la cuestión — Y es que la idea de una Constitución administrativa en el Derecho positivo tiene un serio fundamento. Basta constatar el ingente volumen —no solo cuantitativo sino cualitativo— de normas constitucionales que abarcan al Derecho administrativo, contrasta con el más reducido material normativo —aunque sin duda muy importante— del que deben dar cuenta otras disciplinas jurídicas que tienen su legislación sustantiva y adjetiva más codificada, como ocurre con el Derecho civil, mercantil, penal, procesal, tributario, etc.

La calificación de Constitución administrativa no es solo convencional, sino útil, en la medida en que el desarrollo de instituciones generales del Derecho administrativo permite la sistematización y el manejo jurídico seguro de cada uno de los ámbitos y sectores en su función de su contenido material que integra la enorme y cambiante masa de normas que integran el Ordenamiento jurídico administrativo. De ahí que el contenido integrado por categorías, conceptos e instituciones iusadministrativas sobre los que se proyectan las normas constitucionales estructurales siendo, además, muy numerosas, pueden ordenarse sistemáticamente, sin pretensión de agotarlas, en grupos normativos materialmente homogéneos al reflejar las normas constitucionales más relevantes, y que resumidamente son las que mencionaremos a continuación.

B. Contenido

§72.a Organización administrativa — Sobre la organización administrativa, la Constitución administrativa consagra las decisiones constitucionales estructurales sobre: el principio de Estado federal descentralizado (Art. 4, 6 y 16); el principio de distribución territorial del Poder Público (Art. 136, 156, 164 y 178); el principio de descentralización político territorial (Art. 157, 158, 165, 184 y 185); el principio de colaboración (Art. 136); el principio de competencias concurrentes (Art. 165); el principio de competencia residual (Art. 164, num. 11); el principio de la competencia implícita (Art. 156, num. 33); la organización y funcionamiento de los órganos del Estado Constitucional (Art. 156, num. 32); la Administración Pública central y ministerial (Arts. 141 y 236, num. 20); las personas de Derecho público territoriales y no territoriales (Arts. 145 y 322); la Administración Pública descentralizada funcionalmente, como los institutos autónomos (Art. 142); la autonomía municipal (Art. 16, 168, 169 y 178); las mancomunidades municipales (Art. 170); la autonomía universitaria (Art. 109); el Distrito Capital (Art. 18 y 156, num. 10); los distritos metropolitanos (Art. 171 y 172); las parroquias (Art. 173); las entidades funcionalmente descentralizadas del Estado Constitucional para la realización de actividades sociales o empresariales —institutos autónomos, institutos públicos y empresas del Estado— (Art. 300 y 301).

§72.b Función pública — En materia de la función pública, la Constitución administrativa consagra las decisiones constitucionales estructurales relacionadas con: el estatuto del funcionario público (Arts. 96, 97, 143, 144, 145, 148, 149, 189, num. 3); el concurso público bajo los principios de honestidad, idoneidad, eficiencia y mérito (Art. 146); el régimen de jubilaciones y pensiones (Art. 147); el principio de la responsabilidad individual del funcionario público (Arts. 7, 25, 46, num. 4, 49, 57, 139, 141, 199, 200, 216, 222, 232, 241, 242, 244, 255, 281, nums. 4 y 5, 285, y 315); y finalmente, el principio de responsabilidad y reparación integral por violación de los derechos humanos (Arts. 19, 29, 30, 31 y 46, num. 4).

§72.c Actividad administrativa – Por lo que respecta a las formas de la actividad administrativa tenemos que la Constitución administrativa se caracteriza por la vastedad y heterogeneidad de las decisiones constitucionales estructurales que se inician con el principio vicarial del Art. 141 *eiusdem*, al disponer la Administración Pública está al servicio de los ciudadanos y se fundamenta en los principios de: honestidad, participación, celeridad, eficacia, eficiencia, transparencia, rendición de cuentas y responsabilidad en el ejercicio de la función pública, con sometimiento pleno a la ley y al derecho. Y, por otro lado, los no menos importantes las decisiones constitucionales estructurales sobre la información pública que regula el Art. 143 de la C.

Así, las decisiones constitucionales estructurales en la función administrativa material bajo los principios siguientes:

Con respecto a las decisiones constitucionales estructurales sobre la *función administrativa jurídica* o formal tenemos: la petición administrativa (Art. 51); los actos administrativos (Art.25); los reglamentos administrativos (Art. 236, num. 10); el procedimiento administrativo (Arts. 24, 28, 49, num. 3, y 141); las sanciones administrativas (Art. 24, 49, num. 2, 49, nums. 6 y 7, y 117); y por último, la ordenación de la actividad de las personas (Arts. 20, 112, 113,127, 128, 130, 131, 132, 133, 134, 135, 299), y de las personas extranjeras (Art. 156, num. 4).

En materia de la *contratación pública*, la Constitución administrativa consagra las decisiones constitucionales estructurales relacionadas con: la concesión de vías (Arts. 50); la cláusula de la temporalidad de las concesiones de la explotación de recursos naturales o la prestación de servicios públicos (Art. 113); la cláusula de la conservación o protección ambiental y del equilibrio ecológico (Art.129); la prohibición de los funcionarios de contratación pública (Art.145); la aprobación parlamentaria sobre los contratos de interés publico (Arts.150 y 187, num. 9); la cláusula de la inmunidad de jurisdicción relativa en los contratos de interés público (Art.151); la cláusula de la temporalidad de las concesiones mineras (Art.156, num. 16); la habilitación para la celebración de los contratos de interés publico nacional (Art.236, num. 14); la consulta con carácter obligatorio o preceptivo sobre los contratos de interés nacional (Art. 247); y por último, el principio o la cláusula de previsión legal presupuestaria (Art. 314 de la C).

En cuanto a los principios de la *actividad de fomento o promoción* están: los medios de participación en lo social y económico como las cooperativas, cajas de ahorro, empresas comunitarias y demás formas asociativas (Art. 70); la ciencia, tecnología, el conocimiento y la innovación (Art. 110); la protección de la iniciativa privada (Art. 112); las asociaciones comunitarias y cooperativas de carácter social para el desarrollo de actividades económicas (Art. 118 y 308); los espectáculos públicos, juegos y apuestas (Art. 179, num. 2); la agricultura (Art. 305); la protección de la industria nacional (Art. 302 y 303); el desarrollo rural integral (Arts. 306 y 307); y por último, la integración económica (Art. 153).

Con referencia a los principios de la *actividad de regulación* sobre: la libertad económica y la iniciativa privada (Art. 112 y 299); la prohibición de monopolios (Art. 113); la competencia en la economía (Art. 113); la calidad y cantidad de bienes y servicios y la defensa del consumidor (Art. 117); la actividad agrícola (Art. 305); la pequeña y mediana industria (Art. 308); el régimen monetario (Arts. 156, num. 11 y 318); la estabilidad económica (Art. 320); las medidas en materia de emergencia económica y financiera en casos de excepcionalidad institucional (Arts. 236, nums. 7 y 8); y, por último, la reserva constitucional (Art. 302 y 324). Asimismo, la actividad de planificación como medio de acción del Estado Constitucional (Arts. 187, num. 8, 236, num. 18, 166 y 182).

Finalmente, en materia del *control público* contiene: la actividad contralora (Arts. 163, 176, 187, num. 3, 273, 274, 281, num. 2 y 9, 287 y 289); la actividad de consulta (Art. 251 y 323) y de asesoría jurídica (Art. 247); y por último, los estados de excepción constitucional —alarma, emergencia económica y conmoción interior o exterior— (Arts. 337, 338 y 339).

§72.d Interés público — Ahora, la garantía de realización del interés público es la principal tarea del Estado Constitucional. Por ello, su referencia central es elemento clave para caracterizar al sistema de Derecho administrativo y a la Administración pública contemporáneos, que ha de tener presente esta realidad y adecuarse, institucionalmente, a los nuevos tiempos. Y es a partir de la noción de interés público, la matriz desde la cual se deben abordar los profundos cambios que se están operando en el seno del Derecho administrativo contemporáneo, por lo que el elemento clave debe estar en lo que debe entenderse, en cada momento, por interés público.

En tal sentido, otro aspecto de la concepción de la Constitución administrativa son las decisiones constitucionales estructurales sobre los fines esenciales de interés general o público a cargo de la Administración pública. Así, la Constitución administrativa contiene en el Preámbulo la noción de «bien común», y a lo largo de su articulado las nociones de «sector público» (Art. 97); «orden público» (Arts. 20, 68, 260 y 332); «orden social» (Art. 20); «interés público» (Arts. 110, 113, 150, 151, 170, 187, numeral 9, 247 y 302); «interés social» (Arts. 112, 115, 178, num. 1 y 307); «interés general» (Arts. 115 y 156, num. 2); «utilidad pública» (Arts. 115 y 156, num. 32); «utilidad social» (Art. 156, num. 32); o en fin el «interés nacional» (Art. 187, num. 9, 305 y 310), expresiones estas que no son equivalentes desde el punto de vista jurídico.

Del mismo modo, en el articulado de la Constitución administrativa, las constantes referencias de las distintas manifestaciones o personificaciones de la Administración Pública, siempre aluden a un elemento finalista, por ejemplo: por lo que respecta a los fines esenciales del Estado Constitucional , los fijados en el Art. 3, 136 y 152; y con carácter general el Estado Constitucional «garantizará» (Art. 19, 76, 80, 82, 84, 85, 87, 88, 91, 96, 99, 100, 101, 103, 108, 111, 115, 123, 124, 125, 272); el Estado Constitucional «estará obligado» o «tendrá la obligación» (Arts. 29, 30, 62, 82, 83, 85, 86, 89 y127); el Estado Constitucional «protegerá» o «promoverá» (Art. 75, 76, 77, 78,89, 98, 118, 127, 305 y 306, 308, y309); etc., los cuales se logran a través de la Administración Pública, por lo cual goza de ciertas potestades públicas que la ubican en un plano de supremacía necesario para el cumplimiento de los mismos[385].

Finalmente, la ciencia, la tecnología, el conocimiento, la innovación, sus aplicaciones y servicios de información asociados se declaran de «interés público» (Art. 110).

§72.e Servicio público — La Constitución administrativa contiene a lo largo de su articulado las decisiones constitucionales estructurales sobre el servicio públi-

[385] Sent. del TSJ/SC N° 104 de fecha 21 de noviembre de 2000.

co, que además de la creación, modificación o suspensión de servicios públicos en caso de urgencia comprobada (Art. 196, num. 6), permite a la doctrina nacional (Araujo-Juárez, y Brewer-Carias)[386] identificar cuatro grupos de servicios públicos constitucionales, por oposición a los creados por ley formal, según su vinculación a: 1.°, los derechos de la Nación; 2.°, los fines del Estado Constitucional; y por último 3.°, los derechos y libertades individuales; y por último, los denominados sericios públicos domiciliarios

§21.e.1 Servicios públicos vinculados a los derechos de la Nación — Son aquellos que la Constitución administrativa declara como derechos irrenunciables de la Nación, es decir, de toda persona e instituciones, vinculadas a la soberanía y que origina la obligación del Estado Constitucional de resguardarla y, por tanto, exclusivos del Estado Constitucional, y en muchos casos excluyentes tales como: (i) el servicio público de defensa y seguridad -la Fuerza Armada Nacional- (Arts. 322, 328 y 156, nums. 2, 7 y 8); (ii) el servicio público exterior y diplomático (Arts. 152 y 156, nums. 1); y por último (iii) el servicio público de promoción y ordenación de la economía (Arts. 112, 299, 308, 309 y 310) y en particular: el régimen fiscal y monetario (Arts. 311, 312, 313, 314 y 315); el sistema tributario (Arts. 316 y 317); el sistema monetario nacional (Arts. 318 y 319); y la coordinación macroeconómica (Art.320).

§72.e.2 Servicios públicos vinculados a los fines del Estado Constitucional — El Estado Constitucional tiene como fines esenciales la defensa y desarrollo de la persona y el respeto a su dignidad, la construcción de una sociedad justa, la promoción de la prosperidad y bienestar del pueblo (Art. 3), para lo cual la Constitución administrativa establece los siguientes servicios públicos: los servicios de policía, bomberos y defensa civil (Arts. 20, 156, num. 6, y 178, nums. 3, 4, 5 y 7, 332); los servicios de la seguridad ciudadana (Arts. 55, 332, nums. 1, 2, 3 y 4); y los servicios de protección civil (Art. 178, num. 4); la policía estadal y municipal (Art. 164, num. 6, 178, num. 7, y 329); y la administración de riesgos y emergencias (Art. 156, num. 9), y el régimen de los extranjeros (Art. 156, num. 4), que tienen por misión mantener y proteger el orden público; y los servicios de identificación (Art. 156, num. 5),; (ii) el servicio público de justicia (Art. 26) y de defensa pública (Art. 268); (iii) los de protección ambiental (Arts. 127, 128 y 129); (iv) los sociales como la asistencia y protección social (Arts. 75, 76, 77, 78, 79, 80 y 81); (v) de salud y sanidad (Arts. 83, 84 y 85); (vi) seguridad social (art. 86); (vii) educación (Art. 102); (viii) vivienda (Art. 82); (ix) de empleo (Art. 87); (x) culturales (Art. 98, 99, 100 y 101); el turismo local (Art. 178, num. 1); y en fin (xi) los deportivos y de recreación (Art. 111).

§72.e.3 Servicios públicos para garantizar el ejercicio de derechos y libertades individuales — El otro grupo de servicios públicos constitucionales se configura por aquellas actividades prestacionales impuestas por la Constitución administrativa al Estado Constitucional para garantizar el ejercicio de los derechos individuales, así: (i) los servicios públicos para la circulación (Art. 50) tales como la vialidad nacional (Art. 156, num. 27) y urbana (Art. Art. 178, num. 2); el transporte público (Art. 156, num. 26), tales como navegación, aéreo, terrestre, marítimo, fluvial y lacustre (Art. 156, num. 26), ferrocarriles nacionales (Art. 156, num. 27) y transporte público urbano de pasajeros (Art. 178, num. 2); los puertos y de aeropuertos (Art. 156, num. 26); (ii) los servicios públicos para las comunicaciones

---

386 Araujo-Juárez, J. Ob. cit., nota 14, p. 221 y ss; y Brewer-Carías, A.R. (2012). «A Manera de Prólogo sobre 'el Marco constitucional de los servicios públicos'». En *Los Servicios Públicos domiciliarios*, (Director: Víctor Hernández-Mendible). Caracas, EJV-CERDECO- FUNEDA, 21 y ss.

(Art. 48) tales como la información (Arts. 58, 101 y 108) y de correos (Art. 156, num. 28); comunicación social -denominados posteriormente en la legislación sobre la materia como comunitarios-; los de las redes de bibliotecas y de informática (Art. 108 de la C); (iii) el alcantarillado, canalización, disposición de aguas servidas, cementerios y servicios funerarios (Art. 178, num. 6; y, finalmente (iv), los servicios públicos e intervención del Estado Constitucional en la economía (Arts. 112, 115 305, 308, 309 y 310).

§72.e.4 Servicios públicos domiciliarios —Si bien el articulado de la Constitución administrativa vigente hace relación a los servicios públicos de modo general, también lo hace en algunas disposiciones, de manera específica, a una especie de ellos, los servicios públicos para la calidad de vida denominados servicios públicos domiciliarios, que son los que se prestan, a través del sistema de redes físicas o humanas con puntos terminales que son las viviendas o sitios de trabajo, tales como electricidad, agua potable y gas doméstico (Art. 156, num. 29) y aseo urbano y domiciliario (Art. 178, num. 4 y 178, num. 6).

§73. Bienes Públicos — Sobre las decisiones constitucionales estructurales en materia de los Bienes Públicos de dominio público, la Constitución administrativa consagra los principios siguientes: la inalienabilidad (Arts. 12, 119 y181); la imprescriptibilidad (Arts. 12, 119 y 181); la inembargabilidad (Art. 119 y 304); la administración de tierras baldías (Arts. 13, 156, num. 16 y 164, num. 5) y de las aguas (Art. 304); los recursos naturales propiedad de la Nación (Art 113); la garantía de no confiscación de bienes (Art. 116 y 317); la propiedad colectiva de las tierras indígenas (Art. 119); las obras públicas de interés nacional (Art. 156, num. 20); el espectro radioeléctrico (Art. 156, num. 28); y en materia de los Bienes Públicos del dominio privado (Art. 187, num. 12).

§74. Participación y control ciudadano de la gestión administrativa — En materia de control de la gestión administrativa, la Constitución administrativa consagra las decisiones constitucionales estructurales siguientes: los principios de participación ciudadana en la gestión pública (Art. 62 y 184); del control ciudadano en la gestión pública (Art. 62); del control político (Art. 66); del control fiscal (Art. 287), y, finalmente, del control de gestión (Art. 141 y 315).

§75. Garantía patrimonial — En primer lugar, las normas o preceptos constitucionales que constituyen la base del sistema de la garantía patrimonial de las personas en el Derecho positivo, son: el principio de legalidad—juridicidad (Arts. 25, 137, 138 y 350); el principio de corresponsabilidad por las gestiones públicas (Arts. 4, 136, 165 y 184); el principio a la tutela jurisdiccional efectiva (Arts. 26, 49 y 259); el principio a la defensa de los derechos de los consumidores a recibir bienes y servicios de calidad e información adecuada, y su consecuente derecho al resarcimiento por los daños causados por la violación de dicho derecho (Art. 117); el principio de igualdad de las cargas públicas (Arts. 21, 133, 311 y 316); y por último, el principio de legalidad presupuestaria (Art. 314).

Por último, con respecto a las decisiones constitucionales estructurales específicas en materia de la responsabilidad administrativa o patrimonial del Estado Constitucional, están las siguientes: los principios de integralidad y del sistema mixto de responsabilidad (Arts. 25, 29, 30, 140, 49, num. 8, 141, 199, 216, 222, 232, 244, 255, 259, 281, 285 y 319)[387]; y en materia de expropiación pública o forzosa, los

[387] Sent. del TSJ/SC N° 403 del 24 de febrero de 2006.

principios de garantía de la propiedad, de la integridad patrimonial y de la indemnización (Art. 115 y 156, num. 32); y finalmente, los Arts. 19, 29, 30, 31 y 46 de la C —responsabilidad por violación de los derechos humanos—.

En definitiva, y por expresarlo con toda concisión, podemos afirmar que, efectivamente, en el Derecho positivo, la Constitución administrativa contiene un conjunto de normas o preceptos constitucionales referibles a la Administración Pública, actúe ésta *in veste* de tal Administración Pública o no, o conforme a procedimientos jurídico-públicos o jurídico-privados[388], y que exigirá un método propio de las reglas de la hermenéutica jurídica o una interpretación-aplicación constitucional sistemática de los preceptos que la regulan, cualquiera que sea su ubicación y su contenido, según pasaremos a analizar más adelante.

§76. Conclusión — En mérito a lo antes expuesto, no sólo es preciso analizar las normas o preceptos que forman parte de la Constitución administrativa con criterios hermenéuticos propios, específicos, del Derecho constitucional, sino un análisis de eficacia integral que comprenda, además, todos las normas o preceptos que la integran, entre las que se encuentran cualquiera que, no pudiendo calificarse como administrativos «*strictu sensu*», pudieran resultar que afecten a los conceptos, categorías e instituciones propios del sistema de Derecho administrativo. La Constitución no es, pues, una norma sola y aislada o varias normas dispersas o inconexas, sino un conjunto complejo y coordinado de normas, creado por una organización, en el que unas se conectan e interrelacionan con otras conforme a una serie de principios y técnicas; un conjunto que abarca tanto las normas de producción de normas como las normas producidas.

En definitiva, las apuntadas son las razones de peso para avalar un análisis constitucional del Derecho administrativo. Un estudio conveniente para dotar de fundamento a la disciplina y cohesión al sistema de Derecho administrativo, tanto al general como a cada una de las ramas especiales que lo componen —ambiente, economía, energía, contratación pública, municipal, urbanismo, etc.—; un análisis preciso para proveer de contenido a las categorías, conceptos e instituciones basilares propios del Derecho administrativo; así como a la protección —defensa, respeto y servicio — de la dignidad humana y todos los derechos y garantías —fundamentales o no—, que puedan verse afectados por sus normas o actos de aplicación o ejecución; un análisis que, en fin, resulta imprescindible para la enseñanza y formación de operadores jurídicos integrales y permeables a los principios y valores de la sociedad que la Constitución en general consagra.

De la aceptación de los planteamientos anteriores se sigue, que la tarea principal en cada uno de los sistemas de Derecho administrativos consistirá en el descubrimiento y estructuración del respectivo modelo de sistema administrativo constitucional, actual, individual y concreto, de cada país —como lo ha hecho Brewer-Carías en los casos de Venezuela, Colombia y República Dominicana—. De ahí que compartamos su afirmación, en cuanto que el Derecho administrativo de un país no se puede llegar a conocer, interpretar ni exponer adecuadamente, si no se establecen e identifican, con claridad, sus bases, y estas, por supuesto, están en la Constitución como núcleo identificador de la disciplina del Derecho constitucional.

Pero dicho esto, también es importante dejar claro lo que la Constitución no es, para lo que no sirve. La Constitución no resuelve por sí sola las realidades

388 Martin-Retortillo, S. (1988). *Derecho Administrativo Económico*, T. I. Madrid, La Ley, 218.

administrativa, política y social; no es ninguna panacea, es decir, un remedio general para todas las disfunciones institucionales y sociales. Es mucho más modesta y, por lo tanto, solo un instrumento para afrontar esos problemas, cuyo remedio depende de muy variados factores adicionales: políticos, normativos, económicos, educativos, culturales y sociales, y de la denominada «conciencia constitucional».

Pero sobre todo, sobre todo, dependerá de los pronunciamientos interpretativos sobre importantes cuestiones administrativas, así como de los bloques de constitucionalidad y de convencionalidad, proferidos por los sistemas de Justicia constitucional y administrativa —allí donde existan y funcionen, eso sí, correctamente—,no solo de la función principal del control jurisdiccional plenario de todos los órganos que ejercen el Poder público, sino del desplazamiento de su finalidad originaria hacia el terreno de la protección —defensa, respeto y servicio— de la dignidad y de los demás los derechos fundamentales de la persona, como eje central de la acción del Estado Constitucional.

Así las cosas, importa dilucidar el marco del modelo de sistema administrativo constitucional con un método de pura hermenéutica específica jurídico-constitucional, o lo que es lo mismo, la necesidad de entroncar en la Constitución administrativa, por de pronto, el estudio de las áreas o temas básicos o fundamentales del modelo de sistema administrativo constitucional siguientes: (i) la Administración Pública; (ii) la función pública; (iii) los Bienes Públicos; (iv) la expropiación pública; (v) los servicios públicos; (vi) el procedimiento administrativo; y (vii) la responsabilidad administrativa.

CAPÍTULO IV
LA CONSTITUCIÓN ADMINISTRATIVA Y LA ADMINISTRACIÓN PÚBLICA

SECCIÓN 1.ª LA TEORÍA DE LA ADMINISTRACIÓN PÚBLICA

Introducción

§77. Plantemaiento de la cuestión – El autor M.S. Giannini[389] destacó que desde sus orígenes, y cualquiera que sea el modelo de Administración pública, en el ejercicio de su actividad emana «actos de autoridad» que producen efectos jurídicos con profunda incidencia en la vida de las personas, que en su evolución va a introducir un nuevo tipo estructural, el *régime administratif*, y que muy pronto se llamó *Droit administratif*. Y esto constituye, al decir del propio Giannini, la esencia del acontecimiento, importante porque dio lugar, a su vez, a la introducción de un nuevo tipo de Estado Constitucional que desde entonces ha sufrido grandes cambios constitucionales, pero conservando el modelo estructural adquirido, aunque cada vez más perfeccionado.

Ahora bien, el tipo estructural de Derecho administrativo es el resultado de una síntesis elaborada por un grupo bastante conspicuo de hombres de todas las partes de Europa, en particular franceses, italianos y alemanes. Todos ellos eran hombres fuertemente motivados, que fueron formadores de la opinión pública y creadores de nuevas ideas constructivas.

Así, el tipo estructural de Derecho administrativo, en palabras del citado Giannini[390], asume:

a. Del modelo inglés, el principio de división de poderes en la forma que entonces estaba difundida, esto es, separación necesaria y control recíproco de organización; la organización administrativa forma parte del Poder ejecutivo.

b. De la misma fuente incorpora también la idea de la no arbitrariedad del poder público, que elabora como principio de la primacía de la función normativa, de donde deriva el principio de legalidad de la actividad administrativa, o de legalidad administrativa.

c. Del pensamiento político jurídico común extrae el principio de independencia de la jurisdicción y, consiguientemente, el reconocimiento de situaciones jurídicas subjetivas tutelables ante el juez.

389 Giannini, M. S. Ob. cit., nota 57, 47.
390 Giannini, M. S. Ob. cit., nota 57, 48.

d. Lo anterior se aplica a las libertades y derechos humanos, creándose así la categoría de los derechos subjetivos de contenido público y, más tarde, agrego, el principio de protección —defensa, promoción y respeto— de los derechos fundamentales.

Así las cosas, desde una perspectiva netamente jurídica, el Estado Constitucional, y con mayor motivo la Administración pública de ese Estado Constitucional, se nos presenta *prima facie* como un conjunto articulado de órganos, a los que una pluralidad de normas dotan de Poder público y de los que emanan toda una constelación de actos, a través de los cuales se sirve a la persona y se realiza y cumple la realización de los fines de interés público.

Ahora bien, una cuestión previa a dilucidar es la del concepto adoptado por el texto constitucional en torno a la Administración pública. No cabe olvidar que el concepto de Administración pública determinante, a su vez, del Derecho administrativo, está condicionado en su efectiva realidad por aquel otro más amplio que es el del Estado Constitucional. Así las cosas, el concepto de Derecho administrativo y de la Administración pública depende del concepto que del Estado Constitucional se tenga en cada momento, y éste viene fijado, lógicamente, por la Constitución. Si queremos abandonar una perspectiva exclusivamente dogmática y no demasiado fructífera, habremos de partir, por tanto, de la conceptuación de la Administración pública en la Constitución. A diferencia de las Constituciones históricas que formulan una valoración material de la función administrativa, según puso de relieve S. Martín-Retortillo[391], los textos constitucionales vigentes comportan un enfoque marcadamente subjetivo de la Administración pública, en cuyo concepto se incluye, de una parte, la Administración pública del Estado Constitucional, constituida por órganos jerárquicamente ordenados (Art. 28 de la LOAP), y de otra, la Administración local, integrada por los Estados federales y los Municipios (Arts. 159 y 168 de la C, respectivamente), exclusivamente.

De acuerdo con lo hasta aquí descrito, se insiste, cualquier indagación jurídica sobre la Administración pública ha de partir del «marco constitucional» o de la Constitución administrativa en el que se inserta. Tal marco constitucional se halla condensado en la autodefinición que la Constitución hace al proclamar en su Art. 2 que la República Bolivariana de Venezuela se constituye en un «*Estado social y democrático de Derecho y de Justicia*», y que propugna como valores superiores de su Ordenamiento jurídico y de su actuación, «la vida, la libertad, la justicia, la igualdad, la solidaridad, la democracia, la responsabilidad social y en general, la preeminencia de los derechos humanos, la ética y el pluralismo político».

§78. Derecho administrativo — La Administración pública es un término que hace eferencia a hechos muy diversos. Y en este sentido, constituye el objeto del Derecho administrativo y es el que hace referencia, en primer lugar, a la perspectiva jurídica —naturaleza metodológica—; y el segundo, es el que se refiere a la sustancia misma, esto es, si debería concebirse como una organización o como una función estatal.

Así las cosas, en el estudio sobre el Derecho administrativo se tiene que empezar por distinguir en el primer concepto del mismo, dos fracciones lingüísticas y

391 Martín-Retortillo, S. (1958). «Presupuestos constitucionales de la función administrativa en el Derecho positivo español». En RAP, núm. 26, 11 y ss.

conceptuales. En efecto, el concepto de Derecho administrativo está constituido patentemente por: 1.° el término «Derecho»; y 2.° por el término «administrativo».

El primero, Derecho, no es propio o específico de una ciencia jurídica en particular como lo sería el Derecho administrativo, sino que corresponde a la Teoría general del Derecho. La voz Derecho deriva tanto del participio pasado del verbo latino *dirigo-direxi-directum*, que se traduce como poner en línea recta, enderezar, alinear, disponer, ordenar o arreglar, como del adjetivo latino *directus-a-um*, que viene a ser lo directo, recto, que ésta en línea recta. De este modo Derecho da idea de lo que es recto, de lo que no está torcido.

Ahora, en una primera acepción, la palabra Derecho se utiliza de modo objetivo —por oposición al subjetivo— para referirse a un conjunto de normas o reglas jurídicas. Es el caso cuando se habla de «Derecho nacional», «Derecho civil», «Derecho administrativo» o «Derecho constitucional». Como puede verse, la ciencia jurídica ha ido introduciendo el uso de la primera letra en mayúsculas para distinguir este específico significado de los restantes. Esta expresión «Derecho» hemos dicho más arriba, es equivalente hoy en día a la de Ordenamiento jurídico, si bien éste se refiere, más precisamente, a un conjunto sistematizado de normas vigente en un territorio y en un momento determinados, dictadas por la autoridad competente y revestidas de fuerza obligatoria.

En una segunda acepción, la palabra Derecho sirve también para denominar a la ciencia que estudia la realidad jurídica tanto del Derecho objetivo —conjunto de normas— como del derecho subjetivo. Esto ocurre cuando se emplean expresiones tales como facultad de Derecho o estudiante de Derecho. En esta obra nos referiremos a la ciencia o rama del Derecho, y cuando haya que hacer la distinción nos referiremos a ello en cada caso.

Ahora, tanto más necesario es para una teoría del Derecho administrativo, la aclaración del concepto que comprende al término calificativo de la expresión: administrativo, que constituye una sección cualificada por su contenido:la Administración pública, esto es, que regula a la Administración pública y a la función administrativa. Por consiguiente, la Administración pública y la función administrativa han prestado su nombre a un dominio parcial del Derecho y del Ordenamiento jurídico: el Derecho administrativo.

Ahora bien, parece ser que para una ciencia jurídica como lo es el Derecho administrativo, cuyo objeto primario de análisis es, en primer término, la Administración pública como organización, el primer problema a ser resuelto debería ser la cuestión del concepto de Administración pública.

§79. Sujeto del Derecho administrativo — Señala Weil[392] que es imprescindible no olvidar las lecciones de la Historia: la conquista del Estado por el Derecho es relativamente reciente, y no está aún universalmente alcanzada. Y el Derecho administrativo regula uno de los tres Poderes públicos del Estado Constitucional que, además, es el más poderoso; y este rasgo fundamental, tan ligado a sus orígenes, no debe pasarse por alto, si es que quiere entenderse el Derecho administrativo.

Así las cosas, la Revolución Francesa como ideología y como acción política tuvo un doble propósito: el 1.°, la conversión de la ley como expresión de la volun-

---

392 Weil, P. Ob. cit., nota 28, 17.

tad soberana; y el 2.°, el sometimiento general de la Administración pública y de los tribunales a las leyes. Así se forjó el modelo de la gran Administración pública contemporánea: «cette belle conquête de la Revolution que l'Europe nous envie» (Tocqueville)[393]. Y sólo la Administración pública moderna sometida al Derecho administrativo se convierte en una Administración pública, donde no hay un margen de Poder público que pueda quedar fuera del principio de legalidad o de juridicidad.

Así las cosas, la Administración pública es un sintagma adjetival constituido por dos vocablos: 1.°, un sustantivo que es la Administración —con mayúscula—; y 2.°, un calificativo que es pública. Cuando hablamos, entonces, desde el punto de vista de sus raíces etimológicas, administración proviene de las raíces latinas *ad* y *ministrare* que denota servir, o más correctamente, de la contracción de las palabras *ad manus trahere*, que implica la idea de manejo o de gestión.

De modo que, desde este punto de vista, el concepto de Administración está referido al sentido de gestión de intereses o asuntos, pero sobre todo ajenos, esto es, de los de la colectividad, de modo que la expresión Administración pública lleva inherente el concepto de gestión subordinada, el carácter vicarial o subordinado de la Administración pública, esto es, servir a otros, servir a intereses ajenos.

En segundo lugar, el calificativo de pública —generalmente es con minúscula, pero a partir de la constitucionalización de la nomenclatura en el Art. 141 de la C se ha de escribir con mayúscula para su empleo en el Derecho positivo—, alude a una condición de servicio a la sociedad —la colectividad, el público, el pueblo—. Entonces, etimológicamente, Administración pública alude a la gestión de asuntos o intereses de la sociedad,

En efecto, como señala J.A. García-Trevijano Fos[394], la Administración pública está constituida por una serie de sujetos; son las llamadas Administraciones públicas. De ahí que cuando se emplea el sintagma adjetival Administraciones públicas o Administración pública en general, no nos referimos a una sola Administración pública, sino a un concepto complejo. El concepto de Administración pública se refiere, entonces, a este sentido orgánico o subjetivo. En este concepto amplio de Administraciones públicas se incluyen las organizaciones.

En conclusión, la Administración Pública con mayúscula se refiere en el Derecho positivo al concepto orgánico o subjetivo y es en el nivel nacional, el complejo orgánico del Estado Constitucional venezolano, cuyo análisis se abordará desde el principio de separación de poderes.

A. Principio de separación de poderes

I. Elementos

§80. Planteamiento de la cuestión — La determinación de la posición y límites de los diversos poderes del Estado Constitucional aparece, desde los primeros momentos del constitucionalismo moderno, como un elemento esencial en la organización del Estado Constitucional. Así, el principio de «separación de poderes» ha

[393] Tocqueville, A. Ob. cit., nota 326, T.I, 107.

[394] García-Trevijano Fos, J. A. (1974).*Tratado de Derecho Administrativo*, t. II, Vol. I, tercera edición, Madrid, Editora Revista de Derecho Privado, 50 y 51.

sido la base indiscutida, y una buena dosis del esfuerzo de la normativa constitucional y ordinaria, de la doctrina y de la jurisprudencia, se ha empleado en diversas épocas y contextos, en aclarar y precisar las características de la peculiar fórmula de separación adoptada en cada caso concreto.

En tal sentido, en el Estado Constitucional se mantiene el principio de separación de poderes para impedir su extralimitación, para evitar su abuso —la razón de ser de la formulación originaria sigue, pues, teniendo plena vigencia—, pero adquiere un nuevo significado como consecuencia del impacto de la democratización del Estado Constitucional, y con la intervención de los poderes públicos en la sociedad, propia del Estado social (Bilbao Ubillos)[395].

En la concepción del Estado liberal de Derecho, destacadamente, el Poder legislativo aparecía como el órgano central del Estado, el que tenía la función más importante de legislar. En este último sentido, la intensa actividad del Estado en la vida social y económica, propia del Estado Social de Derecho, provoca la necesidad de una —al menos cierta— colaboración o concertación entre ellos, entre los Poderes públicos que poseen iniviativa política: el Poder legislativo y el Poder ejecutivo. De la rígida separación se habría pasado, pues, a una —inevitable— colaboración. Y tal vez, por ello, el término separación resulte excesivamente duro, por contraposición al de *división*, para describir la relación entre los poderes de los Poderes públicos en el actual Estado Constitucional: lo es, desde luego, para referirise en concreto a las relaciones de los Poderes públicos en la forma de gobierno parlamentario.

Así las cosas, cuando Martin Retortillo[396] se pregunta cuál es el nexo normativo que engarza y caracteriza a la Administración pública en el Ordenamiento jurídico general del Estado, responde que a tal fin el camino a seguir no habrá de ser sino el análisis detallado de la Constitución, porque siendo el fundamento del propio ser del Estado y se refiere al mismo en su totalidad, a la vez se caracteriza y determina de forma expresa, en sus rasgos esenciales, tanto la función administrativa como la Administración pública. Por tanto, la tarea de determinar en la Constitución administrativa la noción de Administración pública, dada la acogida que la misma hace del principio de separación de poderes —o de diversidad de los poderes del Estado Constitucional—, se encuentra enmarcada *a priori* en el esquema que tal principio impone[397].

En efecto, el primero de los principios generales del Derecho público es de carácter jurídico-político: el principio de separación de poderes[398], el cual se encuentra obscurecido como consecuencia de la imprecisión del lenguaje empleado, pues es de todos sabido que el término no corresponde exactamente al contenido del mismo. Como suele destacar la doctrina que se ha ocupado de ello, el planteamiento de un poder político repartido o equilibrado no aparece por primera vez con el Estado Constitucional de Derecho, sino mucho más antiguamente. Ahora, la singularidad de la doctrina moderna de separación de poderes radica, más que en la propia necesidad de la división del poder, en cómo ésta se lleva a cabo y en el sentido o finalidad que se le atribuye —cómo se divide el Poder público y para qué se divide—.

---

395 Bilbao Ubillos, J.M., Rey Martínez, F. y Vidal Zapatero, J.M. Ob. cit., nota 1, 206.

396 Martin-Retortillo, S., Ob. cit., nota 391, 23 a 25.

397 Martin-Retortillo, S., Ob. cit., nota 391, 33.

398 Araujo-Juárez, J. Ob. cit., nota 14, 127 y ss; y Badell Madrid, R. (2020). «Principio de separación de poderes». En *Principios fundamentales del Derecho Público. Desafíos actuales. Libro conmemorativo de los 20 años de la publicación de la Constitución de 1999* (A.R. Brewer-Carías y J. Araujo-Juárez, Coords.). Caracas, EJVI.

Por su parte A. Amorth[399], al analizar los principios constitucionales del poder político-administrativo señala cómo la Constitución se ocupa del mismo en un triple sentido: determinando la composición de los órganos superiores de este poder, enunciando alguno de los principios organizativos del mismo y atribuyendo consideración constitucional a la fijación de determinadas competencias de algunos de sus órganos. De ahí que el camino que nos puede conducir a desentrañar su verdadero sentido según la Teoría general del Estado, es distinguiendo en tres planos distintos los elementos siguientes: 1.°, el Poder público; 2.°, las funciones estatales; y, por último, 3.°, los órganos estatales.

§80.a Poder público – Fue Carré de Malberg[400] quien reaccionó contra el uso de toda una terminología confusa, estimando necesario afirmar previamente la unidad del Poder del Estado Constitucional. Este Poder, que también se denomina Poder «público», poder o potestad estatal o Poder Público —con mayúsculas, según la Constitución de 1999—, es uno e indivisible. Consiste de manera invariable, en la potestad que tiene el Estado Constitucional de mandar con fuerza irresistible por cuenta de la colectividad nacional y de imponer su voluntad a las personas. De ahí que la pretensión teórica de separar o dividir el Poder público del Estado Constitucional carece de sentido.

Así las cosas, las Constituciones para referirse a las potestades del Estado Constitucional, han empleado el término llamado en la teoría política de «Poder público», en el sentido de potestad única e indivisible del Estado Constitucional y, por tanto, sin referencia orgánica de cualquier naturaleza (Art. 137 de la C). Por otra parte, según la jurisprudencia[401], los órganos que ejercen el Poder público son creación de la Constitución, con una delimitada esfera de funciones estatales que fija, en forma precisa, la órbita de actuación de cada uno de ellos en forma privativa, y en estos casos no puede haber interferencia, ya que habría, entonces, el vicio de usurpación en las modalidades de usurpación de autoridad y usurpación de funciones[402].

§80.b Función estatal – Frente a la noción del Poder público que es uno e indivisible, Carré de Malberg[403] señaló también la necesidad de distinguir la función «estatal» —o función pública del Estado Constitucional—, que son múltiples. Entiende por funciones estatales, en Derecho público, las diversas actividades del Estado Constitucional en cuanto constituyen diferentes manifestaciones o diversos modos de ejercicio de la potestad estatal. Por su parte, E. Sayagués Laso[404] sostiene que las funciones estatales son las potestades jurídicas que el Derecho positivo asigna a los órganos públicos para que puedan realizar —actuar y cumplir— los fines que le competen. Así, las funciones estatales constituyen las actividades propias o inherentes al Estado Constitucional[405].

Ahora bien, el concepto de función estatal es distinto al de Poder público. La noción de Poder público es previa a la de función estatal; pues ésta se manifiesta como una actividad del Estado Constitucional específica y realizada en ejercicio del

---

399 Amorth, A. (1948). *La Costituzione italiana. Commento sistemático.* Milano, 1948, 103 y ss.,

400 Carré de Malberg, R. Ob. cit., nota 35, 259; y Carré de Malberg, R. (1998). Ob. cit., nota 35, 145.

401 Sent. del TSJ/SC (302), de fecha 16-03-2005, RDP N° 101, 132.

402 Araujo-Juárez, J. (2017). *La Nulidad del Acto Administrativo*. Caracas, Ediciones Paredes, 79-83; y Araujo-Juárez, J. (2020). *La Nulidad del Acto Administrativo*.Santiago, Ediciones Olejnik.

403 Araujo-Juárez, J. Ob. cit., nota 402, 253.

404 Sayagués Laso, E. Ob. cit., nota 248, T. I, 34.

405 Brewer-Carías, A. R. Ob. cit., nota 248, T. I, 206.

Poder público —de cada una de sus ramas—, por lo que no puede haber una función estatal sino cuando se realiza en ejercicio del Poder público, es decir, de la potestad genérica de obrar que tiene constitucionalmente el Estado Constitucional. Poder público y función estatal son, por tanto, distintos elementos en la actividad del Estado Constitucional.

En mérito a lo antes expuesto, en la expresión constitucional por función estatal ha de entenderse, la acción que desarrollan los órganos estatales o la actividad que desempeñan como tarea que les es inherente, en el sentido que sólo en ejercicio del Poder público pueden cumplirse. Por tanto, las funciones estatales se configuran como aquellas tareas o cometidos esenciales a los órganos estales, que le dan su razón de ser y que no pueden ejercerse sino en virtud de la potestad constitucional que se identifica con el Poder público.

Así las cosas, el Poder público como situación jurídico-constitucional, tiene su fuente en la propia Constitución y existe la posibilidad de ejercerlo desde el momento en que está establecido en ella; la función estatal, en cambio, presupone siempre el ejercicio del Poder público por un órgano del Estado Constitucional, y sólo cuando hay ejercicio concreto del Poder público es que se realiza una función estatal en concreto. De ahí que la función estatal es toda actividad de la propia esencia y naturaleza de los órganos estatales y, por tanto, indelegable, salvo que exista una autorización constitucional (Brewer-Carías)[406].

En conclusión, las funciones estatales en tanto que son sólo las diversas formas jurídicas a través de las cuales se manifiesta la actividad del Estado Constitucional, y como tareas inherentes a los órganos estatales, se reconducen a las siguientes: 1.ª, la producción de normas legales que integran el Ordenamiento jurídico, que es la función legislativa; 2.ª, la solución de conflictos entre partes, que es la función judicial o jurisdiccional; y por último 3.ª, la función ejecutiva que a su vez se divide en *i)*, la conducción política de la sociedad, que es la función de gobierno; y *ii)*, la gestión, en concreto del interés público, por el Estado Constitucional como sujeto de Derecho que se relaciona con las personas, que es la función administrativa. Esas cuatro funciones estatales se ejercen de acuerdo con nuestro sistema constitucional, por los distintos grupos de órganos separados horizontalmente y que ejercen el Poder público por lo que, en principio, el ejercicio de las funciones estatales en sentido amplio, no sería ni exclusivo ni excluyente de ningún órgano estatal, o si se quiere, de ninguno de los órganos estatales que ejercen el Poder público[407], punto este último sob re el cual volveremos más adelante.

§80.c Órgano estatal — Por último, el órgano «estatal» —u órgano del Estado Constitucional— es el que expresa la voluntad inicial del Estado Constitucional. Son, pues, los centros o complejos de órganos del Estado Constitucional encargados de desempeñar las diferentes funciones estatales. Integran las denominadas «ramas» que ejercen separadamente las funcione estatales, dotados de Poder público para contrarrestar las interferencias de uno sobre el otro, de manera que exista un equilibrio entre ellos.

Ahora bien, el principio de separación de poderes responde a una concepción de separación de funciones estatales, como las más adecuadas al principio enuncia-

---

406 Brewer-Carías, A. R. Ob. cit., nota 248, T. I, 72.

407 Brewer-Carías, A. R., «Prólogo» al libro de L. Parejo Alfonso (1984). *El concepto del derecho administrativo*, EJV, Caracas, 15.

do por Montesquieu, considerado el pensador más influyente del siglo *xviii*, en su obra el Espíritu de las leyes, de 1748[408]. Aunque la separación de poderes es rígida —cada uno tiene su específico ámbito de competencia atribuido y una fuyente de legitimidad propia para ejercerlo— no significa separación absoluta. En realidad, Montesquieu solo emplea el verbo «separar» respecto del judicial; mienteas que para los otros dos Poderes —legislativo y ejecutivo— prevé mecanismos de interrelación o de contrapeso.

De ahí que la separación de poderes no es tal separación sino, más bien, la distribución de las funciones estatales entre las distintas ramas del Estado Constitucional, constituyendo así una garantía formal, a fin de que cada uno de los órganos estatales sea titular, de modo preferente de una parte de las funciones estatales, y así garantizar, repetimos, el equilibrio entre las distintas ramas en que está dividido el ejercicio del Poder público.

§81. Conclusión — Como cuestión previa podemos empezar invocando de nuevo a García Pelayo[409], cuando afirma que el Estado Constitucional vive mediante sus funciones, en cuanto de modo permanente e ininterrumpido realiza una serie de actos. Ahora, los actos particulares con respecto a la función estatal en que están insertos, y las funciones con respecto a la totalidad, guardan entre sí unas relaciones recíprocas y necesarias y necesarias de manera que se fundamentan, se complmentan y se limitan mutuamente. Esta estructura que reduce a unidad de sentido los actos y y las funciones en que estos se integran, es la ordenación estructural a la que llamamos Constitución.

En efecto, continúa sosteniendo García Pelayo[410], el Estado Constitucional solo tiene existencia en cuanto que es actual, y esta actualidad la alcanza únicamente en cuanto actúa, es decir, en cuanto que de modo permanente e ininterumpido realiza una serie de actos. Ahora, esas actividades en virtud de las cuales el Estado Constitucional no solo manifiesta su existencia, sino las funciones del Estado Constitucional. Tales funciones estatales son de diversa índole en cuanto al contenido, y capaces de pertencer, según los diferentes puntos de vista que se adoptan para su clasificación y, de manra principal, en virtud del Poder público que le es peculiar, es decir, las llamadas funciones soberanas o ejercidas en virtud de su soberanía, que se designan como funciones fundamentales del Estado Constitucional.

Ahora, finaliza García Pelayo[411], que si se procede a un análisis de las partes componentes nos encontramos con los siguientes momentos:

(i) En primer lugar, el problema de *quién* ejerce las funciones. En efecto, por cuanto las funciones suponen el ejercicio de Poder público, ello lleva consigo la determinación de quién ejerce las funciones, el establecimiento de órganos o el reconocimiento de instituciones, y es determinante de la estructura y de las atribuciones, quien ejercerá exclusiva o preponderantemnte las funciones soberanas.

(ii) En segundo lugar, el problema de *cómo* se ejercen las funciones. Esto es, mediante qué procedimientos y dentro de qué ámbitos y límites, lo que

[408] Montesquieu (2011[1748]). *El espíritu de las Leyes*, Origen, Barcelona.
[409] García Pelayo, M. Ob. cit., nota 34, Vol. I, 315.
[410] García Pelayo, M. Ob. cit., nota 34, Vol. I, 314.
[411] García Pelayo, M. Ob. cit., nota 34, Vol. I, 316 y 317.

a su vez encierra las relaciones de los órganos e instituciones entre sí; encierra, además, el de los límites a su ejercicio —por ej., los derechos fundamentales—.

(iii) Y por último, la *finalidad* o sentido con que se ejercen las funciones. La referencia finalista no solo deriva del hecho de que toda función es un actividad destinada al cumplimiento de un fin, sino también de la naturaleza jurídica que tiene la Constitución. Así, pues, los actos se realizan con arreglo a fines, y las funciones con referencia a finalidades más amplias. De este modo la finalidad viene a ser el principio constitutivo de la estructura constitucional, de manera parecida a como la ley natural lo es en la naturaleza.

II. Derecho positivo

§82. Planteamiento de la cuestión — Desde el punto de vista de los principios constitucionales, hay que hacer referencia a que la Constitución administrativa está profundamente inspirada por el principio de separación de poderes, cuando dispone en el Art. 136, *eiusdem* lo siguiente:

> **Artículo 136.** El Poder Público se distribuye entre el Poder Municipal, el Poder Estadal y el Poder Nacional. El Poder Público Nacional se divide en Legislativo, Ejecutivo, Judicial, Ciudadano y Electoral.
>
> Cada una de las ramas del Poder Público tiene sus funciones propias, pero los órganos a los que incumbe su ejercicio colaborarán entre sí en la realización de los fines del Estado.

Así las cosas, el principio cardinal del Derecho constitucional[412] es la separación formal o según la interpretación de la Constitución, la «separación orgánica del Poder Público o de poderes»[413]; es decir, el sistema jurídico según el cual cada función estatal es confiada, de modo preponderante o preferente, a un centro o complejo orgánico del Poder público en particular —función «propia»—, lo que en modo alguno significa exclusividad en el ejercicio de las mismas —salvo el caso de la función jurisdiccional— pudiendo excepcionalmente haber en dicho ejercicio, y según lo habilite la propia Constitución, intercambio de funciones estatales entre las distintas ramas que ejercen el Poder público. Precisando el lenguaje, la separación orgánica no tiene por qué coincidir plenamente con la separación de funciones estatales[414], por lo que se habla más de separación de funciones estatales antes que separación de Poderes públicos, y para lo cual resulta imprescindible que el Poder público sea ejercido por órganos diferenciados.

Según la jurisprudencia[415], se trataría de un principio fundamentalmente político que pasó a formar parte de los principios sustanciales que informan la estructura formal del Estado Constitucional, con el objeto de evitar el exceso y garantizar el equilibrio entre los distintos órganos estatales que ejercen el Poder público.

---

412 Sent. de la CFC/SPA, de fecha 03 de diciembre de 1940, M. 1941, p. 279.

413 Brewer-Carías, A. R., Ob. cit., nota 248, T. I, 87. En el mismo sentido véase Sents. de la CSJ/CP, de fecha 28 de noviembre de 1988, en RDP, N° 38, p. 80; y 302 del TSJ/SC, de fecha 16 de marzo de 2005.

414 Sents. de la CSJ/SPA, de fecha 18 de julio de 1963, G.F. N° 41, 1963, pp. 116-117; y N° 302 del *TSJ/SC*, de fecha 16 de mayo de 2005.

415 Sent. N° 1889 del TSJ/SC, de fecha 17 de octubre de 2007.

En este orden de ideas, el principio de separación de poderes, señala la jurisprudencia[416], responde a la necesidad de brindar garantías institucionales que permitan a cada órgano estatal el ejercicio eficiente del Poder público, obviando ilegítimas intrusiones de los demás órganos del Estado Constitucional en la realización de sus funciones propias. Asimismo, el principio de separación de poderes descansa sobre el postulado de que no puede ninguno de los órganos o complejo de órganos del Estado Constitucional invadir la esfera de acción, vale decir, de las atribuciones de los demás. Más, también es cierto, que tal principio no tiene una rigidez absoluta[417].

Por tanto, el sistema constitucional venezolano sigue en sus lineamientos generales ese postulado, y sobre la base del mismo se interpretó el principio de separación de poderes, con las matizaciones siguientes:

(i) La Constitución no parte de una pluralidad, sino de la unidad del Poder Público como un todo, al establecer en el Art. 137 que la «Constitución y las leyes definen las atribuciones de los órganos que ejercen el Poder Público, a las cuales deben sujetarse las actividades que realicen».

Es así como para referirse a las potestades del Estado Constitucional, las Constituciones tradicionalmente han mencionado al Poder Público en el sentido de potestad única e indivisible del Estado Constitucional y, por tanto, sin referencia orgánica de cualquier naturaleza.

(ii) La separación de poderes no es tal separación, sino más bien la distribución de las funciones estatales entre las tradicionalmente denominadas «ramas»[418] -centros o complejos orgánicos del Estado Constitucional-, constituyendo así una garantía formal, a fin de que cada una de las ramas del Poder Público sea titular de modo preferente, de una de las funciones estatales, y así garantizar la separación o, más propiamente, evitar el exceso y garantizar el equilibrio entre las diversas ramas en que está dividido el ejercicio del Poder Público.

En este orden de ideas, en el Derecho positivo rige, pues, el principio de separación de poderes en el sentido de que se establece una multiplicidad de órganos estatales que integran las distintas ramas del Poder Público, las cuales ejercen sus funciones «propias» (Art. 136 de la C), salvo la atribución a los órganos del Poder Judicial de la función jurisdiccional *strictu sensu* de «ejecutar o hacer ejecutar sus sentencias» (Art. 253 de la C). Precisando más el lenguaje, se podría hablar más de «separación de funciones estatales» antes que «separación de poderes» propiamente dicho, para lo cual resulta imprescindible que el Poder Público sea ejercido por órganos estatales diferenciados.

Por tanto, el principio de separación de poderes, en tanto que primer elemento de la cláusula Estado de Derecho es, antes de todo, un principio político transformado en un principio de Constitución «material», según el cual las funciones estatales prescritas en las normas constitucionales —primarias o fundamentales— deben ser repartidas a los centros o complejos orgánicos estatales, de modo que ninguno de ellos concentre tal cantidad de funciones estatales con los que pueda imponerse a los otros conjuntos[419]. En consecuencia, los que están separados o divididos

416 Sent. N° 1414 del TSJ/SC, de fecha 19 de julio de 2006.
417 Sent. de la CFC/SF, de fecha 28 de mayo de 1951, G.F. N° 8, 1951, p. 127.
418 Sent. de la CFC/SPAacc., de fecha 19 de febrero de 1937, M. 1938, p. 166.
419 Giannini, M. S., Ob. cit., nota 57, p. 95.

son esos centros o complejos orgánicos del Estado Constitucional, las ramas, pero no el Poder Público.

Por otra parte, las mencionadas ramas son creación de la Constitución, con una delimitada esfera de funciones estatales, que fija en forma precisa la órbita de actuación de cada una de ellas en forma preferente, y en estos casos no puede haber interferencia, ya que habría entonces usurpación[420].

El principio de separación de poderes garantiza así que: 1.°, el órgano estatal que hace las leyes no sea el encargado de aplicarlas ni ejecutarlas; 2.°, el órgano estatal que las ejecute no pueda hacerlas ni juzgar de su aplicación; y por último 3.°, el órgano estatal que juzgue no las haga ni las ejecute. Por tanto, la Constitución es la ley suprema y originaria de donde emana la organización del Estado Constitucional, al establecer las distintas ramas del Poder Público y, a la vez, determinar sus atribuciones[421].

En conclusión, el principio de separación de poderes puede interpretarse en un doble sentido:

(i) Como postulado político, encaminado a evitar el autoritarismo y la arbitrariedad del Estado Constitucional a fin de asegurar la libertad individual.

(ii) O ya como principio orgánico, tendiente a conseguir una buena «división de trabajo» dentro del Estado Constitucional.

En este último sentido posee un carácter técnico-jurídico, que tiene por finalidad el perfeccionamiento de la actividad del Estado Constitucional, mediante la adecuada división y las mutuas relaciones de las funciones estatales entre los diversos órganos y ramas que ejercen el Poder Público.

§83. Competencia privativa y exclusiva de la función jurisdiccional— Por cuanto la independencia del Poder Judicial es un presupuesto político-jurídico que garantiza la defensa de la libertad, esta exige una separación de las funciones estatales que corresponden a cada una de las ramas del Poder Público, asignándosele al Poder Judicial la función jurisdiccional, como competencia no solo propia, sino también privativa y exclusiva.

Así, la garantía de independencia del Poder Judicial se manifiesta fundamentalmente: 1.°, en el ejercicio de modo exclusivo y excluyente de una competencia propia: la función jurisdiccional; 2.°, en prohibiciones hacia los otros órganos del Poder Público, al proscribir las injerencias de los mismos en la función jurisdiccional salvo, por supuesto, las expresamente permitidas por el propio Texto Fundamental; y por último 3.°, el principio restrictivo de la competencia, según el cual los órganos que ejercen el Poder Público sólo pueden ejercer las atribuciones que les son expresamente consagradas por la Constitución y la ley (Art. 137 de la C).

B. Caracteres constitucionales básicos

§84. Constitucionalización de la Administración pública — Durante el siglo XX se produce un proceso de constitucionalización de la Administración pública[422]

---

420 Sent. del TSJ/SC (302), de fecha 16 de marzo de 2005, RDP N° 101, p. 132.

421 Sent. de la CSJ/CP, de fecha 13 de febrero de 1962, G.F. N° 135, 1962, pp. 92-94.

422 Treves, (1956). *Gli istituti ed i principi fondamentali del diritto amministrativo italiano*. Bologna, 8.

y, dentro de esta, de su organización —estructura y funcionamiento—, actividad —material y jurídica— y relaciones jurídicas. Es así como a diferencia de nuestras Constituciones históricas, en las que encontramos escasas referencias a las materias administrativas, las Constituciones contemporáneas prevén un conjunto de principios jurídicos, valores superiores y reglas básicas o fundamentales que sintetizan lo que ha de constituir la Administración pública y su actividad o función estatal. Por tanto, se introdujo un nuevo marco constitucional sobre la organización y funcionamiento de la Administración pública.

En efecto, el concepto genérico de Administración pública, determinante en la construcción Derecho administrativo —su contenido, sistematización y misión—, está condicionado en su efectiva realidad, por aquel otro más amplio que es el de la Constitución, o el más concreto de la Constitución administrativa. En definitiva, la Administración pública no es sino una parte del Estado Constitucional. Esta elemental relación integradora, tan esquemáticamente enunciada, lleva consigo una doble consecuencia, ciertamente sugestiva.

La primera, es que para la comprensión real de ambos conceptos —Constitución administrativa y Administración pública—, es preciso partir inequívocamente de la perspectiva que cada uno de ellos ofrece al otro. Y la segunda, que la verdadera y real comprensión de lo que la Administración pública representa, sólo puede alcanzarse determinándola directamente, en su recíproca interrelación con la Constitución administrativa. En suma, constitucionalización positiva de lo que la Administración pública es. Y es esta segunda observación la que nos va a servir de punto de partida.

En efecto, la Constitución cuando trata del Poder público, en general, la primera institución que menciona es efectivamente la Administración pública (Art. 141); sin embargo, no contiene una definición de ella sino, por el contrario, alude a unos rasgos conceptuales, y en definitiva al «deber ser» de la Administración pública. Pero también debemos observar que, como señalaba Esposito, en relación con la regulación constitucional de la Administración pública en Italia que «quien quiera hacerse una idea de cómo está regulada la Administración en nuestra Constitución no debe leer tan sólo uno o dos artículos de la misma, sino la entera Constitución». Algo semejante ocurre, en mi opinión, en relación con la Administración Pública en el Derecho positivo: quien quiera saber cual es su marco de regulación constitucional, cuál es la función esencial que en el marco constitucional ahora debe desempeñar, no puede quedarse sólo en el Art. 141 de la C, pues debería leer la entera Constitución.

Es así como hoy día se manifiesta abiertamente una tendencia a profundizar el proceso de constitucionalización y juridificación de la Administración pública. En este orden de ideas, la Constitución administrativa contiene, a su vez, un conjunto de principios jurídicos, potestades y sujeciones públicas, y fines esenciales referentes a una especie de modelo de sistema constitucional de Administración pública.

En tal sentido, dentro de las innovaciones que se han introducido en los últimos tiempos con respecto a la reforma del Estado Constitucional, y muy particularmente sobre la modernización de la Administración Pública, la regulación administrativa más importante aparece en la propia Constitución administrativa, en la cual, en el Capítulo I *De las disposiciones generales*, del Título IV sobre *El Poder Público*, se encuentra una sección Segunda denominada específicamente *De la Administración Pública*, así con mayúsculas y como resumidamente se denomina en la Constitución

administrativa al conjunto de todas ellas, —y que aquí solo las empleamos como concepto cuando nos referimos en concreto al Derecho positivo[423]—, sino que establece junto con un ingente conjunto de disposiciones constitucionales, el tratamiento del entramado normativo de la Administración Pública.

En efecto, cuando habla del Poder Público —también con mayúscula en la Constitución—, la primera institución que menciona la Constitución administrativa es, efectivamente, a la Administración Pública; sin embargo, no la define sino, por el contrario, alude a unos rasgos conceptuales con tres importantes temas: 1.°, los principios de la Administración Pública (Art. 141 de la C); 2.°, la creación de las entidades descentralizadas (Art. 142 de la C); y 3.°, la regulación del derecho a la información y de acceso a los documentos oficiales (Art. 143 de la C).

Así las cosas, y como punto de partida, la concepción constitucional de la Administración Pública la consagra, expresamente, el Art. 141 de la Constitución administrativa en los términos siguientes:

> **Artículo 141.** La Administración Pública está al servicio de los ciudadanos y ciudadanas y se fundamenta en los principios de honestidad, participación, celeridad, eficacia, eficiencia, transparencia, rendición de cuentas y responsabilidad en el ejercicio de la función pública, con sometimiento pleno a la ley y al derecho.

En particular, en virtud de los mencionados principios constitucionales sobre el funcionamiento de la Administración Pública en el Derecho positivo, se impone una nueva concepción de la actividad o función administrativa del Estado Constitucional, que debe perseguir la eficiencia funcional y la economía en el gasto. Estos fines obligan a que la nueva concepción organizacional y funcional de la Administración pública se encuentre estrechamente vinculada con principios y mecanismos referidos al control del gasto, así como a la racionalización de la relación entre el cumplimiento de los objetivos y metas de la actividad de la Administración pública y, por último, la utilización de sus recursos presupuestarios, materiales y humanos.

En efecto, puede considerarse un acierto del Poder constituyente la alusión en la Constitución administrativa a: 1.°, lo qué es y cómo se configura la Administración Pública; 2.°, la sumisión y los principios que la informan —teoría de la organización administrativa y estructura, organización y funcionamiento—; 3.°, las líneas generales de la regulación de su personal —teoría de la función pública—; 3.°, los medios de que se vale la Administración Pública para la realización de sus fines; y por último 4.°, las consecuencias de su actividad administrativa —teoría de la responsabilidad patrimonial de la Administración Pública—. De este modo, se tratan en un todo los varios aspectos que deben distinguirse en la Administración Pública, que sólo pueden separarse unos de otros por abstracción, y a cuyo desarrollo se le dedican los capítulos siguientes.

Ahora bien, el conjunto de principios constitucionales sobre el que se articula nuestro sistema de Derecho administrativo es conocido, extensa e intensamente comentado por nuestra doctrina. Pero también una ordenación sistemática resulta

---

[423] Véase con provecho el análisis para la construcción de una visión sistemática del concepto constitucional de Administración Pública la obra de HERNÁNDEZ, G., J. I. (2011). *Introducción al concepto constitucional de Administración Pública en Venezuela*, Cuadernos de Cátedra A.R. Brewer-Carias, UCAB, N° 27, EJV, Caracas.

imprescindible, para poder deslindar lo que constituye la interpretación de lo que fue en la voluntad del Poder constituyente, el modelo de la Administración Pública en el Derecho positivo. Entonces, resulta una cuestión de considerable interés averiguar cuáles son en la Constitución administrativa, las líneas maestras de la concepción constitucional de la Administración Pública.

§85. Caracteres constitucionales básicos — La Administración pública puede tener dos acepciones o presentar dos vertientes. En primer lugar, como «peculiar y proteica» *actividad*, en cuanto significa la acción concreta del Estado Constitucional para garantizar tanto el servicio a las personas como la realización de las necesidades de interés público a que se ha hecho cargo —función administrativa *strictu sensu*—. En este orden de ideas, la jurisprudencia[424] define la administración —con minúscula— en un sentido general, como aquella actividad del Poder Público que tiende a conservar y promover los intereses generales, mantener el orden público, proteger el ejercicio normal del derecho y facilitar el desenvolvimiento de toda la actividad libre dentro de la convivencia social.

Y en segundo lugar como *sujeto*, para expresar el conjunto de órganos y entes del Estado Constitucional que realizan como función propia, la función administrativa *strictu sensu*. Es desde este último punto de vista que entendemos que la Constitución administrativa ha definido a la Administración Pública, esto es, el centro o complejo de órganos y personas que, formando parte del Estado Constitucional, están dotados de potestades de Poder público —o de *imperium*— y tienen por finalidad, en última instancia, la interpretación y aplicación concreta y específica de los fines esenciales constitucionales, por intermedio de la función administrativa *strictu sensu*.

De ahí que el primer y fundamental interrogante en resolver es *qué* cosa sea la Administración pública[425] para la Constitución administrativa y, por consiguiente, para el Derecho administrativo positivo.

Para responder al interrogante, en primer lugar, se observa que la Constitución administrativa hace referencia a una estructura orgánica, estando la Administración pública referida desde ese punto de vista, en realidad a un conjunto o pluralidad de sujetos públicos —órganos y personas jurídicas— que están diseminados en todo el articulado de la Constitución administrativa, de muy distinta índole, con muy distintos fines o cometidos y, por consiguiente, la Administración Pública (en singular y con mayúsculas), no sólo está incrustada dentro del Poder Ejecutivo Nacional (Arts. 225 a 252 de la C), sino que comprende también a los distintos órganos o Administraciones Públicas de rango constitucional (en plural) para referir su complejidad actual y, de manera específica, aquellas del orden nacional: —Poder Ciudadano y Poder Electoral— Art. 136 de la C), del orden estadal —Poder Público Estadal— Art. 160 de la C; y, por último, del orden municipal —Poder Público Municipal, Art. 174 de la C—.

---

[424] Sent. de la CSJ/SPA, del30 de mayo de 1966, G.F. N° 52, 1966, 108-113.

[425] Han sido elaboradas distintas tesis para la concepción de lo que sea la Administración pública, partiendo desde un criterio eminentemente procesal: Martínez López Muñiz (1981). «El concepto de Administración Pública». En RAP, núm, 96, 79 y ss; pasando por la de la perspectiva de las relaciones entre Estado-sociedad:Morel Ocaña (1981). «El 'criterium' de la Administración pública y el Estado contemporáneo». En REDA, N° 29, 253 y ss; o la más tradicional de la reafirmación de la concepción subjetiva como única capaz de explicar el fenómeno administrativo. ParejoAlfonso, L. (1984). *El concepto del Derecho Administrativo*. Caracas, EJV. En tal sentido, la mayoría de los autores coinciden en destacar elcarácter complejo de tal tarea.

La Constitución, hemos sostenido más arriba, es la ley suprema y originaria de donde emana la organización primaria del Estado Constitucional, al establecer las distintas ramas que ejercen el Poder Público y, a la vez, determinar sus atribuciones[426].

En tal sentido, la Constitución regula:

(i) La organización del Estado Constitucional mediante sistemas de separación y distribución del ejercicio del Poder público, y los fines esenciales del Estado Constitucional (parte orgánica).

(ii) Y el estatuto de las personas de la sociedad civil en general, y sus relaciones con el propio Estado Constitucional (parte dogmática).

Desde este punto de vista, la Constitución administrativa se refiere a la Administración Pública como: 1.°, un fenómeno organizativo; 2.°, una estructura compleja; y 3.°, una institución constitucional, de modo que la regulación de la Administración Pública adquiere también en la Constitución administrativa rango constitucional.

En consecuencia, la Constitución administrativa, además de contener un conjunto de principios jurídicos, potestades y sujeciones públicas, y fines referentes a una especie de modelo constitucional de Administración Pública, recibe un tratamiento y enfoque que es necesario conocer a través de los caracteres constitucionales básicos, confirmando así el acierto de la famosa frase de E. Forsthoff[427]: es posible describir la Administración, pero no definirla. Lo que no excusa su deslinde funcional respecto del ejercicio del Poder legislativo y el ejercicio del Poder judicial. En tanto el legislador traduce las tareas previstas constitucionalmente en un marco ordenador de imperativos de actuación —comprensivo de todas las formas posibles de esta última—, haciendo que las leyes definitorias de tal marco adquieran vigencia, la Administración Pública se ofrece como «ejecución» de las correspondientes tareas públicas en tal marco y conforme a la ley *lato sensu*.

En efecto, en la Constitución administrativa no hay definición sino, por el contrario, se alude a unos rasgos o caracteres constitucionales conceptuales o básicos y, en definitiva, al deber ser de la Administración Pública. De ahí que, en primer lugar, desde el punto de vista de los caracteres constitucionales básicos, hay que volver a insistir sobre el ya tratado principio de separación funcional del Poder Público, pues la noción que consagra la Constitución administrativa sobre la Administración Pública está profundamente inspirada por el mismo.

Ahora bien, ¿cuáles son esos caracteres constitucionales básicos de la Administración Pública a los que alude la Constitución administrativa de 1999? Pasaremos a realizar su análisis de seguidas, siguiendo al efecto el tratamiento metodológico de Meilán Gil[428].

I. Poder jurídico

§86. Planteamiento de la cuestión — En primer lugar, es un poder «jurídico», por cuanto las referencias que la Constitución administrativa contiene revelan el

[426] Sent. de la CSJ/CP de fecha 13 de febrero de 1962, G.F. N° 135, 1962, 92-94.
[427] Forsthoff, E. (1958). *Tratado de Derecho Administrativo*, trad. española de la 5.ª edición. Madrid, IEP, 11.
[428] Meilán Gil, J. L. Ob, cit., nota 15, 163.

carácter necesario de la Administración pública como elemento de organización del Estado Constitucional, lo cual significa, entre otras palabras, su carácter permanente y estable desde el punto de vista del cumplimiento de sus fines constitucionales dentro del Estado Constitucional, ligado al ejercicio de la función administrativa que corresponde, en primer término, al Poder Ejecutivo Nacional (Art. 136 de la C).

Por tanto, a la Administración pública se le concibe en la Constitución administrativa como un centro o complejo orgánico dotado de potestades públicas que no poseen las personas, tales como las potestades de policía, fiscal, expropiatoria, sancionatoria, y una gran etc. y que, por tanto, ejerce un poder de *imperium* derivado de la soberanía del Estado Constitucional, que se justifica para el cumplimiento de los fines esenciales constitucionales del Estado Constitucional, y que finalmente se rige por unas normas jurídico-administrativas especiales.

Desde el punto de vista de los poderes jurídicos, existe un factor diferencial que concierne fundamentalmente al Derecho que ampara a ese tipo de poder jurídico, y por eso debemos observar que existen poderes jurídicos tanto de Derecho público como de Derecho privado.

En lo que aquí concierne, vamos a centrarnos en los poderes jurídicos y no todos los poderes jurídicos de Derecho público, sino en una clase específica, el poder jurídico regulado por el Derecho administrativo, y es por esa razón que se les califica de Poder administrativo[429], o más propiamente con la noción de «potestad administrativa». Vamos a ver como se manifiesta la potestad administrativa en un ámbito muy concreto como lo es la actuación de la Administración Pública y, por supuesto, no todas las potestades administrativas sino unas muy concretas, que son aquellas que tienen relevancia, repercusión con relación a algunos ámbitos de la función administrativa.

Finalmente, la potestad administrativa, desde el punto de vista jurídico, es un elemento primordial del modelo de sistema administrativo constitucional, y está sometido plenamente al Derecho, partiendo de la idea nuclear de que se trata de la manifestación de un Poder público totalmente juridificado[430]. Procederemos de seguidas a determinar su naturaleza, qué son y en qué consisten; y por último, resaltar la conexión que existe entre la potestad administrativa y el Derecho administrativo.

a. *Teoría de la potestad administrativa*

§87. Planteamiento de la cuestión — Para llevar a cabo la función fundamental como lo es la realización o satisfacción de los fines de interés general o de interés público, la Administración pública puede necesitar de prerrogativas de Poder público específicas. En el ejercicio de sus funciones, en el desarrollo de su actividad, y precisamente para garantizar un mejor y más objetivo servicio de aquel interés público, puede hacer uso de los medios en que consisten las prerrogativas de Poder público que le son habilitadas y que sitúan a la Administración pública en una especial situación de imposición frente a las personas. Imposición, por supuesto, controlada y sometida a límites. Por ello, la idea de prerrogativa, también ésta, y por tanto también Hauriou, sigue siendo hoy plenamente actual. Idea que dirige

[429] Ariño Ortiz, G. *Sobre el concepto de Administración Pública y el Derecho administrativo*, citado por De La Cuétara, J.M. (1986). *Las potestades administrativas*. Madrid, Tecnos, 33.

[430] De La Cuétara, J. M., Ob. cit., nota 429, 187.

nuestra atención no ya hacia el sujeto (Administración pública) y su actividad (fin de interés público), sino hacia el régimen jurídico en virtud del cual se rige: el *«régime administratif»*.

El Derecho ha arbitrado un mecanismo en virtud del cual la *«potestas»* no es una cualidad innata del Poder ejecutivo ni, por tanto, de la organización a su servicio, sino que pertenece al Estado Constitucional en su conjunto y no a uno sólo de sus órganos estatales; o, lo que es lo mismo, pertenece al Derecho. Y es a través de la técnica de la potestad, que es una técnica de la Teoría general del derecho, como concretamente se manifiesta el llamado en la teoría política el «poder público», y por eso mismoo, ni son ni pueden lógicamente ser, ilimitadas, incondicionadas o absolutas, sino estrictamenten tasadas en su extensión y contenido, lo cual viene a ser una concepción capital en la concepción actual del Estado de Derecho (García de Entería)[431]. De ahí que sólo en la medida en que el Ordenamiento jurídico les haya atribuido esa *«potestas»* y con el alcance que éste le haya otorgado a esa potestad, las potestades públicas serán instrumentos necesarios en manos de la Administración pública para conseguir el fin que el Ordenamiento jurídico le asigna, que no es otro, que la concreta realización o satisfacción de las necesidades públicas (Garrido Falla)[432].

Cuando la doctrina habla de prerrogativas o potestades públicas hace referencia a la atribución jurídica imputada a un órgano o a un sujeto por la cual crea relaciones que, de forma unilateral o imperativa, regla conducta de terceros (Araujo-Juárez, B. A.Fiorini)[433]. Ahora bien, este conjunto de potestades públicas dio lugar, a principios del siglo XX, a la creación de una figura jurídica, cuyo máximo exponente fue HAURIOU, al hablar de un «Poder administrativo»[434].

En efecto, el Poder público, que como hemos visto más arriba, si bien es uno, va a proyectarse a través de distintas manifestaciones de potestades públicas, pero cuando están reguladas por el Derecho administrativo será denominadas «potestades administrativas» —. Se trata, por tanto, de una parcela del Poder público, totalmente juridificada, funcionarizada al servicio de fines del Estado Constitucional concretos, y fraccionada en «dosis medibles»: las potestades administrativas[435]. El estudio de todo esto da origen a la denominada teoría de la «potestad administrativa» (De La Cuétara)[436]

Es sabido como en los orígenes del Derecho administrativo, la polémica de la Escuela de Burdeos llevó a Hauriou[437] a formular un nuevo criterio frente al de servicio público. Fue quien utilizó, sobre todo, la noción de *«prerrogatives»* o *«privilèges de puissance publique»* para caracterizar la función administrativa, en un estudio de 1889 sobre la «gestión administrativa», y ensayó una revisión profunda de la idea de que todo lo que es gestión no implica poder público y régimen especial administrativo. Según este autor, lo que provoca la aplicación del Derecho

---

431 García de Enterría, E. y Fernández, T.R. Ob. cit., nota 13, T I., 488 y 489.

432 Garrido Falla, F., Palomar Olmeda, A. y Lozada González, H. Ob. cit., nota 105, Vol. I, 53.

433 Araujo-Juárez, J. (2011). *Derecho Administrativo General.* Vol. II. *Administración Pública.* Caracas, Ediciones Paredes, 73-126; y Fiorini, B. A. (1995). *Derecho Administrativo,* T. I, 3ª. Ed. Buenos Aires, Abeledo-Perrot, 19.

434 Hauriou, M., Ob. cit., nota 332, 22.

435 Hauriou, M., Ob. cit., nota 332, 33.

436 De La Cuétara, J. M. Ob. cit., nota 429, 16.

437 Hauriou, M. Ob. Cit., nota 332, «Préface de la onziéme edition», IX y ss.

administrativo es la actuación por parte de la Administración pública dotada de potestades —*prerrogative* como la llama la doctrina francesa (Hauriou)[438]—, entendiendo por tal la realizada con medios jurídicos excepcionales o exorbitantes respecto de los propios del Derecho civil o común.

En efecto, Hauriou se pregunta ¿qué es el Poder administrativo?, y se responde que se resume en los elementos siguientes:

(i) El poder de coacción, que es el poder que tiene la Administración pública de exigir de las personas ciertas cosas: los impuestos, el servicio militar, la expropiación de terrenos, etc.

(ii) La prerrogativa de la acción directa, que es el procedimiento habitual de la Administración pública, a través del cual ella se manifiesta como un poder público, incluso si realiza operaciones que pudieran catalogarse como del comercio jurídico ordinario; emplear el procedimiento de acción directa es la realización por sí mismo de sus propias intenciones, sin requerir ninguna autorización del juez. De ese modo, la noción francesa de *puissance publique* se considera como una de las más clásicas manifestaciones administrativas del «*imperium*» del Estado Constitucional[439].

§88. Concepto — Ahora bien, la noción de potestad administrativa —*prerrogative* o *privilège de puissance publique*—, tiene tal importancia que en algún momento la Escuela de Burdeos (Hauriou, Berthélémy, etc.) consideró que este elemento formal, subjetivo, iba a ser clave determinante en la definición de todas las categorías del Derecho administrativo. Frente a esta postura surge la Escuela de Tolosa (Duguit, Jéze, Roland, Bonard, etc.) con otro elemento objetivo, funcional, que es el de servicio público, y desde entonces la construcción del Derecho administrativo clásico va a girar alrededor y sucesivamente sobre estos dos conceptos fundamentales: 1.°, el elemento material —servicio público—; y 2.°, el elemento formal o subjetivo —potestad pública— (Araujo-Juárez)[440].

Hoy en día hay una formulación más moderna elaborada sobre la potestad administrativa por la doctrina italiana (Romano)[441], que la entiende como un poder jurídico que se nos presenta como un concepto intermedio entre el poder genérico y el derecho concreto y actualizable, es decir, que las potestades constituyen un poder concedido por el Ordenamiento jurídico en interés de terceros, y que implica una situación de sujeción de otros sujetos.

Por otro lado, este tipo de potestades son las que se denominan potestades-función, al tratarse de potestades que «deben ser ejercitadas en interés ajeno al propio y egoísta del titular» (García De Enterría)[442]. Para L. Diez Picazo[443], estas potestades-función son las que únicamente consideran auténticas potestades, pues, en su opinión, «potestades son los poderes jurídicos que se atribuyen a la persona no para que realice mediante ellas suspropios intereses, sino para la defensa de los intereses de otra persona, de suerte que su ejecución y su defensa no son libres y

438 Hauriou, M. Ob. Cit., nota 332, 10 y ss., y 334 y ss.
439 De La Cuétara, J. M., Ob. cit., nota 429, 65.
440 Araujo-Juárez, J. Ob. cit., nota 253, 19-44.
441 Romano, S. Ob. cit., nota 2, 320 y ss.
442 García de Enterría E. y Fernández, T.R. Ob. cita, nota 13, T.I, 489.
443 Diez Picazo, L. y Guillón, A. (2016). *Sistema de Derecho Civil,* vol. I, 13ª edición. Madrid, Tecnos, 440.

arbitrarias, sino que vienen impuestas en atención de los intereses a cuyo servicio se encuentran dadas».

Por tanto, el concepto de potestad pública introduce un binomio: por un lado, el poder jurídico que es el género y, por el otro, la potestad administrativa que es la especie, y que presenta los caracteres siguientes (Entrena Cuesta[444]):

(i) Es un poder jurídico reconocido y otorgado por el Ordenamiento jurídico, por tanto, no es un poder soberano.

(ii) Es un poder jurídico que lleva aparejada una situación jurídica de sujeción.

(iii) Es un poder jurídico susceptible de aplicación indefinida.

(iv) Es un poder jurídico que se ejerce en interés de terceros, esto es, el titular —la Administración pública— y el beneficiario —la colectividad— son distintos.

(v) Es un poder jurídico que, como dos caras de una moneda, revela al mismo tiempo: 1.°, una posibilidad de actuación legítima —poder—; y 2.°, una obligación de actuar —deber—; esto es, de ejercicio obligatorio y, por lo mismo, irrenunciable, intransmisible e inextinguible, en función del cumplimiento o satisfacción del fin de interés general o público señalado por el Ordenamiento jurídico.

De manera que podemos concluir señalando que la potestad administrativa es una clase específica de poder jurídico, y como tal es: 1.°, un poder jurídico reconocido por el Ordenamiento jurídico; y 2.°, es el Ordenamiento jurídico quien atribuye o adjudica el poder jurídico a un centro de poder como son las Administraciones públicas en cualquiera de sus manifestaciones.

§89. Justificación — Pero ¿Cuál es la justificación de la potestad administrativa en favor de la Administración pública? La Administración pública asume, según analizaremos más adelante, el servicio vicarial a las personas y el cumplimiento o realización de los fines de interés general o público, por lo cual dispone para ello de un elenco de potestades exorbitantes del Derecho común, de un cuadro de poderes de actuación de los que no disfrutan los sujetos privados (García De Enterría)[445]. Se trata, pues, de un corolario obligado de la supremacía estatal, que corresponde con el *status subjetionis* de las personas (Garrido Falla[446]).

En efecto, la simple experiencia nos demuestra que si la Administración pública quiere realizar una actividad o función administrativa eficaz, debe contar con unos instrumentos o medios jurídicos que son, precisamente, las potestades administrativas, de manera que se convierten en instrumento jurídico de que se vale la Administración pública para el logro de los fines esenciales constitucionales que le han sido encomendados, que no son otros que estar al servicio de las personas y del cumplimiento o realización del interés general o público.

Y de esta manera también las potestades administrativas van a producir efectos sobre terceros, sobre la esfera jurídica de las personas, e incluso para vencer la

[444] Entrena Cuesta, R. (1998). Derecho Administrativo, Vol. 1/1, 13ª edición. Madrid, 67.

[445] García De Enterría, E. y Fernández, T.R. Ob. cit., nota 13, T. I, 73.

[446] Garrido Falla, F., Palomar Olmeda, A. y Lozada González, H. Ob. cit., nota 105, T. I, 523.

resistencia que pueda existir en algún momento determinado, en los casos de conflicto entre el legítimo interés de la persona y el legítimo interés general o el interés público concreto; o finalmente también para vencer la resistencia, o si se quiere, eliminar las manifestaciones o impulsos asociales de las personas en sus relaciones con la propia Administración pública.

Así tenemos que la justificación de las potestades administrativas, es que se constituyen en instrumento o medio jurídico para que la Administración pública, en el ejercicio de sus funciones administrativas, pueda ser eficaz, en virtud de lo cual pueda lograr los cometidos o la satisfacción de los fines de interés general o público que le han sido encomendados.

Finalmente, la noción de potestad administrativa se enlaza, por un lado, con las potestades administrativas «hacia fuera» —por ejemplo, la potestad expropiatoria—, pues se tiene sólo cuando se actúa en la posición de poder de *imperium* derivado de la soberanía del Estado Constitucional; y por el otro, la idea subjetiva de organización es la que da soporte a las potestades administrativas «hacia dentro» —por ejemplo, la inembargabilidad de los bienes— (García-Trevijano Fos)[447].

La potestad administrativa, conlleva una posición de autotutela de la Administración pública para proceder, por sí misma, a la defensa de sus derechos o intereses sin tener que acudir a los tribunales. La potestad administrativa y los medios para hacerla efectiva vienen reclamados por el interés general o público, y para hacer realidad los derechos individuales y prestacionales consagrados en la Constitución, si ello fuera necesario.

También quisiera añadir a las consideraciones sobre la *puissance publique* que la realidad nos demuestra con frecuencia, la incapacidad de la Administración pública para conseguir los resultados previstos a través de la *puissance publique*: orden público, protección de los derechos fundamentales, gestión del patrimonio, potestad sancionadora, carencia de medios personales y materiales de la Administración pública para ejecutar sus actos.

b. *Garantías jurídicas*

§90. Planteamiento de la cuestión — En este orden de consideraciones hemos de partir, desde luego, afirmando que como todo Derecho, también el Derecho administrativo ha estado sometido a la evolución histórica compleja, aun cuando lo sea bajo fórmulas distintas a las que han regido la formación del Estado Constitucional que, a la vez, ha sido el telón de fondo dentro del cual se han dado los desafíos constantes de los procesos de su transformación, en razón de lo cual debería comprobarse, de tiempo en tiempo, si aún es adecuado a su objeto, lo que parece ser la clave de su gran vitalidad que ha mostrado tener desde sus orígenes en el Derecho comparado.

En tal sentido tenemos que también en la historia del Derecho administrativo podríamos identificar a grandes rasgos, tres *fases*, así: la 1.ª. donde el Derecho administrativo se alza como instrumento del poder y se caracterizaría por la tensión entre el Poder legislativo y el Poder ejecutivo, con una fuerte Administración pública estatal y local; la 2.ª donde predomina el Poder ejecutivo, y el problema de esta rama del Derecho se centra en el control de este poder, fundamentalmente

[447] García-Trevijano Fos, J. A., Ob. cit., nota 394, T. I, 142 y 143.

mediante el desarrollo del sistema de la Justicia administrativa; y la 3.ª, en la que actualmente nos encontraríamos, que vendría marcada por el reto del Derecho garantizador o de protección de la posición jurídica de la persona frenta a la Administración pública.

§91. Garantías jurídicas – Finalmente, frente a la Administración Pública dotada de un elenco de medios jurídicos excepcionales o potestades exorbitantes respecto de los propios del Derecho común, de un cuadro de potestades administrativas reconocido por el Derecho administrativo —potestad expropiatoria, potestad de ejecutividad y ejecutoriedad de los actos administrativos, etc.— de las que no cuentan los sujetos privados, sabemos que aún la Administración pública mejor intencionada puede excederse o abusar en el ejercicio de sus funciones; entonces el Derecho administrativo también coloca a favor de las personas, como contrapartida, todo un sistema de garantías jurídicas radicadas en último extremo en la titularidad de los derechos fundamentales, con lo cual se viene a configurar una situación de equilibrio[448] —por supuesto difícil, pero posible— entre: por un lado, un conjunto de potestades públicas; y por el otro, un sistema de garantías jurídicas. Se establece, así, el famoso equilibrio entre uno y otro aspecto: prerrogativas estatales y derechos ciudadanos, el cual ha sido el que ha conformado la columna vertebral de nuestra disciplina[449].

En efecto, es cierto que al aumentar la Administración pública su actividad y las relaciones jurídico-administrativas con las personas crece el número de conflictos, los cuales habrán de resolverse por medios jurídicos, pues la Administración pública no puede sustraerse del Estado Constitucional. Ahora bien: ¿Qué garantías existen que aseguren a los administrados la sumisión de la Administración pública al Derecho?

A la anterior pregunta se responde que, frente a las potestades administrativas, debemos empezar señalando que entraña, ontológicamente, cualidad esencial del Estado de Derecho, ser régimen de garantías o seguridades de los derechos fundamentales o no. Las garantías son, así, pues, seguridades-institucionales que el propio Ordenamiento jurídico positivo arbitra para posibilitar la vigencia de los derechos y libertades reconocidos o declarados a las personas.

Respecto a la trascendencia de las garantías en la técnica constitucional o «procedimiento para asegurar la libertad», es harto elocuente el aserto de Esmein[450], cuando recuerda que en las Constituciones modernas, los derechos individuales han sido reconocidos bajo dos formas: en declaración de derechos y como garantías de los mismos. En efecto, la realización del modelo Estado Constitucional, robusteciendo las garantías jurídicas, no sólo requiere de la «solemnidad declaratoria-constitucional», sino también de la «implementación constitutiva legal-procedimental». No basta, pues, haber obtenido todo género de derechos; son también indispensables las vías de su amparo o garantías, que conforman la armonía entre el Ordenamiento jurídico y las formalidades legales.

---

448 García de Enterría, E. y Fernández, R.-T. Ob. cit., nota 13, T.I, 64.

449 Brewer-Carías, A.R. (2009). «El derecho a la democracia entre las nuevas tendencias del Derecho Administrativo como punto de equilibrio entre los Poderes de la Administración y los derecho del administrado». En Hernández-Mendible, V.R. (Coord.). *Desafíos del Derecho Administrativo Contemporáneo* (*Conmemoración Internacional Del Centenario de la Cátedra de Derecho Administrativo en Venezuela,* Tomo II. Caracas, Ediciones Paredes, 1417-1439.

450 Esmein, M. (1927). *Elements de Droit constitutionnel francais et comparé,* t. I., 7ª. edition, Paris.

Refiriéndose a este concepto de «régimen de garantías», enseña Posada[451]: probablemente éste es el concepto inicial del constitucionalismo, habiendo consistido el proceso en mantener, intensificándola, la función de la garantía de la Constitución, a la vez que elabora una conciencia jurídica capaz de realizar, en la vida total del Estado Constitucional, un régimen de Derecho directamente, y no sólo por obra de meras garantías político-institucionales.

En este sentido, agrega el citado Posada que, esquemáticamente, puede decirse que el Derecho constitucional viene persiguiendo: en primer lugar, la consolidación de un amplio régimen de garantías jurídicas del Estado Constitucional, gracias a la transformación del criterio mecánico o de pura contraposición de poderes públicos, en un criterio orgánico de especificación de funciones; en segundo lugar, la elaboración de una técnica jurídica especial, que se manifiesta en los diversos sistemas de garantías jurídicas de las personas; y, por último, la difusión y penetración del sentido jurídico por el régimen político, a través de la construcción de un Derecho administrativo sustantivo y formal. En este orden de ideas, observamos que cada función del Poder público —administrativa, legislativa y jurisdiccional— tiene un modelo de la exteriorización. Así, por ejemplo, la Constitución señala un procedimiento «para la formación de las leyes»; el CPC regula un procedimiento «para la preparación e impugnación de la voluntad jurisdiccional»; y la LOPA prevé, precisamente, el carácter formal de preparación, formación, ejecución e impugnación de la voluntad administrativa.

De ahí que el Derecho administrativo también crea una serie de garantías o controles de carácter jurídico[452], los cuales comprenden dos aspectos, según Gascon y Marin[453]: 1.°, la exigencia de que se proporcione a la Administración pública un régimen jurídico para su actuación, en el que existen, tanto garantías en cuanto al contenido del fondo de los actos administrados para que estén ajustados a la ley, como en cuanto a la forma, señalando los requisitos de forma, trámites y procedimientos de los actos administrativos, y en los cuales el administrado puede hallar defensa para sus intereses o derechos; y 2.°, el establecimiento de los modos de controlar o fiscalizar los actos administrativos y, en definitiva, los de restaurar el derecho lesionado o evitar el daño público, cuando el Poder administrativo se excede o ha sido empleado fuera del fin para el que la ley lo otorgó.

Para ese fin, se imponen medios o garantías indubitables como la garantía de la responsabilidad administrativa y las garantías de control público como el procedimiento administrativo, el proceso administrativo y el arbitraje administrativo.

II. Poder jurídico estructural

§92. Planteamiento de la cuestión — En segundo lugar, la Constitución administrativa hace referencia a un Poder estructural o concepto de estructura orgánica, estando la Administración pública referida desde ese punto de vista, a una pluralidad de sujetos públicos —órganos y personas jurídicas— que están diseminados en todo el articulado de la Constitución administrativa, de muy distinta índole, con muy distintas funciones y, por consiguiente, la Administración Pública (en singu-

451 Posada, A. (1923). *Tratado de Derecho administrativo, según las teorías filosóficas y la legislación positiva,* T.I.Madrid.

452 Araujo-Juárez, J. Ob. cit., nota 433, 144-155.

453 Gascon y Marin, J. (1955-1956). *Tratado de Derecho Administrativo. Principios y legislación española,* Vol. I, 13ª. ed. Madrid, 510.

lar), no sólo está incrustada dentro del Poder Ejecutivo Nacional (Art. 225 de la C), sino que comprende también a las distintas Administraciones Públicas (en plural) para referir su complejidad actual y, de manera específica, aquellas de rango constitucional del orden nacional como el Poder Ciudadano, así: la Defensoría del Pueblo —Arts. 280 a 283—, el Ministerio Público —Arts. 284 a 286—, y la Contraloría General de la República —Arts. 287 a 291 de la C—; el Poder Electoral por el Consejo Nacional Electoral —Arts. 292 a 298 de la C—; del orden estadal, el Poder Público Estadal por los órganos de gobierno y administración estadal —Arts. 159 a 167 de la C); y, por último, del orden municipal, el Poder Público Municipal por los órganos de gobierno y administración municipal —Arts. 168 a 184 de la C—.

La Constitución —hemos señalado más arriba— es la ley suprema y originaria de donde emana la organización primaria del Estado Constitucional, al establecer las distintas ramas del Poder Público y, a la vez, determinar sus atribuciones[454]. En tal sentido, la Constitución regula:

(i) La organización del Estado Constitucional mediante sistemas de separación y distribución del ejercicio del Poder Público y los fines del Estado Constitucional —parte orgánica—.

(ii) Y el estatuto de las personas de la sociedad civil en general, y sus relaciones con el propio Estado Constitucional —parte dogmática—.

Desde este punto de vista, la Constitución administrativa se refiere a la Administración Pública como: 1.°, un fenómeno organizativo; 2.°, una estructura compleja; y 3.°, una institución constitucional, de modo que la regulación de la Administración Pública adquiere también en la Constitución de 1999 rango constitucional.

De manera que podemos concluir señalando que la potestad administrativa es una clase específica de Poder jurídico, y como tal es: 1.°, un Poder jurídico reconocido por el Ordenamiento jurídico; y 2.°, es el Ordenamiento jurídico quien atribuye o adjudica el Poder jurídico a un centro de poder como son las Administraciones públicas en cualquiera de sus manifestaciones.

§93. Sistema de distribución del ejercicio del Poder público — Ahora bien, la doctrina administrativa más calificada ha sostenido siempre la conveniencia de establecer con claridad la distinción entre dos realidades: las formas del Estado Constitucional y la centralización, que semánticamente a veces se confunden. La llamada centralización —o descentralización— política queda así referida a la forma de Estado Constitucional —unitario, federal, etc.— y recoge el sentido primario, originario, que tuvo la centralización —el sentido de unidad política que hoy debe ser separado del concepto—, y éste queda referido exclusivamente a la estructura orgánica del Estado Constitucional en sus justos límites.

En este sentido, Hauriou[455] ya escribía: «La centralización y la descentralización hacen referencia solamente a la Administración [...]: no hay más descentralización que la descentralización administrativa, ni más centralización que la centralización administrativa». La pretendida descentralización política obedece a una confusión de planos, pues contempla al Estado Constitucional en su unidad —en la totalidad de sus funciones—, es decir, hace referencia a la idea de la unidad del

[454] Sent. de la CSJ/CP de fecha 13 de febrero de 1962, G.F. N° 135, 1962, pp. 92-94.
[455] Hauriou, M. Ob. cit., nota 332, 71 y ss.

Estado Constitucional, opiniéndole a ella el federalismo; la descentralización administrativa, en cambio, no contempla al Estado Constitucional en su unidad, sino en su diversidad orgánica y hace referencia únicamente a una función del Estado Constitucional: la Administración pública. El salto e interferencia entre estos dos planos no trae sino confusión. La doctrina reciente (Vedel, Rivero[456]) ha insistido en esta necesaria separación de cuestiones y en las diferencias esenciales entre descentralización y federalismo.

Esta clara distinción entre ambos fenómenos debe ser resaltada, no obstante la tendencia que se observa en las exposiciones doctrinales a situar el federalismo como el límite de un proceso descentralizador, como una especie de super descentralización, lo cual puede ser conveniente desde un punto de vista didáctico y expositivo, pero señalando, como hace por lo demás la doctrina dominante (Waline, Rivero y Vedel en Francia; Garrido Falla y Trevijano-Fos en España), las esenciales diferencias de naturaleza —no puramente cuantitativas, de número o amplitud de los poderes transmitidos— que hay entre uno y otra.

Después de las anteriores precisiones puede concluirse, por de pronto, que la centralización o descentralización no tiene nada que ver ni con la unidad política, ni con la unidad legal, ni con un mayor o menor grado de intervencionismo, sino que hace referencia al modo de organizarse la acción administrativa del Estado Constitucional, entendido éste como complejo organizativo, integrado por una diversidad de centros de Poder público. La centralización hace referencia a un problema de estructura organizativa y de atribución independiente de competencias a los distintos centros o entes que componen la Administración pública —como concepto genérico—. Y a nada más.

Es así como en el sistema de distribución del ejercicio del Poder público se encuentra una de las bases fundamentales del sistema nacional de Derecho administrativo, al establecer la Constitución un sistema de distribución del ejercicio del Poder Público que se puede clasificar en las formas o modalidades siguientes: 1.°, el principio de separación territorial —en sentido vertical—, esto es, Estado federal; 2.°, el principio de separación orgánica —o en sentido horizontal—; 3.°, el principio de autonomía constitucional; 4.°, el principio de separación funcional —o en sentido material—; y por último 5.°, el principio de colaboración —o sentido de coordinación—, según analizaremos a continuación.

§93.a Principio de separación territorial — El primer principio que condiciona al Derecho administrativo en la Constitución es el principio «de separación territorial» del Poder Público, que deriva de la distribución vertical del Poder público, en atención al modelo jurídico-político del Estado Constitucional con forma federal, el cual ha sido una constante durante su existencia desde 1811, expresado tanto en el Preámbulo como en el Art. 4 de la C vigente. De ahí que la Constitución formal y expresamente declaró al modelo de organización jurídico-político del Estado Constitucional como un Estado Constitucional «federal descentralizado» —además de democrático, social de Derecho y de Justicia-, conforme al Art. 4 *eiusdem* que señala:

Artículo 4. La República Bolivariana de Venezuela es un Estado Federal descentralizado en los términos consagrados en esta Constitución, y se rige por los principios de integridad territorial, cooperación, solidaridad, concurrencia y corresponsabilidad.

---

[456] Vedel, G. y Delvolvé, P. (1980). *Droit Administratif,* 7 eme ed. réfondue. Paris, PUF, 812 y ss.

En tal sentido, la Constitución organiza el Estado Constitucional en forma federal mediante un sistema de división o separación territorial del Poder Público en tres niveles: Nacional, Estadal y Municipal, atribuyendo su ejercicio a diversos órganos y asignando competencias exclusivas en los tres niveles político-territoriales, además de las competencias concurrentes entre ellos, al formular expresamente este principio en el Art. 136 en los términos siguientes:

Artículo 136. El Poder Público se distribuye entre el Poder Municipal, el Poder Estadal y el Poder Nacional. [...]

De ahí que conforme a la Constitución, en sentido territorial —o vertical—, el ejercicio del Poder Público tiene tres ramas: 1.°, el Poder Público Nacional (Arts. 168 a 158 de la C); 2.°, el Poder Público Estadal (arts. 159 a167 de la C); y por último 3.°, el Poder Público Municipal (Arts. 168 a 184 de la C), que da lugar a tres niveles de personas jurídicas de Derecho público de carácter territorial, así: la República Bolivariana de Venezuela, los 23 Estados que forman la Federación, y por último, los 335 los Municipios, respectivamente.

§93.b Principio de separación orgánica — El segundo principio que condiciona al Derecho administrativo en la Constitución es el principio «de separación orgánica» del Poder Público, que deriva de la distribución horizontal del Poder Público, lo cual origina centros o complejos orgánicos denominados «ramas», independientes y autónomas entre sí. Este principio constituye un elemento político en el sentido que el Estado Constitucional no sólo crea el Derecho, sino que con su poder lo respalda, y en ese sentido aquel tiene un triple carácter: es legislador, es juez y es administrador, ya que repetimos, crea el Derecho, lo aplica y lo impone; de ahí que se afirme que la finalidad del Estado Constitucional es realizar el Derecho (B. Fiorini)[457].

La teoría de separación de poderes mantiene como premisa básica, nos recuerda Giannini[458], que suele llamarse «poder», a todo conjunto de órganos que ejercite una actividad definida. Ahora, el porqué los poderes debían ser sólo tres, señala Giannini, fue tema de gran debate, pero las explicaciones que prevalecieron fueron las que tenían una base lógico-antropomórfica: porque el hombre elabora, ejecuta y también puede que alguno juzga el comportamiento cuando es necesario. Además —incluso esto es una característica importante—, el conjunto de Poderes públicos está orientado sobre la base de la norma jurídica: 1.°, el Poder que elabora la norma jurídica; 2.°, el Poder que aplica o ejecuta lo dispuesto en la norma; y por último, 3.°, el Poder que juzga las controversias aplicando las normas o quien juzga la validez de aplicación; en suma, los Poderes legislativo, ejecutivo y judicial.

De esta manera en la tradición de la Teoría general del Estado, en sentido orgánico —u horizontal—, surgen los tres centros o complejos de órganos del Estado Constitucional distintos, a saber: legislativo, ejecutivo y judicial. Por tanto, dentro de la teoría general de las funciones estatales, conforme a una tradición muy antigua, se reducen por unanimidad de los autores, a tres grandes clases de funciones estatales: la legislación, la ejecución y la jurisdicción.

Es usual y así lo consagra la Constitución denominar a cada una de estas ramas o complejos orgánicos que detentan el ejercicio de las funciones estatales en

[457] Fiorini, B. Ob. cit., nota 433, 109-110.
[458] Giannini, M. S., Ob. cit., nota 57, p. 74.

forma privativa, «Poder» —con mayúsculas—, en el nivel nacional, así: el «Poder Legislativo Nacional» (Título V, Capítulo I, Arts. 186 a 224 de la C); el «Poder Ejecutivo Nacional» (Título V, Capítulo II, Arts. 225 a 252 de la C); y el «Poder Judicial» (Título V, Capítulo III, Arts. 253 a 272 de la C). Por eso se puede afirmar simplemente que de la denominada separación de poderes resulta una separación o distribución de funciones estatales y, correlativamente, una separación aún mayor de órganos, integrados por personas físicas distintas.

§93.c Principio de separación funcional — El tercer principio constitucional, a su vez derivado del principio de separación de poderes, que condiciona también al Derecho administrativo en la Constitución es el principio «de separación funcional» del Poder Público.

En efecto, para el logro de sus fines, señala Garrido Falla[459], las comunidades humanas se organizan políticamente. El tipo de organización política que hoy día se conoce como regla en los pueblos civilizados se denomina Estado Constitucional. A su vez, la acción del Estado Constitucional se manifiesta en formas diversas que según señalábamos más arriba pueden reconducirse a las funciones estatales siguientes: 1.ª, la función legislativa; 2.ª, la función jurisdiccional; y por último 3.ª,la función ejecutiva que se divide, a su vez, en las de gobierno y administrativa.

Estas son, tradicionalmente, las llamadas funciones estatales, y cabe decir que cualquier acción estatal es, desde el punto de vista material, esto es, de su sustancia o contenido, dado el carácter irreductible que se ha predicado de las mismas, reconducibles a ellas y sólo a una u otra de estas tres formas esenciales de la función estatal debe reconducirse cualquier acto jurídico estatal (Garrido Falla)[460].

En conclusión, las funciones estatales en tanto que son sólo las diversas formas a través de las cuales se manifiesta la actividad del Estado Constitucional, y como tareas inherentes a los órganos estatales, se reconducen a las siguientes: 1.ª, la función legislativa; 2.ª, la función jurisdiccional; y por último 3.ª, la función ejecutiva.

§93.d Principio de autonomía constitucional — Sin embargo, la Constitución vigente ha venido a modificar sustancialmente la estructura política del Estado Constitucional, de donde conviene analizar hasta qué punto este cambio de las estructuras políticas influye en las construcciones doctrinales. Como es sabido, la Constitución consagra, en el nivel nacional, el principio de separación de poderes según el modelo clásico. La función legislativa del Estado Constitucional siendo radicada en la Asamblea Nacional (Art. 136 de la C); la función judicial en todo tipo de procesos, juzgando y haciendo ejecutar lo juzgado, corresponde a los tribunales y demás instituciones determinadas por las leyes que integran el Poder Judicial (Art. 253 de la C); y por último, la función ejecutiva reside en el Poder Ejecutivo, el cual, a su vez, dirige la Administración Pública (Art. 141 de la C).

Ahora bien, junto a los tres poderes clásicos que surgen de la separación en sentido orgánico —u horizontal—, la Constitución vigente ha institucionalizado en el nivel nacional otras organizaciones constitucionales a las que ha dotado de funciones autónomas y complementarias de las clásicas legislativa, ejecutiva y judicial, haciendo más compleja la estructura orgánica del Estado Constitucional y su régimen jurídico. Así, se puede hablar como hace la propia Constitución del «Poder

[459] Garrido Falla, F., Palomar Olmeda, A. y Lozada González, H. Ob. cit., nota 105, Vol. I, 37.
[460] Garrido Falla, F, Palomar Olmeda, A. y Lozada González, H. Ob. cit., nota 105, Vol. I, 40.

Ciudadano» y del «Poder Electoral», como nuevos centros o complejos orgánicos del Poder Público Nacional, y no englobados en los poderes clásicos del Estado Constitucional (Art. 136 de la C). En conclusión, en virtud del principio de autonomía constitucional, la Constitución vigente configura, además, un Estado Constitucional caracterizado por una pluralidad o pentadivisión de centros o complejos orgánicos de ejercicio del Poder Público, a los que les asigna funciones constitucionales autónomas y complementarias a la vez.

Por tanto, como señala Brewer-Carías[461], la Constitución adoptó un novedoso sistema de separación horizontal o separación orgánica del ejercicio del Poder Público Nacional, donde además de los órganos que componen las clásicas ramas, han existido otra serie de órganos que progresivamente han sido constitucionalizados y dotados de autonomía funcional, y que a partir de la Constitución vigente corresponden a nuevos complejos orgánicos diferenciados y separados que han sido erigidos en ramas o formales de ejercicio del Poder Público.

Según la jurisprudencia[462], ello obedece a la necesidad de otorgar independencia y autonomía funcional constitucional a los órganos que están encargados de desarrollar determinadas competencias, así: por un lado, el denominado «Poder Ciudadano» que integran los siguientes órganos constitucionales: 1.°, la Contraloría General de la República (Art. 273 de la C); 2.°, el Ministerio Público (Art. 284 de la C); y 3.°, la «Defensoría del Pueblo» (Art. 280 de la C); y por el otro, el denominado «Poder Electoral», que ejerce el Consejo Nacional Electoral (Art. 293 de la C).

Finalmente, de la distribución de las funciones estatales entre los cinco complejos orgánicos o ramas del Poder Público Nacional señalados, surge la noción de competencia funcional. La función no vendría a ser otra cosa que una determinación de la función estatal que cada uno ha de cumplir; ello crea la obligación para cada órgano del Estado Constitucional de obrar únicamente dentro de los límites de sus funciones estatales distinguiéndose entre sí, entre otros aspectos, por el nivel que ocupan en graduación o escalonamiento del Ordenamiento jurídico, según la concepción de la creación del Derecho por grados (H.Kelsen, C. García Soto)[463].

§93.e Principio de colaboración funcional — El último principio constitucional, a su vez derivado del principio de separación de poderes, que condiciona también al Derecho administrativo en la Constitución administrativa, es el principio «de colaboración funcional» del Poder público (G.Linares Benzo)[464].

En este sentido, si bien la Constitución atribuye a cada rama del Poder Público unas funciones «propias», ella también establece el principio «de colaboración funcional» —intervención o interferencia constitucional— necesaria entre las ramas y los órganos estatales que las ejercen, para lo cual es esencial que dichas funciones estatales se ejecuten dentro de los límites señalados en la propia Constitución, en los términos previstos en el Art. de la C, así:

---

461 Brewer-Carías, A. R. Ob. cit., nota 248, T. I, p. 67.

462 Sent. del TSJ/SC (3098), de fecha 14 de diciembre de 2004, RDP N° 99-100, 142.

463 Kelsen, H. (1977). *Teoría pura del Derecho*, traducción de la 2ª edición en alemán. México, UNAM, y García Soto, C. (2020). «Principio de la formación del derecho por grados». En*Principios fundamentales del Derecho Público. Desafíos actuales. Libro conmemorativo de los 20 años de la publicación de la Constitución de 1999* (A.R. Brewer-Carías y J. Araujo-Juárez, Coords.). Caracas, EJVI.

464 Linares Benzo, G. (2020). «La 'obligatoriedad' de la colaboración de los poderes públicos. Colaboración y separación de Poderes en la Constitución de 1999". En *Principios fundamentales del Derecho Público. Desafíos actuales. Libro conmemorativo de los 20 años de la publicación de la Constitución de 1999* (A.R. Brewer-Carías y J. Araujo-Juárez, Coords.). Caracas, EJVI.

Artículo 136. [...]

Cada una de las ramas del Poder Público tiene sus funciones propias, pero los órganos a los que incumbe su ejercicio colaborarán entre sí en la realización de los fines del Estado.

Ahora bien, la medida y el grado de la «colaboración funcional» de las distintas ramas del Poder Público, es algo que establece en cada caso el Ordenamiento jurídico en su jerarquía constitucional. Dicha colaboración se lleva a cabo, como afirma el autor Loewenstein, por «coordinación» y no por «integración»[465].

Si bien en sus orígenes, la necesidad de que exista al mismo tiempo, un Poder público y una sola función suponía un axioma, hoy día es aceptado que las ramas y sus órganos del Estado Constitucional desarrollan diversas funciones estatales cada una, en razón de lo cual no toda manifestación activa de una rama en ejercicio del Poder público debe ser encuadrada por fuerza en la función «propia» —o típica— de dicha rama, pudiendo ser tributaria de varias funciones entendidas en sentido amplio. Así, en el Derecho positivo no coincide la separación de poderes con una pretendida separación de funciones estatales pues, repetimos, estas se ejercen solo de modo preferente o preponderante, pero no exclusiva por todos los demás órganos estatales, salvo la función jurisdiccional en sentido estricto.

El principio cardinal de nuestro Derecho constitucional según la jurisprudencia[466] es, repetimos, la separación formal o la separación orgánica del ejercicio del Poder Público o de poderes (Brewer-Carías)[467]; es decir, el modelo o sistema jurídico según el cual cada función estatal básica o fundamental del Estado Constitucional es confiada de modo preferente o preponderante a una rama en particular —«funciones propias»—, lo cual no implica, en principio, que cada uno de las ramas tenga el ejercicio exclusivo de alguna función estatal específica.

En consecuencia, la Constitución no sólo distribuye el Poder público en ramas, sino que asigna a cada una de ellas y a sus órganos, conformados de acuerdo con la división del Poder público en cada nivel, algunas de las funciones estatales como funciones propias. Por tanto, el hecho de que exista una «separación orgánica de poderes», no implica que cada una de las ramas y los órganos que ejerzan el Poder público tenga, necesariamente, el ejercicio exclusivo de ciertas funciones estatales, pues paralelamente a las funciones propias de cada órgano del Estado Constitucional, éstos ejercen funciones que por su naturaleza corresponderían a las que ejercen preponderantemente los otros órganos estatales. Así, paralelamente a sus funciones propias, los órganos estatales realizan funciones distintas a aquellas que les corresponden por su naturaleza, con excepción de la función jurisdiccional en sentido estricto.

Ahora bien, si el principio de separación de poderes se ha convertido en dogma por obra del constitucionalismo moderno, lo que constituye un elemento fundamental en la organización del modelo jurídico-político de Estado de Derecho es justamente la colaboración o coordinación racional de las distintas ramas en el ejercicio del Poder público, a quienes se les ha asignado una función estatal con

[465] Loewenstein, K. Ob. cit., nota 48, 92.
[466] Sent. de la CFC/SPA, de fecha 03 de diciembre de 1940, M. 1941, p. 279.
[467] Brewer-Carías, A. R., Ob. cit., nota 248, T. I, p. 85. En el mismo sentido, véase Sent. de la CSJ/CP, de fecha 28 de noviembre de 1988, RDP N° 38, p. 80.

carácter preferente o preponderante. Es lo que la doctrina moderna denomina el principio de colaboración funcional del Poder Público, mediante una separación orgánica aún mayor impuesta por la Constitución, y con la cual no coincide exactamente la separación de funciones estatales.

§94. Personalidad de la Administración pública — Ha de subrayarse, en último término, la funcionalidad meramente constitucional del concepto de Administración pública —solo a los efectos de la Constitución administrativa, conforme al Art. 141 de la C—. No prejuzga, por tanto, otros posibles usos o significados de este término, tanto en campos distintos de la legislación como en el ámbito doctrinal, que pudieran ser más extensos, o más restrictivos. Por tanto, importa subrayar la marginación que en la Constitución y la LOAP, se observa respecto del concepto de personalidad jurídica en relación con la Administración pública. En ninguna parte de sus textos se habla de personas jurídicas administrativas o se da pie para concluir que se parte de una concepción personalista o personificada de la Administraciones pública, de modo que, según este punto de vista, hubiera que reconocer en cada una de las organizaciones calificables o calificadas como Administración pública del Estado Constitucional, la condición de persona jurídica.

Ahora bien, un importante sector doctrinal español ha hecho predominar la interpretación de que, en su Ordenamiento jurídico, la Administración pública del Estado Constitucional está personificada como tal. Es García De Enterría[468] quien sostendrá que para el Derecho administrativo la Administración pública es una persona jurídica, pues constituye la personificación misma del Estado Constitucional en sus relaciones interiores, dentro de la comunidad política nacional. La personalidad jurídica única a que se refiere el Art. 1.°de la LRJ española sería, por tanto, la personalidad de la Administración pública misma, que no sería por lo demás distinta de la del mismo Estado Constitucional, a efectos internos, mencionada en la exposición de motivos como principio del Derecho público español.

La persona jurídica Administración pública del Estado Constitucional sería, así, la misma persona jurídica del Estado Constitucional en su proyección no internacional, sino interna. En consecuencia, según esta doctrina, los órganos e instituciones del aparato estatal no integrados en la Administración pública del Estado Constitucional —destacadamente el legislativo y el judicial— no quedarían cubiertos por la personalidad jurídica del Estado Constitucional en el Derecho público interno, porque tampoco necesitarían en realidad de esa técnica jurídica. En definitiva, la consideración de la Administración pública como una organización dotada de personalidad jurídica, sería la nota que bastaría para individualizarla de los demás órganos que atúan otras funciones públicas.

Otro sector de la doctrina española, y mayoritariamente en Derecho comparado, defiende, sin embargo, que la personalidad jurídica bajo la que actúa la Administración pública del Estado Constitucional, no es otra que la única del Estado Constitucional, la cual cubre toda su organización, tanto a efectos internos como internacionales. En efecto, sostenemos que la Administración pública del Estado Constitucional no gozaría de personalidad jurídica en sí misma. Desde esta segunda posición resultaba más difícil adherirse a una concepción personalista de las Administraciones públicas.

---

[468] García de Enterría (1960) expuso por primera vez su teoría en la conferencia publicada con el títulode «*Verso un concetto de diritto amministrativo come diritto statutari*». En RTDP, pp. 317 y ss. Vid. *in extenso* a García de Enterría, E. y Fernández, R.-T. Ob. cit., nota 13, T.I, 54 y 55.

En conclusión, si bien es cierto también que la Administración pública del Estado Constitucional, en sí misma, dispondría de una cierta subjetividad institucional —como lo muestra su capacidad para ser parte en el proceso contencioso, entre otras cosas—, pero no sería una persona jurídica. Su actividad quedaría cubierta por la personalidad del Estado Constitucional a los efectos que fueren necesarios.

III. Poder jurídico servicial

§95. Planteamiento de la cuestión — En tercer lugar, el otro elemento de la concepción de la Constitución administrativa de la Administración pública, es el carácter de ser un Poder público, pero «servicial» —subordinario o vicarial[469], o instrumental[470]—, para la consolidación del «bien común» por expresa determinación constitucional —Preámbulo de la C—. Al respecto debemos recordar que las potestades públicas constituyen «un poder, concedido por el ordenamiento en interés de terceros, y que implica una situación de sujeción de otros sujetos» (De La Cuétara)[471].

En tal sentido, reiteramos que la Constitución administrativa aborda la regulación sobre la Administración pública desde una perspectiva «servicial»[472], cuando claramente afirma en el Art. 141 que: «La Administración Pública está al servicio de los ciudadanos y ciudadanas». Lo peculiar de la función administrativa *strictu sensu,* se encierra en la consideración de que está «al servicio de los ciudadanos y ciudadanas», o más propiamente de «las personas», con lo que se destaca un aspecto cualitativo específico que debe dominar toda la actividad o función de la Administración Pública como nota esencial de su régimen jurídico, en virtud del análisis que efectuaremos más adelante sobre el principio «de servicialidad», y que desde aquí remitimos deferentemente.

Y es que en la vida concreta de las personas, la Administración pública y el Derecho administrativo se deben manifestar como realidades operativas y como instrumentos de gobierno humano y de libertad y, por ende, como «Derecho constitucional concretado», pues no sólo tiene que ver con el ejercicio de potestades y sujeciones administrativas en el ejercicio del Poder público, sino también con los problemas esenciales del derecho a la dignidad y demás derechos fundamentales de las personas —especialmente de las más desfavorecidas o vulnerables—, pues el ejercicio pleno de los mismos depende en primer término, concretamente, de la aplicación real y efectiva del Derecho administrativo.

En conclusión, lo peculiar de la Administración pública se encierra en la consideración de que constitucionalmente está al servicio de las personas, con lo que se destaca un aspecto cualitativo que domina toda la actividad o función administrativa, como nota esencial de su régimen jurídico. De ahí que uno de los objetivos

---

[469] Meilan Gil, J. L., Ob. cit., nota 6, 163.

[470] Brito, M. R., «Principio de legalidad e interés público en el Derecho positivo uruguayo». En *La Justicia Uruguaya,* Tomo XC, Sección Doctrina, 11.

[471] De La Cuétara, J. M., Ob. cit., nota 429, 68.

[472] Ver Herce, J.I. (2020). «Principios de funcionamiento de la Administración Pública y su carácter servicial: desde la dignidad de la persona hacia el servicio objetivo al interés general en la reconstrucción del Estado venezolano». En *Principios fundamentales del Derecho Público. Desafíos actuales. Libro conmemorativo de los 20 años de la publicación de la Constitución de 1999* (Coords. A. R. Brewer-Carías, y J. Araujo-Juárez, J.). Caracas, EJVI.

principales de la modernización de la Administración pública, es conseguir que la misma sirva efectivamente a la persona, auténtico propietario del aparato público. Así, los modelos políticos y administrativos del Estado Constitucional, en general, y de la Administración pública, en particular, deben construirse a partir de la persona, en función de sus necesidades colectivas.

IV. Poder jurídico sometido al Derecho

§96. Planteamiento de la cuestión — Por último, para fortalecer la cláusula constitucional del Estado de Derecho, inherente al régimen democrático constitucional, la Constitución administrativa ratifica el principio de legalidad como límite y condición del ejercicio de las potestades de la Administración pública y de su actividad, el Art. 141 de la C establece expresamente que la Administración Pública actúa «con sometimiento pleno a la ley y al derecho».

Por tanto, el principio de legalidad, o más propiamente el principio «de juridicidad»[473], obliga a la Administración Pública a someterse al Ordenamiento jurídico en su actuación[474] y, por consiguiente, las potestades y actividades administrativas están sometidas plenamente al Derecho, partiendo de la idea nuclear de que se trata de un Poder administrativo totalmente juridificado.

Así las cosas, el primado del Derecho -con mayúscula- es la sumisión no sólo a la ley sino a su vez, como también rezan las constituciones alemana y española, al Derecho, de acuerdo con el Art. 141 de la C arriba analizado, y según el cual, la Administración pública se organiza y actúa de conformidad con el principio de juridicidad, por el cual la asignación, distribución y ejercicio de sus potestades se sujeta a la Constitución, a las leyes y a los actos administrativos de carácter general —reglamentos—, en garantía y protección de las libertades públicas que consagra el régimen democrático a las personas (J. Rivero)[475]. Así, la Constitución pretende, pues, un imperio del Derecho, donde además de las normas jurídicas se encuentran todos los valores constitucionales, desde los proclamados «superiores» en el propio Art. 2, *eiusdem*, hasta los esparcidos a lo largo de la Constitución y, en los que se incluyen ciertas garantías institucionales, y también los principios generales del Derecho[476].

Por tanto, el principio de juridicidad obliga a la Administración pública a someterse al Ordenamiento jurídico general en su actuación[477]. Siendo que la ejecución o aplicación de la ley no la llevan a cabo, en este modelo, órganos directamente representativos como lo son, por ejemplo, las Administraciones públicas, es necesario que estas se ajusten a los criterios generales establecidos en las normas jurídicas aprobadas por los órganos estatales representativos. En tales casos, a la Administración pública se le reconocen ciertas potestades públicas, que se traducen en el principio de presunción de legitimidad, esto es, presunción de que las decisio-

---

473 Araujo-Juárez, J. Ob. cit., nota 14, 187 y 188.

474 Sent. de la CSJ/SPA, del 21-12-1972, G.O. N° 1568 Extr., del 12-02-1972, 6.

475 Rivero, J., et Waline, J. (2006). Ob. cit., nota 333; y Rivero, J. *Derecho Administrativo* (1984). Trad. al esp. de la 9ª ed. francesa. Caracas, UCV-IDP, 18.

476 Véase con provecho el excelente desarrollo que hace Hernández-Mendible, V. (2008). «Los principios generales del Derecho en el Derecho Administrativo». En *Principios en el Derecho Administrativo Iberoamericano*, VII Foro de Derecho Administrativo. Valladolid, Salamanca, Ed. Netbiblo, 657-689.

477 Sent. de la CSJ/SPA de fecha 21 de diciembre de 1972, G.O. N° 1568 Extr., de fecha 12 de febrero de 1972, 6.

nes se ajustan o efectivamente son conforme a Derecho, y también en la potestad de realizar sus fines esenciales por sus propios medios. Aquí el principio de legalidad o de juridicidad actúa, desde este punto de vista, como correa de transmisión de la legitimidad.

§97. Principio del control público — A los fines de que los presupuestos estructurales de la cláusula Estado democrático y social de Derecho y de Justicia sean eficaces, rige el principio «de control público» (Araujo-Juárez)[478], pero nos hemos de preguntar: ¿Qué categoría de control público?

Como cuestión previa debemos señalar que por medio del control público, se persigue que la Administración pública se desenvuelva de acuerdo con las directrices establecidas, «regulando» todos los factores en orden a su funcionamiento sistemático y eficiente. Mientras la ejecución o actividad administrativa en sentido amplio es la puesta en práctica de la Constitución y el resto del Ordenamiento jurídico, el control desempeña una misión complementaria, pero imprescindible, consistente en que las actuaciones y los resultados corresponden a lo establecido. Si bien en la Administración pública la función de control público en este sentido ha tenido escasa atención, no dejan de existir en la misma, procesos y funciones de este tipo, ya que la facultad de controlar es una condición esencial aneja a toda atribución y delegación de competencia. Es sustancial a cualquier forma de mando o de dirección. Pero el control público ejercido de un modo sistemático, como función independiente con fines específicos y estructura propia, sin estar integrado en facultades directivas o supervisoras, ha sido aplicado en pocos casos en la Administración pública del Estado Constitucional.

Ahora bien, el control público ha sido objeto muchas clasificaciones, en razón de muy diversos criterios: finalidad o naturaleza; oportunidad; objeto; ubicación del órgano o del titular; y por último, la vinculación de los órganos entre los cuales se establece la actividad de control (J.R. Dromi)[479]. En este orden de ideas, la más importante clasificación del control público es la que atiende al criterio de la finalidad o naturaleza de la actividad controlada, así: 1.°, el control administrativo; 2.°, el control legislativo o parlamentario; y por último 3.°, el control jurisdiccional o judicial (M. Ivanega)[480].

Finalmente, el control público puede ejercerse desde una doble vertiente, según que el sujeto activo sea la misma Administración pública, que se autocontrola por medio de funciones específicas, u órganos representativos de la nación. Ambas clases se conocen como control interno y externo.

Ahora bien, el principio de legalidad o de juridicidad representa la conformidad con el Derecho o, en otros términos, la regularidad jurídica de las funciones de todas las ramas y los órganos del Estado Constitucional. Por tanto, el Derecho —que puede coincidir o no con la ley, como distingue la propia Constitución vigente—, vincula plenamente a la Administración Pública, o en palabras de la jurisprudencia[481], la

---

478 Araujo-Juárez, J. (2019). *Justicia administrativa y el contencioso de anulación*. «Prólogo» de L. Rodriguez R. Caracas, CIDEP-FUNEDA, 25 y ss.; y Araujo-Juárez, J. (2020). *Justicia administrativa y el contencioso de anulación*. «Prólogo» de L. Rodriguez R. Santiago, Ediciones Olejnik.

479 Dromi, J. R. (1979). *Prerrogativas y Garantías Administrativas*, T. I. Buenos Aires, Ed. UNSTA.

480 Ivanega, M. (2006). *Acerca de los Servicios Públicos y sus Controles Administrativos*. Caracas,Editorial Sherwood..

481 Sent. del TSJ/SC N° 1632 de fecha 11 de agosto de 2006.

Administración Pública: «[...] se configura como una Administración que actúa con subordinación plena a la Ley y al Derecho, que está sometida, por ello, al control integral del Poder Judicial».

Posteriormente, el mencionado principio es ratificado por el Art. 4 de la LOAP cuando dispone:

> **Artículo 4.** La Administración Pública se organiza y actúa de conformidad con el principio de legalidad [...].

En consecuencia, la Administración pública debe ceñirse al denominado principio de legalidad o de juridicidad, que cuando está referido específicamente a ella, se le ha denominado principio de «legalidad administrativa», el cual no sólo exige conformidad de las actividades funcionales de la Administración pública con la norma o regla de Derecho preexistente, tanto exógena, esto es, la que es impuesta desde fuera por la Constitución y la ley, como endógena, constituida por la norma que emana de su propio seno.

Finalmente, el principio de legalidad o de juridicidad implica, necesariamente, el principio del control público de la Administración pública, esto es, la existencia de órganos encargados de aplicar el Derecho y de restablecer la legalidad eventualmente desconocida, de carácter administrativo[482] o ya, principalmente, de carácter jurisdiccional, esto es, por órganos jurisdiccionales (R. Odent)[483].

En tal sentido, sostiene la jurisprudencia[484] que:

> [...] la actividad del Estado y de todas las personas que dentro del mismo ejercen funciones públicas, debe estar estrictamente ceñida a las facultades que expresamente se le señalen. Cualquier extralimitación en el ejercicio de esas atribuciones, vicia de ilegalidad el acto de que se trate, y su nulidad debe ser declarada si así fuere solicitada. Es este el principio de legalidad sobre el cual descansa el Estado de Derecho.

En mérito a todo lo antes expuesto, la Administración pública cobra todo su significado cuando se contemplan desde la perspectiva de la función estatal o «función administrativa» *strictu sensu* que cumple en el sistema jurídico, y dentro del mismo, en orden a la realización de los principios jurídicos, valores superiores y fines esenciales del Estado Constitucional a los que sirve todo el conjunto, de forma expresa o implícita. En definitiva, podemos afirmar que la Constitución administrativa diseña un modelo jurídico-político de Administración Pública *strictu sensu*, dentro del marco constitucional del principio de separación de poderes.

SECCIÓN 2.ª LA TEORÍA DE LA FUNCIÓN ADMINISTRATIVA

Introducción

§98. Funciones del Estado Constitucional — Para el logro de sus fines, señala Garrido Falla[485], las comunidades humanas se organizan políticamente. El tipo de organización política que hoy día se conoce como regla en los pueblos civilizados

[482] Araujo-Juárez, J. Ob. cit., nota 478, 57 y ss.
[483] Odent, R. (1977-1981). *Cours de contentieux administratif*, t. I. Paris, Les cours de droit (dact.), 17.
[484] Sent. de la SPA/CSJ de fecha 11 de agosto de 1965, G.F. N° 49, 1965, 197.
[485] Garrido Falla, F., Palomar Olmeda, A. y Lozada González, H. Ob. cit., nota 105, Vol.I, 37.

se denomina Estado, o más propiamente Estado Constitucional. A su vez, hemos dicho más arriba, la acción del Estado Constitucional se manifiesta en formas diversas, que pueden reconducirse a las siguientes: la función legislativa, la función jurisdiccional y la función ejecutiva.

En el mismo sentido, enseña Sayagues Laso,[486] para lograr la realización de sus fines propios, los Estados Constitucionales realizan actos y operaciones, en virtud de los poderes jurídicos que el Derecho objetivo establece. Dichos poderes jurídicos son una aptitud para obrar de determinado modo o manera. Ahora bien, continúa señalando el autor citado, atendiendo a las características de esos poderes jurídicos, se distinguen tradicionalmente las distintas funciones jurídicas del Estado Constitucional, a saber: legislativa, administrativa y jurisdiccional, si bien considera lógico agregar la constituyente, que no sólo se diferencia de las anteriores en el aspecto orgánico y formal, sino que cabe distinguirle en el plano material[487].

Estas son, tradicionalmente, las llamadas funciones del Estado Constitucional, y cabe decir que cualquier acción estatal es, desde el punto de vista de su sustancia o contenido, dado el carácter irreductible que se ha predicado de las funciones estatales, se insiste, a ellas y sólo a una u otra de estas tres formas esenciales de actuación, debe reconducirse cualquier acto jurídico estatal[488].

En la expresión constitucional, por «función» ha de entenderse la acción que desarrollan los órganos estatales o la actividad que desempeñan como tarea que les es inherente, en el sentido que sólo en ejercicio del Poder Público pueden cumplirse. Por tanto, las funciones del Estado Constitucional se configuran como aquellas tareas esenciales al aparato estatal, que le dan razón de ser y que no pueden ejercerse sino en virtud de la potestad constitucional que se identifica con el Poder público. Esas funciones se clasifican, así: la producción de normas que integran el Ordenamiento jurídico, que es la función legislativa o normativa; la conducción política de la sociedad, que es la función de gobierno; la solución de conflictos entre partes, que es la función jurisdiccional; y la gestión, en concreto del interés público por el Estado Constitucional como sujeto de Derecho que se relaciona con los administrados, que es la función administrativa. Esas cuatro funciones estatales se ejercen de acuerdo con nuestro sistema constitucional, por los distintos grupos de órganos separados horizontalmente y que ejercen el Poder público, por lo que el ejercicio de las funciones estatales no es, ni exclusivo ni excluyente de ningún órgano estatal, o si se quiere, de ninguno de los «poderes»[489].

Al respecto es muy oportuna reiterar la distinción que realizara Carré de Malberg[490] sobre la idea de la unidad del Poder público del Estado Constitucional, cuando señala que es necesario distinguir en este Poder público, que es uno, las funciones del mismo, que son múltiples. Así, el concepto de funciones del Estado Constitucional es distinto al de Poder público del Estado Constitucional. La noción de Poder público es previa a la de la función; pues ésta se manifiesta como una actividad estatal específica realizada en ejercicio del Poder público —de una de sus ramas o distribuciones—, por lo que no puede haber una función estatal sino cuan-

486 Sayagues Laso, Enrique, Ob.cit., nota 248, T. I, 51-52.
487 Sayagues Laso, Enrique, Ob.cit., nota 248, T. I, 51
488 Garrido Falla, F., Palomar Olmeda, A. y Lozada González, H. Ob. cit., nota 105, Vol. I, 40.
489 Brewer-Carias, A.R. (1984). «Prólogo» al libro *El concepto del Derecho Administrativo*. Caracas, EJV, 15.
490 Carré de Malberg, Ob.cit., nota 35, 249, por nota.

do se realiza en ejercicio del Poder público, es decir, de la potestad genérica de obrar que tiene constitucionalmente el Estado Constitucional. Poder y función son, por tanto, distintos elementos en la actividad del Estado Constitucional.

El Poder público como situación jurídico-constitucional, tiene su fuente en la propia Constitución y existe la posibilidad de ejercerlo desde el momento en que está establecido en ella; la función estatal, en cambio, presupone siempre el ejercicio del Poder público por un órgano del Estado Constitucional, y sólo cuando hay ejercicio concreto del Poder público es que se realiza una función estatal. De ahí que la función del Estado Constitucional es toda actividad de la propia esencia y naturaleza de los órganos estatales y, por tanto, indelegable, salvo que exista una autorización constitucional (Brewer-Carías)[491].

En conclusión, las funciones jurídicas en tanto que son sólo las diversas formas a través de las cuales se manifiesta la actividad estatal, y como tareas inherentes a los órganos del Estado Constitucional, se reconducen a las siguientes: (i) función legislativa; (ii) función jurisdiccional; y (iii) función ejecutiva, y dentro de estas la función de gobierno y la función administrativa, siendo esta última que trataremos de seguidas.

A. Función administrativa

§99. Planteamiento de la cuestión — Un correcto planteamiento de la cuestión, nos exigió en el título de la anterior sección, comenzar preguntándonos qué «es» o qué ha de entenderse dentro de la Constitución administrativa por Administración Pública *strictu sensu*, y aclarado esto, tratar de investigar dentro de la Constitución administrativa a que otras clases de Administraciones públicas *lato sensu* está aludiendo implícitamente por exclusión. La cuestión ahora será, entonces, la de averiguar en que consiste, concretamente, la función administrativa dentro del cuadro de las funciones generales del Estado Constitucional. Ahora bien, para ello resulta necesario encontrar el criterio que sirva para deslindar con certeza la noción de función administrativa, o en todo caso, si es posible lograr una caracterización satisfactoria de la misma. Ello se verá a continuación.

Hemos visto como la Administración pública representa uno de los Poderes públicos estructurales u orgánicos individualizado del Estado Constitucional, y el Poder ejecutivo pasa a ser considerado entonces como una función del Estado Constitucional. Basta recoger esta unidad de perspectiva que nos demuestra no sólo la primacía que esta vertiente objetiva tiene en nuestro Derecho constitucional, sino también que de ella no se puede prescindir. Expresamente lo advierte Forsthoff[492] en claros términos, así «Es preciso [...] en cada caso, si se quiere poner en claro la naturaleza de la Administración, no detenerse en el campo de lo puramente formal y de la organización, y dirigir el esfuerzo a lo objetivo y material.» Y en tal sentido, teniendo conjuntamente presente la advertencia de Forsthoff y el planteamiento de las Constituciones, puede ser interesante resaltar y poner de relieve la valoración material que estas últimas formulan de la función administrativa, precisamente cuando un buen sector de la moderna doctrina jurídico-administrativa abandona en su totalidad en la determinación de la noción de Administración pública, la valoración de los criterios materiales, su consideración como función.

---

491 Brewer-Carías, A.R. Ob.cit., nota 248, t. I.

492 Forsthoff, E. Ob. cit., nota 427, 15.

Ahora, la cuestión será entonces de averiguar en qué consiste, concretamente, esta función administrativa o de administrar, dentro del cuadro de funciones estatales o funciones fundamentales del Estado Constitucional. Si el Derecho administrativo regula también el ejercicio de la función administrativa, será necesario identificarla dentro de las diversas funciones jurídicas del Estado Constitucional, cuya diferenciación no coincide ni con la separación de poderes ni con determinadas actividades estatales, que es otra de las bases fundamentales del Derecho administrativo.

Por su parte, la jurisprudencia[493] define la función administrativa, en un sentido general, «como aquella actividad del poder público que tiende a conservar y promover los intereses generales, mantener al orden, proteger el ejercicio normal del derecho y facilitar el desenvolvimiento de toda actividad libre dentro de la convivencia social».

Ahora bien, es sabido que las instituciones jurídicas cobran todo su significado cuando se contemplan desde la perspectiva de la función jurídico-pública que cumplen en el entero Ordenamiento jurídico o sistema normativo y, dentro del mismo, en orden a la realización de los fines esenciales a los que sirve todo el conjunto, de forma expresa o implícita. En mérito a todo lo antes expuesto, podemos afirmar que la Constitución administrativa diseña un modelo jurídico-político de Administración Pública *strictu sensu*, dentro del marco de los principios jurídicos, valores superiores y reglas constitucionales enunciados.

I. Fines del Estado

§100. Principio de los fines del Estado — Otra novedad de la Constitución de 1999 es la del concepto de fines del Estado Constitucional que se encuentran anunciados en la EMC, y especialmente definidos en el Preámbulo y en el Art. 3 de la C. En tal sentido, el diseño constitucional consagra que la estructura del Estado Constitucional se regirá, tal como se expresa en la EMC, por los principios de integridad territorial, cooperación, solidaridad, concurrencia y corresponsabilidad, que son las características del modelo del Estado Constitucional, en el que las comunidades y autoridades de los distintos niveles político-territoriales participan en la formación de las políticas públicas comunes a la Nación, integrándose en una esfera de gobierno compartida para el ejercicio de las competencias en que concurren.

De esta manera, la acción de gobierno del Poder Público Municipal, del Poder Público Estatal y del Poder Público Nacional se armoniza y coordina, para garantizar los fines del Estado Constitucional al servicio de la sociedad, lo cual constituye a su vez fuente de su legitimación. En tal sentido, la Constitución enumera los fines del Estado Constitucional de la manera siguiente:

> **Artículo 3.** El Estado tiene como fines esenciales la defensa y el desarrollo de la persona y el respeto a su dignidad, el ejercicio democrático de la voluntad popular, la construcción de una sociedad justa y amante de la paz, la promoción de la prosperidad y bienestar del pueblo y la garantía del cumplimiento de los principios, derechos y deberes reconocidos y consagrados en esta Constitución.

[493] Sent. de la CSJ/SPA, de fecha 30-5-1966, GF, N° 52, 1966, pp.108, 113.

La educación y el trabajo son los procesos fundamentales para alcanzar dichos fines.

Al efecto, C. Sosa Gómez[494] nos recuerda que el Art. 3 de la C establece como fines del Estado Constitucional, una enumeración, una lista narrativa no taxativa, en el sentido que cada uno de los fines indicados, a su vez, agrupa tal cantidad de artículos de la Constitución que tratan y regulan estos fines de rango constitucional y que, en definitiva, constituyen compromisos permanentes a los que toda acción del Estado Constitucional debe responder. Por tanto, son fines de obligatorio ejercicio, los siguientes:

(i) La defensa y desarrollo de la persona.

(ii) El respeto a la dignidad de la persona.

(ii) El ejercicio democrático de la voluntad popular.

(iv) La construcción de una sociedad justa y amante de la paz.

(v) La promoción de la prosperidad y bienestar del pueblo.

(vi) Y por último, la garantía de cumplimiento de los principios, derechos y deberes reconocidos y consagrados en la Constitución.

Además de las referencias constitucionales mencionadas, el texto contiene dos menciones más; se trata de los Arts. 136 y 152 *eiusdem*. El primero de ellos, es el que establece cómo se distribuye el Poder Público y cada una de esas ramas tiene sus funciones propias, refiriendo que los órganos a que los que incumbe su ejercicio colaborarán entre sí en la realización de los fines del Estado Constitucional. Por su parte, el Art. 152 *eiusdem* igualmente los menciona cuando somete las relaciones internacionales de la República a los fines del Estado Constitucional.

II. Clasificación de la función administrativa

§101. Planteamiento de la cuestión — El principio de división de poderes presupone una distribución de funciones entre los órganos constitucionales del Estado Constitucional, de tal modo que uno de ellos no invada las funciones propias de otro. En consecuencia, ni el Poder Legislativo, ni el Poder Judicial, ni el Poder Ejecutivo o en fin ni los Poderes Ciudadano y Electoral pueden, en nuestro Ordenamiento jurídico, «hacerlo todo», no sólo porque el contenido de sus actos está limitado por la Constitución sino porque, además, sostiene Aragón[495], la Constitución prescribe para cada uno de ellos unas «formas» características de actuación, un «tipo» determinado de actos que no pueden ser indistintamente producidos por cualquiera de los órganos que en el Derecho positivo conforman la penta división del ejercicio del Poder Público que consagra la Constitución. Reconocer esto no es señalar que haya o deba haber estricta separación de poderes, que ello es cosa bien distinta, sino asumir esa distinción en las funciones propias de cada una de la ramas del Poder público.

494 Sosa Gómez, C. (2020). «Principios de los fines del Estado democrático». En *Principios fundamentales del Derecho Público. Desafíos actuales. Libro connmemorativo de los 20 años de la publicación de la Constitución de 1999* (A.R.) Brewer-Carias, A.R. y J. Araujo-Juárez, Coords.).Caracas, EJVI.

495 Aragón, M. (1988). «Presentación» a *El Gobierno: Estudios*. En DA, núm 215, 9.

Al respecto debemos empezar señalando que se hace necesario penetrar como cuestión previa en la noción de «función administrativa», y con ello en la significación de las dos palabras que la componen: la 1.ª, «función» —o género próximo—; y la 2.ª, «administrativa» —o última diferencia—, si queremos ofrecer del término función administrativa un concepto válido y coherente, en sí misma y en relación con la Administración pública *strictu sensu*.

Como se sabe, con respecto a la función administrativa, este ha sido uno de los esfuerzos didácticos más prolongados, cuyo cansancio se manifestó en la adopción de fórmulas negativas. En efecto, por función administrativa, la doctrina —Escuela alemana, desde Mayer— inicialmente daba un criterio de conceptuación «negativo», esto es, toda atuación del Estado Constitucional que no es ni función legislativa ni función jurisdiccional, lo que solo serviría para dar su contorno o perímetro, pero no su sustancia o contenido, por lo que junto a lo del lado negativo —lo que no es—, convenía precisar lo que función administrativa sí es. Esta era una manera de razonar cuya incorrección lógica ha sido puesta de manifiesto (Garrido Falla)[496].

Así las cosas, ha sido B. Gournay[497] quien se ha ocupado de la función administrativa y su clasificación, y al efecto distingue entre:

(i) Las funciones administrativas «principales» —esenciales o universales—, que son aquellas por razón de las cuales el Poder público ha instituido los servicios públicos y demás actividades que entiende asumir en orden al cumplimiento o la realización de los fines de interés general o público, esto es, los que se prestan directamente al público —función administrativa *strictu sensu*—.

(ii) Mientras que las funciones administrativas «auxiliares» —no esenciales o concretas—, son los servicios generales o comunes que se prestan al servicio y a los demás funcionarios en todos los órganos que ejercen el Poder público, y que agruparía las funciones o servicios de gestión siguientes: administración de personal, adquisición y gestión de bienes y servicios, presupuesto y contabilidad, funciones jurídicas y documentación; en suma, trata de prestarse un servicio a sí misma —función administrativa *lato sensu*— y, por tanto, no deberían confundirse los medios utilizados —jurídicos, humanos, materiales, técnicos, etc.— con los fines principales.

§102. Función administrativa fuera de la Administración pública — Visto lo visto, procede analizar ahora, el caso de la actividad o función administrativa cumplida por órganos públicos y privados no integrados en la Administración Pública como la hemos conceptualizado en la sección anterior.

En efecto se trataría de una distinción que habría que hacer, como lo señala García de Enterría[498], en tanto que la organización y servicios auxiliares de los demás Poderes públicos son puramente instrumentales para su función estatal —leyes y actos jurisdiccionales— que es el objeto propio de los mismos, mientras que la actividad de la Administración pública se plasma en organizaciones, servi-

---

[496] Garrido Falla, F., Palomar Olmeda, A. y Lozada González, H. Ob. cit., nota 105, Vol. I, 42.
[497] Gournay B. (1964). *L'Administration*. Paris, PUF, Col. Que sai-je? Num. 1004, 17.
[498] García de Enterría. E. y Fernández, T. R. Ob. cit., nota 13, T. I, 60 y 61, y especialmente 868 y 869.

cios, prestaciones directas al público, que se manifiesta en una multivaria actividad técnica y material que constituye así, el nervio mismo de la Administración pública como efectiva realidad. El Derecho no pudría ignorar este hecho capital de caracterización de la misma. Sobre esta nota diferencial se ha montado uno de los intentos más continuados de su concepción. Administración pública produce, en efecto, normas y actos jurídicos, en lo que coincide con los otros poderes; pero normalmente tales normas y actos no tienen una finalidad sustantiva, sino auxiliar de su objetivo más destacado de actividades materiales por las que se prestan infraestructura —obras en general—, servicios —salud, educación, y una gran etc—, en definitiva, utilidades concretas al público que constituyen no solo las de mayor volumen, sino de una importancia y significación prácticas más reconocidas, aunque, naturalmente, la actividad jurídica la enmarque, la condicione y la haga posible

Por tanto, según que esas funciones administrativas, desde el punto de vista material, se actúen como complementarias de la función jurídica específica que dichos órganos desempeñan como «funciones propias» según el Art. 136 de la C —por ej., la Controloría General de la República, el Ministerio Público, el Consejo Nacional Electoral, la Defensoría del Pueblo, etc.—, o bien que sean fruto de las organizaciones instrumentales de sostenimiento y apoyo de que tales órganos, en cuanto que órganos constitucionales propiamente dichos, se doten en servicios de independencia auxiliares o complemetarios, como acontece con la Dirección Ejecutiva de la Magistratura —Art. 267 de la C—.

En definitiva, cada rama del Poder Público tiende a ser titular de sus propias facultades de gestión en relación con sus medios personales y materiales. En todos esos casos, se trataría de organizaciones específicas de apoyo de que se dotan para sostener su autonomía —administrativa, financiera y presupuestaria— y la administración del personal y de la gestión patrimonial de sostenimiento y excluir cualquier dependencia de la Administración pública, tal como ocurría durante la vigencia de la Constitución de 1961, donde la gestión del personal y del presupuesto del Poder Judicial se manejaba desde el Ministerio de Justicia.

Ahora bien, sostiene García de Enterría[499] que los actos que en ejercicio de tales funciones de apoyo se realicen, no serían propiamente actos administrativos, por cuanto no serían imputables a la Administración pública, y quedan fuera del objeto formal del Derecho administrativo, pero que sin embargo, si afectasen a terceros —por ej., personal, contratistas, expropiados, perjudicados, etc.—, le correspondería conocer de los mismos a la jurisdicción contencioso administrativa, para lo cual parecería suficiente una norma de atribución específica de competencia, por la vía efectiva de la tutela judicial para la protección de aquellos.

Por su parte, Garrido Falla[500] se pronunciaba en el mismo sentido, pero con la promulgación de la Constitución española de 1978 descubre que el examen de la Constitución española invita a nuevas reflexiones y observa que ciertos actos que presentan indudable semejanza con los que normalmente realiza la Administración pública estarán sometidos al Derecho administrativo. Pero por contraste, las actuaciones administrativas de los demás órganos constitucionales «son mediales e instrumentales con respecto a la función constitucional que les está atribuida».

---

499 García de Enterría. E. y Fernández, T. R. Ob. cit., nota 13, T. I, 61.

500 Garrido Falla, F., Palomar Olmeda, A. y Lozada González, H. Ob. cit., nota 105, 67.

Finalmente, al subrayar también la importancia de la potestad administrativa, Meilán Gil[501] sostiene que se permite reconocer la existencia en España de auténticos actos administrativos en aquellos órganos del Estado Constitucional, distintos de la Administración pública —Congreso y Senado, Consejo General del Poder Judicial, Tribunal Constitucional,Tribunal de Cuentas, Defensor del Pueblo—, cuando desarrollan funciones que no son las que caracterizan su inserción constitucional —en la gestión autónoma de sus asuntos internos en materia de personal, administración y financiera o patrimonial sujetos al Derecho público—, o por entes a quienes el Ordenamiento jurídico atribuye funciones sustancial o materialmente administrativas, y que hacen posible la revisión de los actos por la jurisdicción contencioso-administrativa.

Al respecto deberíamos recordar que las funciones públicas y los correspondientes actos estatales obedecen a una naturaleza jurídico-pública y, por tanto, no deberíamos olvidar en punto a las consecuencias jurídicas, la distinción existente entre el órgano como centro de imputación del acto, y el centro de imputación de las consecuencias del acto, por lo que al seguir siendo funciones administrativas «auxiliares», pero funciones administrativas al fin, por virtud ciertamente del principio de universalidad del control juridiccional, el conocimiento le habrá de corresponder a la Jurisdicción contencioso administrativa —Arts. 25, 26, 136, 137 y 259 de la C—.

§103. Vicario administrativo — Por último, la participación democrática de las personas y su protagonismo en todos los ámbitos políticos y sociales, señala J.C.Alli Aranguren[502], alcanza también a la Administración pública, y a considerar que el interés público no es exclusivo de la actividad o función administrativa. La sociedad organizada también busca satisfacer intereses colectivos que forman parte del interés público. Este concepto justifica la participación ciudadana en la toma de decisiones y en el control social que en otras épocas eran exclusivos del Poder público. En efecto, debe destacarse la idea de que ya la Administración pública no es la titular exclusiva de la realización de los fines de interés genetal o público. Ello porque no toda actividad de interés público es actividad administrativa por el solo hecho de que el Estado Constitucional la dirija, la encauce, o más simplemente, la vigile (L.Morell Ocaña[503]).

Que los particulares están llamados a desempeñar un importante papel en el campo del Derecho administrativo, no ya como administrados simples, o incluso como administrados cualificados, sino como sujetos activos y ejecutores de la actividad o función administrativa —junto con la Administración pública, y como sustitutos o auxiliares de la misma— es algo incontrovertible en una época como la nuestra, y como la que se abre en nuestro horizonte histórico, de creciente complejidad en la vida social y de preocupante expansión de los fines administrativos. Pues bien, en este plano es necesario situar la figura del vicario administrativo que implica la realización de función administrativa por particulares, y la correspondiente posibilidad de proferir actos administrativos de origen privado.

---

501 Meilán Gil, J.L. (2009). «El Acto Administrativo como categoría jurídica». En *El Acto Administrativo como Fuente del Derecho Administrativo en Iberoamérica* (Actas del VIII Foro Iberoamericanos de Derecho Administrativo), Panamá, 381.

502 Allí Aranguren, J. C. Ob. cit., nota 200, 88.

503 Morell Ocaña, L. (1981). «'El criterium' de la Administración pública y el Derecho Administrativo contemporáneo». En REDA, N° 29, 262.

Pero para evitar una inflación de esta figura jurídica, no basta para calificar una actividad como función administrativa vicaria conque un particular despliegue una acción encaminada a un fin de interés público: dicha acción ha de ser pública en su aspecto objetivo, pero también en su aspecto subjetivo, es decir, ha de ser atribuida por el Ordenamiento jurídico a la Administración pública, como una potestad de ella, si bien admitiendo la transferencia del ejercicio de dicha potestad en favor de un particular a través de alguna de las técnicas legalmente admitidas.

Para García de Enterría[504] se trataría de actividades administrativas de los particulares que obran por delegación o como meros agentes o mandatarios de la Administración pública. Así las cosas, el fenómeno de la delegación se produciría también fuera del campo de la concesión de servicios públicos con los mismos efectos, como si fuera la propia Administración pública delegante. De ahí que las relaciones jurídicas que se traban entre el delegado y los sujetos privados serán administrativas, aunque los segundos sean formalmente sujetos privados.

Por otro lado, la vicariedad en el ejercicio de la función administrativa encierra un conjunto de figuras específicas, por lo que, a determinados efectos, el término vicario de la Administración pública sustituye con ventaja al de concesionario, agente delegado o descentralizado, sobre todo en este último supuesto que a tantas confusiones puede inducir. En principio, un vicario administrativo sería un sujeto privado que está habilitado de forma legal para realizar una función administrativa en concreto. Pero esta afirmación general admite dos importantes excepciones, una por inclusión y otra por exclusión.

Es así como en el contexto de nuestro tiempo han surgido paradigmas e instituciones nuevas dentro del Derecho administrativo como la privatización. Por lo que se refiere a la privatización[505], es preciso prestar especial atención a ésta, puesto que consideramos que su impacto en el Derecho administrativo es notable. Desde el entendimiento de la privatización como una noción anfibológica, es preciso distinguir entre tres acepciones distintas: 1.ª, la privatización de actividades y servicios, distinguiendo aquí según se trate de actividades realizadas al amparo de la iniciativa pública económica prevista en el Art. 112 de la C o de auténticos servicios públicos; 2.ª, la privatización de procedimientos de actuación de la Administración pública, es la conocida «huida del Derecho Administrativo»; y 3.ª y última, la privatización de funciones públicas, entendida como concreto el ejercicio de éstas por sujetos privados.

§104. Teoría de los actos de autoridad — La construcción de esta especial categoría de los denominados «actos de autoridad» (Araujo-Juárez)[506], es uno de los grandes aportes en nuestro país de la Justicia administrativa al Derecho administrativo nacional[507], y de las formas a través de la cual ella contribuye al afianzamiento del Estado de Derecho y al control de la arbitrariedad de los sujetos dotados de

[504] García de Enterría. E. y Fernández, T. R. Ob. cit., nota 13, T.I, 69.

[505] Araujo-Juarez, J. *Derecho Administrativo General.* Vol. IV *Servicio Público.* Caracas, Ediciones Paredes, 92-96.

[506] Araujo-Juárez, J. *Derecho Administrativo General.* Vol. III *Acto y contrato administrativo.* Caracas, Ediciones Paredes, 40 a 50.

[507] Sent. N° 886 del *TSJ/SC,* de fecha 9 de mayo de 2002, caso *Cecilia Calcaño Bastidas.*

Poder público, capaz de incidir en la esfera jurídica de los otros sujetos[508], y que recibió consagración formal en el Art. 7, num. 6 de la LOJCA[509].

Cabe destacar que la teoría del acto de autoridad tuvo su origen en Venezuela en las decisiones relativas a los colegios profesionales[510], donde si bien al comienzo no se les consideraba como personas de Derecho privado en ejecución de servicios públicos capaces de proferir actos administrativos, algunos autores[511] e incluso algunas decisiones judiciales, habían advertido el carácter privado de estas corporaciones y las consecuencias en el régimen jurídico-administrativo.

En efecto, esta teoría significa el reconocimiento de la existencia de sujetos constituidos bajo la forma de Derecho privado, calificados como entes de autoridad, ya que los mismos ejercen funciones públicas a través de actos públicos, en ejercicio de potestades públicas[512] o un servicio público[513], o de la concurrencia de ambos,[514] conforme a las delegaciones que les hace la ley, y que a los efectos del control se denominan actos de autoridad y, por lo tanto, sometidos a la justicia administrativa[515].

Ahora, esta función pública —sostiene la jurisprudencia—[516] es reconocida por el Estado mediante una norma legal, en algunos casos en forma directa —por ej., el caso de las sociedades deportivas[517] y autorales[518]—, y paralelamente, los casos en forma indirecta, en el sentido que exigen para la validez de sus actos la homologación por la Administración pública —por ej., el caso del otorgamiento de títulos académicos por parte de las universidades—.

Es así como algunos de los actos jurídicos emanados de personas privadas pueden llegar a ser calificados como actos administrativos, por aplicación de la denominada teoría de los actos de autoridad, a los efectos de su régimen jurídico y de su eventual control jurisdiccional. Por consiguiente, la amplitud de la noción del acto administrativo ha permitido el sometimiento al control de la Jurisdicción contencio-

---

508 Sent. N° 1339 del TSJ/SPA, de fecha 13 de junio de 2000; N° 766 del TSJ/SPA, de fecha 27 de mayo de 2003; y N° 2727 del *TSJ/SPA*, de fecha 30 de noviembre de 2006, caso *Unidad Educativa Colegio Academia Merici de Venezuela*, en *RAP* N° 108, 2006, 160.

509 Publicada en laGaceta Oficial de la República Bolivariana de Venezuela N° 39.447, de fecha 22 de junio de 2010.

510 Sent. de la CSJ/SPA, de fecha 22 de junio de 1978, caso *Arturo Luis Torres Rivero c/ Colegio de Abogados del Distrito Federal*; y la sentencia a la cual se atribuye el origen de la teoría: CPCA, de fecha 18 de febrero de 1986, caso *Sociedad de Autores y Compositores de Venezuela (SACVEN)*, en *RDP* N° 25, enero-marzo, 1986, Caracas, 1986, 102.

511 Chavero Gadszik, R. (1996). *Los Actos de Autoridad*. Caracas, EJV, 76; Grisanti Aveledo, R. (1993). *Inexistencia de los actos cuasijurisdiccionales*. Caracas, Ed. Vadell Hnos, N° 12.

512 Sents. de la CSJ/SPA, de fecha 19 de mayo de 1988, caso *Universidad Santa María*; de la *CPCA*, de fecha 26 de mayo de 1994, caso *Banco Caracas Casa de Bolsa*, en *RDP* N° 57-58, 1994, pp. 324 y ss; y *CPCA*, de fecha 13 de marzo de 2003, caso *Carlos Coromoto Bravo Barreto*.

513 Sent. de la CSJ/SPA, de fecha 6 de mayo de 1993, caso *Ruperto Machado*.

514 Sent. de la CPCA, de fecha 24 de noviembre de 1986, caso *María Josefina Bustamante c/ Universidad Católica Andrés Bello*.

515 Sents. de la CSJ/SPA, de fecha 14 de mayo de 1998, caso *Fundación IDEA*; N° 1339 del *TSJ/SPA*, de fecha 13 de junio de 2000; y N° 1043 del TSJ/SC, de fecha 17 de mayo de 2006, en *RAP* N° 106, 2006, 229.

516 Sent. N° 886 del TSJ/SC, de fecha 9 de mayo de 2002, caso *Cecilia Calcaño Bustillos*; y N° 1043 del TSJ/SC, de fecha 17 de mayo de 2006, en *RAP* N° 106, 2006, 229.

517 Sent. de la CPCA, de fecha 18 de febrero de 1986, caso *Federación Venezolana de Tiro*.

518 Sent. de la CPCA, de fecha 18 de febrero de 1986, caso *Sociedad de Autores y Compositores de Venezuela (SACVEN)*, en RDP N° 25, enero-marzo, 1986, Caracas, 1986, 102.

so-administrativa, de actos jurídicos que con anterioridad -como consecuencia de una restricción formal u orgánica de su concepto- escapaban a dicho control[519].

B. Bases estructurales de la función administrativa

Introducción

§105. Plan metodológico – Conocido según la Constitución administrativa «qué es» la Administración Pública, interesa ahora saber «qué hace», para lo que debemos entrar de nuevo en el terreno constitucional propiamente dicho, y el Art. 141 de la C de nuevo resulta clave para la conformación de nuestro modelo de Administración Pública.

A nuestro juicio, su contenido es válido y acertado en cuanto que señala qué es y cómo se configura la Administración Pública, y traza las líneas maestras para la regulación de lo que hace, esto es, su misión y los fines esenciales[520] que revisten una gran importancia que deben conocer para «cómo» debe funcionar. Conviene ahora reflexionar en orden a lograr una interpretación sistemática del citado artículo constitucional, en cuanto que la Constitución administrativa aparece como un todo y, por tanto, será preciso interrelacionar todos sus preceptos de acuerdo con los mencionados principios de interpretación constitucional. En este sentido, varias cuestiones habrán de ser abordadas.

En primer lugar, como sostiene la jurisprudencia[521], el principio de separación de poderes rige en las diversas ramas del Poder Público, y es así como en el sistema de distribución del Poder Público se encuentra una de las bases fundamentales de la concepción de la Administración Pública (Art. 137 de la C).

En segundo lugar, el analizado principio de servicialidad de la Administración Pública hacia las personas, la caracterizan de una forma singular, no aplicable, por tanto, en un sentido institucional constitucional a los demás órganos o ramas que ejercen el Poder público. En tal sentido, la jurisprudencia[522] ha establecido que el Art.141 de la C deber ser interpretado también en el sentido que la idea de que «está al servicio de los ciudadanos y ciudadanas», es un mandato para todos y cada uno de quienes realizan la actividad o función administrativa: autoridad, funcionario o empleado, deben hacer siempre lo que sea mejor para los derecho e intereses «de los ciudadanos y ciudadanas».

Y por último —pero no en importancia—, el principio de cumplimiento o realización de los fines del interés general o público de la Administración Pública que se encuentra especialmente en su Preámbulo y en el Art. 3 de la C, que consagran entre otros, la promoción de la prosperidad o bienestar del pueblo, que en

---

519 Sent. de la CSJ/SPA, de fecha 6 de junio de 1993, caso *Varios contra Liga Venezolana de Béisbol Profesional*, RDP N° 53/54, enero-junio 1993, 190.

520 Hernández González, J.I. (2020). «Los fines de la Administración Pública». En *Principios fundamentales del Derecho Público. Desafíos actuales. Libro conmemorativos de los 20 años de la publicación de la Constitución de 1999* (Coords. A.R. Brewer-Carías y J. Araujo-Juárez). Caracas, EJVI.

521 Sent. de la CSJ/SPA, de fecha 29 de mayo de 1972, G.O. N° 1542 Extr., de fecha 14 de septiembre de 1972, 10.

522 Sent. N° 85, Exp. N°01-1274 de la Sala Constitucional del Tribunal Supremo de Justicia de fecha 24/ Enero/2002.

términos jurídicos se traduce en que la Administración Pública siempre debe perseguir, de manera oportuna e inmediata, la realización del interés general o público, en suma: el «bien común».

I. Concepto

§106. Planteamiento de la cuestión — Si el Derecho administrativo es el Derecho propio o estamental de la Administración pública como sujeto singular (García de Enterría)[523], de ahí resulta a nuestro juicio que también tendrá como objeto regular el ejercicio de la función estatal que desarrolla como función propia, esto es, la función administrativa, por lo que será necesario identificarla dentro de las diversas funciones jurídicas del Estado Constitucional, cuya diferenciación no coincide ni con la separación de poderes ni con determinadas actividades estatales, que es otra de las bases fundamentales del sistema nacional de Derecho administrativo.

La función administrativa, como actividad privativa e inherente al Estado Constitucional, es «una zona de la actividad desplegada por el Poder Ejecutivo»[524], y consiste en la actividad jurídica que se manifiesta en la potestad de administrar y gestionar los intereses públicos, la cual se ha atribuido como función propia, en el plano nacional, a los órganos del Poder Ejecutivo. Sin embargo, a diferencia de la función judicial, la función administrativa auxiliar o *lato sensu* no es privativa y exclusiva de los órganos del Poder Ejecutivo, pues su ejercicio se atribuye también a los órganos del Poder Legislativo y del Poder Judicial, y del Poder Ciudadano, dentro del ámbito de sus respectivas competencias constitucionales y legales.

Por su parte, la jurisprudencia define la función administrativa, en un sentido general, «como aquella actividad del poder público que tiende a conservar y promover los intereses generales, mantener al orden, proteger el ejercicio normal del derecho y facilitar el desenvolvimiento de toda actividad libre dentro de la convivencia social».[525]

Sin embargo, la definición dada es suficientemente amplia para abarcar todas las posibles funciones de la Administración pública; pero de otro lado, es demasiado amplia para ofrecer una nota que la caracterice esencialmente y necesita, por ello, mayor desarrollo y explicación. También, es cierto, una descripción como la que aquí pretendemos ofrecer tropieza con grandes dificultades en punto a su delimitación.

§107. Delimitación — No obstante, lo anterior, pienso, sin embargo, que la cuestión merece un análisis más detenido en orden a establecer con el mayor rigor las consecuencias de la concepción de la Administración pública en la nueva situación institucional de la Constitución administrativa.

En mérito a lo expuesto, es evidente que hay una separación y, por tanto, la necesidad de delimitar o deslindar, no sólo las funciones estatales, sino también de separar: por un lado, la Administración pública del Poder Legislativo; por el otro, la Administración pública del Poder Judicial; y, por último, la Administración pública del Poder Ciudadano y del Poder Electoral. Y, en fin, si es que hay actos administrativos no imputables a la Administración pública ¿no se hace buena la

---

523 García de Enterría, E, y Fernández, T.-R. Ob. cit., nota 13, T. I, 78.

524 Garrido Falla, F, Palomar Olmeda, A. y Lozada González, H. Ob.cit., nota 105, Vol. I, 44.

525 Sent. de la CSJ/SPA, de fecha 30-5-1966, GF, N° 52, 1966, 108-113.

concepción de algunos de los viejos maestros del Derecho administrativo cuando afirmaban «ni sólo la Administración administra ni todo lo que hace la Administración es administrar»?

Es aquí donde encuentra plena y satisfactoria explicación, la consideración subjetiva de la Administración pública, construida en torno a la función administrativa principal o *strictu sensu*, como forma peculiar de servir a las personas, y de la realización del interés público, y donde es posible delimitar su ámbito propio, sin implicar a los demás órganos que ejercen el Poder público. En general, la referida adjudicación encontraría fundamento en el principio «de las funciones propias» de la misma Administración pública, con las variantes que señala el propio Garrido Falla[526].

Visto lo visto, es oportuno reiterar que cuando la doctrina administrativa se refiere a que, además de la Administración pública *strictu sensu*, los demás órganos del Estado Constitucional ejercen funciones administrativas, hay que referirse a que lo que están ejerciendo son en realidad funciones administrativas «auxiliares», «mediales» o «instrumentales», o en definitiva funciones «de gestión», que le han sido adjudicadas por el Ordenamiento jurídico, principalmente de gestión de los asuntos internos en materia de personal, administración y gestión financiera o patrimonial, etc., en razón de una finalidad interna o doméstica al órgano o ente estatal de que se trate pero, nunca, propiamente, la función administrativa principal o *strictu sensu*, esto es, en el sentido constitucional que venimos de describir.

Por lo que se refiere al caso concreto del Derecho positivo, tres son las cuestiones que parece urgente deslindar; a saber: 1.ª, la relativa a la fiscalización de los «actos de poder» de los demás órganos constitucionales distintos de la Administración pública *strictu sensu*; 2.ª, la relativa a la fiscalización de los actos en materia de personal; y 3.ª, la referente a la fiscalización de los actos de gestión en materia económica o patrimonial —normalmente de carácter contractual con terceros— realizados por los órganos de «administración interna» de los demás órganos constitucionales distintos de la Administración Pública *strictu sensu*, esto es, por la Asamblea Nacional, los Poderes Ciudadano y Electoral, y de gobierno y de administración del Poder Judicial. En efecto, cada rama del Poder público o del Estado Constitucional —u organismo constitucional— es titular de sus propias funciones administrativas auxiliares o de gestión, en relación con sus medios personales y materiales; es decir, a tener su propia autonomía de gestión administrativa y financiera con respecto a las demás ramas del Poder público.

Sin embargo, lo expuesto es muy distinto a la Administración pública *strictu sensu*, como organización integrante del Poder Ejecutivo de la República, de los Estados y de los Municipios, a quien le ha sido adjudicada, a su vez, la función administrativa principal o *strictu sensu*, la cual, se insiste, sólo puede ser ejercida por un órgano —u organización— estatal investido de tal cualidad, capaz de ejercerla en la forma y condiciones que la propia Constitución administrativa establece. Se destaca claramente cómo la Constitución administrativa ha basado la delimitación de la Administración pública *strictu sensu* en el seno del propio Estado Constitucional, partiendo de la caracterización o particularidad de la función administrativa principal o *strictu sensu*, para atribuirla a una organización también «específica» del mismo, estructurada internamente y que caracteriza su inserción constitu-

[526] Garrido Falla, F., Palomar Olmeda, A. y Lozada González, H. Ob.cit., nota 105, Vol. I, 42 y ss.

cional sobre la base de las específicas características de las «funciones propias» que debe desarrollar de acuerdo con los Arts. 3 y 136 de la C.

En tal sentido, es de mencionar la adjudicación de potestades administrativas a sujetos no administrativos como, por ejemplo, las potestades reglamentarias o disciplinarias en primer lugar, a otros órganos: 1.ª, ya sean estatales como la Asamblea Nacional, en ejercicio de la competencia para «dictar su reglamento y aplicar las sanciones que en él se establezcan», así como «su funcionamiento y organización administrativa» (Art. 187, nums. 19 y 23 de la C); y 2.ª, a personas no estatales, ya sean de Derecho público como las Academias o los gremios profesionales; o ya sean de Derecho privado como serían las empresas del Estado, o que sin ser estatales[527] —se les delega a sujetos privados actividades y potestades [528] o funciones administrativas—, y que plantea una amplia problemática que ha sido tratada por la doctrina administrativa[529].

§108. Giro o tráfico administrativo — Sostiene García de Enterría[530] que en el Derecho español hay una expresión tradicional que caracterizaría la acción típica que la Administración pública, en sentido material, esto es, el «giro o tráfico» del instituto administrativo en cuanto tal. Se trataría, pues, ya no de servicios públicos en el sentido estricto que intentó la categorización de la Escuela de Burdeos, de una variedad de la actividad administrativa caracterizada por la entrega directa de prestaciones a los particulares, sino de algo mucho más amplio, comprensiva de toda la actividad que los particulares no pueden realizar en cuanto tales, esto es, la función típica de la Administración pública en tanto que sujeto por excelencia regulado por el Derecho administrativo. Las dificultades se plantearán cuando se tratará de pasar a identificar su contenido.

Si bien no deconocemos que existen autores que señalan el fracaso del intento de conceptualizar la función administrativa, por cuanto no sería posible aislar una función administrativa en singular, única y homogénrea, por la sencilla razón de que tal función no existiría ni podría existir, por cuanto sería inviable reducir la completa gama de actividades administrativas a un factor común, podríamos señalar que siendo la Administración pública una organización de funcionalidad universal, pues hace literalmente de todo, estimamos, sin incurrir en una obviedad, que se podría aunar el cúmulo de actividades dispares en una fórmula dual.

---

527 De acuerdo con Brewer-Carias, resulta la necesidad de emplear dos clasificaciones distintas respecto de las personas jurídicas en el campo del Derecho administrativo: por una parte, la que distingue entre las personas jurídicas de Derecho público y las personas jurídicas de Derecho privado, según la forma jurídica que se adopte para el centro de imputación de intereses; y por la otra, la que distingue entre las personas jurídicas estatales y las personas jurídicas no estatales, según la integración del ente respectivo en la estructura y organización general del Estado. Las de carácter «estatal», es decir, las que forman parte de la «estructura» u organización general del Estado, sean de Derecho público o de Derecho privado; o sea, aquéllas que conforman lo que desde el punto de vista económico constituye el «sector público» (Art. 289, num. 3 de la C). Estas son las que pueden considerarse como personas jurídicas *estatales* conforme a la terminología que adopta la Constitución. Brewer-Carías, A.R. (2013). «Sobre la personalidad jurídica en el Derecho administrativo». En *Ensayos de Derecho Público. En memoria de Maurice Hauriou*, (Coors. A. Matilla Correa, J. O. Santofimio Gamboa, H. Santaella Quintero). Bogotá, Universidad Externado de Colombia, 7.

528 Bermejo Vera, J. (1998). «La administración inspectora». En RAP, núm. 147, 39 y ss.

529 Cueto Pérez. M. (2008). *Procedimiento administrativo, sujetos privados y funciones públicas*. Madrid, Editorial Civitas.

530 García de Enterría, E. y Fernández, T. R. Ob. cit., nota 13, T.I, 83.

Así las cosas, y sobre las anteriores bases conceptuales, la especificidad de la Administración pública se encierra, de acuerdo con la Constitución administrativa, en la consideración de que constitucionalmente está al servicio: 1.° de las personas; y 2.° de la realización del interés público, con lo que se destaca una categorización, ya no negativa o residual sino caracterizadamente «cualitativa», que domina toda la actividad o función de la Administración pública, como nota esencial de su régimen jurídico. De ahí que el principio de servicialidad no constituye únicamente una pauta de actuación de la función administrativa, sino que su consagración constitucional también se justifica por ser un paradigma que ha de orientar y dirigir la organización y funcionamiento de la Administración pública principal o *strictu sensu*. Y es que las relaciones entre la Administración pública y la persona se construyen a partir de «la garantía de cumplimiento de los principios, derechos y deberes reconocidos y consagrados en esta Constitución», y «la promoción y la prosperidad del pueblo», según mandato del Art. 3 de la C: en suma, que consolide el valor del «bien común» según proclama el Preámbulo de la C.

En conclusión, el esquema del Poder constituyente marcó la intención de reconducir la diversidad o multiplicidad de las Administraciones públicas a través de su conexión con el Estado Constitucional, a un mínimo común denominador: el denominado «giro o tráfico administrativo», preparando un sustrato normativo que, respetando las peculiaridades de cada una de las distintas Administraciones públicas, satisfaga la exigencia de una regulación homogénea de las distintas realidades organizativas y de gestión administrativa. Por tanto, existe una correspondencia formal, de alcance y valor de rango constitucional, entre la función administrativa principal o *strictu sensu* —principio de servicialidad de las personas y del interés público—, y la organización estatal que la asume constitucionalmente: el tipo «Administración Pública» —con mayúsculas— subjetivada en el Derecho positivo.

II. Principio de servicialidad

§109. Planteamiento de la cuestión — Las sociedades contemporáneas han tenido conocimiento directo del peligro que se ha abatido sobre ellas, de regímenes totalitarios con el ejercicio arbitrario y antidemocrático del Poder público del Estado, y que han estado a punto de arrumbar para siempre los derechos individuales y la dignidad humana, convirtiendo a la persona en un mero instrumento al servicio del Estado. Sin embargo, ya lo sostenía R. Savatier[531], la persona debe ser potenciada individual y socialmente, sin ser absorbida por el Estado, como ha sucedido con los regímenes totalitarios —unos ya fenecidos, pero otros más recientes y vigentes— donde, el hombre, doctrinalmente, queda subordinado a lo social; y la persona humana, a la persona pública; y por último, el individuo a la colectividad, de los cuales el Derecho civil ha sido baluarte y exponente fundamental.

De la misma manera, en el Derecho público contemporáneo es fundamental la idea ética de la dignidad humana —que es el fundamento de los derechos humanos—, la cual sido tomada en préstamo de la idea que ha sido especialmente destacada por el filósofo alemán E. Kant[532]. De acuerdo con sus planteamientos más importantes en

[531] R. Savatier (1950). *Du Droit Civil au Droit Public a travers les personnes, les biens et la responsabilité civil*, 2ª. edic. Paris, LGDJ, 9 y ss.

[532] Kant., E. (2007 [1785]). *Fundamentación de la Metafísica de las Costumbres*, trad. de M. Maria Molente. San Juan, Puerto Rico, 43.

materia de ética, uno de los imperativos categóricos en la ética es que los seres humanos se merecen un trato especial y digno que posibilite su desarrollo como personas. En este sentido, afirmaba Kant, el hombre es un fin en sí mismo, y nunca debe ser tomado como un medio para usos de otros individuos, lo que lo convertiría en una cosa. Por otro lado, la dignidad sólo puede predicarse del hombre, porque sólo en él se da esta distancia entre la naturaleza y el sujeto. Lo propio de ser persona, lo propio de ser alguien, es esta diferencia interna (R. Spaemann[533]).

En tal sentido, la antítesis persona-Estado Constitucional se resuelve en teoría, destacando el valor superior de aquella, ya que el Estado Constitucional y la Administración pública deben estar en función y al servicio de la persona, y no al contrario. Estado Constitucional y Administración pública tienen sentido en cuanto suponen, en frase de Von Stein[534], una acción trabajando —*«arbeiten der Staat»*—; pero el contenido de ese trabajo no es egolátrico, sino «el conjunto de condiciones del desarrollo individual de todos aquellos cuya comunidad forman el Estado». «También un Estado particular tiene su muerte —dice Von Stein en otra ocasión—. Esta muerte ocurre cuando Constitución y Administración pública existen sin consideración al individuo y su destino y el Estado vive sólo para sí y su personalidad».

III. Principio de la Administración pública al servicio de la persona

§110. Planteamiento de la cuestión — El Derecho administrativo contemporáneo se encuentra inmerso en un proceso de cambios. Uno de los grandes desafíos a los que hoy se enfrenta, es rescatar y repensar el significado del ADN, las señas de identidad o bases estructurales de su construcción, para abordarlas con perspectiva de futuro.

De ahí que cualquier estudio cuya atención se oriente a la importancia de su vigencia, debería plantear uno cualquiera de sus dos aspectos más esenciales: por un lado, un sistema de potestades públicas; y por el otro, un sistema de derechos y de garantías jurídicas de la persona, radicados en último extremo en el núcleo irreductible e indisponible de la dignidad humana que, a su vez, sustenta a todos y cada uno de los demás derechos fundamentales, en sus relaciones jurídicas con la Administración pública, los cuales van a experimentar una notable evolución, a resultas de la aprobación de las Constituciones modernas en el Derecho comparado. Aquí radica, señala Weil[535], la originalidad de los métodos de elaboración del Derecho administrativo: ha sido necesario realizar un arbitraje permanente —también se ha hablado de conciliación, equilibrio, etc.— entre las necesidades de acción administrativa y las de su limitación, siempre discutible y extremadamente difícil, buscando la forma de garantizart a la persona una protección contra el Poder público y, a la vez, procurar a la Administración pública los medios de acción necesarios de modo de no comprometer los intereses generales que tiene a su cargo.

Para ello se debe partir desde el firme convencimiento de que la persona es el «centro de gravedad»: en primer lugar del Derecho, en general, pues este la contempla como el «eje del sistema» al cual debe servir, en tanto que es su centro y meta (J. Lete Del Río)[536], el «centro del orden jurídico», pues el Derecho existe por y

533 Spaemann, R. (1992). «Sobre el concepto de dignidad humana». En *Lo natural y lo racional*. Madrid, 85.

534 Von Stein, (1958). *Verwaltungslehre und Verwaltungsrecht*. Francfort, 24. Cit. por De Miguel García, P. (1973). «Consideraciones en torno a lo privado y público. En DA, núm. 154. Madrid, 9.

535 Weil. P. Ob. cit., nota 28, 20.

536 Lete Del Río, J. (1996). *Derecho de la Persona*, 3ª edic. Madrid, Tecnos, 19 y 20.

para ésta (M.C. Domínguez Guillén)[537] o en fin, «el concepto superior de todo el Derecho» (H. Hattenhauer)[538]; y en segundo lugar del Derecho público, en concreto, porque en el Estado Constitucional contemporáneo es el «centro de la acción pública», el auténtico protagonista, rector y receptor de sus fines esenciales (J.González Pérez, F.González Navarro y J.Rodríguez-Arana)[539].

§111. Persona y Derecho administrativo – Debemos empezar señalando como primera y principal reflexión, como afirma muy bien la doctrina española citada, que en el Estado Constitucional contemporáneo el «centro de la acción pública es la persona», y que desde este punto de vista, la persona no puede ser entendida como un sujeto pasivo, inerme, puro receptor, destinatario inerte de las decisiones públicas.

Al respecto, González Pérez[540] en el extraordinario ensayo citado, dice que uno llega a olvidarse que el fundamento y razón de ser de esa ingente actividad administrative, «como el fundamento y razón de ser del Estado mismo, no es otro en definitiva, que el hombre, su bienestar, hacer que su paso por la tierra sea más agradable, mejor [...] El administrado, pues, es, o al menos debe ser. El centro del sistema». Pero que en los textos de Derecho administrativo, salvo muy honrosas excepciones –como lo son los casos de García de Enterría y Garrido Falla– [541], aún de la época dorada del liberalismo, se podrá observar que no tiene derecho a un título, ni a un capítulo, ni a una sección, y solo aparece como recurrente, usuario, expropiado, contribuyente, «pero no en el puesto central que le corresponde», mientras que la Administración pública y sus prerrogativas han absorbido lo mejor de la producción. Y ello no puede ser más significativo, pues se ha llegado, justamente, al polo opuesto de la situación reinante en el momento de nacer el Derecho administrativo[542].

Al efecto J.L. Mestre[543] nos revela que después de la aparición de la expresión *Droit administratif,* más tarde, L.-F. Portiez de L'Oise, diputado durante la Revolución francesa, después profesor y finalmente decano, con ocasión de la apertura de la Escuela de derecho de Paris en 1805, será el encargado de enseñar una asignatura que según la terminología empleada por la ley del 13-03-1804, es «el derecho civil y su vinculación con la administración pública»[544]. Pues bien, según Mestre, Portiez ordenará la vasta materia en un libro publicado en 1808 y contentivo de 736 páginas intitulado «Curso de legislación administrativa», que divide en dos partes: la

---

537 Domínguez Guillén, M.C. (2005). «Primacía de la persona en el orden constitucional». En *El Estado Constitucional constitucional y el Derecho Administrativo en Venezuela. Libro Homenaje a Tomas Polanco Alcántara.* Caracas,UCV-IDP, 299-320.

538 Hattenhauer, H. (1987). *Conceptos fundamentales del Derecho Civil.* Barcelona, Ariel S. A.,19.

539 González Pérez, J. (1966). *El Administrado.* Madrid, Abella, 16; González Navarro, F. (2007). *Derecho Administrativo Español,* I, Pamplona, EUNSA, 407. La teoría mencionada ha sido aceptada y difundida muy ampliamente y con profundidad en nuestros días por Rodríguez-Arana, J. Ob. cit., nota 277,153.

540 González Pérez, J. Ob. cit., nota 539, 8 y 9.

541 García de Enterría, E. y Fernández, T. R. (2020). *Curso de Derecho Administrativo.* T. II, Decimosexta edición, 37 a 76; y Garrido Falla, E. Palomar Olmeda, A. y Lozada González, H. Ob.cit., nota 105, Vol. I, 516 a 531.

542 González Pérez, J. Ob. cit., nota 539, 10.

543 Mestre, J. L. Ob. Cit., nota 10, 244.

544 Se deberá al gran jurista italiano G.D. Romagnosi, bajo el Reino de Italia de Napoleón, la obra que va a contener, por primera vez, en su título la expresión «Derecho administrativo», así: Romagnosi, G.D. (1814). *Principi fondamentali di diritto admministrativo, Instituzioni di diritto amministrativo* Tomo I. Milan, imp. Malatesta.

primera consagrada a las «personas que administran»; la segunda, a «las personas y cosas administradas». Como se advierte, es una división que procede de las instituciones de Gayo y de Justiniano que resumen la tradición romana en la célebre frase: «Todo el derecho de que hacemos uso se refiere a las personas, a las cosas y a las acciones».

En tal sentido, el que ya en sus orígenes se empiece a enseñar que las personas son, en efecto, «el objeto principal del derecho» y, de consiguiente, que se insista en que «la legislación administrativa, como la legislación judicial, tiene como objeto, las personas, las cosas y las acciones», amerita no solo que lo pongamos en valor, sino que su recordatorio resulta obligado como punto de partida de cualquier análisis que se pretenda hacer del Derecho administrativo garantizador contemporáneo.

Ahora, retornando de nuevo a la obra de González Pérez, sostenía que el pensamiento humano, como tantas otras veces, no ha sabido mantenerse en el punto medio, y ha ido de un extremo a otro. De una realidad social en que no existirá más que el hombre —como hombre, como ciudadano— frente al Estado Constitucional, a otra en el que el hombre apenas si tiene realidad.Por ello, concluye, que se debería de volver, sin exageraciones, a quien forzosamente debería ser el centro de todo sistema de gobierno y de administración, en su aspecto más humilde, pero más realista y eficaz, de persona que está frente a alguien más poderoso y más arbitrario que los viejos poderes absolutos: la Administración pública.

a. Principio de centralidad de la persona

§112. a Concepto — Ahora bien, definir a la persona como centro de la acción pública significa no sólo, ni principalmente, calificarla como centro de atención sino, sobre todo, considerarla protagonista por excelencia de la acción del Estado Constitucional, y que bien pudiera resumirse en un principio «de centralidad de la persona», por cuanto se entiende que constituye razón de ser, principio y fin del Estado Constitucional, que tiene por misión última proteger la persona para que pueda desarrollarse libremente. Por ello, su referencia central deberá ser elemento clave de reflexión y de teorización de referencia para caracterizar al Derecho administrativo y a la Administración pública contemporáneos, que han de tener presente esta realidad y adecuarse, institucionalmente, a los nuevos tiempos.

En efecto, dentro de los postulados distintivos del Derecho administrativo contemporáneo, donde se han producido muchos cambios de paradigmas desde sus orígenes, es que la persona vuelva a ser el centro de la acción del Estado Constitucional (C.Delpiazzo)[545], por lo que el ejercicio del Poder público es sólo instrumento normal de la Administración pública para el cumplimiento de sus fines esenciales constitucionales que proclama el Art. 3 de la C que son, entre otros: «la defensa y el desarrollo de la persona y el respeto a su dignidad».

En tal sentido, sostiene A. Nieto García[546], la Administración pública es, por su origen y su fin, «servicio al administrado». La anterior afirmación nos sitúa, en mi

---

[545] Delpiazzo, C. (2014), «Centralidad del Administrado en el Actual Derecho Administrativo: impactos del Estado Constitucional de Derecho». En *Revista de Investigaçoes Constitucionais,* vol. I, nº 3. Curitiba.

[546] Nieto García, A. (1962). «La inactividad de la Administración y el recurso contencioso-administrativo». En ortillloción,tración Públicaí, quRAP, núm. 37, 75 y ss. De la misma idea ya se había hecho

opinión, en la verdadera encrucijada, de entonces y de ahora, del Derecho administrativo contemporáneo. Éste, en efecto, ha de servir como medio eficaz para atender los distintos y a veces enfrentados intereses que en toda sociedad conviven, pero desde la perspectiva de lo social.

En conclusión, no otra puede ser la concepción de la Administración pública contemporánea, si atendemos a lo que nuestra Constitución dispone y configura en el Art. 141 de la C. Por tanto, es solamente cuando todas las instituciones administrativas estén modeladas de suerte que resulte garantizada para los más diversos ámbitos sociales, «la defensa y el desarrollo de la persona y el respeto a su dignidad» según exige el Art. 3 de la C, entonces podrá decirse con verdad que ese Ordenamiento jurídico-administrativo está efectivamente transido de servicialidad hacia la persona.

Así las cosas, la determinación de centralidad de la persona —cuya formulación y alcance prácticamente han permanecido inalterados— merece ser destacada, especialmente por su trascendencia —al menos potencial— para la introducción del principio de servicio a las personas y sus consecuencias jurídicas en la lógica de funcionamiento del Estado Constitucional y también de la Administración pública. La centralidad de la persona se traduce, en efecto, en deberes constitucionales del Estado Constitucional y de la Administración pública —que la alcanzan a ella misma y no sólo a sus organismos públicos—, concretamente con el establecimiento de un sistema de protección que comprende la defensa, promoción y respeto de la dignidad y demás derechos fundamentales, que es la categoría general que utiliza el Derecho constitucional, y son de los que depende la naturaleza del sistema jurídico-político o derechos básicos (Bilbao Ubillas)[547], subespecie de una categoría más amplia del mundo del Derecho, la de derechos subjetivos, esto es, conjunto de facultades que el Ordenamiento jurídico reconoce en interés de su titular y que incluye su tutela judicial efectiva.

Se destaca de lo expuesto que el Derecho administrativo[548] ha evolucionado hasta configurarse como un dominio jurídico en el ámbito del cual, deseablemente sin pérdida de la garantía de la «centralidad de la persona», gana cada vez más espacio y de modo cada vez más consistente, la idea del sistema de protección —defensa, respeto y servicio— de la dignidad y demás derechos fundamentales de la persona, a realizar a diferentes niveles y determinantemente en el plano de la Justicia administrativa.

---

eco un trabajo de R. Savatier (1967). *El Derecho al servicio de las personas*. En 47.ª Semana Social de Francia. Grenoble. Por su parte en Italia D. Sorace define una de las funciones básicas de la Administración pública como «el administrar los intereses de los ciudadanos», o la función de servicio a los ciudadanos. Sorace, D. (2002). En *Diritto delle amministrazione pubbliche*, 2.ª ed. Bolonia, Ed. Il Mulino,

547 Bilbao Ubillos, J.M., Rey Martínez, F. y Vidal Zapatero, J.M. Ob. cit., nota 1.

548 Chiaracane, S. (2020). «Bases del Derecho administrativo y el sistema de protección de las personas». En *Principios fundamentales del Derecho Público. Desafíos actuales. Libro conmemorativos de los 20 años de la publicación de la Constitución de 1999* (Coords. A.R. Brewer-Carías y J. Araujo-Juárez, J.). Caracas, EJVI; y Blanco-Uribe, A. (2020). «*Principios de la protección de los derechos de las personas*». En *Principios fundamentales del Derecho Público. Desafíos actuales. Libro conmemorativos de los 20 años de la publicación de la Constitución* de 1999 (Coords. A.R. Brewer-Carías y J. Araujo-Juárez, J.). Caracas, EJVI; y Nikken, C. (2020). «El principio de protección de los derechos humanos». En *Principios fundamentales del Derecho Público. Desafíos actuales. Libro conmemorativode los 20 años de la publicación de la Constitución de 1999* (Coords. A.R. Brewer-Carías y J. Araujo-Juárez, J.).Caracas, EJVI.

Los elementos básicos de esta nueva dogmática se centrarían, sostiene Parejo Alfonso[549], en los siguientes:

(i) La conversión de las relaciones jurídicas en la figura central con el preceptivo desarrollo de un Derecho de las personas, y de su capacidad jurídica y de obrar y de la representación —hoy aún escondida en la teoría del órgano—.

(ii) Los derechos subjetivos, en la medida en que constituyen el contenido de las relaciones jurídicas y que puede servir tanto para fundamentar la posición de los sujetos públicos como la de los sujetos privados.

(iii) Y, por último, la separación entre el Derecho material y el Derecho formal que no aparece institucionalizada suficientemente en el Derecho público.

b. Principio de la dignidad de la persona

§112.b Concepto — La expresión dignidad de la persona —dignidad humana o personal— se usa con profusión en toda clase de contextos, a guisa de fundamento teórico, pero invariablemente su esencia se presupone o su entendimiento se confía al buen sentido, quedando por eso mismo pendiente de definir.

No es nuestra intención, en la impuesta brevedad de esta exposición, hacer un recuento minucioso de lo que la doctrina ha expresado al respecto, pero si es necesario señalar que la atención doctrinaria y filosófica sobre el tema es muy antigua. Sin entrar a rastrear los orígenes del concepto (A. Daniels)[550], en la filosofía grecolatina y en el pensamiento cristiano, así como en el de otras religiones monoteistas, pero sin olvidarlos, es útil recordar que ya en el siglo *xv*, un humanista renacentista, Pico Della Mirándola[551], encaró directa y lúcidamente el tema, así como en el renacimiento español, F. Pérez de Oliva[552].

El asunto permaneció luego en el núcleo de la reflexión filosófica, en la que cabe destacar la consideración del tema por Pascal[553], que une «la dignidad con el pensamiento» y, en los siglos *xvii* y *xviii*, por S. Pufendorf y por E. Kant, que realizaron un análisis del tema basado en el paralelismo de los conceptos de racionalidad y dignidad, de la idea del hombre como ser éticamente libre y de la dimensión moral de la personalidad, enfoques que incidieron de manera decisiva en todo el pensamiento occidental posterior de Kant que uniendo los conceptos de dignidad y razón, identifica a la dignidad con la independencia y la autonomía individual.

Fue Kant[554] quien distinguió en el reino de los fines que todo tiene o un precio o una dignidad. Tiene precio aquello que puede ser sustituido por algo

549 Parejo Alfonso, L. (2000). «El Estado Constitucional como poder y el derecho regulador de su actuación, hoy; algunas de las transformaciones en curso». En *Reforma y Democracia*. CLAD, núm. 15, 164 y ss.

550 Vid. *in extenso* a Daniels, A. (2020). «Aproximación al concepto de dignidad humana». En RDP N° 161-162, 77-97.

551 Pico Della Mirándola, G. (1993 [1557]). *De la Dignitè de l'Homme*, traducida del latín por Ives Hersant. Paris, Editions de l'Eclat, Combas.

552 Pérez de Oliva, F. (2002 [1586]). *Diálogo de la Dignidad del Hombre*, citado por Pérez Luño. A.E. *Teoría del Derecho, una Concepción de la Experiencia Jurídica*, 2ª. Edición. Madrid, Tecnos, 223.

553 Pascal (1967 [1670]). *Pensées*. Lausanne, Editions Democratic, párrafo 347 (63) y 365 (229).

554 Kant, E. Ob. cit., nota 532, 47 y 48.

equivalente, en tanto aquello que trasciende y está por encima de todo precio y no admite nada equivalente, tiene dignidad. Y solo el hombre posee con pleno derecho, la cualidad de aquello incanjeable, fin en sí mismo y nunca medio que hace al individuo resistente a todo, incluso al interés general y al bien común: en suma, el principio con que nos oponemos a la razón de Estado Constitucional. Ahora, Kant distinguió entre aquello que tiene precio de lo que tiene dignidad. Tiene precio aquello que puede ser sustituido por algo equivalente, en tanto aquello que trasciende todo precio, y no admite nada equivalente tiene dignidad. Y solo el hombre posee con pleno derecho, la cualidad de aquello incanjeable, fin en sí mismo y nunca medio, que hace al individuo resistente a todo, incluso al interés general y al bien común, el principio con que nos oponemos a la razón de Estado.

Ahora, lo cierto es que el concepto permaneció durante mucho tiempo en el núcleo de la reflexión filosófica y religiosa, al exigirse que el hombre no sea tratado como un objeto o un medio, sino reconocido como un sujeto. Y fue solo mucho tiempo después que la expresión vino a plantear un problema de orden de definición, en particular, de su transformación de un concepto moral y filosófico en un concepto y norma jurídica operativa para definir lo humano en el hombre. Reiteramos que fue, de hecho, muy reciente cuando encuentra una manifestación jurídica expresa en el Derecho público, y donde gradualmente adquirirá todo su alcance en el ámbito jurídico.

Al efecto, es imperativo para evitar errores conceptuales, distinguir entre la dignidad, intrínseca o inherente, que pertenece necesaria e ineludiblemente a todo ser humano y la dignidad que puede darse o no en la conducta de un ser humano. La dignidad humana, inherente o intrínseca a todos los seres humanos, es pues, independiente de «los contenidos de la conducta».Todos los derechos humanos en el mundo actual, pese a los diversos componentes políticos, filosóficos y religiosos y a las diferentes tendencias culturales, se fundamentan en su imperativo universalismo, en la dignidad humana. A la dignidad ontológicamente considerada, a la dignidad como ser, ya que al contrario no puede haber un derecho, ni, paralelamente, la obligación, a tener una conducta digna, es decir, a un enfoque axiológico de la dignidad, como conducta en la vida, que resulta del libre albedrío individual y que puede ser digno o indigno, sin que jamás se pierda, en cambio, la dignidad inherente al ser de la persona humana.

Así las cosas, se puede decir que, inicialmente, es necesario poner de manifiesto que es solo en el siglo *xx* cuando el concepto dignidad de la persona encuentra su manifestación jurídica expresa, tanto en el Derecho Internacional, a través de las declaraciones de derechos y preámbulos de textos internacionales, y después en el Derecho constitucional, así como también en el Derecho positivo interno a nivel de la legislación de varios países (P. Häberle)[555], en reacción, principalmente, a los acontecimientos del siglo XX, en particular, a las atrocidades de la II Guerra Mundial insertada en un mundo que contempló «actos de barbarie ultrajantes para la conciencia de la humanidad»[556], y es cuando empieza, en realidad, la protección jurídico-constitucional, según los dos modelos de recepción constitucional, así: 1.°, por vía de la positivización —directa—, a partir de la Ley Fundamental alemana de

---

555 Häberle, P. (2001). *El Estado Constitucional*. México, UNAM, Capítulo Quinto, «La Dignidad Humana como Proceso Antropológico Cultural» y «La Vinculación entre Dignidad Humana y Democracia».

556 Declaración Universal de Derechos Humanos, Preámbulo, Párrafo 2.

1949[557], en innumerables textos constitucionales modernos, así como en instrumentos internacionales —universales o regionales, convencionales o declarativos, etc.—; y 2.°, por vía de la interpretación jurisprudencial constitucional —indirecta—.

Ahora bien, el concepto es rico en significados jurídicos, en virtud de su dimensión civil, penal o social que puede adoptar. Sin embargo, lo cierto es que ha sido en el Derecho público donde ha evolucionado, a través de la acción de la Justicia constitucional y de la Justicia administrativa, donde el principio de protección de la dignidad de la persona adquiere una dimensión completamente nueva.

Primero, en materia constitucional, cuando el Consejo Constitucional francés[558], con ocasion de la revisión sobre cuestiones de la bioética, en cuanto nuevas y fundamentales, que requerían respuestas que sólo podían formularse a nivel constitucional, y con fundamento en el Preámbulo de la Constitución de 1946, incorporó el principio al bloque de constitucionalidad, al afirmar que de ese texto «se resalta la salvaguarda de la dignidad de la persona humana como principio de valor constitucional, contra toda forma de avasallamiento y de degradación».

Y segundo, en materia administrativa, cuando el Consejo de Estado francés[559] consagra el principio en el asunto llamado del espectáculo de «lanzamiento de enanos», y establece que el respeto a la dignidad de la persona humana debe ser considerado como un componente del orden público.

Pero, ¿cuál es el alcance de la constitucionalización del principio de respeto a la dignidad humana? De este principio derivan los caracteres siguientes:

1.°, el reconocimiento de la *primacía de la persona y el respeto del ser humano*, desde el comienzo de su vida sobre la base de su dignidad, lo cual puede explicarse por el hecho de que es el sustrato y límite de los demás derechos humanos, ya que es su dignidad la que le hace hombre y, por tanto, le da derechos y, desde entonces, se constituye como principio matricial, el fundamento de todos los demás derechos. Por esta razón, en cambio, para la doctrina española sería un *valor superior* constitucional, en cuanto que le sirve de fundamento a los derechos fundamentales, inspiran su perfeccionamiento y ayudan a su intepretación (Lucas Verdú, A.E. Pérez Luño, García de Enterría y Parejo Alfonso)[560].

---

557 La primera Constitución de un Estado que citó la dignidad del hombre fue la Constitución del Imperio alemán *(Deutsche Reich)* de 1919 (también denominada Constitución de Weimar), concretamente en conexión con las condiciones de vida económica. En efecto, el Art. 151.1 de aquella Constitución decía: «El régimen de la vida económica debe responder a principios de justicia, con la aspiración de asegurar a todos una existencia digna del hombre». Después, también se citó la dignidad del hombre en la Constitución de Portugal de 1933 (en el Art. 6) y en el Preámbulo de la Constitución de Irlanda de 1937.

558 Conseil Constitutionnel, Decisión No 94-343 DC, 27 de julio de 1994, «Ley de bioética», Rec. 1994, 100. Sin embargo, más tempranamente la Corte Constitucional colombiana dos años antes se había pronunciado con una sentencia de revision de tutela con el argumento siguiente: «El principio fundamental de la dignidad humana no sólo es una declaración ética sino una norma jurídica de carácter vinculante para todas las autoridades (CP art. 1). Su consagración como valor fundante y constitutivo del orden jurídico obedeció a la necesidad histórica de reaccionar contra la violencia, la arbitrariedad y la injusticia, en búsqueda de un nuevo consenso que comprometiera a todos los sectores sociales en la defensa y respeto de los derechos fundamentales». Vid. Sentencia T-499/92, 3-4.

559 Conseil d'État, Decisión No 136727, Ass., 27 octobre 1995, «Commune de Morsang-sur-Orge», 27 de octubre de 1995, Rec. Lebon, 372.

560 Lucas Verdú, P. (1984). *Estimativa y política constitucionales,* Madrid, UCM, Facultad de Derecho, Sección de Publicaciones, 100-118; Pérez Luño, A. E. Ob. cit., nota 112, 49. 7; García de Enterría, E.

La dignidad humana implica el necesario reconocimientode que todos los seres humanos, iguales entre sí, son titulares, ontológicamente hablando, de una igual dignidad y que esta dignidad se integra con todos los derechos humanos, los civiles, los políticos, los económicos, sociales yculturales. La negación o el desconocimiento de uno, de algunos o de todos estos derechos significa la negación y el desconocimientode la dignidad humana en su ineludible e integral generalidad.

Esta naturaleza común hace de la dignidad humana el elemento que permite «una concepción común» de los derechos humanos, concepción común invocada en el párrafo séptimo de la Declaración Universal de Derechos Humanos.

2.°, es un *principio inderogable*, pues el individuo no puede renunciar a su dignidad y a los derechos que de ella se derivan, ya que provienen precisamente de su calidad de ser humano.

3.°, el principio de dignidad cubre casi todas las cuestiones de los derechos fundamentales, lo que se traduce en un *mandato de protección* para el Estado Constitucional de garantizar y preservar este principio constitucional pues, a mi juicio, la clave de bóveda de la Constitución, es la dignidad de la persona y, por consiguiente, todos los Poderes públicos del Estado Constitucional están obligados a protegerla, porque es uno de los bienes constitucionalmente protegidos.

Y por último 4.°, la dignidad humana, ontológicamente inherente o intrínseca a la persona humana, no es únicamente el fundamento de todos los derechos humanos.No sólo es en ella donde se encuentra la base de una concepción común y universal —pese a las diferencias religiosas, regionales, ideológicas y tradicionales— de los derechos humanos. La dignidad es, además, el objeto de un derecho específico: un derecho a que se reconozca, se considere, se proteja y no se viole, la dignidad inherente a toda persona: *derecho a la dignidad*, que ya ha sido proclamando expresamente en numerosos internacionales

La inclusión de este concepto de la dignidad humana en los instrumentos internacionales relativos a esta materia ha adquirido progresivamente un carácter ineludible y universal, que se ha transformado en el fundamento de una concepción universal de los derechos humanos[561]. Todos ellos son parte —aunque de distinta

---

Ob. cit., nota 95, 20, 21 y 30; y Parejo Alfonso, L. (1990). *Constitución y valores del ordenamiento*. Madrid, Centro de Estudios Ramón Areces, 133. Finalmente, el propio Tribunal Constitucional español reconoce a la dignidad de la persona la categoría de valor constitucional al equipararla con el resto de los valores recogidos en el artículo 1.1, CE. Véase STC Auto 149/1999. Para González Pérez resulta indiscutible el carácter de principio de dignidad. González Pérez, J. (1986). *La dignidad de la persona*. Madrid, Civitas, 84.

561 La inclusión de la dignidad humana se hace en el Preámbulo en dos oportunidades, pero fue en el Art. 1 de la histórica Declaración Universal de los Derechos Humanos de 1948 donde lapalabra dignidad apareció, por primera vez, en la parte dispositiva de un instrumento internacional de carácter universal, dándole un sentido y una acepción jurídica concreta. Después, es prácticamente imposible encontrar un instrumento internacional relativo a los derechos humanos que no se refiera, invoque o aplique el concepto de dignidad humana, así: el Pacto Internacional de Derechos Económicos, Socialesy Culturales, el Pacto de Derechos Civiles y Políticos, la Convención Internacional sobre la Eliminación de todas las Formas de la Discriminación Racial de 1965, la Convención sobre Tortura de 1985, la Convención sobre el Apartheid en los Deportes de 1986, la Convención sobre el Apartheid en los Deportes de 1986, la Convención sobre el Apartheid en los Deportes de 1986, las dos Conferencias de las Naciones Unidas sobre Derechos Humanos (Teherán, 1968 y Viena, 1994), la Convención Europea sobre los Derechos del Hombre y la Biomedicina de 1996, la Carta de los Derechos Fundamentales de la Unión Europea, adoptada con carácter declarativo —y

forma, en cuanto fuentes— del Derecho internacional y constituyen el contenido del Derecho convencional de nuestros días.

Por consiguiente, la dignidad, inherente o intrínseca, es un atributo constitutivo e inseparable del ser humano y, en consecuencia, siempre inviolable. No puede, por ende, ser negado o desconocido, ni total ni parcialmente, ni ser limitado en ninguna circunstancia o Estado de excepción, porque no puede separarse de lo que la persona humana, ineludible y necesariamente es. Todo acto, conducta o acción violatoria de la dignidad humana es en sí mismo, por su naturaleza, ilegítimo. En tal sentido, desde el punto de vista jurídico, K.Larenz[562] sostiene que la dignidad es el principio fundamental del Derecho, del cual arranca toda regulación, es el respeto recíproco, el reconocimiento de la dignidad personal del otro y, a consecuencia de ello, de la indemnidad de la persona del otro en todo lo que concierne a su existencia exterior en el mundo visible —vida, integridad física, salubridad— y en su existencia como persona —libertad, prestigio personal—.

Finalmente, la dignidad es un atributo de las personas humanas, de todos los seres humanos, sin ningún tipo o forma de discriminación. La dignidad humana, como acertadamente ha dicho Pérez Luño[563] «entraña no sólo la garantía negativa de que la persona no va a ser objeto de ofensas o humillaciones, sino que supone también la afirmación positiva del pleno desarrollo de la personalidad de cada individuo». Este último enfoque positivo, que une el respeto de la dignidad con la posibilidad del pleno desarrollo de la personalidad humana, es el que proclama el Art. 3 de la la C como un fin del Estado Constitucional.

En tal sentido, la dignidad de la persona ha sido definida por la jurisprudencia constitucional[564] española como un valor espiritual y moral inherente a la persona que se manifiesta singularmente en la autodeterminación consciente y responsable de la propia vida, llevando consigo la pretensión de respeto por parte de los demás. Y así, conecta el derecho fundamental a la dignidad con el Art. 46, num. 1 de la C, que prohíbe que ninguna persona puede ser sometida a penas, torturas o tratos crueles, inhumanos o degradantes, en tanto que sólo la pena o sanción proporcionada a la gravedad del hecho y a la culpabilidad del autor es humana y respetuosa con la dignidad de la persona. Así como con el Art. 46, num. 2 de la C que prohíbe el trato inhumano y vejatorio y, por consiguiente, toda condena a un inocente presupone un trato inhumano y vejatorio por los daños.

En definitiva, la dignidad de la persona es un rango, una categoría, una cualidad inherente a la persona; todos los poderes del Estado Constitucional están obligados a protegerla, porque la dignidad de la persona es uno de los bienes constitucionalmente protegidos. En este contexto surge la necesidad de que la creación, interpretación y aplicación de las diversas normas del Ordenamiento jurídico —incluídas las procedimentales y convencionales—, se realice en orden a garantizar

que por tanto no es aún un texto convencional— en la Cumbre de la Unión del año 2001, la Declaración Americana de los Derechos y Deberes del Hombre de 1948, la Convención Americana sobre Derechos Humanos (Pacto de San José), el Protocolo Adicional a la Convención Americana sobre Derechos Humanos en materia de Derechos Económicos, Sociales y Culturales (Protocolo de San Salvador) de 1988.

562 Larenz, K. (1985). *Derecho justo. Fundamentos de ética jurídica,* Trad. De Díaz Picazo, L. Madrid, Civitas, 15.

563 Pérez Luño, J. Ob. cit., nota 112, 252.

564 Sent. de la STC 53/1985, FJ 8.o, cit. por Rubio Llorente, F. (1995). *Derecho fundamentales y principios constitucionales.* (*Doctrina jurisprudencial*). Barcelona, Ariel Derecho, 72.

la protección —defensa, promoción y respeto— de la persona, cuyo núcleo irreductible e indisponible es la dignidad humana que, a su vez, sustenta a todos y cada uno de los demás derechos fundamentales y las demás situaciones jurídicas subjetivas protegidas de la persona frenta a la Administración pública.

En mérito a lo antes expuesto se puede concluir, que la dignidad no solo es fundamento del Derecho administrativo, sino que estimamos también que es para la persona en Derecho administrativo, lo que el interés general lo es para la Administración pública, es decir, su sustancia misma.

c. Principio de protección de los derechos fundamentales

§112.c Concepto – Es sabido que, en sus inicios, la Constitución posee un contenido exclusivamente organizatorio: regula la organización, competencias y formas de actuar de los órganos superiores del Estado. De ese modo las declaraciones de derechos no tenían por qué formar parte necesariamente de la Constitución. De ahí que las tablas de derechos no eran consideradas normas que vincularan directamente a la Administración pública y a los Tribunales, sino solo en la medida que su contenido fuera desarrollado por la ley. Por tanto, los derechos fundamentales no pasaban de ser límites que el Estado se autoimponía mediante ley y que, por tanto, no generaban derechos en sentido estricto de los ciudadanos (O. Mayer)[565].

Más tarde, al acentuarse el carácter objetivo del Estado de Derecho, se hubo planteado el problema de la existencia o no de derechos subjetivos frente al Estado Constitucional, por diferenciar la protección del derecho de la colectividad del derecho verdaderamente individual.

Ahora bien, los romanos definían el derecho subjetivo como la facultad de obrar —«*facultas agendi*»—, en contraposición a la —«*norma agendi*»—, que constituía la esencia del Derecho objetivo, con lo cual el primero aparecía como una facultad de crear o como un servicio de voluntad protegido por el Ordenamiento jurídico. Por su parte, la doctrina iuspublicista alemana del siglo XIX (C.F von Gerber) se preguntaba si en la esfera del Derecho público existían derechos subjetivos en persona distinta del Estado Constitucional. Al respecto las respuestas van desde quienes lo niegan (C.Bornhak), no lo admiten como concepto autónomo distinto del derecho objetivo (L.Duguit), lo admiten sin restricciones (P.Laband) y, por último, quienes establecen una relación con el derecho objetivo, en virtud de cuya regla y la sanción de acción en justicia cabe exigir alguna cosa (J.Gascón y Marín).

Así las cosas, la noción de derecho subjetivo se introdujo en el campo jurídico público, como obligada consecuencia de que las relaciones entre la persona y el Estado Constitucional —y este actúa en su condición de Poder público—, se concibieran como relaciones jurídicas de tal trascendencia que el orden jurídico las considera dignas de una protección legal. Lo expuesto se aplica luego a las libertades y derechos, creándose así la categoría de los derechos subjetivos de contenido público, y con ello más tarde los derechos fundamentales. Desde entonces, la dogmática alemana encuentra en ellos, el presupuesto esencial del Derecho público moderno. De modo que el poder público del Estado Constitucional se halla de este modo equilibrado por los derechos públicos subjetivos.

---

565 Mayer, O. (1949 [1903]). *El derecho administrativo alemán*, Tomo. I, *Parte General*, trad. española. Buenos Aires, Depalma, 141 y ss.

Por su parte, Pérez Luño[566] describe el proceso de evolución de las sucesivas generaciones de derechos humanos, así: «En el tránsito del Estado Constitucional liberal al Estado social de Derecho se advierte: 1º) Una superación de la categoría de los derechos públicos subjetivos, de inequívoca inspiración individualista a través de los derechos fundamentales. En ella se integran, junto a las libertades tradicionales personales, civiles y políticas, los derechos económicos, sociales y culturales. El reconocimiento de los derechos sociales como derechos fundamentales ha comportado a su vez un cambio en: a) la *fundamentación* de los derechos constitucionales, que ya no se circunscriben a la protección de intereses individuales, sino que se extienden a la protección de intereses sociales y colectivos; b) la *titularidad* que se ampliará también a sujetos colectivos, y *c)* la naturaleza jurídica al dejar de ser meros derechos de defensa (lo que la doctrina germana denomina (*Abwehrrechte*) frente a la opresión estatal, para devenir derechos de participación (*Teilhaberechte*) y prestaciones para cuya realización no basta la abstención del Estado Constitucional, sino que se hace indispensable la movilización de los poderes públicos.»

Desde entonces, las características de las modalidades del Estado Constitucional de Derecho consisten, cabalmente, en una consideración especial del valor de la persona, en cuanto es portadora de una serie de derechos básicos o fundamentales cuya existencia postula, en último término, una determinada forma de organización estatal, precisamente para protegerlos. De aquí, pues, que los distintos periodos de crisis por las que ha atravesado el Estado de Derecho, con seguridad va a tener un reflejo adecuado en la teoría de los derechos fundamentales.

Así las cosas, frente al Poder público que detenta el Estado Constitucional, donde no basta con su declaración —*reconocidos*— sino que además es necesaria su protección jurisdiccional —*garantizados*—, razón por la cual se concede a las personas una serie de protecciones consideradas como límites a la actividad estatal. Supuesto lo que antecede, surge el principio de protección de los derechos fundamentales, al consagrar el Art. 3 de la Constitución como fin esencial del Estado Constitucional, «la garantía del cumplimiento de los principios, derechos y deberes reconocidos y consagrados en esta Constitución».

Ahora bien, los derechos humanos —en el orden internacional— y luego los derechos fundamentales —en el orden interno—, no solo constituyen una barrera a la acción de los Poderes públicos; hoy, además, constituyen como tiene sentenciado con reiteración el Tribunal Supremo español[567], la dimensión objetiva de líneas, directivas o directrices constitucionales de la propia acción de los Poderes públicos y, por tanto, elementos esenciales a contemplar en la acción de gobierno y en la acción de la Administración pública.

§113. Constitucionalización del principio de la Administración pública al servicio de la persona — Cualquier análisis sobre la materia como de cualquier otro tema, deberá debe partir de una referencia a la Constitución que se proyecta sobre las cuestiones fundamentales del Derecho administrativo[568].

Por determinación constitucional del Art. 3 de la C, el Estado Constitucional tiene dentro de los fines esenciales, «la defensa y el desarrollo de la persona y el

[566] Pérez Luño, A. E. (1984). «La Interpretación de la Constitución». En *Revista de las Cortes Generales*, nº 1 (1984), 83-132; y Pérez Luño, A. E. Ob. cit., nota 112, 252.

[567] Tribunal Constitucional 247/2007, de 12 de diciembre.

[568] Araujo-Juárez, J. (2017). Ob. cit, nota 14, 102 a 108.

respeto a su dignidad». En este mismo orden de ideas, la Administración Pública se rige por el principio «de la Administración pública al servicio de las personas» — o «de servicialidad»—, cuando la Constitución administrativa la aborda desde una perspectiva funcional, finalista o teleológica, en el encabezamiento del Art. 141 de la C, al prescribir que:

> **Artículo 141.** La Administración Pública está al servicio de los ciudadanos y ciudadanas [...]».

Así, Constitución administrativa, al igual que lo hace la Constitución española (García de Enterría)[569], subraya como primera nota definitoria su carácter de organización servicial. Esta nota de servicio no se ha ponderado aún lo suficiente tras la la entrada en vigencia de la Constitución de 1999. Significa, obviamente, en la línea señalada por García de Enterría, que la organización administrativa es vicaria; está más bien subordinada conforme al criterio de que la Administración Pública está al «servicio de los ciudadanos y ciudadanas». Luego, puede sostenerse la existencia de un principio de servicio a los ciudadanos (R. Rivero Ortega)[570]. Esta norma que ostenta rango constitucional ha de presidir el fondo de la regulación en la materia, para la nueva forma de entender las relaciones jurídicas entre la persona y la Administración pública.

Así las cosas, hemos dicho más arriba, la Administración pública sólo se justifica como Poder público servicial o vicarial (Araujo-Juárez, C.García Soto y J.I. García Herce)[571], cuando está al servicio de la persona, convertida en un Estado Constitucional garante en el referente y finalidad del mismo. El texto constitucional nos recuerda, de esta manera, que el diseño de las políticas públicas debe ser en función de la persona, y no en función de intereses burocráticos o tecnocráticos. Por tanto, al señalar también en el mismo Art. 141 *eiusdem,* los demás principios constitucionales sobre los cuales se ha de fundamentar la actividad o función de la Administración pública, garantiza el mantenimiento de un mínimo común denominador en los aspectos más relevantes reguladores de las relaciones entre la persona y la Administración pública.

Pasando ahora a la legislación que trata las relaciones entre la persona y la Administración pública, debemos mencionar la más reciente normativa codificadora de la Administración pública que arranca con la LOAP[572], y que viene a desarrollar la normativa constitucional sobre los principios de su organización y su funcionamiento, así como al incorporar un catálogo de los derechos de las personas frente a la Administración pública.

A este propósito responde la Reforma de la LOAP[573], al sustituir en el Art. 5 la mención «los ciudadanos y las ciudadanas» por «las personas», según se desprende

---

569 García de Enterría, E. y Fernández, R.-T. Ob. cit., nota 13, T.I, 57.

570 Rivero Ortega, R. (2009). «Los derechos de los ciudadanos en sus relaciones con la Administración en España». En RFD N° 60-61. Caracas, UCAB, 321 y 322.

571 Araujo-Juárez, J. Ob. cit., nota 253,19. En el mismo sentido García Soto, C. (2017) «El carácter servicial de la Administracion Pública: el art. 141 de la Constitución». En *Revista Electrónica de Derecho Administrativo Venezolano.* Caracas, Venezuela; y Herce Maza, J.I. Ob. cit., nota 472.

572 Publicada en la GO N° 37.305, del 17-10-2001. Posteriormente fue reformada mediante Decreto con Rango, Valor y Fuerza de Ley Orgánica de la Administración Pública, publicada en la GO N° 5.890 Extr., de fecha 31 de julio de 2008.

573 Vid. Decreto con Rango, Valor y Fuerza de Ley N° 1.424, de fecha 17-11-2014, publicado en la GO N° 6.147 Extr., del 17-11-2014.

de la respectiva Exposición de Motivos, pues la misma supuso a todas luces un punto de partida en la pretensión de realzar la posición de la persona, al sostener que la misma fue concebida con el objeto de actualizar el Ordenamiento que regula la Administración Pública, y en tal sentido procedió a reformar lo referente a que la Administración Pública está es «al servicio de las personas» y no de los «ciudadanos o ciudadanas» o de los «particulares», toda vez que esta última expresión podría generar concepciones erradas relacionada con «particularidades individuales», siendo que siempre debía orientar su actuación al servicio de las personas, y es por ello que procede muy enfáticamente a señalarle a la Administración Pública que debía «asegurar a todas las personas la efectividad de sus derechos cuando se relacionen con ella».

Así, el legislador se separa conscientemente del tradicional concepto de «ciudadano»[574] y del «particular» —de evidente connotación civilista— con el que en la LOAP-2001 había designado a quien instaura una relación jurídica con la Administración pública, y lo sustituye por el de «personas» En todo caso, la correspondiente Exposición de Motivos señala que la Administración Pública debe asegurar a todas las personas la efectividad de sus derechos cuando se relacionen con ella, y es por ello que procede muy enfáticamente a señalarle a la Administración Pública lo siguiente:

> Principio de la Administración Pública al servicio de las personas
>
> **Artículo 5°.** La Administración Pública está al servicio de las personas, y su actuación estará dirigida a la atención de sus requerimientos y la satisfacción de sus necesidades, brindando especial atención a las de carácter social.
>
> La Administración Pública debe asegurar a todas las personas la efectividad de sus derechos cuando se relacionen con ella.
>
> Además, tendrá entre sus objetivos la continua mejora de los procedimientos, servicios y prestaciones públicas, de acuerdo con las políticas que se dicten.

En efecto, sobre el mandato constitucional de que la Administración Pública está al «servicio de las personas», se asienta de forma radical la actuación de la misma, de modo que otros principios podrán agregarse; pero éste, en ningún caso, podrá obviarse y menos anularse, con lo que incorpora con el máximo rango en el Ordenamiento jurídico, un principio que ha de inspirar toda la función administrativa principal o *strictu sensu* hasta en sus menores detalles. Estamos, por tanto, ante una Administración Pública obligada constitucionalmente a estar al servicio de las personas. Repito que no otra puede ser la concepción de la Administración Pública, si atendemos a lo que nuestra Constitución administrativa dispone y configura en el Art. 141 de la C.

También hay que mencionar la LOPA[575], pues no hay duda que el procedimiento administrativo, en sentido amplio, incluye todo el abanico de instituciones de relación entre la persona interesada y la Administración Pública, pues es dentro de esta normativa que se resuelven cuestiones como la información, el régimen de

[574] Con la expresión ciudadano se quiere significar a las personas que disfrutan de los derechos de ciudadanía, esto es, una institución que habilita para el ejercicio de todos los derechos políticos y comporta deberes y responsabilidades correlativos respecto del Estado Constitucional; por tanto, la definición de ciudadano en el Art. 39 de la C es restringida.

[575] Publicada en la GO N° 2.218 Extr, del 1-07-1981.

los documentos o la presentación de las quejas, etc, materia sobre la cual volveremos más adelante. Finalmente, otros aspectos relevantes de las relaciones entre la persona y la Administración Pública se encuentran en otras leyes como la LSTA[576], y desde luego la LODP[577].

En efecto, de acuerdo con la Exposición de Motivos de la LSTA, el Capítulo III del Título III referido a «La Administración Pública al Servicio de los Ciudadanos», pretende modificar la concepción que tienen tanto las personas como los funcionarios públicos con relación a la actividad de la Administración Pública, la cual debe estar dirigida a servir efectivamente a las personas mediante la plena satisfacción de los fines del Estado Constitucional, para lo que el funcionario es ante todo un servidor público, esto es, al servicio de las personas.

Así, la Constitución administrativa destaca el aspecto servicial de la Administración pública, caracterizándola de una forma singular, no aplicable, por tanto, en un sentido institucional a las otras ramas que ejercen el Poder público. Desde esta perspectiva orgánica, cobra especial significación la Administración pública *strictu sensu*, ya que la justificación de su existencia radica en la servicialidad de la misma[578], que proviene de su propia etimología, pues la palabra administrar proviene del latín «*ad*» y «*ministrare*», que significa «servir a»[579]. De modo que desde este punto de vista, el aparato político-administrativo en que consiste la Administración Pública está referido al sentido de gestión de intereses o asuntos, pero sobre todo ajenos, esto es, los de las personas, de modo que la expresión Administración Pública *strictu sensu* lleva inherente el concepto de gestión subordinada, el carácter vicarial o subordinado de la misma, esto es, servir a otros, servir a intereses ajenos: los de las personas.

Así las cosas, el principio servicial de la Administración Pública consagrado en la Constitución administrativa supera el viejo concepto de una Administración Pública exclusiva de potestades públicas, y trasciende a una actividad o función administrativa encaminada, en primer lugar, el fin esencial del Estado Constitucional de «la defensa y el desarrollo de la persona y el respeto a su dignidad» (Art. 3 de la C). De su capacidad de erigirse en un instrumento de libertad y desarrollo dependerá, en última instancia, la legitimación social del Estado Constitucional contemporáneo. Así, la especificidad del modelo constitucional la Administración Pública, se insiste, se encierra en la consideración de que «está al servicio de las personas», con lo que se destaca un aspecto cualitativo que domina toda la actividad o función de la Administración Pública, como nota esencial de su nuevo régimen jurídico-constitucional.

Así, hoy más que nunca resulta preciso enfatizar la condición de la Administración Pública como organización institucional vicarial, y donde lo peculiar de ella se encierra en la consideración de que está, en primer término, al servicio de las personas, que hoy día aparece en la Constitución administrativa como la primera referencia a las Administración Pública (Art. 141 de la C), con lo que se destaca un aspecto cualitativo que habrá de dominar toda su actividad o función

[576] Publicada en la GO N° 40.549, del 26-11-2014.
[577] Publicada en la GO N° 37.995, del 5-08-2004.
[578] Soto Klos, E. (1996). *Derecho Administrativo,* T. I. Santiago de Chile, Ed. Jurídica de Chile, 83.
[579] Delpiazzo, C. E. (2006). «Marco constitucional del derecho uruguayo». En *V Foro Iberoamericano de Derecho Administrativo. El Marco Constitucional del Derecho Administrativo en Iberoamérica.* Quito, 2006, 110.

administrativa principal o *strictu sensu*, como nota esencial de su legitimidad y de su régimen jurídico.

De ahí que uno de los objetivos principales de las reformas de modernización de la Administración pública, es conseguir que la misma se encuentre efectivamente al servicio de las personas, auténtica propietaria del aparato público. Así, los modelos políticos y administrativos deben construirse a partir de la persona, en función de sus necesidades individuales y colectivas.

§114. Administrado – Empero para comenzar emplazando la cuestión en su base, la doctrina nos recuerda que el moderno Estado de Derecho se monta precisamente sobre el reconocimiento de una esfera de libertad individual que se hace compatible con la autoridad del Estado Constitucional. Por tanto, si las potestades públicas derivan de la situación de supremacía en que el Estado Constitucional se encuentra, los poderes del ciudadano son consecuencia de la posición garantizada en que el Estado de Derecho coloca al ciudadano (Garrido Falla)[580].

En efecto, las potestades públicas derivadas de la supremacía estatal traen como consecuencia un *status subjetionis* del ciudadano; pero no es menos cierto que cabe reconocer a éstos determinados poderes que son consecuencia lógica del moderno Estado de Derecho. De acuerdo con la terminología puesta en circulación por Jellinek[581], los poderes de los ciudadanos se manifiestan en los siguientes estados (*status*): *status libertatis*, en virtud del cual un poder de actuación del ciudadano no puede ser impedido por el Estado Constitucional; *status civitatis*, que fundamenta el poder de exigir prestaciones al Estado Constitucional; y *status activae civitatis*, que fundamenta la actuación de ciertas personas por cuenta y a nombre del Estado Constitucional. El estudio de todo esto da origen a la denominada teoría del administrado (García de Enterría)[582] o estatuto jurídico del administrado (González Pérez)[583].

Ahora, si bien el término administrado se encuentra hoy día muy extendido, no puede dejar de decirse que procede de un incorrecto uso del lenguaje: pues se administran bienes e intereses, pero nunca personas. Una persona en ningún caso puede sentirse administrada por un ente público, por muy importante que su relación con él resulte, o por mucho poder de que éste se encuentre dotado. Así las cosas, la radical transformación que está a la base del orden político y jurídico moderno, que obedece, en buena medida, a la articulación de los principios y valores consagrados en la Constitución de 1999, parece puesta en cuestión con el término de administrado, ya que la persona es hoy, no sólo titular de situaciones jurídicas pasivas, sino que es un sujeto activo frente a la Administración Pública (García De Enterría)[584]. En efecto, tales situaciones, para las que se utilizan los términos de subordinación, sumisión o sujeción, no deben tomarse al pie de la letra, como algo totalmente pasivo. Es simplemente una situación definida por el Derecho y en la que deben ser acatadas las potestades de la Administración pública legalmente ejercidas, pero con componentes activos muy importantes.

No obstante lo anterior, el término administrado es ampliamente utilizado porque denota que el ciudadano —concepto político— entra o entabla una relación

---

580 Garrido Falla, F., Palomar Olmeda, A. y Lozada González, H. Ob.cit., nota 105, Vol. I, 521.
581 Jellinek, G., cit. por Fernández Vázquez, E. Ob. cit., nota 58, 595.
582 García De Enterría, E. y Fernández, T. R. Ob. cit., T. II, nota 541, 37 a 42.
583 González Pérez, J. Ob. cit., nota 539, 13.
584 González Pérez, J. Ob. cit., nota 539, 16.

con la Administración pública[585]. En sentido técnico, el vocablo administrado señala tan sólo una relación entre sujetos —persona y Administración pública—, sin prejuzgar el absoluto dominio de uno sobre otro. Puede decirse por ello, que el ciudadano o más propiamente persona es administrado, sólo en cuanto elemento subjetivo de las relaciones jurídicas administrativas con la Administración Pública.

Por su parte, con la reforma de 2008 de la LOAP[586], el legislador se separa conscientemente del tradicional concepto de «particular» —de evidente connotación civilista— con el que en el año 2001 había designado a quien entabla una relación jurídica con la Administración Pública, y lo sustituye por el de persona. En todo caso, la correspondiente Exposición de Motivos señala que la Administración Pública debe asegurar a todas las personas la efectividad de sus derechos cuando se relacionen con ella. Esto es, en su condición de administrado.

De ahí que, aun cuando con una terminología diferente empleada por las diversas normas administrativas —por ejemplo, todo, nadie, quien, personas, ciudadanos, particulares, etc.—, se encuentra la figura del administrado. Desde esta perspectiva se entiende que la condición de administrado constituye el verdadero elemento básico para la articulación de las diversas situaciones jurídicas en que puede encontrarse en relación con -y no sólo frente a- la Administración Pública (Bermejo Vera)[587].

Administrado es, pues, cualquier persona física o jurídica considerada desde su posición privada respecto a la Administración pública o a sus agentes (García De Enterría),[588] e investido como tal de unas garantías mínimas que constituyen la salvaguardia de la esfera de libertad individual, que es la esencia de un Estado Constitucional que, de verdad, sea un Estado de Derecho (González Pérez)[589].

Para ello se debe partir desde el firme convencimiento de que el Derecho administrativo está al servicio de la persona, y tal cambio de paradigma ha de orientar todas y cada una de sus categorías jurídicas porque, al margen de la reciente crisis temporal concreta que en todas las latitudes se ha ido afirmando como un proceso global, en modo alguno conduce a su confinamiento sino que, más bien, impone su revisión de conjunto y, con seguridad, a su reforzamiento, acorde con nuestro tiempo.

§115. Conclusión — Es sabido que a la Administración pública se le dota de un elenco de potestades, que es una técnica de la Teoría general del Derecho y como, concretamente, se manifiesta el llamado en teoría política «Poder público», esto es, medios jurídicos excepcionales o potestades exorbitantes de actuación respecto de los propios del Derecho común, de los que no disfrutan los sujetos privados. Sin embargo, sabemos que aún la Administración pública mejor intencionada puede excederse o abusar en el ejercicio de sus funciones; entonces, es necesario que el Derecho administrativo también establezca a favor de las personas como contrapartida todo un sistema de garantías jurídicas radicadas, en último extremo, en la

585 Embid Irujo, A. (1996). *El ciudadano y la administración.* Madrid, INAP, *Serie administración general,* 24.
586 Publicada en la GO N° 5.890 extr., de fecha 31 de julio de 2008.
587 Bermejo Vera (1998). *Derecho Administrativo Básico,* 2da. Edición actualizada. Zaragoza, Egido Editorial, 203 y 204.
588 García de Enterría, E. y Fernández, T. R.Ob. cit., nota 541, T. II, 37.
589 González Pérez, J. Ob. cit., nota 539, 25.

titularidad de los derechos fundamentales, con lo cual se viene a configurar una situación de equilibrio —por supuesto difícil, pero posible— entre: por un lado, un conjunto de potestades públicas; y por el otro, un sistema de garantías que asegure en lo posible, la protección de esfera jurídica de la persona y, en el caso que llegue a producirse alguna lesión, es necesario igualmente arbitrar unas garantías que permitan el restablecimiento de la posición jurídica de la persona.

En consecuencia, es necesario reducir a la Administración pública a sus justos límites y garantizar a la persona la esfera jurídica en su faceta administrativa. Y el vehículo para ello ha de ser por antonomasia, la Constitución. Solo si tales derechos y garantías han sido declarados en normas de rango constitucional, y si a la vez existe un real sistema de garantías eficiente y universal que asegure su protección y respeto habrá Constitución. Y como recordaremos fue elevado en el Art. 16 de la DDHC, a la condición de requisito indispensable para la existencia de cualquier Constitución la exigencia: «que se asegurara la garantía de los derechos», lo que tardaría de completarse siglo y medio después en toda Europa y Latinoamérica según cada país. Y partiendo de esta premisa, concebir el Derecho administrativo como Derecho del servicio a la persona.

En conclusión, insistimos, la Constitución administrativa aborda la regulación sobre la Administración Pública desde una perspectiva servicial en la primera referencia del Art. 141, *eiusdem*. Este es un precepto que tiene una referencia muy cercana al correspondiente en la Constitución española, sin embargo, esta última prescribe que está al servicio objetivo de los intereses generales. En el Derecho positivo, por el contrario, la referencia primera es estar, directamente, al servicio de las personas. Por tal razón, el principio de servicialidad no constituye únicamente una pauta de actuación de la función administrativa principal o *strictu sensu*, sino que su consagración constitucional también se justifica por ser un paradigma que ha de orientar y dirigir la entera organización y funcionamiento de la Administración Pública, pues el fin último es «la defensa y el desarrollo de la persona y el respeto a su dignidad», según proclama el Art. 3 de la C.

Lo antes expuesto se conecta directamente con la propia preocupación de las personas. Es más, el primer interés de las personas se centra en que la Administración pública cumpla las leyes y actúe los fines esenciales constitucionales, que van desde la simple respuesta a las peticiones administrativas hasta la resolución de los diversos problemas de la vida diaria que trascienden a la colectividad. De ahí que lo importante, lo verdaderamente trascendente para el Poder constituyente, es que la Administración Pública sea efectivamente un instrumento al servicio de las personas, como lo prevé el Art. 141, *eiusdem*, y no caiga en la permanente tentación de erigirse en un fin en sí misma, al sólo fin de servir de instrumento a las distintas ramas del Poder público para el ejercicio de sus funciones estatales.

IV. Principio de la Administración pública al servicio de los fines de interés público

§116. Planteamiento de la cuestión — El segundo aspecto de la concepción constitucional de la Administración pública, está ante todo condicionada por una función fundamental como lo es también que persiga, realice y satisfaga los fines que se califican de interés colectivo, general o superior, del interés público en nuestra comprensión. En efecto, el proceso de expansión de la actividad o función administrativa *strictu sensu* —en lo que afecta a la visión administrativa del fenómeno— se resume en el cumplimiento o la realización de las necesidades de interés público. El problema radica, pues, en esencia —en lo que afecta al Derecho administrativo— en discriminar que necesidad recibe el carácter de interés público, y a cuáles ha de negarse esta naturaleza.

En tal sentido, otra de las novedades de la Constitución administrativa es la del principio «del servicio a los fines de interés público» del Estado Constitucional, que se encuentra especialmente en su EMC cuando señala: «Por definición, la función ejercida por la Administración Pública está sujeta al servicio público o interés general, por ende debe estar al servicio de la ciudadanía sin ningún tipo de distinciones, de privilegios o discriminaciones»; asimismo en el Preámbulo y el Art. 3 de la C que consagran entre otros, el «bien común» o «la promoción de la prosperidad o bienestar del pueblo», que en términos jurídicos se traduce en el «interés público», respectivamente. De donde resulta, pues, según A. Nieto[590] que el Derecho administrativo es una respuesta de técnica jurídica —y de técnica sustancial, no meramente formal— a una nueva situación: el reconocimiento de la existencia de unos intereses colectivos que no son la suma de los intereses individuales. Importa retener estos dos elementos —la técnica jurídica de respuesta y la exigencia social a la que se responde—, porque, como veremos a continuación, la evolución posterior del Derecho administrativo va a seguir girando indefectiblemente sobre ambos polos, que son también los que nos van a explicar la posición del Derecho administrativo en cada momento concreto.

Así las cosas, la Constitución administrativa establece que la Administración pública actúa en beneficio del interés general, y constituye el vínculo positivo que ella nunca podrá desconocer, ya que en tal caso vulneraría no sólo el principio de legalidad —por no respetar el principio que establece que sólo podrá actuar en beneficio del interés general—, sino que, además, habría desconocido el principio de juridicidad al haber actuado sin que exista la norma atributiva de competencia. Como se ha dicho, al ser la función administrativa, por definición, una actividad estatal, todo acto de la Administración pública debe fundamentarse en el Derecho y, por ello, si no existe una norma —incluyendo dentro de este concepto los principios jurídicos— en la que ese acto encuentre tal fundamento —aunque tenga un contenido tan amplio como la que la autoriza para actuar en beneficio del interés general—, la Administración no podrá actuar (Merkl)[591]. Por ende, el Derecho administrativo no es solo el Derecho que sirve a los intereses de las personas, sino que está también al servicio de la realización de los fines de interés general o público. Es así garantizador tanto de los derechos de las personas como de los fines de interés público.

La exigencia de que la función de la Administración pública persiga, realice y satisfaga, en todo momento —*oportunidad*—, de manera directa —*inmediata*—, operativa —*concreta*— y justificada —*motivada*—, los fines calificados de interés público, fue incorporada a la Constitución a partir de 1961, al facultar a la Jurisdicción contencioso administrativa para anular los actos administrativos, incluso por desviación de poder (Art. 259 *eiusdem*)[592], y que reitera el vigente Art. 259 de la C.

---

590 Nieto, A. (1975). «La vocación del Derecho administrativo de nuestro tiempo». En RAP Nº 7, 19 y 20. Sobre el concepto de los intereses generales y su significación en la actuación de la Administración véase también Nieto, A (1991). «LaAdministración sirve con objetividad los intereses generales». En *Estudios sobre la Constitución Española. Homenaje al profesor Eduardo García de Enterría,* Vol. III. Madrid, 2185 a 2254.

591 Merkl, A. Ob. cit., nota 99.

592 Sents. de la CPCA, del14-6-82, en RDP, N° 11, 134; 13-8-86, en *RDP*, N° 28, p. 92; y de la CSJ/SPA, del 15-11-1982, en *RDP*, N° 12, 134.

En tal sentido, el diseño constitucional consagra que la estructura del Estado Constitucional se regirá, tal como se expresa en la EMC, por los principios de integridad territorial, cooperación, solidaridad, concurrencia y corresponsabilidad, que son las características del modelo jurídico-político del Estado Constitucional, en el que las comunidades y autoridades de los distintos niveles político-territoriales participan en la formación de las políticas públicas comunes a la Nación, integrándose en una esfera de gobierno y de administración compartida para el ejercicio de las competencias en que concurren. De esta manera, la acción de gobierno y de administración del Poder Público Municipal, del Poder Público Estatal y del Poder Público Nacional, se armonizan y coordinan para garantizar la realizaciónde los fines de interés público de la Administración pública al servicio de la persona, en última instancia, lo cual constituye a su vez fuente de legitimación social del Estado Constitucional moderno[593].

En conclusión, la garantía de la realización de los fines de interés público es la tarea o misión más inmediata del Estado Constitucional y, por ende, de la Administración pública, porque el fin último es, se insiste, la dignidad de la persona y demás derechos y garantías fundamentales. Por ello, su referencia central es elemento clave para caracterizar al Derecho administrativo contemporáneo que ha de tener presente esta realidad y adecuarse institucionalmente a los nuevos tiempos (Rodríguez-Arana[594]).

a. Interés público

§117. Planteamiento de la cuestión – El Estado Constitucional ha asumido siempre, con respecto a la sociedad, al menos teóricamente, hemos dicho más arriba, la finalidad de asegurar el «bien común». El Estado Constitucional aparece, por tanto, como el garante del bien común, y su función consiste en asegurarlo y cuidarlo fiduciariamente a cuenta de la sociedad y de sus miembros, y en beneficio de aquélla y de las personas.

Ahora, su extensión y alcance han dependido de las distintas formas de manifestarse la relación entre el Estado Constitucional y la persona. Dicha finalidad recibe el nombre de «orden» con el Estado-gendarme; «servicio público» con el Estado-de bienestar; «interés general» con el Estado-gestor; y más concretamente «interés público» con el Estado-garante de nuestros días. No hay duda que el bien común –interés colectivo, general o superior–, es un interés protegido por la Constitución administrativa, y es superior, preferente, al interés privado, aún legítimo, precisamente por su inserción en la misma esencia del modelo jurídico-político: el Estado social y democrático de Derecho y de Justicia.

Ahora bien, es a la Administración pública a quien incumbe cumplir las leyes y actuar de manera oportuna y directa, los fines de interés público constitucionales, para lo que se requiere unas veces su abstención, pero en muchas otras ocasiones su intervención, su actividad, y en definitiva su buen funcionamiento de acuerdo con el principio de «buena Administración»[595]. En efecto, muchos preceptos de la Constitu-

---

[593] Moltó García, J. I. (1998). *La Administración General del Estado Constitucional.* Madrid, Tecnos, 15.

[594] Rodríguez-Arana, J., Ob. cit., nota 277, 57.

[595] Fernández, T.-R. (2020). «El derecho a una buena Administración». En *Principios fundamentales del Derecho Público. Desafíos actuales. Libro conmemorativos de los 20 años de la publicación de la Constitución de 1999* (Coords. A.R. Brewer-Carías, A.R. y J. Araujo-Juárez). Caracas, EJVI.

ción administrativa precisan de la acción de las Administraciones Públicas (nacionales, estadales o municipales). Asimismo, los derechos y garantías fundamentales exigen, para ser efectivos, un buen funcionamiento de la Administración Pública, que se convierte así en el brazo ejecutor de los fines esenciales del Estado Constitucional. Es, pues, en el buen funcionamiento de las Administraciones públicas, donde se juega verdaderamente la efectividad de los postulados constitucionales en los más variados sectores —educación, salud, seguridad, vivienda, y un gran etc.— de la vida cotidiana de las personas.

Ahora, la garantía de la realización de los fines de interés público es la principal tarea del Estado Constitucional. Desde este punto de vista, la Administración pública está referida al sentido de la garantía de gestión y satisfacción de los fines de interés público concreto determinado por el órgano a quien compete, como lo es el Poder político por excelencia que es el Parlamento —o quien haga sus veces—, de modo que, se insiste, la expresión Administración pública *strictu sensu* lleva inherente el concepto de gestión subordinada, el carácter vicarial o subordinado de la misma, esto es, servir también al cumplimiento o la satisfacción de los fines de interés público, puesto que su función, y no es poco, es trasladar el interés general concreto a la realidad de la forma más justificada.

Por tanto, en todo Estado de Derecho, la consagración del principio de juridicidad, que es inherente a aquél, determina que sea una exigencia jurídica el que cualquier acto de la Administración deba tener como finalidad servir los intereses públicos, al ser ésta la función que justifica la propia existencia de la Administración y, en consecuencia, la que determina que se le reconozca capacidad de obrar. Esta es, por otra parte, la regla *mínima* que el principio de juridicidad que Merk[596] formuló exige respetar, ya que si no existe esa conexión con el interés público esa actuación, en la concepción de Merk, no podráconsiderarse como un acto de la Administración pública, pues faltará el vínculo jurídico que permita imputar esa acción a la Administración pública.

En definitiva, es también a partir de la noción de los fines de interés público, la matriz desde la cual se deben abordar los profundos cambios que se están operando en el seno del Derecho administrativo moderno y, por ende, de la propia Administración pública, por lo que el elemento clave debe estar en lo que debe entenderse, en cada momento, por interés público concreto.

§118. Concepto — Así las cosas, cada Estado Constitucional define cuál es el contenido del interés público, y cómo han de estructurarse las relaciones entre la persona y la colectividad. De la elaboración de los principios que las determinan siempre se han ocupado los filósofos, los teóricos del Estado Constitucional, los constitucionalistas, los economistas y los sociólogos; de las decisiones concretas, en cambio, los políticos. No ha de extrañarnos, por tanto, que a la vista de una fórmula vacía, como es la del «interés público», cada uno llegue a dotarla de contenidos totalmente distintos.

El concepto actual de interés público en que se condensa la finalidad del Estado Constitucional supone: de un lado, el fundamento de su actividad; y de otro, el límite de la misma. Sin embargo, dada la amplitud del concepto, su vaguedad y las facultades de la Administración pública de determinar su ámbito, no es de extrañar que el Poder público .de ésta en nuestros días, pueda llegar a ser muy superior en la práctica al del príncipe en el Estado absoluto.

---

596 Merk, A. Ob. cit., nota 99, 212.

Por lo que se refiere a la primera cuestión, es de sobra conocido cómo el Estado Constitucional, para la consecución del «bien común temporal», realiza una serie de actividades, parte de las cuales son «esenciales» para la existencia de todo Estado Constitucional, como la legislación, la política exterior, la defensa, la justicia, la hacienda y orden público, y parte de mera «utilidad», cuya realización depende de las razones políticas que en cada lugar y momento predominen. Pues bien, es respecto a este segundo tipo de actividades del que cabe afirmar el carácter contingente y variable de los fines del Estado Constitucional o, en otras palabras, de la actividad o función administrativa *strictu sensu*, dado que la Administración pública es el órgano fundamental del Estado Constitucional para el cumplimiento o la realización de sus fines.

Por tanto, el interés público no es algo etéreo, intangible o abstracto, sino que es un concepto que en el modelo jurídico-político Estado democrático y social de Derecho y de Justicia está caracterizado por la exigencia de su necesaria concreción, detalle y puntualización, cualificado que dirá la doctrina italiana, además por su motivación adecuada, por su vinculación directa a la defensa y el desarrollo de la persona y el respeto a su dignidad —Art. 3 de la C— y también definición participada, que requiere una dimensión concreta y práctica. En tal sentido, Rodríguez-Arana[597] sostiene que el interés general o público es de naturaleza supraindividual, representa los principios del Estado social y democrático de Derecho y, en concreto, explicita dichos criterios en la realidad, con proyección sobre las mejoras de las condiciones de calidad de vida de las personas.

En mérito a lo anterior, se concluye, es a este tipo de Administración pública *strictu sensu*, la que es objeto de regulación del Derecho administrativo, parte de cuya misión consiste en rastrear dentro del marco de la Constitución administrativa, ahondar en el fin de las normas constitucionales, profundizar en su análisis, esbozar técnicas tendentes a facilitar el correcto entendimiento de los principios jurídicos, valores superiores y reglas constitucionales referidos a la Administración pública.

§119. Distinción — La Constitución acoge expresamente la distinción entre el interés público y el derecho e interés individual, así como la configuración de estos últimos en derechos fundamentales, derechos subjetivos, intereses legítimos, incluidos los colectivos o difusos (Art. 26 de la C).

En tal sentido no hay duda de la posibilidad de oposiciones, interferencias, incompatibilidades o conflictos entre el interés público y el interés individual, que la Constitución resuelve en cada caso estableciendo la prevalencia del primero mediante la limitación o restricción de los segundos, a través de una norma de rango legal, que tiene como fundamento la realización de las justas exigencias morales, de orden público y de bienestar general en la sociedad democrática, conforme lo consagra la Declaración Universal de los Derechos Humanos (Art. 29.2), y la Convención Americana de Derechos Humanos (Art. 32.2).

Por otro lado, debemos mencionar que realmente lo público no es opuesto y contradictorio con lo privado, sino compatible y mutuamente complementario, o que incluso vienen recíprocamente exigidos; que el desarrollo individual, per-

---

[597] Rodríguez-Arana, J. 2012). Interés general Derecho administrativo y Estado de bienestar. Madrid, IUSTEL, 97 y ss.

sonal, no es posible si no va acompañado por una acción eficaz a favor de los demás. En fin, que si la sociedad es capaz, por disponer de vitalidad y medios para ello, de asegurar condiciones para la realización de los derechos individuales y sociales fundamentales, entonces, el principio de subsidariedad[598] facilita su efectiva realización.

b. Principio de supremacía del interés público

§120. Planteamiento de la cuestión – La relación entre lo individual y lo colectivo ha sido el eje sobre el que ha girado todo el pensamiento político, económico, social y jurídico de todos los tiempos. Sin embargo, el individuo es un auténtico producto social, como dice Chinoy[599], y cuando surge el conflicto individuo-sociedad o interés individual-interés general, no se duda en sacrificar aquél en aras de éste, por la trascendencia que el bien común tiene en toda forma de vida societaria. Resumiendo: la vocación del Derecho administrativo moderno consiste en asegurar la realización de los intereses colectivos, generales o superiores –que no es la suma de los intereses individuales–, sin ceder por ello un paso en la defensa hasta ahora montada de los intereses individuales por así decirlo, el interés público –y los mecanismos montados para su realización– está al servicio de los ciudadanos, y no a la inversa (A. Nieto)[600].

Ahora, desde una perspectiva estrictamente filosófica o moral, los intereses individuales deben integrarse en el interés general o público, en el bien común. El bien individual, particular, cede ante la necesidad de salvaguardar o preservar el bien general, el bien común. Por eso es legítimo y lícito, es moral y ético, que se pueda sacrificar el derecho de propiedad en aras de la construcción de un hospital, porque tal obra resulte necesaria para el derecho fundamental a la salud de las personas, y siempre que sí y solo sí se justifique, en cada caso, a partir de unos altos estándares de motivación, de proporcionalidad, de objetividad, de transparencia y, por supuesto, mediante una previa y justa indemnización, las cuales deben ser características que deben acompañar el ejercicio de potestades expropiatorias que, se insiste, solo tendrían justificación para la defensa, protección y promoción de todos y cada uno de los derechos fundamentales y su fundamento que es la dignidad de la persona.

Ahora bien, hemos hablado antes del fin del interés público como la traducción al Derecho administrativo de la idea filosófica del bien común. Así, en el articulado de la Constitución administrativa, las constantes referencias de las distintas manifestaciones de la Administración pública siempre aluden a un elemento finalista, por ejemplo: el Estado «garantizará» (Art. 19 de la C), el Estado «tendrá la obligación» (Art. 30 de la C), el Estado «protegerá» (Art. 75 de la C), etc., el cual se persigue a través de la Administración pública. Con ello se consagra el principio «de la supremacía del interés público» –o de preferencia o superioridad del interés público–, por lo cual ostenta innumerables potestades de Poder público que la ubican en un plano de supremacía necesario para el cumplimiento o realización del mismo[601].

---

598 Herce, J.I. Ob. cit., nota 472.

599 Chinot, Ely (1972). La sociedad. Una introducción a la sociología. México, Fondo de Cultura Económica, 70.

600 Nieto, A. Ob. cit. nota 590, 27 y 28.

601 Sent. Nº 104 del TSJ/SC, de fecha 21 de noviembre de 2000.

En efecto, como sostuvo la jurisprudencia[602], el interés público como categoría jurídica que legitima la actuación de las Administraciones públicas del Estado Constitucional, y en que se inspiran las normas del Derecho administrativo, justifica las potestades públicas —que no odiosos privilegios— de que gozan para el cumplimiento o realización efectiva de sus fines[603], que ubican a las autoridades públicas en un plano de superioridad necesario para el cumplimiento o realización de sus fines de interés público, denominado «principio de la supremacía del interés público» pero, de manera correlativa, estándo la Administración pÚblica sujeta a la ley y al derecho (Art. 141 de la Constitución), le está vedada toda actuación administrativa contraria a la justicia, la razón o la ley, conforme al principio de prohibición o interdicción de la arbitrariedad administrativa (J.C. Casagne)[604] o, en fin, tampoco violar los derechos fundamentales de las personas[605].

c. Principio de adherencia al fin de interés público concreto

§121. Planteamiento de la cuestión — La Administración pública es una organización teleológicamente delimitada, en cada momento, por la realización de fines de interés público concretos. Así como vimos hay un fin necesario para todo órgano o ente público y normalmente implícito: la realización de un interés colectivo, general o superior. Pero aún dentro de ese amplio concepto, cada órgano o ente público en concreto ha de perseguir un sector de intereses que como propios, le son asignados de manera actual, individual y concreta. De ahí que la generalidad de los fines propios de un Municipio en cuanto conciernen a la vida local (Art. 178 de la C), no significa la posibilidad de una actuación ilimitada porque: 1.°, aunque generales, tienen un ámbito de actuación espacial y cualitativo de concreción; y 2.°, y en particular, porque la consecución de esos fines no habilita cualquier decisión o la utilización de medios indeterminados sino, precisamente, de los poderes públicos específicos atribuidos tasadamente por el Ordenamiento jurídico (García de Enterría)[606].

Ahora bien, el principio de la supremacía del interés público no se puede afirmar en abstracto categóricamente. Tal primado precisa proyectarse sobre la realidad, puesto que su apelación genérica, sin más, ha conducido, y conduce, a actuaciones arbitrarias, a conductas autoritarias. En efecto, el interés que puede tener la persona propietaria de un terreno, en el caso de una expropiación forzosa, la utilidad pública o el interés social, que siempre debe ser motivado, proporcional, objetivo, transparente, se concreta en el Decreto de la necesidad de afectación y ocupación, que siempre podrá ser objeto de control público jurisdiccional. Eso sí, en tales casos, el derecho subjetivo del expropiado a la justa indemnización, que es un genuino derecho subjetivo, no puede ser desconocido, y se integra en el núcleo de valores que componen el interés general en sentido amplio.

No obstante, con ello no se quiere afirmar que la Administración pública precise una norma previa que la habilite específicamente para cada una de sus

---

[602] Sent. N° 161 del TSJ/SC, de fecha 1 de febrero de 2002.

[603] Sent. de la CSJ/SPA, de fecha 30 de mayo de 1966, G.F. N° 52, 1966, 108-113.

[604] Cassagne, J.C. (2020). «El principio de razonabilidad y la interdicción de la arbitrariedad». En *Principios fundamentales del Derecho Público. Desafíos actuales. Libro conmemorativos de los 20 años de la publicación de la Constitución de 1999* (Coords. A.R. Brewer-Carías, A.R. y J. Araujo-Juárez). Caracas, EJVI.

[605] Sent. N° 1401 del TSJ/SC, de fecha 21 de noviembre de 2000.

[606] García de Enterría, E. y Fernández, R.-T. Ob. cit., nota 13, T.I, 466.

actuaciones, sino simplemente que en nuestro Ordenamiento jurídico el principio de juridicidad exige, como *mínimo*, un requisito para considerar conforme a Derecho una actuación de la Administración pública: que la causa de todos sus actos sea actuar en beneficio del interés general (C. Chinchilla)[607]; y todo acto que no responda a esta finalidades contraría al Ordenamiento jurídico y, en consecuencia, al no haberse sometido al Derecho, infringe el principio de juridicidad.

En nuestro Derecho, la exigencia de la indispensable conexión con el interés público, como por ej., que los actos administrativos sean acordes a los fines que los justifican, tiene un respaldo expreso tanto constitucional como legal. Todo acto administrativo debe tener su causa en la consecución de un fin de interés general, ya que, como se ha indicado, esta conexión con el interés general constituye en nuestro ordenamiento la vinculación *mínima y necesaria* que todo acto de la Administración debe tener con el Derecho. Esta exigencia de que los actos administrativos sean acordes con el interés general viene impuesta por el principio de legalidad —como se ha señalado anteriormente, en todo Estado Constitucional de Derecho la causa de los actos de la Administración no puede ser otra que servir el interés general—, pero también es en nuestro ordenamiento la norma *mínima* de atribución de competencias que exige esa regla lógica que es el principio de juridicidad.

En efecto, tal requisito —que es inherente a la existencia misma de la Administración pública en cualquier Estado Derecho— es sólo el *mínimo* que todo acto de la Administración pública debe cumplir. El problema que en estos casos se presenta es demostrar esta falta de adecuación al interés general, ya que al encontrarnos ante actos que carecen de una previa regulación normativa, este extremo sólo podrá controlarse a través de la motivación del acto manera actual, individual y concreta. De ahí la importancia que en estos supuestos tiene la motivación como medio de control de la actividad de la Administración pública.

En tal sentido, el principio de legalidad o de juridicidad le impone a la Administración pública, además de las reglas exteriores de conducta, «una especie de regla psicológica», la obligación de perseguir en todas sus actuaciones el interés público, el cual debe ser actual, concreto y determinado o, en todo caso, el genérico de servicio público o que informa la función administrativa, por lo que no es posible que se ejercite en aras de otro interés por muy estimable que fuere (Art. 12 de la LOPA)[608]. La exigencia de que la actividad o función de la Administración pública persiga en todo momento el interés público, insistimos, fue incorporada a la Constitución de 1961 (Art. 206 de la C)[609], y que reitera la vigente Constitución de 1999 al facultar a la Jurisdicción Contencioso Administrativa para anular los actos administrativos, incluso por «desviación de poder» (Art. 259 de la C)[610].

Sin embargo, el Ordenamiento jurídico no se limita a exigir que los actos de la Administración pública tengan como finalidad satisfacer el interés público, sino que además puede y establece muchas otras determinaciones sobre la actividad que

607 Chinchilla, C. (1999). *La desviación de poder,* 2.ª ed. Madrid, Civitas, 90 y ss.

608 Sent. de la CF, de fecha 28 de septiembre de 1954, GF Nº 5-217.

609 Sents. de la CPCA, de fecha 14 de junio de 1982, en RDP, Nº 11, p. 134; 13 de agosto de 1986, en RDP, Nº 28, p. 92; de la CSJ/SPA, de fecha 15 de noviembre de 1982, en RDP, Nº 12, p. 134; y Nº 825 del TSJ/SC, de fecha 6 de mayo de 2004.

610 Vid. *in extenso* a Araujo-Juárez, J. Ob. cit., nota 478, 359 a 362; y Araujo-Juárez, J. (2020). Ob. cit., nota 478. Asimismo, Sents. de la CPCA, de fecha 14 de junio de 1982, RDP Nº 11, p. 134; 13 de agosto de 1986, RDP Nº 28, p. 92; y de la CSJ/SPA, de fecha 15 de noviembre de 19-82, RDP Nº 12, 134.

pretenda realizar. Pues bien, estas otras determinaciones, por exigencias del principio de legalidad, también deben ser respetadas por la Administración pública y, por ello, esta también se encontrará vinculada a las mismas.

§122. Conclusión — La realización del fin o de los fines esenciales de la Constitución administrativa son los que modelan —organización— y encauzan —funcionamiento— a la institución pública, y son los que definen, a su vez, el propio contorno de la Administración pública. Por tanto, será esta nota de su inserción constitucional —a nuestro juicio— el compendio y síntesis de las demás. La administración —con minúscula— está en todos y cada uno de los servicios de gestión interna de todos los demás órganos del Poder Público, mientras que la Administración pública o «Administración Pública» —con mayúsculas— es el sentido que le imprime el Art. 141 de la Constitución administrativa. De ahí que podemos afirmar, que el concepto de Administración pública debe ser sustentado en la idea de función administrativa principal o *strictu sensu*, la cual es, precisamente, la noción propuesta por García de Enterría del «giro» o «tráfico administrativo», y en virtud de la cual aquélla adquiere todo su significado.

Así las cosas, desde el punto de vista de la concepción «subjetiva» que asume la Constitución administrativa, esto es, la Administración Pública como organización del Estado Constitucional, es la que tiene atribuida como «propia» la función administrativa «principal» —o *strictu sensu*—, la cual sólo puede ser ejercida por aquella organización estatal investida de tal cualidad, en la forma y condiciones que la propia Constitución administrativa establece. Se destaca claramente cómo la Constitución administrativa ha basado la delimitación o identificación de la Administración Pública en el seno del Estado Constitucional, partiendo del «tipo» o la caracterización de la función administrativa *strictu sensu*, y descrita más arriba, para atribuirla a una organización específica dentro del Estado Constitucional, y estructurada internamente sobre la base de las propias características de la función administrativa *strictu sensu* que debe desarrollar como función propia. Es aquí donde encuentra plena y satisfactoria explicación la consideración «subjetiva» de la Administración Pública, construida en torno a la función administrativa *strictu sensu*, como «forma» peculiar de la función estatal de servir a las personas y a la realización del interés público, y donde es posible deslindar su ámbito propio, sin implicar a los demás órganos que ejercen el Poder público.

En tal sentido, existe una correspondencia formal, de alcance, de valor y de rango constitucional, entre la función administrativa *strictu sensu* y la organización estatal que la asume constitucionalmente, esto es, la Administración Pública subjetivada, de manera principal, en el Art. 141 de la C, en concordancia con las demás normas diseminadas a lo largo de la Constitución administrativa. No es igual, en definitiva, el papel de la Administración pública en un Estado Constitucional que entiende su papel como mero garante de la propiedad y el orden público, dejando a las fuerzas espontáneas de la sociedad y del mercado el resto de cometidos, que el papel dentro de un Estado Constitucional que la Administración pública está obligada a servir a las personas, para asegurar «la defensa y el desarrollo de la persona», esto es, el desarrollo humano integral; y «la promoción de la properidad y bienestar del pueblo», esto es, una existencia digna y provechosa para la colectividad mediante la realización del interés público, razón por la cual la Administración pública habrá de asumir un papel completamente diferente, según mandato del Art. 3 de la C.

En mérito a lo antes expuesto, si quedó claramente la noción de función administrativa *strictu sensu*, resulta también posible obtener el concepto de la Administración Pública *strictu sensu* en sentido subjetivo: la Administación Pública no es sino el sujeto de aquella función administrativa y, a su vez, sujeto por excelencia del Derecho administrativo.

SECCIÓN 3.ª LA ADMINISTRACIÓN PÚBLICA Y EL ESTADO DEMOCRÁTICO Y SOCIAL DE DERECHO Y DE JUSTICIA

Introducción

§123. Planteamiento de la cuestión — Cuestión fundamental que plantea la concepción del Derecho administrativo como venimos de analizar es, precisamente, la del concepto de Administración pública, cuando nos referimos a ella con carácter general, o de la Administración Pública con mayúsculas y como resumidamente se denomina en la Constitución de 1999, al conjunto de todas ellas cuando nos referimos al Derecho positivo en concreto (Art. 141 de la C).

Ahora bien, constituidos los diversos poderes del Estado Constitucional, organizadas sus instituciones, la Administración pública entra en acción. Es sabido que la perspectiva que adopta el Derecho administrativo para estudiar la Administración pública es, obviamente, una perspectiva jurídica. Los análisis que se realizan desde el Derecho administrativo son el resultado de una determinada visión de la relación entre la Administración pública y el Derecho, y que deriva del diseño clásico del Derecho administrativo.

La Administración pública puede tener dos acepciones. En primer lugar, como *actividad*, en cuanto significa la acción concreta del Estado Constitucional para garantizar tanto el servicio a las personas como la realización de las necesidades de interés público a que se ha hecho cargo —función administrativa *strictu sensu*—. En este orden de ideas, la jurisprudencia[611] define la administración —con minúscula— en un sentido general, como aquella actividad del Poder público que tiende a conservar y promover los intereses generales, mantener el orden público, proteger el ejercicio normal del derecho y facilitar el desenvolvimiento de toda la actividad libre dentro de la convivencia social.

Y en segundo lugar como *sujeto*, para expresar el conjunto de órganos y entes del Estado Constitucional que realizan como función propia, la función administrativa *strictu sensu*. Es desde este último punto de vista que entendemos que la Constitución administrativa ha definido a la Administración Pública, esto es, el centro o complejo de órganos y personas que, formando parte del Estado Constitucional, están dotados de potestades de Poder público (o de *imperium*) y tienen por finalidad, en última instancia, la interpretación y aplicación concreta y específica de los fines esenciales constitucionales, por intermedio de la función administrativa *strictu sensu*.

Ahora bien, señala R.Parada[612], la forma en que una norma del Ordenamiento jurídico o del sistema normativo administrativo tiene como sujeto destinatario una Administración pública, admite diversas variedades. En unos casos, la norma tiene

---

[611] Sent. de la CSJ/SPA, del30 de mayo de 1966, G.F. N° 52, 1966, 108-113.

[612] Parada, R. *Derecho Administrativo* T. I *Introducción. Organización administrativa. Empleo público*. 26ª edición. Madrid, Dykinson S.L., 24 y 25.

como destinatario único y preferente a la Administración pública, y así acontece con las normas que regulan la organización administrativa, cuya efectividad y aplicación no reclama la presencia de otro sujeto. Otro tipo de normas jurídicas administrativa están destinadas a ser cumplidas por la Administración pública, pero su aplicación y efectividad no se concibe sin la simultánea presencia de las personas; así, las normas jurídicas administrativas que regulan la contratación pública, la expropiación pública, los impuestos o los servicios públicos, y un gran etc. Estas normas presuponen siempre una Administración pública de por medio, pero también una persona: contratante, expropiado, contribuyente, concesionario o usuario del servicio público.

Por último, en un tercer tipo de normas jurídicas administrativas, los destinatarios más directos son las personas, pero presuponen la presencia vigilante de la Administración pública como garante de su efectividad. Son aquellas normas de intervención en las relaciones entre personas que la Administración pública no ha de cumplir, pero a la cual se responsabiliza de que las cumplan las personas destinatarias, atribuyéndole una potestad sancionadora o arbitral para conseguir su efectividad, es decir, asignándole, en cierto modo, el papel de árbitro administrativo. A este grupo pertenecen, entre otras, las normas de regulación del empleo, o de precios o de la libre competencia, y cuyos destinatarios mediatos son las personas, como trabajadores, compradores o vendedores, y que en tal sentido son normas de Derecho administrativo «privado»[613], pero que afectan también a la Administración pública, si bien no como sujeto, si como garante, esto es, con actividades de inspección y potestad sancionadora en caso de incumplimiento.

§124. Plan metodológico – El estudio de los aspectos diversos de nuestra Constitución atrae, cada día con más intensidad, a los autores. De acuerdo con lo hasta aquí descrito, se insiste, cualquier indagación jurídica sobre la Administración pública ha de partir del contexto o «marco constitucional» o de la Constitución administrativa en el que se inserta. Tal marco constitucional se halla condensado en la autodefinición que la Constitución hace en uno de los artículos que más interés despierta, tanto por su ubicación privilegiada como por la trascendencia de su contenido, al proclamar en su Art. 2 que Venezuela se constituye en un «Estado Constitucional social y democrático de Derecho y de Justicia», y que propugna como valores superiores de su Ordenamiento jurídico y de su actuación «la vida, la libertad, la justicia, la igualdad, la solidaridad, la democracia, la responsabilidad social y en general, la preeminencia de los derechos humanos, la ética y el pluralismo político».

La mencionada norma tiene la peculiaridad de integrarse, a su vez, por cuatro principios constructivos basales, por influencia del Derecho público alemán se habla con frecuencia de «cláusulas constitucionales», decisiones constitucionales fundamentales (K.Smith), decisiones estructurales de la Constitución (E.Schmidt-Assman), fórmula política de la Constitución (P. Lucas Verdú), o en fin fórmula-resumen, sintética (Bilbao Ubillo)[614] que, al menos conceptualmente, pretenden ser autónomas respecto de las restantes, así: «de Derecho», «social», «democrático», y «de Justicia» (Art. 2 de la C) que, en lo fundamental, sirve aún de referencia de futuro, y que cabe plasmar en unos pocos rasgos que son los que han servido de guía a la evolución del Derecho Público de los últimos años tanto desde el punto de

---

613 González Varas, S. (1996). *El Derecho Administrativo Privado*. Madrid, Montecorvo.

614 Bilbao Ubillos, J.M., Rey Martínez, F. y Vidal Zapatero, J.M. Ob. cit., nota 1, 192.

vista dogmático y académico como normativo y jurisprudencial. Pues, en efecto, a partir de la Constitución cabe decir que el Estado Constitucional, es y pretende ser formalmente un Estado social y democrático de Derecho y de Justicia, y tal fórmula tiene un sentido muy complejo, que resulta de la interacción y condicionamiento recíprocos de esos cuatro elementos.

Ahora bien, los valores expresamente positivizados sirven de soporte a toda la esctructura del Estado Constitucional e informan todo el Ordenamiento jurídico como señala Bilbao Ubillos[615].En este orden de ideas, Santamaría Pastor[616] sostiene que las cláusulas o fórmulas constitucionales distan mucho de ser fórmulas puramente retóricas, vacías de contenido jurídico y político. Por tal razón su importancia es extraordinaria, en cuanto es el punto de partida, la estructura vertebral profunda del sistema institucional. En términos políticos, son éstas las decisiones fundamentales de la Constitución de que hablara Schmitt, las opciones básicas de la que parte todo el proceso constituyente. Por su parte, Garrorena Morales[617] ha señalado que tal cláusula constitucional ha de ser entendida de forma unitaria e integradora y no como una simplificación de cada uno de sus términos, expresión que así fundida, pasa a pertenecer a un orden cualitativo distinto.

En efecto, la originalidad y significación de la cláusula constitucional radica en la integración de los términos en una unidad conceptual que define a un tipo o modelo de Estado Constitucional relativamente complejo, constituido por la unidad de sus componentes vinculados entre sí, por relaciones directas e indirectas, más o menos complicadas, según los casos y las coyunturas concretas. Se evidencia, así, la profunda imbricación de los términos de la cláusula constitucional en cuanto unidad, aunque de coexistencia o virtualidad simultánea y con el mismo grado de validez (Santamaría Pastor)[618], de la que se puede decir con García Pelayo[619], que no es una simple agregación o yuxtaposición de componentes, sino la articulación de ellos en una totalidad conceptual, de tal manera que todos ellos se relacionen entre sí mediante una conexión de «interdependencia significativa» y que, en cuanto totalidad, va má allá de unos componentes, teniendo capacidad para generar algo nuevo. De este modo la fórmula constitucional configura «la esencia o sustancia de la Constitución» —García de Enterría—[620].

§125. Cláusula constitucional — La Teoría del Estado se ha servido tradicionalmente de criterios clasificatorios cuando se alude a las formas del Estado Constitucional. En efecto, se entiende por tales, las diversas formas de organización política, de configuración del Estado Constitucional en su conjunto, a partir de las relaciones entre sus elementos constitutivos —poder, territorio y pueblo—, o por mejor decir, el modo en que la soberanía estatal —auténtico modo de ser del Estado Constitucional— se proyecta sobre el territorio y el pueblo (Bilbao Ubillos)[621].

---

615 Bilbao Ubillos, J.M., Rey Martínez, F. y Vidal Zapatero, J.M. Ob. cit., nota 1, 294.
616 Santamaría Pastor, J.A. Ob. cit., nota 68, 191.
617 Garrorena Morales, A. (1992). *El Estado español como Estado social y democrático de Derecho*. Madrid, Tecnos, 202.
618 Santamaría Pastor, J.A. Ob.cit., nota 68, 192.
619 García Pelayo, M. Ob. cit., nota 34. En el mismo sentido Bilbao Ubillos. J.M., Rey Martínez, F. y Vidal Zapatero, J.M. Ob. cit., nota 1, 192
620 García de Enterría, E. (1980). «La Constitución como norma jurídica». En *La Constitución Española de 1978*. (A. Predieri y E. García de Enterría). Madrid, Civitas.
621 Bilbao Ubillos, J.M., Rey Martínez, F. y Vidal Zapatero, J.M. Ob. cit., nota 1, 68.

Ahora, como bien lo expresa Bilbao Ubillos[622], no es que la Constitución expresamente consagra tres formas de Estado Constitucional, sino una única forma de Estado Constitucional con tres —y cuatro en el caso de la Constitución de 1999—, factores o componentes. Pero esa interpretación unitaria o sintética no es fácil; son conceptos que nacen polémicamente, que expresan aspiraciones difíciles de armonizar y conciliar; se registran tensiones y contradicciones más o menos latentes entre ellos, que no siempre pueden cancelarse.

Sin embargo, a efectos pedagógicos, vamos a descomponer la fórmula constitucional caracterizadora del Estado Constitucional que conforma el vigente texto constitucional en sus cuatro elementos integrantes, para poder analizar de este modo, la proyección o plasmación de cada uno de esos elementos en el Derecho administrativo y su Administración pública. Y por cuanto esos cuatro elementos son separables conceptualmente y analizables por separado, por cuanto cada uno posee un significado específico y tiene su propia evolución histórica, aunque deben interpretarse siempre de forma conjunta, integral, coordinada, en función de los demás, no aislada o fragmentariamente, porque no están yuxtapuestos, sino imbricados entre sí, se condiciona y se limitan recíprocamente.

Así las cosas, con la anterior perspectiva trataremos de desentrañar y descubrir todas las virtualidades normativas, renovadoras, transformadoras que cada una de las cláusulas constitucionales encierra, a fin de precisar cuál es el alcance y la dimensión que tienen dentro de las instituciones que encierra al día de hoy. En tal sentido, como señala Rodríguez-Arana[623], el marco del Estado social y democrático de Derecho -y de Justicia, agregamos- habrá de tenerse en cuenta para entender el alcance del Derecho administrativo y de la Administración pública actual. Esto es, del iusadministrativismo del Estado social y democrático de Derecho y de Justicia o, si se quiere, del Derecho administrativo postconstitucional.

Finalmente, por cuanto la proclamación constitucional mencionada tiene consecuencias sustantivas y organizativas para todos los Poderes públicos, entonces, veamos cuál es la concepción actual, individual y concreta de la Administración pública en la Constitución administrativa. En ese Art. 2 de la C se localizan buena parte de las consecuencias, sin perjuicio de los demás preceptos que profundizan en las mismas o que añaden otras cláusulas, y que analizaremos a continuación. Todas estas dimensiones recogidas en la mencionada norma van a condicionar constitucionalmente el modo mismo de entender y organizarse la Administración pública, así como su forma de actividad o función estatal propia.

A. Estado de Derecho y Administración pública

I. Principio Estado de Derecho

§126. Concepto — El Estado de Derecho es un producto histórico en el que el Estado actúa con sometimiento a la ley y se reconoce al hombre como portador de derechos fundamentales y sujeto de libertades publicas, y ha evoluciondo hasta nuestros días, donde cabe distinguir en este sentido momentos sucesivos.

En una primera fase del Estado de Derecho — 1789/1848— , la que coincide con el auge del liberalismo —finales del siglo *xviii*, y primera mital del siglo *xix*—

622 Bilbao Ubillos, J.M., Rey Martínez, F. y Vidal Zapatero, J.M. Ob. cit., nota 1, 294.
623 Rodríguez-Arana, J. Ob. cit., nota 15, 96 y 97.

se considera que la libertad habría de salvaguardarse, fundamentalemente, limitando la acción del Poder público sobre la conducta de los ciudadanos, y se presenta sí como un Estado de Derecho en el que la acción de los Poderes públicos se limita jurídicamente para garantizar la libertad, no tanto como libre arbitrio, sino en palabras de J.S. Mill, la «libertad civil» o «la lucha entre la libertad y la autoridad» (Bilbao Ubillos)[624].

Así las cosas, el Estado de Derecho pone de relieve la relación existente entre ambos conceptos, «Estado-Derecho», quedando el primero subordinado al segundo. Se opone al Estado absoluto, desligado de toda supeditación a las normas en la concepción de Bodino, y es «el trasunto del Estado», que surge con la obra constituyente de los excolonos americanos en 1787 y de los revolucionarios franceses dos años después en 1789.

La primera vez que aparece la expresión «Estado de Derecho» —*Rechtsstaat*— fue acuñada en Alemania en el siglo *xix*, y que en la ciencia del Derecho público adquiere carta de naturaleza y ha servido para expresar la realidad del Estado Constitucional moderno, en cuanto responde al ideal de una racionalización jurídica creciente de la vida, fórmula en que cristalizó la concepción teórica del primer liberalismo alemán, y que tiene sus raíces sobre todo en A. von Humboldt[625]. Esta concepción ha llegado hasta nuestros días, con influencia de la doctrina francesa de la teoría de la supremacía de la ley como expresión de la voluntad popular, y de la inglesa del *Rule of Law* o gobierno del Derecho.

En efecto, sostiene S. Muñoz Machado, se debe a los juristas constructores de la concepción dogmática del Estado de Derecho, según explica E. W. Böckenförde, y que en la ciencia es usada por C. Ch. Welcher en 1813. Luego la retoma Ch. F. Von Aretin en su *Staatsrecht der Konstitutionellen monarchie* de 1824. Posteriormente, R. Von Mohl la utiliza en su *Das Staatsrecht des Königreich Wüttemberg* de 1829. La conversión del concepto en pieza esencial de la publicística alemana deberá mucho a las contribuciones de O. Bahr —1864—, de R. Von Gneist (1879) y R. Von Mohl[626], quienes son los que ocupan la cabecera de la lista de creadores teóricos del Estado de Derecho. Las consecuencias de estas ideas y su exposición en un orden sistemático que involucrará a todas las instituciones, será el trabajo de otra generación de oro de la publicística europea, a cuyo frente están Gerber, Ihering, Laband y Jellinek (S. Muñoz Machado)[627]. Con este contenido se expandió de manera exitosa por Europa y Latinoamérica gracias, sobre todo, a las aportaciones de la doctrina francesa.

A su vez, el interés francés por esta construcción teórica es, como ya se ha dicho, más tardío. Pero la figura clave será Carré de Malberg. Como ha recordado J. Chevallier[628], Carré de Malberg está muy fuertemente influenciado por el pensamiento jurídico alemán y, especialmente, por la obra de P. Laband, a quien sucedería en la cátedra de Derecho Público de la Universidad de Estrasburgo después de la

---

624 Bilbao Ubillos, J.M., Rey Martínez, F. y Vidal Zapatero, J.M. Ob. cit., nota 1, 33.

625 Humboldt, A. von (1829). *Das Staatsrecht des Königreiches Württemberg*, I, Tübingen, 8.

626 Sobre todo por su posterior *Die Polizeiwissenschaft nach der Grundsätzen des Rechtsstaates*, 1842-1843, acompañado enseguida por el de F. J. Stahl (1856). *Die Philosophie des Recht*, 3.ª ed. Cit. por Muñoz Machado, S. (2015). *Tratado de Derecho Administrativo y Derecho Público General* T III *Los principios de constitucionalidad y legalidad*. Madrid, Agencia Estatal BOE, 15.

627 Cit. por Muñoz Machado, S. Ob. cit., nota 626, 15.

628 Chevallier, J. (1992). *L'État de droit*. Paris, Montchrestien, 11.

I Guerra Mundial. Pero Carré de Malberg no se limita a incorporar la doctrina alemana, sino que la matiza y la adapta a la tradición francesa. El núcleo central de la idea es el mismo. Carré de Malberg entiende que se trata de un Estado Constitucional que «en sus relaciones con los sujetos y para la garantía de su estatuto individual, se somete él mismo a un régimen de Derecho». Pero siendo, en esto, su concepción exactamente parangonable con la alemana, la acomoda política y técnicamente sobre la base de probar que muchos elementos de la doctrina del *Rechtstaat* formaban parte de la tradición constitucional francesa y estaban consolidadas en la práctica del Derecho francés.

Así las cosas, el elemento esencial de la concepción del Estado de Derecho sigue siendo, persistentemente, la limitación del Poder público para preservar una esfera autónoma de acción y de realización a las personas. Parte de la primacía del individuo. En tal sentido, es posible aislar o abstraer una serie de postulados, conceptos y elementos estructurales que caracterizan al Estado liberal de Derecho, como la primera expresión histórica del Estado Constitucional, y estos son los siguientes:

(i) La distribución del poder político entre los diversos ótganos del Estado, a fin de propiciar un ejercicio moderado o equilibrado, además de funcional de dicho Poder público: es *el principio de separación de poderes.*

(ii) El reconocimiento expreso —y solemne— de un grupo de derechos subjetivos que identifican y acotan diversas espeferas de autonomía individual frente al poder del Estado Constitucional: son los *derechos fundamentales.*

(iii) Y por último, el sometimiento de la actividad del Estado Constitucional a las leyes para prevenir así el ejercicio arbitrario del Poder público: principio de primacía de la ley o *principio de legalidad*, o más propiamente, principio de de juridicidad.

El sometimiento de los Poderes públicos a la ley y al Derecho en el Estado «Constitucional de Derecho», rúbrica bien significativa, en cuanto refiere la subordinación de todos los Poderes públicos al Ordenamiento jurídico, no sólo, pues, de la Administración pública, que es lo característico de la concepción del Estado Legal: por razones diferentes el Juez y el Legislador son por regla general inmunes al Derecho en el Estado Legal basado en la sola soberanía de la ley, a la que los jueces se someten, en una función teóricamente de simple aplicación de las normas del Poder legislativo. De este modo, la acción de los demás Poderes públicos se somete naturalmente a la ley, solo se dirige legítimamente a los objetivos que la ley señala y ha de desenvolverse dentro de los límites que aquella marca. Esta orientación por el legislador de los fines y procedimientos de la acción, prefigurándola o predisponiéndola, sería la que llevaría años después a O. Mayer a afirmar que el Estado de Derecho es «el Estado del Derecho Administrativo bien ordenado» (Muñoz Machado)[629].

En el Estado Constitucional de Derecho, en cambio, todos los Poderes públicos se subordinan a la Constitución. Y no sólo a ella, sino al Derecho, a un conjunto normativo complejo del que forma parte el Derecho interno y el Derecho supraestatal o supranacional —Derecho comunitario, Derecho convencional, etc.—, un Derecho

629 Muñoz Machado, S. Ob. cit., nota 626, T III, 16.

caracterizado por un número desbordante de normas y, al mismo tiempo, paradójicamente, compuesto por reglas más abiertas, más necesitadas de una labor creativa de interpretación. La onda expansiva que en el Ordenamiento jurídico produce la interpretación de los principios jurídicos, valores superiores y derechos fundamentales, abierta a los tribunales nacionales y supranacionales, lo ha transformado radicalmente Y ello es una consecuencia de los profundos cambios que ha experimentado su función como consecuencia del reconocimiento de fuerza normativa a la Constitución —lo que relativiza el papel del legislador, conforme al ya analizado principio de interpretación conforme a la Constitución—, y como resultado de la existencia de un Derecho supraestatal que obliga al Juez también en la interpretación del Derecho interno.

II. Principio de juridicidad

§127. Concepto — El análisis del denominado principio de legalidad es uno de los argumentos básicos de cualquier exposición sistemática del Derecho Público. Aplicado a la relación de la Administración pública con el Derecho, la concepción más compartida del principio de legalidad es la que explica que la Administración pública está sometida a la ley. Como ocurre, por otra parte, con los demás Poderes públicos del Estado Constitucional. Es esta la consecuencia más inmediata de la soberanía de la ley. Se corresponde con dicha posición preeminente de la ley, la subordinación general de la Administración pública a sus mandatos. La ejecución de la ley es la tarea que define más exactamente la función material que corresponde a la Administración pública.

En tal sentido, señala Muñoz Machado[630], legalidad significa, pues, primacía de la ley, también superioridad o jerarquía con respecto de cualquier otra clase de norma; explica también la competencia del legislador precisamente para llevar a término regulaciones que afecten a los derechos y libertades; y está conectada, igualmente, con la idea de habilitación: los demás Poderes públicos actúan dentro de los límites que las leyes establecen y, en particular, la Administración pública, en los términos concretos que la ley se lo permite y a efectos de que use sus atribuciones para la consecución de los fines generales que la Constitución y las leyes le imponen como objetivo de toda su actuación. Además, en fin, la legalidad es el parámetro de que se sirven los jueces y tribunales para controlar las decisiones de la Administración pública.

De todas estas apelaciones constitucionales al principio de legalidad, la cuestión más debatida, desde el Derecho Administrativo, es la medida y el alcance del sometimiento de la Administración pública a la ley. En España la explicación más atendida y seguida de esta relación es la que ha defendido García De Enterría[631] a lo largo de toda su extensa obra con muchísima firmeza, para quien el principio de «legalidad de la Administración» significa no solo que la Administración pública está sometida a la ley, sino que las potestades de actuación que puede utilizar la Administración pública para actuar le son siempre atribuidas de modo concreto y específico por la ley. Esta norma máxima habilita a la Administración pública, definiendo el ámbito en el que puede legítimamente desenvolverse. Fuera de la ley no existen potestades administrativas de ninguna clase. Esta es la regla, sostenida con toda rotundidad y sin más excepciones que las indispensables para comprender

[630] Muñoz Machado, S. Ob. cit., nota 626, T III, 99.

[631] García de Enterría, E. y Fernández, T. R. Ob. cit., nota 13, T.I, 475 y ss.

algunas decisiones menores de carácter organizativo, cuando no afectan de ninguna manera a los derechos y libertades de los ciudadanos.

Sin embargo, la revisión de la doctrina dominante sobre el principio de legalidad se ha activado, naturalmente, cuando ha sido necesario explicar la significación de tal principio porque lo recogen diversos preceptos de la Constitución. Es así como un sector de la doctrina ha acometido esta tarea (I. De Otto, F. Rubio LLorente, J. Santamaría Pastor, P. Weil, P. Delvolvé, J.C. Cassagne, J. Peña Solis, etc.) y ha solido coincidir en la utilización de un término alternativo para explicar su posición: el principio de legalidad habría que entenderlo como «principio de juridicidad», y así lo hemos hecho también nosotros (Araujo-Juárez)[632].

El primero que utilizó el término principio de juricidad fue A. Merkl[633], acuñado en el seno de la Escuela de Viena. Pero no lo empleó como un término equivalente o sustitutivo del principio de legalidad, sino para explicar que toda acción de la Administración pública, para distinguirse como tal, precisa de la «existencia de un precepto que admita semejante acción». No indica, sin embargo, ninguna relación de vinculación de la Administración pública a la ley, sino que expresa la necesidad de que exista un fundamento jurídico de la actuación administrativa. Como demostró Merkl, toda actividad administrativa tiene necesariamente que tener una conexión con el ordenamiento por ser ésta una exigencia de lo que este autor denominó principio de juridicidad y que alude a la necesidad de que «cada acción administrativaaislada est[é] condicionada por la existencia de un precepto administrativo que admita semejante acción».

Esa separación de Administración y Derecho es para Merkl un imposible lógico porque no cabe identificar como acción del Estado una actuación humana cualquiera si no existe un precepto que así lo establezca, sin una «regla de atribución», de modo que es forzoso entender que el Derecho administrativo no es *conditio sine qua non* para la existencia de la Administración, sino más precisamente *conditio per quam*. «Esta conexión necesaria entre Derecho y Administración puede ser designada —nos dice— como principio de juridicidad.» Tal principio no es un postulado jurídico-político que exprese la conveniencia de que toda acción administrativa se base en el Derecho o de que la actuación administrativa se atenga al Derecho vigente. «Es, en realidad, una ley jurídico-teórica sin excepciones e inviolable», que «no prejuzga, en forma alguna, la clase y medida de la vinculación jurídica de la Administración» y puede realizarse, en el caso extremo, mediante «una única norma de competencia, por ejemplo, la autorización para administrar de acuerdo con el interés general, que sirve de fundamento a todas las actuaciones administrativas». Por eso «el principio de juridicidad no permite establecer una diferencia de rango entre las funciones estatales, sino que las coloca en el mismo plano». Cosa bien distinta es, para Merkl, el principio de legalidad, que «es un caso especial de aplicación del principio de juridicidad», pues «la ley no es más que una de las fuentes del Derecho, y la legalidad, por lo tanto, una juridicidad cualificada».

Por su parte, Rebollo[634] sostiene que en la actualidad son equiparables estos principios. Según este autor, el principio de juridicidad sufre una transformación en

---

[632] Araujo-Juárez, J. (2017). Ob. cit., nota 14, 165 a 190.
[633] Merk, A. Ob. cit., nota 99, 212.
[634] Rebollo Puig, M. (1991). «Juridicidad, legalidad y reserva de ley como límites a la actividad reglamentaria del gobierno». En RAP N° 125, 69.

el Estado Constitucional de Derecho y se convierte en el principio de legalidad. «Se trata —como él mismo explica— de que ya no basta cualquier norma de competencia, por generalque sea, sino que son necesarias normas escritas con cierta especificación, con límites relativamente precisos y sobre todo con el necesario respeto de lo individual a la disposición general». De ahí que considere que «quizás esté aquí la explicación de por qué, en ocasiones, se hable también con semejante significado del «principio de normatividad previa».

De todo cuanto se ha expuesto se puede concluir que la vinculación de la Administración pública al Derecho es una exigencia del principio de juridicidad, en cuanto regla lógica de la que se deriva la necesaria conexión de la Administración pública con el Derecho, por ser la función administrativa una función jurídica que sólo en el Derecho puede realizarse.

Ahora bien, el Estado Constitucional de Derecho ha terminado, como ya hemos dicho, con aquella concepción histórica de la legalidad dominada exclusivamente por la ley formal. Algunas leyes administrativas habían ensanchado la noción estricta de legalidad para advertir que la Administración pública también estaba sometida «al Ordenamiento jurídico». Significaría no que la Administración pública está sometida a la ley, o en todo caso no solo a la ley, sino que lo está al entero Derecho, noción más amplia que incluye normas superiores e inferiores a la ley, supranacionales y estatales, además de implicar también sometimiento a los principios jurídicos, valores y garantías de los derechos y libertades, como marco de actuación, referencia y límite.

Ahora, el modo en que esta vinculación se produce consiste, como mínimo, en la obligación de respetar todas aquellas normas, principios y valores, expresados positivamente o decantados o fijados por la jurisprudencia —preferentemente constitucional—. Pero la vinculación no hay que entenderla como *positiva.* Es decir, hay que descartar que el principio de legalidad, entendido como principio de juricidad, con la significación general indicada, implique que la Administración pública, para actuar o intervenir, precise ser habilitada, de modo específico, por la ley, con las potestades de actuación necesarias.

De todo cuanto se ha expuesto se puede concluir que la vinculación de la Administración pública al Derecho es una exigencia del principio de juridicidad, en cuanto regla lógica de la que se deriva la necesaria conexión de la Administración pública con el Derecho, por ser la función administrativa una función jurídica que sólo en el Derecho puede realizarse. De ahí que algunos influyentes autores franceses (como Vedel)[635], se han referido al principio de juridicidad como el que mejor explica el sometimiento de la Administración pública al Derecho en los sistemas constitucionales modernos, que han superado el legicentrismo de estricta observancia. Si no se usa más la noción de principio de juricidad, dicen aquellos últimos, es por la costumbre de no hacerlo y los equívocos que podría generar su uso.

§128. Administración pública en un Estado de Derecho — La Constitución vigemnte formal y expresamente declaró al modelo de organización jurídico-político como un Estado Constitucional «de Derecho» —además de democrático, social y de Justicia —. En efecto, la cláusula Estado de Derecho se encuentra enen el Art. 2 de la C, y no es aventurado considerarla como el «concepto eje», la «idea matriz» dentro de la configuración que aquélla hace del Estado Constitucional.

---

[635] Vedel, G. y Devolve, P. Ob. cit., nota 456, 360.

Es así como la idea de limitación jurídica del Poder público, de unos poderes sujetos a normas jurídicas en el ejercicio de sus funciones, potestades y competencias, de la lucha contra las inmunidades del Poder público, en suma: de un gobierno de las leyes y no de los hombres, encuentra reflejo en el Arts. 3 y 7 de la C, que consagran el principio de vinculación de los Poderes públicos y también de las personas a la Constitución y al resto del Ordenamiento jurídico. El Art.137 de la Constitución garantiza el principio de legalidad o, más propiamente, principio de juridicidad en los términos siguientes:

> **Artículo 137.** La Constitución y la ley definen las atribuciones de los órganos que ejercen el Poder Público, a las cuales deben sujetarse las actividades que realicen.

La cláusula Estado de Derecho se concreta también en la existencia del principio de separación de poderes (Art. 137 de la C), en la configuración de un Poder judicial independiente (Art. 254 de la C), en la expresa proclamación del principio de sometimiento pleno de la Administración Pública a la ley y al derecho (Art. 141 de la C), y del control jurisdiccional de la juridicidad de la función administrativa por la jurisdicción contencioso administrativa (Art. 259 de la C). Finalmente, no se debe olvidar, por supuesto, el completo catálogo de derechos y garantías efectivamente reconocidos a lo largo del texto constitucional, que son el fundamento del orden político y de la paz social, y operan como límite al Poder público, como una barrera o muro infranqueable de autonomía y de libertad.

Ahora, sobre la organización y funcionamiento de la Administración Pública, la Constitución administrativa diferencia las normas «bases» —legislación nacional— de las normas «de desarrollo» y adaptación —reglamentos organizativos del Ejecutivo Nacional, las leyes de los Estados federales y las ordenanzas de los Municipios—. Mientras que sobre el ejercicio de la «potestad organizativa» sobre la Administración Pública Nacional, la Constitución administrativa establece un nuevo régimen por el cual el Poder Legislativo tiene que establecer las bases de organización y funcionamiento (Arts. 156, num. 32 y 187, num. 1 de la C), y el Poder Ejecutivo Nacional decidir el diseño organizacional y operativo detallado (Art. 236, num. 20 de la C).

En efecto, la Constitución prevé una separación entre: por un lado, la potestad del Poder Legislativo Nacional para regular los principios y bases de la organización y funcionamiento de la Administración Pública y, en particular, para regular las bases de la organización y funcionamiento de la Administración Pública, central y descentralizada funcionalmente del Poder Nacional; y, por el otro, la potestad del Ejecutivo Nacional para fijar el número, organización y competencia de los Ministerios y otros organismos de la Administración Pública Nacional, así como también la organización y funcionamiento del Consejo de Ministros.

En tal sentido, la LOAP tiene como finalidad principal adaptar la regulación de la Administración Pública a la Constitución, y se fundamenta en la competencia que ella le otorga al Poder Legislativo Nacional en los Arts. 187, num. 1, y 236, num. 20, *eiusdem*, para legislar en las materias de la competencia nacional y, especialmente, sobre el funcionamiento de las distintas ramas del Poder Público Nacional, así como para establecer los principios y lineamientos de la organización y funcionamiento de la Administración Pública Nacional.

Esta es la finalidad del Poder Legislativo Nacional al establecer en los Arts. 1, 3, 4 y 6 de la LOAP, el objeto de la ley, la vinculación de la Administración Pública a los principios jurídicos y valores superiores de la Constitución arriba mencionados y, en especial, la sujeción al principio de juridicidad, así como las garantías ofrecidas a las personas, indicando siempre en cada uno de dichas normas constitucionales, la referencia específica a los términos organización y funcionamiento de la Administración Pública.

Por otra parte, la LOAP establece que la Administración Pública se organiza y actúa conforme al principio de legalidad o de juridicidad —Art. 3 *eiusdem*— y tiene como principal objetivo de su organización y funcionamiento, dar eficacia plena a los principios jurídicos, valores superiores y reglas consagrados en la Constitución y, en especial, garantizar a todas las personas, conforme al principio de progresividad y sin discriminación alguna, el goce y ejercicio irrenunciable, indivisible e interdependiente de los derechos humanos —Arts. 4, 22 y 23 *eiusdem*—.

Así las cosas, la asignación, distribución y ejercicio de las competencias —como ámbito válido de actuación— por parte de los órganos y entes de la Administración Pública deberán sujetarse a la Constitución, a las leyes y a los actos administrativos de carácter normativo, en garantía y protección de las libertades públicas que consagra el régimen democrático a las personas.

Y si eso ocurre respecto del concepto que se tenga en relación con el Estado Constitucional en su dimensión jurídica —Estado de Derecho—, lo mismo ocurre en relación con el Estado Constitucional en su dimensión social —Estado social de Derecho— o en su dimensión democrática —Estado democrático— o en su dimensión político-territorial —Estado federal descentralizado—, o finalmente como Estado Constitucional en su dimensión internacional —Estado abierto a la integración supranacional—.

§129. Consecuencias — En cuanto a la proclamación del Estado Constitucional como Estado de Derecho —principio «del Estado de Derecho»—, la misma comporta una serie de consecuencias para la Administración pública. Para empezar implica que es una Administración pública plenamente sometida a la ley y al Derecho, lo que se ha examinado con más detalle al estudiar en otra obra nuestra el principio «de juridicidad[636].

Por ello mismo, estamos también ante una Administración pública sometida al pleno control público jurisdiccional por los tribunales del ajuste o conformidad de su actuación con el Derecho. Pero el principio del Estado de Derecho hace, por otra parte, de la Administración pública una Administración pública responsable y respetuosa de la dignidad humana y de los demás derechos fundamentales de las personas. De la responsabilidad se hablará en su momento en el Capítulo XI correspondiente a la responsabilidad patrimonial de la Administración pública; del respeto a los bienes y derechos fundamentales puede decirse ahora, que los mismos no son un mero límite a la actividad o función administrativa, sino que su respeto —los bienes y derechos y, particularmente, los derechos fundamentales de las personas— se ha de interiorizar por la propia Administración pública, como un objetivo propio y no como un límite que no hay más remedio que aguantar.

---

636 Araujo-Juárez, J. (2017). Ob. cit., nota 14, 165-190.

Por ejemplo, si fuera necesario sacrificar los bienes y derechos de las personas por razones de interés público, ello no podrá hacerse sin la adecuada indemnización en virtud del ejercicio de la potestad expropiatoria. En el caso de que la lesión de la integridad de los bienes y derechos sea la consecuencia no querida de la función administrativa, sino una consecuencia eventual de la misma, la responsabilidad patrimonial de la Administración pública se manifiesta como la técnica de respeto a la propiedad privada.

Finalmente, de la cláusulaEstado de Derecho se deriva también la obligación de la Administración pública de actuar siempre dentro del ámbito de su función propia, sin invadir la esfera propia de los demás Poderes públicos del Estado Constitucional. Con respeto, por tanto, del principio de la separación de poderes. Sin embargo, no encontramos con que el primer Estado Constitucional satisface —básicamente o en línea de principio— las exigencias de un Estado de Derecho, pero no las condiciones del Estado democrático, aspecto que abordaremos de seguidas.

B. Estado democrático y de Derecho y Administración pública

Introducción

§130. Planteamiento de la cuestión — La otra nota definitoria de nuestro forma de Estado Constitucional es la de Estado democrático. En efecto, a partir de la segunda mitad del siglo XIX, se asiste a la lucha por la democratización del Poder político, que concluirá ya en el siglo XX con el reconocimiento en favor de todos los ciudadanos del derecho a participar en el ejercicio del Poder público. De este modo se convierte al Estado Constitucional, además de un Estado de Derecho, en un Estado democrático, y que se configura como columna vertebral del sistema político, como fundamento de todo el orden jurídico-político. El Estado democrático de Derecho o Estado demoliberal —1848/1918—, es la resultante de la expansión de la democracia política y de la participación ciudadana en el ejercicio del Poder público.

Para empezar, no está de más en los tiempos que corren aclarar que ha de entenderse por democracia «realmente existente», pues ha sido y es objeto de múltiples manipulaciones, razón por la cual conviene recordar cuál es el denominador común, el «núcleo duro» o «esencia» (Kelsen)[637] de la democracia, sin adjetivos, del ideal democrático, lo que debería ser el concepto o la dimensión prescriptiva o deontológica de la democracia constitucional. También, es cierto, no todos los Estados democráticos lo son del mismo modo; de ahí que se hable de «calidad de la democracia», que puede medirse de acuerdo con ciertos parámetros o indicadores.

La cláusula constitucional Estado democrático cuenta con antecedentes más lejanos que las demás que aquí se analizan. Se remonta a la encrucijada de los siglos XIX y XX, en la que surge vigorosamente el protagonismo de las grandes masas, mientras se generaliza en muchos países de Europa el sufragio universal. De ahí que la concepción fundamentadora del principio democrático —carente de un contenido único y preciso aceptado— de la Constitución, es la garantía de la autodeterminación humana a través de las formas de participación democrática (Schmidt-Assman)[638].

---

[637] Kelsen. H. Ob. cit., nota 463.

[638] Schmidt-Assman, E. (1993). «La legitimación de la Administración como concepto jurídico». En DA, núm. 234, 169.

La inclusión del calificativo democrático tiene lugar por primera vez en la Constitución francesa de 1848 al señalar: «La República francesa es democrática, una e indivisible». Pero es a partir de la segunda mitad del siglo XIX, que se asiste a la lucha por la democratización del Poder político, que concluirá —ya en el siglo XX— con el reconocimiento a todos los ciudadanos del derecho a participar en el ejercicio del Poder político. Pero será en las primeras décadas del siglo XX cuando se comienza a constitucionalizar la expresión «democrático» para referirse a la nueva forma de organización del Estado —Constitución de México de 1917: la democracia como sistema de vida y no sólo como estructura jurídica o régimen político; Constitución austríaca de 1920—. De este modo —convirtiendo al Estado, además de en un Estado de Derecho, en un Estado democrático—, se abre la posibilidad de que los ciudadanos tutelen su propia libertad, dejan de ser unos simples destinatarios de la acción del Poder político, ya que el contenido de las decisiones que éste adopte —en forma de leyes, actos singulares, etc.— será referible en última instancia a la voluntad popular expresada a través de las consultas electorales (Bilbao Ubillo)[639].

Así las cosas, la cláusula Estado democrático es otra de las notas definitorias de nuestra forma de Estado Constitucional. Se configura como columna vertebral de nuestro sistema político, como fundamento de todo el Ordenamiento jurídico-político. La concepción que seguimos es la definición que surge del seno del Estado Constitucional y que se encarna hoy en el modelo de Estado democrático y social de Derecho y de Justicia, y el cual comporta lógicamente la asunción de los rasgos siguientes: 1.°, el reconocimiento de que la soberanía radica en el pueblo, esto es, la consagración de la soberanía popular como principio de legitimación del Poder público; 2.°, se sustenta en una concepción pluralista —ideológica y de intereses— , como un entramado de grupos con diferentes objetivos que se relacionan entre sí libremente, consustancial a una sociedad libre «abierta»; y finalmente 3.°, la calificación del Estado Constitucional como democrático implica una organización política basada en la participación. Este es el rasgo más característico de la democracia; esto es, favorecer, promover la participación ciudadan en los procesos de adopción de decisiones políticas. La participación, en cualquiera de sus modalidades, equivale a la soberanía puesta en práctica: el pueblo es sobernos en la medida que interviene e influye de forma efectiva en la orientación política del país. Sin participación no hay, democracia, y viceversa (Bilbao Ubillos)[640].

I. Principio democrático

§131. Concepto — El «principio democrático»[641] se manifiesta en lo político, a través de la garantía de las libertades democráticas, el pluralismo y la alternabilidad, para que se pueda ejercer el derecho al sufragio activo y pasivo, mediante la realización de elecciones periódicas de las autoridades, que sean públicas y transparentes, a través del sufragio universal, libre, directo y secreto como expresión de la soberanía popular —principio de la democracia representativa según los Art. 5 y 63 de la C— , con estímulo, fomento y desarrollo de todos los mecanismos que posibiliten la participación directa en los asuntos públicos — Arts. 6, 70, 71 al 74 de la C—.

---

639 Bilbao Ubillos, J.M., Rey Martínez, F. y Vidal Zapatero, J.M. Ob. cit., nota 1, 33.

640 Bilbao Ubillos, J.M., Rey Martínez, F. y Vidal Zapatero, J.M. Ob. cit., nota 1, 295 a 299.

641 Vid. in extenso a Berríos Ortigoza, J.A. (2020). «Principio democrático». En *Principios fundamentales del Derecho Público. Desafíos actuales. Libro connmemorativo de los 20 años de la publicación de la Constitución de 1999* (Brewer-Carias, A.R. y Araujo-Juárez, J. Coords.). Caracas, EJVI.

Por tanto, el denominado Estado democrático supone, en primer lugar, una específica postura sobre la residencia —residencia popular o democrática, en este caso— de la soberanía. Y es que la democracia, como la propia etimología sugiere, es soberanía popular como fundamento del Poder público, poder o gobierno del pueblo, ejercido por los propios ciudadanos, sin que le sea dado a alguien arrogarse o colocarse por encima de la voluntad popular libremente expresada (Bilbao Ubillos)[642], esto es, la consigna de «todo el poder para nadie» (Sartori)[643], por lo cual se configura un complejo entramado de «*cheks and balances*», de frenos y contrapesos, que impide la concentración del Poder público en pocas manos. A este punto se refiere la Constitución cuando afirma que «la soberanía nacional reside intrasferiblemente en el pueblo», del que emanan los Poderes públicos del Estado Constitucional —Art. 5 de la C—, aparte de otros artículos en los que se incide, directa o indirectamente, sobre el mismo tema, muy distinto al concepto de soberanía nacional en la doctrina y en la historia del constitucionalismo moderno.

Finalmente, la democracia representativa no solo se reduce a dar respuesta al interrogante «quién gobierna» —la legitimación de origen—, sino también al de «cómo se gobierna» —la legitimación de ejercicio—. La exigencia fundamental que, en lo que aquí interesa, el principio democrático —carente de un contenido único y preciso aceptado— comporta, según Parejo Alfonso[644], para la organización y el funcionamiento del Estado Constitucional en su conjunto, es la de la legitimación de todas las estructuras de éste y, por tanto, de todo ejercicio de Poder público por éstas mediante su reconducción directa o indirecta —vía representación— al pueblo, que retiene la titularidad última de toda la soberanía, en el sentido de la capacidad de constitución y definición del Poder público.

El Estado democrático implica, en segundo lugar, una peculiar concepción pluralista de la realidad social, porque frente a la misión unitaria y monolítica que acompaña a los regímenes autoritarios, todo sistema democrático conlleva la comprensión de la sociedad como un entramado plural y diverso, en donde se dan cita con autonomía y libertad, los grupos y sectores sociales lo más diversos. Es la constatación de que en la sociedad surge inexorablemente el fenómeno de los conflictos de todo orden: ideológicos, de intereses, de poder un último término, y la necesidad de establecer pautas para resolverlos de modo pacífico, mediante el diálogo, la negociación, el compromiso, entre todos los implicados, en el marco de un proceso abierto, transparente de adopción de las decisiones y, por ende, democracia y pluralismo serán términos indisociables.

En tercer lugar, la democracia no puede ser sino representativa. La democracia directa o ejercicio directo del Poder político por el pueblo, no solo es inviable en las sociedades modernas dadas las dimensiones actuales de los Estados Constitucionales y la creciente complejidad de las decisiones colectivas, sino que es una alternativa con muchos inconvenientes. Tampoco es que la democracia representativa sea un mal menor, sino que es la forma propia, genuina, de la democracia constitucional (Bilbao Ubillos)[645]. Por tanto, el Estado democrático exige una singular comprensión participativa del proceso político, como se deduce del Art. 62 de la C, según el cual la participación se ejerce «directamente o por medio de representantes elegidos o elegidas».

642 Bilbao Ubillos, J.M., Rey Martínez, F. y Vidal Zapatero, J.M. Ob. cit., nota 1, 468.
643 Sartori, G. (2000). *¿Qué es la democracia?*, Tercera reimpresión. México, Nueva Imagen.
644 Parejo Alfonso, L. (1995). «Administración y función pública». En DA, núm. 243, 67 y ss.
645 Bilbao Ubillos, J.M., Rey Martínez, F. y Vidal Zapatero, J.M. Ob. cit., nota 1, 473.

Ahora bien, las instituciones representativas no agotan todas las posibilidades de participación, y los mecanismos de participación directa puden servir de mecanismos de corrección o ajuste, contribuyendo a reforzar la legitimidad democrática y la capacidad de integración del sistema; en suma, se trataría de calibrar su funcionalidad, su utilidad en el marco de un sistema primordialmente representativo, de ver si encajan bien o producen disfunciones (Araujo-Juárez)[646].

En cuarto lugar, en el Estado Constitucional el Poder democrático es un Poder limitado, dividido y controlado. En esto consiste el Estado de Derecho y ahí tienen su encage y entran en juego los derechos fundamentales, como instrumento de limitación. Es por ello que en las Constituciones modernas no solo se declaran los derechos —reconocimiento—, sino que los poderes públicos se comprometen a respetar esos derechos como un límite infranqueable (Bilbao Ubillos)[647], esto es, son además garantizados.

Por último, en el Estado Constitucional la responsabilidad tiene una doble vertiente. En primer lugar, la responsabilidad jurídica, donde el ejericio del Poder público está sometido a límites y controles, y los posibles abusos y extralimitaciones están sometidos al control jurisdiccional, pleno y universal, donde no hay ámbitos inmunes o impunes. Y, en segundo lugar, la responsabilidad política por el desempeño de la representatividad concedida.

§132. Administración pública en un Estado democrático — Con respecto a la recepción constitucional del principio democrático, la Constitución formal y expresamente también declaró al modelo de organización jurídico-político de Venezuela como un Estado «democrático» —además de social de Derecho y de Justicia— (Art. 2 *eiusdem*). Dada la condición democrática del Estado Constitucional, son sus características como Estado de Derecho, y, más concretamente, los principios en que éste se concreta, los que constituyen las bases mismas de la Administración pública.

Ahora bien, la Administración pública en un Estado democrático significa muchas cosas. Para empezar, habría que precisar qué cosa significa en nuestra Constitución la fórmula Estado democrático —«principio democrático»—, pues no siempre hay conformidad a ese respecto que proviene, de la propia ambigüedad del término democracia. Pero si lo tomamos en el sentido más inmediato en el que es tomado por la mayor parte de los autores —prescindiendo de la tautología que encierra la doble calificación del Estado Constitucional como de Derecho y como democrático, dado que no puede existir Estado de Derecho alguno que no respete los derechos fundamentales y entre ellos el de participación política— y lo vinculamos con la idea de un Estado Constitucional cuya legitimación surge del pueblo titular de la soberanía, parecería que ello debe conducir a que todos los Poderes públicos del Estado Constitucional, de alguna forma, han de responder a ese principio de que todo poder funda su legitimidad en la voluntad del pueblo. Esa consecuencia de la cláusula constitucional Estado democrático se da, desde luego, en el Parlamento — o quien haga sus veces, como acontece en el Derecho positivo con la Asamblea Nacional— mediante la elección universal, directa, personalizada y secreta de los diputados —Art. 186 de la C—, pero no se da de la misma manera en los demás poderes públicos.

[646] Araujo-Juárez, J. (2020). «El principio de participación y la iniciativa legislativa ciudadana». En *Principios fundamentales del Derecho Público. Desafíos actuales. Libro conmemorativo de los 20 años de la publicación de la Constitución de 1999* (A.R. Brewer-Carías, y J. Araujo-Juárez, J. Coords.). Caracas, EJVI, 106 y 107.

[647] Bilbao Ubillos, J.M., Rey Martínez, F. y Vidal Zapatero, J.M. Ob. cit., nota 1, 295.

Pues bien, la Administración pública, con todos sus órganos y organismos y todos los funcionarios y empleados que están a su servicio, se erige como un aparato neutral que no es elegido por el pueblo —principio de soberanía popular—, sin perjuicio de que los ministros y otros funcionarios sean designados por el Presidente de la República.

Lo expuesto no puede ocultar que el resto del aparato de la Administración pública y de la mayor parte de su personal no responde a un sistema de elección democrática por el pueblo, sino a un «sistema burocrático». La cláusula Estado democrático no conlleva, así, que el pueblo haya de elegir a todos los funcionarios por medios directos —elección directa— o indirectos —designación por los, a su vez, designados directa o indirectamente por el pueblo—, lo que a su vez supondría que cada vez que hubiera elecciones con cambio de signo político en los nuevos gobernantes habría que nombrar a nuevos funcionarios y cesar a los antiguos —*spoil system, lottizacione,* reparto del botín—. Basta con que los cambios de orientación que el pueblo pueda decidir en cada elección se traduzcan en que en la cabeza del Gobierno y de la Administración pública se sitúen las personas que se corresponden con la decisión electoral.

Ahora bien, a los funcionarios les compete dirigir la Administración pública —que, en sí misma, es neutral— dando a sus políticas la orientación que corresponda. La Administración pública responde así al principio «burocrático», atemperado por el hecho de que su acción es dirigida por el Presidente de la República que, él sí, es expresión directa de la voluntad popular —Art. 228 de la C—. Es a través de la dirección superior del Gobierno —Art. 226 de la C—, con sus órganos de colaboración y apoyo —Art. 225 de la C—, y de la designación por el Gobierno de los órganos directivos —Art. 236, nums. 3 y 16 de la C— de la Administración Pública como el principio democrático penetra en la misma, garantizando que la decisión del pueblo en las elecciones se traduzca en la orientación de las políticas públicas o programas de gobierno concretos.

Pero una cosa es esa orientación y otra que la ejecución de las mismas tenga que hacerse por personas elegidas directamente por el pueblo. La Administración pública responde así, insistimos, al principio burocrático, que no es incompatible con que la dirección de la Administración pública corresponda al Gobierno que, el sí, responde al principio democrático. En resumen, el Estado democrático está presente en la Administración pública, a través de la dirección de la acción administrativa por los órganos superiores y directivos. Pero la Administración pública responde también al principio burocrático mediante el cual se da permanencia y profesionalidad al aparato administrativo que está sometido en todo caso a la ley y al Derecho —Art. 141 de la Constitución—, y en la que principios como el de la estabilidad e inamovilidad de los funcionarios trata de asegurar la neutralidad del aparato administrativo y su sometimiento a la ley y al Derecho, según veremos en el Capítulo 5.

II. Principio de participación ciudadana

§133. Planteamiento de la cuestión — La exigencia fundamental que, en lo que aquí interesa, el principio democrático —carente de un contenido único y preciso aceptado» comporta, para la organización y el funcionamiento del Estado Constitucional en su conjunto es la de la legitimación de todas las estructuras de éste y, por tanto, de todo ejercicio de Poder público por éstas mediante su reconducción directa o indirecta —vía representación— al pueblo, que retiene la titularidad última de toda la soberanía, en el sentido de la capacidad de constitución y definición del poder público estatal.

Del mismo principio deriva también la exigencia de participación ciudadana en el ejercicio del Poder público. Dada la condición democrática del Estado Constitucional, son sus características como Estado de Derecho, y, más concretamente, los principios en que éste se concreta, los que constituyen las bases mismas de la Administración pública. En efecto, la soberanía popular implica necesariamente participación activa de los ciudadanos. No hay soberanía sin participación.

En tal sentido, la Constitución contiene numerosas alusiones a la idea de participación en distintos ámbitos. La Constitución administrativa señala que la Administración pública se debe regir por una serie de principios constitucionales, entre los cuales se encuentra el principio «de participación» o «de participación ciudadana»[648] en la formación, ejecución y control de la gestión pública (Art. 62 de la C). En tal sentido, el Art. 141, *eiusdem*, declara: «La Administración Pública está al servicio de los ciudadanos y ciudadanas y se fundamenta en los principios de honestidad, participación [...]». De ahí que la participación ciudadana por norma constitucional es fundamental en la actuación de la Administración pública, que se convierte de esa manera en uno de los principios rectores de la misma. A la participación electoral del ciudadano, que canalizan los partidos políticos, se une ahora la participación ciudadana cotidiana del ciudadano individualmente u organizado, miembro de asociaciones u organizaciones que actúan en defensa de intereses específicos, parciales.

Ahora bien, se sostiene que el talón de Aquiles se encuentra en el circuito de la representatividad, que no cumple satisfactoriamente su función de canalización de las aspiraciones populares, de la atonía participativa, pues el déficit de representación y de participación es patente. Y el resultado es un alto índice de apatía, de indeferencia respecto de los asuntos e instituciones públicas, donde la participación se limita al ejericio del voto en las convocatorias electorales, e incluso en estas se registran porcentajes más que notables de abstencionismo. Los ciudadanos se desentienden de la gestión de la cosa pública, y se repliegan a la esfera de lo privado donde cada uno se dedica a sus asuntos particulares, lo cual tiene su correlato en la emergencia del creciente protagonismo de los grupos de presión que defienden intereses particulares o sectoriales —«poder líquido»— con falta de transparencia, por contraposición a toda democracia que debe ser un «poder visible», que se desarrolla en publico, bajo el control de la opinión pública.

Sin embargo, la institución de la participación ciudadana no es una elección. Es un mandato constitucional derivado del principio democrático que recoge a texto expreso el Art. 2 de la C. Una sociedad crecientemente activa e inquieta por el hacer y no hacer político, junto con un entorno moderno particularmente propicio, obliga a su revisión y a su fortalecimiento. Pero siempre desde una mirada crítica, tanto de su régimen jurídico y político, como de su aplicación. No debe olvidarse la natural tentación de convertir a la participación en un instrumento de legitimación del mismo, y un debilitamiento del modelo de las democracias

[648] Sent. N° 1.950 del TSJ/SC, de fecha 23 de agosto de 2000; y N° 22 del TSJ/SC, de fecha 22 de enero de 2003.

representativas. También, por supuesto, desde el esfuerzo por limpiar esa participación ciudadana de cualquier adherencia o «captura» gubernativa[649].

Se impone, ahora, la tarea de concretar y facilitar, en mayor medida, la apertura de la participación ciudadana en sede administrativa dentro de este marco, para experimentar y reflexionar en torno a instituciones de participación ciudadana que puedan aportar el impulso que las democracias actuales necesitan, tanto en términos de legitimidad como de cultura cívica. Para conseguir este objetivo es necesario analizar previamente la forma en que nuestra Constitución recoge la idea de participación ciudadana, dado que la institución que nos ocupa constituye una concreción de la misma. Sólo con una finalidad analítica se pueden distinguir en nuestra Constitución dos acepciones distintas de la idea de participación: la 1.ª, como principio de organización política; y la 2ª, como derecho fundamental.

§133.a Principio de participación ciudadana — La participación ciudadana en el conjunto de los asuntos públicos, se configura como un «principio» en la Constitución. Es en este plano en el que se encuadra el intento de M. Aragón[650], por precisar la eficacia normativa e interpretativa del elemento democrático partiendo de su naturaleza principial. En efecto, el principio democrático se define por su carácter igualmente material y estructural, siendo esa doble capacidad la que mejor define su cualidad de principio vertebral de la Constitución. La clave de su operatividad se encuentra, sin embargo, en la distinción entre su consideración como principio jurídico-global del Ordenamiento jurídico, donde enlazaría con los valores materiales de libertad e igualdad, y su consideración como principio-sectorial, esto es, «como principio específico de algunos sectores del ordenamiento reguladores de los órganos y procedimientos»[651], limitándose aquí a una dimensión puramente estructural.

Así concebido, el principio democrático reviste, sin duda, una naturaleza compleja, donde el sistema de democracia representativa puede conjugarse en diversos grados con la manifestación directa de la voluntad ciudadana. En este sentido, el principio de participación ciudadana se reconduce a la fórmula del Estado democrático. Será la intervención de los ciudadanos, de una u otra forma, en el proceso de determinación de las decisiones colectivas, lo que constituya al Estado Constitucional en Estado democrático. Ya veremos en qué medida y de qué manera, en buena parte deficitaria, se prevé tal intervención en nuestra Constitución en su relación con la Administración pública.

En conclusión, el principio de la participación ciudadana comporta una revaloración del concepto de ciudadano, es decir, una nueva dimensión y un replanteamiento de su papel en la vida nacional, de tal forma que todo ciudadano tiene el poder-derecho de participar, no solo en la gestión y ejercicio del Poder

---

649 Bajo la Constitución actual se ha producido una abundante normativa especial que afecta de manera inconstitucional a la participación ciudadana, al constreñirla a las instancias del denominado Poder Popular, el cual fuera rechazado por la mayoría electora mediante referéndum. Al respecto véase ampliamente Sánchez Falcón, E. (2011). «Las leyes del Poder Popular como el orden jurídico de una pretendida transición hacia el socialismo. Análisis crítico». En RJSMC-ERGA OMNES. Caracas; Urosa, D. (2012). «Alcance e implicaciones del poder popular en Venezuela». En *Anuario de Derecho Público*. IV-V. Caracas, UMA; y Blanco-Uribe, A. (2020). *El derecho humano a la participación ciudadana. Acerca de la promoción de ese Derecho por el Estado venezolano*. Caracas, EJV.

650 Aragón, M. (1989). *Constitución y democracia*, Madrid, Tecnos, 104 y ss.

651 Aragón, M. Ob. cit., nota 650, 108.

político, sino también en todos los otros canales y mecanismos de participación-gestión, para que en la práctica el principio democrático encuentre cabida en todos los ámbitos y planos del acontecer de los asuntos públicos —incluida la Administración pública—.

§133.b Derecho de participación ciudadana — Por otro lado, la Constitución establece también la participación como un «derecho», permitiendo que los ciudadanos participen de manera «activa» en la gestión pública, y en todos aquellos asuntos en donde puedan verse afectados directa o indirectamente.

La norma axilar es el Art. 62 de la C que establece:

> **Artículo 62.** Todos los ciudadanos y ciudadanas tienen el derecho de participar libremente en los asuntos públicos, directamente o por medio de sus representantes elegidos o elegidas.

Así las cosas, el derecho de participación ciudadana —directamente o por medio de representantes— es, entre otras cosas, una exigencia funcional del Estado democrático representativo, al que la Constitución ha protegido de modo particularmente enérgico mediante su configuración como derecho fundamental, pues la participación en los asuntos públicos, no se agota con el sistema de democracia representativa y así, principalmente, las nuevas opciones políticas han defendido «nuevas formas de hacer política», precisamente, atendiendo a las demandas de los ciudadanos-electores que reclaman la necesidad de complementar el sistema de democracia representativa con nuevas instrumentos de participación ciudadana. Conscientes de la necesidad de recuperar a una ciudadanía desencantada o decepcionada con la política y con aquellos que la dirigen, se busca en otras formas de participación directas o semidirectas, recomponer las relaciones entre representantes y representados.

En efecto, la participación ciudadana, aparte de ser un principio que informa la estructura y la actividad del Estado Constitucional, se consagra además como un novedoso derecho fundamental de manera amplia según la EMC y, además, un derecho de contenido político[652], pues considera al individuo en tanto que miembro de la comunidad política determinada, con miras a tomar parte en la formación de una decisión pública o de la voluntad de las instituciones públicas. En efecto, la participación ciudadana designa un conjunto de actuaciones que el ciudadano realiza, no en cuanto titular de intereses particulares propios, sino como miembro de una comunidad, en defensa de intereses de carácter colectivo (García de Enterría)[653].

Por otro lado, el derecho de participación ciudadana ha sido consagrado en una serie de tratados internacionales —Art. 21 de la Declaración Universal de Derechos Humanos, Art. 25 del Pacto Internacional de Derechos Civiles y Políticos, Art. 20 de la Declaración Americana de los Derechos y Deberes del Hombre, y Art. 23 de la Convención Americana de Derechos Humanos—, que al ser ratificados son parte integrante del Derecho convencional interno.

---

652 Sents. de la CSJ/SP de fecha 5-12-1966, caso *Ley de división Político-Territorial del Estado Constitucional Amazonas*; N° 1139 del TSJ/SC de fecha 5-06-2002; N° 3252 del TSJ/SC de fecha 28-10-2005; y N° 919 del TSJ/SCde fecha 16-06-2007.

653 García De Enterría, E. (1977). «La participación del administrado en las funciones administrativas». En *Libro Homenaje a Segismundo Royo-Villanova*. Madrid, 305.

Finalmente, la participación ciudadana en la gestión pública es según la jurisprudencia[654], un derecho fundamental, político y un deber social de todos los ciudadanos según sus capacidades, garantizado por la Constitución que le permite a la sociedad intervenir en la formulación, manejo y evaluación de las tareas del Estado Constitucional, generándose así un nuevo tipo de relaciones entre la sociedad y el Estado Constitucional.

Por tanto, el modo, alcance y consecuencias de dicha intervención dependen de cada mecanismo de participación ciudadana en concreto. Así, pues, según señala la jurisprudencia[655], es menester precisar que según el específico mecanismo de participación ciiudadana, la intervención ciudadana en los asuntos públicos adquiere distintas funciones jurídicas, tales como: 1,°, la consultiva; 2.°, la propositiva; 3.°, la informativa; y por último 4.°, la controladora, en la terminología utilizada por el Art. 62 de la C, pero no la decisoria.

C. Estado social y democrático de Derecho y Administración pública

Introducción

§134. Planteamiento de la cuestión — La Constitución se inscribe en la corriente central del constitucionalismo europeo también en la recepción de la fórmula Estado social. Frente a la concepción del liberalismo que concebía el Estado Constitucional y la sociedad como dos sistemas o mundos autónomos y separados, el Estado social nace como reacción o superación de la rígida separación decimonónica, ante la constatación o evidencia empìrica de que la sociedad no es capaz de autorregularse correctamente —como demostró la Gran Depresión de 1929, y la lección se vuelve a repetir en las crisis económicas y pandémicas del siglo XXI cuando se pierde la fe en la capacidad del libre mercado para garantizar el bienestar general—.

El Estado social —a partir del final de la I Guerra Mundial, 1918—, y en el que cabe distinguir al Estado democrático y social de Derecho, preocupado por la consecución del bienestar social desde el sometimiento del Estado al Derecho, siendo la ley la expresión de la voluntad popular. Esta es la modalidad instaurada por la Constitución de 1999, como lo refleja paladinamente su Art. 2 *eiusdem*. La evolución del Estado de Derecho pasa por dos fases: el Estado democrático, entre 1848 y el final de la I Guerra Mundial, en que se produce la expansión de los movimientos democráticos; y el Estado social, a partir de 1918, como resultado del Estado democrático. De ahí que aparezca conjuntamente la modalidad Estado democrático y social.

Así las cosas, la caracterización del Estado como social —se ha dicho en cita que el autor recoge, y que no es sino expresión de una idea muy generalizada— implica la superación del Estado Constitucional como simple garante del ejercicio de los derechos individuales y su configuración como impulsor efectivo del desarrollo de los derechos de la colectividad. Junto al respeto escrupuloso de los derechos individuales se sitúa el impulso decidido de los denominados derechos sociales o prestacionales. El Estado social significa la atribución de protagonismo también a la sociedad, a los grupos, a lo colectivo, que ha dejado de ser un mero sujeto

---

654 Sent. N° 3252 del TSJ/SC, de fecha 28-10-2005.

655 Sent. del TSJ/SC N° 22 de fecha 22 de enero de 2003.

pasivo, receptor de la acción del Estado, para hacerse con poderes inmensos en sectores claves y pujantes. Las derivaciones del Estado social han de cohonestarse, en cualquier caso y siempre, con las de la consideración del mismo como democrático y de Derecho.

Es, por ello, que el Estado social será el punto de referencia obligado para explicar la trascendencia del fenómeno de la intervención del Estado Constitucional. En efecto, si bien el Estado social admite y, aún exige, la presencia del tejido social en la vida pública, no cabe duda de que en cierta medida refuerza la instancia del Poder público, que queda legitimado —y compelido— a adoptar una actitud positiva o de hacer y no meramente pasiva o de control-garantía en el ejercicio de los derechos individuales y sociales. Y es precisamente el carácter democrático y de Derecho del Estado Constitucional lo que le reconduce a sus justos límites constitucionales. El Estado Constitucional, en su actuación, no puede olvidar el protagonismo de los ciudadanos —principio democrático—, ni puede actuar más allá de lo que el Ordenamiento jurídico establece y permite o exige —Estado Constitucional de Derecho—. Los tres elementos configuradores del Estado Constitucional: Estado de Derecho en cuanto primacía de la Ley; Estado democrático en cuanto eje de la participación; y Estado social en cuanto protagonismo de intereses colectivos. Y en este marco recobran fuerza los fines esenciales del Estado Constitucional en cuanto instrumentos de actuación de la Administración Pública, «con sometimiento pleno a la ley y al derecho» (Art. 141 de la C).

En tal sentido, las anteriores situaciones exigieron un replanteamiento a fondo del papel del Estado Constitucional, que no podía limitarse ya a garantizar desde fuera, un supuesto orden social espontáneo, ni a intervenir esporádicamente en situaciones críticas para paliar las deficiencias, sino que se le pide que asuma la responsabilidad de vertebrar la propia sociedad, mediante la puesta en práctica de políticas sociales que no solo contribuyan a prevenir los conflictos, sino a anticiparse a ellos (Bilbao Ubillos)[656].

La cláusula Estado social *posible* contiene, pues, un mandato general dirigido a los Poderes públicos de promoción —de efectividad, de la extensión—, que opera su vez como habilitación para intevenir, para incidir, para regular dimensiones de la esfera económico-social que sin esa habilitación general, y las que lleva implícitas los propios derechos sociales, la regulación misma de la igualdad, de la propiedad, y de los diversos preceptos integrantes de la mencionada Constitución social, que vendría a ser el marco constitucional de las acciones legítimas para el efecto expansivo de las libertades clásicas de un Estado social *exigible* (Bilbao Ubillos)[657].

El concepto de Estado democrático o democracia constitucional «realmente existente» —sistema preferible a cualquier otro, en cualquier contexto y en todas partes— ha sabido renovarse, perfeccionr sus instrumentos —aunque se produzcan todavía hoy en el siglo XXI retrocesos puntuales—, ha demostrado una enorme capacidad de adptación y regeneración, incluso frente a las críticas demoledoras como la ideología marxista, que lo hizo más fuerte y supo encontrar la respuesta: el «Estado social de Derecho». Se toma conciencia de la necesidad de superar la democracia puramente formal y garantizar unas mínimas condiciones para el ejericio efectivo de los derechos y libertades. En efecto, tras llegarse a la convicción de que

[656] Bilbao Ubillos, J.M., Rey Martínez, F. y Vidal Zapatero, J.M. Ob. cit., nota 1, 196 y 197.
[657] Bilbao Ubillos, J.M., Rey Martínez, F. y Vidal Zapatero, J.M. Ob. cit., nota 1, 301.

el ejercicio efectivo de la libertad precisa de unas condiciones básicas —por ej., educación, salud, trabajo, vivienda, etc.—, y que esas condiciones no las provee por sí solo, el modelo de economía de mercado —que por otra parte, es imprescindible—, el Estado Constitucional asumirá la tarea de asegurarlas en alguna medida: y así el Estado democrático y de Derecho, se manifiesta a su vez como una Estado democrático y social de Derecho.

I. Principio Estado social de Derecho

§135. Estado social de Derecho — Al efecto recordaremos como a partir de la Revolución Francesa, se hubo planteado y se consagraron normativamente ciertas demandas de la sociedad, encaminadas a la modificación de las condiciones de vida de los grupos más vulnerables o desfavorecidos. Esto es importante recordarlo, porque se trata de la aparición de nuevas exigencias y con ellas un cambio sustancial en la forma de concebir el Estado Constitucional y, dentro de él, a la Administración pública. No es este el momento de señalar, ni la motivación —perspectivas demográficas, políticas, financieras públicas, etc.—, ni la razón de este ensanchamiento de los fines del Estado Constitucional, y el final de este cambio en la práctica de la función administrativa.

Posteriormente, en el transcurso de los siglos XIX y XX, y debido a distintas causas, el contenido de las demandas fueron cambiando al tiempo que se iban incrementando; en todo caso tuvieron siempre como destinatario principal al Estado Constitucional, buscando inicialmente que éste otorgara directamente las prestaciones, o bien después que al menos regulara los fenómenos vinculados con ellas, lográndose que las Constituciones recogieran tales exigencias en normas de distinto tipo —preámbulos, declaraciones, principios de acción, derechos, garantías, etc.—, tendentes a garantizar su cumplimiento, recibiendo los Estados Constitucionales sucesivamente diversas denominaciones, y principalmente: Estado «del bienestar» —benefactor— y luego Estado «social de Derecho».

Ahora bien, la doctrina[658] ha procedido a diferenciar los conceptos de Estado del bienestar y del Estado social, pues no son conceptos idénticos y las crisis de uno y otro modelo tienen tiempos y contenidos diversos. En ese sentido se establece la diferencia entre ambos conceptos. Así las cosas, el Estado del bienestar supone el compromiso del Estado Constitucional en el gobierno de la economía, en la garantía del pleno empleo y la cohesión social. Por su parte, el Estado social es el modelo constitucional que reconoce a los ciudadanos un conjunto de derechos prestacionales, con el fin de asegurar a todos una vida digna y segura, prestando atención a los más necesitados[659].

Así, a la confluencia entre las nuevas tareas a cargo del Estado Constitucional y los cambios producidos, como respuesta a la crisis del Estado liberal de Derecho —profundas desigualdades, inestabilidad social, etc.—, se le designa como Estado social de Derecho, expresión acuñada por el constitucionalista alemán H. Heller[660] en 1929, uno de los más destacados estudiosos de la Teoría del Estado Constitucional en el siglo XX. En el sentido que el Estado Constitucional debe intervenir en la

658 Tornos Mas, J. (2014) «Crisis del Estado Constitucional de bienestar. El papel de Derecho administrativo». En *Crisis económica y crisis del Estado Constitucional de bienestar. El Papel del Derecho Administrativo*. (J.L. Piñar Mañas, Coord.). Madrid, 172.

659 Tornos Mas, J. Ob. cit., nota 658, 173 y 174

660 Heller, H. (1985). «¿Estado de Derecho o dictadura?». En *Escritos políticos*. Madrid, Alianza, 283.

vida social y económica con pequeñas correcciones para evitar su destrucción[661], y en su virtud la sociedad puede y debe decidir democráticamente sobre su estructura económica y social[662]. Asimismo, planteaba la necesidad, para el viejo y simple Estado de Derecho moldeado conforme a los parámetros del liberalismo económico clásico, de asumir un papel central y principalísimo en la atención a los conflictos sociales, so pena de generar la ruptura total del sistema y la caída del Estado de Derecho y democrático por los senderos de los regímenes despóticos.

Y es que, en el modelo de Estado liberal de Derecho, destacadamente en el europeo, el Parlamento aparecía como el órgano central del Estado Constitucional, el que tenía encomendada la función más importante: legislar. Hoy la función más relevante es, sin duda, la de dirección política, que lleva a cabo el Poder ejecutivo y que se despliega en multitud de vertientes. Junto a las funciones clásicas de éste, que han crecido mucho en términos cuantitativos —el Gobierno dirige una Administración pública, la del Estado social de Derecho, que gestiona mucho spectos que inciden en la vida cotidiana de los ciudadanos, y ejerce con profusión su potestad reglamentaria— se encuentran atribuciones que adquirió posteriormente, como la facultad de dictar norma con rango, fuerza y valor de ley, conforme al principio de necesidad, bajo ciertas condiciones o en determinadas circunstancias —en nuestro caso: decretos-leyes, por razones de excepcionalidad—, aunque se requiere su posterior convalidación por el Parlamento (Arts. 236, num. 6, 337, 338 y 339 de la Constitución); y decretos-legislativos (Arts. 236, num. 8 de la Constitución) (G. Sira)[663], que pueden tener una gran relevancia, por ejemplo, en periodos de crisis económica o pandémica (Bilbao Ubillos)[664].

Finalmente, Heller predicaba la necesidad de que el Estado de Derecho se transformara en un Estado «social de Derecho», que procurara la consolidación de la igualdad en un sentido material, que abarcara la totalidad de la cuestión social, y no se agotara en una simple igualdad formal. La igualdad material implica, adoptar decisiones con incidencia directa en la vida social de los ciudadanos más allá del ámbito estricto del individualismo y de los simples derechos subjetivos, por lo tanto, para el legislador, reconocer derechos fundamentales, y para la Administración pública garantizar su efectiva realización, esto es, al igual que los demás Poderes públicos, debe proteger —defender, promover y respetar— todos y cada uno de los derechos fundamentales y su fundamento que es la dignidad humana.

En este último sentido, el concepto de la «dignidad humana», como ha recordado J. Habermas[665], aparece en las Constituciones y tratados internacionales en la segunda mitad del siglo XX pero, precisamente, por el hecho de que el origen de los derechos humanos se encuentra en la dignidad humana, es por lo que «constituye la fuente moral de la que todos los derechos fundamentales obtienen su sustancia», y su materialidad se asienta sobre el denominado mínimo existencial, «núcleo duro», o «contenido esencial» de los derechos fundamentales, que constituye un límite intangible cuya promoción, defensa y respeto exige la Constitución.

---

661 Abendroth, W. (1986). «El Estado de derecho democrático y social como proyecto político». En *El Estado social*. Madrid, Centro de Estudios Constitucionales, 29.

662 Abendroth, W. Ob. cit., nota 661, 37.

663 Sira, G. (2020). «Una mirada al Derecho de excepción en la Constitución de 1999». En *Principios fundamentales del Derecho Público. Desafíos actuales. Libro conmemorativo de los 20 años de la publicación de la Constitución de 1999* (A.R. Brewer-Carías, y J. Araujo-Juárez, J. Coords.). Caracas, EJVI.

664 Bilbao Ubillos, J.M., Rey Martínez, F. y Vidal Zapatero, J.M. Ob. cit., nota 1, 206 y 207.

665 Häbermas, P. (2012). «El concepto de dignidad humana y la utopía realista de los derechos humanos». En *La Constitución de Europa*. Valencia, Trotta, 13.

El proceso de afianzamiento del Estado social culmina con su consagración en las Constituciones modernas junto a las instituciones del Estado de Derecho y del Estado democrático. Desde entonces, la cláusula constitucional Estado social de Derecho es, por tanto, una decisión política del Poder constituyente originario que acarrea unas determinadas consecuencias jurídicas. Sin embargo, no es fácil fijar un sentido definitivo y único a la expresión, planteándose un grave problema a la hora de decidir su verdadera identificación y proclamar su auténtico sentido.

En tal sentido, sostiene la doctrina[666], una de las diferencias esenciales entre el Estado de Derecho y el Estado social es el tipo de garantías por las cuales propenden. El Estado de Derecho está caracterizado por las garantías técnico-jurídicas, mientras que el Estado social por garantías jurídico-sociales. Las primeras consisten en limitaciones —el Estado Constitucional se limita así mismo— que persiguen garantizar los derechos y libertades mediante la separación de la persona del Estado Constitucional, manteniendo, por tanto, con ello el *status quo* y la situación social de la persona. Mientras que las garantías jurídico-sociales, que consisten primariamente en participación y vinculan al individuo con el Estado Constitucional —pues éste no le abandona a su situación social, sino que presta, distribuye, redistribuye y reparte con equidad—.

Ahora, como concluye E.Forsthoff[667], la conexión del Estado de Derecho con el Estado social es una realidad. Las ordenaciones sociales de los Estados Constitucionales, configurados por la ley y aplicadas por las Administraciones públicas se sitúan en su aspecto formal bajo el imperio de las normas constitucionales. Así las cosas, Estado de Derecho y Estado social —Estado social de Derecho— se encuentran en una recíproca relación de complementariedad. Sin embargo, la respuesta a la pregunta sobre el contenido del Estado social se obtiene de la conexión del dato positivo constitucional, esto es, una Constitución social, con datos relativos a las reivindicaciones y logros del movimiento social. Por ello es necesario delimitar -en la medida de lo posible- qué se entiende bajo el concepto de Constitución social —al cual nos hemos referido más arriba— y, para ello, también es presupuesto identificar el contenido del fin o interés social del Estado Constitucional.

Además, es también Forsthoff[668] quien nos recuerda que el Derecho constitucional y el Derecho administrativo son distintos considerados desde la perspectiva del Estado social, al señalar: por un lado, que no es por el ámbito constitucional, sino por el de la Administración pública por donde el Estado social ha penetrado en la teoría del Derecho público; y por el otro, que mientras el Derecho constitucional se muestra distanciado respecto de los esfuerzos en la formación de un Estado social, por su parte el Derecho administrativo ha pasado por un profundo proceso de mutación en toda su sistemática, cuyo resultado hoy es el Estado social de Derecho en una forma que todavía no es definitiva, pero que está ya muy avanzada.

En conclusión, el Estado social de Derecho va a comportar un compromiso de conformación de la sociedad por el Estado Constitucional —porque ya no le resultará indiferente a éste el modo en que se regulan las relaciones sociales, el mercado de trabajo o la posición de los consumidores, entre otras—.

---

666 Magaldi, N. (2007). *Procura existencial, Estado Constitucional de Derecho y Estado Constitucional Social*. En *Serie de Historia Jurídica y Filosofía del Derecho*, N° 48. Bogotá, Universidad Externado de Colombia, 125 y 126.

667 Forsthoff, E., cit. por Magaldi, N. Ob. cit., nota 666, 106.

668 Forsthoff, E. Ob. Cit., nota 427, 78-79.

Actualmente, el modelo de Estado social ha entrado en una profunda crisis que puede provocar su transformación. La crisis viene originada por varios hechos: las crisis energéticas iniciadas en 1973 que han dado lugar al retorno del neoliberalismo, y las económicas de 2008-2013, y por último, la actual crisis sanitaria de 2020-2021; la caída y desaparición de los regímenes marxistas-leninistas en Europa (1989); y el resurgimiento de las ideologías y actuaciones populistas, racistas y xenófobas a nivel global, que encubren o se asimilan a los movimientos totalitarios de corte fascista o nacionalsocialista que tanto auge lograron en la década de los años treinta.

II. Estado Constitucional garante

§136. Concepto – Hoy día, en el Derecho comparado se asiste a una profunda reformulación del papel y de las funciones estatales, y ello configura una nueva realidad. Y esta nueva realidad constituye, según O. Mir Puigpelat[669], el nuevo equilibrio entre Estado Constitucional y sociedad, entre la esfera pública y la esfera privada. Ello conduce a A. Montaña Plata[670] a sostener que la distinción constitucional entre tratamiento jurídico de lo público y lo privado es, entonces, el norte metodológico de una idea constitucional de Derecho administrativo.

Así las cosas, el Estado Constitucional si bien reduce o más propiamente racionaliza su papel –por así decirlo– en el ámbito de la propiedad pública de los medios de producción y de la prestación directa de los bienes y servicios a límites razonables, a cambio gana un enorme poder de regulación y vigilancia de la competencia y de los mercados que se pone a disposición de los Poderes públicos (Mir Puigpelat)[671]. El Estado Constitucional deja de ser un Estado Constitucional «prestador», y por cuanto en la satisfacción del interés social concurren también la sociedad, el mercado, aunque con las condiciones impuestas por la regulación pública y bajo la supervisión constante del Estado Constitucional, éste se convierte en un Estado «garante» (Barnés)[672] o «Estado de garantía» (Schmidt-Assmann)[673]. En todo caso, el equilibrio resultante se enmarca todavía dentro de la órbita de la cláusula constitucional Estado social de Derecho.

§137. Administración pública en un Estado social de Derecho – La Constitución formal y expresamente declaró al modelo de organización jurídico-político como un Estado «social de Derecho» -además de democrático y de Justicia (Art. 2 *eiusdem*). En tal sentido, capital en este sentido resulta el Art. 2 de la C, pues el Estado social de Derecho persigue, como fin esencial del Estado Constitucional el «bien común» según el Preámbulo de la C, así como «la promoción de la prosperidad y bienestar del pueblo» según el Art. 3 de la C, esto es, tiene como misión la

669 Mir Puigpelat, O. (2004). *Globalización, Estado Constitucional y Derecho. Las transformaciones recientes del Derecho Administrativo.* Madrid, Cuaderno Civitas, Thomson-Civitas, 112 a 114.

670 Montaña Plata, A. (2014). «El Estado de Derecho y la idea constitucional de un Derechoadministrativo». En *Constitucionalizacióndel Derecho administrativo, XV Jornadas Internacionales de Derecho Administrativo.* Bogotá, Ed. A. Montaña Plata y A.F., *Ospina* Garzón, Universidad Externado de Colombia, 73.

671 Mir Puigpelat, O. Ob. cit., nota 669, 120 y 121.

672 Barnés, J., «Una reflexión introductoria sobre el Derecho administrativo y la Administración Pública de la Sociedad de la Información», en *RAnAP*, N° 40, octubre-diciembre de 2000, p. 35. También Esteve Pardo, J. (2015). *El Estado garante: idea y realidad,* 1° ed. Madrid, INAP.

673 Schmidt-Asmann, E. (2001). «El Derecho Administrativo General desde una perspectiva europea». En JA, N° 13, 7.

«procura existencial», entendida no como caridad pública, sino como «la participación del mayor número posible de estratos sociales en el proceso de bienestar general» (Forsthoff)[674].

Pero lo que hace constitucionalmente al Estado Constitucional un Estado social de Derecho, es el énfasis que el Preámbulo de la Constitución hace de los «valores de libertad, la independencia, la paz, la solidaridad, el bien común [...] la justicia social y a la igualdad sin discriminación ni subordinación alguna»; y la incorporación de una serie de disposiciones constitucionales de contenido social, la consagración de una serie de derechos fundamentales prestacionales, así como los fines esenciales que se le imponen al Estado Constitucional en el ámbito o materia económica y social, al proclamar en el Art. 299 de la C lo siguiente:

> **Artículo 299.** El régimen socioeconómico de la República Bolivariana de Venezuela se fundamentará en los principios de justicia social, democratización, eficiencia, libre competencia, protección del ambiente, productividad y solidaridad, a los fines de asegurar el desarrollo humano integral y una existencia digna y provechosa para la colectividad. [...]

De acuerdo con la transcripción anterior, el Estado social de Derecho es un Estado Constitucional que se involucra en la vida social y económica, y que trata de conducirla en la consecución de sus fines sociales, impuestos por la calificación del Estado Constitucional como social de Derecho.

Por tanto, Estado Constitucional al concebirse a sí mismo como Estado social de Derecho, es una cláusula constitucional que tiene también particular importancia para el Derecho administrativo contemporáneo, pues como señala Brewer-Carías[675], su contenido configura el marco de actuación de la Administración pública. Tal declaración constitucional, a diferencia de las anteriores, no se refiere directamente al sujeto Estado Constitucional, sino a una determinada situación empírica de la comunidad social que se organiza en forma estatal que, en una primera aproximación muy general, podría describirse como la situación en la que se cumplen ciertos requisitos de justicia «social» a que alude expresamente el Art. 299 de la C. La idea que subyace al concepto de Estado social de Derecho, es la realización de reformas sociales, a través de la Administración pública. De ahí la necesidad de intervención pública de forma efectiva y racional en la vida económica y social.

En este sentido, y en virtud de la supremacía de la Constitución propia del Estado de Derecho (Art. 7 de la C), todos los destinatarios de aquella, en especial la Administración pública, sus órganos y funcionarios, se encuentran sometidos a la misma. Es decir, el Estado social de Derecho tiene rango normativo constitucional, y por lo mismo debe «irradiar» todo el Ordenamiento jurídico y el actuar de todos los órganos o complejos de órganos que ejercen el Poder Público y de las personas. Que la Constitución haya optado por implantar un modelo de Estado social de Derecho, incompatible con un Estado Constitucional neutral en las cuestiones sociales, y que además imponga a las autoridades y, en especial a la Administración pública, numerosas tareas y fines, refuerza lo anterior.

En este orden de ideas, Brewer-Carias[676] sostiene que la cláusula Estado social de Derecho está basada en la Constitución, en la concepción del Estado Constitucional

[674] Forsthoff, E. Ob. Cit., nota 427.
[675] Brewer-Carías, A. R., Ob. cit., nota 116, 118.
[676] Brewer-Carias, A. R., Ob. cit., nota 116, 118.

con obligaciones sociales y de procura del principio constitucional de justicia social, lo que lo lleva a intervenir en la actividad económica y social, inicialmente como Estado Constitucional prestacional o de prestaciones, y agregamos, después más propiamente como alternativa, un Estado Constitucional «garante de prestaciones» (Araujo-Juárez, Esteve Pardo)[677]. Tal carácter social deriva principalmente del valor fundamental de la igualdad y no discriminación establecido en el Preámbulo y en el Art. 1 de la C, que además de derecho fundamental (Art. 21 de la C) es el pilar de actuación del Estado Constitucional (Art. 2 de la C); y de la declaración del principio constitucional de la justicia social como base del sistema socio-económico.

En efecto, la jurisprudencia[678] ha sostenido que el concepto de Estado social de Derecho surge para velar por la protección y resguardo efectivo de los derechos de las personas, y propender y dirigir la misma no sólo en el ámbito social, sino en el aspecto económico con la finalidad de ir disminuyendo el desequilibrio existente en nuestra sociedad, que lo eleva a la categoría del Estado Constitucional garante de las prestaciones esenciales para lograr, lo que en expresión acuñada por FORSTHOFF, sería la «procura existencial» y el bienestar social general de todas las personas[679].

Por otro lado, Forsthoff[680] distingue dentro de las garantías jurídico-sociales, entre las libertades y los derechos de participación como nociones cardinales que configuran las relaciones del individuo con el Estado Constitucional. En efecto, la libertad garantizada mediante una limitación aludiría a un Estado Constitucional que se traza límites a sí mismo, y deja al individuo en la situación social que tiene. Por su parte, la participación como derecho y pretensión supone un Estado Constitucional Garante que ayuda, reparte, distribuye y adjudica, que no abandona al individuo en su situación social, sino que acude en su ayuda mediante técnicos del fomento y «la promoción de la prosperidad y bienestar del pueblo» según mandato del Art. 3 de la C. Tal es el Estado social de Derecho.

§138. Consecuencias – Cuando se observan los vínculos que existen entre la cláusula Estado social de Derecho y la Administración pública, el estudio se ha de centrar en qué forma se incorpora aquella sobre la organización, las actividades, los fines e, incluso, los medios a los cuales debe recurrir la Administración pública para su sostenibilidad. El Derecho administrativo no opera en el vacío, sino en un contexto social determinado, que condiciona sus objetivos y evolución, y cuyo mantenimiento se impone por varias razones.

En primer lugar, la razón para el mantenimiento del Estado social es estrictamente constitucional. Nuestra Constitución no solo lo impone y exige de manera inequívoca, sino es que no se ha planteado una propuesta alternativa consistente y seria al Estado social de Derecho. Una resuelta opción por el Estado social de Derecho que se corrobora en toda una serie de preceptos y determinaciones constitucionales que de manera coherente dan plenitud a ese modelo. Así se advierte en el reconocimiento amplio de los que se conocen como derechos sociales y en los mandatos que se imponen a los Poderes públicos para dar efectividad a esos derechos y desarrollar actuaciones y políticas que aseguren las prestaciones y las coberturas básicas de todas las personas.

---

677 Araujo-Juárez, J. Ob. cit., nota 14, 240 y ss. Esteve Pardo, J. (2015). «La Administración garante. Una aproximación». En RAP, núm. 197, 11 y ss.

678 Sent. del TSJ/SC N° 85 de fecha 24 de enero de 2002, caso *ASODEVIPRILARA*.

679 Sent. del TSJ/SC N° 3252 de fecha 28 de octubre de 2005.

680 Forsthoff, E. Ob. cit., nota 427, 86.

Es sabido que si bien los derechos fundamentales son una categoría única, no obstante admite una expresión multifuncional donde, a su vez, se distinguen; 1.°, los derechos individuales; y 2.°, los derechos sociales o prestacionales. En tal sentido, cada derecho fundamental presenta un conjunto de posiciones jurídicas fundamentales de donde se derivan funciones de respeto, funciones de protección y funciones de prestación o de garantía de su realización.

En este orden de ideas, Rodríguez-Arana[681] señala que el epicentro de los derechos fundamentales sociales se ubica en las necesidades colectivas de las personas, unas necesidades como son los servicios públicos de educación, el servicio sanitario, el servicio eléctrico, transporte público, actividades todas ellas que ordinariamente se garantizan, al menos muchas de ellas, a través de la técnica de la intervención pública. Pero también, es cierto, teniendo en cuenta que será tanta intervención como sea imprescindible, y tanta *libertas* solidaria como sea posible, según la famosa máxima que se hizo célebre entre los profesores de la Escuela de Friburgo, a mediados del siglo XX. En realidad, el fin del Estado Constitucional reside en la defensa y el libre y solidario «desarrollo de la persona y el respeto a su dignidad», como reza el Art. 3 de la C. Y para ello el Estado Constitucional, a través de la Administración pública, ha de asumir este compromiso cuando las instituciones e iniciativas sociales no sean capaces de ayudar a los individuos a su libre y solidaria realización: la de salvaguardar la vida digna de las personas mediante la defensa y promoción de los derechos fundamentales.

En segundo lugar, cuando se alude al Estado social de Derecho, se ha de entender no ya como un Estado Constitucional «prestador», característica propia del Estado del bienestar o del Estado social de Cderecho bajo una interpretación concreta, sino como un Estado Constitucional que partiendo de los principios de subsidiariedad y del de solidaridad, a través de los medios que le permite el Ordenamiento jurídico, debe garantizar la realización de los fines constitucionales sociales, esto es, responsabilidades del Estado social y de Derecho, tales como: los servicios públicos *strictu sensu*, la pobreza, la justicia material, la seguridad social y la responsabilidad estatal de contribuir al crecimiento y desarrollo económico[682]. Por tanto, no se debe hacer referencia solo a la opción finalística del Poder constituyente, sino también a una opción de organización o institución, en el sentido que entre el Estado de Derecho y su caracterización como Estado social, existe una relación de medio a fin —Estado social de Derecho—. Se trata de conseguir una determinada situación social calificable como justa —Estado social— por los medios que ofrece el Estado de Derecho (J. M. Rodríguez de Santiago)[683].

En tercer lugar, como señala Esteve Pardo, se debería prestar atención a los incuestionables logros del Estado social. La cobertura de toda una serie de necesidades básicas al conjunto de la población, la igualdad en el acceso a toda una serie de bienes y prestaciones —por ejemplo, educación, salud, vivienda, etc.— que aseguraron unas reales posibilidades de promoción social, la reducción de las tensiones sociales que de todo ello se deriva, y sobre todo, la realización de estos objetivos manteniendo el régimen de derechos fundamentales y libertades públicas características del Estado de Derecho y sus consiguientes mecanismos y garantías como han sido el principio de juridicidad y el control judicial del Poder público. El Estado

681 Rodríguez-Arana, J. «Derecho a un nivel de vida digno en tipos de coronavirus». 11-abril-2020.
682 Araujo-Juárez, J. Ob. cit., nota 14, 214-244.
683 Rodríguez De Santiago, J. M. (2007). *La administración del Estado Social*. Madrid, Marcial Pons, 140.

social de Derecho se presenta así como uno de los puntos culminantes de la evolución de los sistemas de organización social. Otra cosa muy distinta, ha sido la implantación de políticas públicas cargadas de ideologías, ineficiencias y corrupción, que han conducido a la disolución o desmantelamiento de este modelo de Estado social y ordenación social, con sus recortes o reducciones hasta hacerlo irreconocible, que ciertamente representa un retroceso, una regresión, una derrota, que no es solo que no se haya tratado en lo posible de evitar, sino que es de conveniencia mantenerlo.

Por último, la cláusula constitucional Estado social de Derecho implica, por tanto: 1.°, una exigencia de producción de normas jurídicas conforme a los principios rectores de políticas sociales y económicas y, en todo caso, una aplicación e interpretación conformes a aquella; y 2.°, que la interpretación constitucional del Ordenamiento jurídico conforme a la primera dimensión de la cláusula Estado social de Derecho abarca, por ello obviamente, la referencia social de los derechos fundamentales (E. Carmona Cuenca)[684], que han de ser entendidos a todos los efectos, no desde el punto de vista formal sino material, ya que la determinación constitucional, es que todos ellos sean reales y efectivos y, de modo especial, los derechos fundamentales prestacionales[685].

Es por lo expuesto que los rasgos que caracterizan la actual crisis del Estado social de Derecho, tiene una incidencia particular en la forma y contenido del Derecho administrativo, que se viene ocupando de regular la actividad prestacional o de garantía prestacional del modelo Estado social de Derecho. Una primera manifestación se encuentra en la reapertura del debate sobre el contenido del Estado social de Derecho y sobre el alcance y garantías de los principios rectores de la política social y económica que constituye el «marco constitucional» sobre el que se asienta la configuración del actual Estado social de Derecho. En definitiva, se trata de reconfigurar la garantía del contenido esencial de la cláusula constitucional Estado social de Derecho.

A tal efecto pareciera interesante rescatar la reflexión sobre el interés general llevada a cabo por parte del *Conseil d´État*[686], quien al finalizar el siglo XX reivindicó la necesidad de recuperar la centralidad de la noción del interés general republicano en la configuración de la acción pública. El interés general republicano supone la existencia de una voluntad general superior a la de cada individuo, que otorga al Estado Constitucional la tarea de atender al bienestar de todas las personas, de garantizar una vida digna dentro de una sociedad cohesionada. Este bienestar exige garantizar tareas prestacionales en materia de los servicios sociales vitales de las personas —Estado Constitucional Garante—. Y esto es diverso al Estado Constitucional Regulador que solo corrige los fallos de un orden económico que ha de estar al servicio del hombre.

Y es que debe reivindicarse el valor preeminente de la mencionada visión republicana del interés general, que de hecho es la propia del sistema del «*droit administratif*», debe proceder a reformular la concepción del interés general para

---

684 Carmona Cuenca, E. (1996). *El Estado Social de Derecho en la Constitución*. Madrid, Consejo Económico y Social, 19.

685 Araujo-Juárez, J. (2017). Ob. cit., nota 14, 244-259.

686 Conseil d´Etat (1999). *Rapport public L'interêt général*. En Etudes et documents, nº 50. Paris, 353 y ss. Asimismo, Rodríguez-Arana, J. (2012). *El interés general, derecho administrativo y Estado de bienestar*. Madrid, IUSTEL.

reconstruir el nuevo Estado social de Derecho sostenible, en el que prime la defensa del interés general en el sentido republicano, como punto de anclaje sobre los que se ha de reconstruir e innovar el vigente Derecho administrativo, ya que es en la Constitución administrativa donde encontraremos la definición de los mínimos valores compartidos. La realización de estos valores, sintetizados en el principio-derecho de la «dignidad humana» o de la «dignidad de la vida» de todas las personas, refuerza el interés por la actividad de la garantía prestacional del Estado Constitucional, que es la actividad pública específicamente puesta al servicio de la realización de la Constitución social.

D. Estado democrático y social de Derecho y de Justicia y Administración pública

Introducción

§139. Planteamiento de la cuestión — El Derecho Administrativo nació en el contexto del Estado Constitucional liberal en el que la idea de control era y es esencial. Es verdad que el instrumento normativo atribuye potestades de Poder públicoexorbitantes del Derecho común a ese sujeto específicollamado Administración pública. Poderes finalistas, Poderes-función, Poderes públicos dirigidos a salvaguardar intereses colectivos, generales y superiores. Poderes públicos que no tienen los particulares a la hora de inspeccionar, vigilar, sancionar, autorizar, limitar, etc.

Y es bueno que sea así, siempre y cuando no haya arbitrariedades y excesos. Pero como la experiencia demuestra que siempre los hay, en las múltiples formas que sean, es necesario un control público. Un control público que, por razones de muy variada índole que afectan a la calidad técnica, pero también y sobre todo a los tiempos de respuesta, no resulta del todo satisfactorio por más que hayan mejorado las cosas en los últimos tiempos. No es éste, obviamente, el momento de apuntar los problemas técnicos concretos ni adelantar las posibles líneas de solución o tendencia. Pero sí el de decir que se trata de una cuestión esencial que complementa — y ¡de qué modo!— la actividad estrictamente política y administrativa de los diversos órganos estatales que ejercen el Poder público.

En tal sentido, sostiene Muñoz Machado[687], la sumisión de los poderes públicos al Derecho no servirá solo para preservar la esfera de acción libre de las personas, sino para establecer toda una ética nueva del Estado Constitucional, una nueva ideología también, que desplazará definitivamente al Estado Constitucional omnipotente en el cual todas las acciones del Poder público se justifican por sí mismas («*machtstaat*»), y al «*polizeistaat*», al Estado—policía, fundado en el «*bon plaisir*» del príncipe. Surgirá ahora, en cambio, el culto al Derecho, como una fuerza capaz de ordenar las relaciones del Estado Constitucional con la sociedad y encauzar correctamente los objetivos de los Poderes públicos. Todo queda bajo la ordenación de la ley. Ya no más, como en el absolutismo —*rex facit legem*—, sino que *lex facit regem.* En el nuevo Estado Derecho no hay sitio para el gobierno de los hombres sino que es «el reino de las normas» (Leisner), el «*government by laws*», de que hablarán los ideólogos de la Revolución americana.

La misma fórmula de sometimiento general a las leyes como característica del Estado Constitucional de Derecho es lo que, en línea de continuidad con Stahl,

---

687 Muñoz Machado, S. Ob. cit., nota 626, T III, 16 y 17.

utiliza R. Von Gneist en su obra. Pero con el matiz de que el Estado Constitucional de Derecho implica un «gobierno según las leyes»; es decir, que estas no son su fundamento, sino el marco y el límite de la acción del Poder ejecutivo, que ha de desenvolverse con gran capacidad de autoorganización, pero sometido finalmente a una jurisdicción administrativa.

En este último aspecto del control jurisdiccional pondrán, en fin, mucho más énfasis las obras de Otto Bahr y de Otto Von Gierke. Asentadas ambas en una concepción corporativa del Estado Constitucional, detraen de ella la consecuencia de que, como todas las demás asociaciones humanas, el Estado Constitucional debe situarse dentro del Derecho y no por encima de él. Para asegurar tal sometimiento, el control de la Administración pública por los tribunales se eleva a condición indispensable para la realización del imperio del Derecho.

I. Estado de Justicia

§140. Concepto – No hay duda que el Preámbulo y la Constitución formal expresamente declaró al modelo de organización jurídico-político como Estado «de Justicia» –además de democrático y social de Derecho– (Art. 2 *eiusdem*), con lo cual se quiere destacar como sostiene Brewer-Carias[688], el valor Justicia que se quiere reforzar, de manera que el Estado Constitucional sea más que un Estado Constitucional sometido al Derecho –Estado Constitucional de Derecho–; un Estado Constitucional donde la Justicia sea una realidad, de manera que cada quien tenga lo que le corresponda más allá del formalismo de la ley o de la legalidad. El modelo Estado democrátivo y social de Derecho y de Justicia será, al menos formalmente, el estadio más avanzado de la corriente del constitucionalismo, la última expresión categorizada del Estado Constitucional.

En mérito a lo anterior, según esta cláusula constitucional, el Estado de Justicia es al que se lo concibe como el Estado Constitucional que debe garantizar un verdadero Sistema de Justicia, estableciendo en el Preámbulo y en los Arts. 1 y 2 de la C, la «Justicia», no sólo en calidad de valor superior o de referencia axiológica de su Ordenamiento jurídico, sino regulando expresamente, además, tanto el derecho de acceso a la Justicia como a la obtención de una tutela jurisdiccional efectiva de los derechos e intereses de las personas, con sujeción a las garantías y principios constitucionales referidos en la propia Constitución.

Entre los valores más importantes expresados en la Constitución de 1999 sobre el Estado de Derecho y que por supuesto es esencial para el Derecho administrativo, en particular, para asegurar el sometimiento de la Administración pública a la Constitución y a la ley, es el valor de la Justicia y la existencia del Poder Judicial, como «el poder integrado y estabilizador del Estado, ya que es el único que tiene competencia para controlar y aún disolver al resto de los Poderes Públicos», lo que a juicio del Tribunal Supremo expresado mucho tiempo atrás, en 2000, «nos hace un Estado Judicialista»[689]. En definitiva, como también lo observó la Sala Político Administrativa del Tribunal Supremo de Justicia, en otra sentencia de 2000, mucho antes de que se instalara el Estado autoritario devenido actualmente en Estado Totalitario, cuando la Constitución califica al Estado «como de Derecho y de

---

[688] Brewer-Carias, A.R. (2000). *La constitución de 1999*. Caracas, Ed. Arte, 41 y 42.

[689] Sent. N° 659 del TSJ/SPA de 24 de marzo de 2000 (Caso: *Rosario Nouel vs. Consejo de la Judicatura y Comisión de Emergencia Judicial*). RDP N° 81 (enero-marzo), 103 y 104.

Justicia y establece como valor superior de su ordenamiento jurídico a la Justicia y la preeminencia de los derechos fundamentales, no está haciendo más que resaltar que los órganos del Poder Público -y en especial el sistema judicial deben inexorablemente hacer prelar una noción de justicia material por sobre las formas y tecnicismos, propios de una legalidad formal que ciertamente ha tenido que ceder frente a la nueva concepción de Estado»[690].

Un Estado Constitucional, por tanto, en los términos de la Constitución[691], es un Estado que por sobre todo está sujeto al valor superior de la Justicia, lo que implica, por una parte, en cuanto a la regulación del orden social y político que la misma se garantice mediante leyes que sean justas, que aseguren a cada quien lo que le pertenece, y además, revestidas de seguridad jurídica, en las cuales se establezcan las reglas conforme a las cuales se asegure para todos sin distinción, bienestar general y calidad de vida, el respeto a la dignidad humana, el libre desarrollo de la personalidad, y el goce irrestricto de los derechos humanos.

Por la otra, en cuanto a la misión de impartir y administrar Justicia a los ciudadanos, el Estado de Derecho exige que la misma se imparta por órganos independientes, autónomos e imparciales, a los cuales todos tengan derecho de acceder en forma gratuita y sin discriminación, y que aseguren el derecho de todos a lograr la tutela jurisdiccional efectiva de sus derechos, y la condena y castigo a quienes violen las leyes, debiendo prevalecer, en todo caso, la Justicia material sobre las formalidades[692]. Lamentablemente, nada de lo anterior se encuentra efectivamente asegurado hoy día en el país.

Así las cosas, el acceso al Sistema de Justicia que la Constitución regula en el Capítulo III *«Del Poder Judicial y del Sistema de Justicia»*, del Título IV sobre *«El Poder Público»*, debe ser considerado como elemento institucional fundamental que da vida al establecimiento, no solo formal sino material de los derechos y garantías fundamentales individuales y sociales o prestacionales, políticos, económicos y culturales. Así, el derecho y los recursos que deberá ofrecer el Sistema de Justicia para la resolución de los conflictos y la satisfacción de las necesidades individuales y colectivas, deben responder a un sistema efectivo y eficiente, sin que existan denuncias por ser deficiente y/o diferencial, debido a inequidades socio-económicas.

Apurando los efectos de esta sistematización convencional, sostiene M. Bassols Coma[693] refiriéndose al sistema español, todavía podríamos detectar principios e instituciones que permitirían calificar al Estado de Derecho también como Estado de Justicia. En especial, la calificación como valor superior del Ordenamiento, el principio de Justicia (Preámbulo y Art. 2 de la C); el derecho a obtener la tutela jurisdiccional efectiva de los jueces y tribunales (Art. 24 de la C); la instauración de una jurisdicción constitucional de las libertades públicas (recurso de amparo), y demás garantías judiciales.

En conclusión, la cláusula constitucional Estado de Justicia es también un principio constitucional, según el cual cualquier persona puede y debe ser protegida o tutelada para hacer valer sus derechos y demás situaciones jurídicas protegidas en el ejercicio de sus pretensiones ante el Sistema de Justicia.

---

690 Sent. Nº 949 del TSJ/SPA de 26 de abril de 2000, RDP Nº 82, 163 y ss.

691 Véase sobre este concepto, sent. No. 389 del TSJ/SC, de 7 de marzo de 2002, RDP Nº 89-92, 175 ss.

692 Sent. del TSJ/SPA No. 949 de 26 de abril de 2000, RDP Nº 82, 163 y ss.

693 Bassols Coma, M. (1978). «Los principios del Estado de Derecho y su aplicación a la Administración en la Constitución». En RAP, núm. 87, 145.

§141. Administración pública en un Estado democrático y social de Derecho y de Justicia – Ahora bien, en cuanto a la proclamación del Estado Constitucional como Estado de Justicia, la misma comporta una serie de consecuencias para la Administración pública. Para empezar implica que no es solo una Administración pública plenamente sometida a la ley y al Derecho, sino que estamos también ante una Administración pública sometida al pleno control jurisdiccional de la conformidad de su actuación con el Derecho. Pero el principio de Estado de Justicia hace, por otra parte, de la Administración pública responsable y respetuosa con los derechos y garantías de las personas.

Uno de los hilos conductores de la cláusula Estado de Justicia, a mi juicio el más significativo por sus implicaciones dogmáticas, es la función preponderante del Juez respecto del legislador y de la Administración pública. Ciertamente se trata de un poder reactivo en el ámbito administrativo, pero las decisiones judiciales marcan el espacio de los otros dos Poderes públicos.

La influencia de la jurisprudencia administrativa, desde luego, ha sido notable en el desarrollo del Derecho administrativo en todas las latitudes, sobre todo en Francia, donde esta rama del Derecho es eminentemente una obra del Consejo de Estado. Pero no puede ignorarse que esa obra pudo ser posible por la peculiar configuración histórica de la Justicia administrativa francesa que, aún hoy en día, se sitúa dentro de la Administración pública misma, por mucha independencia funcional que ofrezca el Consejo de Estado. Esta situación, que carece de parangón en el Derecho comparado salvo casos muy excepcionales como el de Colombia[694], no existe en otros sistemas constitucionales como el nacional marcados por la configuración de: 1.°, la tutela jurisdiccional o judicial efectiva como derecho fundamental (Art. 26 de la C); 2.°, el sometimiento universal de la Administración Pública al control jurisdiccional (Art. 259 de la C)[695]; y por último 3.°, la atribución exclusiva al Juez de la función «de juzgar y hacer ejecutar lo juzgado» (Art. 253 de la C). Aquí la posición preeminente, aunque sea *ex post,* del Juez es indiscutible, sin que hasta la doctrina haya hecho un esfuerzo dogmático por encajar el nuevo estado de cosas en la sistematización del Derecho público. Y eso se pone de relieve en muchas instituciones del Derecho procesal administrativo. Nos reduciremos ahora a las cuestiones básicas siguientes: 1.ª, el derecho a la tutela jurisdiccional efectiva; y 2.ª, el principio de autotutela administrativa.

II. Derecho a la tutela jurisdiccional efectiva

§141.a Derecho a la tutela jurisdiccional administrativa - La primera consecuencia, es que en la Constitución se consagra un derecho fundamental de la persona a la tutela jurisdiccional tanto general como administrativa —o frente a la Administración pública—, en el sentido de lo establecido en el Art. 26 y 259 de la C, y queda atribuida a una jurisdicción especial, la denominada Jurisdicción contencioso administrativa, es decir, tribunales administrativos cuya creación surge también de la cláusula Estado de Derecho. Es por ello que —repetimos— se afirma que la

[694] Rodríguez, L. «Los sistemas de control jurisdiccional de la Administración en el derecho comparado. En *El control y la responsabilidad de la administración pública. Memorias del IV Congreso Internacional de Derecho Administrativo Margarita 2012.* (Coord. A. Canónico Sarabia). Caracas, EJV. 503 y ss.

[695] Lejarza A., J.T (2020), «Principio de la universalidad del control judicial». En *Principios fundamentales del Derecho Público.* Desafíos actuales. *Libro connmemorativo de los 20 años de la publicación de la Constitución de 1999* (Brewer-Carias, A.R. y Araujo-Juárez, J. Coords.). Caracas, EJVI.

cláusula Estado de Derecho origina la denominada «Justicia administrativa», para los casos de demandas contra todas las actuaciones administrativas —universalidad del control— del Poder ejecutivo o de cualquier otro órgano que ejerza funciones administrativas[696].

Ahora, como el principio de juridicidad puede ser excedido por el Estado Constitucional, y específicamente a través de la Administración pública, es natural que se prevean los medios para que en tales casos pueda ser restablecido, asegurando su supremacía. Es indudable, en este sentido, que la última y más importante garantía de la vigencia del principio de juridicidad radica en los órganos jurisdiccionales que integran el Poder judicial, con competencia en esa materia, ya sea general, ya sea especial, ya no solo sobre la Administración pública, sino sobre todas las ramas que ejercen el Poder público, razón por la cual el Estado de Derecho deviene en un Estado de Derecho y de Justicia.

§141.b Control jurisdiccional pleno o de universalidad – El principio de control jurisdiccional pleno o de universalidad de las funciones y de los actos de los Poderes públicos, implica que no existen vacíos o lagunas en el control jurisdiccional de la actividad e inactividad, formal o material, de los Poderes públicos. Es así como conforme al Derecho público subjetivo de acceder a los órganos jurisdiccionales y de solicitar la tutela judicial efectiva de derechos e intereses, todas las personas pueden acudir a las instancias jurisdiccionales competentes, para que una vez tramitado el debido proceso se produzca la sentencia fundada en Derecho, que resuelva la controversia planteada (Arts. 26, 49, 259 y 336 de la Constitución).

§141.c Control de convencionalidad – Otro de los fenómenos más importantes en curso de desarrollo es la pérdida del anclaje estatal del Derecho administrativo, que creció y se desarrolló como un producto del Estado Constitucional. En tal sentido, la globalización jurídica, así sea de modo fragmentario, se extiende rápidamente, estableciendo principios que tienen relevancia directa en los sistemas nacionales de Derecho administrativo, incluso asegurando una tutela jurisdiccional multinivel. Ya muchos derechos de las personas son tutelados frente a la Administración pública, no solo por Jueces nacionales sino también por Jueces supranacionales. Así las cosas, el Derecho administrativo nacional está sujeto tanto a una normativa estatal como supranacional. Ello conduce a que exista desde el punto de vista jurídico, una influencia recíproca, entre los Ordenamientos jurídicos nacionales y los Ordenamientos jurídicos supranacionales.

Por todo ello, el Derecho administrativo hoy día tiene que coexistir con un Derecho cada vez más rico, de origen supranacional o internacional, lo que exige el establecimiento de reglas que disciplinen las relaciones entre las diversas fuentes e instituciones jurídicas. Así como se alude a «constitucionalización», también se habla de «convencionalización» o «convencionalidad» (C. Ayala Corao, Brewer-Carias, y Hernández-Mendible)[697], pues el Art. 23 de la C consagra el carácter constitucional de los instrumentos internacionales en materia de derechos humanos, que prevalecen sobre las normas de Derecho interno, inclusive de rango constitucional,

[696] Sent. N° 1338, del TSJ/SC del 25-06-2002.

[697] Ayala Corao, C. (2012). «Hacia el control de convencionalidad». En *Libro Homenaje al Dr. Néstor Pedro Sagües. La Justicia Constitucional en el Estado Constitucional Social de Derecho* (Coord. G. Pérez Salazar). Caracas; Brewer- Carías, A. R. Ob. cit., nota 257; y Hernández-Mendible, V. R. Ob. cit., nota 257.

siempre que resulten más favorables[698], dando lugar —a propósito de la materia que nos ocupa— a la denominada «*convencionalidad*» del sistema jurídico

De ahí que mencionemos la importancia creciente que tiene en el Derecho administrativo, el orden o bloque normativo y jurisprudencial sobre el Derecho internacional convencional, esto es, el *corpus iuris* de la convencionalidad, denominado también «bloque de la convencionalidad» (Hernández-Mendible)[699], como mecanismo para cumplir en el Ordenamiento interno con los estándares o criterios fijados normativamente en los instrumentos jurídicos internacionales vinculantes —tratados, pactos, y convenciones internacionales, etc.—, y sus interpretaciones, con relación a las exigencias de protección y eficacia de los derechos humanos, con lo cual también se abre una nueva época y se proyecta como nuevo paradigma del Derecho administrativo contemporáneo, y cuya temática ya ha sido abordada por la citada doctrina nacional.

En tal sentido, sostiene Hernández-Mendible[700] en otro muy completo trabajo sobre la materia, que la convencionalización del Derecho público también ha llevado a replantear los criterios tradicionales del Derecho administrativo, teniendo en consideración que los tratados internacionales en materia de derechos humanos imponen a los Estados Constitucionales, el respeto y la protección de estos en sus respectivas jurisdicciones, comprometidos en el cumplimiento de los más altos compromisos internacionales, para la protección de los derechos humanos, proyectándose así la convencionalidad como nuevo paradigma del Derecho administrativo en general, y del Derecho administrativo sancionador en particular.

Es por ello que las fuentes jurídicas son múltiples: al citado proceso de constitucionalización creciente del Derecho administrativo, se añaden las exigencias de los instrumentos internacionales sobre los derechos humanos suscritos y ratificados por la República (Art. 19 de la C), los cuales adquieren jerarquía constitucional (Art. 23 de la C), tales como: el Pacto Internacional de Derecho Civiles y Políticos, adoptado por la Asamblea General de la ONU el 16-12-1966, el cual es ley nacional desde 1978[701]; y en el ámbito americano, la Convención Americana sobre Derechos Humanos (o Pacto de San José), adoptada por la Conferencia Especializada Interamericana sobre Derecho Humanos el 22-11-1969, la cual es ley nacional desde 1977[702] y, por último, en fecha más reciente también el Protocolo Adicional a la Convención Americana sobre Derechos Humanos en Materia de Derechos Económicos, Sociales y Culturales (o Protocolo de San Salvador), el cual también es ley nacional desde 2005[703].

---

698 Brewer-Carías, A.B. Ob. cit., nota 116, 132 y 133. Véase también: Rincón Eizaga, L. (2001). «La incorporación de los tratados sobre derechos humanos en el derecho interno de Venezuela en la Constitución de 1999». En *Revista de la Facultad de Ciencias Jurídicas y Políticas* N° 120. Caracas, UCV, 87-108; Hernández Villalobos, L. (2001). «Rango o jerarquía de los tratados internacionales en el ordenamiento jurídico venezolano (1999)». En *Revista de Derecho* N° 3. Caracas, Tribunal Supremo de Justicia, 111-131.Véase también sobre el tema: Varela Cáceres, E. L. (2018). «La supremacía constitucional y la supuesta Supraconstitucionalidad». En *Derecho Procesal y otros ensayos. Libro homenaje a la obra docente del profesor René Molina Galicia*. F. Zambrano Franco, Coord. Caracas, Editorial RVLJ, 347 y ss.

699 Hernández-Mendible, V. Ob. cit., nota 257.

700 Hernández-Mendible, V. Ob. cit., nota 257.

701 Ley Aprobatoria publicada en la GO N° 2.146 Extr. del 28-01-1978.

702 Ley Aprobatoria publicada en la GO N° 31.256 del 14-06-1977.

703 Ley Aprobatoria publicada en la GO Nª 38.192 del 23-05-2005.

III. Principio de la autotutela administrativa

§142. Principio de la autotutela administrativa – En el banco de pruebas de una «nueva» dogmática del Derecho administrativo acorde con el Estado Constitucional sitúa S. Muñoz Machado[704] a las prerrogativas tradicionales de la Administración pública –ejecutividad y ejecución forzosa–, que en España la doctrina mayoritaria de la mano de García de Enterría y siguiendo a F. Benvenuti, comprende bajo el instituto unitario del principio «de la autotutela». Sostiene que no hay mayor error entre la dogmática del Derecho administrativo que seguir utilizando la idea de «autotutela», pues con las prerrogativas que ésta comporta no se protegen en absoluto los intereses propios de la Administración pública. Esta no se tutela a sí misma –que es lo que expresa la idea de autotutela–, sino que ha de servir a los intereses públicos. Sólo en función de este objetivo adquiere pleno sentido la llamada «autotutela».

La crítica razonada de Muñoz Machado[705] a esa concepción unitaria, pues es preciso analizar a cada técnica o privilegio en particular, al no tener ni una estructura técnica ni una significación uniforme, se basa en dos argumentos centrales. Técnicamente, decisión ejecutiva y ejecución forzosa no son dos manifestaciones de una misma institución, pues la primera tiene su fundamento en la propia competencia de la Administración pública para actuar sirviendo los intereses generales, mientras que la segunda constituye una excepción al principio general que impone que sólo el Juez pueda autorizar intromisiones directas en la libertad y en la hacienda de los ciudadanos.

Desde el punto de vista constitucional, para Muñoz Machado[706] la prerrogativa de la decisión previa y de la ejecución forzosa son perfectamente compatibles con la Constitución. El ciudadano puede siempre oponer a tal potestad administrativa un recurso ante los tribunales, sin que el hecho mismo de la decisión administrativa modifique el estado posesorio previo de la persona, que sí cambia radicalmente cuando el acto se ejecuta forzosamente, razón por la cual el privilegio de ejecución forzosa atribuido *in genere* a la Administración pública por la LOPA resulta contrario a la tutela judicial efectiva, si se interpreta del modo que la doctrina de la autotutela presupone, poniendo en parangón la posición de la Administración pública y la del Juez. Sin embargo, la conclusión general es que no es compatible con la Constitución solo cuando con la ejecución administrativa se vulneran derechos.

Y si más allá de esa consideración puramente técnica, de acuerdo con la jurisprudencia constitucional, el derecho a la tutela judicial efectiva reclama, que antes de ejecutar forzosamente un acto pueda darse la oportunidad a un tribunal de suspenderlo, se pregunta Muñoz Machado[707]: «¿no es mucho más simple y operativo que este largo y antieconómico rodeo, rompa con el dogma de la ejecución forzosa y establezca la fórmula general de la ejecución judicial, salvo excepciones?». La respuesta afirmativa que se desprende de la argumentación de Muñoz Machado supondría, en definitiva, retomar la tradición francesa, tal como quedó clásicamente definida en las conclusiones de Romieu ante el Tribunal de conflictos en el caso «*Societé inmobiliére Saint-Just*»[708].

---

[704] Muñoz Machado, S. Ob. cit., nota 626, 324.
[705] Muñoz Machado, S. Ob. cit., nota 626, 327.
[706] Muñoz Machado, S. Ob. cit., nota 626, 334 y 335.
[707] Muñoz Machado, S. Ob. cit., nota 626,330.
[708] Long, M., Weil, P. y Braibant, G. (2017). *Jurisprudencia Administrativa del Consejo de Estado Francés*, Primera edición en español de la 20ª edición francesa. Madrid, BOE, 105 y ss.

Así las cosas, el denominado principio de la autotutela, omnicomprensiva de todos las prerrogativas de la Administración pública, tiene difícil justificación dogmática, si se parte de la base de lo que siempre la doctrina italiana ha considerado por autotutela, es decir, la capacidad de que un sujeto se haga justicia a sí mismo. El fundamento de esta construcción unitaria, de impronta procesal, está en F. Cammeo[709]: hay autotutela de derechos o intereses cuando «*l'accertamento o la reintegrazione loro é rimessa alio stesso subbietto del diritto leso sia puré sotto il contrallo dello Stato*». El desarrollo de esta doctrina en E. Betti y otros civilistas se explica con los ejemplos clásicos del Derecho privado, como sería el caso del derecho de retención.

Ahora, en el ámbito jurídico-administrativo, tal posición dogmática trae causa del entendimiento de la competencia administrativa como una competencia plena y autosuficiente, que agruparía tanto funciones normativas —poder reglamentario—, como funciones jurisdiccionales —declarativas y ejecutivas—, de tal suerte que, como destaca Muñoz Machado[710], la doctrina de la autotutela implicaría situar dogmáticamente en un mismo plano, la función administrativa y la función jurisdiccional, al entender que la Administración pública realiza materialmente funciones jurisdiccionales, similares a las del proceso de cognición y ejecución. Lo cual supone un entendimiento de la potestad de decisión previa absolutamente irreal y presupone, además, que es posible deslindar materialmente las funciones del Estado Constitucional —legislación-administración-justicia— no actúa al servicio de intereses propios sino del interés general, aunque sea ella misma la que en muchas ocasiones sea competente para definirlo. El reconocimiento de la potestad de ejecución forzosa a la Administracion pública es perfectamente compatible con la tutela jurisdiccional efectiva, eso sí, siempre que se revise el actual sistema procesal que refuerza injustificadamente la eficacia general de los actos administrativos.

§143. Conclusión – La reforma de la jurisdicción contencioso-administrativa es, pues, una cuestión esencial pero llevándola a cabo con la sutileza y la prudencia de las cosas frágiles para no repetir algunas experiencias negativas. Y esto, por más que no sea inconstitucional, cabe preguntarse si resulta oportuno y conveniente. En cualquier caso, la reforma de la jurisdicción contencioso administrativa debería seguramente considerar la experiencia comparada y llevarse a cabo sin los apriorismos derivados de la actual normativa procesal.

En conclusión, la jurisdicción contencioso administrativa debe ser ágil, especializada y rápida y eso apunta a cuestiones de lo más variado que van desde la fijación del número suficiente de Jueces, la manera de seleccionarlos y formarlos, la financiación del modelo y el procedimiento propiamente dicho. Figuras como la del comisario del Gobierno, el «*amicus curiae*» y otras similares no son, desde luego, desdeñables.Y todo ello con el afán y el objetivo último de fortalecer las instituciones y, al tiempo, las técnicas garantizadoras como instrumentos útiles en la compleja y difícil consolidación de una tradición democrática a través del Derecho. Lo importante es subrayar el logro del Derecho administrativo contemporáneo con la «conquista» de la jurisdicción *protectora*, frente a la jurisdicción *revisora* del Derecho administrativo clásico.

---

709 Cammeo, F. (1960 [1914]). *Corso di diritto amministrativo*, ristampa con note bibliografiche di aggiornmamento a cura di G. Miele. Padova.

710 Muñoz Machado, S. Ob. cit., nota 626.

E. Estado federal descentralizado y Administración pública

I. Descentralización política y descentralización administrativa

§144. Planteamiento de la cuestión – Como cuestión previa se observa que, aunque el constitucionalismo establece una clasificación, según el grado de descentralización «política», que iría del federalismo en sus diversas variantes a los Estado Constitucionales unitarios, pasando por los regionales, autonómicos, etc., el análisis político-administrativo permite matizar las definiciones institucionales. Es así que la Federación o Estado federal —por oposición al Estado unitario— , como forma de Estado Constitucional, es siempre un sistema de descentralización político-territorial del Poder público.

De este modo, la doctrina administrativa más calificada ha sostenido siempre la conveniencia de establecer con claridad la distinción entre dos realidades: las «formas» del Estado Constitucional; y la «centralización», que semánticamente a veces se confunden. La llamada centralización —o descentralización— «política» queda así referida a la forma de Estado Constitucional —unitario, federal, etc.— y recoge el sentido primario, originario, que tuvo la centralización —el sentido de unidad política que hoy debe ser separado del concepto—, y éste queda referido exclusivamente a la estructura orgánica del Estado Constitucional en sus justos límites.

En este sentido, Hauriou[711] ya escribía: «La centralización y la descentralización hacen referencia solamente a la Administración (...): no hay más descentralización que la descentralización administrativa, ni más centralización que la centralización administrativa.» La pretendida descentralización política obedece a una confusión de planos, pues contempla al Estado Constitucional en su unidad —en la totalidad de sus funciones—, es decir, hace referencia a la idea de la unidad del Estado Constitucional, opiniéndole a ella el federalismo. La descentralización administrativa, en cambio, no contempla al Estado Constitucional en su unidad, sino en su diversidad orgánica y hace referencia únicamente a una función del Estado Constitucional: la Administración pública. El salto e interferencia entre estos dos planos no trae sino confusión. La doctrina reciente (Vedel, Rivero[712]) ha insistido en esta necesaria separación de cuestiones y en las diferencias esenciales entre descentralización y federalismo.

Esta clara distinción entre ambos fenómenos debe ser resaltada, no obstante la tendencia que se observa en las exposiciones doctrinales a situar el federalismo como el límite de un proceso descentralizador, como una especie de super descentralización, lo cual puede ser conveniente desde un punto de vista didáctico y expositivo, pero señalando, como hace por lo demás la doctrina dominante (Waline, Rivero y Vedel en Francia; Garrido Falla y Trevijano-Fos en España), las esenciales diferencias de naturaleza —no puramente cuantitativas, de número o amplitud de los poderes transmitidos— que hay entre uno y otra.

Por último, en la moderna doctrina del Derecho español, fue Garrido Falla[713] quien con rigor lógico y metodológico abordó de un modo frontal el tema de la descentralización, tratando de deslindar el sistema de conceptos sobre los que ésta se apoyaba —hasta entonces harto confusos—. Su propósito fundamental fue fijar el

---

711 Hauriou, M. (1892). *Etude sur la centralisation.* Paris, 8 y 9.

712 Vedel, G. et Delvolvé, P. Ob. cit., T.I, nota 456, 812.

713 Garrido Falla, F. (1950). *Administración indirecta del Estado y descentralización funcional.* Madrid, 98-101.

contenido técnico-jurídico de la descentralización administrativa. Es por todos conocida la tesis de su libro: el concepto de descentralización queda referido para él, de un lado, a la atribución de competencia —«medida de la potestad que pertenece a cada órgano», según la definición de D'alessio—, y de otro, a la existencia de personas jurídicas —como sujetos de imputación jurídica— distintas del Estado Constitucional La idea central, en esta formulación, es la noción de personalidad jurídica, que se convierte en la pieza clave del sistema. En base a ella, se distingue la descentralización territorial —referida a las Administraciones Públicas locales— y la descentralización funcional o por servicios —Administración Públicas institucionales o corporativas—.

Después de las anteriores precisiones puede concluirse, por de pronto, que la centralización o descentralización no tiene nada que ver ni con la unidad política, ni con la unidad legal, ni con un mayor o menor grado de intervencionismo, sino que hace referencia al modo de organizarse la acción administrativa del Estado Constitucional, entendido éste como complejo organizativo, integrado por una diversidad de centros de Poder público. La centralización hace referencia a un problema de estructura organizativa y de atribución independiente de competencias a los distintos centros o entes que componen la Administración pública —como concepto genérico—. Y a nada más.

II. Principio de descentralización

§145. Concepto — En una primera aproximación al concepto, la doctrina sostiene que el principio de descentralización administrativa consiste en un modo de transferencia de competencias desde un centro matriz o descentralizador a otros entes llamados descentralizados. Las competencias transferidas suponen, desde el punto de vista material, la posibilidad de ejercicio de poderes de decisión en nombre propio por el sujeto beneficiario de la descentralización. Además, y esto es importante, el sujeto receptor de las competencias transferidas ha de estar dotado de personalidad jurídica o, cuando menos, de una organización suficientemente diferenciada del ente descentralizador, de manera que entre ambos no exista una relación de jerarquía estricta.

En síntesis, se puede definir la descentralización administrativa como la transferencia de competencias administrativas de las personas jurídicas estatales a organizaciones dotadas de personalidad jurídica o al menos de organización diferenciada, lo cual supone unas características que analizaremos a continuación.

(i) Se opera un reparto de competencias entre la Administración Pública matriz y los demás personas estales y públicas.

(ii) La descentralización administrativa actúa su ámbito en las competencias administrativas, y no alcanza a competencias legislativas o judiciales, lo que coloca al principio como un fenómeno puramente administrativo del federalismo, regionalismo o la autonomía.

(iii) Dentro del concepto amplio de descentralización administrativa se incluye la descentralización «funcional» o «institucional» que tiene lugar a su vez en entes de naturaleza fundacional/institucional —establecimientos públicos, institutos autónomos e institutos públicos— y corporativa —colegios,cámaras, etc.— y la que se realiza a través de entes territoriales —Estados federados, Municipios, distritos metropolitanos, etc.).

(iv) La descentralización administrativa implica una personificación estatal y de Derecho público, es decir, la existencia de personas jurídicas con competencias propias o, al menos, en posesión de una organización suficientemente diferenciada de la del ente público descentralizador.

Además debe advertirse que la distribución del Poder público se efectúa tanto desde la perspectiva horizontal en el ámbito del Poder nacional o federal como también se le denomina, y desde la perspectiva vertical, se aprecia que además del Poder federal, existe un Poder estadal y un Poder municipal, lo que se vincula con el principio federal de gobierno.

Así las cosas, atendiendo a la evolución de la tradición constitucional, la EMC señala lo siguiente: «En cuanto a la estructura del Estado venezolano, el diseño constitucional consagra un Estado Federal que se define como descentralizado, para así expresar la voluntad de transformar el anterior Estado centralizado en un verdadero modelo federal con las especificidades que requiere nuestra realidad», esto es, en un Estado «federal y descentralizado». Por su parte, el Preámbulo de la Constitución señala que Venezuela es un « [...] *Estado de justicia, federal y descentralizado* [...]», y finalmente «La Repúbliva Bolivariana de Venezuela es un Estado Federal descentralizado en los términos previstos en la Constitución» — Art. 4 de la C—, estando dividido el territorio nacional «en el de los Estados, el del Distrito Capital, el de las dependencias federales y el de los territorios federales», y finalmente «se organiza en Municipios» — Art. 4 de la C—, lo que permite apreciar cómo se encuentra la división y organización del territorio, así como elejercicio del Poder público por grados.

Siendo consustancial al principio federal de gobierno, la descentralización político-territorial de la organización del Estado Constitucional, se declara que éste es y será siempre democrático, participativo, electivo y descentralizado — Art. 6 de la C—. Y en razón de ello se asume como posición principista, que constituye una política nacional, es decir, política de Estado Constitucional y no de gobierno, la descentralización como instrumento para profundizar la democracia, acercar el poder a la población y crear las condiciones para el cumplimientode los cometidos del Estado Constitucional — Art. 158 de la C—.

Por último, y con la finalidad de concretar la descentralización, se ha dispuesto que el Poder Legislativo atribuya determinadas de la competencia nacional a los Estados federales y los municipios como entidades político-territoriales menores — Art. 157 de la C—.

§146. Administración Pública en un Estado federal descentralizado — Como cuestión previa se observa que la descentralización administrativa se plantea antes y después de haberse resuelto el problema del —la forma del— Estado Constitucional mediante fórmulas o modelos federales, regionales o autonómicos.

Ahora, no hay duda que el denominado Estado federal descentralizado propicia el principio «de descentralización administrativa», que constituyen un problema político de primera magnitud. La referencia a tal principio, aún en las Constituciones administrativas, obedece a que han sido principios habituales en las elaboraciones realizadas tanto por la doctrina como por la legislación administrativa. Sobre esta base, que encuentra un firme apoyo en nuestro Derecho positivo, se establece una primera diferencia entre las técnicas de la descentralización y desconcentración, por un lado, ya que en las primeras «transfiere» la titularidad misma de la competencia, y en las segundas solamente su ejercicio —bien sea en general, bien para un caso determinado—.

En efecto, en el Derecho positivo, hemos analizado más arriba, la Constitución establece, además del sistema de distribución vertical del ejercicio del Poder Público en los tres niveles político-territoriales, establece un sistema de distribución horizontal del ejercicio del Poder Público que se manifiesta como una separación orgánica y no como separación funcional, originando así que la separación de poderes rige en las diversas ramas que ejercen el Poder público[714]. Es así como en el sistema de distribución del ejercicio del Poder público se encuentra una de las bases fundamentales del Derecho Administrativo y de la Administración Pública.

En lo que se refiere al Estado federal descentralizado, la Administración Pública ha sufrido una de las más profundas transformaciones de su historia debido al proceso de descentralización política que inspiró la Constitución de 1999. Hablamos de Administración pública por simplificar, pero en realidad deberíamos hablar de Administraciones públicas, puesto que junto a la Administración Pública general del Estado Constitucional (Administración Pública central o estatal), están las Administraciones Públicas estadales y las Administraciones Públicas municipales o locales.

En esa tríada de Administraciones Públicas, la peculiaridad de de la Administración Pública estadal reside en el hecho de que sus competencias eran antes realizadas por la Administración Pública del Estado Constitucional o nacional, por lo que el proceso descentralizador —del que la puesta en pie de una nueva Administración Pública no era más uno de sus elementos— exigió transferir servicios, funcionarios y recursos.

El reto hoy radica en la coordinación y la cooperación, pues muchas de las competencias que corresponden a uno —central o nacional— y otro nivel —estadal y municipal— se solapan y entrecruzan entre sí. Eso obliga a establecer principios de actuación de todas las Administraciones Públicas —nacional, estadal y municipal— presididas por el mencionado principio de colaboración constitucional —coordinación y cooperación—. Obliga también a establecer estructuras organizativas que permitan que esa coordinación y cooperación se lleven a cabo. En todo caso nuestro Estado Constitucional descentralizado se inspira en los principios de integridad territorial, cooperación, solidaridad, concurrencia y corresponsabilidad, sin los cuales no puede entenderse el modelo constitucional.

Por otro lado, el Art. 158 de la C contiene una declaración general sobre la valoración del concepto de descentralización, como lineamiento estratégico de la política de desarrollo, no sólo a los fines de la democratización de lo público, sino también como elemento decisivo para promover la efectividad y eficiencia de los cometidos estatales —Art. 3 de la C—.

En desarrollo de la disposición señalada, la LOAP establece la clasificación siguiente (Araujo-Juárez)[715].

(i) El Art. 29 de la LOAP reconoce el principio de descentralización funcional al establecer que los titulares de la potestad organizativa podrán

[714] Sent. de la *CSJ/SPA*, de fecha 29 de mayo de 1972, G.O. Nº 1542 Extr., de fecha 14 de febrero de 1972, 10.

[715] Vid. *in extenso* a Araujo-Juárez, J. Ob. cit., nota 433, 53 a 55.

crear entes descentralizados funcionalmente cuando el mejor cumplimiento de los fines del Estado Constitucional así lo requiera, con forma de Derecho público y de Derecho privado —principio de descentralización funcional—.

(ii) El Art. 30 de la LOAP reconoce el principio de descentralización territorial al establecer que la Administración Pública, con el propósito de incrementar la eficiencia y eficacia en su gestión podrá descentralizar competencias y servicios públicos en los Estados federados, distritos metropolitanos y municipios —principio de descentralización territorial—.

(iii) Finalmente, también se reconoce el principio de desconcentración funcional y territorial, cuanto el Art. 31 de la LOAP dispone que la Administración Pública, con el objetivo de acercarse a las personas y mejorar el servicio prestado podrá adaptar su organización a determinadas condiciones de especialidad funcional y de particularidad territorial, transfiriendo competencias de sus órganos superiores a sus órganos inferiores —principio de desconcentración funcional y territorial—. En todo caso, sólo podrá revertirse mediante la modificación o derogación del instrumento jurídico que le dio origen.

§147. Consecuencias — La descentralización funcional o territorial transfiere la titularidad de la competencia y, en consecuencia, transfiere cualquier responsabilidad que se produzca por el ejercicio de la competencia o de la gestión del servicio público correspondiente, en la persona jurídica y en los funcionarios del ente descentralizado (Art. 32 de la LOAP).

En cambio, la desconcentración funcional o territorial transfiere únicamente la atribución. La persona jurídica en cuyo nombre actúe el órgano desconcentrado será responsable patrimonialmente por el ejercicio de la atribución o el funcionamiento del servicio público correspondiente, manteniendo la responsabilidad que corresponda a los funcionarios que integran el órgano desconcentrado y se encuentren encargados de la ejecución de la competencia o de la gestión del servicio público correspondiente (Art. 32 de la LOAP).

Finalmente, el Ministro respectivo, previa delegación por ley o instrumento de creación del respectivo ente descentralizado funcionalmente que le estén adscritos, podrá atribuir o delegar competencias y atribuciones a los referidos entes, regulando su organización y funcionamiento en coordinación con los lineamientos de la planifiación centralizada (Art. 32 de la LOAP).

F. Estado Constitucional abierto a la integración supranacional y Administración Pública

Introducción

§148. Planteamiento de la cuestión — Sostiene P. Challey[716], que la más valiosa aportación de Looke y Montesquieu consistió en el descubrimiento de un poder original al que se le denomina el poder «federativo» —el poder de la guerra y de la paz, de las ligas y alianzas, y de todas transacciones con las demás personas y comunidades—, esto es, el poder exterior, que puede ser definido en el orden del Derecho como un cuarto poder, diferenciado de los poderes clásicos, y caracteriza-

[716] Challey, P. (1932). *La nature juridique des traites internationaux selon le Droit contemporain*. Paris, 344.

do por proyectar la soberanía del Estado Constitucional en las relaciones con los otros sujetos de derecho y actores de la comunidad internacional.

Ahora bien, no es este el momento de hacer un excurso detenido sobre la importancia del hecho que un país forme parte de la comunidad internacional, ni desde el punto de vista jurídico, político y económico. Debe recordarse en el notable efecto transformador que por ejemplo, en Latinoamérica por limitarnos al aspecto puramente jurídico, el Derecho comunitario ha tenido sobre las Constituciones nacionales. Este es un Derecho vinculante, que posee la naturaleza de Derecho autónomo —con sus propias fuentes, principios e instituciones— del de los países Miembros, y al mismo tiempo forma parte de dichos Ordenamientos jurísdicos; que prima sobre el Derecho interno, es de aplicación inmediata y tiene un efecto directo y, que es, por tanto invocable, por los ciudadanos de los países miembros ante los tribunales nacionales e internacionales (H.R. Gómez Apac)[717].

Por otra parte, la integración trasnacional y la incorporación de su Derecho —denominado también trasnacional o global— a los ordenamientos jurídicos de los Estados miembros, ha multiplicado las innovaciones dentro de los sistemas nacionales de Derecho administrativo. Todos los sistemas constitucionales de los Estados tienen que atenerse a las reglas del Derecho comunitario y a las inspiraciones de sus intérpretes (Sentencias del TJ en los asuntos *Van Gend en Loos* de 5 de febrero de 1963, *Costa/Enel* de 15 de julio de 1964 y *Simmenthal* de 9 de marzo de 1978, entre las clásicas).

Un caso paradigmático de la incidencia que el Derecho trasnacional pueda tener en los Derechos internos, es que todos los ordenamientos internos de los paises europeos que integran la Unión Europea han podido contemplar cómo por la vía del Derecho comunitario se enriquecen sus instituciones y los principios jurídicos de que se valen dentro de los cuales se mencionan, por ej., el de certeza del Derecho (Sentencia *Tagaras* de 1991), el de obligación de motivación (Sentencia *Municipio de Ámsterdam* de 1990), el de confianza legítima (Sentencias *Lemmerz-Werke*, de 1965, *Comisión contra Consejo* de 1975, *Alpha Steel* de 1982, etc.), el de proporcionalidad (*Internationale Handelsgessellschaft* de 1970), la aplicación de medidas cautelares (*Factortame I* de 1990, *Zückerfabrick* de 1991, *Atlanta* de 1995, etc.). Muy especialmente, la expansión del principio de responsabilidad de los Estados por incumplimiento del Derecho comunitario, a partir de la Sentencia *Francovich* de 1990, cuya doctrina han desarrollado y aplicado luego a otras hipótesis sentencias capitales en la historia del Derecho Comunitario (como *Brasserie du Pêcheur, Factortame III, Lomas, Dillenkofer, Denkavit*, etc.).

En conclusión, el nuevo Derecho trasnacional o global está influyendo profundamente en las instituciones del Derecho administrativo contemporáneo, y cuyas exposiciones cuenta con desarrollos muy bien documentados (M. Chitti, J.A. Fuenteteja Pastor, J.-B. Auby y J. Dutheil de la Rochère).

I. Consagración constitucional

§149. Planteamiento de la cuestión — Constituye un principio esencial de la construcción del Estado Constitucional, que no puede haber sobre la soberanía o

[717] Gómez Apac, H.R., Vergara Quintero, L.R., Romero Zambrano, H.R., Agular Feijoó, L.F., y Rodríguez Noblejas, K.M. (2019). *Apuntes de Derecho Comunitario Andino. A propósito de los 50 años de la Comunidad Andina y los 40 años de creación de su Tribunal de Justicia*. Ecuador, Editorial San Grregorio S.A.

poder superior del Estado ningún otro. Sin embargo, después de la II Guerra Mundial, el constitucionalismo ha renunciado a un concepto cerrado de soberanía para la construcción de relaciones interestatales, y donde el reconocimiento constitucional expreso de un poder superior a los propios Estados nacionales dentro de un marco comunitario de Estados, no necesariamente conduce a reconocer a la Comunidad resultante como soberana, negando la soberanía de los Estados que la integraran. En efecto, la integración supranacional no conlleva terminar con la soberanía nacional, y tampoco al dársele valor de fuente del Derecho interno, de aplicación inmediata y prevalente al Derecho comunitrario proferido por los órganos supranacionales, de acuerdo con el constitucionalismo contemporáneo y con las Constituciones de cada Estado.

En tal sentido, será la propia Constitución la que limitará la soberanía al prever la supraconstitucionalidad y así, incluso, asegurar la soberanía nacional con la creación de una Comunidad de Estados que asuma poderes que tradicionalmente se encuentran en los Estados nacionales. Incluso, para asegurar la propia soberanía popular en un proceso de integración y supranacionalidad, se destaca la posibilidad de que los tratados, convenios o acuerdos internacionales en los cuales se pueda comprometer la soberanía nacional o transferir competencias a órganos supranacionales, podrán ser sometidos a referendo aprobatorio, de acuerdo con el Art. 73 de la C.

De tal manera, la Constitución de 1999 enfatiza el rol del Estado Constitucional en el favorecimiento de la integración económica. La nueva disposición constitucional constituye un importante avance en relación con la Constitución de 1961, cuyo Art. 108 disponía que: «La República favorecerá la integración económica latinoamericana. A este fin procurará coordinar recursos y esfuerzos para fomentar el desarrollo económico y aumentar el bienestar y seguridad comunes»[718]. Dicha disposición constitucional sirvió de base para la incorporación del país a la Comunidad Andina (CAN) —antes de 1996 conocida como Pacto Andino o Grupo Andino—, así como para la conformación de un Ordenamiento jurídico comunitario para la regulación de materias tales como inversiones extranjeras, marcas, franquicias y propiedad intelectual, entre otras.

Por su parte, en 1999, la Asamblea Nacional Constituyente reforzó esta vinculación al incluir disposiciones expresas sobre el derecho surgido del Acuerdo de Cartagena. En efecto, en el Preámbulo de la Constitución de 1999 expresamente se señaló que uno de los fines de la Constitución es que se «promueva la cooperación pacífica entre las naciones e impulse y consolide la integración latinoamericana de acuerdo con el principio de no intervención y autodeterminación de los pueblos». Asimismo, el Art, 153 de la C prevé:

> **Artículo 153**. La República promoverá y favorecerá la integración latinoamericana y caribeña, en aras de avanzar hacia la creación de una comunidad de naciones, defendiendo los intereses económicos, sociales, culturales, políticos y ambientales de la región [...]».

La disposición transcrita propicia la consolidación del proceso de integración de la Comunidad Andina y de los demás acuerdos de integración económica de los

[718] La génesis de tal norma se encuentra en el artículo 119 de la Constitución de 1864, que preveía que «*El Ejecutivo tratará con los gobiernos de América sobre pactos de alianza o confederación*». La referida disposición se repitió en las Constituciones posteriores y desapareció en la de 1901.

cuales es partícipe. Con la inclusión de esta norma, el Poder constituyente reconoce que la integración es un proceso necesario e irreversible ante las nuevas realidades del entorno internacional. Ello es especialmente importante en nuestro país, donde no obstante haberse suscrito un acuerdo de integración, en varias ocasiones el Congreso de la República insistió en que las decisiones de los órganos comunitarios requerían su autorización expresa para que tuvieran validez dentro de la República. En ese sentido, la bondad de la nueva norma constitucional se encuentra en la posibilidad efectiva de que las normativas del Ordenamiento jurídico supranacional puedan incorporarse directamente en el sistema jurídico interno, como ocurre en los esquemas comunitarios más avanzados (por. ej., Unión Europea).

II. Caso Comunidad Andina de Naciones

§150. Administración Pública en un Estado Constitucional abierto a la integración supranacional — El caso más emblemático lo constituye el proceso contemporáneo de la integración subregional andina. La idea germinal fue la Declaración de Bogotá —suscrita el 16 de agosto de 1966—, con el objetivo de estimular el comercio entre los países y lograr su desarrollo industrial, atravesó por distintas etapas y que pronto cumplirá cincuenta y cinco años de vida institucional. Complementariamente a la Declaración de Bogotá, se suscribió un documento titulado «Bases de un Programa de Acción Inmediata de los Países Participantes», que diseñó los mecanismos para estimular el comercio recíproco y la coordinación de políticas de desarrollo industrial. Finalmente, el proceso andino de integración se inició con la suscripción por cinco Estados andinos —Bolivia, Colombia, Chile[719], Ecuador y Perú— del Acuerdo de de Integración Subregional Andino —Acuerdo de Cartagena— el 26 de mayo de 1969[720], instrumento internacional mediante el cual se crea la comunidad política de Derecho constituida como organización internacional, nacida para alcanzar un desarrollo integral, equilibrado y autónomo en común de los Estados y los pueblos andinos, y en la búsqueda del desarrollo equilibrado y armónico para conducir a una distribución equitativa de los beneficios derivados de la integración entre sus Países Miembros[721].

De conformidad con el Art. 1 de la CAN, se establecen como objetivos del proceso de integración andino los siguientes: 1.°, la promoción del desarrollo equilibrado y armónico de los Países Miembros; 2.°, La aceleración del crecimiento y la generación de ocupación en los Países Miembros; 3.°, la facilitación de la participación de los Países Miembros en el proceso de integración regional; 4.°, la disminución de la vulnerabilidad externa y mejora de la posición de los Países Miembros en el contexto económico internacional; y por último 5.°, el fortalecimiento de la solidaridad subregional y la reducción de las diferencias de desarrollo existentes entre los Países Miembros.

La integración andina se vio reforzada desde 1996, por la reforma institucional que introdujo el Protocolo de Trujillo, creándose la Comunidad Andina y establecién-

[719] En julio de 1974, el gobierno chileno promulgó el Decreto Ley 600, que desconocía la Decisión 24. Este hecho determinó el fin de la participación de Chile en la CAN, que culminó oficialmente el 30 de octubre de 1976 con su desincorporación definitiva.

[720] Secretaria General de la Comunidad Andina (2009). Compendio de Normas de la Comunidad Andina. Acuerdo de Cartagena, T.I. Colección Andina. Lima-Perú,

[721] Secretaria General de la Comunidad Andina (2017). *Rumbo a los 50 años. El arduo camino de la integración.* Lima-Perú, SGCA, 29 y 30. Disponible en*www.comunidadandina.org.* Consultado el 3 de enero de 2021.

dose el Sistema Andino de Integración.También es digno de mencionar que, a partir de 1979, fue creado, tras la firma de un tratado, entre otros, el Tribunal Andino de Justicia como órgano jurisdiccional de la misma —el cual entra en funcionamiento en 1983—, y se rige por la Decisión 500 contentiva del Estatuto del Tribunal Andino de Justicia. Así se hubo fortalecido la institucionalidad con la creación y con la aplicación de la normativa andina en cada uno de los Países Miembros. Es así como la evolución del Ordenamiento jurídico andino ha estado vinculada al desarrollo institucional y político del proceso de integración. Con la adopción del Tratado de Creación del Tribunal de Justicia de la Comunidad Andina, se establecieron disposiciones relativas a la naturaleza del Ordenamiento jurídico andino y el régimen de solución de controversias de carácter supranacional, al implicar su aplicación directa en los Países Miembros y la primacía de esta sobre la ley nacional en caso de conflicto.

En tal sentido, el Tratado de Creación del Tribunal de Justicia, en su versión modificada por el Protocolo de Cochabamba, dispone en su Art. 1°, que el Ordenamiento jurídico de la Comunidad Andina esté conformado por: 1.°, el Acuerdo de Cartagena, sus Protocolos e Instrumentos Adicionales; 2.°, el Tratado de Creación del Tribunal de Justicia de la Comunidad Andina —TJCA— y sus Protocolos Modificatorios; 3.°, las Decisiones del Consejo Andino de Ministros de Relaciones Exteriores —CAMRAE—y de la Comisión de la Comunidad Andina; 4.°, las Resoluciones de la Secretaría General de la Comunidad Andina —SGCA—; 5.°, los Convenios de Complementación Industrial y otros que adopten los Países Miembros entre sí y en el marco del proceso de integración subregional andino; y, por último, 6.°, hay, aparte de las fuentes típicas mencionadas, otra normas que forman parte de dicho Ordenamiento jurídico, solo que no aparecen consignadas en el mencionado Art. 1 *eiusdem*, como lo es el caso del Tratado Constitutivo del Parlamento Andino, su Reglamento General, las Directrices del Consejo presidencial Andino, etc., las cuales son fuentes atípicas (Gómez Apac)[722].

El Derecho comunitario andino es, pues, un Ordenamiento jurídico autónomo e independiente (Gómez Apac, y C.L.Rodríguez Aguilera)[723], con sus propias normas y sus propias instituciones comunitarias. Es por su propia naturaleza que puede aplicarse de forma inmediata y directa, y por ello tiene primacía frente al Derecho nacional de los Países Miembros. Esto se debe a que proviene de la voluntad de los Estados suscriptores y de los organismos creados para el efecto, además con un marco normativo propio. La subregión andina cuenta con un Derecho comunitario y una institucionalidad comunitaria, no subordinada e independiente de lo nacional. Responde a lo que se conoce como «Principio de Intangibilidad del Derecho Comunitario», que consiste en el compromiso de los Países Miembros a no adoptar ni emplear medida alguna que sea contraria a dichas normas comunitarias o que de algún modo obstaculice su aplicación[724].

A partir de 1997, y conforme a la profundización del proceso de integración y la ampliación de los temas vinculados, existen dos órganos con facultades legis-

---

722 Gómez Apac, H.R. Vergara Quintero, L.R., Romero Zambrano, H.R., Agular Feijoó, L.F., y Rodríguez Noblejas, K.M. Ob. cit., nota 721, 44 y 45.

723 Gómez Apac, H.R. Vergara Quintero, L.R., Romero Zambrano, H.R., Agular Feijoó, L.F., y Rodríguez Noblejas, K.M. Ob. cit., nota 721, 44 y 45; y Rodríguez Aguilera, C.L. (2016). «La autonomía del Derecho comunitario andino y su relación con el Derecho internacional». En *Revista de la Secretaría del Tribunal Permanente de Revisión* Vol. 4, num. 8, Asunción, 224 y ss. Disponible en *On-line version* ISSN 2304-7887.

724 Secretaria General de la Comunidad Andina. Ob. cit., nota 707.

lativas: la Comisión de la Comunidad Andina y el Consejo Andino de Ministros de Relaciones Exteriores (CAMRE). El mismo año, entra en funciones la Secretaría General de la Comunidad Andina, el Parlamento Andino y las instituciones financieras, la Corporación Andina de Fomento —CAF— y el Fondo Latinoamericano de Reservas —FLAR—, entre otros órganos e instituciones que se creen en el marco de la integración subregional andina .

§151. Adhesión y retiro de Venezuela a la CAN — La adhesión de Venezuela al Acuerdo de Cartagena se gestó en 1973 con la adopción del Protocolo de Lima. Esta fue una compleja negociación que comenzó con el establecimiento de un grupo de trabajo —creado en marzo de 1971, mediante la Decisión 35 de la Comisión— y con la adopción de la Decisión 42 en noviembre de 1971. Los esfuerzos mutuos se materializaron en la Decisión 70, adoptada en febrero de 1973, en la que se aprobaron las condiciones para la adhesión del país al Acuerdo de Cartagena en lo concerniente al programa de liberación, el arancel externo mínimo común, la nomenclatura arancelaria, los Programas Sectoriales de Desarrollo Industrial y el régimen común de tratamiento a los capitales extranjeros, entre otros.

La incorporación de Venezuela a la CAN, el 13 de febrero de 1973, cuando se firmó el Instrumento Adicional al Acuerdo de Cartagena —Protocolo de Lima— , determinó también que las estructuras administrativas internas hayan debido adaptarse a ese dato de la integración andina, y que una parte muy importante de las normas administrativas han debido de ajustarse a las normas de la CAN, que en muchos casos eran directamente aplicables y, en otros, precisaban de su trasposición al Ordenamiento jurídico interno, pero cada vez con técnicas que permiten que el retraso en la trasposición no suponga su ineficacia práctica.

Finalmente, la relación de la Administración Pública nacional con respecto a la Comunidad Andina debía entenderse a partir de dos planteamientos en tensión. Por una parte, el respeto por parte de la CAN al modo de organización —territorial e institucional— y funcionamiento interno de los Estados Miembros que responde como tales, en bloque, de sus obligaciones andinas y que se concreta en el principio de autonomía institucional y procedimental[725], que se recoge en el Art. 5 del Acuerdo de Cartagena que dispone que la Comunidad respetará la igualdad de los Estados Miembros ante los Tratados, así como su identidad nacional, inherente a las estructuras fundamentales políticas y constitucionales de éstos, también en lo referente a la autonomía local y regional. Esto significa que la CAN no condiciona el tipo de organización territorial que tengan los Estados Miembros —centralizada, federal, etc.—, ni tampoco el tipo de estructura institucional —puede contar con una Administración pública de estructura ministerial o basada en agencias— ni su forma de actuación —la dinámica de los procedimientos y demás—. Por lo tanto, se trata de una Administración pública en un Estado Constitucional abierto a la integración supranacional.

Sin embargo, después de treinta y tres años de pertenecer a la CAN, el Presidente de la República denuncia el Acuerdo de Cartagena de manera inconstitucional, luego de conocer que Perú y Colombia habían anunciado Tratados de Libre Comercio (TLC) con Estados Unidos de América, en abril de 2006 con base

[725] Vid. *in extenso* sobre el tema a Arzoz Santisteban, J. (2013) «La autonomía institucional y procedimental de los Estados Miembros de la Unión Europea: mito y realidad». En RAP, núm. 191, 159-197.

en el Art. 135 del mismo Acuerdo[726]. Venezuela fue miembro pleno hasta el 19 de abril de 2006.

Por lo tanto, a partir de la inconstitucional denuncia del Acuerdo de Cartagena cesaron para el país todos los derechos y deberes adquiridos en su condición de Miembro en el marco del Acuerdo de Cartagena, con excepción de las ventajas recibidas y otorgadas de conformidad con el Programa de Liberación de la Subregión, las cuales permanecieron en vigencia por un plazo de cinco años a partir de la denuncia. La denuncia del Acuerdo de Cartagena no afectó su membrecía en la CAF y en el FLAR, en tanto sí lo hizo en los casos del Tribunal de Justicia de la CAN y del Parlamento Andino, instituciones a las que si dejó de pertenecer.

G. Administración Pública resultante de los cambios introducidos por la Constitución administrativa

§152. Planteamiento de la cuestión — La Constitución introdujo un nuevo «marco constitucional» con referencia a la organización, actividad, relaciones jurídicas y control sobre la Administración pública. Este conjunto normativo constitucional que venimos de describir constituye, material o sustantivamente, el cuadro estatutario constitucional de la Administración pública del modelo jurídico-político de Estado Constitucional, como «núcleo identificador» de la disciplina del Derecho administrativo, esto es: la Constitución administrativa.

No hay duda que la crisis vigente impone una reinterpretación del alcance de los valores propios de la cláusula Estado democrático y social de Derecho y de Justicia, tarea que incumbe en forma primordial al legislador, a la Justicia constitucional y administrativa y, por último, a la doctrina, siguiendo los parámetros o cánones de la necesaria teoría de la interpretación constitucional, e interpretando la Constitución en general, y la Constitución administrativa, en concreto, según la realidad del momento en debe aplicarse.

Todo eso ha obligado y así continuará estándolo, a reformas profundas en las Administraciones Públicas nacional, estadal y municipal, en sus relaciones y en el establecimiento de órganos de colaboración entre todas ellas, pero en todo caso pone de manifiesto cómo no es posible entender el papel y posición de las mismas, sin situarlas en el marco constitucional que permite extraer todas las consecuencias del significado y posición de las Administraciones públicas en nuestro tiempo. Estas reformas tienen que ver, fundamentalmente, con el papel actual que a la Administración pública le corresponde y sobre ello y, en especial, sobre la situación actual de l sistemática, contenido y misión del Derecho administrativo de nuestro tiempo.

---

[726] La comunicación que el ministro de Relaciones Exteriores de Venezuela dirigió a la CAN, expresando «su decisión de denunciar el Acuerdo de Cartagena de conformidad con el artículo 135 del referido instrumento», entre otras cuestionables razones, menciona que «la autorización otorgada a través de la Decisión 598 de 2004, mediante la cual aprobamos, por respeto a la soberanía de los países miembros de la CAN, el permiso para la negociación con terceros países, no significa que la República Bolivariana de Venezuela esté dispuesta a asumir la normativa de los TLC con los Estados Unidos de América, toda vez que estos implican el establecimiento de principios y normativas similares a los propuestos en el Área de Libre Comercio de las Américas (ALCA). Como es bien conocido por los demás miembros y por la opinión pública, Venezuela ha mantenido una clara oposición a la idea del ALCA, al igual que otros países de Suramérica». Secretaria General de la Comunidad Andina. Ob. cit., nota 707, 35 y 36.

Así las cosas, los llamados procesos de modernización y/o reforma de la Administración pública deberán ir también acompañados de importantes reformas legislativas, que se presentan como elementos de simplificación y del reforzamiento de las garantías ciudadanas, advirtiéndose que no se puede cambiar la práctica o la realidad administrativa mediante la mera sanción de leyes reformadoras. Ahora, si bien es un presupuesto en el proceso de modernización del Estado Constitucional y de su Administración pública, el dictado de las reformas legislativas, también es indispensable una dinámica participativa de toda la sociedad a que la Administración pública debe servir.

El Estado Constitucional —señala Nieto—[727], cualquiera que sea su forma, se demuestra funcionando. Y el gran tema es el de funcionar bien, o mal: ahí se juega su destino y no en los relumbrantes principios que pueden encubrir la miseria real de una Administración pública con servicios corruptos e ineficaces. El Estado Constitucional tiene que ser justo —y, si se quiere, democrático, social, de derecho y de justicia—, pero también ha de ser eficaz, de tal forma que, si no realizan o garantizan las prestaciones adecuadas, de nada servirán las construcciones políticas que las Constituciones contemporáneas reflejen.

Así, la impostergable modernización de la Administración pública constituye una extraordinaria oportunidad para avanzar en la reelaboración de los conceptos, categoría e instituciones del Derecho administrativo de nuestro tiempo. En particular, en virtud de los principios constitucionales sobre el funcionamiento de la Administración pública, esto es, los de honestidad, participación, celeridad, eficacia, eficiencia, transparencia, rendición de cuentas y responsabilidad, con sometimiento pleno a la ley y al Derecho (Art. 141 de la C), se impone una nueva concepción de la Administración Pública, que debe perseguir la economía en el gasto y la eficiencia funcional.

Finalmente, tales fines obligan a que la nueva concepción organizacional y funcional de la Administración pública se encuentre estrechamente vinculada con principios y mecanismos referidos al control del gasto, así como a la racionalización de la relación entre el cumplimiento de los objetivos y metas de la actividad o función de la Administración pública y, por último —pero no en importancia— la utilización de sus recursos presupuestarios, materiales y humanos idóneos, y la rendición de cuentas.

En definitiva, la reforma general de la Administración pública que requiere su adaptación a la nueva Constitución, en general, y a la Constitución administrativa, en concreto, conlleva a la imperiosa obligación —todavía injustificadamente postergada— de diseñar, establecer y regular procesos de seguimiento, evaluación y control de la gestión institucional y de seguimiento y evaluación de las políticas públicas y sus resultados (M. García Delgado)[728], y la correlativa continua mejora de los procedimientos, servicios y prestaciones que se particulariza, además, en una específica organización de las oficinas y dependencias, idónea para atender a las

[727] Nieto García, A. (1981). «Prólogo» a *La reversión de instalaciones en la concesión administrativa*. Barcelona, Bosch, Casa Editorial, S.A. XVI.

[728] García Delgado, M. (2020). «El principio del control por parte de la Contraloría General de la República». En *Principios fundamentales del Derecho Público. Desafíos actuales. Libro conmemorativos de los 20 años de la publicación de la Constitución de 1999* (Coords. Brewer-Carías, A.R. y Araujo-Juárez, J.). Caracas, EJVI.

personas a efectos informativos —por todos los medios técnológicos— y facilitarles tanto la resolución de sus asuntos —incluida la cumplimentación de documentos administrativos—, como la formulación de todo tipo de reclamaciones y recursos en sede administrativa, y la provisión de un sistema eficaz de protección jurisdiccional, pleno y universal, del ejercicio del Poder público, con sometimiento pleno a la ley y al Derecho.

CAPÍTULO V

LA CONSTITUCIÓN ADMINISTRATIVA Y LA FUNCIÓN PÚBLICA

SECCIÓN 1.ª LA TEORÍA DE LA FUNCIÓN PÚBLICA

Introducción

§153. Planteamiento de la cuestión — La existencia de un régimen o estatuto de la función pública organizada, se corresponde con un estadio de desarrollo del aparato del Estado Constitucional (Ch. Debbasch)[729]. En efecto, después de haberse dedicado durante mucho tiempo al examen jurídico del estatuto de los funcionarios, son cada vez más numerosas las obras que se han consagrado a todas las demás cuestiones políticas y prácticas, económicas y sociales que plantea la Administración pública (Araujo-Juárez)[730]. Esta nueva actitud que se interesa sobre todo por la función pública y no tan sólo por el estatuto de los funcionarios conduce a la nueva LEFP[731], a poner el acento sobre la dirección y gestión administrativa y el sistema de administración de los funcionarios públicos.

Ahora bien, el estatuto de la función pública —o empleo público— es una institución que, como otras del Derecho público, deben ser examinadas no sólo en el Ordenamiento jurídico-administrativo, es decir, el propio del Derecho administrativo, sino también en el Derecho constitucional de cuyas raíces surge la función pública, pues es en la dinámica funcional administrativa donde surgen muchas veces cuestiones y problemas con anclaje constitucional. En este orden de ideas, también cuando se analiza la teoría de la organización administrativa o Derecho administrativo de la organización, la doctrina[732] sostiene que junto a los elementos de territorio y población, se menciona el elemento de la función pública. Todo lo anterior justifica ampliamente su inclusión dentro de la Constitución administrativa.

Así las cosas, para el estudio del estatuto de la función pública se debe partir señalando junto a A. Royo Villanova[733], que varios son los modos por los que la Administración pública puede utilizar las actividades individuales. Obliga unas

---

729 Debbasch, Ch. et Colin, F. (2005). *Administration Publique,* 6e. edition. Paris, Economica, 534.
730 Vid. *in extenso* a Araujo-Juárez, J. Ob. cit., nota 433, 277-353.
731 Publicada en la GO Nº 37.482, de fecha 11-07-2002, y reimpresa por error material en la GO Nº 37.522, de fecha 6-09-2002.
732 García Oviedo, C. y Martínez Usero, E. (1968). *Derecho Administrativo,* T. I, 9a. edición, E.I.S.A.
733 Royo-Villanova, A. (1964-1965). *Elementos de Derecho Administrativo,* T. I, 26º ed., Valladolid, 136.

veces a los particulares a ejercer determinadas funciones o a realizar prestaciones —por ej., el servicio militar—; permite, otras, a los particulares colaborar voluntariamente en el ejercicio de funciones y servicios públicos —por ej., la contratación pública—. En otras ocasiones contrata con las personas una prestación de servicios y, finalmente, adscribe mediante actos especiales a los puestos públicos a determinadas personas con el consentimiento de las mismas.

En efecto, existe un hecho irrefutable de que la Administración pública es una creación del Derecho, y que, como tal, para actuar necesita un soporte físico, personas físicas. Por tanto, la Administración pública, toda Administración pública, como sujeto jurídico y abstracto, necesita valerse de personas físicas que realicen la actividad a ella encomendada. Son personas físicas que cuando devienen como titulares de sus órganos administrativos, dejan de ser ciudadanos para convertirse en funcionarios, en sentido amplio, que van a realizar una función pública, ya sea de autoridad o de gestión, pero siempre se la refiere, en principio, a la entidad político-erritorial correspondiente.

La aprobación de la Constitución, en general, y de la Constitución administrativa, en concreto, también vino a implicar, como es sabido, una profunda transformación de la función pública, al hacerse expresamente una reserva constitucional de la legislación básica de la materia. En materia de la función pública, la Constitución administrativa consagra las decisiones constitucionales estructurales relacionadas con: el estatuto del funcionario público (Arts. 96, 97, 143, 144, 145, 148, 149, 189, num. 3); el concurso público bajo los principios de honestidad, idoneidad, eficiencia y mérito (Art. 146); el régimen de jubilaciones y pensiones (Art. 147); y el principio de la responsabilidad individual del funcionario público (Arts. 7, 25, 46, num. 4, 57, 139, 141, 199, 200, 216, 222, 232, 241, 242, 244, 255, 281, nums. 4 y 5, 285, num. 4 y 315). Y finalmente, el principio de responsabilidad y reparación integral por violación de los derechos humanos (Arts. 19, 29, 30, 31 y 46, num. 4).

Por su parte, el Art. 144 de la C atribuye al Poder Legislativo competencia expresa sobre la función pública cuando consagra:

> **Artículo 144.** La ley establecerá el Estatuto de la función pública mediante normas sobre ingreso, ascenso, traslado, suspensión y retiro de los funcionarios o funcionarias de la Administración Pública, y proveerá su incorporación a la seguridad social.
>
> La ley determinará las funciones y requisitos que deben cumplir los funcionarios públicos y funcionarias públicas para ejercer sus cargos.

A. Funcionario público

I. Denominación

§154. Planteamiento de la cuestión — La Administración pública, para lograr el cumplimiento de los fines que tiene asignados, actúa mediante personas físicas que están a su servicio. Lo expuesto plantea el problema de si todas esas personas que reciben la denominación de funcionario, funcionario público, empleado o agente público —como indistintamente se las denomina—, están sometidas a un régimen jurídico y cuál es el mismo.

Al respecto se sostiene que si bien la Constitución administrativa y la LEFP emplean la expresión «agente» (Art. 46, num. 1 de la C), «funcionario» (Arts. 46, num. 4, 144 de la C; y 10, num. 7, 24, 26, de la LEFP) o «funcionario público» (Art. 145 de la C; y 1, 2, 3 10, num. 1, 18, 19, 20, 22, 23, 24, 25, 27, 28, 29, 30, 31, 32, 33, 34, 35, 44, 54, 56, 61, 70, 71, 79, 80, 82, 85, 87, 89, 90, 91 de la LEFP), se deben desestimar las querellas terminológicas, estimando que agente, funcionario, funcionario público, empleado público o servidor del Estado, son términos de idéntico contenido conceptual, salvo que una ley especial adopte una definición vectorial, esto es, a los solos efectos contemplados en la misma, como lo es el caso de la LCC[734].

§155. Derecho positivo — Al respecto debemos sostener que debe deducirse que la Constitución administrativa enuncia: 1.°, un concepto amplio; y2.°, un concepto restringido del funcionario público.

En sentido «amplio», los funcionarios públicos son los que están al servicio de los sujetos públicos, bien sean político-territoriales (Municipio, Estado federal y República) o político-no territoriales (institutos públicos o autónomos); o entes privados estatales (asociaciones, corporaciones, fundaciones del Estado). Por el contrario, en sentido restringido, el funcionario público es el que está, en principio, al servicio de la Administración pública, bien sea ésta una Administración pública nacional, estadal o municipal, y que por tal razón los denomina funcionarios «administrativos», que son en definitiva el objeto específico de la LEFP.

En este orden de ideas, el Art. 3 de la LEFP dispone que el funcionario público[735] será toda persona natural que, en virtud de nombramiento expedido por la autoridad competente, se desempeñe en el ejercicio de una función pública remunerada, con carácter permanente. A pesar de no mencionarse en la definición legal, pareciera obvio que está referida sólo a los funcionarios públicos que están al servicio de la Administración pública nacional, estadal o municipal.

Por último, la jurisprudencia[736] ha sostenido que el funcionario público es quien cumple la función pública, la persona física que ejecuta las generalidades y particularidades del servicio; en otras palabras, es un agente del Estado —en sentido lato— provisto de autoridad para el ejercicio de determinadas funciones; participa permanente o accidentalmente del ejercicio de la función pública, bien por elección popular o por nombramiento de la autoridad pública competente, y en tal sentido, con su acción opera en representación del órgano público al cual está adscrito, expresa la voluntad de éste.

En todo caso, cualquiera que sea el concepto que se maneje, amplio o restringido, queda siempre afuera del mismo los contratados y los obreros al servicio de la Administración Pública (Art. 146 de la C), que en su relación se asimilan a los operarios manuales del sector privado y se regulan por el Derecho del trabajo, régimen laboral propiamente dicho.

II. Régimen jurídico

§156. Planteamiento de la cuestión — Es sabido que a la función pública se le aplica un régimen jurídico o Derecho *sui generis* autónomo, distinto del Derecho

---

734 Publicada en la GO N° 5.637 Extr., del 7-04-2003.

735 Suele considerarse redundante la expresión «funcionario público», pues de acuerdo con el DEJ, «funcionario» es el «que por disposición inmediata de la ley o por elección o por nombramiento de autoridad competente participa en el ejercicio de funciones públicas»: esto es, la persona en función pública porque representa al organismo público al que pertenece; en cambio, en los organismos privados tienen otras denominaciones.

736 Sent. N° 943 del TSJ/SPA, del15-04-2001, caso *Gladys Josefina Jorge Saad (viuda) de Carmona y otros.*

privado, exclusivo de las reglas que se le aplican al contrato de trabajo[737]. Ese Derecho denominado Derecho «de la función pública» ha sido progresivamente elaborado por una jurisdicción propia, la del contencioso-administrativo funcionarial. Y está enteramente dominado por la preocupación de asegurar el funcionamiento continuo, eficaz y regular del servicio público[738].

§157. Relación de empleo público — Tan o más discutido que el concepto de funcionario público, es lo referente a determinar con precisión la naturaleza jurídica de la relación de servicio, funcional o funcionarial, o relación «de empleo público» como la denomina el Art. 1 de la LEFP, que liga o vincula al titular de la función pública con el Estado en general, y con la Administración Pública en particular, que alcanza culminante interés cuando se concreta en los funcionarios públicos, esto es, en las personas que profesionalmente sirven a la Administración pública ingresando en su servicio. En efecto, la determinación de la naturaleza jurídica de la relación de empleo público entre la Administración pública y sus funcionarios públicos dio lugar a una controversia muy conocida en el Derecho administrativo.

Ahora bien, por relación de servicio o de empleo público se debe entender, el vínculo jurídico especial que une a la persona física en cuanto funcionario con la Administración pública, por oposición a la relación laboral —vínculo que une al empleador o patrono de la actividad privada con su trabajador subordinado—. Esta denominación se opone a la de función pública propuesta en Francia por Nezard y seguida por Gregoire y Plantey, donde se confunde el vínculo mismo con el objeto del vínculo[739].

§158. Derecho positivo — Tanto la Constitución administrativa (Art. 144 de la C) como la LEFP, acogen la teoría de la situación estatutaria y de Derecho público, compartida por la mayor parte de la doctrina[740] y la jurisprudencia[741]. En efecto, la LEFP se encuentra enmarcada dentro de la corriente estatutaria de la función pública, que se sigue en el país desde el constitucionalismo tradicional a partir de la Constitución de 1947, y refrendado por la Constitución posterior de 1961, hasta la vigente de 1999.

Por otra parte, de conformidad con el Art. 146 de la C, los cargos de los órganos de la Administración Pública son, en principio, de carrera. Se exceptúan entre otros, los de libre nombramiento y remoción, los contratados y los obreros. En desarrollo de la disposición constitucional, el Art. 19 de la LEFP dispone que los funcionarios públicos de la Administración Pública son: 1.° funcionarios de carrera; o 2.°, funcionarios de libre nombramiento y remoción.

En lo concerniente a la jurisprudencia, ésta es la posición reiterada del TSJ y la que sostuvo el extinto TCA aunque con ciertos límites. En efecto, señala J.Caballero Ortíz[742] que si bien nos encontramos frente a un régimen estatutario al tener los

---

737 CE, fallo *Chibrac*, de 18 de abril de 1961.

738 TC, fallo *Blanco*, del 8 de febrero de 1973.

739 Nezard, G. (1954). *La fonction publique*, Paris; y Plantey, A. (1971). *Traité pratique de la fonction publique*, Troisieme Édition. Paris, LGDJ.

740 Brewer-Carías, A. R. (1971). *El estatuto del funcionario público en la ley de carrera administrativa*, CAP, Caracas, 7; Lares Martínez, E. (2005). *Manual de Derecho administrativo*, 12ª. Edición, Caracas, UCV, 385; Silva Cimma, E., *La función pública*. Caracas, E. CGR, 2; y Caballero Ortíz, J. (2006). *El derecho del trabajo en el régimen jurídico del funcionario público*. Caracas, Ed. Paredes, 126.

741 Sent. de la CPCA, del11 de abril de 2000, RDP N° 82, 761.

742 Caballero Ortíz, J. Ob. cit., nota 740, 114.

trabajadores del sector público derecho a la negociación colectiva voluntaria y a celebrar convenciones colectivas de trabajo, se consideran así las materias que son objeto del régimen estatutario enumerados en los Arts. 144, 146 y 147 de la C, y las distintas que puedan ser objeto de negociación colectiva, de conformidad con el Art. 95, *eiusdem*.

B. Principios constitucionales funcionariales

§159. Planteamiento de la cuestión — Debemos empezar señalando que el Art. 90 de la Constitución de 1947[743] preveía ya un estatuto que regulase determinadas materias de la relación funcionarial en los términos siguientes: «El Estado dictará un estatuto que rija las relaciones con los funcionarios y empleados públicos, en el cual se establecerán las normas de ingreso a la administración y las de ascenso, traslado, suspensión y retiro». Sin embargo, dicho estatuto nunca fue dictado.

Ahora bien, a través de la evolución vemos como el criterio de estatuto formal de la función pública se ha ido dibujando, primero por la vía de reglamentos[744] y después por ley[745]. En efecto, antes de un Estatuto general de la función pública, existieron normas para ciertas categorías que en el conjunto integran también este concepto. Pero no ha sido suficiente el reconocimiento normativo, ni aún por ley, norma formal superior y más estable que el reglamento. Ello ha hecho que, en la gran mayoría de los países, en la Constitución se determinaran precisamente los principios fundamentales, operándose el fenómeno que ya se señalara de la constitucionalización del Derecho administrativo, en general, y de la materia de la función pública, en particular.

En efecto, en el campo de la función pública, sostiene J. Caballero Ortiz[746], la Constitución de 1999 contiene importantes postulados destinados a la profesionalización del funcionario público mediante normas que garantizan su permanencia en el ejercicio del cargo y, todo ello, a los fines de lograr una administración pública al servicio de los ciudadanos, fundamentada en principios de honestidad, celeridad, eficacia y transparencia, con sometimiento pleno a la ley. En otras palabras, como señala la EMC, el propósito fundamental en este campo fue la creación de una política de recursos humanos cónsona con los ideales de una gerencia pública moderna.

Y es que, según la EMC, el Poder constituyente le hubo otorgado especial importancia y significación al tema de la función pública, y en tal sentido consagra una reserva de ley para la concreción de los rasgos esenciales del Estatuto de los funcionarios públicos, y le establece un mandato al legislador para establecer el Estatuto de la función pública, a fin de regular «lo relativo a la política de recursos humanos aplicables a los funcionarios de la Administración Pública».

En desarrollo de la finalidad mencionada, la Constitución administrativa eleva, además, a rango constitucional una serie de preceptos que se erigen en los

[743] Publicada en la GO Nº 194, del 30 de julio de 1947.

[744] Decreto Nº 394, del 14 de noviembre de 1960.

[745] Ley de Carrera Administrativa, publicada en la Gaceta Oficial Nº 1.428 Extr., del 4 de septiembre de 1970, reformada posteriormente mediante Decreto-Ley, del 15 de abril de 1975, publicado en la Gaceta Oficial Nº 1.734 Extr., del 25 de abril de 1975.

[746] Caballero Ortiz, J. (2020). «Principios constitucionales vinculados al ingreso del funcionario público de carrera y su incumplimiento». En *Principios fundamentales del Derecho Público. Desafíos actuales. Libro conmemorativos de los 20 años de la publicación de la Constitución de 1999* (Coords. Brewer-Carías, A.R. y Araujo-Juárez, J.). Caracas, EJVI.

principios fundamentales relativos a los lineamientos estatutarios de la función pública, a los efectos del establecimiento de un verdadero Estatuto sobre la materia, los cuales se encuentran en la Sección Tercera «*De la Función Pública*» del Capítulo I «De las Disposiciones Fundamentales», del Título IV «Del Poder Público». En tal sentido, conforme al Art. 144 de la C, la ley establecerá el Estatuto de la función pública mediante normas sobre: el ingreso, ascenso, traslado, suspensión y retiro; y así como proveerá su incorporación a la seguridad social. Asimismo, la Constitución administrativa remite a la ley para determinar las funciones y requisitos que deben cumplir los funcionarios para ejercer sus cargos (Art. 144, *in fine* de la C).

En conclusión, el Art. 144 de la C consagra el establecimiento del principio de la reserva legal estatutaria e implica que las concretas materias allí expresamente señaladas, sólo podrán ser reguladas mediante ley nacional. Así las cosas, las normas que disciplinar los ámbitos de la función pública serán, en el concepto de la Constitución administrativa, ordenadores del Estatuto de la función pública, pues todas ellas interesarán directamente a las relaciones entre éstos y la Administración Pública a la que sirvan, configurando así el régimen jurídico en el que pueda nacer y desenvolverse la condición de funcionario público y ordenando su posición 'propia en el seno de la Administración Pública.

§159.a Principio de neutralidad — Dentro de los principios constitucionales se destaca el principio de neutralidad, conforme al cual los funcionarios públicos deben estar al servicio del Estado Constitucional y no de parcialidad alguna (Art. 145 de la C).

Ahora bien, no siempre se distingue las categorías jurídicas neutralidad, objetividad e imparcialidad. Especial interés presentan las propuestas de Santamaría Pastor[747], quien distingue y define con singular talento las nociones mencionadas y señala la continuidad lógica existente entre ellas. Neutralidad vendría a ser «la disponibilidad de la burocracia frente a cualquier opción política que ostente el Gobierno»; objetividad e imparcialidad no serían sino conceptos separados del de neutralidad que son —como en Morell Ocaña— causa y efecto a la vez, de suerte que la objetividad «exige la concurrencia de un doble requisito: primero, que la actividad pública sea fiel a los fines que el ordenamiento atribuye a la potestad concreta que se ejerce [...], y segundo, que la actividad se desarrolle mediante una exacta ponderación de todos los intereses en juego que la Ley ordena proteger en cada caso»; finalmente, la imparcialidad es el «deber de cada servidor público de actuar en la forma antes indicada, que se manifiesta, ante todo, en la prohibición de otorgar preferencias o disfavores, a unas u otras personas, que no se amparen en normas concretas o en directivas legítimamente dictadas por el Parlamento o el poder ejecutivo».

Así las cosas, el principio de neutralidad es mucho más amplio que el que consagraba el Art. 122 de la derogada Constitución de 1961, al no circunscribirse a la neutralidad política, sino que proscribe todo tipo de parcialidad, lo que comprende cualquier posible actuación del funcionario público en interés propio o ajeno, distinto al interés general o público concreto establecido al efecto.

Finalmente, es el propio Estado Constitucional quien garantiza el principio de neutralidad judicial, entendida como una imparcialidad objetiva, por un lado; y

[747] Santamaría Pastor, J.A. Ob. cit., nota 68.

como una declinación de la independencia a garantía de los intereses políticos y sociales, por otro. Por tanto, existe una fuerte relación entre los conceptos de neutralidad e imparcialidad administrativa.

Además, se hace referencia al principio de imparcialidad administrativa, entendido como el desarrollo correcto de la función de la aplicación e interpretación de las normas en casos concretos. Esto viene a manifestarse *a posteriori*, en el proceso, a través de una serie de elementos, o bien en la imparcialidad en los asuntos administrativos, la ajenidad respecto a las partes, y la necesidad de no estar subordinado a ningún propósito subjetivo. Es aquí donde se justifica la posición de imparcialidad del funcionario público, que no opera en su propio nombre, sino en el del Estado Constitucional; una posición seguramente distinta y calificada respecto a las partes, portadoras, en cambio, de intereses subjetivos.

Por otra parte, el Poder constituyente agrega que el nombramiento y remoción no puede estar determinado por la afiliación u orientación política (Art. 145 de la C). En este sentido, el Art. 34, num. 2 de la LEFP prohíbe al funcionario público «realizar propaganda, coacción pública u ostentar distintivos que los acrediten como miembros de un partido político, todo ello en el ejercicio de sus funciones».

§159.b Principio de incompatibilidad – Conforme a la Constitución administrativa, el funcionario público no puede desempeñar a la vez más de un destino público remunerado, salvo las excepciones que la misma Constitución administrativa acepta, esto es, solo «cuando se trate del ejercicio los cargos académicos, accidentales, asistenciales o docentes que determine la ley» (Art. 148 de la C).

En tal sentido, el funcionario público deberá consagrarse a su función, con exclusión de cualquier otra actividad profesional, salvo lo previsto en la ley. Esta obligación se basa tanto en la idea de que el funcionario público cumple una misión, como el riesgo de que éste se encuentre en una situación donde el interés personal esté en contradicción con los intereses públicos encomendados, y en aras de la eficacia y eficiencia de la Administración Pública (Art. 141 de la C, en concatenación con el Art. 101 de la LOAP).

Finalmente, el Art. 148 de la C dispone que «nadie podrá disfrutar más de una jubilación o pensión, salvo los casos expresamente determinados en la ley».

§159.c Principio de estabilidad – El derecho fundamental del funcionario de carrera quizá sea la estabilidad en el cargo (Caballero Ortiz)[748]. En tal sentido hemos afirmado que constituye la columna vertebral de la función pública[749]. No puede concebirse ésta, debidamente estructurada, coherente y tecnificada, sin la estabilidad de los funcionarios públicos de carrera. Ahora bien, el derecho a la estabilidad no es absoluto. Tiene las siguientes limitaciones: es propio de los funcionarios públicos de carrera que «ocupen cargos de carrera». No la tienen los funcionarios públicos de libre nombramiento y remoción; ni los funcionarios públicos de carrera que no ocupen un cargo de carrera; la posesión del mismo no significa que el funcionario público de carrera no pueda ser retirado del servicio, que podrá serlo por las causales determinadas en la ley. De manera que esta estabilidad no puede ser sustituida por indemnización económica alguna. Se pierde, únicamente, por aplicación de alguna de las causales preestablecidas al efecto, dándose cumplimiento al procedimiento administrativo disciplinario debido (Art. 89 de la LEFP).

---

[748] Caballero Ortiz, J. Ob. cit., nota 740.
[749] Araujo-Juárez, J. Ob. cit., nota 433,323 y 324.

El Art. 93 de la C establece que la ley garantizará la estabilidad en el trabajo y dispondrá lo conducente para limitar todo forma de despido injustificado. Igualmente, precisa que los despidos contrarios a la Constitución son nulos. Al respecto sostiene Caballero Ortiz[750], dicha disposición resulta inaplicable a los funcionarios públicos en virtud de que en el ámbito de la función pública la figura del despido es inexistente. Además, el instituto de la estabilidad en dicho ámbito tiene un origen muy preciso: deriva del ingreso del funcionario por concurso, institución ésta que es ajena al Derecho del trabajo en el cual se encuentra consagrada la figura del despido a la cual alude el citado Art. 93 de la C[751].

§159.d Principio de conflicto de intereses — Por último, otro principio constitucional consiste en que el funcionario público que esté al servicio de la República, los Estados federales y los Municipios y demás personas jurídicas de Derecho público y de Derecho privado estatales, no podrá celebrar contrato alguno con ellas, ni por sí ni por interpósita persona, ni en representación de otro u otra, salvo las excepciones que establezca la ley (Art. 145 de la C).

Sección 2.ª La teoría del estauto de la función pública

Introducción

§160. Planteamiento de la cuestión — Si partimos de que la relación de empleo público es estatutaria, la noción que inmediatamente se debe precisar es la del Estatuto de la función pública. En efecto, la doctrina[752] sostiene que, dada la noción jurídica del Estatuto de la función pública, de manera general se concibe el estatuto (de *status*) como conjunto de normas que definen una condición o situación jurídica determinada. Cuando esa situación es de una persona o categoría de personas el estatuto es personal, y si esas personas son funcionarios, el estatuto es de funcionarios públicos y de Derecho público. En este último sentido, la jurisprudencia del Máximo Tribunal[753] sostuvo que no en balde, un régimen estatutario surge precisamente para exceptuar a los funcionarios del Estado Constitucional del régimen jurídico laboral.

La mayoría de los autores definen el estatuto de la función pública, como un conjunto de reglas que precisan el régimen jurídico especial a que están sometidos los funcionarios públicos, determinando los derechos, las garantías y los deberes. Por su parte R.Bonnard[754] distingue como acepciones de estatuto dos, que si bien están íntimamente interrelacionadas se confunden generalmente:

(i) Un concepto formal, esto es, el conjunto de normas denominado estatuto.

(ii) Un concepto material, el otorgamiento de garantías que dicho conjunto de normas contiene.

De ahí que se admitan y se empleen ambas acepciones: el del estatuto-norma jurídica y la del estatuto-garantía. Respecto a la primera, muchos autores se limitan

750 Caballero Ortiz, J. (2020). Ob. cit., nota 740.

751 Caballero Ortiz, J. (2006). «¿La referencia constitucional al trabajador es extensible a la noción de funcionario público?». En *Derecho del Trabajo y Derecho de la Seguridad Social: Normas laborales, Decisiones Judiciales y Estudios.* Caracas, 283.

752 Bielsa, R. Ob. cit., nota 44, 78.

753 Sent. Nº 1412 del TSJ/SC, del 10-07-2007, caso *Eduardo Parilli Wilheim.*

754 Bonnard, R. (1943). *Précis de droit administratif,* 4a. ed. Paris, 24.

a la ley formal[755], estimando que un estatuto legal siempre ofrece garantías de permanencia, mientras que otros admiten los reglamentos como fue el antecedente en nuestro país[756].

Pero también es sabido que el proceso de constitucionalización del Derecho administrativo ha permitido que la función pública encuentre sus bases en la propia Constitución administrativa Ahora, estas bases que son exclusivamente jurídicas, pues atienden sólo el aspecto normativo o de derechos, deberes y garantías, se han visto ampliadas por conceptos estrictamente técnico-administrativos que tienden a regular los principios de selección de personal, formación de cuadros, calificación, promoción, retribución, aspectos todos éstos que pertenecen a la teoría de la organización del personal administrativo, en suma, objeto de estudio de la Ciencia de la Administración, y que deben ser tomados en cuenta en una noción de la definición del Estatuto de la función pública.

En todo caso, como señala Caballero Ortiz[757], el término función pública utilizado por la Constitución resulta más acertado y omnicomprensivo que el estricto de carrera administrativa al que se refería la Constitución de 1961.

Por tanto, el Estatuto de la función pública es un conjunto, más o menos orgánico de normas jurídicas que regulan la relación de empleo público en cuanto al sistema de dirección y de gestión, de administración de personal, del contenido de derechos y deberes y, por último, del régimen de la responsabilidad disciplinaria. Si bien algunos autores engloban también el régimen de garantías jurisdiccionales de la función pública, estimamos que su análisis debe hacerse dentro del contenido del Derecho procesal administrativo.

A. Ámbitos de aplicación

§161. Ámbito subjetivo — En cuanto al ámbito subjetivo de aplicación de la LEFP, debemos previamente proceder al análisis del marco constitucional de la función pública conforme a la Constitución administrativa. Al efecto, la doctrina[758] sostiene que la Constitución vincula directamente la noción de función pública con la Administración Pública y, en definitiva, con el ejercicio de la función administrativa, prescindiendo así de la noción más amplia y literal de funcionario público como aquél que ejerce una función propia del Poder Público, sea legislativa, jurisdiccional o administrativa.

§162. Ámbito territorial — Sostiene D. Urosa Maggi[759] que, a diferencia de lo que preveía la derogada Constitución de 1961, la Constitución vigente contempla como ámbito territorial de aplicación del Estatuto de la función pública a todo funcionario de la Administración Pública, sin hacer alusión a la distribución vertical u horizontal de ésta, es decir, sin distinguir entre los funcionarios públicos de la Administración Pública nacional, estadal o municipal. Esta unificación del ámbito

---

755 Véase la Ley de Carrera Administrativa, publicada en la GO Nº 1428, del 4-09-1970.

756 Véase Decreto Nº 394 del 14-11-1960.

757 Caballero Ortiz, J. (2011). «Bases constitucionales del Derecho de la función pública». En RDC, núm. 5. Caracas, Editorial Sherwood, 21 y ss.; y Ob. cit., nota 751, 112.

758 Urosa Maggi, D. (2006). «Régimen Estatutario del Funcionario Público de la Constitución de 1999», en *El Régimen jurídico de la Función Pública en Venezuela, Libro Homenaje a la Doctora Hildegard Rondón de Sansó*. Caracas, FUNEDA, 13 y ss.

759 Urosa Maggi, D. Ob. cit., nota 758, 15 y 16.

territorial del Estatuto de la función pública es una de las innovaciones más importantes que contiene la Constitución administrativa vigente en materia funcionarial, al reafirmar el principio de uniformidad y generalidad del Estatuto de la función pública.

En este orden de ideas, dispone el Art. 144 de la C lo siguiente:

> **Artículo 144.** La ley establecerá el Estatuto de la función pública mediante normas sobre el ingreso, ascenso, traslado, suspensión y retiro de los funcionarios o funcionarias de la Administración Pública, y proveerá su incorporación a la seguridad social. La ley determinará las funciones y requisitos que deben cumplir los funcionarios públicos y funcionarias públicas para ejercer sus cargos.

En mérito a la norma transcrita, la Constitución administrativa contempla el establecimiento del Estatuto de la función pública para todas las Administraciones Públicas en los niveles nacional, estadal y municipal, ya que la misma no limita su ámbito de aplicación a la Administración Pública Nacional, como sí lo hacía la Constitución de 1961.

En efecto, el Art. 12 de la Constitución de 1961 derogada disponía:

> **Artículo 12.** La ley establecerá la carrera administrativa mediante las normas de ingreso, ascenso, traslado, suspensión, retiro de los empleados de la Administración Pública Nacional, y proveerá su incorporación al sistema de seguridad social.

Además, señala esta posición que el criterio sustentado se apoya, también, en la ubicación del citado Art. 144 de la C, esto es, en la *Sección Tercera* (De la Función Pública) del *Capítulo I* (De las Disposiciones Fundamentales) del *Título IV* (Del Poder Público), de donde colegimos que la intención de la Constitución administrativa es establecer, un único Estatuto de la función pública en todos los niveles territoriales de la Administración Pública nacional, estadal y municipal.

En conclusión, la LEFP se aplica de manera uniforme a los funcionarios públicos de las Administraciones Públicas nacionales, estadales y municipales[760] y que, por lo tanto, las leyes estadales y ordenanzas municipales en materia de personal, anteriores a la precitada ley, han quedado derogadas, en cuanto colidan con la señalada LEFP.

B. Derechos constitucionales funcionariales

§163. Planteamiento de la cuestión — La doctrina[761] sostiene que hoy día se impone una nueva noción del funcionario público, en función de la recuperación del concepto de ciudadanía. Y lo que ello supone, el funcionario como ciudadano y, por ello, titular pleno de todo un complejo de derechos constitucionales o fundamentales.

---

[760] Grisanti de Montero, R. (2003). «Las Peculiaridades del Régimen Jurídico de los Funcionarios Públicos en el Ámbito Estadal y Municipal». En *Régimen jurídico de la función pública en Venezuela. Homenaje a la Doctora Hildegard Rondón de Sansó*. Caracas, FUNEDA; y Becerra de Ramírez, F. C. (2006). *La función pública en el ámbito municipal venezolano*. Caracas, FUNEDA.

[761] Lorenzo De Membiela, J. B. (2007). *Derechos fundamentales de los Funcionarios en la Administración: Nuevos Retos en Las Organizaciones Burocráticas*. Pamplona, Thomson-Aranzadi, 275.

En tal sentido, los Arts. 7 y 19 de la C son preceptos clave en esta materia. Conforme a sus prescripciones, el respeto y garantía de los derechos fundamentales son obligatorios para los órganos del Poder público, con los tratados sobre derechos humanos suscritos y ratificados por el Estado Constitucional y con las leyes que los desarrollen.

Sobre este punto, la doctrina[762] ha asumido una discusión sobre si existe discrepancia entre derechos fundamentales y las relaciones de especial sujeción como es en la que se encuentran los funcionarios públicos, y donde un sector concluye, muy enfáticamente, que la situación de una relación especial de sujeción no habilita a la Administración Pública para prescindir de la exigencia común de la legalidad o juridicidad, y menos aún para lesionar derechos fundamentales de los ciudadanos, cuya superioridad sobre toda clase de situaciones jurídicas es paradigmática en la economía de la Constitución.

En conclusión, vamos a centrarnos en el estudio de derechos fundamentales de los funcionarios públicos en su condición de personas que se sustentan, a su vez, en el derecho fundamental a la dignidad humana o personal y, por ello, como titulares plenos de los mismos, sin que la relación estatutaria determinada en el Art. 144 de la C impida dichos reconocimientos. Para ello mencionamos que el análisis que se efectúe, caso por caso, hará preciso una metodología de interpretación constitucional sobre algunos de los conceptos básicos utilizados por la dogmática de la teoría de los derechos fundamentales como son: la delimitación, las limitaciones y la garantía del contenido esencial de los derechos fundamentales.

§163.a Derecho de acceso a la función pública — El Art. 62 de la C consagra el derecho político a optar, no sólo a un cargo de elección popular, sino también al ejercicio de la función pública. En efecto, la disposición mencionada establece que todos los ciudadanos tienen el derecho de participar libremente en los asuntos públicos, directamente o por medio de sus representantes elegidos. Por tanto, cuando consagra el derecho a la participación directa en los asuntos públicos, la Constitución administrativa está garantizando también el derecho fundamental al igual acceso a la función pública, la posibilidad de acceder a cargos o empleos funcionariales dentro de la Administración Pública, para todos los ciudadanos sin discriminación y, como consecuencia, la igualdad ante la ley al fijar la reglas selectivas del acceso, y que éstas se funden en principios de honestidad, idoneidad —de mérito y capacidad— y eficiencia (Art. 146 de la C).

Así las cosas, el derecho fundamental reconocido en el Art. 62 de la C garantiza a todos los ciudadanos una situación jurídica de igualdad en el acceso a los cargos y funciones públicas, con la consecuencia de que no pueden establecerse requisitos para acceder —y tampoco para cesar—a aquellos que tengan carácter discriminatorio. Por lo demás, el derecho a la igualdad actúa tanto en el acceso a la función pública como una vez dentro ya de la misma, y a lo largo de la duración de la relación de empleo público, de modo que las personas no deben ser discriminadas ni para el ingreso al cargo o empleo público ni tampoco una vez incorporados a la función pública.

Por lo que se refiere a la regulación de tales requisitos, el Art. 144 de la C dispone que la ley determinará las funciones y requisitos que deben cumplir los

[762] García De Enterría, E. (1990), «La eliminación general de las normas reglamentarias nulas con ocasión de recursos contra sus actos de aplicación». En REDA, Nº 66, 279 y ss.

funcionarios públicos para ejercer sus cargos o empleos públicos. Por tanto, en cada supuesto concreto de acceso a un cargo o empleo público, la remisión a la ley que dicho precepto contempla ha de ponerse en conexión con las previsiones que la propia Constitución administrativa establece en cuanto a la formación sustantiva de unos y otros cargos y funciones públicas y, muy en especial, en lo que concierne al rango o tipo de norma que deba regular el acceso, estabilidad y cese a toda clase de cargos y empleos.

Finalmente, del derecho fundamental de acceso a la función pública da origen, a su vez, a los derechos funcionariales siguientes:

(i) Derecho al nombramiento del funcionario seleccionado en el concurso público (Art. 43 de la LEFP).

(ii) Después de que se haya materializado el ingreso, derecho a la posesión del cargo (Art. 44 de la LEFP).

(iii) Y finalmente, el derecho al desempeño estable y a hacerlo en un determinado lugar (Art. 22 de la LEFP).

§163.b Derecho a la integridad física, psíquica y moral — El Art. 46 de la C declara que toda persona tiene derecho a que se respete su integridad física, psíquica y moral, el cual tiene como antecedente la denominada «incolumnidad» de la doctrina alemana. Mediante el derecho a la integridad física, psíquica y moral, sostiene la jurisprudencia constitucional española[763], que es un derecho de la personalidad, se protege la inviolabilidad de la persona, no sólo contra ataques dirigidos a lesionar su cuerpo o espíritu, sino también contra toda clase de intervención en esos bienes que carezca del consentimiento.

Por su parte, la doctrina[764] sostiene que el valor o bien jurídico protegido es la inviolabilidad del ser humano, la creencia de que éste merece siempre respeto, no debiendo profanarse ni sus cuerpos ni sus espíritus, con dos vertientes: 1.ª el derecho a no sufrir torturas ni tratos inhumanos o degradantes; y 2.ª el derecho a no ser objeto de intervención en sus esfera física o psíquica sin consentimiento.

En este sentido, la doctrina ha identificado la violación al derecho a la integridad moral con los supuestos de degradación sistemática de los miembros más vulnerables de cualquier organización, aquellos que carecen de potestad competencial, propia de una relación entre abuso de poder e indefensión. Hecho éste que ha permitido conectar la integridad moral con la dignidad personal. Porque la dignidad personal no sólo constituye una garantía negativa de que la persona no va a ser objeto de ofensas o humillaciones, sino que también es el criterio afirmativo de que este valor fundamental es pieza clave del desarrollo de la personalidad de cada persona.

C. Principio de responsabilidad individual

I. Consagración constitucional

§164. Planteamiento de la cuestión — Como ya se ha mencionado *ut supra*, el funcionamiento de la Administración pública es materializado por los funcionarios

---

763 Sent. del STC, Pleno, del14 de julio de 1994, F.4º., cit. por Lorenzo De Membiela, Juan B., *Ob. cit.*, nota, 419.

764 Diez-Picazo, L.M. (2006). *Sistema de derechos fundamentales*, 2ª edición. Pamplona, Thomson-Aranzadi, 229.

públicos, esto es, o personas naturales que actúan en nombre de las personas jurídicas estatales, siendo entonces una ficción jurídica necesaria trasladar las faltas cometidas por los funcionarios públicos al Estado Constitucional o a la Administración pública, con el fin de proteger al afectado por los daños que se le causen, lo que no quiere decir que los funcionarios públicos no sean responsables nunca por sus actos, pues cuando medie una falta «de servicio» y pueda efectivamente detectarse y conectarse a una falta «personal» de los funcionarios públicos[765], éstos podrán quedar comprometidos patrimonialmente sea frente: 1.°, al Estado Constitucional directamente; 2.°, a las personas (víctimas); y por último, 3.°, al Estado Constitucional indirectamente, por vía de las acciones de regreso, en caso de que el Estado Constitucional sea demandado directamente y condenado a indemnizar.

Así las cosas, debemos mencionar que de manera paralela a la responsabilidad patrimonial del Estado Constitucional, desde la Constitución de 1901 se consagró también la responsabilidad del funcionario por extralimitación de funciones en el ejercicio del Poder público, lo cual permaneció igual en todas las demás Constituciones, salvo en la Constitución de 1953; de la misma manera la Constitución administrativa también ha previsto el principio «de la responsabilidad individual» —o personal— de los funcionarios públicos en general, según se desprende de los Arts. 25, 139 y 141, *eiusdem*.

En efecto, el Art. 25 de la C dispone lo siguiente:

> **Artículo 25.** Todo acto dictado en ejercicio del Poder Público que viole o menoscabe los derechos garantizados por esta Constitución y la ley es nulo, y los funcionarios públicos y funcionarias públicas que lo ordenen o ejecuten incurren en responsabilidad penal, civil y administrativa, según los casos, sin que les sirvan de excusa órdenes superiores.

Por su parte, el Art. 139 de la C consagra:

> **Artículo 139.** El ejercicio del Poder Público acarrea responsabilidad individual por abuso o desviación de poder o por violación de esta Constitución o de la ley.

Finalmente, el Art. 141 de la C establece:

> **Artículo 141.** La Administración Pública está al servicio de los ciudadanos y ciudadanas y se fundamenta en los principios de honestidad, participación, celeridad, eficacia, eficiencia, transparencia, rendición de cuentas y responsabilidad en el ejercicio de la función pública, con sometimiento pleno a la ley y al derecho.

Finalmente, el principio de la responsabilidad individual del funcionario público exige la concurrencia de los elementos siguientes.

---

[765] La falta personal es aquella que se comete por el funcionario, tanto dentro como fuera del servicio, pero que son separables del ejercicio de sus funciones, ya que, de lo contrario, si no son separables no estaríamos en presencia de faltas personales sino de falta pura de servicio, acarreando como consecuencia la responsabilidad única de la Administración Pública. Igualmente, la falta personal muestra al funcionario como ser humano, en su vida privada, con desenfrenos, debilidades, pasiones, etc. Véase con provecho Ortíz-Alvarez, L.A. (2002). *La responsabilidad civil de los funcionarios públicos*. Caracas, Editorial Sherwood, 23 y ss; y Ortiz Alvarez, L. (2020). «El principio de la responsabilidad individual de los funcionarios públicos». En *Principios fundamentales del Derecho Público. Desafíos actuales. Libro conmemorativos de los 20 años de la publicación de la Constitución*. (Coords. Brewer-Carías, A.R. y Araujo-Juárez, J.). Caracas, EJVI.

(i) La existencia de un daño evaluable y voluntario.

(ii) Debido a la acción u omisión del funcionario público, producidas en el ejercicio de su cargo. El superior jerárquico que apruebe expresamente el acto o la omisión, asumirá la responsabilidad exonerando a los inferiores.

(iii) Es necesaria la existencia de infracción clara de una norma legal expresa.

(iv) Y por último, la existencia del daño, causada por culpa o negligencia grave.

II. Clasificación

§165. Planteamiento de la cuestión — Ahora, mientras que para la Administración Pública la responsabilidad es forzosamente limitada, en cuanto que solo puede asumir algunas formas especiales, sobre todo de naturaleza «patrimonial», alguna veces administrativa, pero nunca penal o disciplinaria, la del funcionario público es una responsabilidad poliédrica. En efecto, es sabido que existen cuatro (4) modalidades de responsabilidad individual del funcionario público: 1.ª, la civil; 2.ª, la penal; 3.ª, la administrativa; y por último 4.ª, la disciplinaria, las cuales obedecen a procedimientos diferentes, a sujetos distintos que la imponen, y guardan entre sí una real y verdadera autonomía, aun cuando pueden ser originados por un mismo hecho[766].

En este orden de ideas, la doctrina sostiene que dentro de la organización denominada Administración pública existe una serie de obligaciones y, por tanto, de responsabilidades. En consecuencia, la responsabilidad disciplinaria de los funcionarios públicos es aquella que se desarrolla en el interior de la relación de servicio y en garantía del cumplimiento de los deberes, obligaciones e incompatibilidades del funcionario, con sanciones disciplinarias que inciden en sus derechos (Araujo-Juárez)[767].

Ahora, incurre el funcionario público en responsabilidad disciplinaria cuando infrinja, o más bien cuando su conducta encuadre en alguno de los supuestos que el estatuto de la función pública establezca como falta[768]. Así está, por ej., expresamente regulado en la LOPA, al consagrar la obligación para los funcionarios públicos de tramitar los asuntos, consagra la responsabilidad por las faltas en que incurran, por la omisión o la demora (Art. 4 de la LOPA), así como la responsabilidad civil o patrimonial (Art. 6, *eiusdem*), como la disciplinaria (Art. 100, *eiusdem*). Finalmente, el Art. 56 de la LOPA, reitera como principio la responsabilidad individual en que incurre el funcionario requerido, por la omisión o demora.

§165.a Falta pura de servicio — Ahora bien, en primer lugar, puede darse el caso de la denominada falta «pura de servicio», si la falta cometida por el funcionario es puramente funcional e inseparable del ejercicio de sus funciones públicas acarreando como consecuencia, la responsabilidad única de la Administración pública; de lo contrario, ningún funcionario público firmaría ningún acto administrativo materializando las competencias de la Administración pública, ni laboraría para ella.

---

766 Sent. del TSJ/SPA (1030), del 9 de mayo de 2000, RDP Nº 82, 778.
767 Araujo-Juárez, J. Ob. cit., nota 433, 336 a 348.
768 Sent. del TSJ/SPA (1030), 9 de mayo de 2000, RDP Nº 82, 779.

Para que ello suceda deben darse los tres elementos funcionales: el circunstancial (i); el teleológico (ii); y por último, el instrumental (iii).

§165.b Falta personal pura — En segundo lugar, puede darse el caso extremo contrario, es decir, que las faltas personales exoneren de responsabilidad a la Administración pública, y se imputen únicamente al funcionario público. Para ello es necesario una falta «personal pura», esto es, totalmente desconectada del servicio. Nada mejor para entenderlo que un buen ejemplo: un policía que esté de vacaciones y utilizando un bate de *baseball*, le proporciona lesiones graves a un hombre por los celos que le ocasiona el que dicho hombre moleste a su pareja. Obsérvese aquí, que se está en presencia de una desconexión total del servicio policial.

§165.c Falta personal impura — Y en último lugar, se puede suscitar la responsabilidad solidaria entre la Administración pública y el funcionario público, cuando la falta personal del funcionario público está vinculada con el servicio, lo que se ha denominado falta «personal impura». En tal sentido, nada mejor para entenderlo que otro buen ejemplo: un policía que esté de vacaciones y utilizando su arma reglamentaria, le proporciona lesiones graves a un hombre; aquí, aunque la falta pueda separarse del servicio policial, no puede desconectarse del todo con el mismo, ya que existe un nexo instrumental, en este caso el arma de trabajo o reglamentaria. Al respecto es necesario destacar que la responsabilidad solidaria entre el funcionario público y la Administración pública, se debe a que esta última debe responder por la calidad en la elección de sus funcionarios públicos, aún si están fuera de servicio.

Finalmente, en el caso de falta personal impura, donde la Administración pública y el funcionario público son solidariamente responsables, el afectado o víctima puede elegir en demandar a un sujeto o a otro. Por lo general, y por la solvencia económica que generalmente acompaña a la Administración pública, es ésta la que usualmente es demandada, sin perjuicio de que posteriormente ésta, a su vez, demande al funcionario público en acción de regreso. Igualmente, si el afectado o víctima elige demandar al funcionario público, éste podrá luego demandar a la Administración pública en acción de regreso.

CAPÍTULO VI
LA CONSTITUCIÓN ADMINISTRATIVA Y LA CONTRATACIÓN PÚBLICA

Sección 1.ª La teoría de la contratación pública

Introducción

§166. Cuestión previa — El tema de la contratación pública en general, es un elemento central para el cumplimiento de la función constitucional que tiene asignada la Administración pública, y como tal es una de las instituciones o categorías jurídicas fundamentales del Derecho administrativo contemporáneo. Si se admite que la Administración pública está integrada por personas jurídicas, se debe aceptar igualmente que estas personas públicas, como las demás pueden celebrar contratos o acuerdos por medio de los cuales los interesados se obligan. Ahora bien, sostiene F.Moderne[769], el tema del contrato público siempre ha sido -y sigue siendo- fuente de polémicas, esencialmente por lo que se refiere a los contratos del Estado, pues parece difícilmente compatible el compromiso contractual con el ejercicio del poder soberano del Estado Constitucional.

Así las cosas, un sector de la doctrina encabezada por O. Mayer[770] señalaba que parecía incompatible la idea de contrato con la idea de Poder público, pues: «El Estado manda siempre unilateralmente [...]; y el contrato no tiene acomodo posible en el derecho público [...], y así, el contrato del Estado constituiría, una «imposibilidad lógica» (Meilán Gil)[771]. Mientras que otro sector entendió que la presencia del Estado Constitucional en la relación contractual transformaba la naturaleza y estructura de ésta, dando lugar a un nuevo instituto jurídico al que llamaron contrato administrativo.

Y es que la polémica continúa en la medida en que el tópico de la contratación pública condensa el problema entero del Derecho administrativo en el que se entrecruzan inevitablemente el Poder públicoy la libertad, en la idea en que insiste poderosamente F. González Navarro[772] del que no parezca exagerado decir, sino profundamente exacto, de un «Derecho del Poder para la Libertad». Y son precisamente estos argumentos los que le permiten a la doctrina alemana e italiana negar la posibilidad para una Administración pública de contratar, en la medida en que la

---

769 Moderne, F., Ob. cit., nota 119, 510.

770 Mayer, O. Ob, cit., nota 565.

771 Meilan Gil, J.L., «Para una reconstrucción dogmática de los contratos administrativos», en *Anuario Facultad de Derecho de la Coruña*, 2005, 508 y 509.

772 González Navaro, F. Ob. cit., nota 539, T.I, 123.

figura del contrato demanda la igualdad jurídica de las partes, que postula la autonomía de la voluntad de los contratantes y sólo podría ejercitarse respecto de bienes que no están fuera del comercio o tráfico jurídico. Estas condiciones imprescindibles no serían satisfechas tratándose de los contratos administrativos en los modelos alemán e italiano, en particular los del Estado Constitucional.

Y es que para realizar sus cometidos o fines estatales, la Administración pública actúa en el campo contractual utilizando técnicas que difieren en función precisamente al grado y naturaleza de la potestad administrativa que tiene a su favor conforme al Ordenamiento jurídico-administrativo. La actividad contractual tiene así naturaleza de herramienta jurídica, al igual que las demás formas jurídicas administrativas, como instrumentos que el Derecho brinda para el obrar de la Administración pública.

Es por ello que la Administración pública, en ejercicio de la función administrativa, no siempre procede por vía unilateral mediante actos administrativos o reglamentos, sino que con frecuencia requiere de acuerdos en sus diversas formas, celebrando convenios de muy distinta naturaleza. Sus múltiples y complejos fines obligan a la Admi nistración pública a la celebración de numerosos actos jurídicos, solicitando la colaboración voluntaria de los particulares y aún de otros entes públicos, para hacer más eficiente su acción en la función administrativa. Esta clase de relaciones, nacidas de un intercambio de voluntades entre el Estado Constitucional y sus contratistas, son las técnicas preferentemente utilizadas por la Administración pública con el objeto de obtener de los administrados, la colaboración indispensable para el cumplimiento de sus fines propios (Sayagués Laso)[773]. De ahí que la Administración Pública en su actividad no se sustrae a la práctica de la contratación.

Al respecto, lo primero en lo que debemos insistir de nuevo es que cualquier análisis que pretendamos realizar sobre la teoría de los sistemas de contratación pública, debe abordarse desde la perspectiva constitucional, atendido al hecho que los fundamentos y principios del entero sistema del Derecho administrativo y sus categorías se encuentran dentro y solo dentro del contexto o marco de la Constitución, en general, y de la Constitución administrativa, en particular, lo cual trae consigo necesarios replanteamientos de dogmas y criterios que han sido muy útiles en el pasado, pero que hoy exigen adecuarse, institucionalmente a los nuevos tiempos.

En efecto, parece obvio que la potestad de contratación de la Administración Pública no puede operar de la misma manera que en el siglo XIX, por la sencilla razón de que el sistema democrático actual parece querer que el administrado, el ciudadano, o en definitiva la persona, ocupe una posición central y, por tanto, la protección de sus derechos fundamentales no es algo que tenga que tolerar la Administración pública sino, más bien, es su deber el hacerlo posible y facilitarlo. Y es que la Administración pública hace tiempo que ha descendido «del pedestal imperativo —pleno de poder— del que dicta unilateralmente» y se ha situado «en el plano del intercambio... y de la conexión para la actuación acordada».

Por otro lado, frente a las exigencias de una contratación pública cada vez más numerosa que versa sobre prestaciones de una complejidad técnica cada vez mayor, es indiscutible que el escenario de los sistemas de contratación pública en general ha cambiado en las últimas décadas, y éste cambio motiva una nueva reflexión. En

773 Sayagués Laso, E. Ob. cit., nota 248,521.

efecto, las causas de la trascendencia que ha cobrado la contratación pública van desde el crecimiento continuo de las necesidades colectivas, la aparición de nuevos cometidos administrativos en los diferentes campos —ambiental, económico, social, cultural, etc.—, el desarrollo de las nuevas tecnologías, las alianzas estratégicas y comerciales[774], las asociaciones o participaciones público-privadas, la idea nueva de colaboración más activa de la persona en las tareas de la Administración pública o, en fin, la inadaptación del Derecho privado para tomar en cuenta los objetivos específicos del interés general y regular el conjunto de derechos y deberes que viene a compensar el ejercicio del Poder público, entre otras y, por supuesto, éstos cambios motivan una nueva reflexión general.

Así las cosas, en el medio jurídico contemporáneo, el reconocimiento general de la teoría de la contratación pública resulta básico encontrar la clave, el origen y el fundamento de la misma, asunto que abordaremos a continuación.

A. Contratación pública

§167. Planteamiento de la cuestión — El Art. 141 de la C le asigna a la Administración Pública la misión constitucional de servir, con sometimiento pleno a la ley y al Derecho y con eficacia, a las personas. Para el cumplimiento de su función constitucional asignada, aquella no siempre procede por vía unilateral, sino que con frecuencia requiere celebrar relaciones contractuales, actividad a la que se califica como actividad contractual de la Administración pública o, más generalmente, contratación pública, y que crece exuberantemente no solo en intensidad, sino también en radio de acción, materias y ámbitos.

Este conjunto de relaciones contractuales, prescindiendo por de pronto de rotulaciones, se agrupan en Latinoamérica también bajo la denominación inespecífica propuesta en los años 60 por E. SAYAGUÉS LASO[775] de contratos de la administración — o si se prefiere la calificación genérica de «contrato público», contrato estatal, o contrato de la Administración, según lo ha hecho un importante sector de la doctrina nacional[776]—, al poner el acento en la circunstancia de que en todos los contratos que celebra la Administración pública existen componentes tanto de Derecho público como de Derecho privado, y que al efecto de nuestra exposición concierne a los diversos sistemas de contratación pública.

---

774 Canónico Saravia, A. (2018). *La contratación pública estratégica: con especial referencia al acceso de las pymes en Las compras públicas.* Tesis de Doctorado de Derecho Administrativo Iberoamericano. Universidad La Coruña.

775 Sayagués laso, E. Ob. cit., nota 248, 537. El mismo autor recuerda que la denominación y el sentido de la misma no es nueva, porque ya V. Santamaría De Paredes la había utilizado en su *Curso de Derecho Administrativo*, 6ª edición, Madrid, 1903. En esa línea se puede incluir a García De Enterría, E., y Fernández, T.-R., Ob. cit., nota 13, t. I, 720 y ss.; y que, en los países europeos, por influencia del Derecho comunitario europeo, hoy se denominan bajo el concepto genérico de «convenios de la Administración» o «contratos públicos».

776 Araujo-juárez, J. (2013). «La contratación pública en Venezuela». En *Tratado General de los Contratos Públicos*, T. II. Dir. Cassagne, J.C. Buenos Aires, Ed. La Ley, 8 y 9; Brewer-Carías, A.R. (2014). «Los contratos del Estado y la Ley de Contrataciones Públicas. Ámbito de aplicación». En *Ley de Contrataciones Públicas*, 4ª edición actualizada y aumentada. Caracas, EJV, Col. Textos Legislativos N° 44, 11; Hernández-Mendible, V. (2014). «La evolución de la contratación pública y las potestades de la Administración».En *Ley de Contrataciones Públicas*, Col. Textos Legislativos N° 44, 4ª edición actualizada y aumentada. Caracas, EJV, 205 y ss.; y Canónico Sarabia, A., «Las garantías en lacontratación pública» (2014). En *Ley de Contrataciones Públicas*. 4ª edición actualizada y aumentada, Caracas, EJV, Col. Textos Legislativos N° 44, 281 y ss.

Finalmente, la denominación de contratos públicos que ahora recoge la LCP[777], puede considerarse como equivalente a las nociones de contratos del Estado; o a la noción en ingles de «*public contract*»; a la francesa de «*contrats de l'administration*»; o en fin a la italiana de «*contratti della pubblica ammistrazione*».

§168. Contratación pública — La admisión de la categoría general del contrato público es deudora, como otras del Derecho administrativo, de las construcciones doctrinales y jurisprudenciales que, sin duda alguna, siguen siendo muy relevantes en esta materia. Y también es cierto que la puesta en juego de la contratación pública es de gran calado tanto para los contratistas cuyos derechos deben ser garantizados sin falla, como para las propias autoridades administrativas encargadas de dar satisfacción al interés público, y que deberían gozar de una seguridad jurídica suficiente para operar correctamente su misión.

Por otro lado, es sabido que la contratación pública se encuentra en constante mutación. Los modos de intervención no cesan de evolucionar. Pero mientras que por un lado se puede constatar que, cada vez más la Administración pública de los sistemas jurídicos contemporáneos se ve reconocer más frecuentemente la posibilidad de ejercer en el ámbito contractual prerrogativas o más propiamente potestades de Poder público —«*prérrogatives de puissance publique*»—, por otro es también muy cierto que los derechos fundamentales de las personas ocupan un lugar central en la medida que constituyen el núcleo duro de los intereses públicos que el Estado Constitucional y, en particular, la Administración pública, deben servir respetándolos y teniéndolos como guía de su actuación (Meilán Gil)[778].

La existencia de diversas normas constitucionales en el análisis del tema sobre varios puntos de la cuestión tratada habrá de ser tenido en cuenta en la aproximación a la teoría de la contratación pública, no solo desde la vertiente y la óptica del Derecho administrativo sino, insistimos, más concretamente de la Constitución administrativa. Desde esta perspectiva ha de partirse de la presencia de la Administración pública como Poder público, de su funcionalidad servidora de las personas y de los intereses públicos, y de los modos e instrumentos jurídicos utilizados para que ese servicio sea real y efectivo[779]. De ahí que la actividad de la contratación pública debe responder también a la configuración de la Administración pública dentro del contexto o marco de la Constitución administrativa.

En efecto, sus múltiples y complejos fines de interés general o público encomendados constitucionalmente a la Administración pública, la obligan a la celebración de numerosos y disímiles contratos, solicitando la colaboración voluntaria de los particulares y aun de otros entes públicos, para hacer más eficiente su acción en la función administrativa. Esta clase de relaciones jurídicas, nacidas de un intercambio de voluntades entre el Estado Constitucional y sus contratistas, son las técnicas preferentemente utilizadas por la Administración pública con el objeto de obtener de las personas, la colaboración indispensable para el cumplimiento de los fines que constitucionalmente le han sido encomendados. El contrato es, en suma, una de las formas jurídicas de la función administrativa y, también, una de las técnicas de colaboración voluntaria de las personas con la Administración pública, en materia de obras, bienes y servicios.

---

777 La Ley de Contrataciones Públicas fue dictada mediante Decreto Ley N° 5.929 de fecha 11 de marzo de 2008 y reformada por Ley publicada en la GO N° 39.165 de 24 de abril de 2009.

778 Meilán Gil, J.L. Ob. cit., nota 6, 186.

779 Meilán Gil, J.L. Ob. cit., nota 6, 159 y 160.

Ahora bien, en un cierto número de casos los contratos que celebra la Administración pública no se distinguen de las condiciones en que los particulares suscriben entre ellos y, por ende, estarán sometidos en cuanto a sus efectos y extinción al régimen jurídico de Derecho común. Pero en otro gran número de casos, la Administración pública concluye contratos que se distinguen de los anteriores en el reconocimiento —explícito o implícito— a favor de la Administración pública de un régimen jurídico-público, y a los que se denominan contratos administrativos o públicos. Incluso para quienes sostienen que la sustantividad del contrato administrativo es un «falso problema», no dejan de reconocer que tienen una serie de connotaciones propias que los diferencian de los contratos privados, aunque no de igual intensidad en todos ellos (J.L. Villar Palasí[780]).

B. SISTEMAS DE CONTRATACIÓN PÚBLICA

§169. Planteamiento de la cuestión — El contrato público es un concepto que ha dado lugar a continuas polémicas doctrinarias y a una jurisprudencia masiva, a veces confusa y contradictoria, por lo que sin duda algo enigmático y contradictorio encierra una institución jurídica que ha necesitado de tantas explicaciones (G. Ariño Ortiz)[781].

En efecto, sostiene por su parte J.C. Cassagne[782], el campo de la contratación pública es fértil en la producción de un conjunto inagotable de dilemas o problemas que van desde la negación de la existencia misma de la figura del contrato en general en la esfera pública, pasando por los que lo reconocen como la especie más significativa, hasta aquellos que reconocen su existencia, y que a nuestra manera de ver las cosas se agruparían en los Derechos positivos que integrarían, a su vez, como una suerte de *summa divisio*, los dos modelos o sistemas de contratación pública o estatal por antonomasia, así:

(i) Los Derechos positivos que desconocen la categoría del contrato administrativo, y que agruparían el sistema «civilista» —o privatista de contratación pública—, también denominado modelo «privado de contratación administrativa» —por ej., en el Derecho continental europeo Alemania, Italia, y en el Derecho anglosajón Estado Unidos de América e Inglaterra—.

(ii) Y los Derechos positivos donde se reconoce la categoría del contrato administrativo —como género de los contratos que celebra la Administración pública —por ej., Argentina, Colombia, España, Francia, Uruguay— o en todo caso como la especie más significativa de estos —Venezuela—, y que integran, a su vez, el sistema «administrativista de contratación pública», también denominado modelo «público de contratación administrativa».

Ahora bien, el porqué de la distinción de figuras contractuales diversas dentro de los mencionados sistemas de la contratación pública del Derecho comparado,

---

780 Villar Palasí, J.L., y Villar Escurra, J.L. (1983). *Principios de Derecho Administrativo*, t. III. Madrid, Universidad de Madrid, 18 y 19.

781 Ariño Ortiz, G. (2013). «El enigma del contrato administrativo». En *Tratado General de los Contratos Públicos*, T. I, Dir. Cassagne, J.C. Buenos Aires, Ed. La Ley, 59.

782 Cassagne, J.C. (2013). «La contratación pública». En *Tratado General de los Contratos Públicos*, t. I, Dir. Cassagne, J.C. Buenos Aires, Ed. La Ley, 3.

lo cual remite a considerar a algunos como distintos y singulares respecto de los demás es, justamente, uno de los más importantes problemas tratados por la doctrina, lo cual nos condujo a ofrecer en otra obra nuestra[783] algunas claves de comprensión y examinar el estado del arte de la denominada teoría de la contratación pública, dentro de los dos grandes sistemas de contratación pública mencionados.

La aprobación de la Constitución, en general, y de la Constitución administrativa, en concreto, también vino a implicar, como es sabido, una profunda transformación de la contratación pública, al hacerse expresamente una reserva constitucional de la legislación básica de la materia. En materia de la contratación pública, la Constitución administrativa consagra las decisiones constitucionales estructurales relacionadas con: la concesión de vías (Arts. 50); la cláusula de la temporalidad de las concesiones de la explotación de recursos naturales o la prestación de servicios públicos (Art. 113); la cláusula de la conservación o protección ambiental y del equilibrio ecológico (Art.129); la prohibición de los funcionarios de contratación pública (Art.145); la aprobación parlamentaria sobre los contratos de interés publico (Arts.150 y 187, num. 9); la cláusula de la inmunidad de jurisdicción relativa en los contratos de interés público (Art.151); la cláusula de la temporalidad de las concesiones mineras (Art.156, num. 16); la habilitación para la celebración de los contratos de interés publico nacional (Art.236, num. 14); la consulta con carácter obligatorio o preceptivo sobre los contratos de interés público nacional (Art. 247); y por último, el principio o la cláusula de previsión legal presupuestaria (Art. 314 de la C).

En conclusión, el tema de los contratos públicos es un elemento central de la actividad o función administrativa, y como tal ha pasado a ser una de las instituciones fundamentales del Derecho administrativo contemporáneo. Por tal razón, la doctrina aborda su estudio como institución o categoría jurídica con perfiles propios, que tiene relevancia por sí misma, incluso de rango constitucional en algunos países, como sucede en el Derecho positivo con la figura de los denominados contratos de interés público.

Sección 2.ª La teoría del contrato de interés público

Introducción

§170. Planteamiento de la cuestión — La Constitución de 1830[784] constituye el primer antecedente del sistema contencioso-administrativo venezolano al atribuirle competencia a la Corte Suprema de Justicia —que comienza llamándose así y que a los largo de su existencia va a recibir diversas denominaciones—, para «conocer de las controversias que resultaren de los contratos y negociaciones que celebre el Poder Ejecutivo por sí o por medio de agentes» —Art. 147, ord. 5 de la C—. Se trata, pues, de una competencia basada en la responsabilidad contractual de la Administración pública. Es, por tanto, una competencia orgánica, en virtud de la jerarquía del órgano que estaba demandado, asignándosele su conocimiento a la entonces CSJ.

---

783 Araujo-Juárez, J. (2017) *La teoría de la cláusula exorbitante*. Caracas, CIDEP-EJV; y Araujo-Juárez, J (2020). *La teoría de la cláusula exorbitante*. Santiago, Ediciones Olejnek.

784 Véase *Las Constituciones de Venezuela* (1985). Estudio preliminar de Brewer-Carias, A. R. Madrid, UCAT-CEC-IEAL, 335 y ss.

Posteriormente, las primeras leyes orgánicas del Máximo Tribunal[785], además de reiterar la referida competencia constitucional —Art. 2, ord. 7—, la amplían para conocer de las controversias derivadas de: 1.°, las concesiones mineras y de las tierras baldías —Art. 2, ord. 6; y 2.°, los juicios de cuentas de la Hacienda Pública Nacional.

Luego de las Constituciones de 1857 y 1858 que no aportan nada en especial en la materia, es importante la referencia a la Constitución de 28 de marzo de 1864[786] que concreta el régimen federal, y como consecuencia de ello se crean dos jurisdicciones: por un lado, la jurisdicción federal —o nacional—, en cuya cúspide se encuentra la Alta Corte Federal, quien va a ser la reguladora de la Federación; y por el otro, la jurisdicción de los Estados federados. Con la Constitución de 1864, no sólo se reitera la competencia sobre responsabilidad contractual —Art. 89, ord. 10—, sino que además crea un fuero especial para las controversias de la Nación ante la alta Corte Federal para «conocer los juicios civiles cuando sea demandada la Nación y lo determine la ley» —Art. 89, ord. 6—, esto es, el privilegio de jurisdicción. En este texto constitucional se incluye también la responsabilidad-extracontractual de la Administración pública.

Por su parte, si bien la noción de contrato administrativo o público no tiene en Venezuela rango constitucional, y en ausencia de la codificación sobre los contratos del Estado, tuvo —aunque tardía y transitoriamente— cierta consagración legal, así fuere en el plano procesal de atribuir competencia exclusiva a la SPA del Máximo Tribunal, para conocer de las controversias relativas a los mismos[787], lo cual hubo originado una intensa actividad de la jurisprudencia y doctrina científica tendiente a identificar el régimen jurídico de los contratos administrativos.

A. Concepto

§171. Consagración constitucional — La noción de contrato «de interés público», es una expresión que aparece por primera vez en la Constitución de 1893 y se mantiene en los textos constitucionales de 1901, 1904, 1909, 1914, 1922, 1925, 1925, 1928, 1929, 1931, 1936, 1945, 1947, 1951, 1961, hasta la vigente de 1999. Durante la vigencia de la Constitución de 1961, sin embargo, surgieron discusiones doctrinales sobre la noción del contrato de interés nacional, al considerar algunos autores que, a la noción formal antes mencionada, debía agregarse una noción material sobre la «importancia nacional» del objeto de los contratos para poder ser calificados como tales contratos «de interés nacional».

La doctrina nacional ha propuesto distintas interpretaciones, como la desarrollada por E. Lares Martínez[788], quien al referirse a la expresión examinada, para entonces contenida en el Art. 126 de la Constitución de 1961, señaló: «existe una expresión genérica —la de contratos de interés público— que consideramos administrativo y expresiones específicas que son: contratos de interés nacional, contratos

---

785 Véase Código Orgánico de Tribunales y Juzgados del 21 de febrero de 1850 y 25 de marzo de 1857.

786 Lares Martínez, E. Ob. cit., nota 740, 413 y ss.

787 Publicada en la GO N° 1893 Extr., del 30-07-1976, y derogada por la Ley Orgánica del Tribunal Supremo de Justicia, publicada en la Gaceta Oficial N° 37.9423 del 20-05-2004, y ésta a su vez, por recién la recién promulgada Ley Orgánica del Tribunal Supremo de Justicia publicada en la Gaceta Oficial N° 39.483, del 9-08-2010.

788 Lares Martínez, E. (1981). Contratos de Interés Nacional'. En *Libro Homenaje al Profesor Antonio Moles Caubet*, Tomo I. Caracas, UCV, 117.

de interés estadal y contratos de interés municipal, ya que el interés público puede ser, a su vez, nacional, estadal o municipal».

Mientras que otro sector, apartándose de las interpretaciones precedentes, y haciendo énfasis en aspectos cuantitativos, ha expresado que cuando en los textos constitucionales se adopta la fórmula contrato de interés público, ha sido para referirse a aquellas «grandes contrataciones» susceptibles de comprometer gravemente el patrimonio económico de la República, de exponerla a pérdidas graves o inclusive a reclamaciones internacionales que pudieran llegar a atentar contra la soberanía o la integridad del país (J.Melich Orzini[789])

Finalmente, un último sector de la doctrina, en armonía con la actual consagración constitucional de los contratos de interés público ha sostenido, atendiendo a la división en tres niveles político-territoriales del Poder público, que los contratos de interés público constituyen el género, mientras que los contratos de interés público nacional, estadal y municipal constituyen especies de aquél.

De acuerdo con Brewer-Carías[790], los contratos públicos, contratos del Estado o contratos estatales son todos aquellos contratos en los cuales una de las partes —pueden ser las dos en los casos de contratos inter-administrativos— es una persona jurídica estatal, es decir, que está integrada dentro de la organización general del Estado Constitucional, sea que se trate de una persona jurídica de Derecho público territorial —República, Estados federados y Municipios—, o no territorial —por ej., los institutos autónomos o públicos; o de una persona jurídica de Derecho privado estatal —por ej., las sociedades anónimas del Estado o empresas del Estado—.

§172. Clasificación — La Constitución, en sus Arts. 150, 151, 187.9, 236, num.14 y 247, como la anterior de 1961, utiliza la expresión contratos de interés público, y sus derivados los contratos de interés público nacional, los contratos de interés público estadal y los contratos de interés público municipal, como sinónimo de contratos públicos, lo que siempre ha exigido la necesidad de encuadrar dicha categoría en la doctrina del Derecho administrativo y, en particular, en el Derecho de los contratos administrativos, públicos o del Estado, en cuanto a la intervención contralora de la Asamblea Legislativa Nacional, ya sea autorizándolos o ya sea aprobándolos.

En efecto, con relación a los contratos públicos, o al menos con relación a algunos de ellos, la Constitución utiliza la expresión histórica de contratos «de interés público» —nacional, estadal o municipal—, según los Arts. 150 y 151, y en algunas escasísimas leyes, algunos de ellos fueron denominados como contratos «administrativos».

En virtud de que Venezuela está organizada como un Estado federal descentralizado (Art. 4 de la C.) con tres niveles de gobierno (nacional, estadal, municipal) (Art. 136 de la C), la intención de la regulación por parte de la Constitución administrativa de los contratos de interés público en el Art. 150 de la C fue clasificarlos, según fuesen suscritos, respectivamente, por las entidades públicas nacionales, las entidades públicas estadales y las entidades públicas municipales. En tal sentido,

789 Melich Orsini, J. (1981). «La Noción de Contrato de Interés Público». En RDP, N° 7, 61.

790 Brewer-Carías. A.R. (2019). *Sobre las nociones de contratos administrativos, contratos de interés público, servicio público, interés público y orden público, y su manipulación legislativa y jurisprudencial*. Caracas, EJV, Cuadernos de la Cátedra Allan R. Brewer-Carías, N° 39, 84.

Brewer-Carías[791] sostiene que todos los contratos tanto de interés nacional, como de interés estadal o municipal, son, por supuesto, contratos de interés público (Arts. 150 y 151 de la C), en el mismo sentido que la noción de Poder Público (Título IV de la C) comprende al Poder Pùblico nacional, al Poder Público estadal y al Poder Público municipal.

En consecuencia, un contrato de interés público nacional es aquél que interesa al ámbito nacional —en contraposición al ámbito de los Estados federados o de los Municipios—, porque ha sido celebrado por una persona jurídica estatal nacional, de Derecho público —la República, un instituto público o autónomo—, o una persona jurídica de Derecho privado —empresa del Estado[792]—. Por tanto, no serían contratos de interés público nacional aquéllos que son solo de interés público estadal o de interés público municipal, celebrados por personas jurídicas de los Estados federados o de los Municipios, incluyendo los institutos públicos y empresas del Estado Constitucional de esas entidades político-territoriales.

Por último, la Constitución administrativa establece un conjunto de regulaciones relativas a todos los contratos públicos, así: 1.°, el control público mediante las autorizaciones y aprobaciones parlamentarias (Arts. 150 y 187, num. 9 de la C); 2.°, la cláusula de inmunidad de jurisdicción relativa —el principio o la cláusula «Calvo»— (Art. 151 de la C); 3.°, la cláusula de temporalidad (Art. 113 de la C); 5.°, la cláusula de conservación o protección ambiental (Art. 129 de la C); y por último 6.°, el principio o la cláusula de previsión legal presupuestaria (Art. 314 de la C).

B. Régimen constitucional

I. Control público parlamentario

§173. Planteamiento de la cuestión — Como cuestión previa se observa que, en la Constitución administrativa, como en tantas otras materias, puede decirse que se consolidó también un importante proceso de constitucionalización en materia de la actividad contractual del Estado Constitucional.

En efecto, dentro de la tradición constitucional nacional que se remonta al año 1864, en la Constitución administrativa también se ha consagrado una categoría especial de contratos celebrados por las personas jurídicas estatales denominados contratos de interés público —género—, expresión equivalente, en general a la de contratos públicos, los cuales pueden ser a su vez nacionales, estadales o municipales especies—[793], dentro de las posibilidades de contratación pública, cuya formulación se mantiene y a la que por su importancia se le consagra en el Título IV Del Poder Público, Capítulo I Disposiciones Generales, la Sección Cuarta: *De los Contratos de Interés Público* en los Arts. 150 y 151 de la C. Así las cosas, algunas normas constitucionales solo se aplican a los contratos de interés público nacional, y otras se aplican en cambio a todos los contratos de interés público, es decir, a los contratos de interés público nacional, estadal y municipal.

Lo anterior implica, por un lado, que respecto de esos contratos de interés público, la Constitución administrativa siguiendo una larga tradición que se re-

[791] Brewer-Carías, A.R. (2013). «La contratación pública en Venezuela». En *Tratado General de los Contratos Públicos*, T.II, Dir. Cassagne, J.C. Buenos Aires, Ed. La Ley, 8 y ss.

[792] Brewer-Carías, A.R., Ob. cit., nota 791, 10.

[793] Sent. del TSJ/SC, de fecha 24 de septiembre de 2002.

monta a fines del siglo XIX, estableció un régimen de control «público parlamentario» respecto de la celebración de los contratos de interés público, y que en relación con los contratos «de interés público nacional», conforme al Art. 150 de la C, solo deben someterse a la aprobación de la Asamblea Nacional, «en los casos que determine la ley». Ello implica que de acuerdo con la Constitución, tiene que haber una ley que expresamente indique que determinados contratos deben ser sometido a aprobación legislativa para que ello sea exigido, habiéndose puesto así fin en la Constitución, a las discusiones que en el pasado existieron en el país sobre cuándo la intervención parlamentaria era necesaria. En consecuencia, de acuerdo con la norma constitucional, los contratos de interés público estadal o municipal en ningún caso requieren aprobación por la Asamblea Nacional, y en cuanto a los contratos de interés público nacional solo lo requieren, cuando lo determine expresamente una ley.

En tal sentido, por ejemplo, el artículo 33 de la LOH establece respecto de los contratos de interés público de asociación para «la constitución de empresas mixtas y las condiciones que regirán la realización de las actividades primarias», que los mismos están sujetos a la aprobación previa de la Asamblea Nacional, «a cuyo efecto el Ejecutivo Nacional, por órgano del Ministerio de Energía y Minas, deberá informarla de todas las circunstancias pertinentes a dichas constitución y condiciones, incluidas las ventajas especiales previstas a favor de la República».

Y por otro lado, que aparte de los casos de aprobación de los contratos de interés público nacional por parte de la Asamblea Nacional en los casos determinados en la ley, el Art. 150 de la C también exige que en todo caso de contratos «de interés público municipal, estadal o nacional» que vayan a celebrarse, específicamente, en cuanto a la intervención de la Asamblea Nacional en materia de celebración de «contratos de interés público», que la Constitución distingue tres supuestos (Brewer-Carías[794]).

1.°, con carácter general, la aprobación por la Asamblea Nacional solo es necesaria respecto de contratos «de interés público nacional», cuando así expresamente lo determine una ley, e independientemente del criterio que se utilice para la definición.

2.°, la aprobación por la Asamblea Nacional, en todo caso, de contratos «de interés público municipal, estadal o nacional», cuando la contraparte del contrato sean «Estados o entidades oficiales extranjeras o con sociedades no domiciliadas en Venezuela», sin necesidad, en estos casos, de que deba haber alguna ley previa que lo exija.

3.ª, igualmente la aprobación de la Asamblea Nacional es necesaria, en todo caso, de contratos «de interés público municipal, estadal o nacional» ya suscritos, cuando vayan a traspasárseles a «Estados o entidades oficiales extranjeras o con sociedades no domiciliadas en Venezuela», sin necesidad, en estos casos, de que deba haber alguna ley previa que lo exija.

Ahora bien, en relación con estos tres supuestos de intervención legislativa en materia de control público parlamentario respecto de los contratos de interés

[794] Brewer-Carías, A.R. (1999). *Debate Constituyente (Aportes a la Asamblea Nacional Constituyente)*, Tomo I (8 agosto-8 septiembre 1999). Caracas, Fundación de Derecho Público-EJV, 227; y Brewer-Carías, Ob. cit., nota 790, 227.

público, como se ha indicado, además de los casos de aprobación «parlamentaria» a que se refiere el Art. 150 de la C, se debe destacar que el Art. 187, num. 9 *eiusdem*, también se refiere al tema, pero utilizando la modalidad habilitante de «autorizar» en lugar de la modalidad de «aprobar», al disponer lo siguiente:

> **9.** Autorizar al Ejecutivo Nacional para celebrar contratos de interés nacional, en los casos establecidos en la ley. Autorizar los contratos de interés público municipal, estadal o nacional con Estados o entidades oficiales extranjeros o con sociedades no domiciliadas en Venezuela.

Al respecto se debe resaltar el uso indiscriminado de las expresiones «aprobar» y «autorizar», si se tiene en cuenta que conforme a las técnicas habilitantes, la aprobación es un acto en ejercicio de control público posterior —«*a posteriori*»—, mientras que la autorización es un acto en ejercicio de control público anterior —«*a priori*»—.

En efecto, la jurisprudencia[795] dilucidó el tema en cuanto a lo previsto en los dos mencionados Arts. 150 y 187, num. 9 de la C, sentando como criterio: 1.°, que en los casos de control público parlamentario respecto de los contratos de interés público nacional cuando así lo determine la ley, la habilitación a la cual se refiere la Constitución debe otorgarla la Asamblea Nacional con posterioridad a la suscripción del contrato —aprobación—;2.°, en cambio, en los casos de control público parlamentario respecto de los contratos de interés público nacional que vayan a suscribirse con Estados o empresas extranjeras no domiciliadas en el país, la habilitación a la cual se refiere la Constitución debe otorgarla la Asamblea Nacional con anterioridad a la suscripción del contrato respectivo —autorización—.

En consecuencia, el control público parlamentario por parte de la Asamblea Nacional en los contratos de interés público procede de la manera siguiente:

(i) La aprobación por parte de la Asamblea General en los casos que determine la ley.

(ii) La autorización con carácter preceptivo por parte de la Asamblea Nacional, cuando se pretendan celebrar contratos de interés público con los Estados o entidades oficiales extranjeras o con sociedades no domiciliadas en Venezuela.

(iii) La potestad de la Asamblea Nacional de exigir mediante norma legal determinadas condiciones especiales para la celebración de dichos contratos, por ejemplo, nacionalidad, domicilio, garantías especiales, etc.

(iv) La obligatoriedad de incluir la cláusula de inmunidad de jurisdicción relativa, esto es, la competencia exclusiva y excluyente de los tribunales nacionales para conocer de las controversias relacionadas con la inteligencia y ejecución, sin que ello pueda dar lugar a reclamaciones extranjeras.

§174. Sujetos contratantes — Ahora bien, con relación a los sujetos cuya presencia es condición necesaria para la celebración de los contratos de interés público

[795] Sent. N° 2241 del TSJ/SC del 24-09-2002. Caso *Andrés Velásquez y otros, nulidad parcial artículo 80 de la Ley Orgánica de Administración Financiera del sector Público.*

nacional, se exige, en primer lugar, que sea un ente político-territorial, la República, los Estados federados y los Municipios. Sin embargo, un sector de la doctrina[796] ha considerado que esta categoría aplica también para aquellos contratos suscritos por la Administración Pública Nacional descentralizada, los institutos públicos, los institutos autónomos y las empresas del Estado, cuando afectan de manera directa a los intereses nacionales que corresponden a la República.

En el mismo sentido se ha pronunciado la jurisprudencia[797] del Alto Tribunal cuando señaló lo siguiente:

> Respecto a la figura jurídica celebrada, la cual se basa en los compromisos internacionales suscritos por el Ejecutivo Nacional, es de destacar que si bien es producto de los actos de gobierno antes mencionados, la misma resulta ser una estipulación de índole contractual, la cual constituye un contrato de internes público, toda vez que se ha comprometido un alto interés de la República en el margen de sus relaciones internacionales con la República Federativa del Brasil para el suministro de energía eléctrica.

Ahora bien, es sabido que las empresas del Estado no limiten sus actividades a las que puedan ejercer dentro de las fronteras del país, sino que salen al exterior para adquirir bienes, prestar o demandar servicios, realizar transacciones de todas clases en el sector que les está encomendado. De esta forma entran en relaciones con otras empresas no domiciliadas en el país y órganos de otros Estados extranjeros, dando origen a las más variadas relaciones jurídicas.

A tal efecto, debe señalarse que la jurisprudencia de la Sala Constitucional del Tribunal Supremo de Justicia[798], restringió esta noción del contrato de interés público del Art. 150 de la C, con el objeto de comprender sólo aquellos contratos suscritos por la Republica, los Estados federados y los Municipios en los que esté envuelto un interés público nacional, estadal y municipal; quedando excluidos de tal denominación, según tal criterio, los contratos públicos suscritos por los institutos autónomos o empresas del Estado.

A pesar de lo expuesto, tal y como lo hemos señalado en otra oportunidad[799], por cuanto los entes descentralizados de la República, los Estados federados y los Municipios —los institutos públicos o autónomos, y las empresas del Estado— en sus relaciones y operaciones comerciales con Estados o entidades oficiales extranjeras o con sociedades no domiciliadas en Venezuela, pueden celebrar contratos que por su importancia y magnitud económico-financiera pudieran comprometer gravemente en el ámbito internacional, el patrimonio económico del Estado Constitucional, serán contratos que califiquen como contratos de interés público y, por ende, sometidos al régimen de control público parlamentario que establece la Constitución, mediante la técnica de la autorización de carácter preceptivo a que aluden los Arts. 150 y 187, num. 9 de la C.

---

[796] Brewer-Carías, A. R. Ob. cit., nota 45, 293; y Badell Madrid, R. (2005). «Contratos de Interés Público Nacional». En RDA, Nº 19, Julio/Diciembre 2004, Caracas, Editorial Sherwood, 56.

[797] Sent. del TSJ/SC, de fecha 29 de abril de 2003, Exp. Nº 00-0836, caso C.V.G. *Electrificación del Caroní (EDELCA).*

[798] Sent. No. 2.241 del TSJ/SC, del 3- 09- 2000, Caso *Anulación del artículo 80 de la Ley Orgánica de Administración Financiera del Sector Público.*

[799] Araujo-Juárez, J. (2008). «Régimen general de Derecho público relativo a las empresas del Estado». En *Nacionalización, libertad de empresa y asociaciones mixtas*. Caracas, EJV.

En consecuencia, como también señala Brewer-Carías[800], estimamos que lo determinante en la Constitución administrativa para identificar los contratos de interés público no es solo la participación de la República, de los Estados federados o de los Municipios, sino que lo determinante es la participación de las personas estatales de Derecho público o de Derecho privado de los tres niveles territoriales, como lo serían, por ejemplo, los institutos públicos y autónomos o las empresas del Estado.

II. Principios constitucionales

a. *Principio de inmunidad de jurisdicción relativa*

§175. Planteamiento de la cuestión — Sobre este punto, debemos seguir de cerca por la claridad de su exposición, el documento de la Propuesta sobre la cláusula de inmunidad relativa de jurisdicción y sobre la cláusula calvo en los contratos de interés público, presentado al efecto por Brewer-Carías[801]. La cita es larga pero expresiva, que empieza por hacer referencia al origen de la cláusula Calvo en nuestro sistema constitucional, la cual se remonta a la Constitución de 1892, al establecer lo que puede calificarse como el principio de la inmunidad absoluta, al disponer que:

> **Artículo 149.** En todo contrato de interés público, se establecerá la cláusula, de que las dudas y controversias que puedan suscitarse sobre su inteligencia y ejecución serán decididas por los tribunales venezolanos y conforme a las leyes de la República

De acuerdo con esta norma del Texto Fundamental de 1893, la fórmula era distinta al texto vigente: primero, proveía la inmunidad absoluta, y segundo, prescribía la obligación de que en todo contrato de interés público se debía incorporar la cláusula, lo que difiere del sistema de la Constitución de 1999, que lo que dispone es que la cláusula se entiende tácitamente incorporada a los contratos. Aquél principio de inmunidad absoluta se cambió a partir de la Constitución de 1947 (Art. 108), en la cual se lo sustituyó por un sistema de inmunidad relativa, al indicarse que la cláusula se considera incorporada en los contratos «si fuera procedente de acuerdo a la naturaleza de los mismos»; y, además, se adoptó el esquema actual de considerar incorporada la cláusula aun cuando no estuviera expresa, con lo cual no es necesario que se indique que tal cláusula forma parte del el texto del contrato de interés público , sino que en virtud de la Constitución ella está incorporada.

Pero, además, en segundo lugar, conforme a la interpretación de la Sala Constitucional, lo más grave es que tampoco la llamada «Cláusula Calvo» se aplica a los contratos públicos celebrados por los entes descentralizados del Estado Constitucional, por ejemplo, el Banco Central de Venezuela, los institutos autónomos y las empresas de Estado nacionales; conforme a la cual por ningún motivo ni causa la ejecución de esos contratos puede dar origen a reclamaciones extranjeras, tal como lo establece el mismo Art. 151 de la C.

---

[800] Brewer-Carias, A.R. Ob. cit., nota 794, 232.

[801] Propuesta sobre la cláusula de inmunidad relativa de jurisdicción y sobre la cláusula calvo en los contratos de interéspúblico (Comunicación enviada a los presidentes de las Comisiones de Integración y Relaciones con la Comunidad Internacional, de la Comisión de Poder Público Nacional, de la Comisión de lo Económico y Social y de la Comisión Constitucional el 08-09-1999). Vid. in extenso a Brewer-Carías, A.R. Ob. cit., nota 794,209-233.

El origen de esta cláusula también se remonta a la Constitución de 1893 (art. 149) en la cual, al regularse los contratos de interés público se señaló que los mismos en ningún caso podían ser motivo de reclamaciones internacionales, ratificando la improcedencia de reclamaciones diplomáticas contra el Estado Venezolano por parte de Estados extranjeros actuando por cuenta de súbditos extranjeros, los cuales hallándose en las mismas condiciones que los nacionales, si tienen alguna reclamación deben acudir únicamente ante los órganos locales cuando se puedan considerar lesionados. El objeto de la cláusula, en definitiva, es impedir que las divergencias que pudieran surgir entre partes contratantes en la cual una parte fuera un ciudadano extranjero, pudieran ser consideradas como de naturaleza internacional.

La denominación de Cláusula Calvo derivó de la exposición que hizo C. Calvo[802], en su libro *Tratado de Derecho Internacional*, editado inicialmente en 1868, en el cual, después de estudiar la intervención franco-inglesa en el Río de La Plata y la intervención francesa en México. Incluso, la propia «Cláusula Calvo» influyó en la concepción de la llamada Doctrina Drago formulada en 1902 por el Ministro de Relaciones Exteriores de Argentina, L. M. Drago[803], quien ante medidas de fuerza adoptadas por Alemania, Gran Bretaña e Italia contra Venezuela, formuló su tesis denegatoria del cobro compulsivo de las deudas públicas por los Estados.

Así las cosas, continúa el documento de la Propuesta, la más notoria consecuencia de las decisiones de la Sala Constitucional del Tribunal Supremo de Justicia[804] antes citadas, al haber reducido la noción de los contratos de interés público a solo los suscritos por la República, los Estados federados y los Municipios y, en consecuencia, al haber reducido la noción de contratos de interés público nacional a los suscritos solo por la República, es que respecto de los contratos públicos suscritos por los entes públicos nacionales descentralizados, por ejemplo, el Banco Central de Venezuela, los institutos autónomos y las empresas del Estado, como Petróleos de Venezuela S.A. y sus empresas filiales, materialmente los Arts. 150, 151, 187, num. 9, 236, num. 14 y 247 de la C, no tendrían aplicación alguna respecto de los mismos:

Primero, respecto de lo establecido en el primer párrafo de los Arts. 150 y 187, num. 9 de la C, la consecuencia de la interpretación jurisprudencial señalada es que la ley solo podría determinar la necesidad de la aprobación de la Asamblea Nacional respecto de los contratos de interés público nacional que son los suscritos por la República, y en particular, por el Presidente de la República de acuerdo con el Art. 236, num. 14 de la C, pero respecto de dicho requisito podría incluso interpretarse que no podría ser exigido por ley, respecto de los contratos públicos nacionales suscritos por los entes públicos descentralizados nacionales.

Segundo, respecto de lo establecido en el segundo párrafo del Art. 150 y en el 187, num. 9 de la C, la consecuencia de la interpretación jurisprudencial señalada es que los contratos públicos que suscriban los entes públicos nacionales pueden suscribirse libremente con Estados o entidades oficiales extranjeras o con sociedades

---

802 Calvo, C. (1887). *Le Droit International. Théorique et Pratique*, París.

803 Victorino Jiménez y Núñez, *La Doctrina Drago y la Política Internacional*. Madrid, 1927.

804 Sent. N° 618 TSJ/SC, del 20 de julio de 2016, caso *Brigitte Acosta Isasis*, «*Interpretación Constitucional de los artículos 150, 187.9, 236.14 y 247 de la Constitución;* y N° 2.241 del 24 de septiembre de 2002, caso *Andrés Velásquez, Elías Mata y Enrique Márquez, Anulación del artículo 80 de la Ley Orgánica de Administración Financiera del Sector Público.*

no domiciliadas en Venezuela, e incluso traspasarse a ellos sin que sea necesario obtener la autorización de la Asamblea Nacional.

Tercero, respecto de lo establecido en el segundo párrafo del Art. 151 de la C, la consecuencia de la interpretación jurisprudencial señalada es que en los contratos públicos que suscriban los entes públicos nacionales, no se considerará incorporada una cláusula, como sí se exige respecto de los contratos de interés público, incluyendo los de interés público nacional, «de acuerdo con la naturaleza de los mismos», y «aun cuando no estuviere expresa», conforme a la cual, «las dudas y controversias que puedan suscitarse sobre dichos contratos y que no llegaren a ser resueltas amigablemente por las partes contratantes, serán decididas por los tribunales competentes de la República, de conformidad con sus leyes, sin que por ningún motivo ni causa puedan dar origen a reclamaciones extranjeras».

Lo anteriormente expuesto significaría, según el documento de la Propuesta, que respecto de los contratos públicos que suscriban los entes públicos nacionales, en los mismos puede establecerse líbremente que el Derecho que les es aplicables es algún Derecho extranjero, y que la jurisdicción aplicable puede ser la de los tribunales de cualquier otro Estado extranjero o la de tribunales arbitrales extranjeros.

Cuarto, respecto de lo establecido en el segundo párrafo del Art. 247 de la C, la consecuencia de la interpretación jurisprudencial señalada es que para la celebración de los contratos públicos que suscriban los entes públicos nacionales descentralizados, no tiene que ser consultado el Procurador General de la República, pues, de acuerdo a esa norma, solo es necesaria dicha consulta para la aprobación de los contratos de interés público nacional, que de acuerdo con la Sala Constitucional son los que celebre la República.

Ahora de las anteriores consecuencias derivadas de la interpretación jurisprudencial restrictiva establecida en las sentencias comentadas de la Sala Constitucional del Tribunal Supremo de Justicia[805] sobre la noción de contratos de interés nacional, concluye el documento de la Propuesta, quizás la segunda es la más perjudicial en materia de principios del Derecho administrativo relativos a los contratos públicos o contratos del Estado pues significa, el abandono total de los principios más tradicionales de nuestro Derecho público en la materia, como son, específicamente, los de la competencia de los tribunales nacionales y de la aplicación de la ley nacional para la solución de controversias derivados de los mismos, y el de la llamada «Cláusula Calvo», por lo que se refiere a los contratos públicos celebrados por los entes públicos descentralizados nacionales.

En efecto, por un lado, la errada e inconveniente interpretación jurisprudencial implica que en dichos contratos celebrados por los entes descentralizados en los tres niveles territoriales del Estado, ya no debe considerarse constitucionalmente inserta tácitamente, de acuerdo con la naturaleza de los mismos, la cláusula prevista en el Art. 151 de la C, cuyo objeto es: primero, estipular que la interpretación, aplicación y ejecución de esos contratos debe someterse a la Ley nacional; y segundo, que las controversias y dudas que de ellos surjan, deben también someterse al conocimiento de los Tribunales nacionales, todo lo cual deriva del principio universal del Derecho internacional, de la inmunidad de jurisdicción de los Estados extranjeros[806].

---

805 Sents. No. 2144 de 2002 y No. 618 de 2016 del TSJ/SC.

806 Maekelt, T. Bogdanowsky de (1982). «Inmunidad de Jurisdicción de los Estados».En *Libro Homenaje a José Melich Orsini*, Vol. 1. Caracas, 213 y ss.

En consecuencia, concluye el citado documento de la Propuesta, la cláusula del Art. 151 de la C, desde el ángulo de la inmunidad jurisdiccional, se aparta del carácter absoluto tradicional, y encaja dentro de la llamada «inmunidad relativa de jurisdicción», de acuerdo con la naturaleza de los contratos de interés público y, por tanto, se extiende además de la República, a los entes públicos nacionales descentralizados del Estado.

b. *Principio de conservación ambiental*

§176. Planteamiento de la cuestión — La Constitución administrativa también acoge una concepción global o integral del tema ambiental, por lo que cosntituye una base normativa del modelo de Estado, un principio fundamental que se manfiesta de diversas maneras en el texto constitucional.

En efecto, dentro del Cap. IX *De los Derechos Ambientales*, del Título III *De los Derecho Hmanos y Garantías, y de los Deberes*, el Art. 127 de la C consagra una disposición verdaderamente novedosa, al reconcer a todas las personas el derecho a disfrutar de un medio ambiente sano, seguro y ecológicamente equilibrado, individual y clectivo, en los términos siguientes:

> **Artículo 127.** Es un derecho y un deber de cada generación proteger y mantener el ambiente en beneficio de sí misma y del mundo futuro. Toda persona tiene derecho individual y colectivamente a disfrutar de una vida y de un ambiente seguro, sano y ecológicamente equilibrado. El Estado protegerá el ambiente, la diversidad biológica, los recursos genéticos, los procesos ecológicos, los parques nacionales y monumentos naturales y demás áreas de especial importancia ecológica. El genoma de los seres vivos no podrá ser patentado, y la ley que se refiera a los principios bioéticos regulará la materia.

Además, y en sintonía con el derecho-deber de conservar y proteger el ambiente, el mismo Art. 127 de la C prescribe el mandato de que el Estado proteja el ambiente la diversidad biológica, genérica, los procesos ecológicos, los parque nacionales y demás monumentos naturales y demás áreas de especial importancia ecológica en los términos siguientes:

> Artículo 127. [...]
>
> Es una obligación fundamental del Estado, con la activa participación de la sociedad, garantizar que la población se desenvuelva en un ambiente libre de contaminación, en donde el aire, el agua, los suelos, las costas, el clima, la capa de ozono, las especies vivas, sean especialmente protegidos, de conformidad con la ley.

Finalmente, la Constitución administrativa en el proceso de constitucionalización de los principios ambientales y las premisa del desarrollo sustentable, el Art. 129 de la C, no solo prescribe la obligatoriedad de los estudios de impacto ambiental y sociocultural, sino que de igual forma constitucionaliza la denominada cláusula de protección ambiental de obligatoria inclusión en todos los contratos que la República celebre, o los permisos que se otorguen, y que afecten los recursos naturales de conservar el equilibrio ecológico, comoun bien constitucionalmente protegido, en los términos siguientes:

> **Artículo 129.** [...]
>
> En los contratos que la República celebre con personas naturales o jurídicas, nacionales o extranjeras, o en los permisos que se otorguen, que afecten los

recursos naturales, se considerará incluida aun cuando no estuviera expresa, la obligación de conservar el equilibrio ecológico, de permitir el acceso a la tecnología y la transferencia de la misma en condiciones mutuamente convenidas y de restablecer el ambiente a su estado natural si éste resultara alterado, en los términos que fije la ley.

c. ***Principio de previsión legal presupuestaria***

§177. Planteamiento de la cuestión — La realización de de las tareas de configuración social que, en el marco y el desarrollo del correspondiente lorden constitucional son responsabilidad estatal, descansan esencialmente sobre los correspondientes sistemas presupuestarios. Y el resumen cifrado de los ingresos cuya consignación se hace a título de previsión, así como de los gastos del sector público estatal, recibe el nombre de presupuesto, el cual es, jurídicamente, la expresión contabledel plan económico del Estado Cosntitucional, que se corresponde con un periodo determinado, y que se aprueba mediante una ley singular denominada ley de presupuesto —principio de legalidad presupuestaria—.

En este último sentido, como una de las nmanifestaciones de la legalidad presupuestaria, rige el principio de especialidad, que consiste en que las autorizaciones de gastos sin concretas, y tienen una triple dimensión: 1°, cualitativa —finalidad fijada para el gasto—; 2°, cuantitativa —volumen máximo de gasto autorizado—; y por último, temporal —exigencia de gasto en el periodo anual correspondiente—.

De lo expuesto se desprende con toda claridad que toda actuación administrativa que, cualquiera que sea su naturaleza —unilateral o contractual—, implique gastos, deberá contar con la correspondiente previsión presupuestaria.

Ahora bien, es sabido que el tratamiento jurídico que en el desenvolvimiento de las relaciones entre la Administración Pública y los particulares exige la ejecución de obras y servicios desde el punto de vista del régimen fiscal y presupuestario se encuentra regulada, fundamentalmente, por la LOAFSP, que se fundamenta en la necesidad de adecuar la normativa de los procesos fiscales a las exigencias de la Constitución de 1999. En tal sentido, el Art. 134 *eiusdem* dispone con carácter general:

> **Artículo 314.** No se hará ningún tipo de gasto que no haya sido previsto en la ley de presupuesto. Sólo podrán decretarse créditos adicionales al presupuesto para gastos necesarios no previstos o cuyas partidas resulten insuficientes, siempre que el tesoro nacional cuente con recursos para atender la respectiva erogación; a este efecto, se requeriràpreviamente el voto favorable del Consejo de Ministros y la autorización de la Asamblea Nacional o, en su defecto, de la Comisión Delegada.

Por otro lado, se dispone el sometimiento de la gestión fiscal a los principios constitucionales de eficiencia, solvencia, transparencia, responsabilidad y equilibrio fiscal (Art. 311 de la C), para lo cual se estableció la obligatoriedad de la limitación del gasto y del endeudameinto público, el equilibrio y la sostenibilidad fiscal, y en definitiva, se incorporó un conjunto de innovaciones fiscales orientadas a la disminución de la discrecionalidad y la ausencia de transparencia en la gestión fiscal.

En síntesis, como señala la correspondiente Exposición de Motivos, el espíritu de la LOAFSP-2000 y sus sucesivas reformas, se fundamenta en la regulación financiera del sector público, el sistema de control interno en el cumplimiento de los fines deel Estado. La transparencia fiscal es, así, un mecanismo para evitar el mal empleo de los recursos públicos, la improvisación, la discrecionalidad, la ineficiencia y la arbitrariedad en el ejericio de dicha función, dentro de los cuales se destaca la exigencia constitucional de la previsión legal presupuestaria en materia de la contratación pública en general.

En definitiva, la transparencia económica y fiscal no solo se limita a ser un elemento preventivo de la corrupción, sino que además desde el punto de vista estrictamente económico también reduce la incertidumbre del mercado, y aumenta la predictibilidad de las decisiones de los agentes económicos, y por ende, el crecimiento económico, Y por último, pero no en importancia, es también fundamental para un funcionamiento adecuado del Estado democrático, pues mediante la transparencia se promueve y fortalece la participación ciudadana en la gestión de los asuntos públicos.

Lo anteriormente explica que una norma de eminente carácter presupuestario, como la contenida en el Art. 314 de la C, forme parte del estudio sobre la contratación pública de, donde lógicamente, se derivan mutuas obligaciones para las partes, entre ellas, para el Estado, el pago por recibir el bien o servicio recibido.

Es por ello que las cantidades de dinero para cumplir con la obligación de pagar solo puede provenir de la ley de presupuesto y, más específicamente, de la partida presupuestaria que autoriza la erogación para ese bien o ese servicio contratado; entendiendo, y esto es lo fundamental, que el presupuesto no es más que una autorización para gastar hasta el límite o monto establecido en cada partida presupuestaria. Es por ello que el mencionado Art. 134 *eiusdem* se encabeza así: «No se hará ningún tipo de gasto que no haya sido previsto en la ley de presupuesto».

Ahora bien, el presupuesto tiene varias fases, así: formulación, aprobación y ejecución. La primera y la última se verifican en el ámbito administrativo y la segunda, la aprobación, específicamente la que comporta la autorización para gastar es de eminente y exclusivo carácter legislativo.

Cualquier cantidad superior al monto mínimo autorizado para gastar, comporta un acto de endeudamiento, es decir, que conforme a lo dispuesto en el Art. 314 de la C, requiere de la aprobación legislativa. En tal sentido, en el Derecho positivo solo el Poder legislativo puede endeudar a la hacienda pública.

Ahora bien, la previsión normativa mencionada se justifica porque hay muchos modos, algunos más sutiles que otros, de endeudar y, por esa razón, también la fase de ejecución presupuestaria se divide en dos actos administrativos de especial atención y significación en materia de contratación pública: el compromiso y el pago.

Así las cosas, el funcionario ejecutor solo puede contratar, comprometer, o en fin obligar a la Administración pública hasta por el límite o monto de la correspondiente partida presupuestaria. Para el momento de contraer la obligación contractual, debe verificar que exista el respectivo monto en la ley de presupuesto y comprometerlo, es decir, apartarlo o afectarlo al pago de la obligación contractual. Y esa cantidad será utilizada solo para el pago propiamente dicho, y en la oportunidad que contractualmente se haya establecido para satisfacerlo porque, aunque parezca obvio hay que decirlo, el pago propiamente dicho no se produce en el momento mismo de la contratación pública, pues, siempre es un acto a futuro. En el momento de la contratación pública lo que hay es un compromiso de pago.

Por último, en unidad monetaria, en una partida presupuestaria que autoriza a pagar hasta 100, el contratante público puede comprometer varias veces: 50, 30, 20. Pero nunca puede comprometer por 101 o 110, aunque exista la posibilidad de la aprobación de un crédito extraordinario que le permitirá pagar cuando corresponda según la cláusula contractual, porque ese exceso es deuda. Para contraer deuda no basta un acto administrativo, se insiste, debe mediar un acto del Poder legislativo.

d. *Principio de temporalidad*

§178. Planteamiento de la cuestión — Como cuestión previa debemos señalar que, de acuerdo con la naturaleza del contrato, el tiempo actúa como distancia, mientras que en otros como duración. Lo primero ocurre en los contratos de ejecución diferida o postergada en el tiempo, sea por un plazo inicial, sea por una condición suspensiva. Lo segundo, en los contratos de ejecución continuada —o de duración—, en los cuales la prestación perdura, de manera continuada o periódica, tal y como sucede con los contratos de concesión de servicios públicos.

En este orden de ideas, con respecto a la duración de las prórrogas o renovaciones de los contratos de concesión, se observa que existen límites:

1.°, de carácter constitucional, en el sentido que el Estado Constitucional podrá otorgar concesiones para la prestación de servicios de naturaleza pública con exclusividad o sin ella, las cuales no podrán tener carácter perpetuo o indefinido, sino siempre por tiempo determinado, de acuerdo con el Art. 113 de la C dispone sobre el tiempo de ejecución de las concesiones que tienen por objeto la explotación de recursos naturales propiedad de la Nación, o ya para la prestación de sevicios de naturaleza pública lo siguiente:

> **Art. 113.** [...]
>
> Cuando se trate de explotación de recursos naturales propiedad de la Nación o de la prestación de servicios de naturaleza pública con exclusividad o sin ella, el Estado podrá otorgar concesiones por tiempo determinado, asegurando siempre la existencia de contraprestaciones o contrapartidas adecuadas al interés público.

O 2.°, de carácter legal, por ej. en el ámbito municipal, en la LOPPPM[807], al disponer que el plazo de concesión no podrá exceder de 20 años (Art. 73, num. 1de la LOPPM), por lo que la duración del contrato de concesión del servicio público original y las prórrogas o renovaciones sucesivas de que puedan ser objeto, en ningún caso puede exceder el plazo de duración total marcado por la ley para el régimen de 20 años para los servicios públicos municipales, siempre en cuando se cumplan los requisitos inherentes al régimen de las mismas.

Por otro lado, sostiene la doctrina[808] el modo normal de extinguirse un contrato de administrativo es por el vencimiento del plazo determinado en el mismo.

---

807 Publicada en la GO N° 5.806 Extr., de fecha 10 de abril de 2006.

808 Lares Martínez, E. Ob. cit., nota740, 374.

En efecto, debe reiterarse que con carácter general la extinción de los contratos públicos por el transcurso del plazo o término de duración es la regla general, pero también cabe que se puedan otorgar prórrogas o renovaciones en supuestos excepcionales y justificados[809]. Por ello, el cumplimiento de los contratos públicos como los de Derecho privado en el plazo fijado ha de ser lo normal, si es que la ejecución se desarrolla como estaba previsto. Como es lógico, la fijación de un plazo de duración en el articulado del contrato público implica su aceptación por las partes contratantes, de manera que deberán ajustar el contenido de todas sus obligaciones a dicho plazo de duración.

Por su parte, la jurisprudencia[810] del Máximo Tribunal ha señalado que el contrato de concesión es ciertamente un contrato de ejecución continuada al señalar lo siguiente.

> Visto lo anterior y atendiendo a lo expresado en torno a los caracteres de las inspecciones judiciales, observa la Sala que el objeto del contrato celebrado por las partes era: »la prestación del servicio público de de aseo urbano y domiciliario en la Jurisdicción Territorial del Municipio Francisco de Miranda del Estado Guárico, que incluye recolección barrido, disposición final de desechos sólidos, así como el tratamiento técnico de relleno sanitario de Calabozo», es decir, que la prestación no se agotaba con un sólo acto extinguiéndose tan pronto como dicho acto se ejecutara, sino que, por el contrario, se trataba de una obligación de tracto sucesivo o de ejecución continuada, debiendo las partes conservar una conducta reiterada en el tiempo, dirigida a cumplir con las obligaciones asumidas en dicho contrato.

§179. Fundamento — No hay duda también que la fijación expresa de un determinado plazo de duración en cualquier contrato público obedece a razones de interés general, sobre todo si se trata de la prestación o gestión de servicios públicos. Sin embargo, en ocasiones es posible que el plazo de duración inicialmente fijado pueda alterarse en atención a la concurrencia de circunstancias de interés público que así lo aconsejen.

Ahora bien, en estos casos si así lo exige el interés público, y atendidos evidentemente la satisfacción de la Administración pública concedente con relación al grado de cumplimiento por parte del co-contratante, pareciera que sería la prórroga o renovación de naturaleza contractual o legal, la posibilidad que mejor encaja con los principios inherentes a los servicios públicos, especialmente con el principio de continuidad o regularidad en la prestación, que es de la esencia del servicio público.

Por tanto, en el contrato de concesión de servicios públicos, el principio de continuidad o regularidad condiciona la cuestión del plazo de duración, por ende, la posibilidad de otorgar o no la prórroga o renovación. Y es que, de cualquier forma, la prórroga o renovación contractual supone, como es obvio, una modificación del plazo de duración contractual.

Finalmente, con respecto a la naturaleza de la decisión por parte de la Administración pública concedente de otorgar o no la prórroga o renovación del contrato de concesión de servicios públicos, la jurisprudencia[811] se ha pronunciado por el carácter de cláusula exorbitante de la misma.

---

809 Rodríguez-Arana, J., «La prórroga de los contratos administrativos», en *Libro Homenaje al Profesor José Luis Villar Palasi*, Civitas, Madrid, 1989, p. 1101.

810 Sent. N° 00907 del TSJ/SPA, de fecha 17 de junio de 2009, caso *Mayreca, C.A.*

CAPÍTULO VII
LA CONSTITUCIÓN ADMINISTRATIVA Y LOS BIENES PÚBLICOS

Sección 1.ª La teoría del dominio público

Introducción

§180. Planteamiento de la cuestión – Es sabido que el Estado Constitucional, para el cumplimiento de sus cometidos, requiere de bienes que van a integrar lo que la doctrina y la vigente LOBP[812] denominan «Bienes Públicos»[813], y que tiene por objeto establecer las normas que regulan el ámbito, organización, atribuciones y funcionamiento del Sistema de Bienes Públicos, como parte integrante del Sistema de Administración Financiera del Estado, según el Art. 1 *eiusdem*, y que son de estricto cumplimiento, no solo por los órganos y entes que conforman el Sistema de Bienes Públicos, sino también para las personas naturales o jurídicas que custodien o ejerzan algún derecho sobre un Bien Público, según el Art. 2 *eiusdem*.

Ahora, se entiende generalmente por Bienes Públicos, los bienes o cosas pertenecientes a las personas públicas (M.A. Latournerie)[814]. Por su parte F.Burdeau[815] sostiene que la sujeción del dominio público a un régimen jurídico específico es una obra del Derecho consuetudinario, elaborado por la doctrina y la jurisprudencia del siglo XIX, de donde se origina la distinción primordial de dominio público y dominio privado del Estado Constitucional. El antiguo Derecho francés la ignoraba totalmente, puesto que todos los bienes integrantes del dominio de la Corona estaban sujetos a las mismas reglas, entre las cuales la más importante era la inalienabilidad. Pero fue la necesidad de ofrecer una protección particular a ciertos Bienes Públicos y, muy especialmente, rescatando el principio de inalienabilidad, lo que condujo a la doctrina a renovarla, partiendo de las nociones establecidas por el Derecho romano, según el cual los bienes de las personas públicas revelan dos regímenes diferentes, con lo cual se abandona el viejo principio de la unidad dominial.

---

811 Sent. N° 01811 de fecha 10 de diciembre de 2009, caso *Tadeo-Anzoátegui, C.A.*

812 Decreto con Rango, Valor y Fuerza de Ley Orgánica de Bienes Públicos, distinguido con el N° 1.407, publicado en la GO N° 6.155 Extr., de fecha 19-11-2014.

813 AA.VV. (2014). *Temas relevantes sobre contratos, servicios y bienes públicos. V Congreso de Derecho Administrativo.* Coord. A. Canónico Saravia. Margarita.

814 Latournerie, M.A. *Réflexions sur l'orientation du droit des propriétés publiques*, cit. por Auby, J.-M. y Bon, P. (1993). *Droit administratifs des biens.* Précis Dalloz, 2ª. Edition. Paris.

815 Burdeau, F. (1995). *Histoire du droit administratif.* Paris, PUF, 350 y 351.

Así las cosas, Sayaguéz Laso[816] señala que para cumplir sus cometidos, la Administración pública dispone de bienes y recursos económicos cuantiosos y muy variados, y a medida que crecen dichas actividades, aumentan los bienes requeridos. Por su parte, sostiene F. López Ramón[817], que los comúnmente denominados Bienes Públicos podrían estar destinados al uso general o público, así como a la prestación de un servicio público, mediante una declaratoria de afectación expresa, una afectación presunta o una afectación implícita o tácita, siendo responsabilidad de la Administración pública su gestión, aprovechamiento y uso; mientras que existen otros Bienes Públicos que son adscritos a los entes públicos dependientes o tutelados de aquélla, para su vinculación directa a un servicio de su competencia (uso público) o para el cumplimiento de sus fines propios (uso privado).

§181. Bienes Públicos – Con relación a los bienes o cosas que integran la categoría de los Bienes Públicos, el Art. 5 de la LOBP procede a enumerar los siguientes:

(i) Los bienes muebles e inmuebles, títulos valores, acciones, cuotas o participaciones en sociedades y demás derechos, de dominio público o de dominio privado, que hayan adquirido o adquieran los órganos y entes que conforman el Sector Público, independientemente del nivel de gobierno al que pertenezcan (num. 1)

(ii) Los bienes, mercancías o efectos, que se encuentran en el territorio de la República y que no tienen dueño (num. 2).

(iii) Los bienes muebles e inmuebles, títulos valores, acciones, cuotas o participaciones en sociedades y demás derechos provenientes de las herencias yacentes (num. 3)

(iv) Las mercancías que se declaren abandonadas (num. 4).

(v) Los bienes, mercancías o efectos que sean objeto de una medida de comiso firme mediante acto administrativo o sentencia definitiva, y los que mediante sentencia firme o procedimiento de ley sean puestos a la orden del Tesoro Nacional.

(v) Los bienes muebles e inmuebles pertenecientes al Estado Constitucional, que se encuentren en tránsito o que estén permanentemente instalados en el país ante cuyo Gobierno estén acreditados, según las disposiciones en materia del servicio exterior.

Por otro lado, el Art. 5 de la LOBO dispone que no serán catalogados como Bienes Públicos los siguientes:

(i) Los productos que sean adquiridos, concebidos, extraídos o fabricados por las personas, órganos y entes sujetos a la presente LOBP, de conformidad con su naturaleza, funciones, competencias, atribuciones o actividades comerciales, mercantiles, financieras o sociales, con destino a la venta (1.).

(ii) Los artículos calificados como materiales y suministros según el Clasificador Presupuestario dictado por la Oficina Nacional de Presupuesto (2.).

---

816 Sayagués Laso, E. Ob. cit., nota 248, T.II, 817.

817 López Ramón, F. (2012). *Sistema jurídico de los bienes públicos*. Pamplona, Civitas-Thomson Reuters.

(iii) Los bienes adquiridos con la finalidad de ser donados de forma inmediata (3.).

(vi) Los bienes adquiridos en ejecución de norma expresa, en cumplimiento de fines institucionales, con el fin de ser enajenados a terceros (4.).

Finalmente, el Art. 5 *eiusdem* estable otra clasificación en atención al titular del Bien Público, así:

(i) Bienes Nacionales: son los Bienes Públicos, de dominio público o privado propiedad de la República, de los institutos autónomos y de las empresas del Estado, de las demás personas en que los entes antes mencionados tengan una participación igual o superior al 50% del capital social y de las consideradas fundaciones del Estado (a).

(ii) Bienes Estadales: son los Bienes Públicos, de dominio público o privado propiedad de los Estados federados, de los institutos autónomos y de las empresas estadales, de las demás personas en que los entes antes mencionados tengan una participación igual o superior al 50% del capital social y de las consideradas fundaciones estadales (b).

(iii) Bienes Municipales: son los Bienes Públicos, de dominio público o privado propiedad de los Municipios, de los institutos autónomos y de las empresas municipales, de las demás personas en que los entes antes mencionados tengan una participación igual o superior al 50% del capital social y de las consideradas fundaciones municipales (c).

(iv) Bienes Distritales: son los Bienes Públicos, de dominio público o privado propiedad de los Distritos, de los institutos autónomos y de las empresas distritales, de las demás personas en que los entes antes mencionados tengan una participación igual o superior al 50% del capital social y de las consideradas fundaciones distritales (d).

A. Dominio público

I. Denominación

§182. Planteamiento de la cuestión — Pues bien, los Bienes Públicos que integran el patrimonio público están sometidos a regímenes jurídicos diversos: 1.°, el que comprende reglas de Derecho público, expresamente establecidas por el legislador o afirmadas mediante la elaboración de la jurisprudencia y de la doctrina; y 2.°, el que comprende reglas de Derecho privado, que se consideran aplicables a causa de la naturaleza de ciertos bienes, lo cual da lugar a la clásica *summa divisio* entre: *i*) los Bienes Públicos del dominio público *strictu sensu*; y *ii*), los Bienes Públicos del dominio privado o patrimoniales, si bien ambas categorías son de titularidad pública y, por ende, integrantes del patrimonio del Estado Constitucional.

En tal sentido, el Art. 6 de la LOBP establece lo siguiente: «Los Bienes Públicos son del dominio público o del dominio privado». Al respecto señala la doctrina que las cosas toman el nombre especial de bienes, cuando conforme al Art. 525 del CC[818], significa lo que puede ser objeto de propiedad pública o privada (A.Dominici)[819].

---

818 Publicada la Ley de ReformaParcial del Código Civil, en la G O N° 2.990 Extr., del 26-07-1982.

819 Domínici, A. (1951). *Comentarios al Códico Civil Venezolano,* Tomo I. Caracas, Ediciones Juventud Católica Venezolana, 572.

Ahora bien, la noción de dominio público es tan antigua como las primeras comunidades humanas donde ya existían dichos bienes, aunque regidos por el Derecho consuetudinario, fuente jurídica primaria en la historia del Derecho y particularmente en las organizaciones primitivas[820]. Sin embargo, puede afirmarse que la teoría del dominio público tiene su raíz en el antiguo Derecho romano, que es donde aparece la técnica de defender con un régimen jurídico especial categorías determinadas de bienes por razón del fin al que sirven. En él las «*res sanctae*» gozaban de una ordenación especial, en virtud de la solemnidad de la «*consacratio*» y la perdían a través de la «*profanatio*» o «*desconsacratio*». La técnica se extendió, por secularización, a las «*res publicae*», que conocieron la solemnidad de la «*publicatio*». Sin embargo, la teoría del dominio público comenzó a gestarse en el siglo XIX.

En efecto, fue en Francia donde se inició el proceso de sistematización de esa doctrina y de su ajuste a principios jurídicos. La formulación precisa aparece con la obra de J.M.Pardessus[821], quien fue el primero en emplear la locución dominio público, para designar la categoría de bienes del Estado no pertenecientes al dominio privado del mismo, es decir, para designar una categoría de bienes disciplinada por un régimen jurídico especial: un régimen de dominio público, esencialmente de Derecho administrativo. De modo que la locución correcta para designar la categoría de bienes no pertenecientes individualmente a los administrados o personas, destinada al uso público, directo o indirecto, y sometida a un régimen jurídico especial, es desde entonces, dominio público. Al final del siglo XIX, la distinción se consagra definitivamente por la doctrina, la legislación y la jurisprudencia.

Pero la expresión dominio público, señala M.S.Marienhoff[822], reconoce otras expresiones que la equivalen, y que como tales las acepta el lenguaje técnico jurídico actual: bienes dominicales, bienes dominiales, cosas o en fin, aunque no con propiedad, también Bienes Públicos. Todos estos términos hacen referencia a un mismo concepto: el dominio público. Cuando se habla de demanio, demanial, demaniales, demanialidad, dominicalidad o de dominialidad, se entiende referir, pués, al dominio público, o a los Bienes Públicos que son los que integran el dominio público.

II. Naturaleza jurídica

§183. Naturaleza jurídica – Como cuestión previa debe comenzarse señalando, de acuerdo con Marienhoff[823], que no porque el CC se refiere al dominio público, su naturaleza jurídica sea civil. En efecto, el dominio público no es una institución de naturaleza civil; es de Derecho público y, más concretamente, del Derecho administrativo. En este sentido, sostiene A.M.Ruggeri[824] que el régimen es totalmente de Derecho público, y el CC no se aplica ni siquiera a título supletorio.

Ahora bien, para definir cuál es la naturaleza jurídica del derecho que ejerce el Estado Constitucional sobre los bienes del dominio público, existen dos corrientes o teorías doctrinarias que tratan de dilucidar la existencia de esa relación jurídico-

[820] Marienhoff, M. S. (1960). *Tratado del Dominio Público*. Buenos Aires, Tipográfica Editora Argentina, 28.
[821] Pardessus, J.M. (1829). *Traité des servitudes ou services fonciers*, 7a. éd. Paris.
[822] Marienhoff, M. S., Ob. cit., nota 820, 32.
[823] Marienhoff, M. S. Ob. cit., nota 820, 86.
[824] Ruggeri, A. M. (1981). Ordenación Sistemática de la legislación vigente sobre bienes del Estado Constitucional, T. I, Introductoria. Caracas, 43.

administrativa entre: 1.°, el ente público, ya sea la República, el Estado federal o el Municipio o Distrito; y 2.°, el bien integrante del dominio público.

Por su parte Lares Martinez[825] distingue dos grandes teorías, que se oponen en cuanto a la definición de los bienes que deben constituir el dominio público, así: 1.ª, la teoría clásica; y 2.ª, la teoría moderna.

§183.a Teoría clásica – Esta teoría prevaleció en el siglo XIX y comienzos del *xx*, restringiendo la esfera del dominio público al conjunto de bienes o cosas no susceptibles de propiedad privada, y afectados al uso directo del público. Según T.Ducrocq[826] «La primera condición que debe presentar un inmueble para constituir una dependencia del dominio público es no ser susceptible de propiedad privada por su naturaleza», es decir, los bienes del dominio público no pueden ser propiedad de nadie, ni siquiera del Estado Constitucional mismo, que no tiene sobre él sino la administración, control y vigilancia, con misión de conservarlo para las generaciones futuras.

El autor H.Berthélémy[827], partidario de la teoría expuesta, sostiene que los bienes del dominio público se caracterizan, salvo determinación legal, por la destinación al uso de todos, como los ríos, los caminos y los puertos; cuya naturaleza y destino los asemejan a las «*res communes*», cuya apropiación no puede concebirse.

Considerando esta teoría que:

(i) El carácter que convierte los bienes insusceptibles de propiedad privada puede tener dos orígenes: 1.°, los que por su naturaleza física no son susceptibles de ser objeto de propiedad privada –por ej., los ríos–; y 2.°, también aquellos que por su destinación particular que les desnaturaliza y excluye de la apropiación –por ej., las carreteras–.

(ii) El Estado Constitucional no ejerce sobre los bienes un derecho de propiedad por no configurarse las características de este como son: 1.°, el «*ius utendi*», o el uso que corresponde al público; 2.°, ni el «*ius fruendi*», ya que esos bienes no producen frutos; ni por último 3.°, el «*ius abutendi*», por ser inalienables dichos bienes.

§183.b Teoría moderna – Esta teoría nace como consecuencia de las críticas hechas a la teoría clásica con su idea de dominio público natural, y a la noción de bienes insusceptibles de propiedad privada. Según esta nueva teoría, no es la naturaleza de los bienes la que caracteriza el dominio público, ni es condición necesaria para pertenecer a este que los bienes estén destinados al uso directo del público.

Es a mediados del siglo XIX cuando J.V. Proudhon[828] reelabora el concepto de dominio público, y pone el acento antes que en la particularidad del titular, en la idea del destino. Se consagraba así la concepción «objetiva» de la institución: poder de regir y administrar los bienes que están destinadas por las leyes al uso de todos, y cuya propiedad no es de nadie. La nueva concepción no sólo considera como

---

825 Lares Martínez, E. Ob. cit., nota 740, 570-572.

826 Ducrocq, T. *Cours de droit administratif et de legislation francaise des finances*, Paris, 1897-1905.

827 Berthélémy, H. *Traité élémentaire de droit administratif.* Paris, 1930, 406.

828 Proudhon., J. B. V. (1833-1834). *Traité du domaine public de la distinctión des biens*. Dijon. Cit. por De Laubadere, A. Venezia J.-C. et Gaudmet, Y. (1996). *Traité de droit administratif*, T. II, 14ª. Ed. Paris, LGDJ, 136.

bienes del dominio público, los afectados al uso directo del público, como los caminos, los ríos, las riveras del mar y las calles, sino también aquellos bienes afectados al funcionamiento de un servicio público y, por ende, de uso indirecto del público. Así, durante el siglo XIX se hubo ampliado la noción del dominio público.

Así las cosas, el dominio público se concibe como la consecuencia de la voluntad del Poder público y el dominio público como el soporte indispensable de los servicios públicos, de la intervención de la Administración pública. Así, L. Duguit[829] ve el criterio de dominio público en la afectación al servicio público, en sentido amplio, englobando la afectación al uso directo del público. R.Bonnard[830] prefiere utilizar paralelamente dos criterios: 1.°, la afectación al uso directo del público; y 2.°, la afectación al servicio público. Finalmente, Hauriou[831] propone una síntesis: la afectación a la utilidad pública. En efecto, esta teoría seguida por calificados expositores, sostiene que integran el dominio público, los bienes del Estado Constitucional afectados al uso, directo o indirecto, del público. Así, la idea de «afectación» se convirtió en la noción central.

Por tanto, lo que caracteriza al dominio público, es decir, la relación entre el Estado Constitucional y el objeto —cosa o bien— del dominio público, es su afectación a una utilidad pública.

§184. Conclusión — Frente a las consideraciones expuestas, es necesario destacar que la doctrina moderna sostiene la configuración del dominio público como una relación de propiedad, un derecho de dominio del Estado Constitucional, siquiera tenga un régimen jurídico especial por la afectación a una utilidad pública.

Por tanto, se está en presencia de un verdadero derecho de propiedad[832], denominada propiedad pública[833], por estar sometida a un régimen jurídico exorbitante del Derecho común, pero propiedad al fin. Asimismo, la jurisprudencia ha señalado que tradicionalmente se ha admitido la dominialidad como sinónimo de propiedad plena[834].

Ahora bien, la teoría el dominio público ha sufrido, si no una crisis, al menos una transformación profunda, la cual comprende los elementos siguientes:

(i) La concepción tradicional le asigna a la Administración pública la misión de conservación y mantenimiento del destino del bien, esto es, de policía administrativa demanial, la cual se mantiene, pues no es sino uno de los aspectos de la función demanial.

(ii) Después, el dominio apareció como un medio de asegurar la gestión de los servicios públicos de los más diversos. Así, la gestión demanial se encuentra vinculada a la gestión del bien, y va más allá de la misión tradicional de guarda y mantenimiento, y se constituye así en un medio o título de intervención del Estado Constitucional.

---

829 Duguit, L. (1923). *Traité de droit constitutionnel*, París, Ed. De Boccard, 1923.

830 Bonnard, R. (1943). *Précis de droit administratif*, 4ª. ed. Paris.

831 Hauriou, M. Ob. Cit., nota 437,781.

832 Lares Martínez, E. Ob. cit., nota 740; Ruggeri, A. M., Ob. cit., nota 824, 15; Aguilar gorrondona, J. L. y Viso, A. B. (1967-1968). Derecho Civil. Cosas y Bienes. Caracas, UCAB, 75.

833 Mayer, O. Ob. cit., nota 565, t. III, 153-154; Hauriou, M. Ob. cit., nota 332, 781 y ss.; Zanobini, G. (1954). *Curso de Derecho Administrativo*. Buenos Aires, Acayú, 216; De Laubadere, A. Ob. cit., nota 828, t. III, 139.

834 Sent. del DFMJS5, de fecha 19-9- 1977, JRG, Vol. LVII, 73.

(iii) Además, a diferencia de la concepción tradicional del carácter improductivo del dominio público, aparece entonces como una fuente importante de beneficios financieros, y así también una función patrimonial del dominio público —las rentas de todo tipo que pueden producir, tales como los derechos portuarios, peajes y demás tributos—.

(iv) Y por último, la carga de la responsabilidad extra-contractual por guarda y custodia de los bienes o cosas, derivada por los daños causados a terceros (Art.1.193 del CC).

De acuerdo con lo expuesto anteriormente, en el Derecho positivo[835] predomina la teoría de Hauriou, es decir, se consideran bienes del dominio público aquellos bienes que se encuentran vinculados a la afectación de utilidad pública, esto es, destinados al uso, directo o indirecto, del público.

III. Concepto

§185. Planteamiento de la cuestión — El autor Sayagués Laso[836] sostuvo que para definir el dominio público es preciso tener encuentra diversos factores: la naturaleza de los bienes, que los hace insusceptibles de propiedad privada —fortalezas, obras de defensa militar, armamentos, etc.—, la imposibilidad o dificultad para sustituirlos —edificios con valor histórico—, su importancia en la organización del servicio público, etc.

Se define al dominio público como un conjunto o suma de bienes sometido a un régimen jurídico especial de Derecho público, distinto del que rige los bienes del dominio privado y de la propiedad privada. Es pues, siguiendo a Marienhoff[837], un conjunto de bienes que, de acuerdo con el Ordenamiento jurídico pertenecen al Estado Constitucional, *latu sensu,* hallándose destinados al uso público directo o indirecto de los particulares o habitantes.

Esta definición incluye los cuatro elementos o requisitos constitutivos de la domanialidad, a saber: 1.°, el elemento orgánico; 2.°, el elemento teleológico; 3.°, el elemento formal o normativo; y por último 4.°, el elemento objetivo.

§185.a Elemento orgánico — El elemento orgánico o subjetivo —titular— es el elemento primario del concepto, pues está referido al sujeto o titular del derecho sobre los Bienes Públicos del dominio público, esto es, la pertenencia del sujeto titular del derecho de propiedad pública. Al respecto se señala que son dos las precisiones con que la doctrina acostumbra determinar quiénes pueden ser titulares del dominio público.

En primer lugar, sólo pueden ser titulares de Bienes Públicos del dominio público, las personas públicas territoriales de Derecho público; por tanto, el dominio público no es susceptible de propiedad privada, esto es, los administrados o las personas, ni aún tratándose de bienes de los concesionarios de servicios públicos, afectados directamente a la prestación del respectivo servicio, pues son bienes de propiedad privada de dichos concesionarios[838].

---

835 Lares Martínez, E. Ob. cit., nota 740, 579.
836 Sayagués Laso, E., Ob. cit., nota 248, t. II, 244-245.
837 Marienhoff, M. Ob. cit., nota 820, 46.
838 Sayagués Laso, E. Ob. cit., nota 248, 239; y Marienhoff, M. S. Ob cit., nota 820, 81-82.

En tal sentido, la doctrina nacional estableció la insusceptibilidad de la propiedad privada (L.Sanojo)[839], en el sentido que las personas naturales o jurídicas de Derecho privado no podrán ser titulares de Bienes Públicos del dominio público. Al respecto se señala que la inapropiabilidad es efecto y no de la característica que permite incluirlo dentro de la categoría del dominio público (Aguilar y Viso)[840]. En tal sentido, el Estado Constitucional podrá afectar un bien público a una empresa del Estado e incluso a un particular —concesionario—, pero esto no lo convierte en un bien público del dominio público.

En segundo lugar, sólo pueden ser titulares del dominio público, las personas públicas territoriales[841], esto es, la República, los Estados federales, los Distritos Metropolitanos y los Municipios. Según esta precisión, no pueden ser titulares de Bienes Públicos del dominio público, los institutos públicos o autónomos[842].

No obstante, lo anterior, lo cierto es que los institutos públicos o autónomos necesitan disponer de Bienes Públicos, por lo que se justifica entonces el nacimiento de técnicas específicas, exponentes del trafico jurídico demanial, cuya significación alcanza a resolver los problemas que crea la multiplicación de los entes descentralizados funcionalmente. Es así como nace la figura de la «adscripción» patrimonial o de Bienes Públicos —del dominio público o del dominio privado—, técnica configurada para que los entes descentralizados funcionalmente de las personas públicas territoriales, puedan utilizar Bienes Públicos que sólo las personas públicas territoriales pueden tener bajo su titularidad, por cuanto la cesión de uso no altera su naturaleza[843].

§185.b Elemento teleológico — Este otro elemento es el teleológico o funcional, que está referido al destino o fin de los Bienes Públicos del dominio público, esto es, la «afectación» que concurre a definir a un bien público como del dominio público.

Desde este punto de vista, de acuerdo con el Art. 7 de la LOBP, el bien público del dominio público puede estar afectado o destinado:

(i) Al uso público «directo», inmediato, —«*uti singulis*»—, esto es, el uso genérico de todos los habitantes.

(ii) Y al uso público «indirecto», mediato, —«*uti universis*»—, esto es, los bienes que son utilizados de manera indirecta o inmediata, a través de la afectación directa que se hace del bien público —bien final o bien de uso—[844] para la prestación de un servicio público, cuando dicho servicio es prestado directamente por el Estado Constitucional.

§185.c Elemento formal — Por último, el elemento formal o normativo —«*publicatio*» o publificación— alude a la determinación o previsión legal —criterio

839 Sanojo, L. (1954). *Instituciones de Derecho Civil Venezolano*, Tomo II. Madrid, Gráficas San Sebastián, 16.

840 Aguilar Gorrondona, J. L., y Viso, Á. B. Ob. cit., nota 832.

841 Lares Martínes, E., Ob. cit., nota 740, 569; y Ruggeri, Ana María. Ob. cit., nota 824,52; y Farías Lata, L. E. (1978). *Observaciones al Proyecto de Ley Orgánica de la Administración Descentralizada*. Caracas, 18-19.

842 Farías Mata, Luis E. Ob. cit., nota 841, 18-19. En sentido contrario se pronuncia Andueza, G. (1977). *Observaciones al Proyecto de Ley Orgánica de la Administración Descentralizada*. Caracas, 10.

843 Parejo Gamir, R. y Rodríguez Oliver, J. M. (1976). *Lecciones de Dominio Público*. Madrid, Ediciones ICAI, 11.

844 Marienhoff, M. S. Ob. Cit., nota 820, 116-117.

legislativo—, que determina que un bien público sea del dominio público o del dominio privado del Estado Constitucional.

En tal sentido, el principio es que tal calificación corresponde sólo a la voluntad del legislador (Arts. 156, num. 32 y 187 de la C), de lo cual surge que no existe dominio público por naturaleza o por derecho natural. Ahora bien, la determinación de cuáles Bienes Públicos revisten carácter de dominio público y cuáles de dominio privado, implica una cuestión de carácter civil, pues significa establecer la distinción o clasificación básica en la condición legal o naturaleza jurídica de los bienes, materia propia de la legislación sustantiva[845]. Una vez establecido cuáles son los Bienes Públicos que integran el dominio público, va de suyo que este constituye una institución de Derecho público, y más precisamente, de Derecho administrativo.

Por tanto, siendo el dominio público un concepto jurídico, su origen es de fuente normativa, pues viene a ser el Ordenamiento jurídico quien determina —*«publicatio»*— su condición de bien público del dominio público y, por ende, su sometimiento al régimen jurídico exorbitante del Derecho común, ya de carácter constitucional como sucede en materia de los hidrocarburos o costas marinas (Art. 12 de la C) o ya de carácter legal como sucede con el Art. 6, num. 5 de la LOBP cuando dispone: «Todos aquellos bienes a los que por ley se confiere tal cualidad», como son los casos del Art. 539 del CC o del Art. 6 de la LOBP, o mediante leyes especiales como es el caso del espectro eléctrico (Art. 7 de la LOTEL).

Ahora bien, la decisión de la voluntad estatal puede ser de dos categorías, en cuanto a su naturaleza: 1.ª, de carácter declarativo cuando está referido al dominio «natural» —lagos, espacio aéreo, ríos, etc.—; y 2.ª, de carácter atributivo o constitutivo, si se trata del dominio «artificial».

En este sentido puede señalarse que desde el punto de vista legal, la calificación de un bien público como del dominio público es determinado de tres formas, a saber: 1.ª, una indicación nominal o específica, por ej., cuando el Art. 7 de la LOTEL declara que el espectro radioeléctrico es un bien público del dominio público; 2.ª, una indicación genérica o enunciativa de ellos, por ej., cuando el Art. 539, primer aparte del CC señala que son Bienes Públicos del dominio público, los lagos, los ríos, etc.; y 3.ª, a falta de ley específica o genérica, de carácter interpretativo, cuando el CC dispone «y demás bienes semejantes»; en tales casos, le corresponde al operador jurídico, mediante la analogía o los principios generales de Derecho administrativo, determinar cuándo un bien público que no haya sido catalogado expresamente como tal por ley, ya sea general o sea especial, pertenecería al dominio público o al dominio privado del Estado Constitucional.

§185.d Elemento objetivo — El elemento objetivo se relaciona con los objetos —bienes o cosas— susceptibles de integrar el dominio público. En tal sentido podemos señalar que, independientemente de sus características o su naturaleza, todos los bienes o cualquier clase de bienes, son susceptibles de ser categorizados como del dominio público.

Ahora bien, ¿cuándo un bien determinado queda sometido al régimen jurídico de dominio público o del dominio privado? Es esta una cuestión teleológica, que

---

[845] Marienhoff, M. S. Ob. Cit., nota 820, 122; y Villegas Basavilbaso, B. (1952). *Derecho Administrativo*, t. IV. Buenos Aires, 91.

debe resolverse recurriendo al Ordenamiento jurídico de cada país y a falta de disposiciones en dicho Ordenamiento positivo, cobran particular importancia las conclusiones de la doctrina y la jurisprudencia. Por tanto, de acuerdo con la doctrina, para que el bien sea considerado como integrando el dominio público y, por consiguiemnte, esté sometido al régimen jurídico de Derecho público, no basta que el mismo reúna alternativamente alguno o algunos de los elementos esenciales de la dominialidad, pues para que se le tenga como bien del dominio público, debe reunir simultáneamente todos los elementos esenciales ya indicados.

Finalmente, es nuestro Derecho positivo no existe una categoría intermedia de bienes, sino que es el propio CC que hace la distinción entre bienes del dominio público v bienes del dominio privado de la República, los Estados federales, los Municipios y Distritos.

IV. Derecho positivo

a. *Antecedentes*

§186. Planteamiento de la cuestión — Como cuestión previa debemos mencionar que el tratamiento normativo del dominio público tiene su génesis en el Derecho civil, porque pertenece a esta disciplina la determinación de la condición legal o naturaleza jurídica de los bienes, de lo que es propiedad pública o propiedad privada. Por tanto, hay que hacer referencia, en primer lugar, al Código sustantivo como lo es el Código Civil, ley sustantiva por excelencia de la legislación civil (Arts. 525 a 544 del CC). Asimismo, la Constitución reserva al Poder Legislativo Nacional, la legislación en materia civil (Arts. 156, num. 32, y 187 de la C).

Por otro lado, se estable el carácter normativo de orden público y la aplicación preferente de la regulación contenida en la LOBP en los términos siguientes:

> **Orden Público**
>
> **Artículo 3.** Las disposiciones del presente Decreto con Rango, Valor y Fuerza de Ley Orgánica son de orden público y se aplicarán con preferencia a cualquier otra del mismo rango.

Asimismo, el Artículo 12 de la LOBP reitera la aplicación preferente de la LOBP en los términos siguientes:

> **Aplicación preferente**
>
> **Artículo 14.** Las normas contenidas en leyes especiales, que regulen los bienes a que se refiere este Título, se aplicarán en tanto no contradigan las disposiciones establecidas en el presente Decreto con Rango, Valor y Fuerza de Ley Orgánica.

En todo caso, el Art. 15 de la LOBP dispone que, aún tratándose de Bienes Públicos que se rigen por sus respectivas leyes, la LOBP regirá supletoriamente en los casos siguientes:

(i) Los yacimientos mineros y de hidrocarburos, cualquiera que sea su naturaleza, existentes en el territorio nacional, bajo el lecho del mar territorial, en la zona económica exclusiva y en la plataforma continental.

(ii) Los espacios lacustre y fluvial, mar territorial, áreas marinas interiores, históricas y vitales y las comprendidas dentro de las líneas de base recta que ha adoptado o adopte la República; las costas marinas; el suelo y subsuelo de éstos; el espacio aéreo continental, insular y marítimo y los recursos que en ellos se encuentran, incluidos los genéticos, los de las especies migratorias, sus productos derivados y los componentes intangibles que por causas naturales allí se hallen.

(iii) Los Bienes Públicos empleados directamente para la seguridad y defensa de bienes y personas.

(iv) El espectro radioeléctrico.

(v) Las tierras baldías.

(vi) Las tierras propiedad del Instituto Nacional de Tierras y las que por ley le deban pertenecer.

(vii) Los Bienes Públicos empleados directamente por las Industrias Básicas Pesadas en poder del Estado Constitucional, en las labores de aprovechamiento y/o transformación de los recursos naturales a su cargo.

(viii) Los Bienes Públicos enmarcados en procesos de privatizaciones.

(ix) Los estupefacientes y sustancias psicotrópicas, así como las sustancias químicas, precursoras y esenciales susceptibles de ser desviadas a la fabricación ilícita de drogas.

(x) Los haberes de los fondos públicos de prestaciones, pensiones y jubilaciones.

(xi) Y por último, los bienes de valor artístico e histórico propiedad de la República, los Estados federados, los municipios o los distritos, sin perjuicio de que sean incluidos en los registros de Bienes Públicos establecidos en el Art. 24 de la LOBP.

b. ***Clasificación***

§187. Planteamiento de la cuestión — El Código Civil de 1862 fue el primero que hizo referencia a los bienes que son propiedad de la Nación y de las Municipalidades. Así las cosas, el aspecto importante del mencionado Código Civil es que clasifica a los bienes, no con relación al régimen jurídico aplicable a cada uno de ellos, sino con relación a la pertenencia subjetiva de los mismos, esto es, en función del titular de los bienes, en razón de lo cual el epígrafe «*De los Bienes con Relación a las Personas a quienes pertenecen*», la redacción se conserva aún hasta nuestros días; sin embargo, la clasificación importante que trae el Código Civil es en función al régimen jurídico de los bienes, así: régimen jurídico de la propiedad «pública» y régimen jurídico de la propiedad «privada».

En tal sentido, el CC establece con relación a los bienes, las disposiciones siguientes:

(i) Los bienes con relación a las personas de las cuales pueden ser objeto de propiedad pueden ser de propiedad «pública» o de propiedad «privada» y ambos, a su vez, pueden ser bienes muebles y bienes inmuebles (Art. 525 del CC).

(ii) Los bienes pertenecen a la Nación —República—, a los Estados federados, a las Municipalidades —Municipios—[846], a los establecimientos públicos —institutos autónomos y públicos— y demás personas jurídicas y a los particulares (Art. 538 del CC).

(iii) Los bienes de la Nación —República—, de los Estados federados y de las Municipalidades —Municipios— son del dominio público o del dominio privado (Art. 539 del CC), y enuncia luego algunos de los primeros, así: los caminos[847], los lagos, los ríos[848], las murallas, los fosos, los puentes de las plazas de guerras y demás bienes semejantes, tales como las áreas verdes[849] y las playas[850]; de lo anterior se desprende que de acuerdo con el Derecho positivo, bienes del dominio privado son aquellos que no pueden ser incluidos dentro de la enumeración anterior.

(iv) Los bienes del dominio público son de uso público o de uso privado de la Nación —República—, de los Estados federados y de las Municipalidades —Municipios— (Art. 540 del CC).

(v) Y los bienes del dominio público son inalienables; mientras que los del dominio privado pueden enajenarse de conformidad con las leyes que les conciernen (Art. 543 del CC), y se le aplicarán las disposiciones del Código Civil, en cuanto no se opongan a las leyes especiales respectivas (Art. 544 del CC).

De las mencionadas disposiciones se desprende que, el Derecho positivo considera que los Bienes Públicos que constituyen el dominio público son objeto de la denominada propiedad pública, y no de un simple derecho de guarda y superintendencia, atribuyéndosele la misma, ya sea a la República, a los Estados federados y, por último, a los Municipios.

En consecuencia, los Bienes Públicos desde el punto de vista de su régimen jurídico se clasifican en: 1.°, el régimen jurídico de los Bienes Públicos del dominio público, los cuales se dividen, a su vez, en *i*) de uso público y *ii*) de uso privado[851]; 2.°, el régimen jurídico de los Bienes Públicos del dominio privado o patrimoniales; y por último 3.°, el régimen jurídico de los bienes de propiedad privada.

§188. Categorías — Ahora, nuestro Ordenamiento jurídico no contiene una definición de dominio público, y sólo se limita a enumerar qué bienes revisten carácter dominial o dominical. Cuando el Código Civil establece cuáles bienes pertenecen al dominio público y cuáles al dominio privado, lo hace al sólo y único efecto de deslindar ambos tipos de dominio, estableciendo así la clasificación básica en la condición legal o naturaleza jurídica de los Bienes Públicos; y al señalar finalmente la expresión «y demás bienes semejantes», deja a la potestad del Estado Constitucional el atribuirle a otros bienes este carácter, tal como en efecto hizo con la LOBP.

---

[846] Igualmente, la expresión Municipalidades es una referencia a la persona jurídico pública que representa a la persona pública territorial que es el Municipio.

[847] Sent. de la CFC/SF: 17-10-1911, M, 1912, 238.

[848] Sent. de la CFC/SF: 8-2-1932.

[849] Sent. de la CSJ/SPA: 10-8-1977, RF, Tomo XLIV, 416.

[850] Sent. de la CSJ/SPA: 13-8-1964 y 19-10-1964.

[851] Consultoría Jurídica del Ministerio del Ambiente (1978). Dictámen en *Anuario de Derecho Ambiental*, Caracas, 271.

En todo caso, es necesario hacer notar si bien que la materia referida anteriormente de dominio público aparece en normas sustantivas propias del Código Civil, esto no significa que el dominio público sea de naturaleza civil: es de Derecho administrativo, y regulada preponderantemente hoy día por las normas administrativas de la LOBP.

Así las cosas, el Art. 6 de la LOBP dispone que los Bienes Públicos del dominio público son los que pertenecen a las categorías siguientes:

(i) Los bienes destinados al uso público, como plazas, parques, infraestructura vial, vías férreas, caminos y otros (num. 1).

(ii) Los bienes que en razón de su configuración natural, construcción o adaptación especial, o bien por su importancia histórica, científica o artística sean necesarios para un servicio público o para dar satisfacción a una necesidad pública y que no puedan ser fácilmente reemplazados en esa función (num. 2).

(iii) Los espacios lacustre y fluvial, mar territorial, áreas marinas interiores, históricas y vitales y las comprendidas dentro de las líneas de base recta que ha adoptado o adopte la República; las costas marinas; el suelo y subsuelo de éstos; el espacio aéreo continental, insular y marítimo y los recursos que en ellos se encuentran, incluidos los genéticos, los de las especies migratorias, sus productos derivados y los componentes intangibles que por causas naturales allí se hallen (num. 3).

(iv) Los yacimientos mineros y de hidrocarburos, cualquiera que sea su naturaleza, existentes en el territorio nacional, bajo el lecho del mar territorial, en la zona económica exclusiva y en la plataforma continental (num. 4).

(v) Todos aquellos bienes a los que por ley se confiera tal cualidad (num. 5).

Asimismo, el Art. 6 *in fine eiusdem* dispone que, por el contrario, los Bienes Públicos del dominio privado, son aquellos Bienes Públicos no incluidos en las categorías de bienes mencionadas en la enumeración anterior, los cuales, siendo propiedad del Estado Constitucional o de algún ente público, no están destinados: 1.°, al uso público; y 2.°, ni afectados a algún servicio público.

§189. Adquisición y titularidad — Por último, de acuerdo con el Art. 58 de la LOBP, la adquisición de bienes inmuebles por parte de los órganos y entes que conforman el Sector Público según el Art. 4 de la LOBP, se hará conforme a lo dispuesto en los Arts. 59 y 60 de la LOBP, salvo lo previsto en las disposiciones legales especiales sobre la materia, bajo los criterios de racionalidad, economía y proporcionalidad del gasto que dicen:

Titularidad de los bienes

Artículo 59. La propiedad de los bienes válidamente adquiridos por cualquier título le estará conferida al órgano o ente que los haya adquirido, salvo disposición en contrario de leyes especiales que rijan sobre la materia y la administración y gestión de los mismos le estará conferida al órgano o ente adquiriente, dentro de los límites de la Ley.

Modalidades de adquisición

Artículo 60. La adquisición de bienes por parte de los órganos y entes que conforman el Sector Público se hará mediante los procesos de compra, permuta, donación, dación en pago, expropiación o cualquier otra medida judicial.

Y por último, debemos mencionar sobre las decisiones constitucionales estructurales en materia de los Bienes Públicos de dominio público, que la Constitución administrativa consagra los principios siguientes: la inalienabilidad (Arts. 12, 119 y181); la imprescriptibilidad (Arts. 12, 119 y 181); la inembargabilidad (Art. 119 y 304); la administración de tierras baldías (Arts. 13, 156, num. 16 y 164, num. 5) y de las aguas (Art. 304); la garantía de no confiscación de bienes (Art. 116 y 317); la propiedad colectiva de las tierras indígenas (Art. 119); las obras públicas de interés nacional (Art. 156, num. 20); el espectro radioeléctrico (Art. 156, num. 28); y en materia de los Bienes Públicos del dominio privado (Art. 187, num. 12).

Sección 2.ª La teoría de la protección administrativa demanial

Introducción

§190. Planteamiento de la cuestión — El régimen jurídico del dominio público se particulariza por una serie de caracteres que le deparan una protección sobre extraordinaria de la titularidad de los Bienes Públicos con respecto a la que ofrece el Derecho común para los bienes patrimoniales, con la finalidad, nos dice Villar Palasí[852], de que tal protección salvaguarde los fines de utilidad pública encomendados a los Bienes Públicos de dominio público.

Ahora, tantos los Bienes Públicos que son objeto de afectación como aquellos que son adscritos o asignados a órganos y entes del Sector Público, tradicionalmente se han considerado de titularidad pública e integrantes del dominio público, resultando en consecuencia inalienables, inembargables e imprescriptibles. Otro tanto cabe señalar de los Bienes Públicos de titularidad pública, pero que son del «dominio privado», en cuyo caso tienen la naturaleza de bienes patrimoniales en sentido estricto —similares a los de titularidad privada— y, por tanto, pueden ser objeto de negocios jurídicos comerciales, de medidas judiciales preventivas o ejecutivas y también pueden ser objeto de prescripción.

Así, en materia de dominio público, la Constitución administrativa consagra los caracteres inherentes que pueden darse como constitutivos de aquel régimen jurídico, los cuales son: 1.°, el principio de inalienabilidad y otras consecuencias (Art. 12 de la C); 2.°, el principio de imprescriptibilidad (Art. 181 de la C); y, por último 3.°, la tutela administrativa demanial propiamente dicha.

Asimismo, con relación a la protección y defensa de los Bienes Públicos, el Art. 12 de la LOBP dispone:

> **Defensa**
>
> **Artículo 12.** Los órganos y entes que conforman el Sector Público deberán adoptar las acciones necesarias para la defensa administrativa y judicial de los Bienes Públicos de su propiedad y de los que tengan a su cargo.

En consecuencia, dentro de la LOBP se contemplan las prerrogativas que protegen los Bienes Públicos del dominio público en general, así como los Bienes Públicos del dominio privado propiedad de la República (Arts. 9 y 10); y se hace referencia al principio de la obligatoriedad de la defensa administrativa y judicial

852 Villar Palasí, J. L. (1977). *Apuntes de Derecho Administrativo*. Parte General. Madrid, Dykinson.

de los Bienes Públicos (Art. 12) y de la responsabilidad patrimonial en su administración y uso, por parte de los órganos que conformen el Sector Público (Arts. 103 a 106); al catastro de la propiedad inmobiliaria pública (Art. 45); al principio de la obligatoriedad de los administrados de informar sobre los derechos que ejercen sobre Bienes Públicos (Art. 48); al registro general de Bienes Públicos (Arts. 42 a 49); a la adscripción, posesión y custodia de Bienes Públicos (Art. 78); y a las responsabilidades y sanciones por el incumplimiento o contravenciones a las disposiciones de la LOBP (Arts. 103 a 112). Apenas contiene referencias aisladas, unas de otras, a las acciones o procesos relativos a la defensa o protección de los Bienes Públicos.

En consecuencia, todo lo relativo a la defensa y protección de los Bienes Públicos, no se encuentra en realidad regulado en el Sistema contemplado en la mencionada LOBP, no obstante que por definición forman parte del mismo Sistema. Por ello, aún las normas tradicionales del Código Civil o del Código de Procedimiento Civil, continúan en vigencia, en materia de la protección posesoria de los Bienes Públicos.

Por último, como señala R.J. Duque Corredor[853], la LOBP consagra un régimen relativo a los Bienes Públicos, sobre la base del criterio de las personas del Sector Público que son o aparezcan como sus titulares de conformidad con el Art. 59 *eiusdem*, y a pesar de que incluye a los procesos sobre estos bienes para su uso, administración y disposición, como parte del mismo Sistema, carece, sin embargo, de un sistema procesal para su protección.

A. Principio de inalienabilidad

I. Consagración constitucional

§191. Planteamiento de la cuestión — La Constitución administrativa consagra el principio «de inalienabilidad» en el Art. 12 de la C, en los términos siguientes:

> **Artículo 12.** Los yacimientos mineros y de hidrocarburtos, cualquiera que sea su naturaleza, existentes en el territorio nacional, bajo el lecho del mar territorial en la zona económica exclusiva y en la plataforma continental, pertenecen a la República, son bienes del dominio público y, por tanto, inalienables e imprescriptibles. Las costas marinas son bienes del dominio público.
>
> En el mismo sentido, el Art. 304 de la C dispone:
>
> **Artículo 304.** Todas las aguas son bienes del dominio público de la Nación, insustituibles para la vida y el desarrollo. La ley establecerá las disposiciones necesarias a fin de garantizar su protección, aprovechamiento y recuperación, respetando las fases del ciclo hidrológico y los criterios de ordenación del territorio.

Ahora bien, el primer de los caracteres del régimen jurídico dominial es, el principio de inalienabilidad (Marienhoff)[854], incomercialidad (Garrido Falla)[855] o indisponibilidad (Villar Palasi)[856], que es un medio jurídico a través del cual se tiende a hacer efectiva la protección de los Bienes Públicos del dominio público, y

[853] Duque Corredor, R.J. (2014). «La protección de los Bienes Públicos en el Derecho venezolano».
[854] Marienhoff, M. S. Ob. cit., nota 820, 216.
[855] Garrido Falla, F., Palomar Olmeda, A. y Lozada González, H. Ob. cit., nota 105, Vol. II, 485.
[856] Villar Palasi, J. L. Ob. cit., nota 852.

cuyo origen se remonta al concepto de dominio público con la doctrina de las regalías; como consecuencia de ello se declaran los Bienes Públicos indisponibles sobre la base del Derecho administrativo que rige el dominio público, y no es sino la manifestación de una serie de potestades administrativas que traducen lo que en sus inicios el autor Prudhon denominaba, el derecho de guarda y de supervisión sobre los Bienes Públicosdel dominio público.

Al respecto se puede señalar que hay una influencia bastante marcada o predominante del Derecho canónico en materia de los bienes eclesiásticos, en la medida en que los mismos estaban dedicados al culto «*icasio ad cultum*». En tal sentido, se hace un paralelo con los Bienes Públicos que están dedicados a las actividades del Estado Constitucional, y que se caracterizan por una suerte de «*publicatio demanial*». Como consecuencia de ello, deriva la indisponibilidad o inalienabilidad, que traduce desde el punto de vista del régimen jurídico los Bienes Públicos —o Derecho de los bienes administrativos o Derecho administrativo de los bienes como también lo denominan—, en tanto que técnica de protección demanial.

En lo concerniente a los antecedentes del Derecho positivo, el principio de la inalienabilidad se remonta al Código Civil de 1873, y así sucesivamente los Códigos Civiles siguientes de 1880, 1896, 1904, 1916, 1922 y el actualArt. 543 del CC que textualmente reza:

> **Artículo 543.** Los bienes del dominio público son inalienables; los del dominio privado pueden enajenarse de conformidad con las leyes que les conciernen.
>
> En este orden de ideas, el Art. 9 de la LOBP dispone lo siguiente:
>
> Prerrogativas de los bienes de dominio público
>
> **Artículo 9.** Los bienes de dominio público son imprescriptibles, inembargables e inalienables y están exentos además, de contribuciones o gravámenes nacionales, estadales y/o municipales.
>
> También el Art. 10 de la LOBP estable lo siguiente:
>
> **Prerrogativas de los bienes propiedad de la República**
>
> **Artículo 10.** Los bienes, rentas, derechos o acciones que formen parte del patrimonio de la República, no están sujetos a embargos, secuestros, hipotecas, ejecuciones interdictales y en general, a ninguna medida preventiva o ejecutiva y están exentos además, de contribuciones o gravámenes nacionales, estadales y/o municipales.

De manera que tanto el Código Civil como la LOBP reconocen el principio de la inalienabilidad de los Bienes Públicos del dominio público, pero esta tutela no ampara a los que componen los Bienes Públicos del dominio privado del Estado Constitucional o también llamados bienes patrimoniales del Estado Constitucional, los cuales no están fuera del comercio y son alienables[857], pueden enajenarse de conformidad con las leyes que les conciernen (Art. 1960 del CC) y pueden adquirirse por prescripción, esto es, son usucapibles[858].

---

[857] Sent. de la CFC/SF: 13-2-1929.

[858] Sents. de la CFC/SF: 13-2-1929 y 8-2-1938. En el mismo sentido la doctrina: Kummerow, G. (2001). *Bienes y Derecho Reales*, 5ª. Edición. Caracas, McGraw Hill, 23; Lagrange, E. (1980). *Notas sobre la enajenación y usucapión de tierras baldías*, Caracas, ed. Magon; Ruggeri, A. M., Ob. cit., nota 824, 50; Aguilar Gorrondona, J. L. y Viso, A. B. Ob. cit., nota 832, 78.

II. Concepto

§192. Planteamiento de la cuestión – Sobre el concepto de lo que debe entenderse como principio de inalienabilidad, el autor E.Lagrange[859] hace una distinción entre los términos siguientes: 1.°, la enajenación; 2.°, la inalienabilidad; y por último 3.°, la incomercialidad.

Así las cosas, la enajenación concierne a cualquier negocio jurídico entre vivos, y es por supuesto de naturaleza contractual, siendo indiferente el carácter traslativo o constitutivo de ese negocio contractual. Por su parte, la inalienabilidad hace referencia a la condición del derecho mismo, no tiene que ver con el bien considerado como tal, sino al derecho considerado como tal, en la medida en que hay inexistencia de un poder de disposición del titular sobre la cosa objeto del derecho de propiedad; por consiguiente, la propiedad misma no puede ser transferida. Finalmente, la incomercialidad es la condición propia de una cosa no susceptible de constituir el objeto de derechos o negocios patrimoniales privados.

Por su parte, Brewer-Carías[860] sostiene que se trata de una cuestión de inidoneidad o condición jurídica del bien, precisamente, por la condición legal al cual se refiere el Art. 543 del CC. Sin embargo, está fundamentado en la incomercialidad de los Bienes Públicos del dominio público; en consecuencia, el régimen jurídico sobre los Bienes Públicos del dominio público es especial y a la vez único, no obstante la calidad o la heterogeneidad física o material de los Bienes Públicos que conforman el dominio público, y como tal su interpretación es de carácter estricto, no cabe hacer una aplicación extensiva de sus principios o sus privilegios y, por supuesto, no son de aplicación a otra categoría de bienes, incluso los denominados Bienes Públicos patrimoniales o propios.

La regla de la inalienabilidad tuvo su origen en el Derecho comparado en una regla no escrita y de carácter consuetudinario y jurisprudencial. Así, la inalienabilidad viene a ser una nota jurídica esencial del concepto del dominio público; sin embargo, no es exclusiva del dominio público, pues hay casos, incluso en el dominio privado del Estado Constitucional, donde cierta categoría de Bienes Públicos están regidos por la nota de la inalienabilidad, por ejemplo, las minas y los hidrocarburos; asimismo, existen bienes de propiedad privada, que excepcionalmente son inalienables, por ejemplo, el régimen de los bienes de los incapaces en el CC.

Por consiguiente, para la doctrina[861] el principio de inalienabilidad es efecto jurídico y no causa del carácter de ser dominio público, a diferencia de otros autores, quienes sostienen que la causa de que sean Bienes Públicos del dominio público es porque son «*res extra commercium*» o incomerciales. El carácter de esta nota esencial es el de la generalidad, en la medida en que es aplicable no sólo a los Bienes Públicos del dominio público de uso público, sino a los Bienes Públicos del dominio público de uso privado de la República, los Estados federales, los Distritos o de los Municipios, así como también los afectados a los servicios públicos (Dominici)[862].

§193. Alcance – Ahora bien ¿Cuál es el alcance del principio de la inalienabilidad? ¿Es un principio absoluto o por el contrario es un principio relati-

---

859 Lagrange, E. Ob. cit., nota 858, 29 y 48.

860 Brewer-Carías, A. R. Ob. cit., nota 41, 103.

861 Marienhoff, M. S., Ob. cit., nota 820,219; y Lagrange, E. Ob. cit., nota 858,48.

862 Dominici, A. (1951). *Comentarios al Codio Civil venezolano* (reformado en 1896), t. I. Caracas, Logos.

vo? Al respecto hay dos tesis: la 1.ª de ellas se pronuncia por la relatividad del carácter de la inalienabilidad de los bienes del dominio público, en el sentido de que este carácter permanece hasta tanto subsista el destino que ha sido establecido al bien del dominio público (L. Sanojo).[863]

En este mismo orden de ideas, L.Casado Hidalgo[864] sostiene que la inalienabilidad es relativa en tanto y en cuanto está referido sólo al comercio de Derecho privado, pero no excluye el comercio de Derecho público o el tráfico jurídico-público. En efecto, existe un tráfico jurídico regido por las normas de Derecho público y, más concretamente, por normas administrativas la denominada «mutación demanial»- (Araujo-Juárez)[865], y se rige por sus propios principios y reglas.

Por su parte, para Aguilar y Viso[866] también se está en presencia de un principio de carácter relativo, puesto que está referido sólo a la incomercialidad en el ámbito o bajo el régimen de Derecho privado. Por tanto, cuando se interpreta el principio de inalienabilidad consagrado en el Código Civil, la inalienabilidad debe referirse a la prohibición de libre circulación o tráfico jurídico de Derecho privado —comercio privado—, pero en modo alguno al comercio de Derecho público — comercio público—.

La 2.ª tésis, sostenida por Lagrange[867], por el contrario, se pronuncia por el carácter absoluto del principio de la inalienabilidad, pues mientras el Bien Público esté afectado a un destino público específico, no cabe la inseparabilidad de ese bien, la desafectación al destino que fuere del caso. En el mismo sentido, para otro sector de la doctrina (C.González Araujo)[868], es un principio absoluto en la medida que ese carácter de inalienabilidad permanece hasta tanto el bien esté calificado como Bien Público del dominio público. Así las cosas, la incomercialidad tiene carácter absoluto, si se trata del comercio de Derecho privado, y sólo en la medida en que el bien permanezca calificado como Bien Público del dominio público.

La naturaleza de esta técnica de la inalienabilidad, es que consiste específicamente en un medio jurídico de protección de los Bienes Públicos del dominio público, y como tal de aplicación por parte del titular de forma estricta y rigurosa, a los efectos de su conservación y mantenimiento, y sobre todo de que el Bien Público logre el fin de la afectación al cual está destinado. Así las cosas, la protección del Bien Público del dominio público procede frente a los hechos y actos, no sólo de los particulares, sino también de la actividad de la propia Administración pública, y de manera mucho más concreta, frente a la actuación de los funcionarios públicos, no sólo con sanciones y responsabilidades, incluso protecciones de carácter penal, específicamente las previstas en la LCC[869].

§194. Conclusión — En mérito a lo antes expuesto, el principio de inalienabilidad se refiere a la prohibición de la transferencia propiamente dicha, ya

---

[863] Sanojo, L. Ob. cit., nota 839, t. IV, 19.
[864] Casado Hidalgo, L. (1978). *Temas de Hacienda Pública*. Caracas, Ediciones CGR, 88.
[865] Araujo-Juárez, J. (2010). *Derecho Administrativo. Parte General*. Segunda Reimpresión. Caracas. Editorial Paredes, Colección Manuales Jurídicos.
[866] Aguilar Gorrondona, J. L., y Viso, A. B., Ob. cit., nota 832, 75.
[867] Lagrange, E. Ob. cit., nota 858, 48.
[868] González Araujo, C. (1967). *El dominio público de las playas en la legislación venezolana vigente*. Barcelona, Bosch, 72.
[869] Publicada en la GO N° 5.637 Extr. del7 de abril de 2003.

sea por compra-venta o por cualquier otro negocio jurídico cuyo objeto sea la transferencia voluntaria de la propiedad. Constituye, pues, una prohibición absoluta y total para enajenar un Bien Público del dominio público, abarcando cualquier tipo de acto que pretenda ese resultado, así como el resultado mismo, determinando su nulidad radical, y también la de sus efectos[870]. Cualquier acto en contrario será nulo por inidoneidad del objeto[871]. Esta es también la conclusión de los Arts. 1.344 y 1.959 del CC, que establece la nulidad de los actos jurídicos cuyo objeto lo constituyan cosas que están fuera del comercio.

III. CONSECUENCIAS JURÍDICAS

§195. Inembargabilidad – Otra consecuencia de la inalienabilidad de los Bienes Públicos del dominio público es el principio «de la inembargabilidad», y el cual ya fuera reconocido en la doctrina de la Procuraduría General de la República[872], y que tiene desarrollo legal en el Art. 9 de la LOBP.

En el caso concreto de los Bienes Públicos del dominio público de la República en los Arts. 9 y 10 de la LOBP, y Art. 87 de la LOPGR[873], los cuales son del tenor siguiente:

> **Prerrogativas de los bienes de dominio público**
>
> **Artículo 9.** Los bienes de dominio público son imprescriptibles, inembargables e inalienables y están exentos además, de contribuciones o gravámenes nacionales, estadales y/o municipales.
>
> **Prerrogativas de los bienes propiedad de la República**
>
> **Artículo 10.** Los bienes, rentas, derechos o acciones que formen parte del patrimonio de la República, no están sujetos a embargos, secuestros, hipotecas, ejecuciones interdictales y en general, a ninguna medida preventiva o ejecutiva y están exentos además, de contribuciones o gravámenes nacionales, estadales y/o municipales.
>
> **Artículo 87.** Los bienes, rentas derechos o acciones que formen parte del patrimonio de la República no están sujetos a embargos, secuestros, hipotecas, ejecuciones interdictales y, en general, a ninguna medida preventiva o ejecutiva.

Así las cosas, cualquier medida de seguridad ya fuera de carácter cautelar, preventivo o no, no es susceptible de ser aplicado a los Bienes Públicos que integran el dominio público.

Para un sector de la doctrina, la fundamentación es que los Bienes Públicos que están afectados a la prestación de servicios públicos están sometidos a un régimen especial, una de cuyas notas es la inalienabilidad, con lo cual se tiende a evitar la suspensión o paralización de los mismos. Sin embargo, para otros autores, más que el problema del entorpecimiento o la suspensión de los servicios públicos, se trata simple y llanamente de una incompetencia de los órganos del Poder judicial para cambiar el destino de los bienes del dominio público. En todo caso, cuales-

---

[870] Parejo Gamir, R. y Rodriguez Oliver, J.M. Ob. cit., nota 843, 30.
[871] Marienhoff, M. S. Ob. cit., nota 820, 229.
[872] Procuraduría General de la República (1964). Dict. de la PGR, del 12-8-1964.
[873] Decreto N° 2.137 con Rango, Fuerza y Valor de Ley Orgánica de la Procuraduría General de la República reimpreso y publicado por fallas en los originales en la GO N° 6.220 Extr., del 15-03-2016.

quiera que fueren la fundamentación teórica correcta, lo cierto es que tratándose de los Bienes Públicos de la República existen consagraciones legales expresas en dos leyes por lo demás de rango orgánico como son, los citados Arts. 9 y 10 de la LOBP y el Art. 87 de la LOPGR.

§195.a Prohibición de ejecuciones judiciales forzosas — Como consecuencia del principio de inalienabilidad surge, pues, la prohibición de ejecuciones judiciales forzosas —inejecutabilidad judicial forzosa— sobre Bienes Públicos del dominio público, ya sea medidas desde el punto de vista de carácter preventivo —cautelar— o de ejecución —definitivo—, con las cuales se persigue el aseguramiento o satisfacción de los derechos de los acreedores del titular del patrimonio, que se consagra en los Arts. 9 y 87 de la LOPGR. El autor C. Parparsen[874] señala que la prohibición tiene sus antecedentes en los Decretos números 1519 y 1519-A de fechas 28/08/1865 y 1/4/1867. En tal sentido, la prohibición de las medidas de secuestro sobre Bienes Públicos del dominio público[875].

Al respecto se señala que la prohibición de ejecución forzosa sobre Bienes Públicos del dominio público obedece a la necesidad de mantener el principio de continuidad de los servicios públicos. Por su parte, Duguit[876] señala que la improcedencia de la ejecución judicial forzosa en relación con los Bienes Públicos del dominio público se debe precisamente a lo que él llama lo impropio, que el propio Estado utilice la fuerza pública contra sí mismo; mientras que la razón de ser de este privilegio o prerrogativa del fisco como lo llama Leperbanche Parparsen[877], se debe precisamente a la situación de privilegio del Estado Constitucional en relación con los servicios públicos que asume y, por supuesto, en aras de una prestación continua, regular y en condiciones de igualdad.

§195.b Prohibición de gravámenes — Otra de las consecuencias del principio de inalienabilidad hace referencia a la prohibición de establecer gravámenes sobre los Bienes Públicos del dominio público[878], de conformidad con el Art. 9 de la LOBP, porque eventualmente cualquier medida de estas podrá culminar en un remate judicial, lo que comportaría la transferencia de la propiedad, indirectamente, a través de este tipo de medidas, incompatible con el régimen del dominio público, que sólo admite una comercialidad de Derecho público.

Otra consecuencia hace referencia a las acciones judiciales y aquí hay que distinguir dos supuestos, en tanto y en cuanto el particular sea o no titular de derechos reales administrativos sobre los Bienes Públicos, que son los únicos que se admiten[879]: 1.°, si no es titular de un derecho real administrativo, es evidente que no proceden las acciones o defensas en relación con los Bienes Públicos del dominio público, ya sean acciones posesorias o de carácter reivindicatorias; y 2.°, por el contrario, si el particular es titular de un derecho real administrativo, cabe la posibilidad de la procedencia, ya sea de interdictos y acciones posesorias, limitadas a los solos derechos reales administrativos y nunca serán sobre la propiedad pública[880].

---

874 Parparsen, C. (1930). *Bienes del dominio público*, Tésis de Doctorado. Caracas, 17.

875 Véase Dict. de 20 Años de la Doctrina de la PGR.

876 Duguit, L. Ob. cit., nota 829.

877 Leperbanche Parparcen, R. (1977). «Privilegios del Fisco 1945». En *Revista de Control Fiscal*, N° 86. Caracas, Ed. CGR, 98.

878 Lares Martinez, E. Ob. cit., nota 740, 588.

879 Ruggeri, A. M. Ob. cit., nota 824, 46.

880 Kummerow, G. Ob. cit., nota 858, 58. En el mismo sentido. Sent. de la CSJ/SCC: 27-7-1953.

Sin embargo, los Bienes Públicos del dominio privado del Estado Constitucional, aunque enajenables, no están sujetos a medidas de ejecución preventiva o definitiva —secuestros, prohibición de enajenar y gravar—, embargos, ni susceptibles de ser dados en prenda, salvo cargas o gravámenes[881].

§195. c Servidumbre — Por lo que respecta a la servidumbre, sólo cabe pensar en servidumbres «administrativas»[882] sobre Bienes Públicos del dominio público, en tanto las mismas resulten compatibles con el destino que determinó la afectación; mientras que serían inadmisibles las servidumbres «privadas» sobre Bienes Públicos del dominio público. Sin embargo, cabría el establecimiento de servidumbres «de paso» sobre Bienes Públicos del dominio público.

§195.d Inexpropiabilidad — Tenemos por otra parte la expropiación forzosa —tema sobre el cual volveremos más adelante—, que es un medio o técnica de Derecho público de adquisición de los bienes de propiedad privada; se trata precisamente de un supuesto de transferencia forzosa de bienes del dominio privado al dominio público. Ahora bien, en relación con la procedibilidad de la expropiación forzosa sobre Bienes Públicos del dominio público existen dos tesis:

Una tesis positiva defendida por Marienhoff[883], donde diferenciando correctamente el comercio de Derecho público y comercio de Derecho privado, sostiene la posibilidad de expropiar Bienes Públicos del dominio público de otro ente o de otro titular distinto, por supuesto, al ente expropiante.

Por el contrario, la tesis negativa es sostenida por Villegas Basavilbaso y Aguilar y Viso[884]. La razón sería de índole técnico jurídica, en el sentido que sólo existe un cambio de titularidad pero no un cambio de la afectación sobre el Bien Público, y es una consecuencia del principio de inalienabilidad. En el mismo sentido se pronuncia Lares Martínez,[885] de que no cabe la posibilidad de expropiación sobre Bienes Públicos del dominio público, ya sea que el ente expropiante sea la República sobre los bienes, ya sea de los Estados federados o de los Municipios.

Por último, la expropiación forzoza en el Derecho positivo solamente procede en relación con los bienes de propiedad privada Sobre los Bienes Públicos del dominio público es evidente que no cabe la posibilidad de expropiación y es una disposición expresa en el Art. 5° parágrafo 1 de la LEUPS, salvo que se trate de Bienes Públicos del dominio privado o patrimoniales (Art. 9 de la LECUPS).

§195.e Inmunidad tributaria — Por último, tenemos una consecuencia del principio de inalienabilidad que es referida a la inmunidad tributaria, pues no cabe la posibilidad de que se pechen o se graven con tributos de cualquier carácter nacional, estadal o municipal, los Bienes Públicos del dominio público, y por lo que respecta a los bienes de la República, es una disposición expresa en el Art. 9 de la LOBP.

B. Principio de imprescriptibilidad

I. Concepto

§196. Planteamiento de la cuestión — En segundo lugar tenemos el principio «de imprescriptibilidad» —o de inusucapibilidad—, que es un corolario del princi-

---

881 Aguilar Gorrondona, J. L., y Viso, A. B. Ob. cit., nota 832,78.
882 Araujo-Juárez, J. Ob. cit., nota 865.
883 Marienhoff, M. S. Ob. cit., nota 820, 216.
884 Aguilar Gorrondona, J. L., y Viso, A. B. Ob. cit., nota 832, 76.
885 Lares Martinez, E. Ob. cit., nota 740, 588.

pio de la inalienabilidad, ya que sobre las cosas que están fuera del comercio privado, no puede ejercerse posesión útil, que es la base de la prescripción. Es, pues, otra consecuencia y no causa del carácter del dominio público.

La Constitución administrativa consagra el principio de imprescriptibilidad en el Art. 181, en los términos siguientes:

Artículo 181. Los ejidos son inalienables e imprescriptibles. Solo podrán enajenarse previo cumplimiento de las formalidades previstas en las ordenanzas municipales y en los supuestos que las mismas señalen, conforma a esta Constitución y la legislación que se dicte para desarrollar sus principios.

Por imprescriptible se entiende, los bienes que no son susceptibles de prescripción, tal como lo señala Lagrange[886], y su consagración legal aparece en el Art. 1952 del CC que dispone lo siguiente:

Artículo 1952. La prescripción es un medio de adquirir un derecho o de libertarse de una obligación, por el tiempo y bajo las condiciones determinadas por la Ley.

Como vemos, el anterior Art. 1952 transcrito hace referencia al instituto de la prescripción adquisitiva —usucapión—, que es un modo de adquirir el dominio y otros derechos reales por la posesión a título de dueño durante el tiempo regido por la ley; y a la prescripción propiamente dicha o prescripción extintiva, que es el modo de extinción de una obligación, proveniente de una relación jurídica preexistente.

En relación con las clases de inusucapibilidad, Lagrange, Aguilar y Viso, y Kummerow, con fundamento en el Art. 1959 del CC y referido a los Bienes Públicos del dominio público, hablan de la inusucapibilidad plena y la inusucapibilidad limitada. En razón de la inusucapibilidad plena, no cabe la posibilidad de adquisición ni derechos de propiedad ni de cualquiera otro derecho real sobre los Bienes Públicos del dominio público; por lo que respecta a la inusucapibilidad limitada, con ello se hace referencia, no a la adquisición de los derechos de propiedad, pero sí en relación con la posibilidad de usucapión u otro tipo de derechos reales distintos al derecho de propiedad.

La razón de esta consecuencia o efecto jurídico, de acuerdo con Lagrange,[887] es que tiene una fuente en una norma legal. Directamente la interpretación concatenada de los Arts. 778 y 1959 del CC. El Art. 778 del CC dice lo siguiente: «No produce efecto jurídico la posesión de las cosas cuya propiedad no pueda adquirirse». Mientras que el Art. 1959 del CC es del tenor siguiente: «La prescripción no tiene efecto respecto de las cosas que no están en el comercio».

Por consiguiente, la norma alude a la usucapión y a los bienes que quedan fuera del ámbito de este modo de adquirir. Así las cosas, la prescripción —y en todo caso la imprescriptibilidad— para estos autores hace referencia a la célebre clasificación de las cosas que están en el comercio y las cosas que no están en el comercio; sin embargo, el carácter de bien que esté en el comercio o no, es más una consecuencia que la causa de que un bien pueda catalogarse como Bien Público del dominio público. Así, indirectamente el carácter imprescriptible de los Bienes Pú-

---

886 Lagrange, E. Ob. cit., nota 858, 49.
887 Lagrange, E. Ob. cit., nota 858, 50.

blicos del dominio público surge del Art. 1960 del CC que dice lo siguiente: «El Estado por sus bienes patrimoniales, y todas las personas jurídicas, están sujetos a la prescripción, como los particulares». Como vemos, el Art. 1960 del CC no es concordante con los Arts. 543 del CC o, más específicamente, el Art. 539 del CC, que dice: «Los bienes de la Nación, de los Estado Constitucionals y de las Municipalidades, son del dominio público o del dominio privado».

Ya habíamos hecho referencia en su oportunidad que en las diversas modificaciones que fue sufriendo este Art. 539 del CC -inicialmente influenciado por el Código Civil español, incluso por el Código Civil Italiano del año 1865-, utiliza la expresión bienes del dominio público y bienes patrimoniales, referencia esta que fue cambiada a través de las modificaciones posteriores; sin embargo, el Art. 1960 del CC conserva la clasificación entre bienes del dominio público y bienes patrimoniales al hacer referencia específicamente a que el Estado Constitucional por sus bienes patrimoniales y todas las personas jurídicas están sujetas a la prescripción como los particulares. Por argumento *a contrario*, los Bienes Públicos que no sean patrimoniales, no son susceptibles de prescripción de manera que hay una fuente normativa directa, que surge del propio Código Civil[888].

Finalmente, con relación al principio imprescriptibilidad se plantea la autonomía de esta figura con el principio de inalienabilidad. Para unos autores, la existencia de la inalienabilidad no permite concluir la imprescriptibilidad, y la razón de ser es que son fenómenos jurídicos completamente distintos y autónomos, pues como dice Brewer-Carías,[889] la inalienabilidad no generalmente implica la imprescriptibilidad. Sin embargo, para Casado Hidalgo[890] existe una cierta dependencia entre estas dos categorías, en la medida en que la imprescriptibilidad es corolario de la inalienabilidad.

C. Principio de irregistrabilidad

§197. Planteamiento de la cuestión — Finalmente, la doctrina enumera entre las notas integradoras del régimen jurídico público del dominio público, la denominada publicidad posesoria o no protocolización registral. Se quiere significar con ello que el dominio público no goza de la protección que se supone es el Registro inmobiliario. Su registrabilidad —o inmatriculación— está excluida en la Ley, por prohibición. El dominio público, por sí, goza de una publicidad posesoria propia que hace que respecto de él sean inútiles las defensas que proporcionan los libros de registro, pensadas ante todo para los derechos reales privados.

Además de esta tesis clásica, la cual sostiene la exclusión registral del dominio público por vía de prohibición, existe también otra posición que considera a los antecedentes históricos, a la realidad práctica y al recto sentido de las normas. En este sentido, se trata simplemente de una dispensa de inscripción: los Bienes Públicos del dominio público tienen acceso al Registro, sí bien se les dispensa de protocolización. Esta última concepción es la que se adapta mejor a la protección del dominio público frente a los ataques de terceros.

De acuerdo con el Ordenamiento jurídico vigente, la soberanía, autoridad y vigilancia la ejercerá el Estado Constitucional conforme a la circunscripción territo-

---

888 Sents. de la CFC/SF: 13-2-1929 y 8-2-1938.

889 Brewer-Carías, Allan R., Ob. cit., nota 41, 104.

890 Casado Hidalgo, L. Ob. cit., nota 866, 94.

rial, a tal efecto, existen distintas normas que señalan los Bienes Públicos del dominio público de la República, los Estados federados, los Distritos y los Municipios y su regulación. Ahora bien, al analizar las disposiciones contenidas en estas normas, se evidencia la existencia de un derecho de soberanía que ejerce el Estado Constitucional sobre los Bienes Públicos del dominio público. Por tal razón, estas normas legales tienen efecto contra todos y según esta interpretación no se requeriría la registrabilidad de los Bienes Públicos del dominio público, ya que desde el punto de vista del Ordenamiento jurídico vigente y su señalización resultan Bienes Públicos ostensibles, evidentes del conocimiento de todos, lo que demuestra que el derecho del Estado Constitucional sobre éstos, puede ser oponible ante terceros.

Según jurisprudencia del Alto Tribunal[891], se contempla que la simple alegación de propiedad sobre determinados terrenos, por parte de la República, no basta para que el Registrador no registre cualquier operación que verse sobre ellos, pues es necesario la prueba documental y, en su defecto, la defensa mediante acciones legales por parte de la República. En caso de ausencia de la prueba documental a favor de la República, le corresponde a aquella ejercer las accionen legales conducentes a la recuperación de la propiedad pública.

Para concluir, los Bienes Públicos del dominio público no estarán sujetos a registro por su condición de extracomercialidad, por no estar sujetos a ningún tipo de transacción por su mismo carácter inalienable, y ser un Bienes Públicos afecto a una utilidad pública, al uso directo o indirecto de todos, a menos que se produzca la desafectación por no estar destinados al uso público o a los servicios públicos, o no ser requeridos para tales fines, se entenderán incorporados al dominio privado de la República, una vez dictado por el Presidente de la República el respectivo Decreto, en Consejo de Ministros y previa autorización de la Asamblea Nacional. de conformidad con el Art. 7 de la LOBP, y que pasen a ser Bienes Públicos del dominio privado, los que si estarían sujetos a registrabilidad.

D. Tutela administrativa demanial

§198. Planteamiento de la cuestión — Por último, otra de las manifestaciones típicas del régimen jurídico extraordinario con el que se protegen los Bienes Públicos, en general, y del dominio público, en particular, es el poder «de tutela administrativa demanial» —o policía demanial— que la Administración pública puede ejercer para defender aquellos de posibles usos abusivos, usurpaciones y, en definitiva, de cualesquiera intentos atentatorios contra la integridad del dominio público[892], y que se manifiesta según modalidades propias y específicas.

En este sentido, y tal como señala la doctrina más autorizada[893], el Estado Constitucional no sólo tiene el derecho, sino el deber de velar por la conservación y mantenimiento de los Bienes Públicos. Así, las reglas atinentes a la protección y tutela de los Bienes Públicos, forman parte de lo que se denomina el poder de policía del Bien Público o de la cosa pública. Ahora bien, todo lo atinente a la tutela directa del dominio público realizada por el Estado Constitucional, constituye un privilegio o potestad excepcional, derivado del régimen jurídico del dominio público, y como tal de ningún modo aplicable tratándose de los Bienes Públicos del

---

891 Sent. de la CSJ/SPA: 31-07-69.
892 Parejo Gamir, R. y Rodriguez Oliver, J.M., Ob. cit., nota 843, 69.
893 Marienhoff, M. S. Ob. cit., nota 820, 274 y 275.

dominio privado del Estado Constitucional, y mucho menos sobre los bienes de propiedad privada de los particulares, pues, en principio, nada de eso rige para la propiedad privada, de lo contrario existiría una obvia desviación de poder, especie del género exceso de poder.

Por tanto, vamos a referirnos al tema específico de la tutela o de la policía administrativa demanial. En el ámbito del Derecho administrativo de los Bienes Públicos, el dominio público es donde se manifiesta el ejercicio de la potestad reglamentaria o de policía administrativa que detenta el Estado Constitucional sobre los Bienes Públicos del dominio público, y es lo que también denomina la policía de «la cosa pública». Se trataría, por tanto, de una potestad que es inmanente, inherente, es una competencia general de la Administración pública que concierne a la conservación y custodia de los Bienes Públicos del dominio público y, por consiguiente, para la doctrina italiana no requiere texto legal, sino que es sólo una expresión del poder de policía general que detenta el Estado Constitucional. Mientras que otros autores diferencian entre policía general y policía particular o especial, en razón de lo cual, la policía administrativa demanial o sobre los Bienes Públicos del dominio público sería una manifestación de la policía particular o especial.

El fundamento de la policía administrativa demanial sobre el modo de utilización u ocupación de los Bienes Públicos del dominio público y las limitaciones sobre los particulares para el aprovechamiento y ocupación o uso de los mismos, es para Mayer[894], en última instancia, referible a la titularidad que el Estado Constitucional ostenta sobre el dominio público, y es un supuesto de la legítima defensa administrativa, en virtud de lo cual la Administración pública puede invocar y ejercer la acción de oficio, la actividad coactiva si fuera el caso, aplicada a la especial situación jurídica que la Administración pública ostenta como titular de los Bienes Públicos de dominio público, cuya integridad y permanencia en su afectación le está encomendada (Garrido Falla)[895].

Ahora bien, la tutela administrativa demanial sobre los Bienes Públicos del dominio público, se manifiesta, ya a través de: 1.°, las medidas de policía general, de una regulación de carácter general referente a prohibiciones, ocupaciones, usos, permisos o prohibiciones; 2.°, ya a través de medidas de conservación del bien —sanciones pecuniarias, limitaciones, toda clase de deberes, obligaciones y límites, etc.—; o en última instancia 3.°, las medidas concernientes al funcionamiento de los servicios públicos, las cuales en razón del principio de prevalencia de los servicios públicos sobre el dominio público, proyectan las normas del servicio público sobre la ocupación o aprovechamiento de los Bienes Públicos del dominio público por parte de los particulares.

Otro principio que caracteriza a la utilización dentro de la tutela administrativa demanial, es el principio de la igualdad, en virtud del cual, el uso o aprovechamiento de los Bienes Públicos por parte de unas no excluye el uso o aprovechamiento de las demás personas, salvo por supuesto que medie un título jurídico administrativo que habilita a un particular para aprovechar, usar u ocupar un bien con preferencia a los demás, mediante los permisos de uso y las concesiones administrativas demaniales, según sea el caso.

894 Mayer, O. Ob. cit., nota 565, t. III, p. 182.
895 Garrido Falla, F., Palomar Olmeda, A. y Lozada González, H. Ob. cit., nota 105, Vol. II, p. 495.

CAPÍTULO VII
LA CONSTITUCIÓN ADMINISTRATIVA Y LA EXPROPIACIÓN PÚBLICA

Sección 1.ª La teoría de la expropiación pública

Introducción

§199. Planteamiento de la cuestión — La expropiación pública constituye, sin duda, uno de los más enérgicos medios con que cuenta el Estado Constitucional para el cumplimiento y satisfacción de sus fines. Y este sencillo y no extremado punto de partida evidencia, la necesidad de ajustar cumplidamente los requisitos y garantías conforme a la Constitución administrativa.

En tal sentido, la figura de la expropiación pública es una institución jurídica que ofrece antecedentes remotos. Conocida por los romanos, y después de pasar por los comentarios de los glosadores de las instituciones feudales en la Edad Media, aparece en el siglo XVIII afirmada en la misma acta de nacimiento del constitucionalismo moderno, esto es, la DDHC, proclamada por la Revolución Francesa de 1789 (García de Enterría)[896], como excepción de la consagración del principio de inviolabilidad de la propiedad privada. Ahora bien, tres condiciones fueron requeridas para aceptar la expropiación pública (Art. 17): 1.°, que hubiera una necesidad pública legalmente constatada; 2.ª, una justa indemnización; y 3.ª, el previo pago de la misma. En este mismo sentido se manifestaron también las Constituciones francesas de 1791 (tít. I), 1793 (Art. II) y la del año III (Art. 388).

En esta línea se inscribe el Derecho positivo cuando al suscribirse la Declaración de los Derechos del Pueblo[897] del 23 de julio de 1811, se declara en su Art. 21 que:

> Ninguno puede ser privado de la menor porción de su propiedad sin su consentimiento, sino cuando la necesidad pública lo exige y bajo una justa compensación.

Luego, con la primera Constitución de 1811 (Art. 165) se empieza a establecer las bases que dan origen a la institución de la expropiación pública; y más tarde se dicta la primera ley especial sobre la materia el 13 de julio de 1860; y desde entonces ha tenido un notable desarrollo y perfeccionamiento formal tanto en la doctri-

---

896 García de Enterría, E. (2006). *Los principios de la nueva Ley de Expropiación Forzosa*, 2da. Reimpresión. Madrid, IEP, Thomson-Civitas, 30.

897 Las Constituciones en Venezuela. Ob. cit., nota 784.

na[898] como en la jurisprudencia[899]; y por último también tiene consagración formalen la Constitución de 1999.

Así las cosas, el instituto expropiatorio, construido en la tradición constitucional, con toda lógica en carácter sentido negativo o defensivo, es decir, como una garantía radical de las personas frente a la desposesión por la persona pública que personifica la suma de todos los intereses generales o públicos —el Estado Constitucional—, y no en positivo como una potestad de éste de apoderarse de los bienes de la propiedad privada para servicio del bien común, en ejericio de la potestad expropiatoria.

La adquisición de los Bienes Públicos se lleva a cabo, fundamentalmente, a través de dos modalidades: la 1.ª, a través de las técnicas o medios del Derecho público; y la 2.ª también, por supuesto, a través de las técnicas o medios de Derecho privado, que son los mismos que utilizan los particulares.

En tal sentido, el Art. 60 de la LOBP dispone al efecto:

> **Modalidades de adquisición**
>
> **Artículo 60.** La adquisición de bienes por parte de los órganos y entes que conforman el Sector Público se hará mediante los procesos de compra, permuta, donación, dación en pago, expropiación o cualquier otra medida judicial.

Aquí nos vamos a referir sólo a uno de los medios de adquisición del Derecho público para los Bienes Públicos que van a integrar el dominio del Estado Constitucional: la «expropiación pública» —o la expropiación forzosa— que regula la LECUPS[900].

A. Expropiación pública

I. Régimen jurídico

§200. Principio de garantía patrimonial — El Estado Cosntitucional, para el cumplimiento de sus cometidos, requiere de cosas o bienes que van a integrar lo que según la LOBP se denominan Bienes Públicos, y esta adquisición se lleva fundamentalmente a través de dos modalidades que son los medios de Derecho público y los medios de Derecho privado; esto es, a través de técnicas del Derecho público, como son propio el régimen jurídico exorbitante, el régimen jurídico especial, y, por supuesto, también las técnicas o medios que utilizan los particulares.

Ahora bien, la figura de la expropiación pública ha sido tradicionalmente uno de los puntos de fricción del Derecho administrativo, por la sencilla razón de que

---

898 Brewer-Carias, A.R. (1966). *La Expropiación por causa de Utilidad Pública o Forzosa*, IDP, UCV, Caracas; y Brewer-Carias, A.R. (2002). «Introducción General al Régimen de la Expropiación». En *Ley de Expropiación por Causa de Utilidad Pública o Social*, 1ra. Edición, Colección Textos Legislativos N° 26. Caracas, EJV, 9 y ss.; Badell Madrid, R. (2014). *El Régimen Jurídico de la Expropiación Pública*, Paredes Editores, Caracas; Linares Benzo, G. (2002). «Innovaciones de la Ley de Expropiación por Causa de Utilidad Pública o social del 21-05-2002». En *Ley de Expropiación por Causade Utilidad Pública o Social*, 1ra. Edición, Colección Textos Legislativos N° 26. Caracas, EJV, 150 y ss.; y Balasso Tejera, C. (2002). «Aspectos procedimentales de la Expropiación». En *Ley de Expropiación por Causa de Utilidad Pública o Social*, 1ra.Edición, Colección Textos Legislativos N° 26. Caracas, EJV, 123 y ss.

899 *20 Años de Jurisprudencia, Expropiación, Años 1977-1996* (1998). Caracas, FUNEDA.

900 Publicada en la GO N° 37.475, del 1 de julio de 2002.

aparece como uno de los más claros exponentes de la tensión dialéctica existente entre el Estado Constitucional —Poder público— y la persona —derechos y garantías—, que caracteriza todo el Derecho administrativo desde sus orígenes.

En efecto, en el campo de las técnicas ablatorias a los derechos patrimoniales de las personas, la expropiación pública es una de las más incisivas potestades administrativas y, a su vez, una de las más sensibles al sistema de garantías que consagra la cláusula Estado de Derecho.Y es que dentro de los modos de adquisición de Derecho público, por excelencia, se encuentra la institución de la expropiación pública, que desde el punto de vista del Ordenamiento jurídico siempre ha tenido rango constitucional. Por tanto, el tema se debe abordar partiendo de principio «de garantía patrimonial» de las personas que se encuentra plasmado en la Constitución administrativa, en los Arts. 140 y 141 sobre la responsabilidad patrimonial del Estado Constitucional y, principalmente, el Art. 115 sobre la garantía de la propiedad privada. Este último señala lo siguiente:

> **Artículo 115.** Se garantiza el derecho de propiedad. Toda persona tiene derecho al uso, goce, disfrute y disposición de sus bienes. La propiedad estará sometida a las contribuciones, restricciones y obligaciones que establezca la ley con fines de utilidad pública o de interés general. Sólo por causa de utilidad pública o interés social, mediante sentencia firme y pago oportuno de justa indemnización, podrá ser declarada la expropiación de cualquier clase de bienes.

De acuerdo con la EMC[901], el derecho de propiedad se garantiza sin ambigüedades, sin obviar las consideraciones de utilidad pública e interés general, en tanto que la acción del Estado, considerada como esencial en la definición de un marco institucional apropiado para el crecimiento y el bienestar, está sometida al imperio de la ley. De ahí que como presupuestos de la Constitución administrativa de la expropiación pública se establecen:

(i) La existencia de una causa de utilidad pública o interés social.

(ii) Un procedimiento judicial determinado.

(iii) El pago de una justa y oportuna indemnización.

Una disposición similar se consagra igualmente en el Art. 547 del CC que dispone lo siguiente:

> **Artículo 547.** Nadie puede ser obligado a ceder su propiedad, ni a permitir que otros hagan uso de ella, sino por causa de utilidad pública, o social, mediante juicio contradictorio e indemnización previa. Las reglas relativas a la expropiación por causa de utilidad pública o social se determinarán por leyes especiales.

Finalmente, en desarrollo directo e inmediato de los principios contenidos en la Constitución de 1999, fue sancionada la correlativa LECUPS[902].

a. *Concepto*

§201. Planteamiento de la cuestión — La etimología de la palabra expropiación responde al concepto jurídico de transmisión de propiedad para convertirse en

901 Vid. publicación en la GO N° 5.453 Extr., del 24 de marzo de 2000.
902 Vid. publicación en la GO N° 37.475, del 1 de julio de 2002.

propiedad pública, técnicamente hablando. En efecto, expropiación procede de las dos palabras latinas: el prefijo expropiación del ablativo «*por*», y el sustantivo «*propietas, propietatis*». La proposición «*ex*» como prefijo, tiene la siguiente equivalencia: a, fuera, salir afuera, sacar hacia fuera. El sustantivo «*propietas*» es fácilmente traducible: propiedad. Ambas palabras juntas significarían salir de la propiedad. Luego expropiar equivale a salir de la propiedad privada, convirtiéndose en propiedad pública[903].

En tal sentido, está de muy largo tiempo establecido en la jurisprudencia[904], que la figura de la expropiación pública es «una institución de Derecho Público», es decir, regulada esencialmente por el Derecho administrativo, y mediante la cual la Administración pública para el cumplimiento de fines públicos, logra coactivamente la adquisición de bienes muebles o inmuebles, siguiendo un procedimiento determinado y pagando una justa indemnización[905].

Finalmente, el Art. 2 de la LECUPS viene a definir legalmente la expropiación pública en los términos siguientes:

> **Artículo 2.** La expropiación es una institución de Derecho Público, mediante la cual el Estado Constitucional actúa en beneficio de una causa de utilidad pública o de interés social, con la finalidad de obtener la transferencia forzosa del derecho de propiedad o algún otro derecho de los particulares, a su patrimonio, mediante sentencia firme y pago oportuno de justa indemnización.

Es, pues, el medio jurídico extraordinario en cuyo mérito el Estado Constitucional, por vía de una decisión administrativa de efectos particulares y mediante un procedimiento conformes a Derecho, obtiene que un bien sea transferido de un patrimonio privado a otro patrimonio público por causa de utilidad pública o de interés social, previa justa indemnización[906].

En consecuencia, en ejercicio de la potestad expropiatoria, el Estado Constitucional procede coactivamente a la privación y posterior transferencia forzosa de la titularidad de la propiedad privada (Art. 1, 2, y 9 de la LECUPS), así como también de bienes pertenecientes a un ente público territorial que puedan ser enajenados, esto es, los denominados Bienes Públicos patrimoniales o del dominio privado (Art. 9 de la LECUPS), en razón de la utilidad pública o de interés social.

b. *Naturaleza jurídica*

§202. Planteamiento de la cuestión — Pero ¿Cuál es la naturaleza jurídica de la expropiación pública? Al respecto se han elaborado diversas tesis para justificar la técnica de Derecho público en que consiste la institución de la expropiación pública. Al respecto se han elaborado las tesis siguientes: 1.ª, la compraventa-forzosa; 2.ª, la teoría del fisco; y por último 3.ª, la teoría de la sanción.

§202.a Compra-venta forzosa — La primera de esta tesis que manejó la doctrina es la de la compra-venta forzosa. En este sentido se puede citar una jurispruden-

903 Álvarez Gendín, S. (1928). *Expropiación Forzosa*. Madrid, Reus, 26.

904 Sent. de la CFC/SF, del14 de marzo de 1951, Gaceta Forense N° 10, 1952, 133-134.

905 Sent. de la CSJ/SPA del 24 de febrero de1965, caso *Banco Obrero*, Gaceta Oficial N° 27.676, del24 de febrero de 1965.

906 Sent. de la CPCA, del 15de agosto de 1988, en *20 Años de Jurisprudencia, Expropiación, Años 1977-1996*, FUNEDA, 1998, 3.

cia[907] aislada, que compartió la tesis de que la expropiación era una enajenación obligada, ya que se ejecuta con o sin el consentimiento del propietario del inmueble expropiado.

Sin embargo, existen diferencias entre lo que es una compraventa forzosa y una expropiación pública o forzosa, así:

(i) La compra-venta es una institución de Derecho privado, mientras que la expropiación pública es una institución de Derecho público[908].

(ii) En la compra-venta forzosa, no obstante el carácter de esta, siempre interviene la voluntad de las partes. Por el contrario, en el caso de la expropiación pública, sólo interviene la voluntad soberana del Estado Constitucional, pues sólo este decide en materia de expropiación pública.

(iii) El precio en la venta-forzosa puede comportar un beneficio o un perjuicio, con relación al bien de que se trate. Por el contrario, la expropiación pública debe cubrir exactamente el daño que se irroga al expropiado[909], y por eso el Art. 115 de la C habla de justa indemnización.

(iv) En el caso de la venta-forzosa se requiere la capacidad negocial de los sujetos que intervienen en este negocio jurídico. Por el contrario, en la expropiación pública no se requiere ninguna capacidad negocial; se pueden expropiar bienes hasta de menores, de inhabilitados, ya que la expropiación recae sobre el bien y tiene un carácter real.

(v) En el caso de la venta-forzosa el título es el pago, mientras que en la expropiación pública el título es la sentencia que recaiga y, por consiguiente, el presupuesto de esta sentencia es que haya sido objeto de registro para invocar los derechos de propiedad.

(vi) Y por último, en el caso de la venta-forzosa, los bienes son aquellos que eligen las partes, mientras que en la expropiación pública, los bienes los elige sólo el Estado Constitucional.

§202.b Teoría del Fisco – Otra tesis para tratar de identificar la naturaleza jurídica de la expropiación pública, es la denominada teoría del Fisco, que proviene de la doctrina alemana, o doctrina del dominio eminente por parte del Estado Constitucional. En este sentido, se declara que el Estado Constitucional ejerce un dominio eminente sobre los bienes que tiene en su territorio, y los derechos de las personas titulares de esos bienes serían de naturaleza precaria, por cuanto el Estado Constitucional puede proceder en cualquier momento al rescate de dichos bienes mediando una justa indemnización.

Lo que se quiere poner de relieve con esta teoría del Fisco es que el Estado Constitucional ejerce sobre cualquier bien que se encuentre en su territorio y en cualquier momento, el rescate de ese bien, sin que haya posibilidad por la persona de oponerse, ya que se trata realmente de una manifestación de la soberanía del Estado Constitucional, a través de un pretendido derecho de prenda.

---

907 Sent. de la CFC/SF: 14-3-52, GF, 1ra. Etapa, N° 10, 133-134.

908 Sent. de la CF: 31 de mayo de 1955, GF, 2ª. Etapa, N° 8, 280-281; y Dict. de la PGR, 20 Años de Doctrina de la Procuraduría General de la República 1962-1981, Vol. I, Caracas, 1984, t. III, 56-57.

909 Sent. CSJ/SPA: 24-2-1965, Gaceta Oficial N° 27.676, del24 de febrero de 1965.

§202.c Teoría de la sanción — Por último está la teoría de la sanción, en virtud de la cual se equipara la expropiación pública a una sanción por parte del Estado Constitucional. Sin embargo, ya sabemos que hay unas figuras, la de la sanción por parte del Estado Constitucional, que comporta la extinción del derecho de propiedad, pero no a través de la expropiación, sino a través de la confiscación y del comiso[910].

c. *Fundamento*

§203. Planteamiento de la cuestión — Con relación al fundamento de la expropiación pública, según Villegas Basavilbaso[911], las teorías son las siguientes: 1.°, la colisión de derechos; 2.ª, la reserva; 3.ª, la función social de la propiedad; y 4.ª, la utilidad pública o el interés social.

§203.a Teoría de la colisión de derechos — Esta teoría se basa en la superioridad del Derecho público sobre el Derecho privado. Para justificar la expropiación pública habría que considerar que el Estado Constitucional, como gestor de los intereses públicos suele necesitar, para realizar los fines de su gestión, ciertos bienes de pertenencia privada; y, ante el conflicto de ambos intereses, lógicamente tiene que ceder el interés privado, aún legítimo de la persona, frente al derecho superior de la colectividad a ese bien. Por tanto, esta teoría desplaza el problema a una colisión de derechos entre el interés privado y el interés público.

§203.b Teoría de la reserva — En segundo lugar está la teoría de la reserva, que se basa en que en sus orígenes la propiedad era colectiva y luego se transformó en individual, reservándose el Poder social el derecho de retirar del dominio individual, para hacerlas entrar en el patrimonio común mediante indemnización, todas aquellas bienes cuya posesión fuese exigida por razón de utilidad pública.

§203.c Teoría de la función social — En tercer lugar tenemos la tesis de la teoría de la función social de la propiedad, que se basa racionalmente en la circunstancia de que la propiedad, capitalista y hereditaria, no puede explicarse sino por su utilidad social y no se habrá demostrado que ella es legítima, si no se demuestra que en una época dada es socialmente útil. De allí entonces que el legislador pueda imponer a la propiedad privada todas las delimitaciones que sean conformes a las necesidades sociales a que ella provee. Existe también una variante de la función social de la propiedad que va hasta el último extremo, en virtud precisamente de esta configuración en el nuevo Estado Social de Derecho, que es la función social de la propiedad, tal como está configurado también en la Constitución de 1961, en el Art. 99 *eiusdem*.

En mérito a lo antes expuesto, se podía afirmar conforme al Art. 99 de la C de 1961, que la tesis que había superado al Estado-policía, Estado-absolutista, fue la tesis liberal-burgués de conformidad con las nuevas doctrinas del Estado social de Derecho, en el sentido que el derecho de propiedad tiene una función social, en virtud de la cual existe la posibilidad de incidir sobre ese derecho con delimitaciones o restricciones.

§203.d Teoría de la utilidad pública o del interés social — Sin embargo, a partir de la Constitución de 1999, para que sea posible jurídicamente no solo las delimitación —las contribuciones, restricciones y obligaciones—, sino también la

---

910 Vid. in extenso a Araujo-Juárez, J. Ob. cit., nota 865.
911 Villegas Basavilbaso, B. Ob. cit., nota 845, T. IV, 326.

destrucción o sacrificio o despojo de la propiedad privada, esto es, para que la afección del Poder público sea viable, y una de ellas, por excelencia, es la posibilidad de extinción de ese derecho, o sea, de que se extinga la propiedad a través de la figura de la expropiación pública.

Por tanto, si la función social actuaba como elemento justificativo de las delimitaciones de la propiedad, las nociones de la utilidad pública y del interés social, hoy día son causa justificativa del abatimiento o despojo de la misma. Efectivamente, la Constitución administrativa asigna a la «utilidad pública» y al «interés social», un papel semejante al que para la «delimitación» del contenido de la propiedad privada desempeñaba la «función social» bajo la Constitución de 1961. Se trata de la denominada *«causa expropiandi»*, cuya configuración de origen y permanencia indefinida es absolutamente consustancial con la potestad expropiatoria. En realidad, pues, la utilidad pública o el interés social vienen a constituir, abstractamente, los elementos constitucionalmente válidos en orden a la destrucción del «contenido esencial» del derecho de propiedad privada.

SECCIÓN 2.ª EL RÉGIMEN DE GARANTÍAS

Introducción

§204. Planteamiento de la cuestión — La expropiación pública es una técnica jurídica de considerable trascendencia pública, en la que las amplias potestades del Estado Constitucional deben buscar su lógica limitación en las garantías que a las personas otorga el Art. 115 de la C, y, primordialmente, la LECUPS, si bien hoy día contrasta con el absoluto incumplimiento por parte de la Administración pública de sus preceptos[912].

En efecto, como expresión de las múltiples modalidades del ejercicio de las potestades públicas ablatorias por parte del Estado Constitucional[913], la figura de la expropiación pública es de las más intensas, por cuanto tiene por objeto incidir de manera negativa en la esfera patrimonial de los particulares, ya sea disminuyendo, o de manera concreta en el caso de la expropiación pública, privando o sustrayendo de manera singular los derechos patrimoniales de las personas.

Ahora bien, según la García de Enterría[914], el análisis de la figura de la expropiación pública se ordena alrededor de dos elementos sustantivos: 1.ª, la potestad expropiatoria; y 2.ª, un sistema o régimen de garantías.

A. Potestad expropiatoria

§205. Planteamiento de la cuestión — La expropiación pública se revela como el ejercicio por parte de la Administración pública de una potestad «expropiatoria» —o de expropiación—, típicamente administrativa, que le permitirá la transferencia forzosa de determinados bienes de las personas, por causa de utilidad pública o de interés general[915], y cuyo ejercicio está sometido a condiciones y límites rigurosos que operan como presupuestos de validez de la misma.

---

912 Vid. *in extenso* a Sánchez Miralles, S, (2016). *Casos de estudio sobre la expropiación en Venezuela*. Caracas, EJV-CIDEP.

913 Sent. del TSJ/SC, del, caso *Proyefa Internacional S.L.U,*

914 García de Enterría, E., Ob. cit., nota 897, 44; y Brewer-Carias, A. R. (1988). «Prólogo» a Muci, J.A. *Retrocesión en la Expropiación Pública*. Caracas, EJV,12.

915 Sent. de la CPCA, del16-6- 1982, Expediente N° 80-1264.

En este orden de ideas, la jurisprudencia[916] define a la potestad expropiatoria como:

> [...] la facultad de decretar la expropiación de determinados bienes y en consecuencia, trasladar coactivamente la titularidad de bienes de dominio privado al patrimonio y dominio del ente expropiante, tiene su justificación en el interés de la comunidad, en la utilidad pública de su propio fin; y el expropiado, como tal, encuentra constitucionalmente consagrada la garantía de un procedimiento legalmente establecido, así como la garantía de una justa indemnización.

En efecto, la potestad expropiatoria nos dice García de Enterría[917], se integra análogamente en una verdadera potestad exorbitante del Derecho común. Se trata de una potestad innovativa, cuyos efectos se dirigen a extinguir o, con otro enfoque, a convertir situaciones patrimoniales de las personas sujetas a la misma.

Así, el fundamento de la expropiación pública en el Derecho contemporáneo demuestra que ella, no constituye el ejercicio de un derecho sino de una potestad pública, análoga a la de imposición de tributos y a las de otras prestaciones obligatorias. Es por ello que la jurisprudencia[918] llega a sostener que «en todo caso la potestad expropiatoria no puede ser objeto de oposición por parte del particular porque el Estado expropia o por las buenas o por las malas»[919]; y además agrega una afirmación que hoy día sería absolutamente cuestionable, cuando dice que ni le sería dado al expropiado discutir sobre la necesidad, ni la oportunidad o el tiempo contenido en el decreto de expropiación o decreto de afectación[920]. Por tanto, solo y solo si el ejercicio de la potestad expropiatoria es «conforme a Derecho», no podrían los propietarios negarse a esa transferencia de propiedad, la cual, por consiguiente, en principio, siempre es forzosa para el propietario y necesaria para el Estado Constitucional[921].

Finalmente, cuando se pone en funcionamiento la potestad expropiatoria, es de la esencia del sistema de garantías que consagra la Constitución adminstrativa, que el titular de la propiedad cuente un sistema de garantías que asegure en lo posible, su integridad y efectividad o, en el caso que llegue a producirse alguna lesión, es necesario igualmente arbitrar un régimen de garantías que permitan el restablecimiento de la posición jurídica de la persona, al posibilitar el oportuno ejericicio del derecho «reaccional» o impugnatorio en el supuesto de ser desconocido o vulnerado de cualquier manera que fuere, con los medios a través de los cuales pueda libremente ejercer, ante los tribunales, las correspondientes acciones contencioso-administrativas o, de ser el caso, las correspondientes acciones posesorias o petitorias que le aseguren el cabal goce de sus derechos, debiendo ser indemnizado de los daños y perjuicios que le ocasione el acto ilegal (Art. 8, LECUPS).

En conclusión, es necesario señalar que la potestad expropiatoria tan ampliamente concebida por la jurisprudencia, sin embargo va a estar rigurosamente condicionada y limitada en su ejercicio a un sistema común o régimen jurídico-público

---

916 Sent. N° 0497 de la SJ/SPA, sentencia de 9 de abril de 2002, caso *Ana Rivas Hernández*.
917 García de Enterría, E. Ob. cit., nota 897.
918 Sent. de la CFC/SF, del14 de marzo de 1952, GF, N° 10, pp. 132-134.
919 Sent. de la CFC/SF, del14 de marzo de 1952, GF, N° 10, pp. 132-134.
920 Sent. de la CSJ/SPA, del15 de diciembre de 1988, caso *TRIVEL C.A.*
921 Sent. de la CPCA, del 20-6-1995, Expediente N° 88-9518.

de garantías concebido por la propia regulación del sistema normativo administrativo, como veremos de seguidas.

B. Régimen de garantías

§206. Planteamiento de la cuestión — Como cuestión previa se debe comenzar señalando que, más que al análisis de los límites sustanciales constitucionalmente garantizados de la propiedad frente a las delimitaciones, servidumbres o normas que definen el ámbito de la propiedad privada, el Art. 115 de la C invita a reflexionar sobre la operatividad y firmeza de los aspectos formales del instituto expropiatorio que como garantía de específica protección como la desposesión de la propiedad se impuso por el Art. 17 de la DDHC, ganando desde entonces carta de de naturaleza en la evolución del constitucionalismo.

De ahí que toda la normativa sobre la expropiación pública, es una regulación que apareja consecuencias sustanciales en el orden del régimen de garantías de las personas, y que si bien la evolución en algún momento se hubo acentuado en el aspecto de la potestad expropiatoria, se olvida pronto el evidente que el carácter garantista de firmeza y defensa de la propiedad privada, constituye el rasgo esencial y permanente de la figura de la expropiación pública, sin el cual estaríamos en presencia de una institución distinta.

De ahí que Brewer-Carias[922] sostenga que el legislador ha previsto, un régimen de garantías como mecanismo de salvaguarda de los derechos de las personas frente al ejercicio de la potestad expropiatoria, y que permiten controlar la legalidad o juridicidad del ejercicio de la potestad expropiatoria y su plena conformidad con el Derecho en los términos siguientes.

En primer lugar, la garantía jurídica que exige del Estado Constitucional cuando procede a ejercer la potestad expropiatoria, es que se sujete a los procedimientos debidos, tanto en sede administrativa como judicial. De manera que es una garantía para la persona, que la expropiación forzosa sólo podrá llevarse a efecto por el Estado Constitucional con arreglo a lo dispuesto en la LECUPS, salvo lo dispuesto en las leyes especiales (Art. 4 de la LECUPS). Por ende, la Administración pública para poder expropiar no puede utilizar otro procedimiento sino el expresamente establecido con caráter general en la LECUPS, de manera que la garantía jurídica viene a ser la exigencia que el sujeto activo o ente expropiante siga el cauce procedimental establecido que lleva a la expropiación pública con fines de utilidad pública o de interés social.

Según la citada doctrina, el régimen de garantías está integrado por las tres siguientes: Las primeras dos garantías están establecidas para controlar la actuación del ente expropiante y la potestad expropiatoria, las cuales se ubican dentro del procedimiento expropiatorio, y deben ser escrupulosamente cumplidas para que se consume válidamente la expropiación pública, consistiendo fundamentalmente en una garantía de carácter estrictamente jurídico y en una garantía de carácter económico; y la tercera garantía posterior a la consumación de la expropiación pública, también de carácter jurídico, llamada garantía de devolución o de retrocesión.

---

922 BREWER-CARIAS, A. R. (1979). *Jurisprudencia de la Corte Suprema 1930-1974 y Estudios de Derecho Administrativo,* (Propiedad y Expropiación). Caracas, UCV, IDP, t. VI, 51 y ss.

En tal sentido, y para una mejor comprensión del tema hemos procedido a dividir nuestro desarrollo sobre la base de los siguientes círculos sucesivos de garantías, que son consustanciales con el instituto de la expropiación pública, así: 1.ª, la garantía subjetiva; 2.ª, la garantía objetiva; 3.ª, la garantía teleológica; 4.ª, la garantía procedimental; y por último 5.ª, la garantía patrimonial.

I. Garantía subjetiva

a. *Sujetos activos*

§207. Planteamiento de la cuestión — La garantía subjetiva hacen referencia al ejercicio correcto de las potestades administrativas en materia expropiatoria. En efecto, la expropiación pública es una institución del Derecho público que obedece a la fórmula constitucional de un orden o reparto competencial, donde hay una suerte de colaboración en el ámbito de los distintos sujetos públicos que tienen a su cargo el ejercicio del Poder público, esto es, la potestad expropiatoria en el procedimiento de la expropiación pública.

Así las cosas, de acuerdo con la Constitución administrativa, con relación a los sujetos tenemos, en primer lugar, el sujeto activo, que esta vez es configurado por el sujeto expropiante o expropiador. Con respecto al sujeto activo se puede distinguir a tres sujetos distintos, a saber: 1.º, el órgano o Poder legislativo que declara la utilidad pública o el interés social; 2.ª, el órgano administrativo que lleva adelante la ejecución del procedimiento expropiatorio; y por último 3.ª, el beneficiario del bien expropiado.

§207.a Poder legislativo — Como cuestión previa debemos señalar que la intervención, en primer lugar, del Poder legislativo, es un exigencia constitucional al condicionar el rango de la disposición normativa en que se produzca, genérica o singularmente, el desarrollo de las nociones de fines de «utilidad pública» o de «interés general». Ello significa que la abstracción del par de conceptos —utilidad pública o interés social— requiere concreción o precisión en cada caso, lo que se materializa hoy a través del trámite denominado «necesidad de ocupación».

Y exige, asimismo, la declaratoria de utilidad pública, esto es, un pronunciamiento legal de acuerdo con el principio «de reserva legal» —o reserva de ley—, en tanto que condiciones fundamentales para la ablación o sacrificio del derecho de propiedad. Respecto de la declaratoria de utilidad pública, cabe señalar que semejante exigencia resulta de una interpretación lógico-jurídica, además de lo expresamente indicado en los textos normativos vigentes. Esta declaración de rango legal, la cual con frecuencia se encuentran en muchas leyes respecto de actividades variadas, en contraste con la reserva de actividades al Estado Constitucional que origina la «*publicatio*» del régimen aplicable a las actividades o bienes reservados, no tiene efectos algunos similares con una «*publicatio*», y que el mismo se convierta automáticamente en un régimen regulatorio especial de Derecho público, lo que no es cierto en el Ordenamiento jurídico positivo. En el mismo sentido, tampoco podría identificarse el concepto de «utilidad pública» con el de «servicio público, las cuales son nociones jurídicas completamente distintas[923].

[923] Sent. Nº 1628 del TSJ/SPA, de fecha 13 de julio de 2005, caso *Inversiones Luixu 2051* C.A.

En términos generales, sostiene Brewer-Carías[924], el único propósito del legislador con tales declaratorias, es facilitar y agilizar la eventual posibilidad de que el Estado Constitucional pueda proceder a expropiar bienes de propiedad privada que sean necesarios para la realización de dichas actividades reguladas en las leyes respectivas. Es decir, la declaratoria de actividades con fines de utilidad pública o de interés general, no tiene ningún efecto general de «*publicatio*» del régimen de las mismas, sino solo de responder a la garantía constitucional de la propiedad privada, que conforme al Art. 115 de la C, le impone al Estado Constitucional la condición de previa de que para poder decretar la expropiación de cualquier clase de bienes de propiedad privada, la actividad específica que motive dicha expropiación, debe haber sido declarada previa y formalmente en una ley como de utilidad pública o interés social.

Así lo dispone expresamente, como se dijo, el Art. 115 de la Constitución, al exigir que para que el Poder ejecutivo pueda decretar la expropiación de bienes de propiedad privada, ello sólo puede hacerlo por «fines de utilidad pública o de interés general» que debe haber sido declarada previamente en una ley, que es lo que puede motivar y justificar la expropiación pública. Lo mismo, conforme a la Constitución administrativa, se ha exigido tradicionalmente como condición previa para decretarse la expropiación pública: «La disposición formal que declare la utilidad pública» —Arts. 7, num.1 y 13 de la LECUPS—.

Ahora bien, la utilidad pública y el interés general no son definibles por otra rama del Poder público que no sea el Poder legislativo —, aunque sean variadas, en cambio, las posibilidades o fórmulas, objetiva y subjetivamente, de concreción y tasación. Ahora bien, debe insistirse en que la utilidad pública o el interés general cumplen objetivos diferentes. Se trata, en suma, de conceptos jurídicos indeterminados, bien tradicionales y asentados en todo el Ordenamiento jurídico, cuya constatación habilita al Poder legislativo para abatir o sacrificar la propiedad privada. Precisamente, por sus enérgicos efectos destructivos —convencionalmente hablando, pues, en la mayor parte de ocasiones, la propiedad sólo se transforma materialmente o incluso sólo pasa a otras manos, sin transformación física— la constatación de la utilidad pública o de interés general es una operación muy compleja que se encuentra sometida a severos requisitos. Por de pronto, la *causa expropiandi* debe precisarse, tasarse y determinarse por ley.

Así las cosas, la primera intervención en el Derecho positivo le corresponde al Poder legislativo, en los tres niveles político-territoriales[925], de dos formas:

(i) El establecimiento por parte de la Asamblea Nacional -o en su receso de la Comisión Delegada en su caso-de la legislación general en materia de expropiación por causa de utilidad pública o el interés social (Art. 156, num. 32 de la C y 13 de la LECUPS).

(ii) La calificación o declaratoria mediante ley[926], ya con carácter general[927] de las actividades que han de considerarse como de utilidad pública o de

---

[924] Brewer-Carias, A.R. (2019). *Sobre las nociones de contratos administrativos, contratos de interés público, servicio público, interés público y orden público, y su manipulación legislativa y jurisprudencial*. Caracas, EJV, 169 y 179.

[925] Sent. de la CPCA: 15-8-1988, Expediente N° 83-3047.

[926] Sent. de la CPCA: 15-8-1988, Expediente N° 83-3047.

[927] Sent. de la CF: 31-5-1955, GF, 2ª. Etapa, N° 8, 284.

interés general, o ya a través de leyes especiales —tales como la materia agraria,[928] hidrocarburos,[929] etc.— (Arts.13 y 14 de la LECUPS, en concordancia con el Art. 115 de la C), la cual es irrevisable por la autoridad judicial[930].

Por ello, la propia LECUPS para facilitar la expropiación de bienes, incluye en su Art. 14, *eiusdem,* una declaratoria general de una serie de actividades consideradas de antemano como de utilidad pública o interés general, a los efectos de exceptuarlas «de la formalidad de declaratoria previa de utilidad pública», que incluyen:

> [...] la construcciones de ferrocarriles, carreteras, autopistas, sistemas de transporte subterráneo o superficial, caminos, edificaciones educativas o deportivas, urbanizaciones obreras, cuarteles, hospitales, cementerios, aeropuertos, helipuertos, los terrenos necesarios para institutos de enseñanza agrícola y pecuaria, las construcciones o ensanche de estaciones inalámbricas o conductores telegráficos; así como los sitios para el establecimiento de los postes, torres y demás accesorios de las líneas conductoras de energía eléctrica; acueductos, canales y puertos; los sistemas de irrigación y conservación de bosques, aguas y cualquiera otra relativa al saneamiento, ensanche o reforma interior de las poblaciones; la colonización de terrenos incultos y la repoblación de yermos y montes.
>
> Se exceptúan igualmente de la declaración previa de utilidad pública las obras comprendidas en los planes reguladores de los estados, del Distrito Capital y de los municipios, o en los planes de acondicionamiento o modernización de otras ciudades o agrupaciones urbanas, siempre que se elaboren y aprueben previamente por las autoridades competentes, limitándose las afectaciones a lo estrictamente necesario, salvo lo dispuesto en el artículo 15 de esta Ley.

Respecto de otras actividades no comprendidas en la anterior numeración, el requisito de que por ley se las declare como de utilidad pública y de interés social para que pueda decretarse la expropiación de bienes, la condición es la que se cumple a través de múltiples leyes «especiales» de larga tradición —aguas, bosques, minas, transporte ferroviarios, hidrocarburos, vivienda, etc.—, de manera que sin necesidad de otra ulterior declaratoria de utilidad pública o de interés social en relación con las actividades que regulan, el Poder ejecutivo pueda proceder a iniciar el procedimiento expropiatorio.

§207.b Poder ejecutivo — Una vez hecha la declaratoria legislativa previa de utilidad pública o de interés general mediante ley de expropiación pública o de una ley especial, la segunda intervención le corresponde al Poder ejecutivo -Presidente de la República, Gobernador y Alcalde (Art. 5 de la LECUPS)-, quien en cada caso determina y señala, directamente, mediante un decreto «de afectación» —o de expropiación—; y para esa condición será indispensable un acto debidamente motivado mediante el cual se declare de interés social el bien por expropiar, así como también, los que por su utilización en los proyectos y programas, justifiquen las ventajas del bien común que originó la declaratoria legislativa previa de utilidad

[928] Vid. Art. 68 de la Ley de Tierras y Desarrollo Agrario, publicada en GO Nº 5.991 Extr., de fecha 29 de julio de 2010.

[929] Vid. Art. 4 de la Ley Orgánica de Hidrocarburos, publicada en la GO N° 38. 443, del24 de mayo de 2006.

[930] Sent. de la CFC/SF, de fecha18-5-1945, M, 1946, Tomo 1, 224 y 225.

pública, esto es, la ejecución de una obra concreta a realizarse, así como la adquisición forzosa de la totalidad de un bien o varios bienes, o parte de los mismos -*strictu sensu*- que se requiere para la realización de la obra o actividad e, indirectamente, de manera implícita, los derechos -sobre tales bienes - que deberán ser expropiados, derechos que se infieren del decreto de afectación (Art. 5 de la LECUPS).

Tal facultad de expropiar se integra en una verdadera potestad administrativa, la cual se justifica en concreto por la atribución de la ley, así como más en particular por el efecto operativo de la «*causa expropiandi*» que la ley haya previamente tipificado con carácter general o particular.

Así las cosas, el sujeto activo —o legitimado activo en tanto que encargado de la ejecución del decreto de afectación según los Arts. 3 y 6 de la LECUPS— es el ente expropiante, esto es, el «titular» de la potestad expropiatoria. Fundamentalmente, de acuerdo con el Art. 3 de la LECUPS, los titulares son las personas de Derecho público territoriales, como son la República, los Estados federados, los Municipios, el Distrito Capital; y, excepcionalmente, los institutos autónomos[931], las personas y las empresas[932] legal y debidamente autorizados. En este último caso, mediante la subrogación de los derechos y obligaciones correspondientes a la República, o el otorgamiento a través de la ley a los concesionarios de obras públicas o servicios públicos, de la potestad expropiatoria, lo cual no significa que el Estado Constitucional se haya desprendido de ella[933].

Finalmente, como el ente expropiante puede realizar la expropiación para otro sujeto y no para sí, ello ha dado lugar a que se distinga también entre el «ente expropiante» y el «beneficiario» de la expropiación pública. La figura del beneficiario es el sujeto que representa el interés general o social, para cuya realización solo está autorizado a instar del ente expropiante el ejericio de la potestad expropiatoria y es quien, en definitiva, adquiere el bien o derecho expropiado —destinatario final—y, por ende, a quien se le imputa el deber de indemnización.

§207.c Poder judicial — Y, por último, cabe la necesidad de la intervención del Poder judicial, de acuerdo con la modalidad siguiente: en el caso en que no se logre un arreglo amigable, el tribunal competente, mediando sentencia firme, procederá a declarar la transferencia de la propiedad, y no solamente la transferencia de la propiedad, sino el previo pago correspondiente, pues en el Derecho positivo la transferencia de la propiedad sólo se concreta una vez hecho efectivo el pago de la indemnización correspondiente; y, por sobre todo, también el el tribunal competente interviene para controlar que la actuación del Poder legislativo y del Poder ejecutivo haya sido conforme a Derecho.

b. *Sujeto afectado*

§208. Planteamiento de la cuestión — Por último, el sujeto pasivo o más propiamente sujeto afectado — o legitimado pasivo según el Art. 6 de la LECUPS—, que no sujeto expropiado, está conformado por la persona propietaria titular del bien declarado de utilidad pública o de interés social, y sujeta a soportar el ejercicio de la potestad expropiatoria, esto es, son todas aquellas personas —naturales o jurídicas— propietarias de los bienes y derechos sobre los cuales recae el decreto de afectación.

931 Sent. de la CSJ/SPA: 31-3-1965, GF, N° 47, 1965, 190 a194.
932 Sent. N° 00347 del TSJ/SPA, del27 de abril de 2010, caso Maraven S.A.
933 Brewer-Carias, A. R. Ob. cit., nota 914, 12; y Sent. de la CFC/SF: 16-11-1943, M.1944, 331 a 334.

No obstante, Lares Martínez[934] sostiene que no cabe hablar de legitimación pasiva de la expropiación pública, porque la expropiación a lo que está referida no es sino a un bien, a una cosa, y, por lo tanto, no a una persona. Atendida la plausible observación, nosotros preferimos hablar de sujeto «afectado», pues la cualidad del sujeto afectado es una cualidad «*ob rem*», por relación con el objeto real de la expropiación pública (García de Enterría)[935].

II. Garantía formal

§209. Planteamiento de la cuestión — En segundo lugar, la concreción del proceso expropiatorio para una operación concreta requiere como se ha señalado, el dictado del denominado decreto «de afectación» —o de expropiación—. Se trata de un acto administrativo declarativo, cuyo contenido se caracteriza principalmente por estar dirigido a acordar imperativamente la transferencia forzosa, de acuerdo con el Art. 2 de la LECUPS, «del derecho de propiedad o algún otro derecho de los particulares»

En consecuencia, el decreto de afectación ha de cumplir, además de los requisitos formales a que se refiere el Art. 18 de la LOPA, dos requisitos objetivos o materiales adicionales: 1.°, la determinación o individualización de los bienes o derechos objeto de la expropiación, que se califiquen necesarios para lograr tal finalidad, en las que se describan, en todos los aspectos, material y jurídico, los bienes o derechos que se consideran de necesaria expropiación. Tales requisitos revisten una importancia capital, pues a través de los mismos puede controlarse, además de la existencia y correcta declaración de la utilidad pública o de interés social —como después veremos—, también la corrección material y formal de los datos de los bienes o derechos a expropiar.

Y 2.°, de conformidad con el Art. 7 de la LECUPS, el decreto de expropiación debe contener la declaración de que su ejecución «exige indispensablemente la transferencia total o parcial de la propiedad o derecho». Esto es, la declaración de afectación debe comprender los bienes o derechos estrictamente indispensables para el fin de la expropiación. Y sobre todo, poder determinar si los bienes mencionados o elegidos son los técnicamente adecuados para el fin o destino que persigue la concreta operación expropiatoria, pudiendo en tales casos modificarse por la afectación de los derechos o bienes que sea la más correcta. Esto es, desde el punto de vista técnico, la declaración de afectación debe estar referida al bien o derecho más adecuado o conveniente, para lograr el fin o destino que la operación expropiatoria persigue.

Ahora bien, una primera aproximación a la cuestión nos obliga a reconocer la enorme complejidad técnica y jurídica que conllevaría la declaratoria de afectación. En efecto, la puesta en marcha de un proceso expropiatorio exige la motivación no solo formal sino material, por ejemplo, mediante la exigencia previa de un proyecto de obra que justifique la utilidad pública o interés social del inmueble no disponible por quien va a abordar su realización. Además de esta exigencia de proyecto previo, sería necesario efectuar un estudio que permita identificar técnica y jurídicamente el o los inmuebles que se califiquen necesarios para lograr tal finalidad, y adelantar un estudio económico del coste de la expropiación pública.

---

[934] Lares Martinez, E., Ob. cit., nota 740, 614 y 615.
[935] García de Enterría, E. Ob. cit., nota 897, 57.

Por último, una vez cumplidos estos requisitos previos del decreto de afectación, la opción de la utilización del procedimiento, ya el ordinario o ya el de urgencia, estará condicionada a la necesidad o no de abordar la realización de las obras de forma rápida y acelerada, según sea el caso. Ambos procesos conllevan trámites tasados cuya observancia constituye una garantía para mantener el equilibrio entre, por un lado, las necesidades de utilidad pública o de interés social que debe satisfacer el ente expropiante, y por el otro, los derechos inherentes al propietario —afectado— de los bienes objeto de la expropiación.

a. *Reserva legal*

§209.a planteamiento de la cuestión — En definitiva, lo fundamental de la garantía formal reside en la circunstancia de que la declaratoria de utilidad pública o de interés general se concibe como materia reservada a una ley formal, es decir, una competencia legislativa. Pero, además, en consonancia con el criterio expuesto por el TSJ/SC[936], en el caso de la LOT y de cuyas disposiciones destaca particularmente la declaratoria de utilidad pública o de interés general del establecimiento y desarrollo de las telecomunicaciones, por subsumirse en uno de los subtipos de ley orgánica introducidos por la Constitución, desde el punto de vista material o sustantivo, llevan implícito un contenido como lo es el desarrollo de derechos constitucionales, que es aquel que el Poder constituyente estimó conveniente regular mediante una ley reforzada, como lo es la ley orgánica, la cual está dotada de mayor rigidez que la ordinaria en cuanto regula materias de especial repercusión que han sido reservadas a la ley orgánica, «[...] las cuales requieren de mayores niveles de discusión, participación, deliberación y consensos, así como de mayor estabilidad y permanencia en el tiempo»[937].

En definitiva, la declaratoria de utilidad pública o de interés general está reservada al legislador orgánico y no al legislador ordinario, y en modo alguno al Poder ejecutivo. Sin embargo, un primer aspecto jurídico frecuentemente vulnerado en la mayoría de las operaciones expropiatorias es el requisito legal de la declaración de utilidad pública, o del interés general, de una actuación, como paso previo a la puesta en marcha del mecanismo de la expropiación pública, si bien se constata que esta objeción no suele ser causa de impugnación por parte de los afectados que disponen de asesoramiento legal, cuanto menos por la gran mayoría que no disfruta del mismo.

Si bien la declaratoria legal y previa de la utilidad pública o del interés general, esto es, la asignación de un fin o destino para la operación expropiatoria concreta no forma parte en sentido estricto del procedimiento administrativo expropiatorio; sin embargo, es un presupuesto legal habilitante del mismo y, por tanto, de cumplimiento previo y estricto. De consiguiente, el supuesto de una declaratoria por parte de la Administración pública de la utilidad pública o del interés general, la haría incurrir en el grave vicio de inconstitucionalidad por usurpación de funciones —o de poder— que comporta la nulidad absoluta[938].

---

[936] Sent. N° 537, del TSJ/SC, del12 de junio de 2000, caso Ley Orgánica de Telecomiunicaciones; y Sent N° 11-0129 del TSJ/SC, del28 d enero de 2011, caso *Decreto con Rango, Valor y Fuerza de Ley Orgánica de Emergencia para Terrenos y Vivienda.*

[937] Sent. N° 34 del TSJ/SC, del26 de enero de 2004, caso *Vestalia Sampedro de Araujo y otros.*

[938] Araujo-Juárez, J. Ob. cit., nota 402, 83.

b. *Utilidad pública o interés general*

§209.b Planteamiento de la cuestión — Por último, los conceptos de utilidad pública o de interés general por mutables son contingentes y circunstanciales, pues varían según las épocas, las circunstancias, el lugar y el Ordenamiento jurídico vigente[939], y como «*causa expropiandi*» exclusiva de la expropiación pública ha ido evolucionando progresivamente hasta hacerse cada vez más amplio; desde un sentido estricto en los primeros textos del siglo XIX, a las fórmulas que hoy emplea el Derecho comparado de expropiación por causa de interés general, hasta un interés general «de orden material o moral para una colectividad de ciudadanos»[940], en razón de lo cual por virtud del régimen legislativo y creación jurisprudencial hubo de variarse la expresión de «utilidad pública o interés social» por la de «utilidad pública o de interés general».

Por consiguiente, la Administración pública para poder expropiar no puede perseguir otro fin o destino sino el de utilidad pública o interés general expresamente establecido con carácter general en el Art. 115 de la C y desarrollado ampliamente en la LECUPS; y con carácter excepcional en leyes especiales[941].

III. Garantía objetiva

§210. Planteamiento de la cuestión — Otro de los elementos esenciales de la expropiación pública es el objeto. Desde este punto de vista reiteramos que la expropiación pública persigue la transferencia forzosa de los bienes o derechos de que se trate, y estos tienen una especificidad. Los bienes pueden ser, pero no necesariamente tienen que ser, bienes comerciales, pues el requisito es la susceptibilidad de enajenación. Por su parte, Lares Martínez[942] habla de derechos reales, incluso los personales; sin embargo, no se debe identificar derecho real y derecho personal.

Por lo que respecta a la clase de bienes que pueden ser objeto del ejercicio de la potestad expropiatoria, la fórmula del Art. 115 de la C es bastante amplia cuando señala que «podrá ser declarada la expropiación de cualquier clase de bienes». Esto dio lugar a un problema de interpretación con la derogada LECUPS, que sólo se refería a bienes inmuebles. Sin embargo, la jurisprudencia sostuvo de manera pacífica y reiterada que la expropiación pública podía recaer sobre cualquier clase de bienes, corporales e incorporales, materiales o inmateriales, tales como lo ha establecido el Art. 1 de la LDA[943] y el Art. 16 de la LPI[944].

Por consiguiente, de acuerdo con la jurisprudencia[945], la expropiación pública puede recaer sobre toda clase de bienes de propiedad privada; y por interpretación *contrario sensu* del Art. 5 de la LECUPS, los bienes de los entes públicos, siempre que sean Bienes Públicos patrimoniales, esto es, regidos por el Derecho común[946].

Por lo que respecta a los Bienes Públicos del dominio público, la doctrina se pronuncia por la inexpropiabilidad[947], y la razón es que no puede justificarse la

939 Sent. de la CPCA: 15-8-1988, Expediente N° 83-3047.
940 Sents. de la CFC/SF: 18-5-1945, M, 1946, Tomo 1, pp. 224-225; y de la CSJ/SPA: 15-8-1988.
941 Vid. la Disposición Final Tercera de la Ley Orgánica de Telecomunicaciones, publicada en la Gaceta Oficial N°, del
942 Lares Martínez, E., Ob. cit., nota 740, 608.
943 Vid. publicación en la GO N° 4.638 Extr., del 1 de octubre de 1993.
944 Vid. publicación en la GO N° 24.873, del 14 de octubre de 1955.
945 Sent. de la CF: 31-5-1955.
946 Sent. de la CF: 31-5-1955, GF, 2ª. Etapa, N° 8, pp. 279-280.
947 Aguilar Gorrondona, J. L., y Viso, Á. B. Ob. cit., nota 832, 76.

expropiación de los mismos, por la sencilla razón de que ya están afectados, directa o indirectamente, a la utilidad pública y, en consecuencia, la expropiación resultaría inútil.

Finalmente, en cuanto a la extensión de la expropiación pública, esta puede ser expropiación total o expropiación parcial (Art. 5 y 7, num. 2 de la LECUPS). En el supuesto último, si a consecuencia de ello comporta la inutilización o lo hace impropio para el uso a que está destinado, ello obligaría a que el ente expropiante proceda a la expropiación de la totalidad del bien.

IV. Garantía teleológica

§211. Planteamiento de la cuestión – Es sabido que las potestades administrativas no precisan, para su ejercicio, de más previa habilitación que la consistente en la norma legal que la crea y regula. Sin embargo, a partir de la tradición revolucionaria francesa, en materia expropiatoria se impuso para su ejercicio, la existencia de una necesidad pública que la legitimase y que, además, debía ser declarada por un acto del Parlamento: por una ley, en suma. Esta situación o necesidad legitimadora de la expropiación se denomina utilidad pública o interés social (Santamaría Pastor[948]).

En tal sentido, la Constitución administrativa consagra, en palabras de J.A. MUCI BORJAS[949], la principal y más importante limitación al ejercicio de la potestad expropiatoria, que consiste en exigir que la razón determinante del ejercicio de la potestad expropiatoria sea la persecución de una finalidad calificada: la búsqueda o satisfacción -«*ad essentia*»- de la utilidad pública o del interés general.

Así las cosas, el fin o destino de la expropiación pública, que la doctrina llama la «*causa expropiandi*», es la utilidad pública o el interés general. El texto del Art. 115 de la C es inequívoco en su intención, pero presenta algunos problemas interpretativos como veremos enseguida. El primer problema que en la aplicación que de este precepto se tiene que considerar es el de interpretar su alcance exacto. Y es que los conceptos de utilidad pública e interés general tienen, ambos, gran importancia en materia de expropiación pública por dos razones: 1.ª, la utilidad pública o el interés general son la causa o razón «*causa expropiandi*» que justifica la operación de expropiación pública concreta; y 2.ª, la exigencia de que concurran la utilidad pública o el interés general implica una garantía constitucional al derecho de propiedad[950].

De manera más concreta, la Constitución administrativa dispone que solamente podrá llevarse a efecto la expropiación pública de bienes de cualesquiera naturaleza, mediante el cumplimiento de los requisitos formales especialmente rigurosos y, el primero de ellos, referido a la necesaria existencia de la previa «Disposición formal que declare la utilidad pública» (Art. 7, num. 1 de la LECUPS).

En tal sentido, las disposiciones de los Arts. 3, 7, 13, 14, 15, 17 y 18 de la LECUPS hacen referencia a la causa de la expropiación pública «*causa expropiandi*» como presupuesto habilitante del ejercicio de la potestad expropiatoria mediante el inicio del procedimiento de expropiación correspondiente; esto es, la necesaria vin-

---

948 Santamaría Pastor, J.A., Ob. cit., nota 68, 455 y 456.
949 Muci Borjas, J. A. (1988). *La Retrocesión en la Expropiación*. Caracas, EJV, 20.
950 Sent. de la CPCA: 15-8-1988, Expediente N° 83-3047.

culación del objeto —bien o derecho— de la expropiación pública, con el fin o destino específico o calificado a que haya de afectarse el objeto de la expropiación pública. Por tanto, sostiene García de Enterría[951], la «*causa expropiandi*» ha de precisarse, específicamente, en cada expropiación singular, concreta, y predicarse, no de la privación en sí, sino justamente del fin o destino específico posterior a que la privación expropiatoria ha de afectarse el bien o derecho que se expropia.

De lo contrario, sería pasible de incurrir en el vicio de desviación de poder, porque se demuestre que la Administración pública ha apartado el ejercicio de su potestad expropiatoria del fin o destino de interés general distinto, e incluso contrario, a aquél que tiene una manifestación específica y concreta establecido por el Ordenamiento jurídico, al que debe atender el decreto de afectación, y para el que le fuera atribuida (J.M. Auby y R. Drago)[952], que por ser inconvalidable e insubsanable, se le asimila en sus efectos al vicio de nulidad absoluta[953], de conformidad con el Art. 259 de la C, en concordancia con los Arts. 12, 19 y 20 de la LOPA[954].

V. Garantía procedimental

§212. Planteamiento de la cuestión — Ahora, por lo que respecta a la garantía procedimental, la misma está referida a la garantía del procedimiento «expropiatorio» —o procedimiento administrativo de expropiación debido—. Y es lógico que el ejercicio de una potestad tan importante como la potestad expropiatoria deba efectuarse con arreglo a un procedimiento rigurosamente diseñado y observado con no menos seriedad.

En tal sentido, el ejercicio de la potestad expropiatoria está sometido a un procedimiento especial riguroso y estricto que viene también a condicionar su legitimidad. Y siendo que el procedimiento de expropiación está todo él concebido en función de la garantía del sujeto expropiado —«*rectius*: afectado»—, ello justifica que se le consagre formalmente como un derecho del sujeto afectado (García De Enterría)[955].

En el mismo sentido, la jurisprudencia[956] ha afirmado que frente al ejercicio de la potestad expropiatoria, el sujeto «expropiado» —«*rectius*»: afectado—

> [...] como tal, encuentra constitucionalmente consagrada la garantía de un procedimiento legalmente establecido, así como la garantía de una justa indemnización.

En definitiva, si el Art. 4 de la LECUPS ordena que «la expropiación forzosa sólo podrá llevarse a efecto con arreglo a la Ley, salvo lo dispuesto en las leyes especiales», la garantía jurídica que se exige del Estado Constitucional cuando ejerce la potestad expropiatoria es que respete el procedimiento expropiatorio debido, esto es, legalmente establecido tanto en sede administrativa como en sede judicial.

En tal sentido, la LECUPS distingue en la actividad expropiatoria: 1.ª, la fase administrativa; y 2.ª, la fase judicial[957], que analizaremos de seguidas.

---

951 García de Enterría, E. Ob. cit., nota 897, 68.
952 Auby, J.M. y Drago, R. (1975). *Traité de Contentieux administratif,* TI. Paris, LGDJ, 405.
953 Araujo-Juárez, J. Ob. cit., nota 402, 104.
954 Araujo-Juárez, J. Ob. cit., nota 402, 99 y ss.
955 García de Enterría, E. Ob. cit., nota 897, 92.
956 Sent. N° 0497 de la SJ/SPA, sentencia de 9 de abril de 2002, caso *Ana Rivas Hernández.*
957 Sent. de la CPCA del 25-2-1988, Expediente N° 86-5714.

a. *Fase administrativa*

§213. Arreglo amigable – En primer lugar, el Art. 22 de la LECUPS dispone que el sujeto expropiante, una vez publicado el decreto de afectación, «procederá a iniciar el trámite de adquisición del bien afectado por vía del arreglo amigable», y, a tales efectos, lo hará valorar por peritos designados de conformidad con el Art. 19 de la LECUPS, los cuales deberán cumplir con los requisitos del Art. 20 *ejusdem*. Se trata, pues, de un procedimiento administrativo[958], conciliatorio[959], que no es una simple facultad, sino una obligación legal que se impone al sujeto expropiante[960], cuya naturaleza es lograr el avenimiento a la expropiación[961], y que tiene como consecuencia lógica e inmediata, en caso de realizarse satisfactoriamente, el de evitar precisamente el eventual juicio expropiatorio[962], y proceder *ipso facto* al justiprecio, a la entrega del inmueble y por último al pago del precio[963].

Los efectos del denominado «arreglo amigable» son considerables, pues el sujeto expropiante puede adquirir de inmediato y por vía convencional, la transferencia de la propiedad del bien, y entrar en posesión del mismo sin más trámites que el acuerdo entre las partes; por su parte, el sujeto afectado conviene en la expropiación y, consecuencialmente, renuncia al derecho de oponerse a ella[964]. En este orden de ideas, la jurisprudencia[965] ha estimado que el convenio así previsto constituiría un contrato o convención regido por las normas del Derecho privado. Así las cosas, el denominado arreglo amigable tiene por finalidad, además, que las partes se pongan de acuerdo sobre los peritos que han de fijar el precio de la indemnización, ya que no les está permitido a las partes fijar directamente el precio[966].

Con respecto al tema de si el «avalúo» practicado con motivo de un arreglo amigable previo al juicio expropiatorio podría o no ser impugnado, la doctrina sostiene que no, porque las partes convinieron en fijar el precio mediante peritos y deben atenerse al dictamen de los mismos[967]. No obstante, la CSJ sostuvo el criterio contrario, y señaló que el avalúo de un arreglo amigable puede ser impugnado a fin de controlar la legalidad[968]. Pero también, es cierto, de acuerdo con la jurisprudencia[969], que en modo alguno tales gestiones amigables constituyen un pre-requisito procesal a la solicitud de expropiación que se formula en su día ante el órgano jurisdiccional competente.

En conclusión, por cuanto la jurisprudencia[970] ha señalado que toda disposición que regule la expropiación pública es de orden público, así como el procedi-

---

958 Sent. N° 01977 el TSJ/SPA, del 5 de diciembre de 2007, cit. por Sent. N° 00446 del TSJ/SPA, del 8 de mayo de 2012, caso *Municipio San Francisco del Estado Zulia*. .

959 Dict. de la PGR, DAE, del 20-1-1981, Ob. cit., 59.

960 Dict. de la PGR, DAE, del 20-1-1981, 62.

961 Sent. de la CPCA: 22-10-1987, Expediente N° 83-3288.

962 Sent. CSJ-SPA del 20 de agosto de 1982, *Revista de Derecho Público N° 11*, EJV, Caracas, 1982, 208; y Sent. de la CPCA del15-8-1988, Expediente N° 83-3047.

963 Sent. de la CPCA de 16 de julio de 1987, RDP, N°31, EJV, 146-147.

964 Sents. de la CPCA: 24-4-1995, Expediente N° 87-8070; y de la CPCA: 201-1982, Expediente N° 78-410.

965 Sent. de la CPCA: 15-2-1996, Expediente N° 91-12516.

966 Sent. de la CFC/SP, del14 de marzo de 1952, Gaceta Forense N° 10, Caracas, 1952, 125-126.

967 Brewer Carías, A. (1985). *Urbanismo y propiedad privada*. Caracas, EJV, 493.

968 Sent. de la CSJ/SPA, del29 de mayo de 1978, citada en la Sent. de la CSJ/SPA, del28 de enero de 1982, RDP, N° 9, 153-154.

969 Sent. de la CPCA: 22-1-1987. Expediente N° 83-3288.

970 Sent. de la CF: 31-5-1955, GF, 2ª. Etapa, N° 8, 280-281.

miento especial legalmente establecido para tal fin, la Administración pública en ejecución de la potestad expropiatoria -repetimos- no puede utilizar otro procedimiento administrativo sino el expresamente establecido con carácter general en la LECUPS, o en su caso la ley especial —según el Art. 4 de la LECUPS—. De ahí que la garantía procedimental viene a ser la exigencia de que el sujeto expropiante siga el procedimiento expropiatorio debido, establecido con carácter general en la LECUPS, que lleva a la expropiación pública, y cuyo desconocimiento, según fuere el caso, hará que el sujeto expropiante incurra en alguno de los vicios procedimentales de nulidad absoluta siguientes:

(i) El vicio de la ausencia absoluta de procedimiento administrativo (Arts. 1, 2, 4, 7.1, 22, 34 y 52 de la LECUPS, en concordancia con el Art. 19.4 de la LOPA)[971].

(ii) El vicio de desviación de procedimiento (Arts. 1, 2, 4, 7.1, 22, 34 y 52 de la LECUPS, en concordancia con los Arts. 19.1 y 19.4. de la LOPA)[972].

(iii) Y por último, el vicio de indefensión (Arts. 1, 2, 4, 7.1, 22, 34 y 52 de la LECUPS, en concordancia con los Arts. 19.1 y 19.4. de la LOPA)[973].

b. *Fase judicial*

§214. Planteamiento de la cuestión — Por último, debemos recordar que en esta cuestión, fue bajo Napoleón, con la Ley de 8 de marzo de 1810 — la cual sería después objeto de sustanciales modificaciones—, se precisaron las fórmulas procesales de defensa de la propiedad inmueble frente a los desapoderamientos de bienes inmuebles que originaban las obras públicas. En esta cuestión, el «general legislador» en términos de notable contraste con su política de separación de la Administración pública y los Tribunales ordinarios, forzó al *Conseil d'Etat* a que preparase una ley cuyas ideas centrales habían de ser la máxima desconfianza hacia la Administración pública, tanto activa como contenciosa, y el otorgamiento de garantías eficaces a los propietarios. Para ello, no vio otra solución que la de no permitir la cesión forzosa de la propiedad, sino por sentencia judicial recaída en un proceso de corte civil, pues la propiedad, si no hay consentimiento del propietario, sólo puede ceder ante una sentencia judicial en la que, además, se fije la indemnización.

Es por ello que tras la declaratoria legal de utilidad pública y de interés general, se condiciona la privación de la propiedad —de los bienes y derechos— a la existencia de dos nuevas circunstancias. 1.°, ha de mediar un procedimiento administrativo determinado «a priori» por la ley; y 2.ª, después ha de existir la correspondiente indemnización. Ambas cuestiones completan el panorama sustantivo y formal de la Constitución administrativa, reiterando exigencias tradicionales cuando dispone «mediante sentencia firme y pago oportuno de justa indemnización» (Art. 115 de la C).

Es por ello que dentro del proceso expropiatorio, cabe también la necesidad de la intervención del Poder judicial, a través de una fase judicial que tiene por objeto declarar la necesidad y procedencia de la expropiación pública solicitada, y

971 Araujo-Juárez, J. Ob. cit., nota 402, 109.
972 Araujo-Juárez, J. Ob. cit., nota 402, 114.
973 Araujo-Juárez, J. Ob. cit., nota 402, 115.

de ser el caso, estimar o rechazar las oposiciones planteadas[974], de acuerdo con las modalidades siguientes: 1.ª, el juicio expropiatorio; 2.ª, las acciones posesorias o petitorias; y por último 3.ª, el control jurisdiccional.

§214.a Juicio expropiatorio — En primer lugar, en el caso en que no se logre en la fase administrativa un arreglo amigable, y por cuanto el decreto de afectación no está revestido de las potestad de la autotutela administrativa, es el órgano jurisdiccional competente quien procede, mediante juicio expropiatorio, a declarar la transferencia de la propiedad, mediando sentencia firme; y no solamente la transferencia de la propiedad, sino también el previo pago correspondiente, pues en el Derecho positivo la transferencia de la propiedad sólo se concreta una vez hecho efectivo el pago de la indemnización correspondiente[975].

En consecuencia, el juicio expropiatorio tiene por objeto declarar mediante sentencia: 1.°, la necesidad y procedencia de la expropiación pública solicitada; y 2.°, estimar o rechazar las oposiciones planteadas, de ser el caso[976]. De ahí que el sujeto expropiante no puede entrar en posesión del bien que pretende expropiar sin que se produzca, previamente, la intervención del tribunal competente, y concretamente, antes de que se dicte sentencia firme, a menos que se acuerde la medida de ocupación previa,

§214.b Acciones posesorias o petitorias — En segundo lugar, cuando se pone en funcionamiento la potestad expropiatoria, es de la esencia del sistema de garantías que consagra la Constitución administrativa, que el sujeto afectado, esto es, la persona titular de la propiedad cuente con los medios a través de los cuales pueda libremente ejercer ante los tribunales. De modo que todo propietario a quien se prive del goce de su propiedad, sin llenar las formalidades de la LECUPS, podrá ejercer las correspondientes acciones posesorias o petitorias que le aseguren el cabal goce de sus derechos, debiendo ser indemnizado de los daños y perjuicios que le ocasione el decreto expropiatorio ilegal (Art. 8 de la LECUPS).

§214.c Control jurisdiccional — Finalmente, el Poder judicial interviene para controlar que la actuación tanto del Poder legislativo como del Poder ejecutivo haya sido conforme a Derecho, a través de la Justicia constitucional o Justicia administrativa, respectivamente.

De ahí que por cuanto el sistema o régimen de garantías jurídicas se va a presentar en cada una de las fases del procedimiento expropiatorio, se tiene que si el decreto de afectación no se ha dictado o no cumple con algunos de los elementos estructurales del acto administrativo, el mismo podría ser impugnado ante los órganos de la Jurisdicción contencioso-administrativa, de conformidad con el Art. 259 de la C y la correspondiente LOJCA.

También del hecho que la potestad expropiatoria está construida legalmente como un poder circunscrito a límites concretos, y que a su vez se funcionalizan como presupuestos de validez del ejericio de tal potestad, se concluye que al mar-

[974] Sent. de la CPCA: 14-12-1992, Expediente N° 81-1903.

[975] Sent. de la Corte Federal y de Casación en Sala Federal de 9 de mayo de 1949 y por la Corte Suprema de Justicia, en sentencia de 10 de diciembre de 1992, en Brewer-Carías, A. (1974). *Jurisprudencia de la Corte Suprema de Justicia. 1930-1974*, Universidad Católica del Táchira, San Cristóbal, 440.

[976] Sent. de la CPCA, del 14 de diciembre de1992, Expediente N° 81-1903.

gen de esos límites no existe expropiación pública, pues no sería el ejercicio de un poder jurídico sino un despojo ilegal, una vía de hecho[977], que podrá ser objeto de una reclamación de conformidad con los Arts. 9.3, y 65 y ss. de la LOJCA. En efecto, podría suceder que la Administración pública procediera a desposeer al propietario de forma fáctica «teoría de la vía de hecho—[978]. En este caso, el propietario con anterioridad a la entrada en vigencia de la LOJCA podía intentar un interdicto posesorio, para reivindicar el bien del cual ha sido desposeído ilegalmente; sin embargo, por constituir una vía de hecho administrativa, deberá seguir el denominado contencio de la vía de hecho, que regulan los Arts. 8 y 9, nums. 3 y 10, y 65, num. 2 de la LOJCA.

§214.d Afectaciones eternas — Es sabido también que además de la afectación normal de los bienes objeto de una expropiación pública regular, se pueden producir las denominadas «afectaciones eternas», que suponen una lesión ilegítima del derecho de propiedad. Estas afectaciones se producen con respecto a los bienes inmuebles que van a ser expropiados por razones de urbanismo o de ordenación del territorio[979].

En tal sentido, la jurisprudencia[980] ha resuelto para los casos de afectaciones eternas, la aplicación de la teoría del decaimiento del acto o del decreto de afectación, de manera que cuando éstos no establezcan lapso para la ejecución de la expropiación pública, se debe aplicar en virtud de la analogía jurídica lo resuelto expresamente en otros textos legales, para casos semejantes o materias análogas.

V. Garantía patrimonial

§215. Planteamiento de la cuestión — Desde la Ley napoleónica de 1810 se ha venido insistiendo en el carácter de presupuesto o requisito previo del justiprecio o indemnización expropiatoria, lo que se expresaba en la regla del previo pago y se reforzaba, como se ha visto, en la regulación basada en la intervención del Juez civil para su determinación y decreto de la transferencia de propiedad.

Desde entonces, por lo que a la correspondiente indemnización se refiere, parece claro que este requisito se dirige a la compensación justa de una privación forzosa. Que la Constitución administrativa haya recalcado tal exigencia, no es sino muestra de la importancia que el Ordenamiento jurídico concede al derecho de propiedad privada, según señalé al comienzo, pues solamente a través de la fijación de un cierto «equivalente económico» es factible recomponer una «imagen» destruida, un contenido esencial desbordado y, por tanto, restituir la justicia de una actuación normativa, de una decisión pública, sin cuya restitución no sería posible tampoco la prohibición de la interdicción de la arbitrariedad, cuya existencia la Constitución administrativa proscribe o la prevalencia del valor de la Justicia que figura como pórtico de aquélla en el Preámbulo y en el Art. 1 de la C.

---

[977] Brewer-Carías, A.R. Ob. cit., nota 967, 435 a 467; Hernández-Mendible, V. (1997). «Las afectaciones y los mecanismos jurídicos para su control». En *Revista de la Fundación Procuraduría* N° 17. Caracas, 43-65.

[978] Vid. *in extenso* sobre la vía de hecho administrativa a Araujo-Juárez, J. (1997). «La Teoría de la Vía de Hecho Administrativa». En *Los Derechos Fundamentales y los Medios de Protección Procesal*. Caracas, FUNEDA-EJV, 1997, 73 y ss; y Torrealba Sánchez, M. Á. (2011). *La vía de hecho en Venezuela*. Caracas, FUNEDA.

[979] Brewer-Carías, A.R. Ob. cit., nota 967.

[980] Sent. de la CSJ-SPA, sentencia de 10 de agosto de 1993.

Así las cosas, la garantía ínsita en la sustancia misma de la expropiación pública, se extiende asegurando también el principio de la Constitución administrativa sobre la garantía patrimonial de las personas. En efecto, además de las garantías jurídicas, está la garantía «de la integridad patrimonial», con lo cual no se quiere significar otra cosa que cuando el Estado Constitucional expropia, ejerce una potestad pública que la Constitución administrativa consagra, pero como el ejercicio de esa potestad pública supone un sacrificio particular en el derecho del sujeto afectado, es preciso que se le compense o se le indemnice por la privación de su derecho, y sólo así quedará cumplido el mandato constitucional que ordena pagar una justa indemnización (Art. 115 de la C).

En efecto, en la institución expropiatoria, señala la doctrina más autorizada, la indemnización no es un efecto anormal, sino normal, en cuanto se configura como «negocio dirigido directamente al despojo patrimonial» (González Pérez)[981], o un despojo o «privación deliberada y querida» (García de Enterría)[982]. Se trata, pues, de una privación de deliberada y querida, producto, por tanto, de una decisión declaratoria, caracterizable típicamente entre los actos administrativos de gravamen, que restringen —aquí por la vía de un sacrificio específico—, la esfera jurídica de los derechos o intereses del sujeto afectado. Este elemento del concepto resulta básico para distinguir la expropiación forzosa de los supuestos de responsabilidad patrimonial (García de Enterría)[983].

Asimismo, con respecto a la doctrina nacional, Ortiz-Alvares[984], siguiendo la línea de González Pérez, y sobre la base de la distinción de las figuras indemnización y responsabilidad, sostiene que las expropiaciones consagradas principalmente en el Art. 115 de la C, a través de un procedimiento preestablecido y por causas concretas —de utilidad pública o de interés general—, los actos van dirigidos directamente al despojo patrimonial —transferencia coactiva de la propiedad— entrando en juego las cláusulas de indemnización previa como «*conditio iuris*». En tal sentido, el pago del valor del bien del que se le priva al sujeto afectado constituye un presupuesto, «*ex ante*», del efecto ablatorio de la potestad expropiatoria, para que la misma pueda surtir sus efectos de privación.

a. *Derecho a la justa indemnización*

§215.a Planteamiento de la cuestión — Así las cosas, cuando el sujeto expropiante ejerce la potestad expropiatoria que la Constitución administrativa consagra, su ejercicio supone un sacrificio particular en el patrimonio del sujeto afectado, por lo que es preciso que se le indemnice por la privación de su derecho, y sólo así quedará cumplido el mandato de la Constitución administrativa que ordena pagar una justa indemnización (Art. 115 de la C).

Por su parte, la jurisprudencia[985] también ha sostenido la mencionada naturaleza de garantía de la indemnización al señalar:

> [...] en la expropiación la garantía de la indemnización tiene su causa en el «despojo patrimonial», por lo que tal indemnización es una carga tal que

[981] González Péres, J. (1975). *Derechos administrativos reales*. Madrid, Civitas, 187- 188.
[982] García de Enterria, E. y Fernández, T. R. Ob. cit., nota 541, t. II, 272.
[983] García de Enterria, E. y Fernández, T. R. Ob. cit., nota 541, t. II, 273.
[984] Ortiz-Alvares, L. Ob. cit., nota 765, 32.
[985] Sent. de la CSJ/SPA, del27 de enero de 1994, caso *Promociones Terra Cardón*. En *Jurisprudencia de Responsabilidad Extracontractual*. (1997). Caracas, FUNEDA-EJV, 61-63.

condiciona la procedencia misma de la expropiación (Art. 101 de la Constitución, y 3° de la Ley de Expropiación por Causa de Utilidad Pública o Social). Por el contrario, la responsabilidad por la lesión causada por la actuación administrativa, descansa sobre el hecho de que, dada la posición del administrado, esta recibe una lesión no procurada [...]

En mérito a lo antes expuesto, la primera garantía de la Constitución administrativa de la integridad patrimonial de las personas en el caso de la expropiación pública está referida al pago, esto es, el derecho «a la justa indemnización». En efecto, dentro de los límites de la potestad expropiatoria, la garantía de la integridad patrimonial entera del sujeto afectado se presenta como presupuesto jurídico sustancial del ejercicio de tal potestad. Y en este sentido, frente a la privación o sacrificio singular del sujeto afectado, nace el derecho a la justa indemnización a que alude el Art. 115 de la C. Así, el derecho de propiedad se transforma, o más teóricamente hablando, se sustituye. La razón jurídica propiedad es sustituida por la razón jurídica de la indemnización[986].

Ahora bien, la jurisprudencia[987] afirma que el concepto de justa indemnización conlleva a que el sujeto afectado reciba por compensación, una suma de dinero que sea equivalente a la pérdida sufrida, de manera que la potestad expropiatoria no tenga como correlativo el empobrecimiento ni el enriquecimiento del sujeto afectado.

Por otra parte la jurisprudencia[988] ha señalado que:

> [...] la indemnización es el medio que el Derecho ha creado para resolver, sin perjuicio de nadie, los conflictos entre el individuo y la sociedad, cuando se requiera que aquél ceda algún derecho en aras de un interés público o social. La garantía constitucional del derecho de propiedad exige que el Estado pague una justa indemnización al propietario, no sólo en caso de expropiación propiamente dicha, o sea, cuando coactivamente se le obligue a ceder su propiedad, sino también cada vez que se le prive de una utilidad, queden gravados sus bienes con una servidumbre o sufra un daño permanente que derive de la pérdida o disminución de sus derechos.

Es cierto también que esta indemnización no debe enriquecer al sujeto afectado, pues la indemnización debe ser sólo una compensación del perjuicio causado. Este es el criterio del Máximo Tribunal[989] al señalar:

> La suma a pagar debe cubrir exactamente el daño que se irroga al expropiado, sin que éste se empobrezca, ni se enriquezca, en la medida que tal resultado puede razonablemente alcanzarse. Sólo así quedará cumplido el mandato constitucional que ordena pagar una justa indemnización [...]

Por consiguiente, en el caso de la expropiación pública se opera lo que se denominaría un proceso de sustitución del derecho de propiedad o algún otro derecho del sujeto afectado, con el derecho a la justa indemnización. En otras palabras, nadie puede oponerse a la expropiación pública del derecho de propiedad o algún

---

[986] Álvarez Gendín, S. Ob. cit., nota 903, 26.

[987] Sents. de la CPCA: 21-3-1988, Expediente N° 83-2932; CPCA: 13-10-1988, Expediente N° 79-704; y CPCA: 14-12-1992, Expediente N° 89-10507.

[988] Sent. de la CSJ/SPA, del10 de agosto de 1977, citada por Brewer-Carías, A.R. Ob. cit., nota 967, 430.

[989] Sent. de la CSJ/SPA, de 24 de febrero de 1965, Gaceta Forense N° 25, Caracas, 1965, 124-125.

otro derecho de las personas -salvo los casos de contrariedad a Derecho- y, como contrapartida, a ninguna persona se le puede privar, en virtud del sacrificio individual, del derecho a la justa indemnización.

Por supuesto, el fundamento es la aplicación del principio de igualdad de las personas ante las cargas públicas. Cuando el Estado Constitucional requiere de un bien, está imponiendo un sacrificio a la persona, y éste no tendría la obligación de sufrir este sacrificio de manera individual, sino que se transfiere esa carga de manera colectiva y, por ende, se origina a su favor, un derecho específico que es el derecho a la justa indemnización[990].

Es así como el Art. 7 de la LECUPS se refiriere con la añeja expresión abreviada de «justiprecio», que constituye la forma de indemnización económica o de compensación integral de contenido económico de la disminución o empobrecimiento patrimonial que experimenta el sujeto afectado por la pérdida del bien o derecho expropiado, y el cual, a su vez, tiene su correlación en el beneficio o enriquecimiento que el Estado Constitucional obtiene mediante la transferencia forzosa del derecho o bien que se priva al sujeto afectado.

§215.b Concepto jurídico indeterminado — Por otro lado, el problema de determinar la justa indemnización —justiprecio— no es algo puramente fáctico o discrecional, sino que es ciertamente un problema netamente jurídico, al aplicar un supuesto de los llamados «conceptos jurídicos indeterminados» que el término implica. Para su determinación de ha de partir del valor venal, pero como además sufre una agresión, una suerte de siniestro inesperado, se entiende que debería ser tratado, además de como una suerte de vendedor forzoso, como un perjudicado al que se priva de un «valor de utilización». De aquí que la tendencia actual a buscar una selección más personalizada con el llamado «valor de sustitución», que es la cantidad de dinero que es necesaria para situar al sujeto afectado en la misma condición económica que se encontraba con anterioridad a la expropiación pública. En todo caso, lo que no puede admitirse sin situar de nuevo la garantía de la propiedad en la indefensión del *Ancién Régime* es que la Administración pública, además de decidir unilateralmente sobre la desposesión, decida también sobre el justiprecio y que el fijado por aquélla se imponga inexorablemente al Juez contencioso-administrativo.

En tal sentido, a los fines de no incurrir en una falta de compensación material para el sujeto afectado, nos permitimos mencionar algunos criterios de la extensión de la justa indemnización:

En primer lugar, la justa indemnización en el sentido de la Constitución administrativa, es nada más y nada menos que un instrumento de garantía del principio de la integridad patrimonial del sujeto afectado, en razón del sacrificio o privación singular en que la expropiación pública consiste. Y es por ello que se trata de lograr el equivalente económico ante la privación del bien o el derecho expropiado con el fin de que el sujeto afectado quede debidamente compensado, o de concederle en compensación el valor real y efectivo de los bienes de los que se les ha privado.

En segundo lugar, hay que mencionar que para lograr el valor real se debe acudir a los criterios estimativos más adecuados en orden al hallazgo del valor real del bien o derecho objeto de la expropiación pública.

[990] Sents. de la Corte Federal y Casación en Sala Federal, del 12 de julio de 1943 y 4 de mayo de 1942.

Por último, hay que señalar que en la derogada Constitución de 1961 existían supuestos de excepciones, en los cuales: 1.°, el pago podía no ser previo, esto es, ser diferido o admitir causas de diferimiento; y 2.°, el pago podía no ser en dinero, contante y sonante. La Constitución administrativa vigente procedió a eliminar tales excepciones, al consagrarse de manera categórica que siempre debe proceder el «pago oportuno de justa indemnización». De ahí que en materia del pago de la justa indemnización, la jurisprudencia[991] ha indicado diversos factores condicionantes tanto jurídicos como técnicos, en el sentido que el pago ha de ser: integral, previo, en dinero y justo.

En resumen, la jurisprudencia[992] y el Art. 7 de la LECUPS, establecen los requisitos condicionantes para que proceda la expropiación forzosa, a saber:

(i) La disposición legal que declare la utilidad pública o el interés social.

(ii) La declaración de que su ejecución exige indispensablemente la transferencia total o parcial de la propiedad o derecho o parte de los mismos en el decreto de expropiación (Art. 5 de la LECUPS).

(iii) El justiprecio del bien objeto de la expropiación pública.

(iv) Y por último, el pago oportuno y en dinero efectivo de la justa indemnización.

b. *Derecho de retrocesión*

§216 Planteamiento de la cuestión — La última garantía de la regulación positiva del principio constitucional de la integridad patrimonial de las personas en materia expropiatoria es, según la doctrina[993], la garantía de devolución identificada con la figura de la reversión o retrocesión en la expropiación pública, denominada también derecho de devolución, retroexpropiación, o con carácter más general derecho «de retrocesión» en materia de expropiación pública, y que ha sido objeto de aplicación de alcance general por la jurisprudencia[994].

En efecto, lo normal es que la expropiación pública se consume. Pero también es posible que el fin de utilidad pública o interés general a que la expropiación pública tiende y que le sirve de legitimación -«*causa expropiandi*»-, no esté cumplido ni llegue a cumplirse jamás. Por ello la figura de la expropiación pública perdería su legitimación, y en este caso se habría violado la garantía constitucional que tutela el derecho de propiedad, y procedería en tal caso el derecho de retrocesión a favor del sujeto afectado, por lo cual se trata de un derecho típicamente administrativo sometido al régimen jurídico especial propio de esta rama del Derecho (Pérez Moreno)[995].

Con la figura del derecho de retrocesión, señala Muci Borjas[996] —el autor que de manera sistemática y más exhaustiva ha desarrollado el tema entre nosotros—,

---

991 Sent. de la CPCA: 14-1983, Expediente N° 80-1247.

992 Sents. de la CSJ/SPA: 4-8-1986 y 2-10-1986.

993 Brewer-Carías, A. R., Ob. cit., nota 914, 13.

994 Sent. de la CSJ/SPA: 8-12-1988, caso *TRIVEL CA*.

995 Pérez Moreno, A. *La reversión en materia de expropiación,* Madrid, 1966, pp. 333-334, cit. por González Pérez, J., Ob. cit., nota 981, 47.

996 Muci Borjas, J. A., Ob. cit., nota 949, 24-25.

se quiere significar el derecho que surge a favor del sujeto afectado, después de la efectiva consumación formal de la expropiación pública, en caso de que no se realice la obra de utilidad pública o interés general, derecho este que consiste en la posibilidad que tiene el sujeto afectado —el ex-propietario—, de readquirir el bien que le fuera expropiado, en razón de no haber sido destinado éste, por el sujeto expropiante, al fin o destino perseguido. Según Muci Borjas, el derecho que surge con posterioridad al traslado coactivo del bien al sujeto expropiante constituye, sin duda, también una clara manifestación -*a posteriori*- del control integral, consagrado por el Ordenamiento jurídico sobre el ejercicio de la potestad expropiatoria.

Posteriormente, con la entrada en vigencia del Art. 51 de la LECUPS vigente, se establece ya con carácter general y en forma expresa el derecho de retrocesión en sede administrativa ante el propio sujeto expropiante, según el procedimiento administrativo previsto al efecto.

Así las cosas, cuando por cualquier razón el bien expropiado no se destina al fin de utilidad pública o interés social que justificó en su momento el ejercicio de la potestad expropiatoria, esto es, desaparece la «*causa expropiandi*», surge en el antiguo titular o sujeto afectado, el derecho a readquirirlo o exigir la devolución del bien o de la porción no utilizada que fue objeto de la expropiación forzosa, por el mismo monto del justiprecio, si bien éste debería ser actualizado, sin perjuicio de las acciones que pudieran corresponderle por los daños y perjuicios que la expropiación pública injustificada le ocasionó (Art. 51 de la LECUPS).

Y por último, si por la naturaleza de la obra de utilidad pública o interés social a realizarse, o por otras circunstancias, se decidiere enajenar parte del bien expropiado o su totalidad, se dará preferencia al expropiado de conformidad con el Art. 51 de la LECUPS.

§217. Conclusión — En mérito a lo antes expuesto se concluye por vía de resumen: de acuerdo con la Constitución administrativa, el ejericio de la potestad expropiatoria está construido legalmente como un Poder público circunscrito a límites concretos. De ahí la exigencia de los sucesivos círculos de garantías jurísdicas que en mayor o menor medida son consustanciales con el instituto de la expropiación pública. Por tanto, si en la práctica no se respetan esos círculos de garantías jurídicas, no cabría hablar de expropiación pública propiamente tal, sino de una institución distinta en esencia.

CAPÍTULO IX
LA CONSTITUCIÓN ADMINISTRATIVA
Y EL SERVICIO PÚBLICO

SECCIÓN 1.ª LA TEORÍA DEL SERVICIO PÚBLICO

Introducción

§218. Planteamiento de la cuestión – La importancia de los servicios públicos en el tema general propuesto en el marco de la Constitución administrativa, es un hecho inobjetable. Como es sabido, la historia del Derecho administrativo ha estado caracterizada por la inclusión permanente de la noción en cuestión, por lo que han sido y siguen siendo la noción central o «*noyau dur*» de la caracterización de un tipo de actividad como genuinamente administrativa.

Pero también, es la noción donde tienen cabida las manifestaciones más claras de las crisis y de numerosas transformaciones que en las últimas décadas ha afrontado el Derecho administrativo.Las manifestaciones más concretas se refieren en el tema que nos ocupa de modo general a: la redefinición de la estructura administrativa típica de los modos de prestación de los servicios públicos; la inserción de nuevas formas de gestión de la actividad caracterizadas por una alta participación del sector privado y del Derecho privado –asociaciones público-privadas–; la descentralización como un nuevo presupuesto para el mejoramiento en la prestación de los servicios públicos; la reivindicación del papel del usuario; y por último, la inserción de los principios como la eficiencia, eficacia, simplicidad y economía, y el control de gestión (M. García Delgado)[997]. De este modo, la consagración de valores y principios de la Constitución vigente, se constituyen en las orientaciones de los fines estatales: que, de ningún modo, de conformidad con las nuevas concepciones científicas del papel que desempeñan las Constituciones, tienen un carácter estático y ajeno a la evolución social sino que, por el contrario, son muy atentas a la dinámica propia de las realidades de sociedades altamente pluralistas.

En efecto, la noción de servicio público tradicional –o «clásico», o «*strictu sensu*»–, se encuentra altamente relacionada con las fines esenciales del Estado Constitucional, que al no poderse definir de modo inmutable e invariable, como lo pretendían los *ius* naturalistas y los escolásticos, «sacralizando» de este modo su

---

[997] García Delgado, M. (2020). «El principio del control por parte de la Contraloría General de la República». En *Principios fundamentales del Derecho Público. Desafíos actuales. Libro connmemorativo de los 20 años de la publicación de la Constitución de 1999* (Brewer-Carias, A.R. y Araujo-Juárez, J. Coords.). Caracas, EJVI.

esencia, no pueden tener origen diverso al expresado en el propio Derecho positivo y, de manera fundamental, en el texto de cada Constitución. Son precisamente los fines esenciales del Estado Constitucional, los que justifican y orientan en un Ordenamiento jurídico, el grado de libertad de los particulares en la materialización de las iniciativas económicas en sectores tradicionalmente considerados como servicios públicos o, por el contrario, la intervención estatal, inclusive en condiciones de posición dominante o monopolio, o también la extensión del control que puede ejercer la Administración pública sobre los prestadores de los servicios públicos, entre otras de las posibles manifestaciones que la materia que nos ocupa puede presentar.

Los anteriores aspectos pretenden ilustrar algunos de los lineamientos principales que orientan este Capítulo, que de modo concreto obedece al propósito principal de abordar la fundamentación, análisis y operatividad de uno de los modos de la actividad administrativa, como lo es la actividad de prestación de los servicios públicos en el marco de la Constitución administrativa, que quizás como ningún otro sector se ha transformado de modo trascendental en los últimos años.

Así las cosas, la estructura de esta presentación consta de tres partes: la primera pretende presentar la situación general de la teoría de los servicios públicos; en la segunda se analiza el régimen jurídico de los servicios públicos; y, por último, los denominados servicios públicos constitucionales.

Ahora, es sabido que el desfase producido entre el dinamismo de la actividad estatal y la inercia y resistencia de las instituciones al cambio y a la admisión de nuevas categorías forzosamente han provocado una nueva crisis, que se ha traducido bien en la ineficacia ante las nuevas exigencias, bien en la desvirtuación de los conceptos y categarías jurídicas. Esto es precisamente lo que ha sucedido con la noción de servicio público, al pretender incluir en su seno nuevas formas de actividad administrativa, sin acompasar su evolución conceptual a la de la realidad social sobre la que incidían. La expansión del servicio público hacia la pura gestión económica produjo la crisis de los conceptos y, con ello, la de los propios medios de que se valía la Administración pública, tales como los bienes públicos demaniales, los establecimientos públicos, la concesión administrativa, y como no podía see menos, la propia categoría del servicio público.

A. Estado del bienestar al estado social de Derecho

I. Intervención del Estado Constitucional

§219. Planteamiento de la cuestión — El Estado Constitucional de nuestros días ha ido realizando desde los albores liberales de la Revolución Francesa, un proceso creciente de absorción de la vida social que le ha merecido el nombre de Estado intervencionista. En un principio, el intervencionismo fue de carácter moderado o conservador. Y es que la organización del Estado Constitucional, al igual que otras instituciones u organizaciones sociales, se presenta como respuesta a intereses y aspiraciones comunes de un grupo que pretende desarrollarlas, valiéndose para ello de una estructura y unas reglas, a partir de las cuales se materializan los fines sociales concretos.

La actividad administrativa de prestación o de servicio público aparece y se desarrolla a finales del siglo XIX y bien entrado el siglo XX. La evolución va ligada al modelo de Estado que se conocerá como Estado social, que postula una amplia actividad de prestaciones a la sociedad, y que encuentra en la Administración pública el sujeto idóneo para promover y desarrollar esta nueva actividad que acrecienta extraordinariamente el protagonismo y volumen de la misma. Ahora, la novedad más importante en el plano dogmático y doctrinal es la de un nuevo tipo de actividad administrativa, y donde la importancia va a sucitar la atención de los más destacados pensadores iuspublicistas, que construyen a su alrededor todo un sistema de Derecho público —constitucional y administrativo—.

Así, los servicios públicos dentro de las actividades de la Administración pública constituyen, en sus inicios, una actividad de prestación de la cual es titular, dando ello origen a lo que se ha conocido como «Estado del bienestar», «*État-providence*», y más tarde «Estado social de Derecho».El nacimiento del Estado del bienestar —«*Welfare State*»— puede situarse en la leyes y medidas adoptadas por O. von Bismarck a lo largo de la década de 1880 bajo la Constitución de Weimar, y su reconocimiento de derechos sociales; así como en las medidas introducidas en Inglaterra de la primera década del siglo XX ; y por último, en los Estados Unidos de América, en la década de 1930, con la política del *New Deal*, lo cual supuso situar al Estado Constitucional en el centro de la vida económica y social.

El anterior planteamiento se llevó más tarde a las Constituciones de diversos países, a través del reconocimiento de un amplio conjunto de derechos fundamentales económicos y sociales o prestacionales, dando lugar a la construcción del Estado «social de Derecho» al que se refieren, entre otras, las Constituciones alemana, española y nacional. La sociedad reclama al Estado y a la Administración pública toda una serie de prestaciones y servicios públicos, desde los nuevos derechos sociales proclamados en la Constitución. Es, pues, la respuesta del Estado Constitucional a la cuestión social, el pacto social en virtud del cual el Estado Constitucional asume en su Constitución, la responsabilidad de garantizar unos mínimos derechos fundamentales prestacionales a las personas que les permita una vida con dignidad (L.González Seara)[998].

A esta función estatal la llamó Forsthoff ya en 1938, la «asistencia vital» pública —«*Daseinvorsorge*»— concepto que desarrolló y que ha sido incluido en el nuevo Derecho constitucional. Para el ilustre autor alemán, la Administración pública de nuestros días puede caracterizarse esencialmente como una previsión de la existencia. ¿Qué significado encierra esta expresión, popularizada ya en la literatura jurídica? L. Martín-Retortillo[999], en un interesante estudio nos indica cómo este término es un conglomerado de tres palabras distintas que dice relación con la idea de preocupación por la existencia humana, procuración de los presupuestos vitales o, más resumidamente, asistencia de prestaciones vitales. Esta concepción asistencial o previsora de la Administración pública en el ámbito de las necesidades existenciales le lleva a su configuración como una «*leistende verwaltung*», es decir, como una Administración pública abastecedora de bienes y servicios a los administrados o, como en frase más divulgada se la ha caracterizado (sic en su Tratado), como «soporte de prestaciones».

Estos valores vienen a sintetizar dos siglos de evolución y se reflejan en los derechos que reconoce la Constitución, de cuño liberal, de carácter democrático y

---

[998] González Seara, L. (2012). «El bienestar social en una época insegura». En AA.VV. *Las estructuras del bienestar. Propuesta de reforma y nuevos horizontes* (Muñoz-Machado-García y Delgado-González Sear, Dirs.). Madrid, Civitas, 957.

[999] Forsthoff, E. Ob. cit., nota 427, 475. Martin-Retortillo Baquer, L. (1962) «La configuración jurídica de la Administración pública y el concepto de «Daseinvorsorge». En RAP, núm. 38, 36 y ss.

de tipo social. Al servicio de esos valores se ha de estructurar el Estado Constitucional y la Administración pública, de una forma determinada, que se traduce, por lo que ahora interesa, en cuanto se configuran inicialmente como una esfera exenta de intervención del Estado Constitucional, salvo por razones de orden público.

§220. Estado social de Derecho – De acuerdo con Bilbao Ubillos[1000], la solución no estaría, pues, en renunciar al Estado de Derecho sino, al contrario, asumir sus conquistas, pero generálizandolas, poniéndolas al servicio de todos. La respuesta es que, en líneas generales, el Estado social no niega los valores de la ideología liberal –libertad e igualdad ante la ley– sino que pretende hacerlos efectivos, ampliar su significado y alcance y, correlativamente, hacer extensivo su disfrute a todos los ciudadanos de la capacidad real de disfrutar de las posibilidades jurídicas de libertad que, a su vez, el Estado de Derecho garantiza a todos.

Consecuentemente, a la igualdad formal o jurídica del Estado de Derecho, el Estado social le añade una dimensión material que obliga a los Poderes públicos – y, por tanto les habilita legitimando su intervención– a corregir desigualdades fácticas, a remover los obstáculos que de hecho impiden el ejercicio de la libertad, y a aplicar políticas inspiradas en la idea de solidaridad con las personas en situación de vulnerabilidad. Y viceversa, también el Estado de Derecho afecta al Estado Constitucional social colocando límites infranqueables a sus intervenciones, en el marco concreto del principio de proporcionalidad.

En tal sentido la intervención del Estado Constitucional en la sociedad muestra, fundamentalmente, dos vertientes (Bilbao Ubillos)[1001]:

(i) Por un lado, hay un vertiente *asistencial*, una política global de prestaciones públicas que trata de cubrir las principales contingencias de la vida social, las necesidades básicas de las personas, así como los aspectos que afectan la igualdad de orortunidades –educación, sanidad, trasnsporte, subvenciones, etc.–.

(ii) Por otro, junto a la vertiente asistencial, la estrictamente *reguladora* del susbsistema económico y social, a través de la cual los Poderes púlicos se hacen responsables de la dirección global del proceso económico, de las magnitudes macroeconómicas, cuyo mayor o menor alcance siempre será discutible desde el punto de vista económico, que se apoya en dos razones bastante elementales: la 1.ª, si se quiere redistribuir la riqueza, parece lógico que el Estado Constitucional trate de asegurar y controlar su producción; y la 2,ª, la experiencia histórica habría acreditado suficientemente que el subsistema de economía de mercado necesita, para funcionar correctamente –conforme a sus postulados– de la *mano visible* del Estado Constitucional, al menos para mecer la cuna.

En consecuencia, los servicios públicos son inherentes a la concepción del Estado social de Derecho. Por tanto, desde el punto de vista constitucional, una vez que se determine que una actividad es de esta naturaleza, no se pueden dejar sin desarrollo los fines de interés general que le acompañan, siendo un deber del Estado social de Derecho asegurar o garantizar su prestación eficiente a todas las personas.

1000 Bilbao Ubillos, J.M., Rey Martínez, F. y Vidal Zapatero, J.M. Ob. cit., nota 1, 196.
1001 Bilbao Ubillos, J.M., Rey Martínez, F. y Vidal Zapatero, J.M. Ob. cit., nota 1, 197.

Así las cosas, la actividad de servicio público, tradicionalmente considerada como actividad administrativa de prestación, será la primera de las responsabilidades que se derivan de la cláusula Estado social de Derecho. La generalización del reconocimiento de los derechos fundamentales prestacionales o sociales va a condicionar las competencias de la Administración pública y la concepción del Derecho administrativo a ella aplicable. De ahí que no solo aparece la actividad de servicio público en cabeza de la Administración pública, como una respuesta a las exigencias sociales propias de las revoluciones liberales, sino que además se convierte en uno de los criterios que justifica la aplicación de un régimen jurídico diferenciado.

En conclusión, el Derecho administrativo, Derecho público por excelencia, ha de atender a los fines de interés general o público. El Derecho administrativo ha de ser, ante todo, un Derecho social. Pero Derecho social justificado por la eficacia en la prestación del servicio público.

II. Deberes del estado social de Derecho

§221. Planteamiento de la cuestión – Bajo la anterior consideración se mencionan los deberes fundamentales del Estado social de Derecho con relación a los servicios públicos: 1.°, el deber estatal de prestación de los servicios públicos; y 2.°, el deber estatal de buen funcionamiento de los mismos; y por último 3.°, la prohibición de no regresividad.

§221.a Deber y garantía de prestación – Desde el Preámbulo de la Constitución, que de por sí tiene fuerza normativa vinculante, se proyecta el compromiso de un Estado social de Derecho que consolide, entre otros valores, el «bien común». Por su parte, el Art. 299 de la C, al establecer el régimen socio-económico y la función del Estado Constitucional en la economía, señala como fines del Estado Constitucional, los de «asegurar del desarrollo humano integral y una existencia digna y provechosa para la colectividad».

Ahora bien, la realización efectiva de tales fines estatales implica, muchas veces, la intervención directa del Estado Constitucional. En tal sentido, no cabe duda que desde el comienzo la Constitución impone un deber de prestación de los servicios públicos. Especialmente los que tienen que ver con el desarrollo de la colectividad. Pero se observa cómo la Administración pública bajo el modelo Estado social de Derecho puede, a través de los medios que le otorga el Ordenamiento jurídico, y no necesariamente a través de la prestación directa, sino sobre todo a través de la garantía de prestación, dar también debido cumplimiento a los fines sociales, y cumplir así con el mandato constitucional. En contrapartida, las personas ostentan no solo el derecho a exigir la creación y mantenimiento de los servicios públicos y organizaciones prestacionales, sino también el derecho al uso y disfrute de los servicios públicos existentes en condiciones de acceso, niveles de calidad y tarifa en cada caso previstos en atención a la naturaleza de los mismos.

Por último, es digno de mencionar el tratamiento integral de la posición y la naturaleza social y plural de los derechos de los usuarios ante el servicio público, mediante el dictado de las denominadas Cartas de servicio público, que según M. Sánchez Morón[1002], serían los documentos que constituyen el instrumento a través del cual los órganos de la Administración pública informan a los usuarios sobre los

[1002] Sanchez Morón, M. (2014). *Derecho Administrativo, Parte general,* Décima edición. Madrid, Edit. Tecnos Grupo Anaya.

servicios públicos que tiene encomendados, sobre los derechos que les asisten en relación con aquellos y sobre los compromisos de calidad en su prestación.

§221.b Deber de buen funcionamiento – En la medida en que el Estado social de Derecho se legitima en la acción y no en la inhibición pública, el buen funcionamiento de los servicios públicos lo califica o descalifica, pues la actividad de prestación eficaz, aun siendo solo una parte, si bien muy importante, de la actividad o función administrativa, es de importancia capital dado que estas necesidades sociales, satisfechas de este modo, responsabilizan exclusivamente al Estado Constitucional, entendido este en su sentido amplio.

Finalmente, y no en importancia, el principio de eficacia se encuentra establecido en los Arts. 141 de la C y 10 de la LOAP.

§221.c Principio de prohibición de no regresividad – Por último, relacionado con el principio de progresividad[1003], tenemos el principio de no regresividad de los derechos fundamentales prestacionales[1004], reconocido, por ejemplo, en la jurisprudencia de la Corte Constitucional colombiana[1005] que busca, ante todo, evitar el retroceso en los estándares de protección alcanzados en facetas progresivas de los derechos fundamentales prestacionales o sociales.

El mencionado principio consiste, pues, aplicado a la actividad de prestación o de los servicios públicos, en la prohibición para retroceder en los medios establecidos, como forma de evitar que no se afecten los objetivos propuestos y alcanzados de la calidad de vida de la población. Es una prohibición para disminuir el nivel de cumplimiento que se había alcanzado, salvo que esté absoluta y debidamente justificado.

B. Servicio público y regulación

§222. Planteamiento de la cuestión – El servicio público es una institución emblemática pero también, sin duda, una de las más complejas, evolutivas y controversiales a través de la historia del Derecho administrativo, en un intento de determinar la actividad comprendida, algunas veces, haciendo hincapié en el sujeto prestador; en otras, en la naturaleza, alcance y contenido de esa actividad; y en algunos casos, la formulación intentó enlazar todas esas preocupaciones, o sustituirlas por otras. Sin embargo, no es este el lugar para llamar la atención que requiere un tema tan relevante y sugestivo[1006]. Bástenos decir lo imprescindible, destacando los puntos que hayan de tenerse ahora presentes.

Es sabido, la noción de servicio público fue creada y teorizada por la doctrina francesa a finales del siglo XIX y bien entrado el siglo XX . Es utilizada tanto por el legislador como también es puesta en obra por el juez, especialmente administrativo. Su invocación justifica la aplicación de reglas de Derecho específicas y derogatorias del Derecho común aplicable entre las personas. Desde este punto de vista, desde sus orígenes, la noción del servicio público ha servido como criterio —ya sea

---

[1003] Meilán Gil, J.L. (2006). *Progreso tecnológico y servicios públicos.* Madrid, Thomson-Civitas.

[1004] Vid. *in extenso* sobre la denominación de derechos fundamentales prestacionales a Araujo-Juárez. Ob. cit., nota 14, 244 y ss.

[1005] Véase Corte Constitucional colombiana Sent. C-630 de 2011, 173.

[1006] La búsqueda de la dimensión jurídica constituye la materia de otra obra nuestra que persiguía, en lo esencial, delinear la institución del servicio público desprovista de utilizaciones ideológicas y políticas, polémicas que ella pueda suscitar. Vid. *in extenso* a Araujo-Juárez, J. Ob. cit., nota 505.

único o ya alternativo— de aplicación del Derecho administrativo y, además, uno de los criterios que ha permitido delimitar la esfera de competencia de la Justicia administrativa.

A su vez, se construyeron las teorías subjetiva y objetiva del servicio público, esta última de origen italiano. La tesis *subjetiva* exigió la presencia de la Administración pública como titular y gestor de la actividad para calificarla como servicio público. La tesis *objetiva*, por su parte y en otra etapa histórica, pretendió establecer en la naturaleza de la actividad el dato del régimen jurídico al que estaba sometido, prescindiendo del sujeto titular. Finalmente, por su importancia cabe mencionar la tesis denominada *formalista*, por la cual G. Jèze[1007] intentó construir el concepto otorgándole un papel relevante al procedimiento organizativo del servicio público y al régimen jurídico especial que lo rige.

Ahora bien, el servicio público como institución jurídica ha pasado por muy diferentes momentos en cuanto a su calificación: de ser una noción clave para el Derecho administrativo, pasando por el declive, hasta el pronunciamiento para su defunción y de un respetuoso entierro acorde con su importancia histórica (Meilán Gil)[1008].

Sin embargo, en la mayoría de los países de modelo de sistema o «*régime administratif*», el servicio público, como categoría o como técnica jurídica de que se sirve el Estado social de Derecho —para cumplir su responsabilidad constitucional indeclinable para realizar y satisfacer las necesidades o demandas de la sociedad de interés general o público— no ha desaparecido, ni ha cambiado como categoría jurídica, tal como puede configurarse desde la perspectiva constitucional; ni siquiera se ha reducido su ámbito de aplicación; ni tampoco cabe hablar de un nuevo servicio público, a pesar de lo sugerente de la noción (Meilán Gil)[1009]. No es que haya muerto el servicio público o que haya nacido una nueva noción que la sustituya, pues sigue siendo lo que fue; lo que ha pasado y está pasando es que la realidad de las cosas hace emerger nuevas caracterizaciones de conceptos centrales (Rodriguez-Arana)[1010].

§223. Revisión crítica — El viejo tema del servicio público y los cambios que en ese concepto se derivan, sobre todo, por influencia del Derecho comunitario europeo, pero a los que no son ajenas tampoco las nuevas corrientes que, frente a algunos planteamientos radicales en uno u otro sentido, tratan de hallar un punto de equilibrio entre el Estado Constitucional y la sociedad, entre el Estado Constitucional y el mercado. Se trata de una cuestión apasionante, en plena evolución y cuyas consecuencias últimas no se vislumbran todavía.

Y es que si bien nunca hemos defendido que el servicio público fuera la base —única de la identificación conceptual del Derecho administrativo—, tampoco es-

1007 Jèze, G. (1949). *Principios Generales del Derecho Administrativo*, T II (1), cap. I. Buenos Aires, Editorial Depalma.

1008 Meilán Gil, J. L. (2008). «El servicio público en el contexto constitucional y comunitario». En *Actualidad de los servicios públicos en Iberoamérica*, (Dir.) Cienfuegos Salgado, David, Rodrigo Lozano, Luis Gerardo. México, UNAM, Instituto de Investigaciones Jurídicas, 451.

1009 Meilán Gil, J. L. Ob. cit., nota 1003, 49; y Meilán Gil, J. L. Ob. cit., nota 1008, 472.

1010 Rodríguez-Arana, J. (2008). «Servicio universal en materia de telecomunicaciones». En *Actualidad de los servicios públicos en Iberoamérica*, (Dirs. Cienfuegos Salgado, David, Rodrigo Lozano, Luis Gerardo). México, UNAM, Instituto de Investigaciones Jurídicas, 603.

toy con quienes piensan que se trata hoy de un concepto caduco que debe ser enviado cuanto antes al baúl de la historia. Desde mi punto de vista, la idea finalista que presupone el propio nombre del servicio público es algo que debe mantenerse, por más que el concepto tradicional haya entrado en crisis en virtud de las consecuencias derivadas de un triple orden de factores: algunos datos constitucionales, las derivaciones del Derecho administrativo trasnacional o global y, finalmente, algunas opciones que conectan con la cuestión más filosófica y política acerca de las dimensiones mismas del Estado Constitucional.

La Administración pública tiene como objetivo la realización de las necesidades de las personas, de manera que la vertiente prestacional cobra una singularidad especial en el modelo de Estado democrático y social de Derecho. Pero, como se ha dicho y aquí lo reiteramos, eso no es del todo incompatible con la idea que importa retener: la de compaginar el mercado y el interés público, aunque eso suponga romper la identificación entre servicio público y titularidad pública, que es donde está la clave y la diferencia con el planteamiento tradicional, punto sobre el cual volveremos más adelante. Surge así la nueva idea de las llamadas «obligaciones de servicio», el «servicio universal», las cotas de calidad garantizadas aunque se trate de servicios de interés general prestados por particulares. El nuevo concepto de «servicio de interés general» —económico y, dentro de él, el concepto de servicio universal constituye, como ha dicho la Comisión Europea, la expresión de las «especificidades del modelo europeo de sociedad».

Todos estos nuevos fenómenos reaparecen en una vieja idea originaria de Italia a la que, en cierto modo, se parecen los nuevos planteamientos. Son los llamados «servicios públicos virtuales o impropios», una idea que está también en la base de las denominadas actividades privadas de interés público, esto es, actividades privadas que no quedan excluidas del mercado pero que están sometidas a cierta intervención administrativa y, por ende, al Derecho administrativo. Un fenómeno que coloca, en primer término, las nuevas actividades o tareas de regulación y vigilancia del propio mercado y que está en el origen de la aparición de las llamadas autoridades administrativas independientes de regulación. Y, sobre todo, la cuestión del control de esa actividad técnica, en cuanto a la insuficiencia de la jurisdicción contencioso administrativa tal y como ahora está organizada para llevar a cabo ese control de cuestiones que, además de implicar contenidos sumamente discrecionales, están rodeadas de componentes propios de la política económica plasmados y concretados en aspectos cada vez más específicamente técnicos. Esta situación plantea nuevos retos aflorados por las crisis económica o pandémica que han hecho que se replanteen algunas cosas y que ha puesto crudamente sobre la mesa la insuficiencia, e incluso, la ausencia de las imprescindibles medidas de inspección y control preventivos.

Surge así también una nueva revisión crítica sobre el papel del Estado Constitucional, cuya presencia sigue resultando útil e incluso imprescindible. Un Estado Constitucional que presta directamente pero que ahora, sobre todo, garantiza, regula, vigila, inspecciona y sanciona la gestión de servicio de interés general. La Administración pública puede que gestione directamente menos. Pero necesariamente va va a tener que regular mucho más. Va a fijar condiciones, criterios, pautas en beneficio de la competencia, esto es, al final, de los derechos de los usuarios. Y vigilará también su cumplimiento. Se trata de impedir retrocesos en el acceso, la calidad de ciertos servicios y en su prestación igualitaria. Se trata de una cuestión de urgente reflexión porque las recientes crisis económicas y sociales han puesto de manifiesto algunas malas experiencias, y la insuficiencia de algunas de las actuales medidas de control preventivo.

En ese contexto, las categorizaciones clásicas de la noción de servicio público pierden eficacia descriptiva. De ese modo, concluye Weil[1011], se establece una graduación en los fines de la función administrativa. Solo algunos servicios reducidos en número merecerán el título de servicio público con las consecuencias que a él se unen —que serán los célebres principios básicos sistematizados por L. Rolland—, mientras que otros servicios solo constituyen servicios con fines de interés general, que a su vez también serán distintos en muchos aspectos de las actividades de interés privado propiamente dichas. Por tanto, la noción de servicio público «clásico», o *strictu sensu*, será, pues, más estrecha que la de la actividad de servicio de interés general.

Y el interés de la distinción será considerable, pues existirán algunos servicios públicos tradicionales allí donde es imposible o no convenga introducir las reglas del mercado. Existirán habilitaciones administrativas cercanas al régimen de la concesión administrativa. Pero también habrá actividades de interés general prestadas en libertad de concurrencia; y en estos se garantizará el mantenimiento del principio de igualdad por la generalización de los servicios universales. Pero la idea última del servicio público permanece. La finalidad subsiste, aunque cambien la titularidad, la naturaleza o el régimen jurídico. Se trata, por tanto, de percibir el criterio finalista de la expresión tradicional que quiere lograr objetivos reales. Un modelo que reequilibre lo público y lo privado, desde la óptica de los objetivos últimos de lograr una sociedad avanzada con mínimos de bienestar garantizados. Un plausible propósito que, sin embargo, está siendo sometido a prueba tras la crisis institucional, económica y sanitaria general que padecen hoy día los países a nivel global.

§224. Conclusión — En mérito a todo los anterior sería, pues, inexacto sostener que la noción de servicio público no presenta ya interés para el Derecho administrativo (Weil). No hay duda de que los servicios públicos han sido un instrumento útil y necesario para superar la mera igualdad formal o ante la ley, y para profundizar la cohesión económica, social y territorial en su significado de igualdad real o material en las condiciones de calidad de vida de las personas, fin irrenunciable que inspiró la acción de prestación directa de los servicios públicos. Pero también hay que decirlo, fue cada vez más manifiesta la ineficiencia y la plaga de la corrupción de los servicios públicos en mano pública, la crisis del servicio público tradicional, así como la convicción de que la novedosa actividad administrativa de regulación de los fines de interés público, en vez de sustituir al mercado, debe y puede reconstruirlo en muchos de sus aspectos.

De ahí que en algunos sectores, la alternativa a la actividad de prestación o de servicio público es la actividad de regulación por causa del interés general. El objetivo es en ambos casos, el mismo: conseguir unas prestaciones universales, obligatorias, a los que cualquier persona tenga derecho y cualquier usuario pueda hacer efectivas. Pero el punto de vista jurídico e ideológico es totalmente distinto. Frente a la *«publicatio»*, la actividad administrativa de regulación; frente a la titularidad pública, la titularidad privada o compartida; frente al monopolio, la libre competencia. Asimismo, del diferente punto de partida surgen técnicas jurídicas también diferentes.

1011 Weil, P. Ob. cit., nota 28, 57. 58 y 59.

Así las cosas, podemos concluir que si bien la historia del servicio público comienza con la secularización de las actividades privadas de interés general que hasta entonces eran realizadas por la Iglesia y otras instituciones laicas o de beneficencia (H.Escola), hoy podemos bien añadir que se produce una profunda revisión del servicio público como institución jurídica, cuando el Estado Constitucional comienza a entregar o devolver también los servicios de interés general a la sociedad, mediante distintos procedimientos o técnicas jurídicas, en las cuales no importa la titularidad o la prestación directa por parte del Estado Constitucional, sino la actividad de regulación de la gestión y la garantía de prestación de los mismos por parte de aquél.

En efecto, en los sectores donde la liberalización ha progresado se detecta una tendencia, en desigual grado de ejecución —cuando no de involución o franco retroceso como en el ámbito nacional—, a la sustitución total o parcial de la técnica del servicio público que comportaba en sus orígenes, una concordancia perfecta entre el sentido material —actividad de interés general— y el sentido orgánico —realización por los Poderes públicos— (Weil); por la forma de intervención sobre esas actividades propias del Derecho anglosajón, que no implica la asunción «en bloque» por el Poder público de la titularidad de sectores enteros de la actividad económica o social —*«publicatio»* genérica—, sino la mera actividad o función de regulación sobre los mismos. Creemos que esto coincide con la formulación de la teoría de M.S.Giannini sobre los llamados «ordenamientos sectoriales», que implican la sujeción de sectores de la actividad económica o social a una fuerte intervención pública, sin que se produzca, sin embargo, ni la transferencia de la titularidad de los mismos al Estado Constitucional, ni el fenómeno del «intervencionismo».

Se ha producido, pues, un verdadero cambio cultural que encuentra su fundamento en una concepción filosófica de la persona como centro de la acción pública, tendiente al respeto de su dignidad, del desarrollo integral de sus potencialidades tanto individuales como sociales, como también al goce pleno de sus derechos y libertades fundamentales. Por tanto, debemos señalar que la mayor parte de lo que hoy consideramos servicios públicos tradicionales pueden y deben reconducirse a la categoría de «servicios de interés general» con obligaciones o cargas jurídicas, bajo un régimen de libre competencia.

En conclusión, la introducción en nuestros Ordenamientos jurídicos del nuevo modelo de Estado garante de la intervención de regulación y de la garantía de prestación, reclama unos servicios públicos *«strictu sensu»* reducidos en su número y limitados en su alcance. De ahí que, por un lado, los servicios públicos *«strictu sensu»* deberían reducirse a las prestaciones básicas o «esenciales» —por ej., educación, salud, seguridad, pleno empleo, etc.—; y, por el otro, no podrán abarcar la totalidad de las prestaciones posibles en un sector o actividad determinados, remitiéndose a la libre iniciativa en el seno de la sociedad, el acceso a las demás prestaciones y servicios de interés general adicionales.

Sección 2.ª El régimen jurídico del servicio público

Introducción

§225. Consagración constitucional — Al aprobarse la vigente Constitución, el Art. 2 *eiusdem* proclamó el Estado democrático y social de Derecho y de Justicia, como concepción política, económica y social orientadora de toda la actividad del

Estado Constitucional, en general, y de la Administración pública, en particular. Es por ello que la noción de servicio público «*strictu sensu*» es inherente a los fines sociales del Estado Constitucional, y al igual que las demás categorías del Derecho administrativo, no puede concebirse por fuera del contexto o marco constitucional. Por consiguiente, cualquier construcción científica que de la noción de servicio público quiera hacerse, debe caracterizarse por su referencia constitucional, considerando no sólo los estrictos elementos y caracteres formales —jerárquicos— sino el todo material que se obtiene de este modo.

En tal sentido, como señala Brewer-Carias[1012], puede decirse que la Constitución vigente, a diferencia de las anteriores, es una Constitución de servicios públicos, en el sentido de que no sólo utiliza la noción misma de servicio público, constitucionalizándola, sino que regula múltiples actividades como obligaciones estatales, que constitucionalmente se pueden calificar como tales servicios públicos. Ahora bien, en la Constitución administrativa no aparece un concepto estricto de servicio público, como categoría o como técnica jurídica para satisfacer necesidades o demandas de la sociedad —el fin de interés público—. Así, los servicios públicos dentro de las actividades de la Administración pública consisten en una actividad de prestación, de la cual es titular.

Ahora, la trascendencia constitucional se manifiesta a partir de dos grandes postulados, muchas veces en apariencia contradictorios: por un lado, la intervención del Estado Constitucional en la economía, motivada entre otras razones por la cláusula constitucional de un Estado democrático y social de Derecho y de Justicia que caracteriza al Estado Constitucional (Art. 2 de la C); y por otro, los derechos y libertades económicas, que se materializan en preceptos como el de la libre competencia (Art. 299 de la C), o en la prohibición de monopolios y de abusos de posición dominante en la economía de mercado (Art. 113 de la C).

A. Servicio público y fines del Estado Constitucional

I. Intervención administrativa

§226. Planteamiento de la cuestión — De la responsabilidad que le compete al Estado Constitucional en la economía se deriva, necesariamente, la posibilidad de este de participar en ella a través de la intervención pública o estatal. El Estado Constitucional aspira es al cumplimiento de sus fines de interés general, y para ello se vale de distintos medios; uno es la intervención del Estado Constitucional en la economía, y su grado de intensidad no depende de cosa distinta que de la voluntad política en el marco y respeto de la Constitución.

Ahora, no podemos afirmar cosa distinta que concebir la intervención del Estado Constitucional en la economía más como un medio y no un fin. El Estado Constitucional no puede aspirar a intervenir de un modo u otro la economía, no puede aspirar a privatizar o a nacionalizar o estatizar, o expropiar, sin más. Muy por el contrario, de la intervención del Estado Constitucional en la economía no se deriva una discrecionalidad absoluta de éste: el Art. 299 de la C refiere los fines esenciales que debe perseguir para intervenir en la economía: «el fin de generar fuentes de trabajo, alto valor agregado nacional, elevar el nivel de vida de la población y fortalecer la soberanía económica del país, garantizando la seguridad jurídi-

[1012] Brewer-Carías, A.R. Ob. cit., nota 45, T.I, 307.

ca, solidez, dinamismo, sustentabilidad, permanencia y equidad del crecimiento de la economía [...]».

Por tanto, la transcripción nos deja clara la idea de que, tanto la libertad de empresa o libertad económica privada como la intervención del Estado Constitucional en la economía, tienen trazados unos límites a partir de la Constitución de 99, que a su vez constituyen una herramienta fundamental no despreciable del intérprete constitucional en cada caso concreto.

En conclusión, respecto de los servicios públicos «*strictu sensu*», existe por parte del Estado Constitucional el deber constitucional de su prestación, o más propiamente de la garantía de prestación, directamente o a través de la transferencia a los particulares; de establecer su régimen jurídico; y puede por excepcionalísimas «razones de conveniencia nacional», reservarse el monopolio de derecho de alguno o algunos de tales servicios públicos, de acuerdo con el Art. 302 de la C.

§227. Prestación de servicios públicos —Es sabido que la organización del Estado Constitucional, al igual que otras instituciones u organizaciones sociales, se presenta como respuesta a intereses generales y aspiraciones comunes de una sociedad que pretende desarrollarlas, valiéndose para ello de una estructura y unas reglas, a partir de las cuales se materializan los fines concretos. Así, los servicios públicos «*strictu sensu*» dentro de las actividades de la Administración pública, consisten en una actividad de prestación, de la cual es titular.

En este orden de ideas, la noción de servicio público «*strictu sensu*» se encuentra altamente relacionada con las fines esenciales de la actividad del Estado Constitucional, que al no poderse definir de modo inmutable e invariable, como lo pretendían los *ius* naturalistas y los escolásticos, «sacralizando» de este modo su esencia, no pueden tener origen diverso al expresado en el propio Derecho positivo y, de modo fundamental, en el texto de la Constitución vigente. En tal sentido, la noción de servicio público «*strictu sensu*» se convierte en parte de esos fines estatales materializadores del interés público.

Bajo esta consideración, se mencionan dos aspectos fundamentales con relación a la Constitución administrativa: 1.°, el deber estatal de la prestación de servicios públicos «*strictu sensu*»; y 2.°, el servicio público entre la división dicotómica de la intervención del Estado Constitucional en la economía y de las libertades económicas de los particulares.

§227.a Deber estatal de prestación de servicios públicos — Desde el Preámbulo de la Constitución, que de por sí tiene fuerza vinculante, se proyecta el compromiso de un Estado Constitucional que consolide, entre otros valores, el «bien común». No cabe duda de que desde el comienzo, el Texto constitucional impone un deber de prestación de los servicios públicos «*strictu sensu*». Especialmente los que tienen que ver con «la promoción de la prosperidad y bienestar del pueblo» (Art. 3 de la Constitución). En tal sentido, el Art. 299 de la C al establecer el régimen socioeconómico y la función del Estado Constitucional en la economía, señala como fines del Estado Constitucional, «asegurar del desarrollo humano integral y una existencia digna y provechosa para la colectividad».

Por otro lado, como elemento caracterítico del Estado social de Derecho se destaca el reconocimiento de los denominados derechos fundamentales sociales o prestacionales, que tienen una configuración marcadamente positiva, pues requieren para su efectividad y garantía la intervención y actividad de prestación por parte de la Administración pública, a la que le le dará precisamente la denominación de «Administración prestacional».

Así las cosas, la realización efectiva de tales fines estatales implica, muchas veces, la intervención directa del Estado Constitucional. Sin embargo, la Administración pública tiene que realizar los fines de interés público dentro de los límites establecidos por las leyes (STHAL). De manera consecuente con lo hasta ahora señalado, se encuentra plenamente justificada la participación del Estado Constitucional, de uno u otro modo, en actividades de prestación o de servicio público «*strictu sensu*», como desarrollo de reconocimiento de la responsabilidad que el es propia en esta materia. Esta participación, o más propiamente intervención, tratándose de los servicios públicos «*strictu sensu*», está estrechamente vinculada con la teleología del Estado Constitucional derivada de la Constitución, y esta se concreta a través de unos deberes estatales u obligaciones prestacionales estatales[1013], que difícilmente pueden cumplirse sin el despliegue de una serie de actividades claramente distinguibles como servicios públicos «*strictu sensu*» por parte de los distintos Poderes públicos —nacional, estadal y municipal—.

§227.b Servicio público industrial y comercial entre la intervención del Estado constitucional en la economía y las libertades económicas — No hay duda de que la actividad de servicio público «industrial y comercial» es una actividad de carácter económico, y por ello debe analizarse este perfil en el marco de algunas disposiciones de la Constitución económica. Desde esta perspectiva de los servicios públicos «*strictu sensu*», hay que tomar en cuenta dos importantes aspectos que se desprenden de la Constitución económica: 1.°, la garantía de la libertad de empresa o libertad económica privada; y 2.°, la denominada intervención del Estado Constitucional en la economía.

§227.b.1 Garantía de la libertad de empresa o económica privada — Las libertades y derechos contenidos en los Arts. 112, 115 y 299 de la C, guardan una estrecha relación con los servicios públicos «*strictu sensu*» en la actualidad, principalmente con el Art. 113 *eiusdem,* que establece la posibilidad de que los particulares puedan prestar servicios de naturaleza pública. De este modo se configura una libertad con distintas manifestaciones —libertad de empresa, libre competencia, reserva, etc.—, que de modo alguno pueden considerarse opuestas a los fines públicos o estatales.

Actualmente, los principios económicos reconocidos en la Constitución económica establecen el marco conformador de la actividad económica. Tales principios pueden ser agrupados en cuatro categorías:

(i) Los principios de libertad de empresa y de participación privada en la economía (Arts. 112 y 299 de la C).

(ii) Los principios de regulación y limitación del ejercicio de la actividad económica (Art. 112 de la C).

(iii) Los principios de planificación, fomento y libre competencia (Arts. 112, 113, 118, 299, 305, 306, 307 y 309 de la C).

(iv) Y por ultimo, los principios de reserva, intervención y participación pública (Arts. 299, 301, 302 y 303 de la C).

[1013] Brewer-Carías, A.R. Ob. cit., nota 45, 303-304.

Los anteriores postulados que informan la Constitución económica o el régimen socioeconómico, en el marco constitucional de una economía social de mercado, se fundamentan en los principios de justicia social, democratización de la economía, eficiencia económica, libre competencia, protección del ambiente, productividad y solidaridad, con la finalidad de asegurar el desarrollo humano integral y una existencia digna y provechosa para la colectividad (Arts. 3 y 299 de la C).

§227.b.2 Actividades de policía administrativa — Las actividades de control se incluyen dentro de la tradicional clasificación tripartita elaborada por la doctrina administrativa sobre formas de intervención de la Administración pública: actividades de policía administrativa, servicio público y de fomento o promoción, atendiendo a la idea de L. Jordana de Pozas a mediados del siglo XX, a las que más tarde se le añade la actividad de gestión (Villar Palasi).

La actividad de policía administrativa, también llamada de control, es aquella actividad administrativa que se encarga de controlar si las normas se cumplen, establece un control más o menos agudo, de manera que la actividad llevada a cabo respete las normas. Ésta se desempeña en todas las Administraciones públicas, sin embargo, el paso del tiempo obliga a hacer modificaciones en esa clasificación tripartita y en todo ello no podemos negar que el Derecho comparado ha contribuido de forma decisiva a esta tarea.

En el sistema constitucional hay un principio básico de libertad individual y libertad económica que los consagran los Arts. 1 y 299 de la C. En términos generales, cualquier medida de intervención de cualquier naturaleza deberá conciliar el respeto a la libertad y a la iniciativa privada con las exigencias del interés público. Desde un punto de vista más concreto, podemos decir que su finalidad primordial es hoy la garantía de la seguridad jurídica (J. Rodríguez-Arana)[1014].

Se habla de seguridad ciudadana en sentido estricto, que hoy se entiende no ya como la mera defensa del orden público, sino como actividad dirigida a la protección del libre ejercicio de los derechos y libertades, y a crear y a mantener las condiciones adecuadas a tal efecto. Cualquier persona, física o jurídica, en el ejercicio de la libertad puede relacionarse con los demás, puede realizar cualquier actividad lícita de acuerdo con sus intereses. Sin embargo, muchas actividades económicas o en el ámbito privado pueden crear unas consecuencias nocivas al interés general.

La legislación vigente, de acuerdo con la jurisprudencia, sistematiza estos fines de interés público que justifican la intervención administrativa en las actividades económicas bajo el concepto de razones imperiosas de interés público. Conforme al Art. 3, num.11 de la LASE, estas razones son muy variadas: el orden público, la seguridad pública, la protección de los consumidores, usuarios y trabajadores, etc. Tiene que haber un control de la Administración pública para observar que se cumplen esos límites —se garanticen los medios públicos—.

Pero conviene señalar que no todas las actividades económicas privadas están sujetas a control y regulación en la misma medida. En la mayoría de los casos, la intervención administrativa debe limitarse a lo estrictamente necesario para salvaguardar alguno de esos fines de interés público, pues prima el principio de libertad económica. Mientras que otras están sometidas a una intervención

[1014] Rodríguez-Arana, J. Ob. cit., nota 1011.

administrativa muy intensa, tanto que para definirlas se ha acuñado el concepto de actividades reguladas.

§227.b.3 Actividades de intervención — La facultad de intervención administrativa tradicionalmente se ha centrado en la configuración de dos facultades (J. Esteve Pardo)[1015]. Por un lado, la seguridad de la actividad o servicio ofrecido, así como los medios utilizados; por otro, el aspecto estrictamente económico del servicio o actividad de que se trate. Estas dos perspectivas diferenciadas se engloban conjuntamente en el título de policía administrativa.

Este control administrativo ha ido evolucionando y estas dos facultades han ido tomando caminos distintos en su programación de la actividad de intervención administrativa. Mientras que en el Derecho comparado la facultad de intervención por razones de seguridad se ha ido reforzando cada vez más en el Ordenamiento jurídico, la facultad de intervención en la actividad econónomica y de servicios de los particulares cada vez es menor, llegando en unos puntos a desaparecer.

II. Evolución

§228. Planteamiento de la cuestión — También desde una perspectiva comparada, la facultad de control de las Administraciones públicas, ha pasado de un control totalmente estricto de todas las actividades económicas, a casi una liberalizacióneconómica total y un control «*a posteriori*». Esta evolución histórica se puede diferenciar en tres etapas:

§228.a La actividad de control en el Estado de Derecho —Desde finales del siglo XVIII, el concepto de policía en el Derecho administrativo equivalía a cualquier intervención pública destinada a mantener el orden, la seguridad ciudadana o intereses de la comunidad (Sanchez Morón)[1016]. Su fundamento residía en la potestad del rey y sus súbditos estaban sometidos al ejercicio de dicha potestad.

En el Estado liberal de Derecho, el control se reducía al mantenimiento del orden público, puesto que se confiaba en el mercado y a los particulares la ordenación de las relaciones económicas y sociales.

§228.b Intervencionismo administrativo en el Estado social de Derecho — En el siglo XIX, la intervención administrativa se incrementa considerablemente como consecuencia de la creación de servicios públicos y al mismo tiempo el control administrativo sobre la economía, ello con el fin de garantizar los nuevos derechos fundamentales sociales o prestacionales que se van reconociendo. Casi todas las actividades económicas privadas están sometidas a un control previo a través de habilitaciones de todas clases. Esta actividad de control tan estricta va aparejada a una actividad de ordenación muy extensa que se ha mantenido en algunos sectores hasta nuestros días.

B. Servicio público

I. Génesis

§229. Planteamiento de la cuestión — El esfuerzo doctrinal y jurisprudencial por delimitar con exactitud aquellas actividades que puedan ser calificadas como

[1015] Esteve Pardo, J. (2019). *Lecciones de Derecho Administrativo,* Novena edición. Madrid, Marcial Pons, 357.
[1016] Sanchez Morón, M. Ob. cit., nota 1002, 652.

servicio público «*strictu sensu*», no es un puro afán académico, pues, es bueno decirlo desde ya, la noción de servicio público ha sido, es y continuará siendo piedra angular de nuestro sistema jurídico administrativo, y de que se aprecie o no que estamos en su presencia, dependen decisiones jurídicas, técnicas o incluso económicas muy importantes, pues ninguna sociedad contemporánea puede prescindir de los servicios públicos si bien, insistimos, muy limitados en número y alcance. Los servicios públicos actúan constantemente a nuestro alrededor, es decir, existen, si bien necesitados de una profunda revisión y actualización.

El estudio de su evolución jurídica revela que la noción ha variado enormemente y que su rol dentro de la teoría jurídica ha conocido una suerte muy diversa.

§230. Características — Al profundizar sobre el concepto de servicio público que un día aspiró a ser el eje central del Derecho administrativo, lo primero que observamos y advertimos es que —según opinión expresada por De la Cuétara— estamos en presencia de la institución de la polémica, no siendo sobre el particular pacífica la doctrina, lo cual se evidencia de las diferentes posturas aparecidas durante la evolución y formación del concepto. El influjo de la aproximación cuestionadora del concepto ha planeado de modo constante en la historia del desenvolvimiento doctrinal, jurídico y práctico del servicio público.

En efecto, la idea mayoritariamente compartida es la de la indefinición o imprecisión del servicio público, razón por la cual hay autores que aconsejan sustituirla por la de la actividades de prestación (Parada Vázquez), la cual se refleja no solamente en asuntos materiales o de fondo, sino también en aspectos formales como la denominación y utilización indistinta del término —servicio público y servicios públicos—.

Sobre la base de lo anteriormente expuesto, la doctrina hemos visto más arriba, realiza una crítica no ya sólo de la noción sino de la institución misma del servicio público.

§231. Funciones — **Ahora** bien, no es posible negar la variedad de significados de la expresión servicio público, incluso cuando se le emplea en el lenguaje jurídico, la doctrina le ha conferido a la noción de servicio público diversas funciones y utilidades.

En primer lugar, es sabido que en torno a dicha noción se pretendió construir o fundamentar el edificio del Derecho administrativo, partiendo para ello de la delimitación de las competencias de la jurisdicción administrativa y la jurisdicción ordinaria.

Además de esa funcionalidad práctica y jurídica, la noción de servicio público también sirvió como filosofía y concepción ideológica del Estado Constitucional, pues la concepción de servicio público permitió legitimar la actuación del Poder público. La actividad de los gobernantes investidos de potestades sustituyó la concepción de «soberanía», en la cual se fundamentaba la actuación de aquellos, y que a finales del siglo XIX y comienzos del siglo XX, y por efecto de las transformaciones del Estado Constitucional, fue sustituida por la nueva concepción en la que se fundamentó primero el Estado-liberal, después el Estado-social y, por último, el Estado-intervencionista.

Finalmente, el servicio público tiene otra función o utilidad que es de naturaleza técnica, la cual se refleja en la manera mediante la cual el Estado Constitucional asume la gestión pública de diversos sectores de la vida social. Gestión que es asumida, sea mediante la prestación directa o indirecta del servicio, en razón de la titularidad pública que aquél ostenta en dichos sectores.

II. Concepto

§232. Planteamiento de la cuestión – Sobre la noción de servicio público, que ha pretendido dar unidad y coherencia a la totalidad del Derecho administrativo, hay tantos enfoques como conceptos tienen los autores que se han ocupado de la misma, incluso ocasionalmente. No obstante, suele haber en cada uno de ellos unas notas características comunes que hace reconocible a un sector de la vida social y que se incorpora a la órbita del Poder público, y que comprende «aquella parte de la actividad administrativa en la que, por medios de Derecho Público, se garantiza la existencia de determinadas prestaciones en la sociedad» (De La Cuétara).

Sin embargo, se debe rechazar la noción amplia de servicio público, que ha sido calificada de panteísta, pues ve servicio público en toda la actividad del Estado Constitucional; por supuesto hubo de ser rechazada, por un concepto más estricto, con perfiles jurídicos más definidos. Ahora bien, ante la ausencia de una definición clara, tanto para la doctrina de comienzos del siglo XX como para la mayoría de los autores contemporáneos, el concepto, o mejor aún, la identificación del servicio público, se construye alrededor de los tres elementos siguientes.

Elaborada por la jurisprudencia y la doctrina la noción de servicio público en sus inicios comportaba, a la vez, un sentido material —actividad de interés general—, y un sentido orgánico —realización a cargo de los Poderes públicos—, según analizaremos de seguidas.

§232.a Elemento orgánico: la titularidad pública— La titularidad jurídica del servicio público siendo expresión del Poder público, sólo puede pertenecer al Estado Constitucional mediante la ley —titularidad pública o exclusividad regaliana—. La primera condición que debe cumplir un servicio público es que sea declarado y regulado como tal, que por su trascendencia lo ha de ser de manera inequívoca y explícita, en principio, mediante ley formal, pero también puede darse por declaración constitucional. El acto de declaración de una actividad, un servicio o un sector como servicio público, es lo que el autor Villar Palasi ha denominado «*publicatio*» o «*acto de publicatio*» —o publificación—.

En tal sentido, la «*publicatio*» de los servicios públicos implica: 1.°, una declaración formal en la que la totalidad de una actividad se predica del Estado Constitucional, por lo que dicho sector, una vez declarado servicio público es, en principio, excluyente de la iniciativa privada y la organización pública es total y, en consecuencia, el servicio público muestra sus más agudos caracteres y justifica potestades administrativas de enorme intensidad en protección del interés general; y 2.°, un título jurídico de intensa reglamentación o regulación de la actividad de servicio público, que configure y obligue a desarrollar la actividad en unos modelos predeterminados.

§232.b Elemento material: el interés público – Se dice que el Estado Constitucional se legitima por su acción; el servicio público es un principio de legitimidad. Por razones históricas, el vocabulario jurídico manifiesta esta idea en términos de interés común, interés general o de «interés público». En ese sentido, la nota definitiva del servicio público es que no se trata de actividades necesarias del Estado

Constitucional, como son las actividades de soberanía, sino la actividad administrativa destinada a resolver o satisfacer necesidades de interés general, colectivas o públicas de la población, esto es, de actividades indispensables para la vida de la sociedad. En consecuencia, el servicio público es el interés público.

De ahí que, en la noción de servicio público, el interés público se presenta como el denominador común de todos los servicios públicos; es, pues, una constante. En efecto, más allá de la diversidad de objetos —cada servicio público tiene un objeto específico en concordancia con la especificidad de la prestación que se entrega para la satisfacción efectiva de una necesidad de la población —por ej., educación, salud, seguridad social, etc.— se encuentra la identidad del fin perseguido: la realización del fin de interés público. El interés público actúa como título —es el fundamento— de la intervención del Estado Constitucional. Evidentemente, la calificación de una actividad como de interés público evoluciona con el progreso técnico y económico.

Sin embargo, si se quiere seguir dando a la noción un interés jurídico, es decir, que tenga consecuencias jurídicas, sostiene Weil, al elemento esencial que constituye el interés general, es preciso «añadirle» algo, así: 1°., el carácter referido al carácter más o menos importante, o preeminente, del fin de interés público perseguido, y reservar el carácter de servicio público solo para las actividades de interés general lo «suficientemente nobles» para merecer tal calificación; y 2°., una actividad «tomada directamente» a cargo de una persona pública establecerá la presunción de que es un servicio público, mientras que la presunción es a la inversa si es tomada a cargo por los particulares.

En tal sentido, concluye Weil, se establece una suerte de gradación en los fines de la acción administrativa. Solo algunos merecerán el título de servicio público con las consecuencias que a él se le unen, mientras que otros constituirán solo fines de interés general; en razón de lo cual la noción de servicio público es más estrecha que la de interés general, independientemente de la naturaleza del organismo encargado de la actividad de que se trate. De ahí que debamos agregar que en el caso de los servicios públicos «*strictu sensu*», la exigencia del interés público debe alcanzar —por razón de los bienes jurídicos implicados— la suficiente entidad —servicio público en sentido funcional u objetivo— para que la actividad de prestación que asuma la Administración pública esté amparada por el mencionado principio de legitimidad.

Por consiguiente, el interés en la distinción es importante por cuanto difieren los regímenes jurídicos que se predican; por un lado, el del servicicio público «*strictu sensu*» o propiamente tal —las denominada leyes de servicio público de L. Rolland—; y por el otro, aquél régimen jurídico del servicio de interés general —que en todo caso serán muy distintos en muchos aspectos al de las actividades de interés privado—, pero que pudieran beneficiarse de algunas prerrogativas de poder público —por ej., ser beneficiario de la expropiación pública—.

§232.c Elemento formal: el régimen jurídico exorbitante — Por último, se sostiene que las propias características del servicio público provocan un régimen jurídico estructural, indicándose con ello, la sumisión o dependencia, bajo grados diferentes según los casos, de los servicios públicos a un régimen jurídico exorbitante del Derecho común que, en principio, será valido para la generalidad de los servicios públicos conocidos. La especificidad del servicio público es, por tanto, no material sino de régimen jurídico. Se puede incluso señalar que el servicio público es en sí un régimen jurídico.

En relación con este último elemento, hay autores que se resisten a tomar en consideración el régimen jurídico como elemento de la definición del servicio público al estimar, no sin cierta razón, frente a la lógica jurídica, que el régimen jurídico específico, es más una consecuencia de la presencia del servicio público, que una condición de su existencia.

III. Perspectiva contemporánea

§233. Planteamiento de la cuestión – Una vez hechas algunas precisiones sobre la identificación del servicio público «*strictu sensu*», haremos referencia al concepto del servicio público desde una perspectiva contemporánea, en razón de un cambio de fondo, esencial, jurídico y político, del modelo de regulación que ha presidido hasta hoy el servicio público.

El servicio público «clásico» ha tenido evidentes virtudes. Hizo llegar a todos prestaciones que de otro modo sólo conseguirían unos pocos; generó infraestructuras sociales que facilitaron la entrada en la modernidad; permitió dar por resueltas necesidades vitales primarias; todo ello es cierto, y todo ello no está olvidado. Pero la sociedad se ha desarrollado y ha cambiado; en este tránsito se ha pretendido enterrar al «viejo» y saludar al «nuevo» servicio público. Y lo que se entierra no servía porque tenía un vicio de raíz, al que se debería prestar especial atención (Ariño Ortiz).

En efecto, las últimas transformaciones experimentadas por el Estado Constitucional y el nuevo modelo de relaciones Estado Constitucional-sociedad, no podrían dejar intacto al servicio público tradicional como técnica de intervención administrativa. Pero de la constatación de esta realidad, a la conclusión de que el servicio público como acción justificada de la acción pública en ciertos sectores básicos no tiene ya más una función que desempeñar en una economía global y en las sociedades modernas, existe un trecho (Roldán Martín).

De lo dicho hasta ahora, la característica fundamental de lo que ha sido la construcción de la noción de servicio público tradicional, es que históricamente este concepto ha sido recipendiario de aportes sucesivos, cuya saturación ha originado muchos significados, por lo que resulta difícil de aprehender en un concepto. Como consecuencia de esta oposición de definiciones, valoraciones y significados, nos preguntamos si se puede presentar la noción de servicio público analizada hoy día, sin dejar de reconocer que el Derecho administrativo contemporáneo heredó en buena parte técnicas jurídicas procedentes del Antiguo Régimen.

§234. Privatización – Desde el punto de vista político, la retirada del Estado Constitucional del ámbito de los servicios públicos se resume bajo el concepto de «privatización». Sin embargo, el término de privatización es empleado en una amplia variedad de sentidos y con referencia a objetos distintos. Resulta con frecuencia por ello confuso o ambiguo hablar sin más de la privatización, sin precisar adecuadamente su objeto y alcance.

En primer lugar, la privatización puede referirse al patrimonio del Estado Constitucional; en ese sentido, privatización significa «el traspaso del patrimonio del Estado Constitucional a propietarios privados». Pero la privatización también puede referirse a los servicios públicos prestados hasta ahora por el Estado Constitucional. En tal sentido, la privatización es una «devolución de las tareas o servicios realizados hasta entonces por entidades públicas a empresarios o titulares privados». Tal devolución puede referirse tanto a la prestación o a los servicios completos como sólo a su gestión global o parcial (E. Hamer)[1017].

Así, dentro de estas últimas se encuentra la forma de privatización más amplia y más eficaz: la privatización *funcional*, que consiste en el traspaso no sólo de la gestión sino también de la titularidad del servicio público al sector privado. Por tanto, la responsabilidad y gestión del servicio se convierte, pués, en cuestión que concierne al sector privado. De este modo se cumple la más completa división del trabajo entre el Estado Constitucional y el sector privado. En tal caso, estamos pura y simplemente en un supuesto inverso de la «*publicatio*»; la «*despublicatio*» —o despublificación—, esto es, devolver la actividad de que se trate a la posibilidad de su realización o de su ejercicio por los particulares, como un derecho inherente a las libertades económicas.

En los países europeos y latinoamericanos, el proceso liberalizador a partir de la década de los años 80 del siglo pasado supuso, en efecto, la eliminación de la titularidad pública de buena parte de servicios públicos, que pasan a ser denominados «servicio de interés general». Esto se tradujo en una apertura de dichos sectores a la iniciativa privada, allí donde el monopolio estatal venía acompañado de la prestación directa del servicio público por organismos públicos, y en la retirada de la Administración pública en algunos de los sectores en los que hasta entonces venía estando presente concurriendo con los particulares y cuyo análisis abordaremos a continuación.

§235. Desregulación y neoregulación — El panorama del Estado Constitucional prestador, se empieza a cuestionar, y a principio de la década de los 80 se asiste a una transformación de los servicios públicos, que consiste en que buena parte de los mismos por decisión del legislador, se entregan o devuelven al sector privado, en razón de varias causas, principalmente en razón de un entorno agravado por las crisis económicas de una sociedad globalizada y competitiva; la titularidad pública sobre buena parte de los servicios públicos se hace difícilmente sostenible en términos económicos, además de advertirse muchas disfunciones en ese modelo de gestión como son las motivaciones políticas, la ineficiente gestión pública y la corrupción; y por último, la irrupción de las innovaciones tecnológicas, que dejan sin fundamento muchas de las justificaciones de los servicios públicos en mano publica.

Consecuencia de los anterior, por un lado, se produce el fenómeno de la «desregularización» de normas jurídicas que imponían límites y controles administrativos, previo al inicio de la actividad económica. En este sentido, todas las normas se someten a un «test de necesidad» y se empieza a modificar las formas de intervención administrativas transformando muchos controles previos —habilitaciones— por un control *a posteriori* más flexible —por ej., la declaración responsable y la comunicación previa—,que elimina dificultades y trabas burocráticas a la iniciativa de las empresas. Este cambio recibe el nombre de «neoregulación», en el sentido que el Estado Constitucional no es que haya dejado de intervenir en la actividad económica y social, sino que interviene de una manera distinta: 1.°, cambiando las formas de control administrativo; 2.°, la implicación de los sujetos priva-

[1017] Hamer, E. (1985). «Praxis de la privatización de servicio». En *Revista* IEE, Vol. Col, núm. 1.

dos en las propias funciones de control; y 3.°, la aparición de un nuevo sujeto administrativo, las denominadas Administraciones —agencias, autoridades, etc.— independientes y especializadas, de regulación y de control.

IV. Servicio de interés general

§236. Planteamiento de la cuestión — Se ha dicho que lo que se podría denominar la segunda crisis de la noción de servicio público, tendría como telón de fondo un proceso de liberalización universalmente extendido, que se configuró como la resultante de varios factores de muy diversas naturaleza, aunque todos ellos interrelacionados y confluyentes sobre la propia idea del Estado Constitucional y de la relación de éste con la sociedad.

En efecto, el programa de modernización del Estado Constitucional va muchos mas allá de una simple privatización, esto es, un conjunto de operaciones de venta de activos o de transferencia de actividades, pues se trata de un proceso o instrumento que permite alcanzar la transformación económica y social del país, potenciando el protagonismo del sector privado en la actividad económica.

Así, una manifestación característica de la liberalización económica fue la extinción de los derechos exclusivos y monopolios estatales sobre los servicios públicos, y que dio lugar a la «*despublicatio*», en virtud de lo cual se permitió que la actividad en que consiste un servicio público de exclusiva titularidad pública, pasara a ser realizada por los particulares como derecho inherente a su libertad económica, y no solo como delegación otorgada por la Administración pública en tanto que *dominus* único. En efecto, las necesidades públicas no son satisfechas sólo mediante la actividad de prestación a cargo del Estado Constitucional; también se alcanza aquella finalidad con prestaciones imputables a la actividad privada. El interés público de estas actividades se hace patente y el Estado Constitucional termina por convertirlas en especial objeto de su atención (Garrido Falla)[1018].

En definitiva, los conceptos de «servicio económico de interés general», servicios de «interés público» (Giannini), actividad «privada de interés público» (M. Diez, E. Sayagués laso, M. Garrido Falla, etc.), «mercados de interés general» (González-Varas) o, en fin, actividad «de interés público» la cual, cuando menos, está refrendada *lege data* por la LOTEL, como indistintamente se la denomina, explican concretamente el cambio que en su momento experimentaron los sectores liberalizados, desde una concepción pública y social propia de un régimen de servicio público, a una nueva concepción —privada de base— propia de un sistema de mercado. Este cambio de funcionalidad en dichos sectores se explica desde esta visión moderna. Por tanto, la nueva categoría sirve para explicar «*grosso modo*», el fenómeno de nuestros tiempos de redefinición de la estructura, concepción o funcionalidad de los servicios públicos tradicionales: el servicio público pasa a ser un mercado, el usuario un cliente, las tarifas a su vez en precios. En suma: son servicios cuyo interés general deriva de su naturaleza o fin económico o social.

a. *Concepto*

§237. Planteamiento de la cuestión — En este orden de ideas, sin duda que la piedra de toque que marca de modo más preciso y efectivo la evolución no sólo

1018 Garrido Falla, F., Palomar Olmeda, A. y Lozada González, H. (2006). *Curso de Derecho administrativo*, Vol. II, Duodécima edición. Madrid, 527.

terminológica sino sustantiva en el ámbito europeo y latinoamericano del nuevo servicio público, estuvo constituida por la apertura de los Ordenamientos jurídicos nacionales al Derecho trasnacional o global.

Así tenemos que desde el punto de vista terminológico, las disparidades entre los sistemas jurídicos de los Estados europeos, convergieron en una solución de compromiso, y a tales efectos, para evitar optar por una de las tradiciones jurídicas concretas —«*service public-public utilities*»—, sé acordó emplear la expresión ecléctica —el supraconcepto— servicios de interés general, que recoge a su vez dos categorías: la 1.ª, los «servicios económicos de interés general» por oposición a los llamados «servicios económicos ordinarios»; y 2.ª, los «servicios de interés general no económicos». En los primeros predomina el componente económico, y en los segundos el componente social.

En efecto, la expresión servicio de interés general se presenta como una generalización, a partir de la fórmula que figura en el Tratado de la Comunidad Europea, que busca ofrecer un cuadro general de todas las actividades clasificadas como servicio público. Es así como la Comisión las define como actividades de servicio del sector económico o no, «considerados de interés general por las autoridades públicas, y sometidas por tal razón a obligaciones específicas de servicio público». Se reconoce así: 1.°, la existencia de tal tipo de actividades; y 2.°, la sumisión a reglas particulares y la importancia entre los «valores comunes» de la Comunidad Europea.

Así, en el Derecho trasnacional o global para que la actividad confiada a una empresa pueda ser calificada de servicio económico de interés general, es necesario que exista un interés económico que presente un carácter específico, en relación con el que revisten otras actividades de la vida económica. En efecto, la Corte de Justicia de la Comunidad Europea ha precisado en celebres fallos[1019] , el criterio de la especificidad de la actividad de interés general. En esas decisiones, el Tribunal europeo juzgó que las empresas involucradas estaban encargadas de una misión de interés general, basado en la obligación para las mismas de proveer en todo momento al usuario, los servicios en condiciones de continuidad, de igualdad de trato y de servicio integral en todo el territorio.

Por último, un sector de la doctrina ha sostenido que la noción de servicios de interés general es más amplia que la tradicional de servicio público, pues además de ser comprensiva de los supuestos convencionalmente calificados como servicio público «clásico» o *strictu sensu*, abarca también las actividades privadas de interés general —servicios privados de interés público, servicios públicos virtuales u objetivos, etc.— (Fernández Lerga, De la Quadra Salcedo, Souviron Morenilla).

b. *Caracteres jurídicos*

§238. Planteamiento de la cuestión — Frente a la devolución de buena parte de servicios públicos que estaban bajo la titularidad y la gestión de la Administración pública donde pierde la determinante y decisiva posición, que planteó la liberalización de los servicios públicos, no se abandona en absoluto la convicción de que esos servicios que dejan de estar en mano pública, siguen siendo vitales para la comunidad, de marcado interés general, lo cual planteó como alternativa el régi-

[1019] Vid. *Corbeau* CJCE, 19 de mayo de 1993; y *Commune d´Almelo* CJCE, 27 de abril de 1994.

men de regulación, que tiene como objetivo garantizar que se seguirán atendiendo los intereses generales y al conjunto de la comunidad destinataria de los servicios de interés general, que se convierte así en el eje y materia de un nuevo y muy importante capítulo del Derecho administrativo, que incluso algunos segmentan como un Derecho particular: el Derecho de regulación de la economía, desplazando así el eje del sistema y régimen de la actividad prestacional, a la actividad de regulación que tiene así un marcado componente garantista.

La actividad de regulación responde así a un nuevo garantismo: el de los intereses generales frente a la actividad de un régimen de mercado y competencia en sectores relevantes para la sociedad y las personas. Este garantismo característico de la actividad de regulación viene a insertarse en un nuevo concepto del Estado de reciente elaboración: el Estado garante, cuyo objetivo no es prestar directa o indirectamente unos servicios públicos —objetivo del Estado prestacional—, sino garantizar que tales prestaciones básicas se produzcan bajo unos principios de servicio público.

Por consiguiente, el Derecho administrativo se extiende ahora bajo nuevas formas a los gestores privados que actúan en sectores que continúan siendo reconocidos de interés general, pero que actúan en régimen de libre competencia y de mercado, y donde la Administración pública pasa a situarse en otra posición, la de la Administración pública reguladora, con el objeto de garantizar la atención a los inequívocos intereses públicos que siguen estando presentes en muchos de los sectores devueltos a la sociedad y al sector privado, así como la garantía singular frente a los poderes materiales de que disponen los nuevos gestores privados de los servicios de interés general.

En resumen, la modalidad de prestación de los nuevos servicios de interés general presenta como principales caracteres de su régimen jurídico, los siguientes:

(i) La actividad pasa a ser, como ya se ha dicho, de titularidad privada, por efecto de la devolución de dichas actividades a la iniciativa social, con reconocimiento del derecho de propiedad y de la libertad de empresa —por contraposición a la titularidad pública de la actividad inherente al servicio público clásico o *strictu sensu*—.

(ii) La *despublicatio* del servicio provoca la regulación del sector, de modo que el Estado Constitucional ostenta poderes de regulación sobre la actividad de las empresas, más intensos que los que resultan admisibles en relación con las actividades económicas no declaradas de titularidad pública.

En el Derecho positivo, es sabido que, en la legislación de las telecomunicaciones de 1942, los servicios de telecomunicaciones eran considerados servicios públicos, siguiendo las redes de telecomunicaciones el mismo régimen de publificación general de los servicios. A partir de la entrada en vigencia de la LOTEL, las telecomunicaciones —redes y servicios— se consideran «actividades de interés general» (Art. 5, *eiusdem*).

(iii) La Administración pública, por razones de interés público, ostenta respecto del servicio de interés general poderes de supervisión, control, sancionatorio y arbitral. En tal sentido, es necesario que la actividad mantenga una repercusión pública o trascendencia social. Asimismo, se requiere que la actividad sea útil al conjunto de la comunidad: esa utilidad general deriva del carácter básico o mínimo que representa el servicio para la colectividad.

(iv) Como consecuencia del carácter de fin de interés público que para la vida social presentan los servicios de interés general, cuyo núcleo es garantizar el ejercicio de los derechos fundamentales individuales o sociales, el Ordenamiento jurídico impone a los operadores las denominadas cargas u obligaciones jurídicas, por razones de servicio público, tema éste que analizaremos a continuación.

c. *Obligaciones o cargas jurídicas, por razones de servicio público*

§239. Planteamiento de la cuestión — En lugar de servicios públicos de titularidad estatal, el nuevo régimen de intervención pública consiste en que el Estado Constitucional impone a los particulares que operan en los servicios de interés general determinadas obligaciones o cargas jurídicas, por razones de servicio público, siendo la principal de ellas —más no la única— denominada «servicio universal». Todas ellas persiguen asegurar la propia prestación en todo caso y la calidad del servicio allí donde el mercado no funciona bien. Se trata, pués, de obligaciones o cargas que hay que garantizar, como misión o tarea del fin de interés general envuelto, para lo cual en cada servicio hay que determinar en concreto, cuáles son esas obligaciones o cargas de servicio público.

§239.a Servicio universal — En el caso de la regulación de los servicios «económicos» de interés general, se distingue al interior, aquellas prestaciones susceptibles de ser realizadas satisfactoriamente en régimen de mercado —*«prestaciones de mercado»*—, y aquellas no susceptibles de prestación competitiva —*«prestaciones de servicio universal»*—. En el ámbito de estos últimos, el mercado no está en capacidad de producir la oferta necesaria para satisfacerlas —por ej., en orden de los costos— por lo que el Estado Constitucional impondrá la prestación o cobertura obligatoria a algunos de los operadores —para la que normalmente arbitra algún sistema de compensación económica— que asegure las necesidades básicas o mínimas de lugares o comunidades aislados, lo cual viene a constituir el «servicio universal», cuyas actuales prestaciones serían las herederas del antiguo servicio público (Ariño Ortiz).

Ahora bien, la existencia de un servicio universal a todos los ciudadanos en sus niveles básicos o mínimos, tiene también su origen en el Derecho comunitario europeo, principalmente por el famoso Libro Verde sobre el desarrollo del mercado común de los servicios y equipos de telecomunicaciones publicado en 1987, cuyo alcance es asegurar el acceso de todos los ciudadanos a los servicios básicos o mínimos en condiciones de igualdad y a precios asequibles. En definitiva, se trata de un concepto que permite reintroducir la intervención pública sobre ciertos sectores económicos, dentro de un régimen dominado por la libre competencia.

En este orden de ideas, el servicio universal a escala comunitaria es definido de manera formal, a través de características abstractas, que cubre un conjunto básico o mínimo de servicios identificados por las autoridades y que deben ser provistos respetando cuatro exigencias: 1.ª, la obligación de acceso para todos los usuarios con independencia de su localización —*generalidad*—; 2.ª, la obligación de hacerlo de modo correcto —*calidad*—; 3.ª, la obligación de no discriminar entre los usuarios —*igualdad*—; y 4.º, la obligación de cobrar una tarifa o precios razonable —*asequibilidad económica*—.

Además, el servicio universal no tiene un contenido inmutable: debe cambiar con el progreso tecnológico, los derechos de los mercados y la modificación que sufre la demanda de los servicios. Cuál sea este, teniendo en cuenta la aceleración del progreso tecnológico, es cuestión sustancialmente evolutiva y flexible.

En conclusión, el carácter de servicio universal de que hablamos alude a una técnica jurídica concreta y está basada en la declaración de un derecho para todos, con la correlativa organización de los medios para que pueda satisfacerse.

En el ámbito del Derecho positivo, de acuerdo con la LOT, el Estado Constitucional garantiza la prestación del Servicio Universal de Telecomunicaciones (Art. 49); define el contenido (Art. 50); el funcionamiento del sistema (Arts. 51 y 52); los procesos de selección del operador (art. 53); y, por último, desarrolla el tema del financiamiento (Arts. 54 al 62). Además, la normativa sectorial vinculó de modo explícito el servicio universal a los principios de penetración, calidad, igualdad y asequibilidad económica (Art. 49).

§239.b Otras obligaciones o cargas jurídicas — Además del servicio universal, pueden surgir otras cargas u obligaciones jurídicas, por razones de servicio público, como son necesidades de la defensa nacional, la seguridad pública, la educación y la cohesióneconómica, social o territorial, de acuerdo con la específica normativa sectorial.

Ahora bien, las obligaciones o cargas jurídicas, las cuales pueden venir impuestas: 1.°, por una norma; o 2.°, por un acto administrativo, persiguen en definitiva, suplir o corregir las ineficiencias del mercado y como señala la doctrina «están configurados a imagen y semejanza de las obligaciones de los adjudicatarios de contratos de gestión de servicios públicos». Así, la técnica de las cargas u obligaciones de servicio público explica mucha de las situaciones intermedias entre el servicio público propiamente dicho o «*strictu sensu*» y la actividad privada.

En definitiva, el nuevo concepto de servicio de interés general y el nuevo modelo de regulación es un sistema abierto, que se caracteriza por la apertura del sector liberalizado a la iniciativa privada —libertad de entrada— con previa autorización reglada —convertibilidad de títulos habilitantes—; pluralidad de ofertas en los servicios, presidido por el derecho de propiedad y libertad de empresa —derechos fundamentales—, con ejercicio de las funciones públicas de regulación —reglamentación, control y sanción—, con determinados cargas u obligaciones de servicio público —servicio universal y demás obligaciones—, pero con libertad de precios y modalidades de prestación, con libertad de inversión y amortización y, en definitiva, en régimen de competencia abierto.

§240. Conclusión — Con independencia de los debates que se han sustentado, lo cierto es que en Europa y Latinoamérica está muy extendida la cultura del servicio público «*strictu sensu*» y la Administración pública prestacional, con diferente arraigo en los distintos sistemas nacionales de Derecho administrativo, lo cierto es que el Estado y la Administración pública se han ido transformando en un Estado y Administración pública prestacionales que se mantienen, si bien reducidos los servicio públicos «*strictu sensu*», pero que también conviven con el denominado Estado garante y la Administración pública reguladora de la dación de bienes y la prestación de servicios de interés general por el mercado y la competencia.

Siendo el servicio público clásico o «*strictu sensu*» una modalidad específica de intervención administrativa, cualitativamente diferente de otras, entraña unas determinadas consecuencias generales sobre el plano del «régimen jurídico» aplicable a las actividades afectadas, con lo cual nos encontramos con un dilema semejante al del huevo y la gallina: Es el régimen jurídico concreto ¿un elemento de la definición de servicio público? o, más bien, ¿es una consecuencia de la calificación de una actividad como servicio público?

A partir del momento en que el servicio público empezó a entenderse como categoría jurídica, y ante la ausencia de un texto expreso que recogiera todas las reglas y normas atinentes, se fue reconociendo la existencia de ciertos principios fundamentales que son consecuencia de la sistematización elaborada por la doctrina y la labor de la jurisprudencia, sobre la base de la especificidad de cada Derecho positivo, a partir de la legislación vigente en cada país (Araujo-Juárez)[1020].

En consecuencia, el funcionamiento de los servicios públicos clásicos o *strictu sensu*, cualquiera que sea su naturaleza así como sus modalidades de gestión, queda sometido a un *corpus* de principios muy diversos, destinado a garantizar la realización del fin de interés general o público. Y así el denominado Derecho «de los servicios públicos»[1021] deriva de un estatuto o régimen jurídico especial que se caracteriza, fundamentalmente, por la ausencia de un conjunto normativo sistematizado a la manera de codificación, salvo muy contadas excepciones en el Derecho administrativo comparado.

Así las cosas, de conformidad con el Art. 156 de la C, el Poder legislativo tiene la competencia de formular las normas básicas relativas a la naturaleza, la extensión y la cobertura de los servicios públicos «*strictu sensu*», los modos de gestión, la regularidad, permanencia, la calidad y la eficiencia en su prestación, el estatuto de los usuarios, el régimen de protección y las formas de participación en la gestión, el régimen tarifario, y finalmente el control y vigilancia para asegurar su prestación efectiva.

En conclusión, la importancia de los servicios públicos y su incidencia en el desarrollo no solo de la Administración pública y del Derecho administrativo, sino también en la calidad de vida, la cohesión económica, social y territorial, y el desarrollo de la sociedad, ha sido motivo de importantes trabajos en el Derecho administrativo comparado (P. Esplugas, J. F. Lachaume, F. J. Villar Rojas, y L. F. Moreno)[1022].

En efecto, tanto en lo individual como en lo colectivo, la adecuada prestación de los servicios públicos «*strictiu sensu*», determina la calidad de vida, pues se afecta en forma directa la existencia de las personas. No es posible hablar de bienestar social, de «la promoción de la prosperidad y bienestar del pueblo» (Art. 3 de la C), sin una adecuada prestación de los servicios públicos «*strictiu sensu*» y, asimismo, no será posible emprender proyectos públicos o privados exitosos de pro-

---

1020 Araujo-juárez, J. Ob. cit., nota 505, 123 y ss.

1021 Braconnier, S. (2003). *Droit des services publics*. Paris, PUF, Droi public; Guglielmi, G. (1994). *Introduction au droit des services publics*. Paris, LGDJ; Mescheriakoff, A.-S. (1991). *Droit des services publics*, 2a. édition mise a tour, Paris, PUF; y Palacios Mejía, H. (1999). *El derecho de los servicios públicos*. Bogotá. Derecho vigente.

1022 Esplugas, P. (1998). *Le service public*. Paris, Dalloz, Connaissance du droit; Lachaume, J.F. (1989). *Grands services publics*. Paris Masson; Villar Rojas, F.J. (1993). *Privatización de servicios públicos*. Madrid, Tecnos; y Moreno, L. F. (2001). *Servicios Públicos Domiciliarios. Perspectivas de Derecho Económico*. Bogotá, Universidad Externado de Colombia.

ducción de bienes y servicios, si al mismo tiempo no se dispone de una adecuada infraestructura de servicios públicos «*strictiu sensu*»,.

En mérito a lo antes expuesto, se puede concluir que el concepto de servicio público «*strictu sensu*» tendrá tres características: 1.ª, se trata de una actividad propia de la Administración pública; 2.ª, se le concibe como un concepto excepcionalísimo que ha de motivarse en cada caso, y que justifica la aplicación de un régimen jurídico diferenciado; 3.ª, se consolida como el principal instrumento que garantiza la igualdad material, como instrumento de equiparación social y como finalidad a alcanzar la cohesión económica,social y territorial de la población por el Estado social de Derecho; y por último, 4.ª, el proceso de constitucionalización del servicio público, tema este que abordaremos a continuación.

SECCIÓN 3.ª LOS SERVICIOS PÚBLICOS CONSTITUCIONALES

Introducción

§241. Planteamiento de la cuestión — En el estudio del régimen general de la categoría de los servicios públicos, Lares Martínez[1023] resalta, entre otros aspectos, la afirmación de que «hay diversidad de servicios públicos y no están todos sometidos a un régimen jurídico uniforme», para concluir más adelante que «no puede sostenerse que exista un régimen jurídico uniforme para todos los servicios públicos».

En tal sentido, señalaremos que los servicios públicos se han clasificado desde múltiples puntos de vista o a la luz de diversos criterios políticos, jurídicos, sociológicos, económicos, etc. Así las cosas, en el Estado Constitucional del Derecho positivo, la expresión de servicio público es utilizada por el Ordenamiento jurídico bajo perspectivas diferentes. Así y para comenzar, la propia Constitución administrativa utiliza la noción tanto para hacer referencia en sentido amplio a cualquier tipo de actividad imputable al Estado Constitucional, como a lo que un sentido técnico y reducido, *o strictu sensu*, alude a la forma específica de intervención genuinamente administrativa en un sector determinado.

Ahora bien, ha sido la doctrina administrativista en Francia quien introdujo una novedosa categoría jurídica, que por su relevancia y trascendencia ameritan un tratamiento diferenciado: es la categoría de los servicios públicos que tienen rango constitucional[1024], lo cual plantea una gran cantidad de problemas que antes le eran ajenos.

En este sentido, debemos mencionar que si bien la noción de servicio público ha sido una noción forjada por el Consejo de Estado francés, ha sido remodelada a nivel constitucional por el Consejo Constitucional francés (Vedel)[1025], quien ha extraído del interior de la noción de servicio público, una nueva categoría de servicios exigidos por la Constitución francesa y denominados «servicios públicos constitucionales», calificación que ha sido receptada por la doctrina (Chapus, Duropty,

[1023] Lares Martinez, Eloy, Ob. cit., nota 740, 204 y 209.

[1024] La expresión se debe a Favoreu, L. (1977). «*Service publique et Constitution*». En AJDA, numero spécial de Service publique, Paris, 1997; Chevalier, J. (1987). *Le service public,* 12éme edition. Paris, PUF, Col. Que sais-je? Paris, 57; y Bellescize, R. (2005). *Les services publics constitutionnels.* Paris, LGDJ.

[1025] Vedel, G. Ob. cit., nota 456, T. 1, 118.

Mescheriakoff, Moreau, entre otros), que por su relevancia y trascendencia, y por comportar consecuencias jurídicas muy precisas en el plano dogmático y doctrinal, ameritaría un tratamiento diferenciado.

A. Régimen jurídico

I. Concepto

§242. Planteamiento de la cuestión — El interés de la nueva categoría jurídica resulta de una distinción que establece el Consejo Constitucional francés (Déc. N° 88-232 DC del 7/1/1988, Rec. 17) entre: por un lado, los servicios públicos simplemente legislativos cuya creación o supresión, principalmente por la vía de la denominada liberalización o privatización, es posible; y por otro, los servicios públicos exigidos por la Constitución; en tales casos, los fines de interés general vienen impuestos de manera inevitable por la Constitución. Además, al interior de los servicios públicos constitucionales, existe una clasificación por la cual, según admitan o no la existencia de su gestión por parte del sector privado, serían calificados como de primer tipo o segundo tipo o rango, y donde el fundamento, paradigmáticamente, es el juego o rol de los derechos o libertades fundamentales para la determinación de las modalidades de su ejercicio.

Ha sido la cuestión de valorar, si cuando la Constitución atribuye al Estado la responsabilidad de crear determinados servicios públicos, estos podrían o no encomendarse a la iniciativa privada, lo que ha dado lugar al desarrollo de la novedosa noción.

En cuanto a su fundamento, para un sector doctrinario seria el noveno párrafo del Preámbulo de la Constitución de 1946 (Braconnier)[1026]. Es así que la jurisprudencia constitucional ha empleado, para resolver casos dudosos, algunos criterios que provienen de dicho Preámbulo —cuya vigencia se mantiene—.

Así, por un lado cita expresamente como servicios públicos la enseñanza, la sanidad y la asistencia social, y que por ello son calificados, inequívocamente, como constitucionales. Por otro, también consagra el concepto de servicios públicos «nacionales»; concretamente afirma que «todo bien, toda empresa, cuya explotación, tenga o adquiera los caracteres de un servicio público nacional o de un monopolio de hecho deben convertirse en propiedades de la colectividad».

Para otro sector doctrinario, el fundamento está en la revisión constitucional de 1995 que al ampliar las posibilidades de organizar referendos, previó la posibilidad de someter al pueblo todo proyecto de ley sobre reformas relativas a la política económica y social de la Nación, y a los servicios públicos que les conciernen.

Desde entonces, con la constitucionalización de la noción de servicio público comenzó la elaboración del servicio público constitucional como concepto autónomo, que tomado en su concepción global, se integra perfectamente dentro de la noción tradicional. Asimismo, se advierte que dicha noción no se considera, en modo alguno, como una suerte de sustrato constitucional del servicio público, sino tan sólo de una categoría particular.

Así las cosas, la noción empieza a ser empleada a partir de la Decisión del Consejo Constitucional francés (Déc. N° 86-207 DC, del 25/26-6/1986), y se reserva

[1026] Braconnier, S. Ob. cit., nota 1021.

para aquella clase de servicios públicos «cuya necesidad [...] deriva de principios o de reglas de valor constitucional»; mientras que «la determinación de otras actividades que son erigidas en servicios públicos nacionales es dejada a la apreciación del legislador o a la autoridad reglamentaria, según los casos» (apartado 59).

El concepto se volvió a emplear en Decisiones posteriores inmediatamente. Entre ellas, la Déc. Nº 88-232 DC del 7/1/1988 insistía en apreciar que la existencia de algunos servicios era «exigida por la Constitución».

Así las cosas, el Consejo Constitucional elabora la distinción entre los servicios «exigidos por la Constitución», y los servicios regulados en la legislación ordinaria o por decisiones de la Administración pública. Los primeros no podrían ser encomendados al sector privado; los segundos, en cambio, son perfectamente privatizables.

Son, por tanto, servicios públicos y bienes no privatizables, constitucionales en fin. No sobre la base de una identificación concreta, sino en aplicación de un principio general que, en la práctica, no resulta sencillo de concretar. Por ejemplo, en Decisiones de 1996 relativas a la privatización de *France Telecom* —cuyo carácter monopólico e importancia económica eran indiscutibles—, el Consejo Constitucional consideró que, aunque se tratara de una empresa «nacional», su privatización no resultaba contraria a la Constitución porque el Estado había retenido un paquete de acciones que, aunque minoritario, le permitía mantener el control de la empresa.

También sostuvo, por ej., que el «servicio público de crédito» no era constitucional, ya que no puede afirmarse que las empresas bancarias o de seguros «exploten un servicio cuya existencia y funcionamiento estén exigidos por la Constitución» (Déc. Nº 207, del 25-26/6/1986); tampoco la televisión por vía hertziana ha sido considerada como «una actividad de servicio público que tenga su fundamento en disposiciones constitucionales» (Déc. Nº 217, del 18/9/1986).

Junto a esta zona de delimitación negativa, ocupada por actividades que, claramente, no se atribuyen exclusivamente a los Poderes públicos en la Constitución, existe otra en cuya identificación positiva existe un consenso firme: la defensa nacional, la justicia, los asuntos exteriores o la policía, por la circunstancia incontestable de que la Constitución los consagra como funciones del Estado.

En conclusión, a partir de la pionera decisión de 1986, el Consejo Constitucional ha ido precisando la noción, y el interés de la nueva categoría jurídica resulta de la distinción que se establece entre: por un lado, los servicios públicos simplemente legislativos, cuya creación o supresión, principalmente por la vía de la privatización, es posible; y por otro, los servicios públicos exigidos por la Constitución, cuya transferencia al sector privado estaría prohibida.

§242.a Criterios — Por otro lado, la jurisprudencia constitucional francesa pone claramente en evidencia, que la noción de servicio público constitucional está fundada sobre tres criterios generales de definición, así:

En primer lugar, la declaración del Poder público se exige para calificar a una actividad como servicio público, y es lo que la doctrina española denominó «*acto de publicatio*» —o publificación—.

En el caso del servicio público constitucional, la voluntad del Poder constituyente es la que determina la obligación constitucional del funcionamiento del servicio público en cuestión que, por su trascendencia, debería ser inequívoca y explícita, y en modo alguno de manera implícita.

Por tanto, a nivel constitucional surge la *summa divisio* entre: servicios públicos cuya existencia exige la Constitución; y aquellos cuya existencia es dejada a la libre discreción del legislador.

En segundo lugar, para ser calificada como servicio público constitucional, la actividad debe ser de interés general, tal y como acontece con la noción de servicio público tradicional.

Ahora bien, la primera aproximación que de la noción se hace, nos lleva a concluir que los mismos no pueden ser sino de naturaleza administrativa y, más exactamente, servicios públicos de *puissance publique*, y enmarcados dentro del círculo que correspondería a las actividades de soberanía.

Por el contrario, los servicios públicos de naturaleza económica no podrían ser comprendidos dentro de la categoría de servicios públicos constitucionales en la medida en que están movidos por consideraciones lucrativas y financieras, ajenas, al interés general propiamente dicho.

Se trata, por tanto, de una concepción «estricta» del interés general en el ámbito del servicio público constitucional, por contraste, con la extensión de la noción del interés general en el ámbito de los servicios públicos en general, destinados a resolver las necesidades de la población.

En tercer lugar, la consecuencia de orden orgánico derivada de la naturaleza constitucional, es que están estrechamente ligados al Estado. Son necesariamente nacionales, es decir, asumidos por el Estado. Sin embargo, lo contrario no es correcto, no todos los servicios públicos nacionales son servicios públicos constitucionales (Déc. N° 96-380 *Entreprise Nationale France Telecom*).

Así las cosas, la principal consecuencia de esta categoría es que, en principio, no podrán ser objeto de transferencia al sector privado y, por ende, deben ser gestionados por una persona pública.

Ahora bien, si la prestación de los servicios públicos constitucionales induce inicialmente a afirmar que debían ser asegurados exclusivamente por el Estado, el Consejo de Estado francés, por su parte, admitió que la prohibición no era absoluta, salvo que su naturaleza o la ley no lo permitan —Avis, Sect. Intérieur, del 7/10/1986—: por ejemplo, cuando con la transferencia pierde el control del servicio público de que se trate — Déc. N° 90-285 DC del 28/12/1990).

Por tanto, la gestión podría ser confiada a personas públicas, a las colectividades locales o a personas privadas, siempre que se «encuentren bajo la tutela del Estado o su control» (Déc. N° 90-285 DC, del 28/12/1990).

Finalmente, la prohibición de transferencia del servicio público constitucional estaría referida sólo a la sustancia o núcleo del servicio público de que se trate, es decir, la parte irreductible vinculada al ejercicio de la soberanía. De ahí que se haya admitido que algunos de esos servicios puedan privatizarse «parcialmente», como acontece con el sistema penitenciario, lo cual no sería un obstáculo para mantener su reserva constitucional al Estado: primero, porque la participación privada no supone pérdida de la dirección y el control del servicio; segundo, porque una cosa es la determinación de las penas aplicables, cuestión que solo concierne a los jueces, y otra su ejecución, que corresponde a la Administración pública.

Al margen de todo lo anterior, L. Favoreu y L. Philiph[1027] han propuesto un criterio general de distinción para, al menos, orientar la solución de casos conflictivos. Consiste en considerar que algunos servicios públicos no están en competencia con el sector privado; son, propiamente, los servicios que ejercen «funciones de soberanía».

En estos casos, la prohibición de privatización se conecta con la exigencia constitucional de que exista un «nivel mínimo de servicio público», de modo que los ciudadanos puedan beneficiarse del mismo. Se aplicaría la misma regla a los servicios asistenciales como los educativos o a los sanitarios.

Frente a esta clase de prestaciones estarían aquellas otras que se desenvuelven en concurrencia con el sector privado, o son susceptibles de ejercerse de esta manera. Este sería el ámbito propio de la privatización.

II. Clasificación

§242.b Planteamiento de la cuestión — Por otro lado, la existencia de unas bases constitucionales diferentes conducen, a su vez, a una clasificación al interior de los SPC que, según admitan o no la existencia de gestión por parte del sector privado, serían calificados como de primer o segundo tipo (FAVOREU) o rango (ESPLUGAS).

§242. b.1 Servicios públicos constitucionales de primer rango — Así, son servicios públicos constitucionales de primer rango:

En primer lugar, por cuanto uno de los deberes impuestos al Estado por la Constitución es la seguridad de las personas y los bienes de los ciudadanos, exigiría para su puesta en ejecución de los *servicios públicos garantes de la seguridad y el orden público,* tales como el servicio público de la justicia y el servicio público de la fuerza pública —fuerzas armadas, policía judicial y penitenciaria—.

En segundo lugar, por cuanto la soberanía del Estado se manifiesta también a través de potestades destinadas a asegurar su independencia económica y financiera, comprendería los *servicios públicos garantes de la soberanía económica y financiera del Estado,* tales como el servicio público de la moneda y el servicio público fiscal.

Finalmente, por cuanto la soberanía del Estado también se manifiesta a través de la soberanía del Estado, estarían los *servicios públicos garantes de la soberanía externa del Estado,* tales como el servicio público diplomático y el servicio público del asilo político.

§ 242. b.2 Servicios públicos constitucionales de segundo rango — Por otro lado, es sabido que las Constituciones proclaman derechos fundamentales de naturaleza económica y social que demandan, en vista de su materialización, la intervención del Estado, principalmente, mediante la prestación de los denominados servicios públicos constitucionales de segundo tipo o rango, y donde el fundamento, paradigmáticamente, es el juego o rol de los derechos o libertades fundamenta-

[1027] Favoreu, L. y Philiph, L. (1999). *Les grandes décisions du Conseil Constitutionnel,* 16e. édition. Paris, Dalloz.

les para la determinación de las modalidades de su ejercicio, y que se beneficiarían de una protección constitucional más vigorosa que otros, tales como la libertad de asociación, la libre expresión de ideas y de opiniones (Favoreau).

En tal sentido, los servicios públicos constitucionales serán calificados de segundo tipo o rango, en la medida en que el ejercicio de los derechos fundamentales de naturaleza económica y social (*droits-créances*) autoriza, bajo ciertas condiciones, con el título de gestor o de concurrente, la intervención de las colectividades locales, los establecimientos públicos o, en fin, las personas privadas.

En este orden de ideas es posible ofrecer, a su vez, la clasificación siguiente:

En primer lugar, los *servicios públicos de protección de la economía nacional* —por oposición a los servicios públicos municipales—, y que corresponderían al interés del país en su conjunto, a las dimensiones de toda la nación, esto es, considerados como clave para la economía nacional, tales como los servicios de transporte, electricidad, gas, etc.

En segundo lugar, los *servicios públicos de protección de la vida intelectual*, tales como los servicios públicos de la formación profesional, de la cultura y de la educación.

Por último, en virtud del reconocimiento del principio de protección a la vida material, se deducirán obligaciones constitucionales de creación y funcionamiento de los servicios públicos de protección de la salud, de la seguridad social y del turismo.

Ahora, si bien el Consejo Constitucional francés aplica a todos los servicios públicos los grandes principios fundamentales (Déc. 96-380 DC, del 23/7/1996), no le impone la gestión pública a esta segunda categoría.

En conclusión, Esplugas pone de relieve que esta nueva clasificación actualiza la tesis sostenida con anterioridad por Latournerie, quien afirmaba que existían «grados» de necesidad de los servicios públicos que determinarían, a su vez, las modalidades de su ejercicio. Por consiguiente, según la naturaleza y la importancia de las necesidades sociales, el servicio público constitucional puede comportar, ya sea una exclusividad de la intervención pública bajo la modalidad de monopolio, ya sea una intervención concurrente en el mismo ámbito por parte de las personas públicas o de las personas privadas asociadas al servicio público constitucional en cuestión.

B. Derecho positivo

I. Consagración constitucional

§ 243. Planteamiento de la cuestión — La situación general que queda muy sumariamente descrita es sustancialmente válida para nuestro Derecho positivo. En el estado actual, la expresión de servicio público es utilizada formalmente por el Ordenamiento jurídico bajo perspectivas diferentes.

Empezaremos señalando que ciertas actividades o servicios han sido identificadas por la Constitución administrativa y las leyes con ciertas nociones indeterminadas, tales como «servicio público» (Arts. 84, 86, 102, 108, 113, 156, num. 29, 164, numeral 8, 173, 178, 184, numerales 2 y 6, 196, numeral 6, 259 y 281, num. 2 de la C), «sector público» (Art. 97); «orden público» (artículos 20, 68, 260 y 332 de la C), «orden social» (Art. 20); «interés público» (Arts. 110, 113, 150, 151, 170, 187, numeral 9, 247 y 302 de la C), «interés social» (Arts. 112, 115, 178, numeral 1 y 307 de la C), «interés general» (Arts. 115 y 156, num. 2 de la C), «utilidad pública» (Arts. 115 y 156, num. 32 de la C), «utilidad social» (Art. 156, num. 32 de la C), o en fin «interés nacional» (Art. 187, num. 9 de la C), expresiones estas que no son equivalentes desde el punto de vista jurídico.

Por su parte, ciertas actividades o servicios han sido identificadas por la Constitución administrativa y las leyes como «servicio público», así: los servicios de electricidad, agua potable y gas (Arts. 156, numeral 29 y 178, num. 6 de la C), alcantarillado, canalización, disposición de aguas servidas, cementerios y servicios funerarios (Art. 178, num. 6 de la C), el aseo urbano (artículo 178, num. 5 de la C), el servicio de transporte público (Arts. 156, num. 26 y 178, numeral 2 de la C), el servicio de correo y de las telecomunicaciones (Art. 156, num. 28 de la C), los servicios hospitalarios y de salud (Art. 84 de la C), la seguridad social (Art. 86 de la C), la educación (Art. 102 de la C), la radio y la televisión abiertas —denominadas posteriormente en la legislación sobre la materia como comunitarias—, las redes de bibliotecas y de informática (Art. 108 de la C).

Por su parte, la ciencia, la tecnología, el conocimiento, la innovación, sus aplicaciones y servicios de información asociados se declaran de «interés público» (Art. 110 de la C). Los servicios de policía, bomberos y defensa civil tienen por misión mantener y proteger el «orden público» (Art. 332 de la C). Cualquier clase de bienes estarán sometidos a la expropiación por causa de «utilidad pública o interés social», al igual que las obras directamente destinadas a la prestación del servicio eléctrico que se califican de «utilidad pública e interés social» (Art. 5 de la LSE).

Sin embargo -y de esta realidad se ha hecho eco la doctrina tanto nacional como extranjera-[1028], las categorías jurídicas mencionadas y su correspondencia con ciertas actividades y circunstancias más o menos concretas no conlleva consecuencia jurídica alguna.

Por otra parte, también se observa el empleo de la expresión servicio público por normas pertenecientes al Ordenamiento jurídico-administrativo con el significado que la doctrina otorga a esta institución clásica o «*strictu sensu*» (LOSE, LOHG, LOPSAPS, etc.). Finalmente, se le emplea por normas no pertenecientes al Ordenamiento jurídico-administrativo, tan sólo a los efectos específicos perseguidos por cada una de tales ramas del Ordenamiento jurídico, que poco o nada tiene que ver con la noción de servicio público (LENDEPABIS).

II. Clasificación

§ 243.a Planteamiento de la cuestión — Por último, cabe señalar que en el Derecho positivo, el concepto de servicio público es genérico y está compuesto por diferentes especies de origen constitucional y legal, que pasaremos a tratar de seguidas.

En tal sentido, la doctrina nacional también ha receptado la categoría de los servicios públicos constitucionales. La existencia de diversas normas en la Constitu-

[1028] Truchet, D. (1977). *Les fonctions de la notion d'intérêt général dans la jurisprudence du Conseil d'État.* Paris, LGDJ, 64.

ción sobre servicios públicos, permite a la doctrina nacional (Araujo-Juárez y Brewer-Carías)[1029] identificar tres grupos de SPC, por oposición a los creados por ley formal.

Ahora bien, para la determinación de la heterogénea actividad del servicio público constitucional sigue siendo, decisiva, la distinción respecto a la noción de autoridad o de «*imperium*», como a la noción puramente asistencial o prestacional, y que permite ofrecer la clasificación siguiente.

En primer lugar, la actuación imperativa está integrada por el conjunto de tareas y cometidos estatales que presuponen o implican, necesariamente, en su cumplimiento, el ejercicio de autoridad y, en general, las actividades consistentes en el ejercicio del Poder público y que, por tanto, se denominan *servicios públicos constitucionales vinculados a los derechos de la Nación*.

Serían los derechos irrenunciables de la Nación, es decir, de toda persona e instituciones, vinculados a la soberanía y que origina la obligación del Estado de resguardarla y, por tanto, exclusivos del Estado y cualificados por su permanencia, tales como:

1.° El servicio público de defensa y seguridad —la Fuerza Armada Nacional— (Art. 322, 328 y 156, nums. 2, 7 y 8).

2.° El servicio público exterior y diplomático (Arts. 152, 156, num. 1 y 152).

3.° El servicio público de justicia (Art. 26) y de defensa pública (Art. 268).

4.° Los servicios públicos de seguridad y protección ciudadana, como la policía y la administración de riesgos (Art. 55).

5.° Y por último, el servicio público de promoción y ordenación de la economía (Art 112, 299, 308, 309 y 310).

Ahora ¿Existe alguna posibilidad jurídica de que los servicios vinculados a la soberanía del Estado u otros en los que se manifiesta el ejercicio del poder público sean desvinculados de la titularidad pública?

Casi resulta innecesario argumentar en términos constitucionales que los mismos no se podrán privatizar. Son atributos del Estado, esenciales, sin los que el Poder público no se hace reconocible y la soberanía del Estado se diluye.

En cambio, la acción asistencial —en la que se incluyen las prestaciones de los servicios públicos «*strictu sensu*»—, no precisan necesariamente —aunque si ocasional o eventualmente—, el ejercicio de la autoridad o «*imperium*», y serían los *servicios públicos constitucionales vinculados a los fines esenciales del Estado*.

En efecto, el Estado tiene como fines esenciales, según la Constitución, la defensa y desarrollo de la persona y el respeto a su dignidad, la construcción de una sociedad justa, la promoción de la prosperidad y bienestar de la población, para lo cual se establecen un complejo de actividades de dación de bienes y prestación de servicios, de asistencia y cobertura frente a contingencias vitales, lo que los diferencia de los de carácter de autoridad cualificados por su exclusividad y permanencia, a saber:

[1029] Araujo-Juárez, J. Ob. cit., nota 505, 221 y ss; y Brewer-Carías, A.R. (2012). «A Manera de Prólogo sobre 'el Marco constitucional de los servicios públicos'». En *Los Servicios Públicos domiciliarios* (Director: Víctor Hernández-Mendible). Caracas, EJV-Cerdeco- Funeda, 21 y ss.

1.° Los servicios públicos sociales como la asistencia y la protección social (Arts. 75 a 81), la salud y la sanidad (Arts. 83, 84 y 85) y la seguridad (Art. 86), la educación (Art. 102), la vivienda (Art. 82) y de empleo (Art. 87); los culturales (Arts. 98 a 101), y los deportivos y de recreación (Art. 111).

2.° Y los servicios públicos de protección ambiental (Arts. 127 a 129).

En los servicios públicos vinculados a los fines del Estado, el criterio fundamental para valorar la legitimidad constitucional de su privatización, sería el que viene dado por la imposición directa o no de la Constitución, de que los Poderes públicos creen y mantengan dichos servicios.

El último grupo comprende los *servicios para garantizar el ejercicio de derechos y libertades individuales*, y en contraste con los de autoridad, se caracterizan por considerar a los ciudadanos en su individualidad, y se configuran por aquellas actividades prestacionales impuestas al Estado para garantizar el ejercicio de los derechos o libertades públicas, así:

1.° Los servicios públicos para las comunicaciones (Art. 48), tales como la información (Art. 58, 101 y 108).

2.° Los servicios públicos para la circulación (Art. 50), tales como la vialidad (Art. 156, num. 27), transporte (Art. 156, num. 26).

3.° Y por último, los servicios públicos para la calidad de vida, tales como los servicios públicos domiciliarios (Art. 156, num. 29).

§243.b Servicios públicos domiciliarios —Si bien el articulado de la Constitución administrativa vigente hace relación a los servicios públicos de modo general, también lo hace en algunas disposiciones, de manera específica, a una especie de ellos, los servicios públicos para la calidad de vida denominados servicios públicos domiciliarios, que son los que se prestan, a través del sistema de redes físicas o humanas con puntos terminales que son las viviendas o sitios de trabajo, tales como electricidad, agua potable y gas doméstico (Art. 156, num. 29) y aseo urbano y domiciliario (Art. 178, num. 4 y 178, num. 6).

En efecto, cuando el Art. 156, num. 29 de la C establece que es de la competencia del Poder Público Nacional, «el régimen general de los servicios públicos domiciliarios», consagra en esta disposición una categoría especial de servicios públicos, los denominados servicios públicos domiciliarios, y que son aquellos que según la jurisprudencia colombiana[1030]: 1.°, se prestan a través de sistemas de redes físicas o humanas; 2.°, con puntos terminales, esto es, las viviendas o sitios de trabajo de los usuarios; y 3.°, cumplen la finalidad específica de satisfacer de manera inmediata las necesidades esenciales de las personas[1031].

De conformidad con el criterio constitucional, tenemos que el servicio público es el género, mientras que el servicio público domiciliario es una especie de aquél. Son los que se prestan, a través del sistema de redes físicas o humanas, con puntos terminales que son las viviendas o sitios de trabajo, tales como los servicio públicos de la electricidad, del agua potable y del gas doméstico (Art. 154, num. 29 de la C) y del aseo urbano y domiciliario (Art. 178, num. 4 de la C). Se distingue, de este

[1030] Sent. N° T-578/92 de la Corte Constitucional de Colombia.
[1031] Araujo-Juárez, J. Ob. cit., nota 505, 197 y ss.

modo, una especie dentro del género de los servicios públicos calificados como domiciliarios, y si bien no se los define, se les atribuye una importancia singular, pues no solo se hace referencia específica a los mismos, sino que se dispone una estructura general y normativa para que sea desarrollada por el legislador.

Es así como el tema de los servicios públicos domiciliarios se hubo desarrollado también en la Constitución administrativa y según la doctrina, de la misma forma, varió la misión del Estado Constitucional en materia de servicios públicos, al considerar que su papel principal era no solo el de prestar, sino también el de garantizar de manera eficiente su prestación, por el propio Estado Constitucional, por las personas o por las comunidades organizadas.

§243.c Conclusión — Y ya para concluir, y en resumen a lo expuesto, diremos que la vinculación de los servicios públicos constitucionales al ejercicio de la soberanía y a la satisfacción de derechos fundamentales, debería servir para determinar el «grado» en que es admisible su privatización. Lo importante es saber que el método único para hallar las respuestas necesarias, cuando no exista una definición normativa clara es analizar, caso por caso, la implicación de otras funciones constitucionales o el ejercicio de los Poderes soberanos.

La distinción dogmática es clara, pero su concreción sobre el texto de la Constitución puede no resultar tan sencilla. Para desvelar los supuestos, se precisaría manejar técnicas de interpretación de la Constitución con que analizar cada caso. Esta metodología tópica parece la única posible y, desde luego, es la que ha empleado la jurisprudencia constitucional francesa.

Y por último, si bien los criterios y las bases de los servicios públicos constitucionales permiten enriquecer e innovar el Derecho de los servicios públicos, el interés de tal doctrina consiste en precisar la relación en términos de compatibilidad o de convivencia de la soberanía con la teoría de los derechos y garantías fundamentales.

III. Otra clasificación según el nivel del Poder público

§244. Planteamiento de la cuestión — Otra forma de clasificación del estado actual de los servicios públicos en la Constitución administrativa, se refiere al nivel del Poder público a quien corresponde la titularidad administrativa, el control y la gestión o garantía de prestación del servicio público de que se trate, conforme al cual las categorías se agrupan en: 1.ª, los servicios públicos nacionales; 2.ª, los servicios públicos estadales; 3.ª, los servicios públicos municipales; y por último, 4.ª, los servicios públicos concurrentes.

§244.a Servicios públicos nacionales — Cuando la titularidad, regulación y control de los servicios públicos están a cargo del Poder Público Nacional, se habla de servicios públicos «nacionales», por su índole o naturaleza, pudiendo citarse, entre otros, la electricidad y el gas con fines domésticos (Art. 156, nums. 32 y 33 s de la C) .

§244.b Servicios públicos estadales — Esta categoría de servicio público está bajo la titularidad y control de los Estado federados, los cuales tienen competencia para la creación, régimen y organización de los servicios públicos «estadales» (Arts. 164, núm. 8, y 184, núm. 6 de la C), así como de aquellos que siendo de la competencia nacional, se le transfieren según el Art. 158 de la C, a los fines de promover la descentralización, entre los cuales se puede mencionar el servicio público de autopistas y de puertos[1032].

§244.c Servicios públicos municipales – Por otra parte, mediante la prestación de servicios públicos y el ejercicio de la iniciativa pública económica, los Municipios llevan a cabo la provisión de bienes y servicios a las personas. De este modo van mucho más allá de una función policial y de vigilancia, que es la que se deriva en buena parte de sus títulos competenciales.

En efecto, según el Art. 178 de la C, muchos servicios públicos están a cargo de los Municipios, en cuanto conciernen a la vida local; por tanto, para la gestión de sus intereses municipales y en el ámbito de sus competencias podrán promover toda clase de actividades y prestar cuantos servicios públicos «municipales» contribuyan a satisfacer las necesidades y aspiraciones de mejoramiento de la calidad de vida de la comunidad.

Así, el Municipio atiende entre otros, la dotación de los de agua potable y de saneamiento, alumbrado público, aseo urbano y domiciliario, transporte colectivo de pasajeros, mercados y mataderos locales, cementerios y servicios funerarios, etc. (Arts. 178 y 184, núm. 6 de la C), cuyo régimen es analizado en profundidad por V. Hernández-Mendible y J.L.Villegas Moreno.[1033]

§244.d Servicios públicos concurrentes – En ciertos casos, de acuerdo con el Art. 165 de la C, la prestación de los servicios públicos es de competencia concurrente –«servicios públicos concurrentes»–, en cuanto los Poderes públicos pueden participar en la gestión de los mismos, lo cual plantea serios problemas de delimitación, que deberán ser resueltos por las leyes básicas de armonización y coordinación, cuyo estudio es abordado igualmente por Hernández-Mendible[1034], con especial referencia a los servicios públicos domiciliarios.

IV. Conclusión

§245. Planteamiento general – El debate más usual en nuestros días se sitúa en dilucidar si muchos o pocos de los servicios mencionados deben ser públicos o privados, o en qué grado deben intervenir los Poderes públicos en la regulación de los mismos. Pero en este debate existen dos perspectivas principales. La primera sería aquella que, admitiendo vigentes los principio de la solidaridad –interdependencia social de L. Duguit– y la cohesión social, se centra en discutir acerca de cuál es el medio más adecuado para realizarlos efectivamente y, aún denunciando por ineficientes determinadas formas históricas de gestión de servicios públicos, reconocen la vigencia de los principios del Estado social de Derecho en cuanto que incorporan fines que pretenden satisfacer necesidades que la persona, desde su esfera privada, no podría resolver ni por sí mismo ni con su patrimonio. La red de servicios públicos se concibe, así, esencialmente como un medio de cohesión económica, social y territorial.

[1032] Ley Orgánica de Descentralización, Delimitación y Transferencia de Competencias del Poder Público publicada en la GO Nº 37.753, de fecha 14 de agosto de 2003.

[1033] Hernández-Mendible, V. (2002). «El Régimen de los Servicios Públicos Municipales ». En *Libro Homenaje a Gonzalo Pérez Luciani.* Caracas, TSJ; y Villegas Moreno, J.L. (2007). *Derecho Administrativo Municipal.* San Cristobal, Ed. Sin Límite, 215 y ss.

[1034] Hernández-Mendible, V. (2007). «Los Servicios Públicos Competitivos y la Libertad de Empresa». En *Ley Orgánica del Poder Público Municipal.* Caracas, EJV, 291 y ss.

La segunda perspectiva es la que niega la vigencia de los mencionados principios y plantea una mera protección de mínimos vitales, típicamente asistenciales, de inferior condición y calidad a los proporcionados por la media del mercado, con un efecto indudable de segmentación social, justificándose en lograr incentivar el dinamismo social, aun sin clarificar su conexión con una política paralela de promoción de igualdad de oportunidades.

Para afrontar este debate hay que recordar como sostiene la doctrina, que las grandes dicotomías como Derecho público/Derecho privado, eran posibles en los inicios del Derecho administrativo. Hoy día aparecen mucho más matizadas donde las relaciones que explican todas estas categorías jurídicas han experimentado momentos difíciles, polémicos, complejos y, por consiguiente, han sido sometidas a exámenes, revisiones, operaciones y terapias, pero su espíritu, su esencia, su núcleo central, su fibra más profunda sigue viva, latente, emitiendo pulsaciones que llevan a constatar que no han experimentado el «*rigor mortis*».

Ante una sociedad que demanda mayores exigencias sociales, las consecuencias determinantes de las actividades de servicio público «*strictu sensu*» en la construcción actual del Derecho administrativo contemporáneo, son el reflejo de la cláusula constitucional Estado social de Derecho, de las obligaciones y los fines sociales derivados de la decisiones políticas fundamentales o básicas que el propio Poder constituyente originario le impuso al Estado social de Derecho para hacer real su cumplimiento de una manera eficiente.

En mérito a lo antes expuesto, podemos afirmar que la noción de servicio público «*strictu sensu*» como categoría jurídica, ha pasado por muy diferentes momentos en cuanto a su calificación: de ser una noción clave para el Derecho administrativo, pasando por el declive, hasta el pronunciamiento para su defunción y de un respetuoso entierro acorde con su importancia histórica (Meilán Gil)[1035].

Sin embargo, en el Derecho administrativo comparado, el servicio público «*strictu sensu*», como categoría o como técnica jurídica de que se sirve el Estado Constitucional —para cumplir su responsabilidad constitucional indeclinable para satisfacer necesidades o demandas de la sociedad de interés general o público— no ha desaparecido, ni ha cambiado como categoría jurídica, tal como puede configurarse desde la perspectiva constitucional (Meilán Gil)[1036]. Y es que si bien se ha reducido su ámbito de aplicación, no cabe hablar de un «nuevo» servicio público, a pesar de lo sugerente de la noción (Meilán Gil)[1037]. No es que haya muerto el servicio público o que haya nacido una nueva noción que la sustituya, pues sigue siendo lo que fue; lo que ha pasado y está pasando es que la realidad de las cosas hace emerger nuevas caracterizaciones de conceptos centrales (Rodriguez-Arana)[1038]. Finalmente se sostiene, no es que en el contexto de la integración supranacional europeo haya desaparecido el servicio público, y donde tiene asegurado su respeto, pues desde luego sigue existiendo y operando en los sistemas nacionales a los que le es propia tal categoría. Ocurre únicamente que, a escala europea, tal categoría opera en el marco del supraconcepto de servicio de interés —no económico y económico— general (Parejo Alfonso).

[1035] Meilán Gil, J. L. Ob. cit., nota 1008, 451.
[1036] Meilán Gil, J. L. Ob. cit., nota 1003, 49.
[1037] Meilán Gil, J. L Ob. cit., nota 1008, 472.
[1038] Rodríguez-Arana, J. Ob. cit., nota 1011, 603.

En efecto, y muy por el contrario, la existencia y buen funcionamiento de los servicios públicos «*strictu sensu*» seguirá constituyendo una constante demanda de la sociedad, de las personas en general, y de las más vulnerables o desfavorecidas en concreto, no solo en circunstancia de normalidad institucional, sino con más razón en situaciones de anormalidad como las causadas por crisis económicas o sanitarias como las pandemias, que de una u otra manera el Estado Constitucional debe prestar directamente en algunos casos, o más propiamente, garantizar en la mayoría de los casos.

Es así como las circunstancias de anormalidad institucional, social y económica, lo que han hecho es poner en relieve hasta qué punto pervive en el mundo occidental, la institución del servicio público «*strictu sensu*» como categoría jurídica y cuál es su funcionalidad actual, mostrando que va más allá de las contingencias de un nuevo entorno económico, social y político, o de una política jurisprudencial que apunta a la transformación de una institución tan especial. De ahí que el servicio público «*strictu sensu*» tampoco es reducible a la sola actividad de prestación pues es, además, un instrumento privilegiado de cohesión económica, social y territorial, de solidaridad, generador de empleos, y en fin, de la realización de otros derechos fundamentales (Esplugas)[1039].

Además, el progreso tecnológico fuerza a una apertura creciente de los servicios públicos en tanto que hoy día están en la posibilidad de ofrecer prestaciones complejas y diferenciadas que sólo varios operadores podrían ofrecer[1040]. Por tanto, lejos de sufrir un declive como se ha venido vaticinando casi como lugar común, en el ámbito jurídico y práctico está más vigente que nunca, y experimenta -al compás de la transformación del Estado Constitucional, que es propia de nuestra época- una verdadera clarificación y, por tanto, una renovada trascendencia para la efectividad del orden constitucional en punto al «*status*» de la persona (Parejo Alfonso)[1041].

El contexto es así, el de un Estado Constitucional que desde la responsabilidad universal por las condiciones de vida en sociedad tiene a su disposición, una pluralidad de opciones para la organización de la realización de las necesidades de interés general o público, entre las que la elección ha de guiarse por los intereses generales o públicos decantados desde el concreto Ordenamiento constitucional relevante. En este contexto, en el que la clave es la definición del concreto interés general o público que debe predominar en cada caso, en cuanto determinante de la delimitación de los espacios de lo público y de lo privado, la categoría del servicio público «*strictu sensu*» opera simultáneamente: tanto en el plano funcional —como equivalente a la garantía de una prestación de determinadas características: regularidad, continuidad, calidad, etc.— requeridas por el interés general o público, como en el plano subjetivo-orgánico, referido a la articulación de una organización específica de la satisfacción de las correspondientes necesidades sociales (Parejo Alfonso)[1042].

Por lo demás, si bien continúa regido por el Derecho administrativo, la evolución general del Derecho y de sus sistemas jurídicos torna imposible el estudio de una institución tan importante como lo es la del servicio público «*strictu sensu*» a

[1039] Esplugas, P. Ob. cit., nota 1031, 4 y 6.

[1040] Esplugas, P. Ob. cit., nota 1031, 9.

[1041] Parejo Alfonso, L. (2008). «Servicios públicos y servicios de interés general: la renovada actualidad de los primeros». En *Actualidad de los servicios públicos en Iberoamérica*, (Dir.) Cienfuegos Salgado, David, Rodrigo Lozano, Luis Gerardo. México, Instituto de Investigaciones Jurídicas, UNAM, 496.

[1042] Parejo Alfonso, L. Ob. cit., nota 1041, 497.

través de esta sola disciplina, por lo que se impone desde el punto de vista científico definirla con relación a otras disciplinas y, en particular, con la Teoría de la Constitución y del Derecho constitucional, teniendo como punto de referencia el proceso de constitucionalización de los servicios públicos que se hubo llevado a cabo con la aprobación de la Constitución de 1999.

a. *Regulación por causa del interés general*

§246. Planteamiento de la cuestión — No hay duda de que los servicios públicos han sido y lo seguirán siendo, un instrumento útil y necesario para superar la mera igualdad formal o ante la ley, y para profundizar en su significado de igualdad real o material en las condiciones de vida de las personas, fin irrenunciable que inspiró la actividad administrativa de prestación o de servicio público. Pero también hay que decirlo, fue cada vez más manifiesta la ineficiencia de los servicios públicos en mano pública, la crisis del servicio público tradicional, así como la convicción de que la regulación del servicio público, en vez de sustituir al mercado, debe y puede reconstruirlo en muchos de sus aspectos.

Mientras que en muchos otros sectores, la alternativa al servicio público es la actividad de regulación por causa del interés general o público. El objetivo es, en ambos casos, el mismo: conseguir unas prestaciones universales, obligatorias, a los que cualquier persona tenga derecho y cualquier usuario pueda hacer efectivas. Pero el punto de vista jurídico y de legitimación es totalmente distinto.

La pérdida de confianza hacia el sector público como motor único y exclusivo de la economía es un dato, hoy indudable, La crisis del Estado del bienestar y de las políticas de intervención masivas han vaciado las reservas internacionales. Ahora, ante el gran debate de protogonismo entre el Estado Constitucional y el mercado, pasa por replantear el modelo Estado Social de Derecho, que habrá que entenderlo no desde la unilateralidad o pensamiento único, sino desde el pensamiento abierto y complementario así: frente a la «*publicatio*», la regulación; frente a la titularidad pública, la titularidad privada o compartida; frente al monopolio, la libre competencia; frente a la corrupción, la reglamentación, la supervisión y el control público. Asimismo, del diferente punto de partida surgen técnicas jurídico-administrativas de intervención también diferentes.

En efecto, en los sectores donde la liberalización ha progresado se detecta una tendencia, todavía incipiente en muchos países —cuando no un franco retroceso con inconstitucionales nacionalizaciones—, a la sustitución total o parcial de la técnica del servicio público por la actividad de intervención sobre esas actividades propias del Derecho anglosajón, que no implica la asunción «en bloque» por el Poder público de la titularidad de sectores enteros de la actividad económica «*publicatio* genérica», sino la mera actividad de regulación —la reglamentación, el control y la sanción— sobre los mismos. Creemos que esto coincide con la formulación de la teoría de Giannini sobre los llamados «ordenamientos sectoriales», que implican la sujeción de sectores de la actividad económica a una fuerte intervención pública, sin que se produzca, sin embargo, la transferencia de la titularidad de los mismos al Estado Constitucional, pero donde estén garantizados los derechos de las personas frente a los abusos de los operadores privados con posición de poder.

Se produce, pues, un verdadero cambio cultural que encuentra su fundamento en una concepción de la persona, tendiente al respeto de su dignidad, del desarrollo integral de sus potencialidades tanto individuales como sociales, como también al goce pleno de sus derechos y libertades fundamentales. Por tanto, debemos señalar que la mayor parte de lo que hoy consideramos servicios públicos —sin perjuicio de lo relativo a los servicios públicos constitucionales según vimos más arriba—, puede reconducirse a la categoría de servicios de interés general, con obligaciones o cargas jurídicas, bajo un régimen de libre competencia.

El resultado ha de ser, la de reservar la publificación solo de servicios singulares, básicos, que se consideran esenciales para la comunidad o que tengan carácter estratégico para la actividad económica, en el marco de la economía de mercado, y que debe encontrar el fundamento más relevante en la propia Constitución, específicamente, en el modelo económico que se pretendió definir en la Constitución económica. En ese contexto, y fijándose un marco si bien general para el mismo, el procedimiento para publificar un servicio ha de reservarse a las más altas instancias del Estado Constitucional, y a semejanza del procedimiento expropiatorio, deberían intevenir los tres Poderes: legislativo, ejecutivo y judicial constitucional.

Así las cosas, la introducción en nuestro ambiente jurídico del nuevo modelo de intervención de la actividad de regulación por causa del interés general, reclama unos servicios públicos reducidos en su número y limitados en su alcance. De ahí que, por un lado, los servicios públicos «*strictu sensu*» deberían reducirse a las ncesidades básicas o esenciales para la comunidad; y, por el otro, no podrán abarcar la totalidad de las prestaciones posibles en un sector o actividad determinados, remitiéndose a la libre iniciativa en el seno de la sociedad, el acceso a las demás prestaciones y servicios adicionales.

Para finalizar, desde un punto de vista jurídico debemos sostener que los anteriores desarrollos nos ha permitido constatar que el servicio público «*strictu sensu*» continuará ocupando hoy día, bajo una forma u otra, un lugar esencial en los sistemas nacional y comparado de Derecho administrativo. Por tanto, como señala el autor Esplugas, se debe concluir, no en un estado de crisis de la noción servicio público en los términos aquí descritos, sino en su vitalidad renovada.

b. *Estado Constitucional garante*

§247. Planteamiento de la cuestión — La razón de ser de los servicios públicos «*strictu sensu*» se encuentra hoy día en el contenido dogmático en el modelo Estado social de Derecho, y es sabido que entre las garantías de los derechos fundamentales prestacionales o sociales a alcanzar, se halla la igualdad material o Justicia social. Ello justifica que la intervención del Estado Constitucional, ya mediante la actividad directa de prestación, o ya mediante la garantía de prestación de los servicios de interés general, si bien —se insiste— con los límites que constituyen la finalidad última a la que debe propender, sigue siendo necesaria e indispensable. Si bien es cierto que las doctrinas neoliberales cuestionaron el papel del sector público en cuanto a la actividad de prestaciones, ello no implicó ni una retirada ni mucho menos el «digno entierro» que se le pronosticaba, sino una mutación de la institución para acomodarse a un nuevo contexto social e histórico[1043].

[1043] Rincón Córdoba, J. I. (2004). *Las Generaciones de Derechos Fundamentales y la Acción de la Administración Pública*. Bogotá. Universidad Externado de Colombia.

Y es por ello que otra categoría iusadministrativa que resulta ser fuente de profunda reflexión es la que nos ofrece el servicio público «*strictu sensu*». En efecto, tal y como sostiene L. Martín-Retortillo y Baquer[1044], el que cambien las necesidades y aspiraciones sociales, o la oferta social de determinadas prestaciones, ¿quiere decir que desaparece el significado que tan eficazmente había venido prestando dicha categoría? Es por ello que la supuesta «muerte» y «resurrección» del servicio público ha sido tema permanente de reflexión dentro de una ingente bibliografía que ha interesado a muchos autores. Se facilitan y generalizan unas prestaciones, que ya no podrían necesitar de un régimen jurídico de protección; pero que se mantienen unas —si bien reducidas— pero que también pueden aparecer otras aspiraciones sociales que si lo reclaman.

En efecto, la denominada «crisis» del servicio público[1045], y el replanteamiento del papel del Estado Constitucional por las doctrinas neoliberales, si bien no permiten definir en torno a ella el eje nuclear de la Administración pública y del Derecho administrativo, ello no quiere decir, sin embargo, que deba ser enviada en bloque al baúl de la historia (Martín-Retortillo y Baquer)[1046].

Así las cosas, la evolución histórica demuestra que el carácter de la actividad prestacional o de servicio público —si bien teniendo cuidado de no ser llevado con exceso panteísta en la realidad al extremo tal de señalar que «el servicio público es casi todo, pero no es todo»—, sin duda alguna lo convierten en el principal instrumento para lograr la materialización de los derechos fundamentales individuales y con mayor razón los sociales o prestacionales y, por ende, de la igualdad material o Justicia material que persigue el Estado social de Derecho.

En efecto, muchos derechos fundamentales prestacionales o sociales no se comprenden sin la existencia de una estructura de servicios públicos «*strictu sensu*», o lo que es igual: el servicio público «*strictu sensu*» se convierte en el contenido material de los derechos fundamentales prestacionales o sociales que la doctrina ha denominado de «segunda generación», de forma tal que sin aquél no se podrían realizar. Por ello, la actividad de prestación o de servicio público «*strictu sensu*» de una manera continua y regular seguirá siendo prevalente, puesto que se relaciona con las finalidades que le son inherentes al Estado social de Derecho, circunstancia que conduce a que se la siga calificando como una función administrativa con independencia de que su prestación se haga con la colaboración de las personas[1047].

Ahora, también es cierto que la caracterización clásica del servicio público ha ido adecuándose para construir un concepto con otras características. En efecto, la perspectiva central de la persona lleva a buscar y a encontrar nuevas figuras jurídicas que pongan al día el Derecho de los servicios públicos en relación con los derechos fundamentales prestacionales o sociales. El servicio público sigue siendo lo que fue. Lo que ha ocurrido es que la realidad nos ha llevado a nuevos conceptos, hoy de gran utilización, como son por ej., el ya analizado concepto de servicio de interés general, que elimina la titularidad pública de determinados servicios enteros o de algunas de sus fases; o el de servicio universal, que si bien implica la

[1044] Martín-Retortillo Baquer, L. (2013). «El Derecho administrativo ante la crisis». En *Crisis económica y crisis del Estado Constitucional de bienestar. El papel del Derecho Administrativo* (Piñar Mañas, J.L. Coord.). Madrid, CEU, 37 y 38.

[1045] De Corail, J.L. (1953). *La crise de la notion de service publique.* Paris.

[1046] Martin Retortillo, S. Ob. cit., nota 388.

[1047] Rincón Cordoba, J. I., Ob. cit., nota 1043, 427 y 428.

presencia del Estado Constitucional, no es ya la titularidad pública propia y privativa del régimen del servicio público, pero intervención pública o función de regulación al fin, pero ya no se trataría del concepto de servicio público en el sentido tradicional del término, sino un intento de conciliación de los principios del servicio público «*strictu sensu*» con los de la economía de mercado.

Hoy día el reconocimiento a nivel del Derecho administrativo comparado de la existencia del supraconcepto de servicios de interés general, la referencia a su funcionalidad de promover la cohesión social y territorial que, si bien se piensa, es lo que ha caracterizado desde siempre al servicio público tradicional, así como el régimen jurídico de acceso al mismo ¿Qué más consagración del concepto de servicio público que ésta? En definitiva, concluye Martín-Retortillo Baquer[1048], pueden variar los contenidos, amenguarán o se incrementará su intensidad, pero, he aquí un concepto que tiene asegurada su funcionalidad, adaptándose constantemente a la evolución de las circunstancias.

Del mismo modo, el elemento de solidaridad y de cohesión social ha de ser hoy necesariamente tomado, de nuevo, en consideración. La cláusula constitucional Estado social de Derecho que contiene nuestra Constitución lo impone. La defensa de los fines de interés general o público, la preocupación no meramente testimonial por los sectores sociales más desprotegidos y, asimismo, por la parte más vulnerable de los intereses que todos tenemos, exige recuperar no pocos de los postulados que la noción de servicio público formuló. Por eso cualquier intento de conceptualizar la Administración pública hoy debe hacerse desde la revitalización del servicio público «*strictu sensu*», que convive con la noción de servicio de interés general, y así al alimón, el mantenimiento del Estado social de Derecho, que por estar en crisis no puede ser considerado modelo obsoleto.

Lejos de suponer que el papel del Estado Constitucional deba ser siempre neutro su intervención es, por naturaleza, subsidiaria de las fuerzas naturales de la sociedad, lo que no impide que intervenga, positivamente y en forma motivada y razonable, con el fin de evitar: 1.°, los abusos y fallas del mercado que impiden la libre competencia; y 2.°, suplir las carencias sociales de la población más desfavorecida o vulnerable, por supuesto, sin caer en los peligros extremos que exhiben algunas posturas ideológicas que impulsan las modas de turno, fundamentalmente, la socialización extrema y abusiva de los derechos sociales o prestacionales de las personas, o lo que es también nefasto, la regresión en las conquistas alcanzadas que ha supuesto el modelo Estado social de Derecho, en detrimento obviamente del espacio de las libertades públicas y los derechos-garantías a ellas conectados.

De la misma manera, el fanático resurgir de concepciones neoliberales nos debe forzar a los iuspublicistas a reiterar los valores de solidaridad y de cohesión social, so pena de que la balanza quede excesivamente inclinada hacia intereses meramente individuales, para lo cual resulta necesaria su armonización mediante un método adecuado que permita ponderar y reflexionar con sentido práctico para arribar a una solución justa —teoría sobre la armonización de los derechos—.

El servicio público «*strictu sensu*» no ha desaparecido, ni ha cambiado como categoría jurídica, tal como puede configurarse desde la perspectiva constitucional. Otra cosa es que se haya reducido su ámbito de aplicación (Meilán Gil). De modo

[1048] Martín-Retortillo Baquer, L.Ob. cit., nota 1044.

que hemos afirmar que el servicio público «*strictu sensu*» seguirá siendo un elemento capital en la configuración de la Administración pública y del Derecho administrativo. No es, por supuesto, el dato identificador definitivo, ni es posible afirmar que la ecuación servicio público-Administración pública sea correcta sin más. Pero la idea hoy de rango constitucional de la Administración pública de carácter servicial a la persona y del interés público, está o debe estar hoy plenamente en vigor.

Con independencia de la evolución, crisis, utilidad y vigencia actuales de la noción de servicio público, calificado de dogma del sistema de Derecho administrativo (Weil), el Estado Constitucional y la Administración pública se han ido transformando en un Estado Constitucional y Administración pública prestacionales que se mantienen y conviven con un Estado Constitucional garante y una Administración pública reguladora de la dación de bienes y la prestación de servicios de interés general por el mercado.

No se trata, en realidad, ni de una reducción del Estado, ni de un nuevo tipo estatal, sino de una transformación del esquema de actuación a tenor del cual el Estado Constitucional, reafirmando su responsabilidad última en la configuración social cumple esta misión desde el modelo de servicio público «*strictu sensu*» —modelo que, no se olvide, sigue vigente en reducidos sectores y es dominante en el ámbito municipal—, junto con la posibilidad de la renuncia en muchos ámbitos susceptibles de ser devueltos o entregados —dentro del marco permitido por la Constitución— a la sociedad y al sector privado, en la medida que esa entrega se ve acompañada indisociablemente de la pertinente estructura pública de garantía de la efectiva dación de bienes o prestación de servicios, de acuerdo con determinados estándares (Parejo Alfonso).

En conclusión, la decisión política del Poder constituyente en la Constitución administrativa, ya sea a través de la actividad administrativa de prestación o de servicio público «*strictu sensu*», sean constitucionales o no —Estado Constitucional y Administraciones públicas prestacionales—; o ya de la garantía —Estado Constitucional garante— a través de la actividad de regulación —Administración pública reguladora— de la dación de bienes y la prestación de servicios de interés—económicos o no— general por el mercado, sigue siendo una realidad imperativa con consecuencias determinantes en la construcción y comprensión del Derecho administrativo de nuestro tiempo.

CAPÍTULO XI
LA CONSTITUCIÓN ADMINISTRATIVA Y EL PROCEDIMIENTO ADMINISTRATIVO

Sección 1.ª La teoría del procedimiento administrativo

Introducción

§248. Planteamiento de la cuestión — En los mismos orígenes del Derecho administrativo, el principio inicial consistía en la libertad procedimental o informalismo de que gozaban las autoridades administrativas en el cumplimiento de sus cometidos estatales, en virtud del cual seguían el cauce que técnicamente les parecía más conveniente.

Esta ausencia originaria de preocupación por las normas adjetivas o formales, cuya principal razón es de carácter histórico-político, en cuanto que la función administrativa es la última de las funciones estatales sometidas al Ordenamiento jurídico, se va paulatina y profundamente transformando en todos los sistemas jurídicos, si bien de muy diversas maneras y a diferentes grados, cuando el acento se coloca en la génesis del acto administrativo, cuenta tenida de la influencia determinante que puede tener sobre su contenido y valor.

En la sumisión al Derecho se encuentra la razón de ser del procedimiento administrativo. En efecto, constituye un requerimiento del principio de juridicidad la fijación de un instrumento jurídico que con alcance procedimental, indique el camino por transitar en la preparación, emisión, impugnación y ejecución del acto administrativo. Es así como el señalado principio, en suma, viene a conformar y a condicionar la actuación de la Administración pública a través del fenómeno de procedimentalización de la función administrativa que, por ser de acción anticipada, permite prevenir o evitar la adopción o ejecución de un acto administrativo contrario a Derecho, o la realización de un hecho antijurídico. Así, el procedimiento administrativo juridifica la función administrativa al someterla a reglas o pautas formales, pues en el Derecho público no puede existir nada si no existe la forma.

Parece ser tendencia generalizada que la Administración pública cada día acreciente sus potestades públicas. Sin duda, por la amplitud de sus competencias y atribuciones y por la cercanía con que su acción cotidiana se deja sentir en todas las actividades humanas, es la rama del Poder público acaso más proclive a lesionar derechos e intereses de las personas, ya individual o colectivamente. Por ello, dentro del engranaje constitucional y legal existen todo un conjunto de instituciones que constituyen verdaderas garantías jurídicas contra los posibles abusos o excesos de poder de la Administración Pública y, entre otras, la construcción del arquetipo o modelo de procedimiento administrativo con el cual puede parangonarse la vigente LOPA, desde hace ya 40 años, y cuyo contenido ha sido, es y seguirá siendo objeto de minucioso examen, pues es de todos sabido que por su extraordinaria trascendencia este texto legal ha merecido el comentario de una abundante y valiosa bibliografía nacional.

La necesidad de enrumbar el país hacia un desarrollo integral, sostuvo la Exposición de Motivos de la LOPA de 1981 «requiere de una moderna administración pública, caracterizada, fundamentalmente, por la celeridad en su actuación, por la racionalidad en la tramitación de los asuntos que ante ella se plantean y por la seguridad que frente a la misma debe existir de los derechos que el ordenamiento jurídico garantiza a los ciudadanos». Por tal razón, su entrada en vigencia constituyó, sin lugar a dudas, un gigantesco paso en la construcción de nuestro Estado de Derecho.

Sin embargo, hoy día se asiste a la crisis de una legitimación del actuar formalizado de la Administración pública, basado en el sólo el respeto de la juridicidad y de los derechos e intereses de las personas; por eso se exige también en el procedimiento administrativo algo más, la concreción de los fines de interés general o público y, en consecuencia, la legitimación de la función administrativa, como un *plus* a añadir a las dos funciones tradicionales recién mencionadas.

En efecto, reiteramos que tradicionalmente era admitido que en el Estado de Derecho, la totalidad de las funciones jurídicas estatales que en él se ejercen, adquirían legitimidad con sólo ser conformes a Derecho y de respeto a los derechos fundamentales. Sin embargo, hoy día es necesario reforzar la legitimidad de la función administrativa con la articulación de un procedimiento administrativo debido, idóneo y riguroso que garantice, también, que la declaración administrativa no sólo es conforme a Derecho, sino que además es una decisión de calidad, la que mejor satisface el interés público.

Por tanto, la doctrina contemporánea insiste en la importancia del procedimiento administrativo desde una nueva perspectiva comprometida con la «calidad» de la función administrativa. En tal sentido, no hay duda de que el procedimiento administrativo representa, en el ámbito de la función administrativa, una manifestación capital de la cláusula constitucional Estado de Derecho, y expresión del cambio habido en las relaciones entre el Estado Constitucional y las personas. De ahí que el procedimiento administrativo se haya revalorizado enormemente en el seno del Derecho administrativo comparado. El procedimiento administrativo es, así, un medio para hacer realidad el principio de buena Administración.

En conclusión, la importancia capital del orocedimien to administrativo se advierte bier a las claras, si se distinguen las diversas funciones que hoy cumple. En efecto, si enlos primeros momentos era la función garantista de protección de los derechos e intereses los que primaba en el modelo de Estado de Derecho, en la actualidad y en el marco del Estado democrático, se le agrega la función legitimadora, y por último, la función racionalizadora (J. Esteve Pardo).

A. Procedimiento administrativo

I. Origen

§249. Planteamiento de la cuestión — La noción de procedimiento administrativo, tema de singular trascendencia como trataremos poner de relieve, requiere de unas precisiones conceptuales indispensables, cuenta tenida de la relatividad de la categoría misma de procedimiento (F.González Navarro, A.Sandulli), que hacen necesarias precisiones de carácter: 1.° etimológico; 2.° técnico y, por último 3.° jurídico.

§249.a Etimológico — El término procedimiento proviene del verbo latino «*procedere*», que a su vez se compone de las voces: «*pro*», prefijo que significa adelante, y «*cedo*», que denota marchar. Esta acepción etimológica viene a expresar tanto avanzar como ir adelante, dando la idea de un camino por recorrer que conduce a una finalidad determinada; un «*iter*» o secuencia que es preciso seguir para llegar a una meta, no de una sola vez, sino a través de sucesivos momentos.

§249.b Técnico — Desde una posición meramente descriptiva, toda conducta compleja, reiterada, que exija varios actos sucesivos para alcanzar un fin determinado, tiende espontáneamente a estereotiparse, de la forma más simple y que resulte menos costosa.

Pero recibe el nombre técnico de procedimiento, aquel que fija preestablecidamente los cauces de los actos que contribuyen a perseguir un objetivo final. El procedimiento surge cuando los cauces de obtención de determinados fines son fijos, predeterminados, ordenando conductas reiteradas para objetivos finales idénticos.

§249.c Jurídico — Solo cuando existe el encadenamiento de actos tramitados según un orden y forma de proceder fijados preestablecidamente, que además se encuentran en íntima relación con la unidad de efecto jurídico común o final, recibe el nombre jurídico de procedimiento.

La teoría jurídica contemporánea está, en general, de acuerdo en constatar la unidad de la categoría del procedimiento jurídico en todas las ramas del Derecho. Es evidente que cada una de ellas crea para sí instituciones procedimentales diferentes, adaptadas a sus propias exigencias y a sus condiciones particulares. De ahí, bástenos decir, que es fundamentalmente exacto que el procedimiento es un concepto de la Teoría general del Derecho.

Así, el procedimiento sería la regulación del modo de producción de los actos jurídicos inferiores partiendo de las normas superiores. Toda la secuencia o serie de actos que se desenvuelven progresivamente en cumplimiento de una función jurídica estatal, quedarían englobados dentro del concepto genérico de procedimiento jurídico como categoría general de Derecho público. Así, habría un procedimiento legislativo, un procedimiento administrativo y un procedimiento judicial.

§250. Función administrativa — Si se entiende por procedimiento la combinación de actos que deben cumplirse para llegar a un fin determinado, el procedimiento administrativo se endereza a la satisfacción del interés público y es, por tanto, el vehículo formal mediante el cual se ejercita la función administrativa, o lo que es lo mismo, como afirma la doctrina española (González Navarro)[1049]:

> La serie de actos heterogéneos y concatenados emanados de la Administración o del particular y dirigidos a la producción de un acto o de una norma administrativa que sean ajustados al Ordenamiento jurídico, así como, en su caso, aquéllos otros encaminados a la efectividad o ejecución de ese acto.

[1049] González Navarro, F. (1988). *Derecho Administrativo Español*, t. II. Pamplona, EUNSA, 159.

El procedimiento administrativo es, en rigor, respecto de la función administrativa, lo que el acueducto al agua, el conducto por el que transita -en nuestro caso- en términos de Derecho, la función administrativa. En consecuencia, el procedimiento administrativo será, por tanto, el procedimiento de la función administrativa (González Pérez)[1050]. Por consiguiente, toda actividad formal de tipo administrativo se manifestará a través del procedimiento administrativo y, por ello, existe una identidad absoluta entre el concepto de función administrativa y el de procedimiento administrativo.

§251. Caracteres – De lo dicho se desprende que el procedimiento administrativo es: 1.°, de carácter administrativo, vale decir, no jurisdiccional; 2.°, es funcional, en cuanto que es propio de la función administrativa; y, por último 3.°, es también integral, porque comprende «*in integrum*» toda la función administrativa de cualquier órgano o ente público, estatal o no estatal, o incluso de Derecho privado, en virtud del ejercicio de una potestad administrativa atribuida por el Ordenamiento jurídico.

II. Concepto

§252. Plan – La naturaleza jurídica del procedimiento administrativo propuesto como concepto general, ha sido elaborada por la doctrina según teorías y puntos de vista diversos, aun cuando no contradictorios, así: 1.°, una combinación de actos; 2.°, una serie de tiempos, de momentos; y 3.°, una serie de actos y de fases.

§252.a Combinación de actos – El procedimiento administrativo consistiría, según esta teoría, en la sucesión formal de una pluralidad de actos, de diversa naturaleza y función, cumplidos por uno o más sujetos u órganos, pero referidos, no obstante su heterogeneidad y relativa autonomía, a la consecución del mismo fin.

Desde esta perspectiva estática, el procedimiento administrativo no se limita a la producción del acto administrativo respectivo, sino que se extiende a todas sus manifestaciones y a los medios de impugnación en vía administrativa, aunque no supone de modo forzoso la existencia de un acto.

§252.b Serie de tiempos, de momentos – Bajo esta tesis de la doctrina italiana, no es la combinación de actos la que determina la naturaleza del procedimiento administrativo, sino que se refiere al aspecto dinámico de un fenómeno que se concreta en la serie de tiempos, de momentos, en los que se producen uno o varios actos.

Así, el procedimiento administrativo viene a representar el desarrollo del conjunto de actividades que desembocan en una manifestación Se trata, por ello, de un concepto esencialmente formal, referente al aspecto dinámico del fenómeno mencionado y que, por lo tanto, se resuelve en una sucesión de momentos en el tiempo. El procedimiento no está integrado por actos, sino por una sucesión de tiempos, de unidades temporales. El marco entre los diversos actos es su realización en una serie de fases sistemáticamente distribuidas en el tiempo (A. Sandulli)[1051].

§252.c Serie de actos y de fases – Como fórmula de armonización entre las teorías expuestas, se entiende el procedimiento como serie de actos y de fases, pues

---

[1050] González Pérez, J. (2000). *Manual de Procedimiento Administrativo*. Madrid, Civitas, 74.
[1051] Sandulli, A. (1964). *La procedura ammnistrativa*, Giuffré, Milano, 36.

lo que se obtiene en el encuadre de aquellos actos es una serie de momentos concretados en el tiempo.

De ahí observa la doctrina italiana (U. Fragola)[1052], que la formación del acto administrativo se produce a través de una serie de fases y comportamientos de diversos sujetos o de varios órganos y, por tanto, el procedimiento es de concatenación de actos, y esto supone una serie de fases.

En conclusión, el procedimiento administrativo se describe como el cauce formal, jurídico, administrativo y necesario, a través del que se configura la formación del acto administrativo.

§253. Visión renovadora o dinámica — Frente a la consideración tradicional o estática del procedimiento administrativo como una sucesión de actos administrativos de trámite, se observa que el mismo no es solo una multiplicidad de elementos simples y separados; es, por el contrario, un sistema conceptual, en el que el todo, el procedimiento administrativo, es más que la mera suma de sus partes, los actos de trámite.

Finalmente, como desarrollo más reciente surge en la doctrina (J. Ponce Solé)[1053], la inquietud por la profundización del procedimiento administrativo como instrumento para el logro de acierto en el ejercicio de las potestades administrativas y, por consiguiente, como institución constitucionalmente relevante que posibilita, tanto el modo de elaboración como la adopción de decisiones administrativas de calidad, como dos caras de una misma moneda. Por otro lado, señala Ponce Solé, que siempre ha primado una visión puramente defensiva del procedimiento administrativo (primer círculo de garantías según García de enterría), mientras que la nueva visión dinámica, sin abandonar en ningún momento su preocupación por la garantía de los administrados, se basaría en la consideración del mismo como modo de desarrollo de la función administrativa de servicio o tutela del interés público, que ayuda también a asegurar el acierto del resultado. Y es que desde la perspectiva constitucional no solo hay Administración pública, legal o ilegal, sino también —con importancia decisiva— Administración pública, eficaz o ineficaz, o lo que es lo mismo, buena o mala Administración pública.

En tal sentido, la LOPA se hace eco de este principio fundamental: en su articulado se manifiestan unidas las dos finalidades básicas a que responde el procedimiento administrativo. En efecto, si el procedimiento administrativo constituye una auténtica garantía para los administrados en relación con los derechos o intereses cualificados de que son titulares respecto de la Administración pública, no es extraño al mismo su trascendencia como una garantía del fin de interés general o público como acertadamente sostuvo la jurisprudencia[1054].

Esta renovación de paradigma puede y debe conducir a una lectura distinta del procedimiento administrativo en la Constitución de 1999. Hasta el momento, los intentos jurisprudenciales y doctrinales de conexión entre la Constitución y el procedimiento administrativo se han concentrado prevalentemente con el Art. 49, *eiusdem*, esto es, el debido proceso.

[1052] Fragola, U. (1964). *Gli atti amministrativi.* Nápoles, 72 y 73.

[1053] Ponce Solé, J. (2001). *Deber de buena Administración y derecho al procedimiento debido. Las bases constitucionales del procedimiento administrativo y del ejercicio de la discrecionalidad*, Valladolid, Ed. Lex Nova, 51.

[1054] Sent. de la CF, de fecha 4-11-1958, GF Nº 22, 113.

B. Estado Constitucional y procedimiento administrativo

§254. Planteamiento de la cuestión La problemática relacionada con la Teoría general del Procedimiento ha sido objeto de replanteamiento y análisis en función de concretos postulados derivados de la aprobación de la Constitución, y extraídos de la ingente tarea de su máximo intérprete y de la doctrina científica.

Modernamente, hemos mencionado más arriba, los Derechos nacionales suelen positivar los principios donde, además de reiterar los que ya se encontraban consagrados en la tradición constitucional, introducen algunos nuevos que quedan así constitucionalizados. Esto es, su recepción y reconocimiento en normas positivas, lo cual viene a constituirse en un medio normal de integrarse aquellos en el Ordenamiento jurídico (F. López Menudo)[1055].

Este proceso de constitucionalización que hemos tratado más arriba, le aporta así al Derecho administrativo sistematicidad, como un *corpus* elaborado alrededor de unos principios generales y valores superiores que la Constitución administrativa contiene y, por ende, tendrán operatividad directa e inmediata en el instituto del «procedimiento administrativo», que encuentra así un último fundamento en la Constitución administrativa, que apunta a una renovación dogmática del Derecho administrativo y donde la separación entre el Derecho material y el formal no aparece suficientemente institucionalizada en el Derecho público (Parejo Alfonso)[1056].

De todo lo anterior surge la necesidad de un nuevo enfoque del marco constitucional sobre el que se asienta el procedimiento administrativo, así como una reordenación de los principios, con arreglo a la interpretación constitucional que surge de la conexión de la Constitución administrativa con la legislación procedimental.

Así, la tarea de concretar esos principios ha de partir, señala J.J. Diez Sánchez[1057], como es obvio, de la Constitución, y su determinación consecuente ha de fundamentarse sobre un doble criterio diferenciador, en atención a la directa relación o no que los principios constitucionalizados presentan en sede del procedimiento administrativo, así:

(i) Aquellos que informan la actuación de los órganos del Poder público en un plano general y, por ende, directamente aplicables a la organización y actividad de la Administración pública.

(ii) Y aquellos otros que tienen directa repercusión en el procedimiento administrativo como instituto jurídico

(iii) Y, en ambos casos, los supraprincipios, *principe de principes*, meta-principios, rectores, superiores o fundamentales —como indistintamente se les denomina— que por tener tan amplia proyección se erigen en principios

---

1055 López Menudo, F. (1993). «Los Principios Generales del Procedimiento Administrativo». En *El procedimiento administrativo en el derecho comparado* (Coord. J.Barnés Vázquez). Madrid, Civitas, 111.

1056 Parejo Alfonso, L. (2000). «El Estado Constitucional como poder y el derecho regulador de su actuación, hoy; algunas de lastransformaciones en curso». En *Reforma y Democracia*, CLAD, N° 15, 2000, 164 y ss.

1057 Diez Sánchez, J. J. (1992). *El Procedimiento Administrativo Común y la Doctrina Constitucional*. Madrid, Civitas, 75.

de cabecera, capaces de aglutinar, a su vez, otros principios derivados y más específicos como lo pondremos de relieve[1058].

Sin embargo, se deben excluir del concepto de principio constitucional procedimental todo aquello que no deba reputarse como tal, como son las reglas o soluciones técnicas adoptadas por el legislador, los aforismos, etc., a veces reforzadas por su reiteración o continuidad en el tiempo —«pseudo-principios»—, pero que no alcanzan el rango de los principios «*proprio sensu*». De lo anterior se concluye que entre los principios generales de Derecho y los principios constitucionales del procedimiento administrativo existe una relación meramente ideal o conceptual, de género a especie.

Bajo las anteriores premisas procederemos a intentar aislar y a clasificar una serie de principios constitucionales del procedimiento administrativo[1059], que constituyen el entramado básico y la estructura esencial de la institución jurídica que es el procedimiento administrativo, los cuales no son más que principios generales de Derecho en su proyección procedimental (López Menudo)[1060], siendo sin duda la clasificación más importante, la que versa sobre su vinculación con el modelo jurídico-político del Estado Constitucional que tiene la peculiaridad de integrarse, a su vez, por cuatro cláusulas constitucionales que, al menos conceptualmente, pretenden ser autónomas respecto de las restantes, así: «de Derecho», «social de Derecho», «democrático», y «de Justicia» (Art. 2 de la C), las cuales abordaremos en ese orden de seguidas.

I. Estado de Derecho y procedimiento administrativo

§255. Planteamiento de la cuestión — La Constitución formalmente declaró al Estado Constitucional venezolano como un Estado «de Derecho» (además de social de Derecho, democrático y de Justicia) (Art. 2 *eiusdem*). Como parte del Derecho administrativo, la normativa del procedimiento administrativo es Derecho Constitucional «concretado» en tanto que puede usarse la expresión para el Derecho administrativo en general (Schmidt-Abmann[1061]). En este sentido, la Constitución administrativa ejerce su influjo sobre el procedimiento administrativo, en la medida en que fomenta que las normas de procedimiento asuman y aseguren los bienes y valores constitucionalmente protegidos.

Ahora, con independencia de que esté o no codificado, el procedimiento administrativo es, en el ámbito de la función pública, una manifestación capital de la cláusula constitucional Estado de Derecho. En tal sentido, la noción de procedimiento administrativo plantea el problema fundamental del Derecho público moderno: el de la persona frente a la potestad pública, de la realización de un verdadero Estado de Derecho (G. Isaac)[1062].

1058 Por su parte, la jurisprudencia clasifica los principios reguladores del procedimiento administrativo en tres grandes grupos: (i) principio de legalidad; (ii) principios relativos a las garantías jurídicas del administrado; y (iii) principios que garantizan la eficacia de la actividad administrativa, en Sent. de la *CSCA*, del 17-12-2007, *RDP* N° 112, 550.

1059 Véase la voz: «Principios generales del procedimiento administrativo», en Fernández Vázquez, E. Ob. cit., nota 58, 606. Léase con provecho la obra de Brewer-Carías, A.R. (2016). *Principios del procedimiento administrativo. Estudio de derecho comparado.* Santo Domingo, ADDA-EJVI.

1060 López Menudo, F., Ob. cit., nota 1055, 96-97.

1061 Schmidt-Abmann, E. (1993). «El procedimiento administrativo. Entre el Principio del Estado de Derecho y el Principio Democrático». En *El procedimiento administrativo en el derecho comparado* (Coord. J.Barnes Vásquez).Madrid, Civitas, 324; y Brewer-Carías, A.R. (2016). *Principios del Estado de Derecho. Aproximación histórica.* Miami- Caracas, EJVI.

1062 Isaac, G. (1968). *La procédure administrative non contentieuse.* Paris, LGDJ, 10.

Sin entrar a analizar su contenido por no ser objeto de nuestro estudio, en cuanto a la proclamación de la cláusula constitucional del Estado Constitucional como Estado de Derecho, es un concepto que apela a cuatro principios fundamentales que conviene recordar, en su conexidad con el procedimiento administrativo, a saber: 1.°, el principio de juridicidad; 2.°, el principio de respeto a los derechos fundamentales; 3.°, el principio de seguridad jurídica; y, por último, 4.°, el principio de buena Administración.

a. *Principio de juridicidad y procedimiento administrativo*

§256. Planteamiento de la cuestión — Como punto de partida se señala que de acuerdo con la jurisprudencia[1063], el principio de legalidad -o más propiamente de juridicidad- funge como uno de los pilares fundamentales para el efectivo mantenimiento del Estado de Derecho. Para fortalecer la cláusula Estado de Derecho, inherente al régimen democrático, la Constitución ratifica el principio constitucional de juridicidad, con distinto alcance y contenido, como límite y condición del ejercicio de las potestades públicas por parte de los distintos órganos del Poder público.

En tal sentido, la Constitución consagra este principio emblemático del Estado de Derecho con carácter general en el Art. 137, *eiusdem*[1064], conforme al cual la «Constitución y la ley definen las atribuciones de los órganos que ejercen el Poder Público, a las cuales deben sujetarse las actividades que realicen», el cual puede considerarse como un principio jurídico superior, un supraprincipio, o un *principe de principes*, del que emanan los restantes principios (A.Weber)[1065].

En tal sentido, señala el Alto Tribunal[1066], que de conformidad con el principio de juridicidad, toda la actividad de los órganos del Poder público se encuentra sujeta al Derecho en el más amplio sentido, es decir, a la Constitución y a la ley, que involucra el sistema de valores y principios jurídicos desarrollados por el Poder constituyente, y que se desarrolla mediante los principios jurídicos derivados o segundos siguientes: 1.°, el principio de legalidad administrativa; 2.°, el principio de competencia; 3.°, el el principio de colaboración; 4.°, el principio de presunción de legitimidad; y por último 5.°, el principio de responsabilidad individual del funcionario instructor.

§256.a Principio de legalidad administrativa — El Art. 137 de la C que hemos mencionado, asume respecto de la Administración Pública y de su actividad, el nombre de «principio de legalidad administrativa».

En este sentido, es de destacar también en el precepto constitucional 141 vigente, la faceta relacional típica en que se manifiesta la Administración Pública. Como se establece expresamente, la Administración Pública actúa «con sometimiento pleno a la ley y al derecho». Esa dualidad de vinculación a la ley y al derecho no es un mero concepto retórico o desiderativo, pues como señala García de Enterría[1067], como todos los conceptos constitucionales, son estrictamente conceptos normativos, a los que hay que atribuirles la plenitud de efectos jurídicos. Que al concepto hoy constitucional de «imperio de la ley» —consagrado también

[1063] Sent. N° 1744 del *TSJ/SC, del 9-08-2007, RDP N° 111, 122.*

[1064] Sent. N° 35 del TSJ/SC, del 18-02-2000, *RDP*, 99.

[1065] Weber, A, (1993). «El Procedimiento Administrativo en el Derecho Comunitario». En *El Procedimiento Administrativo en el Derecho Comparado* (Coord. J. Barnes Vásquez). Madrid, Civitas, 77.

[1066] Sent. N° 619 del TSJ/SPA, del 12-05-2009.

[1067] García de Enterría, E, y Fernández. Ob. cit., nota 13, T. I, 482 y ss.

entre nosotros en el Preámbulo de la Constitución– ha de entenderse no en su sentido estricto de imperio de las leyes formales, pues imperio de la ley es, en la Constitución misma, imperio de la ley y del derecho, ya que en efecto -afirma García de Enterría-[1068], no debe olvidarse que el concepto básico constitucional es Estado democrático y social de Derecho, al igual —añadimos que lo consagra nuestra Constitución, con el agregado de la cláusula «de Justicia» (Art. 2, *eiusdem*).

Se trata —como afirma Rodríguez-Arana—[1069] de un precepto capital para entender, desde la perspectiva constitucional, la funcionalidad del principio de juridicidad que, en materia administrativa, actúa conjuntamente con el Derecho. Ley y Derecho, pues, son los parámetros jurídicos a los que debe ajustar su función la Administración pública.

En este orden de ideas, señala el Alto Tribunal[1070], la función pública no puede ser ejercida de manera arbitraria, sino que está limitada por la Constitución y las leyes, y éstas exigen que el ejercicio de las atribuciones se realice conforme a unas formas determinadas, o de acuerdo con un debido procedimiento administrativo debido, constitutivo o recursivo, según sea el caso.

Ya en el ámbito específico del procedimiento administrativo, la sumisión de la Administración pública a la ley y al Derecho está, como es lógico, garantizada en toda su extensión y entidad, de modo paradigmático (Dromi)[1071]. Así las cosas, desde la vertiente procedimental, la entrada en vigencia de la LOPA[1072] vino a representar la expresión misma de la sujeción de la función administrativa a la ley y al Derecho, corroborada expresamente por el Art. 141, *eiusdem*. Por lo cual, concluimos: la existencia de un procedimiento administrativo en nuestro Derecho administrativo es una exigencia de rango constitucional.

§256.b Principio de competencia — También el Art. 136 de la C consagra un principio esencial del Derecho público, como lo es el principio «de competencia» de los funcionarios públicos, precepto según el cual todas las actuaciones de la Administración pública están subordinadas a la ley y al Derecho, de modo que ésta solo puede hacer lo que la ley le permite. En tal sentido, dentro de los principios básicos del Ordenamiento constitucional, la jurisprudencia[1073] menciona en primer lugar, el principio de competencia, que actúa como un instrumento ordenador del ejercicio del Poder público, una vez que éste es legitimado.

Ahora, se ha definido la competencia como la capacidad legal de actuación de la Administración pública, es decir, representa la medida de una potestad genérica que le ha sido conferida por la ley[1074]. De allí que no se presume, sino que debe constar expresamente por imperativo de la ley, tal como lo establece el Art. 4 de la LOAP[1075]. En consecuencia, según la jurisprudencia[1076], el principio de competencia es sólo una manifestación concreta del principio de legalidad.

[1068] García de Enterría, E, y Fernández, T.R. Ob. cit., nota 13, T. I, 476.
[1069] Rodríguez-Arana, J. Ob. cit., nota 277, 111.
[1070] Sent. N° del TSJ/SC, del 27-07-2000, RDP N° 83, 105.
[1071] Dromi, R. Ob. cit., nota 201, 61 y ss.
[1072] Publicada en la GO N° 2.818 Extr., del 01-07-1981.
[1073] Sent. N° 457 del TSJ/SC, del 5-04-2001, caso *Francisco Encinas Verde;* y N° 1415 del *TSJ/SC,* del 22-11-2000, caso *Freddy A. Rangel Rojas.*
[1074] Sent. N° 330 del TSJ/SPA, del26-02-2002.
[1075] Sent. N° 570 del TSJ/SPA, del 10-03-2005, RDP N° 101, 160.
[1076] Sent. de la CPCA, del 12-081993, caso *Nereo Márquez,* RDP N° 55/56, 212.

Finalmente, se recoge el principio establecido en el Art. 138 de la C, en el sentido que la consecuencia del incumplimiento de la competencia causa que la actividad realizada por un sujeto público manifiestamente incompetente o usurpada por quien carece de autoridad pública, sea nula y sus efectos se tendrán por inexistentes[1077]. De allí que la Constitución y las leyes, además de exigir la competencia del sujeto público y del funcionario que dicte el acto, requieren que el mismo se produzca conforme a unas formas determinadas o de acuerdo con un procedimiento administrativo debido, específico, a objeto de proteger los fines de interés general o público, y garantizar los derechos de las personas[1078].

§256.c Principio de colaboración — Si bien los órganos del Poder Público tienen sus particulares y separados ámbitos de competencia, están obligados a colaborar en la consecución de los fines del Estado Constitucional, según lo establece el Art. 136 de la C, que no son ni deben ser otros que los de la misma sociedad[1079]. Si bien los órganos del Poder público son distintos, por lo que son también distintos los medios, pero los fines sí son comunes y en ellos reposa el principio de colaboración[1080].

En tal sentido, el desarrollo del procedimiento administrativo también puede exigir la comunicación entre diversos órganos administrativos, dando lugar al principio «de colaboración»[1081] —o auxilio administrativo—, el cual encuentra manifestaciones concretas en la legislación procedimental, así:

(i) El Art. 37 de la LOPA establece como consecuencia fundamental de la decisión de inhibición de un funcionario público, sea por propia voluntad o por decisión del superior jerárquico, el funcionario que se haya inhibido deberá prestar la cooperación que le sea requerida por el funcionario a quien se hubiere encomendado la resolución del asunto (Art. 40 de la LOPA).

(ii) La autoridad administrativa, a quien corresponde la tramitación del expediente, tiene la competencia para solicitar, de oficio o a instancia de parte, a otras autoridades de organismos o entes administrativos, los documentos, informes o antecedentes para la mejor resolución del asunto (Art. 54 de la LOPA).

De lo expuesto puede, en consecuencia, afirmarse que constituye principio constitucional el de la recíproca colaboración entre los órganos que ejercen el Poder Público en general, y de la Administración Pública en particular.

§256.d Principio de presunción de legitimidad — El Estado Constitucional, por su propia razón de ser y por el ámbito jurídico en el cual desarrolla su actividad, dispone de potestades públicas que se traducen en otras tantas situaciones de Poder público, que favorecen el actuar de la Administración pública. Es la posición de supremacía que detenta la Administración pública expresada por esas potestades públicas -que no prerrogativas o privilegios- que son manifestacio-

---

1077 Sent. Nº 3255 del TSJ/SC, del 18-11- 2003, *RDP* Nº 93-96, 314; Nº 720 del TSJ/SC, del 5-04-2006, RDP Nº 106, 197.

1078 Vid. *in extenso* a Araujo-Juárez, J. Ob. cit., nota 402. Asimismo, Sent. Nº 3255 del TSJ/SC, del 18-11-2003, RDP Nº 93-96, 314.

1079 Sent. Nº 217 del TSJ/SC, del 7-04-2000, RDP Nº 82, 149; y Nº 3098 del TSJ/SC, del 14-12-2004, *RDP* Nº 99-100, 139.

1080 Sent. Nº 1414 del TSJ/SC, del 19-07-2006, RDP Nº 107, 121.

nes, en suma, del régimen público diferencial singular que titularizan las autoridades administrativas.

Entre las potestades públicas que ostenta la Administración pública y canaliza su ejercicio en los términos de la normativa en materia administrativa, cabe referir al principio «de presunción de legitimidad»[1082], presunción de legalidad[1083], o en fin presunción de veracidad[1084], que asume la categoría de principio general, pues acompaña siempre al acto y al reglamento administrativos, pero no a los simples actos de la Administración pública, ni a los contratos y tampoco a los hechos administrativos, y no necesita ser declarada por el Juez o la Administración pública. Es la suposición de que fue emitido «conforme a Derecho», esto es, que en principio es regular.

El fundamento técnico que se invoca para justificar el carácter jurídico de la presunción de legitimidad del acto administrativo, firme y definitivo[1085], es la doctrina de la regla de interpretación con criterios hermenéuticos singulares, propios de la Teoría de la Constitución y del Derecho constitucional, que consagra la presunción de validez que acompaña a todos los actos jurídicos unilaterales estatales. Como afirma B. Fiorini[1086], todos los actos jurídicos de Derecho público de cualquier clase que fueren, tienen presunción de validez jurídica inmediata.

La necesidad del principio es puesta de manifiesto por la jurisprudencia[1087], que tiene por fundamento la preocupación y necesidad de evitar todo posible retardo en el desenvolvimiento de la actividad o función de la Administración pública pues, si no existiera, toda su actividad sería como norma cuestionable, paralizándosela en el cumplimiento de la tutela del interés general. Además de este inconveniente práctico, habría que admitir que de no reconocerse este principio constitucional, el interés particular estaría por encima del interés público, ya que se permitiría que el particular antepusiera intereses personales al interés público.

Finalmente, es una presunción relativa, provisional, transitoria, calificada como presunción «*juris tantum*», que puede desvirtuar el interesado, demostrando que el acto público contraviene el Ordenamiento jurídico, carácter éste que ha sido ratificado por la jurisprudencia[1088].

§256.e Principio de responsabilidad individual del funcionario — Por último, hemos de señalar que la Constitución también contiene diversas normas de interés, tales como los Arts. 25, 139 y 141, *eiusdem*, al regular que el funcionario, a título personal, puede ser patrimonialmente responsable cuando incurren en faltas personales en el ejercicio de sus funciones públicas[1089].

[1081] Sent. de la CPCA, del 21-06-2000, RDP Nº 82, 397; y Sent. Nº 632 del TSJ/SC, del 26-042005, RDP Nº 101, 93; y Nº 1889 del TSJ/SC, del 17-10-2007, RDP Nº 112, 432.

[1082] Dromi, J. R. (1975). «Presunción de legitimidad». En *Acto y Procedimiento Administrativo. Buenos Aires*, Ed. Plus Ultra, 79. Sent. de la CF, del 9-08-1957, *G.F.* Nº 17, 1957, 134; CJS/SPA, del 4-04-1963, GF, Nº 40, 38; 12 de agosto de 1971, *G.O.* Nº 29.586, del 17-08-1971, 221.

[1083] Sent. de la CSJ/SPA, del 4-02-1980, RDP Nº 1, 140.

[1084] Sent. de la CSJ/SPA, del 4-02-1980, RDP Nº 1, 141; CPCA, del 21-10-1985, RDP Nº 24, 121.

[1085] Sent. de la CPCA, del 7-06-1983, RDP Nº 15, 147.

[1086] Fiorini, B. (1971). *Procedimiento Administrativo y Recurso Jerárquico.* Buenos Aires, Abeledo-Perrot.

[1087] Sent. de la CF, del 9-08-1957, Nº 17, 134-135.

[1088] Sent. de la CSJ/SPA, del 17-06-1980, RDP Nº 3, 130.

[1089] Véase Ortíz Álvarez, L. Ob. cit., nota 765.

En tal sentido, el procedimiento administrativo es un presupuesto o resorte técnico para hacer efectiva: por un lado, la responsabilidad personal del funcionario público; y del otro, la responsabilidad patrimonial de la Administración pública, donde juega un papel muy importante la figura del funcionario público «instructor», al que se encomienda haga realidad la nueva funcionalidad del procedimiento administrativo, y quien es, en última instancia, el responsable del adecuado desarrollo de sus funciones. Si el fin del procedimiento administrativo es lograr la mejor decisión posible, este fin exige que el funcionario público responsable del procedimiento administrativo deba actuar, por tanto, con el objetivo de ofrecer todos los elementos necesarios que permitan una decisión de calidad.

Así las cosas, la obligatoriedad del procedimiento administrativo trae como consecuencia, la aplicación del principio «de la responsabilidad individual» del funcionario público: por tanto, el retardo, la omisión, distorsión o incumplimiento dentro del procedimiento administrativo o trámites legales compromete la responsabilidad, tanto de la Administración pública como la responsabilidad individual del funcionario público (Art. 51 de la C). Así está expresamente regulado en la LOPA, al consagrar la obligación para los funcionarios instructores de tramitar los asuntos, y consiguientemente, la responsabilidad por las faltas en que incurran por: 1.°, la omisión o la demora (Art. 4); 2.°, la responsabilidad civil o patrimonial (Art. 6); y 3.°., la disciplinaria (Art. 100). Además, el Art. 56, *eiusdem* reitera como principio la responsabilidad individual en que incurre el funcionario requerido, por la omisión o demora.

b. *Principio de protección a los derechos fundamentales y procedimiento administrativo*

§257. Planteamiento de la cuestión — Un tratamiento general de las relaciones entre la cláusula constitucional Estado de Derecho y el procedimiento administrativo ha de partir, necesariamente, de la consideración histórica y, a la vez, debe tener en cuenta las transformaciones que se han operado en el campo jurídico de los derechos fundamentales.

En la Constitución típica del constitucionalismo decimonónico, la eficacia de los derechos fundamentales se agotaba en la delimitación del ámbito material de la reserva legal. Posteriormente, con la democratización de los regímenes políticos, los derechos que inicialmente sólo valían como garantía formal frente a la Administración pública, el legislador está al menos, en principio, en condiciones de fomentar la realización material de los derechos fundamentales o humanos para todos. No estamos, pues, ante un simple progreso en la garantía de los clásicos derechos fundamentales, sino ante un verdadero cambio cualitativo que afecta su sentido.

Ahora, como señala J.Jordana Fraga[1090], el estudio del impacto de los derechos fundamentales sobre el Derecho administrativo es, en realidad, el estudio de toda esta rama autónoma del Ordenamiento jurídico, porque toda ella se halla condicio-

[1090] Jordana Fraga, J. (1997). *Nulidad de los actos administrativos y derechos fundamentales.* Madrid, Marcial Pons, 23.

nada por los derechos fundamentales, verdaderas piedras angulares sobre las que descansa todo el edificio constitucional.

En este sentido, el Art. 22 de la C consagra el principio «de respeto a los derechos fundamentales» como uno de los valores superiores de su Ordenamiento jurídico, y también refiere que su defensa y desarrollo son unos de los fines esenciales del Estado Constitucional[1091]. En este contexto surge la necesidad de que la creación, interpretación y aplicación de las diversas normas -incluidas las procedimentales- que componen el Ordenamiento jurídico, se realice respetando el contenido de los derechos fundamentales[1092].

§258. Garantías jurídicas — El Derecho administrativo, se ha dicho, además de ser un Derecho estatal o del Estado Constitucional[1093], es también un Derecho garantista de los derechos y garantías de la persona. Por tanto, como sostuvo la jurisprudencia[1094], el Derecho administrativo se presenta como el punto de equilibrio entre el poder y la libertad, donde el ejercicio de las funciones administrativas se circunscribe cada vez más, y se limita por una amplia serie de normas procedimentales que se convierten en instrumentos para garantizar los derechos fundamentales.

En efecto, dentro de los mecanismos en sede administrativa que guardan una estrecha relación con el Derecho administrativo y que nos muestran cómo esta rama del Derecho y, con ella, la Administración pública se pone al servicio de los fines constitucionales, debemos mencionar en primer lugar al procedimiento administrativo. En efecto, ya ha sido puesto en valor, la progresiva importancia que para la adecuada defensa de los derechos fundamentales tanto individuales como sociales ha adquirido el procedimiento administrativo.

Así las cosas, la Constitución despliega sus efectos en los principios siguientes: 1.°. el de progresividad; 2.°, el de universalidad, inalienabilidad e irrenunciabilidad del goce y ejercicio de los mismos; y por último 3-°, el sistema de garantías como son: *i)* el «de reserva legal orgánica» (Arts. 49, num. 6, 156, num, 32 y 203 de la Constitución); y *ii),* el «de control jurisdiccional» ya sea general o específico, y también el «control de convencionalidad» (Arts. 23, 49 y 259 de la C).

Finalmente, las garantías institucionales y jurisdiccionales de defensa de los derechos fundamentales tanto individuales como prestacionales están previstas en nuestro Ordenamiento jurídico, y son: 1.ª, la acción de amparo constitucional (Art. 27 de la C); 2.ª, el recurso de nulidad por razones de inconstitucionalidad, el recurso de revisión, la posibilidad de controlar la constitucionalidad de los tratados internacionales y el Estado de excepción constitucional —todos ellos previstos en el Art. 336 de la C—; y, finalmente 3.ª, como mecanismo institucional, la creación de la Defensoría de Pueblo (Art. 280 de la C)[1095].

1091 Sent. N° 224 del TSJ/SPA, del 24-02-2000, *RDP* N° 81, 131.

1092 Sent. N° 1709 del TSJ/SC, del 7-08-2007, *RDP* N° 111, 135.

1093 Demichel, A. (1978). *Le droit administratif. Essai de réflexion théorique.* Paris, 14.

1094 Sents. del TSJ/SPA N° 1028 del 9-05-2000, en RDP, N° 82, Caracas, EJV, 214; y del TSJ/SPA N° 2189 del 5-10-2006, RDP, N° 108, Caracas, EJV, 100.

1095 Sents. N° 127 del TSJ/SC, del 2-08-2004, RDP N° 99-100, 84; y N° 2134 del TSJ/SC, del 30-11-2006, RDP N° 108, 89.

c. *Principio de seguridad jurídica y procedimiento administrativo*

§259. Planteamiento de la cuestión — El principio «de seguridad jurídica»[1096] es igualmente manifestación básica de la cláusula constitucional Estado de Derecho. Las primeras referencias al principio de seguridad jurídica, entendido como dogma en que se fundamenta el Estado de Derecho, se encuentran en las construcciones de la doctrina *ius* civilista. De hecho, históricamente, la demanda de seguridad jurídica surge de la exigencia de garantizar la correcta aplicación y ejecución del contrato entendido como fuente de Derecho para asegurar los intercambios comerciales. Con posterioridad se fue extendiendo la idea de que el principio de seguridad jurídica podía asumir una dimensión más amplia, incluidas la relaciones entre el ciudadano y la Administración pública, en razón de los diversos aspectos problemáticos que atañen a la excesiva producción normativa y a la consecuente inestabilidad; a la calidad normativa y el de la subsecuente forma, interpretación y publicidad; y por último, la eficacia temporal y la subsecuente normativa sobrevenida y la cuestión clásica de la retroactividad de los actos del poder público.

Ahora bien, el principio de seguridad jurídica no ha sido recogido expresamente en la Constitución, pero ha encontrado una aplicación en el Derecho público y Derecho privado, fruto de la evolución jurisprudencial, con la relevante aportación de las elaboraciones doctrinales. En tal sentido, la jurisprudencia[1097] lo define como la garantía de la aplicación objetiva de la ley en su sentido amplio, de tal modo que las personas sabrán en cada momento cuáles son sus derechos y obligaciones; a su vez, esta seguridad limita y determina las facultades y los deberes de los órganos que ejercen el Poder público, y como es lógico, ésta sólo se logra en el Estado de Derecho, donde las personas no están sometidas ni a la arbitrariedad ni a los excesos de los órganos que ejercen el Poder público.

Asimismo, según la jurisprudencia[1098], el principio de seguridad jurídica se refiere a la cualidad del Ordenamiento jurídico que implica certeza de sus normas y, consiguientemente, la posibilidad de su aplicación, y lo que debe perseguir es la existencia de confianza por parte de la persona en el Ordenamiento jurídico y en su aplicación.

Finalmente, sostiene la jurisprudencia[1099] que el principio de seguridad jurídica despliega sus efectos en tres planos: 1.°, la seguridad con relación al poder —ya sea que lo ejerza el Estado Constitucional o los particulares—; 2.°, la seguridad con relación al mismo Derecho —por ej., el principio de irretroactividad—; y por último 3.°, la seguridad con relación a la sociedad —por ej., la denominada seguridad social—.

§260. Principio del debido proceso — El Derecho positivo contiene un precepto cuya extraordinaria importancia ha sido repetidamente puesta de manifiesto: el

[1096] Rodríguez-Arana, J. (2020). «El principio de seguridad jurídica y la técnica normativa». En *Principios fundamentales del Derecho Público. Desafíos actuales. Libro conmemorativo de los 20 años de la publicación de la Constitución de 1999* (A.R. Brewer-Carías, y J. Araujo-Juárez, J. Coords.). Caracas, EJVI

[1097] Sent. de la CPCA, del 20-03-2000, RDP N° 81, 96.

[1098] Sents. N° 578 del TSJ/SC, del 30-03-2007, caso *María Elizabeth Lizardo Gramko de Jiménez*; N° 3180 del TSJ/SC, del 15-12-2004, caso *Tecnoagrícola Los Pinos TECPICA, C.A.*; y N° 464 del TSJ/SC, del 28-03-2008, *RDP* N° 113, 132.

[1099] Sent. N° 5.074 del TSJ/SC, del 15-12-2005.

Art. 49 de la C. Se pregunta Moles Caubet[1100] sobre cuál habría sido la conducta de la jurisdicción administrativa, si nuestro Derecho positivo hubiere carecido del principio constitucional del «debido proceso» o derecho a la defensa, el cual fue puesto de relieve por el Alto Tribunal[1101], bajo la vigencia del Art. 68 de la Constitución de 1961 -y que reitera el vigente Art. 49 de la C-, al sostener:

> El artículo 68, parte *in fine*, de la Constitución consagra que «la defensa es derecho inviolable en todo Estado Constitucional y grado del proceso», y este principio constitucional es en efecto, repetidamente acogido y difundido por la doctrina y la jurisprudencia patria, para las cuales la defensa, el derecho de ser oído, debe acatarse y respetarse siempre, cualquiera sea la naturaleza del «proceso» de que se trate, judicial o administrativo.

A lo anterior observa Moles Caubet[1102], ha de sumarse que la libertad de defensa como libertad pública es indivisible y comprende, tanto la defensa en el proceso judicial —sede jurisdiccional— como en el procedimiento administrativo —sede administrativa—. Por tanto, se trata de un principio que concierne también al procedimiento administrativo *strictu sensu*. Es más, el derecho a la defensa opera no sólo con ocasión de la conformación de la voluntad administrativa en el procedimiento administrativo constitutivo, sino también cuando se impugna el acto administrativo a través de los recursos administrativos[1103].

Es, pues, según la jurisprudencia[1104], y luego a partir de la Constitución administrativa, un principio aplicable expresamente también a todas las actuaciones administrativas[1105], una garantía «del procedimiento administrativo» extensible en su aplicación a: 1.°, el procedimiento administrativo constitutivo; y 2.°, los recursos administrativos[1106].

Como garantía jurídica, es el derecho de exigir del Estado Constitucional, el cumplimiento de un procedimiento administrativo debido destinado a permitirle conocer los hechos que se le imputan y las normas legales aplicables, hacer oportunamente alegatos y promover y evacuar pruebas[1107]. En consecuencia, significa la facultad de hacer alegatos, la posibilidad de rebatir los argumentos contrarios, de promover y evacuar las pruebas pertinentes, de conocer el fundamento de la decisión y de utilizar los recursos que la ley establece[1108].

Por otra parte, el fundamento está en el principio «de igualdad ante la ley» (Art. 21, num.1 de la C), dado que el debido proceso significa que ambas partes en el

---

1100 Moles Caubet, A. (1997), «Vicisitudes del procedimiento administrativo venezolano». En *Estudios de Derecho Público*, Acosta, O. Comp. Caracas, UCV, 352; Moles Caubet, A. (1983), «Introducción al Procedimiento Administrativo». En *El Procedimiento Administrativo*, Vol. IV. Caracas, IDP, 12.

1101 Sent. N° 18 de la CSJ/SPA, del 2-02-1981, *RDP* N° 5, 111.

1102 Moles Caubet, A. Ob. cit., nota 1100,12. En el mismo sentido, las Sents. de la CSJ/SPA, del 12-12-1989, *RDP* N° 41, 118; CSJ/SCC-TC, del 26-04-1995, caso *A.C. Expresos Barinas*; *JCSJ*, 1995, N° 4, 9; CPCA, del 13-12-1984, *RDP* N° 20, 128; 30-11-1989, 6-12-1989, RDP N° 41, 68; del 12-07-1990, 6-08-1990; y del11-11-1993, caso *Aura Loreto de Rangel*, RDP N° 55/56, 166.

1103 Sent. de la CPCA, del 12-12-1985, RDP N° 25, 99.

1104 Sent. de la CPCA, del 10-06-1980, RDP N° 3, 122.

1105 Sent. N° 157 del *TSJ/SPA*, del 17-02-2000, RDP N° 81, 135.

1106 Sent. de la CSJ/SPA, del 8-05-1991, caso *Ganadería «El Cantón»*, RDP N° 46, 126; 26-03-1993, RDP N° 53-54, 184; 8-08-1993, *RDP* N° 55/56, 201; y 1-10-1996, JCSJ, 1996, N° 10, 13.

1107 Sent. de la CSJ/SPA, del 17-11-1983, RDP N° 16, 150.

1108 Sent. de la CPCA, del 6-12-1989, RDP N° 41, 77.

procedimiento administrativo deben tener igualdad de oportunidades, tanto en la defensa de sus respectivos derechos como en la protección de las pruebas destinadas a acreditarlas[1109]. Como una consecuencia de la cláusula Estado de Derecho, hoy no se duda que el principio esencial de que nadie puede ser juzgado o condenado sin ser oído, no sólo obliga a los jueces del Poder judicial, sino también a los funcionarios de la Administración pública, pues es una garantía inherente a la persona humana en cualquier clase de procedimiento[1110], sancionatorio[1111] o disciplinario[1112].

Pero no es solamente un principio de justicia, sino que actúa también como exigencia del principio de eficacia, o más propiamente de buena Administración, porque asegura un mejor conocimiento de los hechos, contribuye a mejorar la Administración pública y garantiza una decisión más justa[1113], según analizaremos de seguidas.

d *Principio de buena Administración y procedimiento administrativo*

§261. Planteamiento de la cuestión — El principio «de buena Administración»[1114] constituye un tema de gran relevancia teórica y práctica para nuestro Derecho positivo, en tanto que tiene que ver con los derechos básicos y con su relación respecto de uno de los órganos constitucionales fundamentales en la vida de las personas: la Administración pública.

De este modo, y en lo que respecta a la necesidad de que exista y se siga un procedimiento administrativo, se ha de tener en cuenta que aunque pudiera pensarse que constituye un formalismo innecesario, su finalidad última no es otra cosa que la de ofrecer una adecuada garantía para la Administración pública y para la persona. Es éste el sentido de la noción «procedimiento-garantía», pues obra como garantía de seguridad tanto para la Administración pública como para la persona, en la conformación de las actuaciones administrativas como en su revisión administrativa o judicial[1115].

Así las cosas, y partiendo de la premisa reiteradamente afirmada por la doctrina[1116], en cuanto que la Constitución, en general —y agregamos la Constitución administrativa, en particular—, es un conjunto normativo en el que cada precepto adquiere su pleno valor y sentido en relación con las demás, postulando así, una

---

1109 Sent. Nº 157 del *TSJ/SPA*, del 17-02-2000, RDP, 2000, 135; y Nº 224, del TSJ/SPA, del 24-02-2000, 136.

1110 Sent. de la CSJ/SPA, del 23-10-1986, RDP Nº 28, 88.

1111 Sent. de la CSJ/SPA, del 17-11-1983, RDP Nº 16, 150; 23-10-1986, *RDP* Nº 28, 88.

1112 Sent. de la CPCA, del 10-09-1992, *RDP* Nº 51, 111.

1113 Sent. de la CPCA, del 15-05-1986, caso *Pedro A. Morales, RDP* Nº 26, 110.

1114 Léase con provecho las obras de Rodríguez-Arana, J. (2012). *El ciudadano y el poder público. El principio y el derecho al buen gobierno y a la buena administración*. Madrid, Reus; y Rodríguez- Arana, J. (2013). *El derecho a una buena Administración para los ciudadanos: un modelo global de administración*. Madrid, INAP. Asimismo: Hernández González, J.I. (2017). «La Buena Administración en Venezuela: A propósito de los treinta y cinco años de la Ley Orgánica de Procedimientos Administrativos». En *Revista Electrónica de Derecho Administrativo Venezolano* Nº 11, Caracas, CEDPUM, 221-260; y Fernández, T.-R. (2020). «El derecho a una buena Administración». En *Principios fundamentales del Derecho Público. Desafíos actuales. Libro conmemorativo de los 20 años de la publicación de la Constitución de 1999* (A.R. Brewer-Carías, y J. Araujo-Juárez, J. Coords.). Caracas, EJVI

1115 Sent. de la CSJ/CP, del 25-07-1984, *G.F.*, Nº 125, Vol. I, 57; CSJ/SPA, del 10-03-1987, *RDP* Nº 30, 151; 23-05-1988, *RDP* Nº 35, 109; y del 10-08-1989, *RDP* Nº 39, 117.

1116 Alonso García, E. (1984). *La interpretación de la Constitución*. Madrid, CEC; y Santamaría Pastor, J.A. Ob. cit., nota 68, 432.

interpretación sistemática de la misma, se aprecia la existencia de un principio constitucional de buena Administración en el desarrollo de la función administrativa, el cual se induce de la conexión sistemática de diversos preceptos constitucionales, que consagran una serie de directivas constitucionales de comportamiento administrativo, directrices de actuación, preocupación constitucional que constituye una novedad dentro del constitucionalismo contemporáneo, y las cuales se entiende deben tener una influencia decisiva en la regulación y seguimiento del procedimiento administrativo[1117].

En consecuencia, la función de la Administración pública ha de venir inspirada por las exigencias del principio de buena Administración, que no sólo consiste en una Administración pública que obre ajustada a Derecho, sino que debe reunir un plus, al ser, también, un determinado modo de desarrollo de la función administrativa, adecuada en su servicio a las personas. En mérito a lo antes expuesto, se debe partir del marco constitucional del principio de buena Administración, el cual se traduce en un modo de ejercer las potestades administrativas, en una obligación de medios o de comportamiento administrativo, con impacto sobre el procedimiento administrativo, en suma.

En conclusión, la perspectiva constitucional va a permitir a la doctrina agregar otra finalidad al procedimiento administrativo, la de ser cauce que permite asegurar la buena Administración[1118]. En efecto, en el Derecho comparado es frecuente que tanto la doctrina[1119] como la jurisprudencia aludan explícitamente a la conexión entre el principio de buena Administración y el procedimiento administrativo, subrayando que la estricta observancia del procedimiento administrativo es la más racional garantía de la buena Administración, en el papel como garante del procedimiento administrativo.

§262. Principio del procedimiento administrativo debido — La observancia del procedimiento administrativo confieren legitimidad, así como la adecuación material del contenido de la decisión. De modo qu cuando la exigencia procedimental decae, el déficit procedimental se trasmite a su vez a la decisión final con el consiguiente déficit de legitimidad.

En tal sentido, el principio de buena Administración está ligado al modo de desarrollo de la función administrativa, al ejercicio de ésta. Por tanto, siendo que la función administrativa no es otra cosa que una de las manifestaciones del Poder público en ejercicio, el principio de buena Administración, de buen ejercicio de la función administrativa, también encuentra uno de sus mecanismos de articulación en la institución del principio «del procedimiento administrativo debido» —o debido procedimiento administrativo—.

1117 A diferencia de algunos países donde el principio de buena Administración se haya consagrado expresamente, tales como: Art. 202 de la Constitución portuguesa de 1976 («*dover de boa administracao*»); Art. 97 de la Constitución italiana de 1978 («*principe de buon andamento*»); y el Art. 39 de la Carta de los Derechos Fundamentales de la Unión Europea, proclamada en la Cumbre de Niza del 7 de diciembre de 2000 («derecho a una buena administración»). En el Derecho español, sostiene la doctrina la consagración implícita en la Constitución de 1978, además de referencias expresas en diferentes normas jurídicas. Véase por todos a Ponce Solé, J. Ob. cit., nota 1053, 150 y ss.

1118 Tornos Mas, J. «Prólogo». En Ponce Solé, J. Ob. cit., nota 1053, 23.

1119 García-Trevijano Fos, J. A., (1961). «Administración Pública española y norteamericana». En AA.VV., *Estudios en Homenaje a Jordana de Pozas*, t. III. Madrid, IEP, 333; García de Enterría, E. (1981). *Legislación delegada, Potestad Reglamentaria y Control Judicial*, 2a. ed. Madrid, Tecnos, 210; y Bassols Coma, M. (1982). «El principio de buena administración y la función fiscalizadora del Tribunal de Cuentas». En AA.VV. *El Tribunal de Cuentas en España*, vol. I. Madrid, IEP, 261 y ss.

De ahí que el principio de buena Administración se plasma también en la obligación jurídica de seguimiento de un procedimiento administrativo adecuado para que la decisión pueda ser, efectivamente, la de mejor calidad en su servicio al interés público[1120]. Pero no de un procedimiento administrativo cualquiera, sino del idóneo o preciso para asegurar la realización del principio constitucional de buena Administración, esto es, de un procedimiento administrativo debido[1121]. Este último adjetivo, señala la doctrina[1122], pretende dar cuenta de un plus más allá de lo meramente formal, precisamente de ese plus exigible al desarrollo de la función administrativa procedimental. Es, además, necesario, obligado jurídicamente, seguir el procedimiento administrativo justo, que permita realmente el respeto al Derecho, a la defensa de los interesados y al cumplimiento del principio de buena Administración.

De ahí que una buena instrumentación práctica del principio de buena Administración se articula a través de los principios procedimentales y de la obligación legal de seguimiento de un procedimiento administrativo debido, esto es, capaz de dar respuesta a las exigencias constitucionales y a los demás principios procedimentales contenidos en el Ordenamiento jurídico, en razón de que la manifestación fundamental de la seguridad jurídica del interesado en el procedimiento administrativo, es verificable a través del efectivo cumplimiento del principio de la instrucción del procedimiento administrativo debido, en el que se le garantice sus posibilidades de defensa y el empleo de los medios o recursos dispuestos para tal fin[1123].

Es más, compartimos el criterio sostenido por la doctrina[1124], en el sentido de afirmar la existencia de una reserva constitucional del procedimiento administrativo para el desarrollo de ciertas actividades comprendidas en el giro o tráfico administrativo, como son aquellos casos en que el desarrollo de la función administrativa comporta la atribución y el ejercicio del Poder público, de autoridad, de *imperium*, esto es, de potestades administrativas, las que deberán ser ejercidas a través de un procedimiento, y éste debe ser necesariamente de carácter administrativo, que en estos casos es cuando sirve no sólo como garantía de defensa de las personas, sino además como garantía del cumplimiento del principio de buena Administración.

Por último, el contenido preciso del principio del procedimiento administrativo debido, desde su alto nivel de abstracción, sufre un progresivo proceso de concreción hasta su despliegue en la específica relación jurídico-administrativa en que consiste, en definitiva, el instituto renovado del procedimiento administrativo, en los principios, derivados o segundos, siguientes: 1.°, el principio de oficialidad; 2.°, el principio inquisitivo; y por último 3.°, el principio de objetividad.

1120 Ponce Solé, J. Ob. cit., nota 1053, 133.

1121 Se menciona que en la literatura de Derecho comparado se emplean expresiones para indicar así: el Ordenamiento norteamericano («*due process*»); el Ordenamiento argentino («debido proceso adjetivo»); el Ordenamiento británico («*fair procedure*»); y en nuestro país, el «debido proceso». Por todos en Venezuela ver a Pesci-Feltri, F. «Principios del procedimiento administratiuvo sancionatorio venezolano». En *Principios fundamentales del Derecho Público. Desafíos actuales. Libro conmemorativo de los 20 años de la publicación de la Constitución de 1999* (A.R. Brewer-Carías, y J. Araujo-Juárez, J. Coords.). Caracas, EJVI.

1122 Ponce Solé, J. Ob. cit., nota 1053, 200.

1123 Sent. de la CPCA, del 5-05-2000, RDP N° 82, 260.

1124 Montero Chiner, M.J. (1994). «Calidad formal y material de la Ley 30/1992, de Régimen Jurídico de las Administraciones Públicas y del Procedimiento Administrativo Común». En *Administración Pública y ProcedimientoAdministrativo*, Tornos Mas, J. (Coord.). Barcelona, Bosch, 28; y Ponce Solé, J. Ob. cit., nota 66, 174 y 175.

§262.a Principio de oficialidad – El análisis del procedimiento administrativo permite establecer algunos principios propios reconocidos por la doctrina y jurisprudencia del procedimiento administrativo, que le otorgan su individualidad y contribuyen a diferenciarlo del proceso judicial.

En tal sentido, la fase de instrucción del procedimiento administrativo se orienta a sujetar a la actividad administrativa a criterios de racionalidad y objetividad. En efecto, el principio de buena Administración obliga a adoptar una posición activa en el procedimiento administrativo, eliminando la posibilidad de que los interesados dispongan sobre el mismo (López Menudo[1125]). De ahí que conforme al principio «de oficialidad» —o inquisitivo—, le incumbe a la autoridad administrativa dirigir el procedimiento administrativo, indagar y determinar los hechos y, en fin, de precisar sobre bases racionales y efectivas, los supuestos sobre los cuales se ha de fundar el acto administrativo. El principio de oficialidad quiere significar que el procedimiento administrativo se instruirá y se impulsará por la Administración pública diligentemente, de oficio, en todos sus trámites. Con independencia de que se inicie de oficio o a instancia de parte, el procedimiento administrativo no se rige por el principio dispositivo, sino que su progresión debe proveerse directamente por la Administración pública[1126].

En este sentido, se afirma que en mérito a la tutela del fin de interés público, se impone a la Administración pública el deber de ordenar la práctica de cuantas diligencias estime necesario o conveniente para el esclarecimiento y decisión de calidad de la cuestión planteada, en colaboración con el interesado, pero sin depender de su instancia. De ahí que el principio de oficialidad domina en el procedimiento administrativo; en tanto que el principio dispositivo o de rogación prevalece en el proceso[1127].

Lo anterior no significa que toda impulsión debe proceder de la Administración pública; en todos aquellos casos en que la iniciación depende del interesado, de acuerdo con la materia o naturaleza del acto administrativo final, es evidente que el impulso inicial lo provee aquél, por ej., en los procedimientos administrativos recursivos o los procedimientos administrativos habilitantes[1128]. Pero aun en estos supuestos, la carga de llevar adelante el procedimiento administrativo en todos sus trámites recae siempre sobre la Administración pública y no del interesado[1129], de modo que en el tiempo más breve posible se llegue a una decisión de calidad que ponga término al caso suscitado, pues el procedimiento administrativo debido no sólo debe representar una garantía para los interesados, sino también una regla de buena Administración del interés general (López-Nieto[1130]).

§262.b Principio inquisitivo – De acuerdo con el principio «inquisitivo» —de instrucción o principio de actuación de oficio—, señala la jurisprudencia[1131], la iniciativa en la tramitación, corrección y eficacia del procedimiento administrativo

---

1125 López Menudo, F. Ob. cit., nota 1055, 134.
1126 Diez Sánchez, J.J. Ob. cit., nota 1057, 118.
1127 Royo-Villanova, S. (1949). «El procedimiento administrativo como garantía jurídica». En REP, 1949, t. 28; González Pérez, J. (1964). *El procedimiento administrativo.* Madrid, Abella, 59. 60. Véase Sent. de la CPCA, del 18-04-1990, *RDP* N° 42, 88/89.
1128 Sent. de la CPCA, del 7-07-1988, RDP N° 35, 91.
1129 Sent. de la CPCA, del 1-11-1984, RDP N° 20, 133.
1130 López-Nieto, F. (1978). *Manual de Procedimiento Administrativo.* Barcelona, Ed. Bayer Hnos., S.A., 17.
1131 Sent. N° 33 del TSJ/SE, del 27-03-2003, *RDP* N° 93-94/95-96, 393.

corresponde también a la Administración pública en general. Con el principio inquisitivo se quiere significar, también, la obtención de pruebas y averiguación de hechos efectuados a petición de parte o de oficio (Art. 53 de la LOPA). Ello implica que no sólo las probanzas deben ser suministradas por los interesados, sino que también la Administración pública está interesada en que se dicte la decisión de calidad que más se ajuste a los hechos, con arreglo a Derecho.

Por ello, para lograr la decisión de calidad, se reconoce: 1.°, el derecho del interesado para exigir la realización de aquellos trámites previstos por el Ordenamiento jurídico de forma diligente, así como el derecho de proponer la realización de aquellas actividades procedimentales que se crean precisas para resolver mejor; y 2.°, el deber incluso de oficio de obtener diligentemente, los elementos de juicio que le permitan establecer su criterio y precisar las evidencias sobre los supuestos de hecho que condicionan su conducta futura[1132].

§262.c Principio de objetividad — Por último, el principio «de objetividad» —o de investigación de la verdad material— ha sido receptado por la jurisprudencia[1133], el cual impone a la Administración pública ajustarse a la realidad de los hechos, esto es, el deber de adecuación a la verdad material y no sólo a las alegaciones y pruebas aportadas por las partes —verdad formal— (Art. 69 de la LOPA), pudiendo así fundar su decisión en razones de hecho o de derecho diferentes a las invocadas por los interesados, como también traer al procedimiento administrativo elementos no planteados por las partes[1134].

En este sentido, la doctrina francesa habla del carácter efectivo del procedimiento (J.M. Auby[1135]), ya que está destinado a procurar a la Administración pública un conocimiento exacto de las circunstancias que van a influir en su decisión de calidad. De acuerdo con ese principio habrá de realizar un examen serio, particular y completo de los elementos de cada asunto que conoce (ISAAC[1136]).

II. Estado social de Derecho y procedimiento administrativo

a. *Principio de eficacia y procedimiento administrativo*

§263. Planteamiento de la cuestión — La Constitución formalmente declaró también al modelo de organización jurídico-político del Estado Constitucional venezolano como Estado «social de Derecho» (además de democrático, de Derecho y de Justicia) (Art. 2 *eiusdem*).

En tal sentido, el Art. 141 de la C consagra que la actividad de la Administración pública se fundamenta, entre otros principios, en el principio «de eficacia». Ahora, como bien lo señala Parejo Alfonzo[1137], el problema de la eficacia del Estado Constitucional no es nuevo para la ciencia jurídica, pues lo que ocurre es que hoy se plantea en términos radicalmente novedosos como consecuencia de la exigencia de la consecución de efectos, resultados tangibles y reales. Si en el Estado Constitucio-

---

1132 Sent. de la CPCA, del 30-05-1983, *RDP* N° 15, 138.
1133 Sent. de la CSJ/SPA, del 16-01-1997, *JCSJ*, 1997, N° 1, 53.
1134 Sent. de la CPCA, del 9-07-1984, *RDP* N° 19, 117.
1135 Auby, J.M. (1956). «La procédure administrative non contentieuse». En Dalloz, 1956, Chron, 27.
1136 Isaac, G. Ob. cit., nota 1062, 10.
1137 Parejo Alfonso L. (1989). «La eficacia como principio jurídico de la actuación de la Administración pública». En *Administración y Constitución: El principio de eficacia*. En DA N° 218-219, 15-16.

nal liberal de Derecho, la cuestión de la eficacia se agota en la clásica de la eficacia jurídica de su Ordenamiento jurídico, la imbricación y los compromisos sociales propios del activismo del Estado social de Derecho creó las condiciones para un planteamiento distinto de la misma cuestión, desde el prisma del cumplimiento de fines y la realización de objetivos determinados en la Constitución.

Por otro lado, no basta ahora ya al Estado Constitucional la legitimación que le presta el origen democrático del Poder público, sino que le es preciso justificarse permanentemente en la adecuada utilización de los medios puestos a su disposición y la obtención de resultados reales, lo cual se manifiesta en los principios generales siguientes: 1.°, el principio de eficacia; 2.°, el principio de Administración eficiente; y por último 3.°, el principio de economía procedimental.

§263.a Principio de eficacia — Es conveniente partir de la indispensable precisión terminológica que la doctrina atribuye al concepto. Sostiene Parejo Alfonso[1138], que la eficacia alude a la efectiva consecución de objetivos prefijados, pudiendo diferenciarse diversos tipos de eficacia en función tanto de la naturaleza de los objetivos como de las formas de la consecución de estos. Mientras que la eficiencia puede definirse como subespecie de la eficacia, que incorpora la perspectiva de la relación medios-objetivos para prescribir el grado óptimo de la misma, siendo también posible diferenciar tipos de eficiencia según el criterio material que se emplee para la fijación de la relación óptima.

Por lo que se refiere al problema de la eficacia jurídica, es decir, que a pesar de su normatividad perfectamente establecida en el texto constitucional, se plantea el de su verdadera condición como principio jurídico. Al respecto se señala que la Constitución administrativa proclama en su Art. 141 a la eficacia como un principio constitucional de contenido específico y de carácter jurídico que, junto con los restantes previstos en dicho precepto, debe presidir la total organización y actividad de la Administración pública.

En tal sentido, cualquiera que sea la generalidad de tal creencia, la regulación del procedimiento administrativo no es una traba al principio de eficacia de la Administración pública. Por el contrario, y en el plano técnico, tal eficacia depende de una normativa del proceso de formación de la declaración administrativa, preocupación latente en la legislación procedimental. Por ello, insiste la doctrina[1139], la lucha contra el formalismo no es, no puede ser, la lucha contra el procedimiento administrativo. Bien al contrario, la lucha por el procedimiento administrativo desde los postulados constitucionales debe ser la lucha contra el formalismo, contra el papeleo, contra la ausencia de servicio ágil y eficaz a las personas, contra la «mala administración», en una palabra.

De ahí que el principio de eficacia está llamado a jugar un papel fundamental en el procedimiento administrativo, por cuanto es el principio por excelencia de las relaciones «*ad extra*» de la Administración pública, hasta el punto de constituir según la Exposición de Motivos de la LOPA, uno de los fines esenciales del mismo. De ahí que señale Parejo Alfonso[1140], que la función administrativa para que sea eficaz, en el sentido constitucional, requiere haberse cumplido observando el procedimiento administrativo debido o legalmente establecido.

[1138] Parejo Alfonso L. Ob. cit., nota 1137, 19.
[1139] Ponce Solé, J. Ob. cit., nota 1053, 243 y 244.
[1140] Parejo Alfonso L., Ob. cit., nota 1137, 16.

§263.b Principio de Administración eficiente — Es sabido que la LOPA vino a ser el primer texto normativo que se ocupó en el país de la racionalización de la función administrativa. En efecto, consagró disposiciones que no estaban referidas al procedimiento administrativo en sentido estricto, las cuales, por el contrario, están dirigidas a regular los medios conducentes a la obtención de una mejora en rendimiento o productividad administrativa, lo cual puede catalogarse como lo hace González Pérez[1141], bajo la rúbrica de principio «de Administración eficiente».

Finalmente, el principio mencionado aparece declarado formalmente en el Art. 32 de la LOPA, en su segundo aparte, al disponer que la Administración pública racionalizará sus sistemas y métodos de trabajo y vigilará su cumplimiento. Asimismo, la ordenación procedimental administrativa establece un conjunto de principios destinados a racionalizar la función de la Administración pública, de acuerdo con principios de técnica y organización administrativa en los Arts. 11 y 151 de la LOAP[1142].

§263.c Principio de economía procedimental — El Art. 30 de la LOPA establece unos principios básicos, que han de servir de orientación y criterio interpretativo de todas las normas del procedimiento administrativo, así: economía, eficacia, celeridad, imparcialidad (Art. 10 de la LOAP), buena fe, simplicidad, transparencia y desconcentración en la toma de decisiones (Art. 5 de la LSTA). A este efecto, el aparte único del citado Art. 30 *ejusdem*, dispone que: «Las autoridades superiores de cada organismo velarán por el cumplimiento de estos preceptos cuando deban resolver cuestiones relativas a las normas de procedimiento».

Finalmente, la LOPA[1143] ofrece, en este sentido, un elenco de disposiciones más que suficientes para obtener un satisfactorio cumplimiento del principio de economía procedimental, cuyo quebrantamiento en la práctica, se le debe a su mínimo grado de aplicación y exigencia.

III. Estado democrático y procedimiento administrativo

a. *Principio de participación ciudadana*

§264. Planteamiento de la cuestión— La Constitución formalmente declaró también al modelo de organización jurídico-político del Estado Constitucional venezolano como Estado «democrático» —además de social de Derecho y de Justicia— (Art. 2 *eiusdem*). Ahora, la cláusula constitucional Estado democrático significa, una real presencia y participación de los ciudadanos a través de diversas modalidades de procedimientos y estructuras organizativas (entidades sociales, no partidos políticos) que permitan reconducir el ejercicio de la soberanía del pueblo a los centros de decisión del Gobierno y de la Administración pública.

En consecuencia, el modelo jurídico-político del Estado democrático constituye dentro de nuestro Ordenamiento jurídico, la columna sustentadora de la inclusión, el equilibrio, la igualdad, la transparencia, el debido proceso, la libertad de los asociados en sus relaciones con los centros o complejos orgánicos del Poder Público y, sobre todo, de seguridad jurídica Es por eso que la jurispruden-

---

[1141] González Pérez, J. Ob. cit, nota 1050, 83.

[1142] Véase el desarrollo del tema en Araujo-Juárez, J. (2010). *Derecho Administrativo General*. Vol. V *Procedimiento y Recurso Administrativo*. Caracas, Ediciones Paredes, 100 y ss.

[1143] Araujo-Juárez, J. Ob. cit., nota 1142,104 a 107.

cia concluye en estos términos: «En este orden de ideas el derecho administrativo es ante todo y por sobre todo un derecho democrático y de la democracia, y su manifestación está íntimamente vinculada a la voluntad general (soberanía) de la cual emana»[1144].

Así las cosas, la temática de democratización o de intensa participación ciudadana ha sido en los últimos tiempos objeto de la máxima atención por la doctrina nacional y extranjera en el Derecho administrativo, como una directriz interpretativa de las normas reguladoras del procedimiento administrativo. La razón es que, ciertamente, son numerosas las relaciones que guarda el procedimiento administrativo con el principio «democrático»[1145], en cuanto que este debe asegurar la legitimación de todas las decisiones administrativas a través de la calidad democrática de tales decisiones[1146].

Por otro parte, el principio democrático persigue como objetivo favorecer, la toma de decisiones de la Administración Pública en un doble sentido. Por un lado, facilitando la eficacia de su actividad, al tener presente los distintos intereses en juego, y conocer con ello el grado de aceptación o rechazo de las medidas por adoptar, amén de mejorar técnicamente sus decisiones o proyectos, con las aportaciones externas; y, por otro, hacer partícipes de las decisiones a los propios interesados, posibilitando el ensanchamiento de la democratización del actuar administrativo[1147].

El procedimiento administrativo es el cauce más importante de participación de que disponen las personas que lo dotran de una cobertura democrática. Sin embargo, desde la perspectiva del principio democrático, no se trata de introducir la participación de cada uno de los afectados en el procedimiento administrativo, puesto que tal participación tiene su base más bien en la cláusula Estado de Derecho y se garantiza a través del principio del debido proceso o de la defensa más arriba analizado. La cuestión reside, por contra, como lo señala la doctrina citada[1148], en los presupuestos democráticos de aquellas formas de participación extraordinarias en las que intervienen todos los interesados, las asociaciones o la opinión pública. Sin embargo, se advierte el riesgo de institucionalizar la denominada democracia «participativa» como medio para que personas o grupos condicionen la acción administrativa con la defensa de intereses personales, sectoriales o profesionales, que obstaculicen la realización del interés público[1149].

Por último, en materia de control de la gestión administrativa, la Constitución administrativa consagra las decisiones constitucionales estructurales siguientes: los principios de participación ciudadana en la gestión pública (Art. 62 y 184); del control ciudadano en la gestión pública (Art. 62); del control político (Art. 66); del control fiscal (Art. 287), y, finalmente, del control de gestión (Art. 141 y 315). En mérito a lo antes expuesto podemos concluir que, efectivamente, la Constitución administrativa contiene un conjunto de principios constitucionales referibles a la

---

1144 Araujo-Juárez, J. Ob. cit., nota 1142, 214.

1145 Berrios Ortigoza, J.A. «El principio democrático». En *Principios fundamentales del Derecho Público. Desafíos actuales. Libro conmemorativo de los 20 años de la publicación de la Constitución de 1999* (Coords. Brewer-Carías, A.R. y Araujo-Juárez, J.). Caracas, EJVI.

1146 Schmidt-Abmann, E. Ob. cit., nota 1061, 334.

1147 Diez Sánchez, J.J. Ob. cit., nota 1057, 161.

1148 Schmidt-Abmann, E., Ob. cit., nota 1061, 335-336.

1149 Diez Sánchez, J. J., Ob. cit., nota 1057, 34.

Administración pública, actúe ésta *in veste* de tal Administración pública o no, o conforme a procedimientos jurídico-públicos o jurídico-privados[1150].

b. *Principio de participación y procedimiento administrativo*

§265. Planteamiento general — El sistema constitucional descansa, junto con otros principios constitucionales analizados, en el principio «de participación» —o de la participación ciudadana o social— (Estado democrático). Así las cosas, el principio de la participación, aparte de ser un principio que informa la estructura y la actividad del Estado Constitucional según la Constitución, se consagra además como un novedoso derecho fundamental de manera amplia (EMC) y, además, un derecho de contenido político[1151], pues considera al individuo en tanto que miembro de la comunidad política determinada, con miras a tomar parte en la formación de una decisión pública o de la declaración de las instituciones públicas (Araujo-Juárez)[1152].

En efecto, la participación ciudadana designa un conjunto de actuaciones que la persona realiza, no en cuanto titular de intereses particulares propios, sino como miembro de una comunidad, en defensa de intereses de carácter colectivo (García de Enterría[1153]). De este modo se reconoce dentro de los derechos políticos a la participación ciudadana, desarrollando la norma constitucional el mencionado derecho en diversas formas y, en particular, el derecho de las personas a intervenir o participar de manera «activa» en la gestión pública, y en todos aquellos asuntos en donde puedan verse afectados directa o indirectamente, existiendo al mismo tiempo el deber del Estado Constitucional de velar por el ejercicio efectivo del mismo y, por último, reflejándose como principio rector de la actividad de la Administración Pública (Arts. 18, 55, 62, 70,79, 80,81, 83, 84, 86, 102, 118, 119, 127, 128, 132, 171, 173, 178, 184, 187 y 255 de la C).

En concreto, el Art. 62 de la C consagra como un novedoso derecho fundamental, la participación de las personas en la formación, ejecución y control de la gestión pública[1154]. Si bien, en su encabezado el Art. 62 postula el derecho a la libre participación en los asuntos públicos, el primer parágrafo delimita una de las manifestaciones fundamentales de ese derecho, como lo es la participación de las personas en el ejercicio de la actividad administrativa, al referirse a «la participación del pueblo en la formación, ejecución y control de la gestión pública», la cual es entendida como la función que le corresponde realizar a los órganos que integran la Administración pública[1155].

Que el Derecho administrativo algo tiene que ver con un Estado democrático y con una concepción sustancial de los derechos de las personas, sostiene García De

[1150] Martin-Retortillo, S. Ob. cit., nota 388, 218.

[1151] Sents. de la CSJ/SP del 5-12-1966, caso *Ley de división Político-Territorial del Estado Constitucional Amazonas*; N° 1139 del TSJ/SC del 5-06-2002; N° 3252 del TSJ/SC del 28-10-2005; y N° 919 del TSJ/SC del 16-06-2007.

[1152] Araujo-Juárez, J. (2020). «El principio de participación y la iniciativa legislativa ciudadana». En *Principios fundamentales del Derecho Público. Desafíos actuales. Libro conmemorativo de los 20 años de la publicación de la Constitución de 1999* (Coords. Brewer-Carías, A.R. y Araujo-Juárez, J.). Caracas, EJVI.

[1153] García De Enterría, E. (1977). «La participación del administrado en las funciones administrativas». En *Libro Homenaje a Segismundo Royo-Villanova*, Madrid, 305.

[1154] Sent. N° 1613 del TSJ/SC, del 17-08-2004, *RDP* N° 99-100, 137; N° 919 del TSJ/SC, del 16-05-2007, RDP N° 110, 137; y N° 1399 del *TSJ/SC*, dl 4-07-2007, *RDP* N° 111, 163.

[1155] Sents. del TSJ/SE del 19-07-2000; N° 10 del TSJ/SC del 22-02-2000; y 3252 del TSJ/SC del 28-10-2005.

Enterría[1156], parece bastante obvio a los administrativistas. Así las cosas, el principio de la participación de las personas en el conjunto de los asuntos públicos se configura en la Constitución[1157], desde la óptica de la cláusula constitucional Estado democrático, que es la primariamente aludida en el Art. 2, *eiusdem*, como un principio esencial, estructural del sistema constitucional, o si se quiere emplear la expresión de la jurisprudencia[1158] de la SC/TSJ, la columna vertebral del Estado Constitucional, e informa la estructura y la actuación del Estado Constitucional y sirve al objetivo de legitimar al Poder público[1159].

En consecuencia, el Derecho administrativo —y sus grandes categorías como la del procedimiento administrativo— en el marco de la Constitución administrativa debe ser el propio de un Estado democrático, y su construcción y comprensión debería estar condicionado por los principios y valores superiores que están a la base de ese modelo jurídico-político de orden democrático.

§266. Clasificación — Con respecto a la clasificación de las modalidades de la participación de las personas, en sentido genérico, señala la doctrina[1160], puede ser de distintas clases: activa o pasiva, indicativa o mandatoria o imperativa, *uti singulis* o *uti cives*, orgánica, funcional o cooperativa, por medio de audiencias públicas o de otros modos de participación —por ej., comisiones asesoras, encuestas ciudadanas, negociación y mediación, etc.—.

Además, por lo que respecta a la concreción del deber constitucional de propiciar la participación de las personas en la gestión atribuida a la Administración pública, se ofrecen principalmente dos:

(i) La orgánica: esto es, la inserción en los órganos administrativos de representaciones sociales.

(ii) Y la procedimental: o la previsión de la intervención de los agentes sociales en los procesos administrativos de toma de decisiones (Parejo Alfonso)[1161], esto es, todos los «ámbitos intermedios entre el Estado Constitucional y la sociedad»[1162].

Se trataría, en este caso de una participación procedimental y, por tanto, externa o de interconexión o interrelación, referida a la intervención de las personas y grupos sociales exteriores a la organización administrativa en las funciones, decisiones y actividades formalmente consideradas como administrativas. Así las cosas, dada la progresiva importancia que para la adecuada defensa de los derechos tanto individuales como prestacionales ha adquirido el procedimiento administrativo, el tipo de participación más pertinente es, sin duda, el procedimental, pues permite la incorporación a los procesos de tomas de decisiones tanto de las interpretaciones y posiciones de los sujetos individuales como de los correspondientes a grupos socia-

---

1156 García De Enterría, E. (1992). *Hacia una nueva justicia administrativa*, 2a ed. ampliada, Madrid, 43.

1157 Sents. del TSJ/SC N° 1050 del 23-08-2000, caso *Red de Veedores de la Universidad Católica de la Universidad Católica Andrés Bello*; N° 23 del 22-01-2003; y N° 1399 del 4-07-2007.

1158 Sent. del TSJ/SC N° 180 del 20-03-2000, caso *Allan R. Brewer-Carías*.

1159 Sent. del TSJ/SC N° 23 del 22-01-2003.

1160 Sacristán, E. B. «Audiencia pública y otros procedimientos consultivos en el dictado de actos administrativos de alcance general (nulidades por su omisión)», 169.

1161 Parejo Alfonso, L. (1998). *Perspectivas del Derecho Administrativo para el próximo milenio*. Bogotá, Ed. Gustavo Ibañez, 78.

1162 Parejo Alfonso L., E., Ob. cit., nota 1161, 37.

les o colectivos más o menos amplios, en torno a lo que exige el interés general en un momento dado y que, además, contribuye al reforzamiento de la legitimación de la función administrativa desde los postulados que proclama el Art. 141 de la C, al propiciar «*ex ante*» el consenso sobre las decisiones y la tutela jurídica de los derechos e intereses individuales y sociales presente (Parejo Alfonso[1163]).

c. *Principio de participación administrativa*

§267. Planteamiento general – De las distintas formas de participar que se enumeran en el Art. 60 y en otras normas dispersas de la Constitución como, por ej., el derecho a la participación en la toma de decisiones sobre la planificación, ejecución y control de la política específica en las instituciones públicas de salud (Art. 84 de la C)[1164], del principio de participación en los asuntos públicos, se deduce la idea fundamental del derecho a la intervención o participación directa de la persona en los asuntos públicos que los puedan afectar, sin necesidad de que alguien los represente o actúe por ellos, en los procesos de adopción de decisiones por parte de los órganos que ejercen el Poder público. No obstante, no se trata de una participación anárquica, sino fundada en las vías legales[1165]; es, pues, un derecho de configuración legal[1166] y, además, conectado a otros conceptos constitucionales que deben ser tenidos en cuenta al regular su ejercicio[1167].

Por tanto, el modo, alcance y consecuencias de dicha intervención dependen de cada mecanismo de participación en concreto. Así, pues, según señala la jurisprudencia[1168], es menester precisar que según el específico mecanismo de participación, la intervención en los asuntos públicos adquiere distintas funciones jurídicas, tales como: 1.ª, la consultiva; 2.ª, la propositiva; 3.ª, la informativa; y por último .ª, la controladora, en la terminología utilizada por el Art. 62 de la C, pero no la decisoria.

Así las cosas, la Constitución administrativa señala que la Administración Pública se debe regir por una serie de principios de rango constitucional, dentro de los cuales se encuentra el principio de participación[1169] y, de manera concreta, frente a la Administración pública, el principio «de participación administrativa». En tal sentido, el Art. 141, *eiusdem*, declara:

> **Artículo 141.** La Administración Pública está al servicio de los ciudadanos y ciudadanas y se fundamenta en los principios de honestidad, participación [...].

De ahí que la participación por norma constitucional es fundamental en la actuación de la Administración pública, que se convierte de esa manera en uno de los principios rectores de la misma, pues es un instituto cuya finalidad es eliminar o contribuir a eliminar la separación entre el Estado Constitucional y la sociedad; a corregir las deficiencias o insuficiencias de la democracia representativa (Araujo-Juárez[1170]); y, en definitiva, a controlar la gestión y la eficacia del aparato administrativo, de ese poder llamado Administración Pública[1171].

[1163] Parejo Alfonso L. Ob. cit., nota 1161, 80.
[1164] Sent. del TSJ/SC N° 3.252 del 28-10-2005.
[1165] Sent. del TSJ/SC N° 1050 del 23-08-2000.
[1166] Sent. del TSJ/SC del 22-01-2003.
[1167] Sent. N° 1613 del TSJ/SC, del 17-08-2004, RDP N° 99-100, 137.
[1168] Sent. del TSJ/SC N° 22 del 22-01-2003.
[1169] Sent. N° 1.950 del TSJ/SC, del 23-08-2000; y N° 22 del TSJ/SC, del 22-01-2003.
[1170] Araujo-Juárez, J. Ob. cit., nota 1142.
[1171] Diez Sánchez, J. J. Ob. cit., nota 1057, 155.

Así las cosas, el principio de participaciónse materializa a través de los mecanismos siguientes: 1.º, la petición política; y 2.º, la petición administrativa.

1.º *Petición política*

§268. Concepto – Como es sabido, el derecho «de petición» –o de representar– tiene con carácter fundamental su arranque a nivel constitucional en el Art. 51 de la C, Capítulo III, referido a «De los Derechos Civiles», al consagrar que toda persona tiene el derecho de representar o dirigir peticiones ante cualquier autoridad o funcionario público[1172], solicitando gracias, expresando quejas o poniendo en marcha o instar un procedimiento administrativo[1173], sobre los asuntos que sean de la competencia de aquellos y a obtener oportuna y adecuada respuesta, el cual debe ser respetado siempre por la Administración pública, por encima de cualesquiera circunstancias que pudieran hacer procedente el rechazo o denegación de las pretensiones de los interesados.

§269. Consagración constitucional – Del Art. 51 de la C se pueden desprender claramente dos derechos: 1.º, el derecho de representar o dirigir peticiones ante cualquier autoridad o funcionario público; y 2.º, el derecho de obtener oportuna y adecuada respuesta, el segundo consecuencia tanto fáctica como jurídica del primero[1174].

En primer lugar, el mencionado derecho de petición no es irrestricto, no puede ser dirigido a cualquier autoridad o funcionario público, sino solo al funcionario o autoridad que de conformidad con las disposiciones legales aplicables tenga atribuida una determinada función pública, así como la competencia para conocer de una específica materia, peticiones o solicitudes o aperturas de procedimientos administrativos relativos a las materias de su competencia[1175].

En segundo lugar, para que una respuesta se entienda correcta debe cumplir con un mínimo de requisitos, con independencia de que se niegue o se otorgue el derecho –*lato sensu*– que se solicitó mediante la petición. Con ello se quiere significar que la decisión o respuesta ha de ser también de calidad, así:

(i) *Oportuna*, esto es, dentro de los lapsos establecidos en la ley.

(ii) *Adecuada*, y este carácter dependerá, a su vez, formalmente de que la respuesta se dicte –es decir, expresa– y en cumplimiento de los requisitos que establece la ley.

(iii) Y *pertinente*, con subordinación a que la respuesta tenga correlación con la solicitud planteada[1176], sin que tal adecuación se vea impuesta como una obligación de respuesta en los términos de lo solicitado o sin que la misma deba ser favorable a los pedimentos[1177].

§270. Contenido – El amplio concepto del derecho de petición admite, a su vez, una distinción entre peticiones «políticas» –o derecho de pedir– y peticiones «administrativas» –o derecho de instar–. Nuestra afirmación encuentra su refuerzo en el hecho no sólo de la distinción conceptual de los derechos de accionar y de

---

1172 Sent. CSJ/SPA, del 25-02-1988, RDP Nº 33, 90.
1173 Sent. Nº 1286 del TSJ/SC, del 12-06-2002.
1174 Sent. Nº 458 del TSJ/SC, del 8-04-2005, RDP Nº 101, 66.
1175 Sent. Nº 245 del TSJ/SC, del 14-02-2002.
1176 Sent. Nº 547 del TSJ/SC, del 6-04-2004, RDP Nº 97-98, 136.
1177 Sents. de la CPCA, del 15-11-2000, caso *Antonio José Varela;* Sent. Nº 1499 de la *CPCA*, del 15-11-2000, *RDP* Nº 84, p. 153; y Sent. Nº 583 de la CSCA, del 11-04 -2005, RDP Nº 101, 67.

instar respecto al de petición, sino también en que éste, al contrario que aquéllos, es un derecho político —si bien no será propio de la nacionalidad como acontece por ej. en la Constitución española—, que se diferencia, además, en la imposibilidad de un ejercicio colectivo. En consecuencia, el derecho de petición es un derecho político, de orden constitucional y fundamental; en suma, un derecho público subjetivo en la zona en que la persona toma conciencia de sus propias facultades en relacion al Poder público.

Resumiendo lo dicho, podríamos adelantar un concepto del derecho de petición, entendiendo por tal el derecho público y fundamental de toda persona de dirigir directa e individualmente solicitudes a cualquier autoridad o funcionario público que se determinen, en asuntos de su competencia y relativas a decisiones sobre materia graciable, promulgación de disposiciones de carácter general y corrección de irregularidades y anormalidades en el funcionamiento de los servicios administrativos de su dependencia.

2.° *Petición administrativa*

§271. Concepto — En segundo lugar, la petición administrativa -o solicitud en derecho- requiere de la Administración pública una decisión expresa, pero que según la jurisprudencia[1178] está fundada en una obligación legal que faculta para su exigencia y la obliga a resolver, la cual es una garantía adicional del derecho a la defensa, en el sentido de que se ha instaurado para evitar que el silencio administrativo, abstención u omisión de la Administración pública en la oportuna respuesta, pudiera dejar al particular inerme ante la arbitrariedad administrativa encerrada en la ausencia de respuesta.

Por otro lado, la propia LOPA, en su Art. 2 advierte, a su vez, con una precisión que no ha sido claramente apreciada, la distinción entre lo que nosotros llamamos «derecho de instar» y el «derecho de petición», al disponer que «toda persona natural o jurídica podrá dirigir instancias o peticiones a cualquier organismo, entidad o autoridad administrativa» en materia de su competencia.

En primer lugar, la petición política consiste en el reconocimiento de un derecho genérico contenido en la Constitución. La originalidad del mismo y su eficacia reside en constituir un cauce de acceso del ciudadano a la gestión pública que se instrumenta en el simple modo de un escrito exento de cualquier formalidad. La eficacia del sistema se produce cuando la autoridad tiene conocimiento de la colaboración o comunicación acusando recibo de la misma. La respuesta ya no constituye sólo un accidente, deseable, sino que es imprescindible para el del derecho de petición política.

De lo anterior se puede concluir:

(i) El derecho de petición no es el vago y genérico derecho de dirigir solicitudes a los órganos y autoridades públicas—derecho de instar—, sino un específico derecho de tipo constitucional, cuyo ejercicio sólo compete a todas las personas, tanto naturales como jurídicas.

(ii) El ejercicio de la acción procesal y del derecho de instar, que ponen en marcha un procedimiento judicial o administrativo, no pueden considerarse como facetas del derecho de petición, ni éste puede ser estimado como un procedimiento residual de aquéllos. Por tanto, no puede definirse

[1178] Sent. de la CSJ/SPA, del 23-05-1988, caso *Fincas Algaba*, RDP N° 35, 109.

el derecho de petición, como se viene haciendo habitualmente, como la facultad de dirigir solicitudes a las autoridades o funcionarios cuando para ello no existe un procedimiento administrativo o judicial.

(iii) Por último, el derecho de petición se caracteriza por una serie de notas que lo diferencian claramente del «derecho de instar», como son su carácter de derecho político y de la personalidad, su ejercicio individual, la inmediación de la autoridad superior, la no exigencia de legitimación y la distinta obligación de resolver.

§272. ***Procedimiento administrativo consultivo*** – Por último, dentro de las diversas modalidades de participación ciudadana tenemos la denominada participación ciudadana «administrativa» –o en sede administrativa–, como instancia de participación en el proceso de toma de actos de contenido normativo, o en la elaboración de normas reglamentarias (A. Silva Aranguren)[1179], la cual se desarrolla a través del procedimiento administrativo «consultivo» –o de audiencia pública–, que no debe confundirse con el referendo consultivo; asimismo, de las denominadas reuniones populares o «*Town Meeting*»[1180].

En el procedimiento administrativo consultivo, la nota característica es la celebración de una audiencia pública en la cual el público tiene la «oportunidad de ser oído» en sede administrativa, en el proceso de toma de actos de contenido normativo, donde los trámites participativos o consultivos se insertan en dicho cauce. Se trata de un nuevo supuesto de la aplicación del principio o garantía constitucional del debido proceso en sentido sustantivo que debe cumplirse, ya no individualmente, sino esta vez con el público, antes de emitir actos normativos, de acceso y participación del público, para que pueda ser oído con debate, con conocimiento pleno y directo del expediente y del proyecto oficial con los detalles de su instrumentación, y pueda también hacer un alegato con el derecho a obtener una decisión fundada sobre sus peticiones (A.Gordillo[1181]).

Finalmente, se observa que bajo la vigencia de la Constitución de 1961, si bien se establecieron regímenes participativos específicos en algunos instrumentos legislativos, sin embargo, no existía un régimen participativo genérico que obligara a la Administración pública a consultar a los ciudadanos las normas que se fuesen a adoptar, pues la LOPA se centró en el procedimiento de producción del acto administrativo, hasta que se dictó la LOAP, la cual consagra los principios y bases que desarrollan los mecanismos institucionales participación ciudadana en la gestión pública de los órganos y entes que conforman la Administración pública y, de manera concreta, los procesoso de consulta pública para la elaboración de los instrumentos de contenido normativo –normas reglamentarias o de otra jerarquía– de regulaciones sectoriales así como las consecuencias de las posibles violaciones que se generen en un procedimiento administrativo de consulta previa (Arts.140 y 141, *eiudem*),, que sin lugar a dudas, pueden dar lugar al contencioso de anulación, que constituye la vía idónea para su reclamo y eventual declaratoria de nulidad de la norma.

1179 Silva Aranguren, A. (2020). «La participación ciudadana en la elaboración de normas reglamentarias». En *Principios fundamentales del Derecho Público. Desafíos actuales. Libro conmemorativo de los 20 años de la publicación de la Constitución de 1999* (Coords. Brewer-Carías, A.R. y Araujo-Juárez, J.). Caracas, EJVI.

1180 Gordillo, A. (1998). *Tratado de Derecho administrativo*, t. IV, 1a. ed. venezolana, Buenos Aires, Fundación de Derecho Administrativo, XI-9.

1181 Gordillo, A., Ob. cit., nota 1180, T. 2, p. XI-3.

IV. Estado de Justicia y procedimiento administrativo

§273. Planteamiento general — Por último, la Constitución formalmente declaró al modelo de organización jurídico-político del Estado Constitucional venezolano como Estado «de Justicia» (Art. 2, C) (además de democrático y social de Derecho).

Ahora bien, la lucha por el Derecho, sostiene García de Enterría[1182], esa gran empresa de todos los juristas, es «lograr esa ambiciosa, alta, pero necesaria cota de todo Estado de Derecho que es la de instrumentarse como un *Estado de justicia*, pero entiendo esa palabra no en cualquier sentido impreciso o retórico, sino precisamente como justicia judicial plenaria», invocando de seguidas a los juristas alemanes quienes destacan este punto de vista del «Estado de acciones judiciales» o «Estado de Jurisdicción».

En tal sentido, con Estado de Justicia se quiere destacar, como sostiene Brewer-Carías[1183], el valor Justicia que se quiere reforzar, de manera que el Estado Constitucional sea más que un Estado Constitucional sometido al Derecho —Estado de Derecho—, un Estado Constitucional donde la Justicia sea una realidad, de manera que cada quien tenga lo que le corresponda más allá del formalismo de la ley o de la legalidad. En suma, de acuerdo con el Preámbulo y el Art. 1 de la Constitución, la Justicia constituye uno de los fines propios del Estado Constitucional, según se destaca en la jurisprudencia del TSJ[1184].

En mérito a lo anterior deberíamos sostener que la cláusula constitucional Estado de Justicia es el elemento institucional de cierre de todas las cláusulas mencionadas del modelo de organización jurídico-político como Estado democrático y social de Derecho y de Justicia, pues verifica y hace efectiva la supremacía y la conformidad a Derecho y nada más a Derecho, y la defensa de los derechos e intereses de las personas, así como el control del principio de juridicidad de las diversos órganos y ramas que ejercen el Poder público al Derecho y sólo al Derecho, todo ello en su efectiva orientación al valor superior Justicia.

Por tanto, se concluye, la cláusula constitucional Estado de Justicia no elimina ni mucho menos sustituye a la cláusula Estado de Derecho sino que, por el contrario, la complementa y la enriquece.

a. *Control jurisdiccional y procedimiento administrativo*

§274. Planteamiento de la cuestión — El primado del Derecho -con mayúscula- somete plenamente a la entera función del Estado Constitucional en general y de la Administración pública en particular, a la totalidad del sistema normativo, a todas las fuentes de Derecho —principio de juridicidad—. Pero también, es cierto que al aumentar la Administración pública su actividad y las relaciones jurídico-administrativas con las personas, crece el número de conflictos, los cuales habrán de resolverse por medios jurídicos, pues la Administración pública no puede sustraerse del Estado de Derecho. Ahora bien: ¿Qué garantías existen que aseguren a los administrados la sumisión de la Administración Pública al Derecho?

1182 García De Enterría, E. (1983). *La lucha contra las inmunidades del poder en el Derecho administrativo.* (*Poderes discrecionales poderes de gobierno, poderes normativos*), 3a ed. Madrid, Cuadernos Civitas, 98 y 99.

1183 Brewer-Carias, A.R. Ob. cit., nota 688, 41 y 42.

1184 Sent. TSJ/SC N° 389, del 07-03-2002, RDP N° 89, 92.

A efecto de tutelar las situaciones jurídicas subjetivas y hacer efectiva la responsabilidad por la lesión que se le cause a aquéllas, el Ordenamiento jurídico prevé mecanismos de protección, los cuales pueden ser según:

(i) La naturaleza: jurídico, político y técnico-contable.

(ii) El procedimiento: administrativo, legislativo y judicial.

Los mecanismos de control público permiten responsabilizar al funcionario y a la Administración pública, y habilitan también, consecuentemente, la protección jurídico-administrativa —por vía de procedimientos y recursos administrativos— o la jurisdiccional —por vía de acciones o demandas—. La protección consiste, precisamente, en la consecuencia jurídica obligada como sanción ante la violación de la situación jurídica tutelada. Por tanto, concluimos, es válida la afirmación del principio: no hay responsabilidad sin control, ni derecho sin protección, ni protección sin procedimiento y formas.

Ahora, como el principio de juridicidad puede ser desconocido o vulnerado por la Administración pública, el sometimiento pleno a la ley y al Derecho se verifica por el correlativo «control público» de la Administración pública.

Es indudable, en este sentido, que la última y más importante garantía del control público de la vigencia del principio de juridicidad, radica en el principio de tutela jurisdiccional efectiva de los órganos que integran el Poder judicial, también llamado principio «de justiciabilidad», con competencia en la materia administrativa, ya sea general, ya sea especial, y no solo sobre la Administración pública, sino sobre todas las ramas que ejercen el Poder público, razón por la cual el Estado de Derecho deviene en un Estado de Derecho y de Justicia.

§275. Principio de la universalidad del control judicial — El principio de la universalidad del control judicial sobre los actos estatales, sostiene J. Legarza[1185], es uno de los de mayor trascendencia del Derecho público junto al principio de supremacía constitucional, pues encierran la esencia del Estado democrático moderno. Dicho principio deviene de la necesidad de ampliar y garantizar el control de la constitucionalidad y legalidad de todos los actos estatales, y la tutela judicial efectiva de los derechos y las garantías de los administrados, y se concreta a través de un amplio y vigoroso sistema de Justicia constitucional y Justicia contencioso-administrativa; en un control integral de todos los actos del Estado, es decir, los dictados en ejercicio de todas sus funciones; en una vasta gama de motivos de impugnación y en un extenso repertorio de mecanismos judiciales que pueden ser ejercidos ante las prenombradas jurisdicciones.

§276. Justicia administrativa — Por su parte señala Moles Caubet[1186], que las diversas maneras con que la Administración pública puede desconocer o vulnerar el principio de juridicidad conducen, como consecuencia inmediata, al control tanto de la Justicia ordinaria, como de la Justicia «constitucional» (V. Hernández-

[1185] Lejarza, J. (2020). «Universalidad del control judicial de los actos estatales». En *Principios fundamentales del Derecho Público. Desafíos actuales. Libro conmemorativo de los 20 años de la publicación de la Constitución de 1999* (Coords. Brewer-Carías, A.R. y Araujo-Juárez, J.). Caracas, EJVI.

[1186] Moles Caubet, A. «El Sistema Contencioso-administrativo venezolano en el Derecho Comparado». En *Estudios de Derecho Público*, Acosta, O. Comp. Caracas, UCV, 429 y ss.

Mendible)[1187], y de la Justicia «administrativa» —o Jurisdicción contencioso administrativa— (J.L. Villegas-Moreno)[1188].

Así las cosas, el Art. 259 de la C consagra el derecho fundamental «a la tutela jurisdiccional administrativa» de todas las personas frente a la Administración pública y su actividad, en el sentido de lo establecido en el Art. 26 de la C, y queda atribuida a una jurisdicción especial, la denominada Justicia administrativa, cuya creación surge inicialmente de la cláusula Estado de Derecho, y que viene a desarrollar la LOJCA[1189], cuyo objeto es regular la organización, funcionamiento y competencias de los órganos de la Jurisdicción Contencioso Administrativa (Art. 1 *eiusdem*), como pieza central del orden democrático sustantivo y de lo que se ha convenido en llamar Estado de Derecho.

§277. Control de convencionalidad – Por último, a los anteriores controles mencionados, agregamos también al control «de convencionalidad», encargado de restablecer la juridicidad eventualmente desconocida o vulnerada ante una Jurisdicción supranacional (Araujo-Juárez[1190]).

En efecto, otro de los fenómenos más importantes en curso de desarrollo es la pérdida del anclaje estatal del Derecho administrativo, que creció y se desarrolló como un producto del Estado Constitucional. En tal sentido, la globalización jurídica, así sea de modo fragmentario, se extiende rápidamente, estableciendo principios que tienen relevancia directa en los Derechos administrativos nacionales, incluso asegurando una tutela jurisdiccional multinivel. Ya muchos derechos de las personas son tutelados frente a las Administraciones públicas, no solo por Jueces nacionales sino también por Jueces supranacionales. Así las cosas, el Derecho administrativo nacional está sujeto tanto a una normativa estatal como supranacional. Ello conduce a que exista desde el punto de vista jurídico, una influencia recíproca, entre los Ordenamientos jurídicos nacionales y los Ordenamientos jurídicos supranacionales.

De ahí que mencionáramos más arriba la importancia creciente que tiene el orden o bloque normativo y jurisprudencial sobre el Derecho internacional convencional, esto es, el *corpus iuris* de la convencionalidad denominado también «bloque de la convencionalidad» (Hernández-Mendible)[1191], como mecanismo para cumplir en el Ordenamiento interno con los estándares o criterios fijados normativamente en los instrumentos jurídicos internacionales vinculantes —Acuerdos, Convenios, Pactos, Tratados Internacionales, etc.— y sus interpretaciones, con relación a las

---

[1187] Hernández-Mendible, V. (2020). «Los principios jurídicos que justifican el control por la justicia constitucional y ordinaria». En *Principios fundamentales del Derecho Público. Desafíos actuales. Libro conmemorativo de los 20 años de la publicación de la Constitución de 1999* (Coords. Brewer-Carías, A.R. y Araujo-Juárez, J.). Caracas, EJVI.

[1188] Villegas Moreno, J.L. (2020). «El control del poder público por la justicia administrativa». En *Principios fundamentales del Derecho Público. Desafíos actuales. Libro conmemorativo de los 20 años de la publicación de la Constitución de 1999* (Coords. Brewer-Carías, A.R. y Araujo-Juárez, J.). Caracas, EJVI.

[1189] La Ley Orgánica de la Jurisdicción Contencioso Administrativa fue sancionada por la Asamblea Nacional el 15-12-2009 y publicada en GO N° 39.447 del 16-06-2010, y luego reimpresa por «error material» en GO N° 39.451 del 22-06-2010.Previamente, la TSJ/SC había declarado la «constitucionalidad del carácter orgánico» de la LOJCA, en Sent. N° 290, del 23-04-2010.

[1190] Araujo-Juárez, J. Ob. cit., nota 478.

[1191] Hernández-Mendible, V. Ob. cit., nota 697.

exigencias de protección y eficacia de los derechos humanos, con lo cual también se abre una nueva época y se proyecta como nuevo paradigma del Derecho administrativo contemporáneo, y cuya temática ya ha sido abordada por la doctrina nacional (C.Ayala Corao, A.Brewer-Carias, y V. Hernández-Mendible)[1192] y extranjera (J.O. Santofimio[1193]).

En tal sentido, sostiene Hernández-Mendible[1194] en otro muy completo trabajo sobre la materia, que la convencionalización del Derecho público también ha llevado a replantear los criterios tradicionales del Derecho administrativo sancionador, teniendo en consideración que los tratados internacionales en materia de derechos humanos imponen a los Estados Constitucionales, el respeto y la protección de estos en sus respectivas jurisdicciones, comprometidos en el cumplimiento de los más altos compromisos internacionales, para la protección de los derechos humanos, proyectándose así la convencionalidad como nuevo paradigma del Derecho administrativo, en general, y del Derecho administrativo sancionador, en particular.

Es por ello que las fuentes jurídicas son múltiples: al ya citado proceso de constitucionalización creciente del Derecho administrativo, se añaden las exigencias de los tratados internacionales sobre los derechos humanos suscritos y ratificados por la República (Art. 19 de la C), los cuales adquieren jerarquía constitucional (Art. 23 de la C), tales como : el Pacto Internacional de Derecho Civiles y Políticos, adoptado por la Asamblea General de la ONU el 16-12-1966, el cual es ley de Venezuela desde 1978[1195]; y en el ámbito americano, la Convención Americana sobre Derechos Humanos (o Pacto de San José), adoptada por la Conferencia Especializada Interamericana sobre Derecho Humanos el 22-11-1969, la cual es ley de Venezuela desde 1977[1196] ; y, por último, en fecha más reciente también el Protocolo Adicional a la Convención Americana sobre Derechos Humanos en Materia de Derechos Económicos, Sociales y Culturales (o Protocolo de San Salvador), el cual también es ley de Venezuela desde 2005[1197].

b. *Tutela jurisdiccional efectiva y procedimiento administrativo*

§278. Planteamiento de la cuestión - La «tutela jurisdiccional efectiva» es el principio constitucional según el cual, cualquier persona puede y debe ser protegida en el ejercicio de sus pretensiones ante la Justicia. Lo que no quiere decir que tengan que ser aceptadas, sino resueltas razonadamente con arreglo a Derecho y en un plazo razonable, a lo largo de un proceso en que los titulares de los derechos e intereses —individuales y colectivos— afectados por esas pretensiones puedan, a su vez, alegar y probar lo pertinente a la defensa de sus respectivas posiciones jurídicas.

Y es que no es sólo un principio constitucional, sino también un derecho constitucional porque es fundamental, junto con otros, del orden político y de la

1192 Ayala Corao, C. Ob. cit., nota 697; Brewer-Carias, A.R Ob. cit., nota 697.

1193 Santofimio, J.O. (2018). *El concepto de convencionalidad. Vicisitudes para su construcción sustancial en el sistema interamericano de Derechos Humanos. Ideas rectoras*, 2° ed. Bogotá, UEC.

1194 Hernández-Mendible, V. (2019). *Control de convencionalidad. Marco conceptual, antecedentes, derecho de amparo y derecho administrativo*, Biblioteca de derecho administrativo, Ediciones Olejnik, Santiago de Chile.

1195 Ley Aprobatoria publicada en la GO N° 2.146 Extr. del 28-01-1978.

1196 Ley Aprobatoria publicada en GO N° 31.256 del 14-06-1977.

1197 Ley Aprobatoria publicada en GO Nª 38.192 del 23-05-2005.

paz social, recogido en el Art. 26 de la C. En efecto, la jurisprudencia[1198] afirma que el Art. 26 de la C es más que un presupuesto lógico del derecho a la tutela jurisdiccional o judicial efectiva, pues entraña también una doble perspectiva: 1.ª., es un derecho fundamental que abarca además el derecho a los recursos judiciales; y 2.ª, es una garantía constitucional.

Así las cosas, la cláusula constitucional Estado de Justicia implica que se lo concibe como el Estado Constitucional que tiende a garantizar la Justicia -con mayúscula-, estableciendo no sólo el valor superior Justicia de su Ordenamiento jurídico de acuerdo con la EMC, el Preámbulo y el Art. 1°, sino regulando expresamente dos bienes jurídicos relacionados entre sí, pero que merecen un tratamiento diferenciado, a saber:

(i) El derecho de libre de acceso a la Justicia —o derecho a la Jurisdicción—.

(ii) El derecho a la tutela jurisdiccional o judicial efectiva de los derechos e intereses de las personas, que hace referencia a las garantías procesales propiamente dichas[1199].

1.° *Derecho de libre acceso a la Justicia*

§279. Planteamiento de la cuestión - De acuerdo con la EMC, en la Constitución se reconoce el derecho «de libre acceso a la Justicia» —o de la acción—, en virtud del cual toda persona puede acceder a los órganos competentes del Sistema de Justicia para obtener la tutela jurisdiccional efectiva de sus derechos e intereses, incluidos los colectivos o difusos, el cual se logra mediante la acción[1200].

Sin embargo, aún en los sistemas jurídicos donde el control jurisdiccional es aceptado, acontece que en la regulación o la práctica se presenten limitaciones de accesibilidad a la Justicia administrativa que pueden ser más o menos amplias: obstáculos procedimentales —por ej., formalidades, legitimación, lapsos— o materiales —costas judiciales—, que pueden disminuir considerablemente la eficacia que le es reconocida en principio, y cuya aplicación pueda comportar limitaciones inadmisibles al derecho fundamental de la acción contra la Administración pública.

§280. Ampliación de la legitimación - Cuando el Art. 22 de la LOPA regula la participación del interesado en el procedimiento administrativo, se observa que la legitimación sólo tiene como base la condición de ostentar la titularidad de derechos e intereses legítimos propios —característico de la legitimación—, donde la intervención del interesado es individual y a título privado, desde la perspectiva de las relaciones jurídicas bilaterales en cuanto se proyectan en el ámbito administrativo. Por el contrario, la participación ciudadana se asienta en su condición de miembro de la comunidad, esto es, «*uti socius, uti cives*», como simplemente afectado por el interés general y portador o valedor del mismo[1201]. Aparece, pues, la participación ciudadana como un *plus* distinto y de caracteres más amplios que la legitimación *strictu sensu* que regula la LOPA.

Por tanto, la Constitución al consagrar la protección de los derechos e intereses «incluso los colectivos o difusos» en el Art. 26, *eiusdem*, supuso una importante

[1198] Sent. del TSJ/SPA N° 310, del 5-02-2006, RDP, N° 105, 99.
[1199] Sent. N° del TSJ/SC, del 5-06-2001, caso *Gloria Janeth Stifano Mota*.
[1200] Sent. N° 1077 del TSJ/SC, del 22-08-2000.
[1201] García De Enterría, E. y Fernández, T. R. Ob. cit., nota 541, t. II, 106.

ruptura con el precedente de legitimación preconstitucional y, muy en concreto, con las previsiones de la LOPA, al reconocer una ampliación relativa a la legitimación de los intereses «colectivos y difusos», y de consecuente protección en la LOJCA, a través de las denominadas «demandas» de intereses colectivos y difusos.

2.° *Derecho a la tutela jurisdiccional efectiva*

§281. Planteamiento de la cuestión - Junto con la apertura de la legitimación es, sobre todo, la amplitud o intensidad del control jurisdiccional de la Administración pública, lo que caracteriza al derecho «a la tutela jurisdiccional efectiva» —denominado también garantía jurisdiccional o judicial—, el cual se considera como el requisito más básico —el derecho humano más fundamental— en un Ordenamiento jurídico moderno, que pretenda garantizar y no solamente proclamar los derechos de todas las personas, sino también proclamarse como un verdadero modelo de Estado de Justicia.

Además, la constitucionalización de la Jurisdicción contencioso administrativa[1202] implicó la adición de un sistema de tutela de situaciones jurídicas subjetivas de las personas, a su función tradicional de control de la legalidad objetiva de la Administración pública. De conformidad con esa premisa y con los Arts. 26 y 259 de la C, la Jurisdicción contencioso administrativa debe garantizar los atributos de integralidad y efectividad del derecho a la tutela jurisdiccional efectiva[1203], de modo que se constituya en el medio más eficiente para obligar a la Administración pública a actuar dentro del principio de juridicidad, esto es, conforme a Derecho.

Ahora, como ha sido puesto de manifiesto por Ponce Solé[1204], el procedimiento administrativo tiene relevancia por sí mismo, relevancia de rango constitucional, siendo una institución que persigue no sólo el servicio más adecuado al interés público, sino el respeto debido a los derechos e intereses de los ciudadanos. Por ende, la protección en materia procedimental se obtiene a través de garantías o derechos procedimentales.

En efecto, continúa señalando Ponce Solé[1205], la revitalización del procedimiento administrativo pasa por dos vías. En primer lugar, la conceptual, reafirmando la auténtica funcionalidad del procedimiento administrativo y, por tanto, las reales consecuencias de la vulneración de la obligación administrativa de seguir un procedimiento administrativo debido. Y en segundo lugar, la de la práctica forense, en el sentido de aprovechar y potenciar los mecanismos de los que se disponen en la legislación procesal administrativa como es, por ejemplo, el ejercicio de la tutela cautelar, a fin de evitar que los vicios procedimentales sean controlados judicialmente largo tiempo después de producidos, cuando ya exista una decisión final adoptada, lo que siempre en más dificultosa la anulación judicial, por lo que el momento temporal de control de esos vicios, en caso de impugnación, es relevante.

§282. Control jurisdiccional del vicio procedimental - En el Derecho administrativo formal[1206], el respeto del procedimiento administrativo debido desempeña

[1202] Araujo-Juárez, J. Ob. cit., nota 478, 163 a 187.
[1203] Sents. del TSJ/SC N° 829, del 23-10-2002, caso *Gisela Anderson* y otros; del 27-05-2004, caso *Elizabeth Morini Morandini;* y N° 93 del 1-01-2006, caso *BOGSIVICA.*
[1204] Ponce Solé, J. Ob. cit., nota 1053, 678.
[1205] Ponce Solé, J. Ob. cit., nota 1053, 777.
[1206] Vid. *in extenso* a Araujo-Juárez, J. (1989). *Principios Generales del Derecho Administrativo Formal,* 3ª Edición Editorial Hnos.Vadell. Valencia.

una innegable función de garantía, tanto a favor de las personas, como en favor del interés público, pero más modernamente se sostiene persigue garantizar a través del mismo, el ya analizado principio de buena Administración.

En tal sentido, se concluye con Ponce Solé[1207], el efectivo control jurisdiccional de los vicios procedimentales va a lanzar el mensaje a la Administración pública de la necesidad de respetar el procedimiento administrativo debido, evitando así la tentación de omitir el cumplimiento de formalidades o trámites procedimentales indispensables, o bien de realizar su cumplimiento de forma aparente, no efectiva. Se tratará, en definitiva, no sólo de comprobar y garantizar el seguimiento de un procedimiento administrativo debido, o de comprobar que se cumplen los trámites preceptivos establecidos; sino también de analizar cómo se realizan esos trámites y, desde una perspectiva sistémica, cómo se desarrolla la entera actividad procedimental, utilizando como parámetros los deberes de comportamiento y los principios procedimentales que los condensan.

Por tanto, no es sólo un problema de control jurisdiccional de cantidad —o de trámites—, sino de control jurisdiccional «de calidad» de la Administración Pública en el ejercicio de la actividad procedimentalizada. Y, por supuesto, se trata, como aspecto correlativo, de la protección del derecho fundamental a un procedimiento administrativo debido[1208].

SECCIÓN 2.ª EL RÉGIMEN DE GARANTÍAS PROCEDIMENTALES

Introducción

§283. Planteamiento de la cuestión — Durante los comienzos del siglo XXI se hubo replanteado la cuestión del procedimiento administrativo. Así, lo que se ha impuesto en la atención de la doctrina y de la jurisprudencia comparada no será ya la estructura del procedimiento administrativo, sino la función y utilidad del mismo. La cuestión ya no es ¿Qué es el procedimiento administrativo? sino ¿Por qué el procedimiento administrativo? ¿Para qué sirve el procedimiento administrativo?

Para responder diremos que los procedimientos administrativos previstos en la LOPA, indican formalidades y trámites que deben cumplir: 1.°, la Administración Pública, en el ejercicio de la función administrativa: y 2.°, las personas, en su gestión de tutela individual con participación colaborativa en el ejercicio de la función administrativa. Por tanto, será esencia del procedimiento administrativo regular, también, la intervención de las personas en la preparación, ejecución e impugnación de la declaración administrativa.

En efecto, la articulación de los sujetos —Administración pública-persona— en la relación jurídico-procedimental, requiere de una instrumentación jurídico-formal por la que los derechos se ejerzan y los deberes se cumplan. Ello genera una serie de regulaciones que se conocen con el nombre de normas «procedimentales», vale decir, el conjunto de normas jurídicas a las que debe sujetarse el obrar de la actividad jurídica formal de la Administración pública. La juridicidad será, así, conformadora y limitadora de la actuación de la Administración pública, a través

[1207] Ponce Solé, J., Ob. cit., nota 1053, 704.
[1208] Ponce Solé, J., Ob. cit., nota 1053, 705.

de la «procedimentalización» del acto administrativo final final, con reglas claras y precisas de juego sobre la base del respeto mutuo y recíproco de las situaciones jurídicas del Estado Constitucional —potestades públicas— y de las personas —derechos e intereses—, según el caso, cuya tutela se arbitra formalmente a través de técnicas procedimentales o régimen «de garantías jurídicas», tanto procedimentales como jurisdiccionales. Por ende, la protección en materia procedimental en sede administrativa se obtiene a través del régimen «de garantías procedimentales» —o derechos procedimentales—.

§284. Interesado y parte — El procedimiento administrativo constituye una relación jurídico-procedimental —distinta de la relación jurídico-material subyacente—, que se traba entre la persona y la Administración pública, que tienen la condición de «parte», y donde se coordinan las distintas intervenciones en torno a un vínculo, de naturaleza dinámico y evolutivo, desarrollado en derechos, obligaciones y cargas procedimentales, que se mantiene a través de las distintas etapas, fases o momentos cronológicos del procedimiento administrativo, hasta culminar con el acto administrativo final.

En conclusión, como toda relación jurídica, en el procedimiento administrativo hay la presencia de sujetos. De ahí que, concebido el procedimiento administrativo como una relación jurídica, el mismo encierra sustancialmente derechos y obligaciones recíprocos entre los sujetos participantes. Ahora bien, la correlación o reciprocidad de los derechos y obligaciones es, precisamente, la característica de la figura que se designa con el nombre de relación jurídica en la Teoría general del Derecho. El procedimiento administrativo será, pues, en definitiva, una relación jurídica; hay, al margen de la posible relación jurídica material subyacente, una específica relación jurídico procedimental que diagnostica su naturaleza considerada como un todo.

Ahora bien, según Moles Caubet[1209], los presupuestos procedimentales corresponden a la distinta condición de los dos sujetos centrales del procedimiento administrativo, a saber: para los órganos administrativos actuantes, la competencia; para las personas participantes, la legitimación, lo que marca sus respectivas situaciones jurídicas. Distinto a la persona es el interesado, que es el concepto al que el Art. 22 de la LOPA alude, así como en otras de sus disposiciones, identificándolo con el sujeto legitimado y, por tanto, tiene un valor técnico y propio. La voz de interesado aparece allí usada en una triple acepción: amplia, en cuanto el interesado es una persona cualquiera; intermedia, identificando al interesado con el sujeto legitimado; y restringida, cuando habla de la persona en el que se dan los requisitos de capacidad, legitimación y postulación (Araujo-Juárez)[1210].

Por tanto, debe hacerse la distinción entre interesado y parte, entendiendo por el primero a toda aquella persona a cuyo derecho o interés individual o colectivo, pueda afectar una decisión administrativa; y, por parte, a aquel interesado que interviene en el procedimiento administrativo, ya sea iniciándolo, ya con posterioridad a su iniciación, por haber sido llamados (Art. 48 de la LOPA), o haberse personado (Art. 23 de la LOPA). Por tanto, el concepto de interesado es más amplio que el de parte, toda vez que puede haber interesados que no intervengan en el procedimiento administrativo y que, por ende, no sean parte en él. Por tanto, consideramos que el problema no es sólo de terminología.

1209 Moles Caubet, A. (1983). Ob. cit., nota 1100, 21.

1210 Araujo-Juárez, J. Ob. cit., nota 1142, 230 y ss.

Ahora bien, en el procedimiento administrativo el interesado aparece de muy diversas formas, según la clase de procedimiento administrativo.

En el procedimiento administrativo habilitante, el interesado es la persona que formula ante la Administración pública: la petición administrativa (Arts. 2, 5 y 48 de la LOPA), el reclamo o queja (Art. 3 de la LOPA) o, en fin, el recurso administrativo (Arts. 94, 95 y 97 de la LOPA), siempre que ejerciten un derecho o sean portadores, al menos, de un interés jurídicamente protegido.

En el procedimiento administrativo sancionador, es interesado la persona que ha cometido la infracción que se ha de castigar (Art. 48 de la LOPA), o el funcionario que ha infringido los deberes que se relacionan con el servicio (Art. 100 de la LOPA).

Finalmente, hemos dicho que, aunque normalmente la relación jurídico-procedimental liga sólo a la Administración pública y a la persona interesada, la decisión final que se vaya a dictar puede afectar a terceras personas. La LOPA admite también esta clase de interesados que coincide con lo que la doctrina denomina interesado interviniente o por personación (Art. 23 de la LOPA).

De conformidad con lo anteriormente expuesto, puede considerarse como interesado, en general, a toda persona, natural o jurídica que, ejecutando una pretensión de carácter administrativo, inicie o promueva el procedimiento administrativo respectivo, así como a quien la LOPA le otorgue el derecho de intervenir en el mismo —expresión que emplearemos en esta sección con tal sentido—.

A. Garantías procedimentales

§285. Planteamiento de la cuestión — Parece ser tendencia generalizada que la Administración pública cada día acrecienta sus potestades públicas. Sin duda, por la amplitud de sus atribuciones y por la cercanía con que su acción diaria se deja sentir en todas las actividades humanas, es la rama del Poder Público acaso más proclive a lesionar derechos e intereses de las personas, ya individual o colectivamente. Pero dentro del engranaje constitucional y legal, existe una serie de normas que constituyen verdaderas garantías jurídicas contra los posibles abusos o excesos de poder de la Administración pública.

Ahora, la tutela en materia de procedimiento administrativo se obtiene a través de las garantías «procedimentales» —o derechos «procedimentales»—. Se consideran por tales, las normas procedimentales dirigidas a la autoridad, con el fin de evitar todo acto ilegal, arbitrario, irregular o incorrecto y de garantizar la juridicidad, la regularidad y la calidad, con resultados idóneos, en los lapsos previstos.

En efecto, a lo largo de los sistemas jurídicos se ha ido estructurando un complejo sistema de garantías jurídicas cuya finalidad es, precisamente, asegurar la validez del Derecho existente. Las garantías jurídicas pretenden la invulnerabilidad del Ordenamiento jurídico, restableciéndolo cuando ha sido infringido. En ellas encontramos hoy día, a su vez, dos grandes tendencias según persigan: 1.°, asegurar fundamentalmente la conservación del Derecho objetivo —garantía «de juridicidad»—; o 2.°, por el contrario, que tengan por finalidad directa la protección del derecho subjetivo —garantía «de las personas»—, de allí que, al señalarse sus características, se exprese que preferentemente buscan la protección de uno u otro derecho.

En ese orden, el procedimiento administrativo regula el ejercicio los diversos derechos subjetivos de las personas —por ej., derecho a la defensa, cosa decidida administrativa, participación de los interesados, etc.—. Igualmente regula el ejercicio de las potestades administrativas —popr ej., ejecutoriedad del acto administrativo, potestad revocatoria, etc.—. Por lo expuesto, en la relación jurídico-procedimental entre la Administración pública y la persona, ambos sujetos ostentan una situación subjetiva y titularizan, en su caso, de los derechos subjetivos e intereses cualificados cuando el titular es la persona, técnicas procedimentales para la tutela, precisamente, y de las llamadas potestades administrativas cuando el titular es la Administración pública.

§286. Garantía de buena Administración — La función administrativa, variadísima y de gran complejidad, si quiere ser legítima y eficaz ha de estar sujeta a cauces formales para poder expresarse; ese cauce formal no es sino el procedimiento administrativo, que hará que el principio de juridicidad y el principio de buena Administración se unan en un común denominador: el régimen de garantías procedimentales. La juridificación de la función administrativa obra, pues, no sólo sobre los resultados obtenidos en el ejercicio de las potestades públicas sino, además, sobre ese mismo ejercicio. El procedimiento administrativo es exponente así de la idea de garantía procedimental.

Pero, ¿cuáles serán las facetas de esa garantía procedimental? Por lo pronto, suelen clásicamente indicarse dos facetas típicamente diferenciadas que caracterizan al procedimiento administrativo: 1.ª, la faz de garantía jurídica, y que le viene de la idea misma de ser un procedimiento; idea largamente monopolizada por la jurisdicción, hasta Merkl. En sus orígenes, el procedimiento jurídico designa al conjunto de medios destinados a asegurar la efectividad de los derechos de las personas. Pero esta misma idea ha venido también a mostrar la 2.ª, la faz de garantía de buena Administración, al regularla racionalmente por medio de normas tendientes a un fin y con unidad de efecto jurídico.

Curiosamente, garantía jurídica y garantía de buena Administración, parecen ser dos nociones que pudieran excluirse: la síntesis enriquecedora de ellas es la mejor prueba de la existencia de los procedimientos administrativos normados, tal como acontece con la LOPA. Esta función de garantía que todo procedimiento entraña, es tradicionalmente destacada. Ya Laferriérere[1211] señalaba que, en el espíritu del legislador, las formalidades no son consideradas como mera forma, como simple aparato exterior destinado a dar forma solemne al acto jurídico; sino que, por el contrario, son garantías ofrecidas a los interesados, al público, a la Administración pública misma, contra las decisiones apresuradas o insuficientemente estudiadas.

Por su parte, S. Royo Villanova[1212] ya había sostenido que el «procedimiento administrativo participa del doble carácter de garantía administrativa y de garantía jurídica, en cuanto que, de un lado, persigue la buena marcha de la Administración pública, y de otro, procura la tutela de los derechos e intereses particulares a que afecta o puede afectar el acto administrativo. Tal idea o función de garantía se reproduce ordinariamente cuando del procedimiento administrativo se trata. Así, se advierte entre otros, en Sayagués Laso, Garrido Falla, Martínez

---

[1211] Laferriere, E (1887-1888). *Traité de la juridiction administrative et de recours contentieux*, vol. I. Paris, Berger-Levrault.

[1212] Royo Villanova, S. (1949). «El procedimiento administrativo como garantía jurídica». En REP, t. 28, 58.

Useros y Entrena Cuesta[1213], quienes asignan a la obligatoriedad de que la Administración pública siga un cauce determinado para formar sus manifestaciones de voluntad, dos razones:

(i) La idea de garantía del interés público o del orden para el logro del mayor acierto y eficacia en las decisiones administrativas.

(ii) Y la de garantía jurídica de los derechos de las personas.

Posteriormente, a dicho binomio la doctrina añade otra finalidad como lo es:

(iii) La de hacer efectiva una democratización de los mecanismos de decisión (García De Enterría, Diez Sánchez[1214]).

Por su parte, la jurisprudencia[1215] se adhiere al referido criterio, cuando dice:

Recuérdese al respecto que el cauce formal que para la acción administrativa representa el procedimiento administrativo se justifica como garantía del interés público y de los derechos de los administrados.

En conclusión, el principio de buena Administración constituye una garantía esencial exigida a todos los órganos que intervienen en el procedimiento administrativo, ya sea que estén investidos de poder de decisión o que solo les corresponda emitir opiniones o informes. En este sentido, los mencionados Arts. 62 y 89 de la LOPA consagran una garantía para las personas, seguras de que no van a ser destinatarias de actos administrativos tomados a la ligera sino de calidad.

B. Garantías procedimentales frente a la Administración Pública

§287. Planteamiento de la cuestión — Tomado en su sentido amplio, el procedimiento administrativo se compone de elementos de orden técnico y jurídico adaptados a las especificaciones de la función administrativa. Así, las garantías procedimentales varían enormemente de un caso a otro, en función del carácter y de la importancia del asunto tratado y de elementos como: los móviles de la intervención administrativa, la naturaleza de los intereses en causa, el interés público de adoptar medidas urgentes, la fisonomía lineal o triangular del procedimiento, etc. Como se ve, el número de garantías procedimentales y sus combinaciones es muy variado.

Por otra parte, para nadie es un misterio que la Administración pública goza de potestades unilaterales de imposición que pueden afectar directamente —autotutela normativa— las situaciones jurídicas de las personas. Frente a ello surge, en primer término, la tutela jurisdiccional y la figura del Juez administrativo, como garante de los derechos e intereses de las personas. Sin embargo, frente a las diversas fallas que la tutela jurisdiccional ha ido demostrando tener, aparece necesario, consecuente, útil, el procedimiento administrativo, como un complejo eficaz y a veces inexcusable, indispensable, para asegurar el respeto y la integridad de los derechos de las personas —fenómeno de compensación—.

1213 Sayagués Laso, E. Ob. cit., nota 248, 461; Garrido Falla, F., Palomar Olmeda, A. y Lozada González, H. Ob. cit., nota 105, 613 y ss.; García Oviedo y Martínez Useros, *Derecho Administrativo*, EISA, Madrid, Vol. II, pp. 15 y ss.; y Entrena Cuesta, J. R. Ob. cit., nota 444, 277.

1214 García De Enterría, E. y Fernández, T. R. Ob. cit., t. II, nota 541, 475; y Diez Sanchez, Ob. cit., nota 144, p. 29.

1215 Sent. de la CPCA, de fecha 22 de junio de 1981, RDP N° 7, p. 155.

En efecto:

(i) La tutela jurisdiccional es una protección «*a posteriori*», una vez dictado el acto de la Administración pública y aun producidos todos sus efectos: efectos imposibles de destruir en ciertas oportunidades, o que habiendo ya perjudicado, el perjuicio por muy reparado que sea ya ha sido producido, lesionando, a veces, gravemente a la esfera jurídica de la persona. Por el contrario, las garantías procedimentales -esto es esencial y justifica su originalidad- son previas.

(ii) La tutela jurisdiccional se ejerce, en principio, sólo sobre la juridicidad de la función administrativa, sin adoptar garantías sobre su oportunidad. El procedimiento administrativo, por el contrario, no excluye la tutela de las personas contra la inoportunidad o inconveniencia administrativa.

(iii) La tutela jurisdiccional suele ser lenta; quién sabe si por aquello de que «es mejor una justicia lenta pero segura que rápida y con rehabilitaciones «*post-mortem*». La verdadera maraña de situaciones jurídicas que un acto administrativo puede originar es, a veces, imposible de rehacer varios años después.

(iv) Para evitar la lentitud de la tutela jurisdiccional y con ello los perjuicios por el transcurso del tiempo, el proceso administrativo admite la figura de la declaratoria de urgencia (Art. 19, p. 21 de la LOTSJ que derogó a LOCSJ de 1976)[1216]. Ahora, tales técnicas son de consagración reciente y su eficacia es muy limitada como consecuencia de su aplicación reducida.

(v) La actitud jurisprudencial suele ser remisa en orden a proceder a la suspensión de los efectos del acto administrativo de efectos particulares (Arts. 4, 69, 103, 104, 105 y 106 de la LOJCA)[1217]. La ley consagra como regla, el efecto no suspensivo del contencioso de anulación, lo cual posterga la defensa del particular. Sin embargo, hay que señalar los grandes avances en el campo de la protección cautelar dentro del contencioso-administrativo, como lo destacan tanto la doctrina extranjera (García De Enterría, Chinchilla Marín)[1218] como la doctrina nacional (Ortiz Álvarez y Hernández-Mendible)[1219], si bien existe un serio y documentado llamado de atención sobre la realidad actual del contencioso-administrativo venezolano (A.Canova González)[1220].

(vi) Pero aún más, en los países de mayor desarrollo suelen encontrar dificultades los justiciables gananciosos para hacer ejecutar lo sentenciado por el Juez en contra de la Administración pública[1221], como consecuencia de la interpretación del principio de separación de poderes.

1216 Araujo-Juárez, J. Ob. cit., nota 478, 261.

1217 Araujo-Juárez, J. Ob. cit., nota 1142, 234-244.

1218 García De Enterría, E. (1995). *La batalla por las medidas cautelares*.Madrid, Civitas; Chinchilla Marín, C. (1999). *La tutela cautelar en la nueva justicia administrativa*. Madrid, Civitas.

1219 Canova González, A. (1998). *Reflexiones sobre la reforma del sistema contencioso administrativo venezolano*. Caracas, Ed. Sherwood.

1220 Hernández-Mendible, V. *El desarrollo de las medidas cautelares en Venezuela*, Original; Canova González. A., *La realidad del contencioso administrativo venezolano*, FUNEDA, Caracas, 2009.

1221 Torrealba Sánchez, M.A. (2017). *La ejecución de sentencias en el proceso administrativo iberoamericanos. España, Perú, Costa Rica, Colombia y Venezuela*. Caracas, CIDEP-EJV, Colección Monografías N°6.

Por último, conviene insistir sobre el contenido del procedimiento administrativo enfocado como un medio complementario de la tutela de las personas y la importancia que procura tal institución en nuestro Derecho positivo. En efecto, la necesidad de una tutela suplementaria, concerniente al procedimiento administrativo, surge por cuanto el mismo es susceptible de procurarles un ámbito de garantía jurídica más amplio que aquél que el Juez puede acordar.

La segunda consecuencia importante del carácter complementario de la protección o garantía previa, es que el procedimiento administrativo aparece como la prolongación natural, la consagración integral, del derecho a la tutela que las personas pueden exigir del Estado Constitucional, y que éste debe garantizarles bajo pena de denegación de Justicia administrativa.

Es a la luz de esta concepción como vamos a proceder al examen de las garantías procedimentales en el Derecho positivo. Retendremos, pues, las garantías procedimentales particulares y las estudiaremos separadamente en función de la tutela que ellas acuerdan en su triple dimensión, como: técnica de seguridad jurídica; de vehículo de participación de los interesados; y, por último, como cauce de orden y acierto en el ejercicio de las potestades administrativas y la calidad en las decisiones administrativas.

I. Garantías procedimentales derivadas del principio de seguridad jurídica

§288. Planteamiento de la cuestión — La existencia del Derecho, como cualquier otro sistema normativo, antes que nada obedece a la necesidad de seguridad jurídica, según la cual el Ordenamiento jurídico ha de garantizar su propia consistencia como sistema normativo para sus destinatarios y operadores. La seguridad jurídica sería, así, el resultado de un conjunto de técnicas normativas encaminadas a garantizar la propia consistencia del sistema. De ahí que la seguridad jurídica se manifiesta, entre otros campos, en el procedimiento administrativo.

Ahora, el renovado interés por el principio de seguridad jurídica se debe, señala F. Castillo Blanco[1222], fundamentalmente, a la necesidad de reflexionar sobre la necesidad de estructurar los comportamientos de certeza del Poder público; porque es consustancial y se encuentra en los postulados del Estado democrático.

Así las cosas, las garantías de las personas frente a la Administración pública en sentido jurídico estricto, están constituidas por los diversos remedios jurídicos, encaminados a afianzar la seguridad jurídica. Son los instrumentos adjetivos o formales para la tutela de sus derechos e intereses de las personas. El principio de juridicidad, inserto en el Estado de Derecho, brinda a las personas las garantías jurídicas directas para su efectiva protección. En este sentido es de observar una vez más que el principio de juridicidad está expresamente consagrado en el Art. 137 de la C.

En este orden, la primera figura jurídica con que la persona se encuentra es el procedimiento administrativo, que por su inmediatez le permite y asegura la participación en la elaboración e impugnación de la declaración jurídica de la Administración pública.

A través de una regulación uniforme del obrar público se brinda certeza, seguridad y eficacia, en suma la «calidad» a la decisión de la autoridad administra-

[1222] Castillo Blanco, F. «Presentación». En DA, núm. 263-264, 13.

tiva y a la situación jurídica de la persona. Los principios y reglas reguladores del proceso de formación de la declaración administrativa, su adopción, impugnación y ejecución, operan la tutela de las personas en el procedimiento administrativo. Así, la protección a las situaciones jurídicas subjetivas se desarrolla, en un primer momento, en el propio ámbito administrativo, verificando un control amplio e integral de legitimación y oportunidad del obrar administrativo.

Finalmente, se observa que la protección puede generarse: 1.°, de oficio, como auténtica función de autocontrol, por las vías de la anulación, revocación, convalidación, etc.; o 2.°, también puede iniciarse en control administrativo por impulso particular, a través de los recursos administrativos pertinentes.

a. *Derecho a la defensa*

§289. Planteamiento de la cuestión — Admitida la necesidad de que se respete el mencionado principio del procedimiento administrativo debido, surge inmediatamente la cuestión de determinar en qué consiste la garantía o derecho «a la defensa». La jurisprudencia ha dejado sentado que tal derecho se erige como pilar fundamental de nuestro sistema constitucional de derechos y garantías[1223], y que tiene su fundamento en el principio de igualdad ante la ley[1224]. Por tal motivo, el procedimiento administrativo se constituye con actuaciones o sucesión formal de actos coordinados y orientados a la producción de un acto final, a fin de ofrecer al interesado la garantía jurídica de participación en el desarrollo de la decisión administrativa, salvaguardando de esta forma sus derechos fundamentales, como son el debido proceso y el derecho a la defensa[1225].

Ahora, de conformidad con el criterio pacífico y reiterado de la jurisprudencia[1226], el derecho a la defensa comprende un derecho complejo que encierra, a su vez, un conjunto de garantías que se traducen en una diversidad de derechos, y que se desprenden de la interpretación hermenéutica del Art. 49 de la C. Por su parte, la LOPA no contiene una fórmula general, sino, por el contrario, el mismo engloba, a su vez, una serie de manifestaciones[1227] o de garantías procedimentales que definen sus contornos, a saber: 1.°, el derecho a ser oído —o derecho de audiencia—; 2.°, el derecho de apertura al expediente; y 3.°, el derecho a obtener una decisión motivada, entre otros, que se vienen configurando a través de la jurisprudencia[1228].

§289.a Derecho a ser oído — Es necesario no entender a la letra el término oír, sino que con él se quiere significar la garantía procedimental del interesado a la producción de razones o alegatos, orales o escritos, los cuales pueden referirse tanto a la tramitación como al fondo del asunto. Con ello se evita que la Administración pública incurra en errores, sea de derecho o de apreciación de las circunstancias y, en consecuencia, el número de conflictos entre la Administración pública y los interesados. Es, pues, en interés de aquélla como de éstos.

1223 Sent. N° 6082 del TSJ/SPA, de fecha 3 de noviembre de 2005, RDP N° 104, 84.

1224 Sent. de la CSCA, de fecha 7 de junio de 2008, RDP N° 114, 121.

1225 Sent. N° 2240 del TSJ/SPA, de fecha 11 de octubre de 2006, RDP N° 108, p. 154.

1226 Sent. N° 1049 del TSJ/SPA, de fecha 24 de septiembre de 2008, RDP N° 115, p. 475.

1227 Sent. N° 5907 del TSJ/SPA, de fecha 13 de octubre de 2005, RDP N° 104, p. 84; N° 215 del TSJ/SPA, de fecha 8 de febrero de 2006, RDP N° 105, 97.

1228 Sent. de la CPCA, de fecha 26 de abril de 1994, caso *Bancaracas, Casa de Bolsa*, C.A., RDP N° 57/58, 220.

El derecho a ser oído ha sido ampliamente descrito por la jurisprudencia[1229] en los términos que siguen:

> El principio de oír al interesado antes de decir algo que lo va a afectar no es solamente un principio de justicia, es también un principio de eficacia, porque asegura un mejor conocimiento de los hechos, contribuye a mejorar la administración y garantiza una decisión más justa. Este derecho a ser oído es un derecho transitivo que requiere alguien que quiere escuchar para poder ser real y efectivo, y este deseo de escuchar supone de parte de la Administración: la consideración expresa de los argumentos y cuestiones propuestas por el interesado (artículo 62 de la Ley Orgánica de Procedimientos Administrativos), la obligación de decidir expresamente las peticiones y la obligación de fundamentar las decisiones (artículos 9 y 18 de la Ley Orgánica de Procedimientos Administrativos), analizando los aspectos propuestos por las partes e incluso aquellos que surjan con motivo de la solicitud, petición o recurso, aunque no hayan sido alegados por los interesados (artículo 89 de la Ley Orgánica de Procedimientos Administrativos). De lo antedicho resulta evidente que la violación de tales extremos y, por ende del derecho a la defensa configura en la actualidad, en el Ordenamiento jurídico venezolano, uno de los principales vicios del procedimiento administrativo y, por ende, del acto administrativo que en su consecuencia se dicte.

Así las cosas, las alegaciones aducidas por las partes tienen por objeto introducir o aportar al procedimiento administrativo determinados hechos y normas que deberán ser tenidos en cuenta por el órgano competente al dictar la decisión final. El principio general se encuentra consagrado en el Art. 32 de la LOPA, cuando señala que el interesado podrá adjuntar, en todo caso, al expediente, los escritos que estime necesarios para la aclaración del asunto. Por tanto, todos los interesados, una vez que comparecen en el procedimiento administrativo, estarán legitimados para alegar en cualquier momento lo que consideren debe ser tenido en cuenta en la decisión solicitada[1230]. Es indudable que, en los procedimientos administrativos instaurados a solicitud del interesado, ya desde el momento inicial, deben formar alegaciones, al indicar los hechos, razones y pedimentos correspondientes (Art. 49, ord. 4° de la LOPA).

Por otra parte, en los procedimientos administrativos iniciados de oficio, existe el derecho del interesado de alegar sus razones. Así, el Art. 48 de la LOPA, cuando trata de la modalidad de iniciación de oficio, establece un trámite de convocatoria y audiencia del interesado, cuyos derechos o intereses pudieran resultar afectados. Esto es la expresión de un principio general del Derecho, según el cual nadie puede ser condenado sin ser oído —«*nemo damnari inaudita parte*»—.

La finalidad de tal previsión es garantizar al interesado la debida defensa y protección de su posición jurídica, evitando con ello que se dicten decisiones a sus espaldas. En tales casos, siendo condición de garantía esencial, verdadero *minimum* sin el cual no puede decirse que exista realmente procedimiento administrativo en sentido propio, su inobservancia comporta la nulidad absoluta del acto administrativo dictado[1231].

[1229] Sent. de la CPCA, de fecha 15 de mayo de 1986, caso *Pedro A. Morales*, RDP N° 26, p. 110; Sent. N° 5907 del TSJ/SPA, de fecha 13 de octubre de 2005, RDP N° 104, 83.

[1230] Sent. de la CSJ/SPA, de fecha 17 de noviembre de 1983, RDP N° 16, p. 150; 24 de noviembre de 1983, RDP N° 16, 151; CPCA, de fecha 12 de diciembre de 1985, RDP N° 25, 99.

[1231] Sent. de la CPCA, de fecha 9 de abril de 1981, RDP N° 6, p. 143; 7 de diciembre de 1982, RDP N° 13, 108.

Por otra parte, el Art. 48 de la LOPA ha previsto un plazo de comparecencia de diez días hábiles, contados a partir del día siguiente a la notificación, para que los interesados «expongan sus pruebas y aleguen sus razones». Importa destacar que ello no supone en absoluto el establecimiento de un lapso preclusivo de alegación y prueba[1232], puesto que el Art. 32 de la LOPA permite a los interesados, con carácter general, aducir alegaciones en cualquier momento del procedimiento administrativo, hasta tanto no hubiese recaído la decisión, las cuales deberán ser tenidas en cuenta por el órgano que decide.

En este sentido, hay que señalar que la jurisprudencia[1233] considera que el derecho a la defensa comporta el derecho de ser oído. Asimismo, el Alto Tribunal asentó que la defensa, el derecho a ser oído en todo estado y grado del proceso, es un principio constitucional acogido y difundido por la doctrina y la jurisprudencia, el cual debe acatarse y respetarse siempre, cualquiera sea la naturaleza del «proceso» de que se trate[1234], por muy sumario que sea el juicio o la tramitación a que se le someta[1235].

En lo concerniente a la fijación del plazo para que «expongan sus pruebas», resulta necesario interpretarlo como un plazo mínimo que debe ofrecerse al particular y, por tanto, aun transcurrido dicho plazo, el interesado puede de todos modos incorporar nuevas pruebas o razones al expediente (Gordillo[1236]). Por tanto, ha de estarse al principio general en materia del procedimiento administrativo, del derecho del interesado para hacer alegatos, en cualquier momento antes de la decisión del asunto (H. Meier[1237]).

Por último, realizada la notificación y vencido el plazo de comparecencia, queda facultada la Administración pública para continuar la tramitación del procedimiento administrativo.

§289.b Derecho a la audiencia — Este derecho está regulado en el Art. 68 de la LOPA, que se refiere a los denominados procedimientos «sumarios». Se trata aquí también de una consagración concreta, específica, del derecho a ser oído, es decir, la necesidad del funcionario público sustanciador, con autorización del superior jerárquico inmediato, para determinar que se siga en lugar del procedimiento ordinario el procedimiento sumario, de realizar la «previa audiencia» de los interesados, es decir, deben ser convocados previamente para poder exponer sus alegaciones y razones al respecto.

§289.c Derechos de alegación y de pruebas — El derecho «de alegación» permitirá al interesado, la aportación de los datos al expediente administrativo en curso, en orden a la satisfacción de la pretensión que sustenta (Art. 32 de la LOPA); a la vez, que va a facilitar a la Administración pública, el conocimiento de los fundamentos en que el interesado basa su pretensión administrativa, alegaciones que han de ser tenidas en cuenta al dictarse la correspondiente decisión final.

1232 En el mismo sentido Brewer-Carías, A. (2003). Principios del Procedimiento Administrativo en América Latina, Bogotá, LEGIS, 296; Meier, H. (1992). El Procedimiento Administrativo. Caracas, 31.

1233 Sent. de la CSJ/SPA, de fecha 17 de noviembre de 1983, RDP Nº 16, p. 150; CPCA, de fecha 12 de diciembre de 1985, RDP Nº 16, 151.

1234 Sent. de la CSJ/SPA, de fecha 2 de febrero de 1981, RDP Nº 5, p. 111.

1235 Sent. de la CFC/SPA, 18 de febrero de 1944, M. 1945, p. 175; CSJ/SPA, de fecha 7 de junio de 1968, G.F. Nº 61; 20 de enero de 1975, G.O. Nº 1718, Ext.

1236 Gordillo, A., «Algunos Aspectos del Procedimiento Administrativo en Venezuela». En RDP Nº 9, 29.

1237 Meier, Henrique, Ob. cit., nota 1232, 143.

Por otro lado, las garantías procedimentales del interesado cobran especial importancia en relación con el derecho «de pruebas», es decir, con la actividad cuyo objeto es la acreditación o determinación de los hechos en que ha de sustentarse la decisión final.

Así, el derecho de ofrecer y producir pruebas comprende los siguientes aspectos (Araujo-Juárez, Grau):[1238]

(i) El derecho a que toda prueba propuesta que sea razonable sea producida o evacuada (regla de la pertinencia)[1239]; por tanto, debe ejecutarse con suma prudencia la facultad de rechazar pruebas por falta de razonabilidad, y no afecta al derecho a la defensa el rechazo de una prueba ineficaz o inconducente para resolver el asunto. Deben indicarse, para demostrar el agravio del derecho a la defensa, las pruebas de que el interesado se ha visto privado y la forma que hubieran influido en la decisión del asunto. Muy vinculado con lo expuesto es lo concerniente al denominado principio de libertad probatoria[1240], el cual ofrece dos aspectos o vertientes, objetiva una y subjetiva o sicológica la otra.

Se manifiesta, en efecto, con relación a los medios de prueba. En este aspecto su admisión en la LOPA, no ofrece duda: «Los hechos que se consideren relevantes para la decisión de un procedimiento podrán ser objeto de todos los medios de prueba establecidos en los Código Civil, de Procedimiento Civil y de Enjuiciamiento Criminal o en otras leyes» (Art. 58 de la LOPA).

(ii) Que las pruebas sean producidas antes de que la Administración pública adopte su decisión sobre el fondo de la cuestión planteada (excepción: Art. 97 de la LOPA: recurso de revisión extraordinaria).

(iii) El derecho de reclamar de la Administración pública, la práctica de las pruebas solicitadas y conducentes a la cuestión. Por tanto, que requiera y produzca los documentos, informes o antecedentes necesarios para el esclarecimiento de los hechos y de la verdad jurídica material, para lo cual deberá indicar la oficina donde curse la documentación (Art. 54 de la LOPA).

(iv) La posibilidad de que el interesado intervenga en la práctica y controle la prueba sustanciada por la Administración pública, posibilidad que deberá existir no sólo con las que ha ofrecido, sino con los que la Administración pública haya dispuesto de oficio o a petición de otra parte.

(iv) Y por último, la LOAP elimina los obstáculos para realizar las inspecciones judiciales sobre archivos de la Administración pública, pues se faculta a la autoridad judicial para acordar la copia, exhibición o inspección de determinado documento, expediente, libro o registro administrativo y se ejecutará la providencia, siempre y cuando la autoridad competente no hubiere resuelto otorgarle con anterioridad al documento, libro, expediente o registro, la clasificación como secreto o confidencial (Art. 169 de la LOAP).

1238 Véase para un mayor desarrollo Araujo-Juárez, J. Ob. cit., nota 1142; y Grau, A.E. (1968). «La Razonabilidad en el Procedimiento Argentino». En La Ley, Doctrina. Buenos Aires, 131-155.

1239 Sent. de la CSJ/SPA, de fecha 18 de marzo de 1985, RDP Nº 22, 158.

1240 Sent. de la CSJ/SPA, de fecha 20 de junio de 1985, caso *Auto Espuma*, C.A., RDP Nº 23, 132; CPCA, de fecha 18 de junio de 1987, caso *Mirian F. de Andrade*, RDP Nº 31, 76.

b. *Derecho a una decisión motivada*

§290. Planteamiento de la cuestión – El derecho «a una decisión motivada» –o motivación– ha sido considerado por la jurisprudencia[1241] como uno de los principios rectores de la actividad administrativa, lo cual permite adecuar su función dentro de los límites que la ley le impone.

En tal sentido, la motivación ha sido considerada por algunos autores como un elemento formal; sin embargo, hay quienes consideran que la motivación no forma parte de la forma, sino de la substancia del acto administrativo. En efecto, la motivación es la expresión externa de la causa, del objeto y del contenido del acto; y, por consiguiente, no es un elemento formal, sino un elemento substancial, esencial del acto administrativo, siendo así necesario distinguir entre la motivación y el motivo del acto administrativo[1242].

Ahora bien, de acuerdo con el Art. 9 de la LOPA, la motivación es un requisito esencial, pues se exige que el acto administrativo sea motivado; y por su parte, el Art. 18, num. 8, *eiusdem* dispone que en él se contenga «expresión sucinta de los hechos, de las razones que hubieren sido alegadas y de los fundamentos legales pertinentes». Sin embargo, la importancia de la motivación estriba en que ella es un medio de prueba, de la juridicidad y de la calidad del acto administrativo. El juez administrativo debe investigar siempre los motivos del acto. En este orden de ideas, la forma del acto administrativo, en lo tocante a la motivación correcta ha llegado a considerarse sustancial o esencial por la jurisprudencia[1243], al afirmar:

> La correcta motivación de los actos administrativos constituye un requisito que ha sido calificado como sustancial en reiteradas decisiones de este Supremo Tribunal, ya que la ausencia de fundamentos o la equivocada mención de alguna norma positiva «abre amplio margen al arbitrio del funcionario.

Finalmente, el vicio de inmotivación[1244], por desconocer normas de orden público no es subsanable[1245]. Sin embargo, sí se admite su convalidación por el órgano superior, al resolver un recurso jerárquico[1246].

En mérito a lo anterior, según la jurisprudencia[1247], el requisito de la motivación debiera ser mirado por la Administración pública, no como una simple formalidad para cumplir un mandato de la ley, sino como una necesidad derivada de la misma naturaleza del Estado de Derecho.

c. *Derechos suplementarios*

§291 Derecho a la estabilidad – Para que pueda considerarse que un acto administrativo forma parte de la juridicidad, es menester que sea estable, es decir, que no pueda ser modificado o anulado a voluntad de su autor. Cuando la Admi-

---

1241 Sent. Nº 56 del TSJ/SPA, de fecha 24 de enero de 2007, RDP Nº 109, 154.
1242 Sent. Nº 846 del TSJ/SPA, de fecha 31 de mayo de 2007, RDP Nº 110, 167.
1243 Sent. de la CSJ/SPA, de fecha 3 de junio de 1969, G.F. Nº 64, 1969, pp. 275-277. En el mismo sentido: CF, de fecha 9 de agosto de 1957, G.F. Nº 17, 1957, p. 132; C.F. de fecha 4 de noviembre de 1958, G.F. Nº 22, 1958, 113.
1244 Véase más ampliamente Araujo-Juárez, J. Ob. cit., nota 402.
1245 Sent. de la CPCA, de fecha 17 de noviembre de 1989.
1246 Sent. de la CSJ/SPA, de fecha 14 de agosto de 1990.
1247 Sent. de la CSJ/SPA, de fecha 13 fe junio de 1967, G.F. Nº 56, 1967, 216.

nistración pública dicta un acto administrativo, éste debe necesariamente obligarla a partir de un momento determinado por la ley procedimental, pues si esta determinación no existe surge la inseguridad jurídica, y los derechos adquiridos de las personas pueden resultar afectados por arbitrariedad de la Administración pública.

Desde el punto de vista del procedimiento administrativo, el derecho «a la estabilidad» —firmeza o intangibilidad como indistintamente se le denomina—, es una necesidad de esencia finalista para el Ordenamiento jurídico, tanto para la eficacia del acto administrativo como para la seguridad jurídica[1248]. Es, entonces, indispensable, que un texto legislativo determine la fuerza de validez legal reconocida al acto administrativo y que enumere los casos en los cuales, a título de excepción de la regla señalada y bajo las condiciones indicadas, la Administración pública pueda extinguir —revocar o anular— sus actos administrativos.

Es así como según el Art. 82 de la LOPA, los actos que no originen derechos subjetivos o intereses legítimos, personales o directos, podrán ser extinguidos en cualquier momento. Por argumento a contrario, los que los originan y han quedado firmes[1249], no pueden ser extinguidos, salvo:

(i) Autorización expresa de la ley (Art. 19, ord. 2° de la LOPA).

(ii) Actos viciados de nulidad absoluta (Art. 83 de la LOPA).

Finalmente, dentro de ese derecho a la estabilidad, el Art. 11 de la LOPA dispone que si bien la Administración pública puede modificar los criterios que tiene para decidir y optar por nuevas interpretaciones, no puede retroactivamente aplicar éstas a situaciones anteriores ya decididas, pues de lo contrario, no habrá estabilidad ni seguridad jurídica[1250]. Lo anteriormente expuesto está confirmado por el Art. 19, ord. 2° de la LOPA, que declara absolutamente nulos, los actos administrativos que revoquen actos anteriores creadores de derechos.

Por último, cualesquiera que sean las condiciones sobre las que se fundamenta la extinción de un acto administrativo, de oficio o con ocasión del recurso administrativo del interesado o de un tercero, exige el respeto del derecho a la defensa[1251].

§292 Derecho a la prescripción — El derecho «a la prescripción» es una consecuencia del principio de seguridad jurídica que tienen los interesados, frente a acciones provenientes de actos administrativos que imponen o crean obligaciones, a oponerse a su cumplimiento por el transcurso del tiempo.

Así, el Art. 70 de la LOPA establece que el interesado puede solicitar a la Administración pública que declare la prescripción de las acciones para hacer cumplir las obligaciones derivadas de los actos administrativos, que consistan en un hacer —órdenes—, o un no hacer —prohibiciones—, transcurridos cinco años a partir del momento en el cual comenzaron a surtir efectos[1252].

[1248] Sent. de la CPCA, de fecha 31 de marzo de 1982, RDP N° 10, p. 147; 1 de julio de 1985, caso *Corporación Par, C.A.*, RDP N° 24, 126.

[1249] Sent. de la CSJ/SPA, de fecha 14 de mayo de 1985, caso *Freddy M. Rojas*, RDP N° 23, p. 143; 9 de marzo de 1987, caso *Mariano Fernández Pérez*, RDP N° 30, 118.

[1250] Sent. de la CPCA, de fecha 19 de marzo de 1987, caso *Hughes Services Venezuela C.A.*, RDP N° 30, 111.

[1251] Sent. de la CSJ/SPA, de fecha 7 de agosto de 1968, 2 de febrero de 1981, RDP N° 5, 11.

[1252] Sent. de la CPCA, de fecha 19 de febrero de 1987, RDP N° 29, p. 113. En el mismo sentido: CPCA, de fecha 12 de febrero de 1987, RDP N° 30, 120.

Finalmente, según la jurisprudencia[1253], la eficacia de los actos o hechos interruptivos de la prescripción está supeditada a la notificación del mismo, circunstancia que deberá demostrar la Administración pública[1254].

II. Garantías procedimentales derivadas del principio de buena Administración

§293. Planteamiento de la cuestión — En congruencia con lo expresado sobre el principio de buena Administración, según la doctrina[1255], de la misma manera se puede hablar de un derecho «a una buena Administración» que se configuraría como un derecho genérico, a su vez integrado por otros subderechos o más propiamente derechos «específicos», y que correlativamente se viene a corresponder con las obligaciones de los sujetos administrativos, en función de los citados principios constitucionales de actuación y funcionamiento de la Administración pública.

En efecto, desde el punto de vista jurídico, se trata de un derecho «de nuevo cuño» en cuanto a su formulación autónoma por primera vez en un catálogo de derechos: una formulación autónoma que dota de unidad a diversos derechos reconocidos de manera dispersa en el Ordenamiento jurídico, esto es, una especie de derecho-garantía o derecho instrumental que propicia la defensa de otros derechos[1256].

§293.a Derecho a la transparencia — Las personas tienen hoy, por imperativo de la Constitución administrativa (Art. 143 de la C), el derecho «a la transparencia» —a la información— administrativa. En tal sentido, su contenido y alcance fue delimitado por la jurisprudencia[1257], señalando que básicamente reviste dos vertientes jurídicas, diferenciadas pero de carácter concurrente.

La 1.ª, referida al derecho que tienen las personas a obtener información cierta, precisa y tempestiva en torno a las actuaciones administrativas adelantadas en los procedimientos administrativos en los cuales tengan interés, y en los que se van a dictar decisiones administrativas definitivas. Y la 2.ª, el derecho de las personas de imponerse —acceder— de las actuaciones llevadas a cabo en el expediente donde se sustancia el procedimiento administrativo de que se trate, a objeto de garantizar su derecho a la defensa y un procedimiento administrativo debido, prescritos en el Art. 49 de la C.

Ahora, el derecho a estar y ser informado del procedimiento administrativo, involucra el derecho de acceder al expediente administrativo[1258], en cualquier estado o grado del procedimiento administrativo (Art. 59 de la LOPA)[1259]. El administrado necesita tener un conocimiento leal y completo del expediente administrativo de su caso, resultando indiferente que éste haya sido iniciado de oficio o a pedido suyo. Sin este derecho de acceder, carece fatalmente de la información indispensable para una defensa eficaz de sus derechos e intereses legítimos[1260].

1253 Sent. de la CSJ/SPA, de fecha 8 de agosto de 1989, caso *Maraven, S.A.*, RDP Nº 39, 126; CSJ/SPA, de fecha 25 de febrero de 1988, RDP Nº 33, 90.

1254 Sent. de la CSJ/SPA, de fecha 8 de agosto de 1989, caso *Maraven, S.A.*, RDP Nº 39, p. 126; CSJ/SPA, de fecha 25 de febrero de 1988, RDP, Nº 33, 90.

1255 Tomás Mallén, B. (2004). *El derecho fundamental a una buena administración*. Madrid, INAP, 31.

1256 Tomás Mallén, B. Ob. cit., nota 1255, 41-42.

1257 Sent. Nº 332 del TSJ/SPA, de fecha 14 de marzo de 2001, caso *Insaca C.A.*; y CSCA, de fecha 7 de febrero de 2007, RDP Nº 109, 152.

1258 Sent. Nº 899 del TSJ/SPA, de fecha 13 de abril de 2000, RDP Nº 82, 401.

1259 Sent. Nº 899 del TSJ/SPA, de fecha 13 de abril de 2000, RDP Nº 82, 401.

1260 Sent. de la CPCA, de fecha 28 de febrero de 1985, RDP Nº 21, p. 132; 19 de octubre de 1987.

Es por ello que las normas procedimentales garantizan la vista de las actuaciones, con un mínimo de formalidades, a fin de no menoscabar el principio del derecho a la defensa, para asegurar la participación útil y efectiva del interesado. Por consiguiente, según el Art. 7 de la LOAP, se trata del derecho del interesado a ser informado del procedimiento, del estado del mismo (num. 1) y de los funcionarios que intervienen en su instrucción (num. 2).

Finalmente, el derecho o principio general de apertura que rige al procedimiento administrativo[1261] como manifestación concreta del principio de transparencia (Art. 143 de la C) relativo del procedimiento administrativo referido, como debe ser, sólo al interesado o posibles interesados al mismo, encuentra en el Art. 59 de la LOPA, las siguientes manifestaciones:

(i) El derecho «de acceder» al expediente por parte del interesado «en cualquier estado o grado del procedimiento» —derecho a la vista—; por tanto, no hay oportunidad procedimental alguna en especial a la que pueda limitarse el momento de acceder el expediente, sin que sea dable exigir trámites formales algunos —petición verbal—.

(ii) El derecho a «leer y copiar» cualquier documento contenido en el expediente, sea a través de medios manuales —notas—, sea a través de medios fotográficos o cualquier otro proceso idóneo de reproducción.

(iii) Y por último, el derecho «a pedir certificación» del expediente, exceptuándose únicamente los documentos calificados mediante acto motivado como confidenciales[1262].

Sin embargo, hay que decirlo, la obligación de la Administración pública de suministrar información al interesado y, en el caso del expediente administrativo, a permitir su revisión, deberá ir acompañada de medidas de control en la revisión del mismo a los efectos de evitar pérdidas y sustracciones.

Por último, el Art. 141 de la C en concordancia con el Art.5 de la LOAP disponen un vínculo entre la Administración pública y las personas, y en tal sentido sancionan como principio que la Administración pública está al servicio de las personas, debiendo en razón de la observancia de dicho principio, ofrecer garantías a las personas dentro de las cuales los Arts. 6 y 7, *eiusdem* establecen diversos derechos[1263].

Por su parte, según la jurisprudencia[1264], el Art. 143 de la C estable el derecho a la información administrativa que presupone, necesariamente, la instauración de un procedimiento administrativo de cualquier naturaleza —sancionatorio, habilitante, etc.—, en el cual la Administración pública emitirá un pronunciamiento decisivo en torno al asunto de que se trate. Asimismo, la LSTA en desarrollo del Art. 143 de la C, reitera igualmente el derecho a la información administrativa mediante la implantación de un servicio de información telefónico sobre información general acerca de los asuntos de su competencia o para conocer el estado de sus tramitaciones (Art. 39, *eiusdem*), y el establecimiento de servicios de información y atención al público (Arts. 40, 42 y 43, *eiusdem*).

1261 Sent. de la CSJ/SPA, de fecha 12 de diciembre de 1989, caso *Miguel Pérez M.*, RDP Nº 41, 76.

1262 Sent. de la CPCA, de fecha 1 de febrero de 1989, RDP Nº 37, 78.

1263 Véase ampliamente Araujo-Juárez, J. Ob. cit., nota 1142.

1264 Sent. de la CPCA, de fecha 7 de febrero de 2007, RDP Nº 109, 152.

§293.b Derecho a la publicidad – Por otro lado, las personas tienen también, por imperativo de la Constitución administrativa, un derecho «a la publicidad», esto es, al acceso sobre los archivos y registros administrativos en general (Art. 28 de la C). Por su parte, la LOAP dispone que el derecho de acceso general a los archivos y registros administrativos (Arts. 159 y 160, *eiusdem*), conllevará el de obtener copias simples o certificadas de los mismos (Art. 161 de la LOAP).

En tal sentido, la LOAP establece que toda persona tiene el derecho de acceder a los archivos y registros de la Administración pública, y obtener copias simples o certificadas de los mismos, previo pago o cumplimiento de las formalidades que se hallen legalmente establecidas, cualquiera sea la forma de expresión, gráfica, sonora o en imagen o el tipo de soporte material en que figuren, salvo las excepciones establecidas en la Constitución y en la ley que regule la materia de clasificación de contenido confidencial o secreto (Art. 159, *eiusdem*).

El ejercicio de este derecho no debe afectar la eficacia del funcionamiento de los servicios públicos, debiéndose, a tal fin, formular petición individualizada de los documentos que se desee consultar, sin que quepa, salvo para su consideración con carácter potestativo, formular solicitud genérica sobre una materia o conjunto de materias (Art. 160 de la LOAP). En el caso que el solicitante sea investigador que acredite un interés histórico, científico o cultural relevante, se podrá autorizar su acceso directo.

Finalmente, la LOAP establece dos tipos de publicidad (Art. 162, *eiusdem*). La primera, considerada publicidad periódica, y está referida a la relación de los documentos que estén en poder de la Administración pública, sujetos a un régimen de especial publicidad por afectar a la colectividad en su conjunto y cuantos otros puedan ser objeto de consulta por las personas. La segunda, denominada publicidad regular, vinculada a las instrucciones y respuestas a consultas planteadas por las personas u otros órganos administrativos que comporten una interpretación del Derecho positivo o de los procedimientos vigentes, a efectos de que puedan ser alegadas por las personas en sus relaciones con la Administración pública.

En conclusión, todos los derechos que han sido receptados en innovaciones legislativas en el Derecho positivo conducen a erradicar de una vez por todas, el hermetismo con que se manejan todos los asuntos en la Administración pública, poner en obra a la «Administración Pública de vidrio», y a darle efectividad plena a un específico derecho a la transparencia administrativa, que hoy día adquirió rango y valor de principio constitucional procedimental.

La consagración dentro de la Constitución administrativa de los mencionados principios de transparencia o publicidad administrativa, prevalece sobre cualquier norma que niegue el derecho de los interesados a la expedición de copias certificadas de los informes, exposiciones y opiniones de funcionarios que hubiesen intervenido en la tramitación del asunto, como de los recaudos que la dependencia oficial hubiere agregado; en segundo término, de acuerdo con la LOAP, y según la jurisprudencia[1265], todo aquel que presente petición o solicitud ante la Administración pública tendrá derecho a que se le expida, de conformidad con la Constitución administrativa y la ley respectiva, copia certificada del expediente o de sus documentos.

[1265] Sent. de la CSJ/SPA (361), de fecha 12 de diciembre de 1989, caso *Miguel Pérez M., RDP* Nº 41, 76.

§293.c Confidencialidad o reserva administrativa — Por otro lado, el derecho de información no es absoluto[1266], puesto que no funciona, por mandato del Art. 143 de la C, en materias secretas relativas a la seguridad interior o exterior, a investigación criminal y a la intimidad de la vida privada, de conformidad con la ley que regule el contenido confidencial o secreto de los archivos o registros administrativos (Art. 159 de la LOAP).

En mérito a la regulación vigente, la Administración pública no puede sustraer del conocimiento del interesado el expediente administrativo, excepto en los casos en que lo haya declarado secreto o reservado, previa fundamentación y caracterización jurídica por la autoridad competente para hacerlo (Art. 59 de la LOPA). Es decir, la Administración pública deberá dictar un acto motivado donde explane suficientemente las razones relativas a la confidencialidad a las informaciones y documentaciones suministradas[1267].

Por otra parte, la jurisprudencia señala que el Art. 143 de la C no abarca aquellos documentos de contenido confidencial o secreto. Sin embargo, la confidencialidad de un documento requiere de la existencia previa de una norma que así califique de un acto expreso que ponga al interesado en conocimiento de tal decisión, esto es, con la debida garantía de un pronunciamiento motivado en función de su derecho constitucional a la defensa[1268].

Por tanto, respecto al secreto o reserva en el procedimiento administrativo, debe interpretárselo con carácter excepcional y restrictivo, ya que el principio es la transparencia o publicidad, si bien relativa —«*inter partes*»—, por oposición a la absoluta «*erga omnes*»—. Por tanto, la determinación del secreto o reserva en la función administrativa no es potestad discrecional del funcionario público, sino que debe fundarse en regímenes de hecho jurídicamente determinados. No debe tratarse del secreto subjetivo del funcionario público, sino del secreto objetivo del Estado Constitucional. Debe ajustarse a la tutela de los superiores intereses del Estado Constitucional, y no a la conveniencia personal del funcionario público o del órgano administrativo; se trata, pues, de guardar el secreto del Estado Constitucional y no el secreto del funcionario (Gordillo[1269]).

En este sentido, el Art. 59 de la LOPA reconoce la facultad del superior jerárquico para declarar algunos documentos confidenciales —excepción de confidencialidad—, limitándose así el acceso a los documentos que fueren del caso, a determinadas partes y no al expediente administrativo en su totalidad[1270]. Tal declaratoria requiere:

(i) La mención expresa y específica de los «documentos» y no del expediente.

(ii) La motivación de la decisión[1271].

Este acto de trámite declarando la confidencialidad o reserva constituye una excepción a la regla de que los actos de trámite no requieren motivación (Art. 9 de la LOPA), el cual podría tener efectos definitivos si causa indefensión[1272]. Al respec-

[1266] Sent. Nº 1049 del TSJ/SPA, de fecha 1 de agosto de 2000, RDP Nº 83, 231.
[1267] Sent. de la CPCA, de fecha 21 de junio de 2000, RDP Nº 82, 402.
[1268] Sent. Nº 29 del TSJ/SC, de fecha 20 de enero de 2004, RDP Nº 97-98, 142.
[1269] Gordillo, Agustin, Ob. cit., nota 411.
[1270] Sent. de la CSJ/SPA, de fecha 12 de diciembre de 1989, RDP Nº 41, 76.
[1271] Sent. de la CPCA, de fecha 1 de febrero de 1989, caso *Marcos M. Uribarri*, RDP Nº 37, 78.
[1272] Sent. de la CSJ/SPA, de fecha 12 de diciembre de 1989, RDP Nº 41, 76.

to se señala una decisión del Alto Tribunal, donde afirma, con desconocimiento absoluto del principio de la universalidad de control jurisdiccional de los actos y funciones estatales, que la declaratoria de un archivo reservado no es recurrible ante la jurisdicción administrativa[1273].

§293.d Derecho a la decisión previa – El Art. 78 de la LOPA establece que no pueden realizarse actos de ejecución material (Art. 8 de la LOPA), sin que estén precedidos de un acto administrativo formal que establezca qué actos de ejecución deben realizarse y que sirva de fundamento a los mismos, lo cual no es otra cosa, sino la reiteración del principio de normatividad jurídica, en virtud de lo cual toda la actividad administrativa debe sustentarse en normas jurídicas, cualquiera que fuere su fuente: constitucional, legislativa o administrativa. La totalidad del Ordenamiento jurídico rige para cada acto administrativo (Dromi).[1274]

En otros términos, la eficacia de los actos administrativos, a través de actos materiales de ejecución, sólo puede realizarse con respeto del derecho «a la decisión previa», esto es, cuando exista previamente un acto formal que declare la competencia de la Administración pública o imponga la obligación o la prohibición al administrado. Con esta disposición se proscribe la llamada «vía de hecho», la cual consiste en el cumplimiento de una actividad material de ejecución en la que la Administración pública incurre en violación de un derecho o garantía constitucional[1275], por lo cual pierde correlativamente todos sus poderes y privilegios[1276]. En consecuencia, el acto administrativo ejerce una función legitimadora de la acción ejecutiva (Araujo-Juárez[1277]).

Por lo demás, si el acto administrativo es lo que legitima la actuación material, es elemental que cuando una persona sufre en su esfera individual los efectos de la actuación, tenga derecho a conocer el acto que la legitima y, por supuesto, utilizar en cada caso las garantías jurídicas idóneas frente a la actuación administrativa si fuere el caso (Art. 73 de la LOPA).

III. Garantías procedimentales derivadas del principio de participación

§294. Derecho de petición administrativa – Es la LOPA la que regula específicamente el derecho «de petición administrativa». Así, el art. 2 *eiusdem*, establece que el derecho de petición administrativa se ejerce ante cualquier «organismo, entidad o autoridad administrativa», señalando como obligación de los mismos «resolver las instancias o peticiones que se le dirijan o bien declarar, en su caso, los motivos que tuvieron para no hacerlo», concretándose así el derecho de petición y el de obtener una decisión expresa (C. Sosa[1278]) y, en consecuencia, debe constar por escrito[1279].

Ahora bien, el derecho de petición administrativa y el consecuente a obtener oportuna respuesta, presupone que los asuntos acerca de los cuales verse la solici-

---

1273 Sent. de la CSJ/SPA, de fecha 20 de enero de 1981, RDP Nº 5, 92.

1274 Dromi, R., *El acto administrativo,* Buenos Aires, 1985, p. 19.

1275 Sent. de la CPCA, de fecha 6 de septiembre de 1990, caso *Ganadería El Cantón, C.A., RDP* Nº 44, 133.

1276 Sent. de la CSJ/SPA, de fecha 3 de octubre de 1990, 8 de mayo de 1991, caso *Ganadería El Cantón, C.A., RDP* Nº 46, 126.

1277 Araujo-Juárez, J. Ob. cit., nota 978; y Torrealba Sánchez, M. Á. Ob. cit., nota 978.

1278 Sosa, C. (1983). «El derecho de petición y la Ley Orgánica de Procedimientos Administrativos». En *El Procedimiento Administrativo,* Vol. IV. Caracas, 110 y ss.

1279 Sent. de la *CSJ/SPA,* de fecha 6 de junio de 1991.

tud, sean competencia del órganos ante el cual se solicita[1280]. Sin embargo, sostiene la doctrina[1281], si se plantea una solicitud ante un funcionario incompetente, éste tendrá la obligación de recibirla y remitirla al órgano competente, de conformidad con el Arts. 141 de la C, en concordancia con los Arts. 5 y 6 de la LSTA.

Por tanto, se trata de una obligación de decidir, la cual es, sin lugar a dudas, una garantía fundamental del interesado (J. Prat[1282]) y, en su caso, si el funcionario público estima que no debe decidir en concreto, debe expresar los motivos que tiene para no hacerlo. En consecuencia, los interesados tienen derecho a que la Administración pública emita un acto administrativo, cuando ante ella se ha presentado una instancia o solicitud en derecho. El interesado, pues, tiene derecho al acto administrativo expreso.

La LOPA regula el derecho de petición administrativa de dos formas:

(i) Obligando a la Administración pública a no demorar la resolución del procedimiento administrativo en el lapso previsto (Art. 60 de la LOPA).

(ii) Y obligándola también a dictar una decisión expresa en todo caso, incluso fuera del plazo señalado y aunque se haya instaurado un proceso administrativo como consecuencia de la aplicación de la teoría del silencio administrativo. Si no fuese así, se crearía una situación de indefensión. De ahí que el Ordenamiento positivo prevea esa situación de pasividad de la Administración pública y establezca los medios para que, aun produciéndose, se evite que el interesado quede a merced de esa inactividad, haciendo ilusorios sus derechos.

Ahora bien, ¿qué carácter debe tener esta decisión? El Art. 62 de la LOPA prescribe que:

> El acto administrativo que decide el asunto resolverá todas las cuestiones que hubieren sido planteadas tanto inicialmente como durante la tramitación.

Por su parte, el Art. 89 de la LOPA dispone que:

> El órgano administrativo deberá resolver todos los asuntos que se sometan a su consideración dentro del ámbito de su competencia o que surjan con motivo del recurso aunque no hayan sido alegados por los interesados.

§295. Derecho a conocer y a hacerse parte — En el Derecho positivo, la promoción de un procedimiento administrativo o la participación en uno ya en marcha, requiere en la persona de una cualificación específica, es decir, una especial relación con el objeto del procedimiento —legitimación—, que la LOPA concreta en la titularidad de un derecho subjetivo, o de acuerdo con el Art. 26 de la C, al menos, de un interés colectivo o difuso que pueda resultar afectado por la decisión que se dicte. Pero, además de la exigencia de que el interesado tome intervención en el procedimiento administrativo desde su mismo inicio, asimismo tiene el derecho «a conocer y a hacerse parte» en el procedimiento administrativo, esto es, debe hacer-

---

1280 Sents. de la *CPCA*, de fechas 27 de marzo de 2003, caso *Antonio Sánchez*; de fecha 4 de noviembre de 2004, caso *Elia Segovia*; y de fecha 1 de julio de 2005, caso *Francisco Ramírez*.

1281 Urosa Maggi, Daniela, «Inicio y sustanciación del procedimiento administrativo ordinario». En *Actualización en procedimiento administrativoç*. Caracas, FUNEDA, 21.

1282 Prat, J. (1968). *Derecho Administrativo*, t. III, Vol. I, *Actos y Contratos*. Montevideo, Acali, 62.

se conocer la actuación a las personas interesadas —los terceros—, a quienes el procedimiento administrativo puede afectar; tal notificación debe producirse en el momento mismo en que se verifique o constate que existen terceros que puedan tener un interés en la actuación[1283].

Se trata, pues, de que el interesado tenga conocimiento de la iniciación del procedimiento administrativo, del contenido de la cuestión que va a debatirse y de las consecuencias que se producirán en caso de resolverse el asunto —derecho a ser llamado en causa[1284]—. Es así como la condición de parte la ostentan, además del interesado —interesado «original» o «principal»— que hubiese intervenido en la iniciación del procedimiento (Art. 48 de la LOPA), aquellas personas que en todo caso, habiéndose iniciado de oficio el procedimiento, titularizan derechos subjetivos e intereses individuales, o colectivos o difusos, que puedan resultar afectados por la decisión que en el mismo se adopte, decisión que, en otro caso, se considera viciada de nulidad. Por tanto, si durante la tramitación se advierte la existencia de personas que ostentan derechos o intereses que pueden resultar directamente afectadas por la decisión que en el mismo se adopte, y que no hubieren comparecido, tienen el derecho de ser notificados —interesados «necesarios»—.

Ahora bien, para gozar de esa situación es necesario no sólo la condición de titularidad señalada, sino que la misma puede resultar directamente afectada —principio «del interés agraviado»—.

Además, ostenta la condición de parte, quien sin haber iniciado el procedimiento o sin haber sido notificado, pero es titular de derechos subjetivos o intereses individuales, colectivos o difusos susceptibles de resultar afectados, se persona en el procedimiento administrativo. Es necesario, pues, para que ostente la condición de parte, no sólo la titularidad de un derecho subjetivo o de un interés calificado en la forma en que señala la ley sino, además, la comparecencia en cualquier estado en que se encuentre la tramitación, ya sea a pedido del interesado original, espontáneamente o por notificación del organismo administrativo —tercero interviniente o parte por personación: opositor o coadyuvante—. Tanto éstos como aquéllos y también, por supuesto, los que promueven el procedimiento administrativo, se consideran como partes en sentido técnico y, en cuanto tales, investidos de todos los derechos procedimentales en orden a su participación activa en el procedimiento administrativo.

§296. Derecho a la subsanabilidad — El derecho «a la subsanabilidad» —o de corrección— de los actos del interesado, no es sino una manifestación del principio «*in dubio pro actione*», el cual postula la regla general que, en caso de duda, la interpretación ha de efectuarse en favor de la mayor garantía y de la interpretación más favorable al ejercicio del derecho de petición administrativa o en la calificación de un recurso administrativo y, por lo tanto, en el sentido de asegurarle, superando las dificultades de índole formal, una decisión sobre el fondo del asunto objeto del procedimiento administrativo, hasta su total terminación.

Por su parte, el Art. 9 de la LOAP refuerza la garantía del interesado del derecho de petición administrativa, a través de la cual todos los funcionarios de la

---

1283 Sent. de la CPCA, de fecha 25 de noviembre de 1980, *RDP* N° 5, p. 110; 7 de marzo de 1985, 19 de noviembre de 1987, caso *Varios*, RDP N° 32, 73.

1284 Sent. de la *CPCA*, 13 de diciembre de 1982 RDP N° 13, p. 109; 10 de diciembre de 1990, caso *Antonio J. Caravallo*, RDP N° 45, 97.

Administración pública están en la obligación de recibir y atender, sin excepción, las representaciones, peticiones o solicitudes que les formulen las personas en las materias de su competencia ya sea vía fax, telefónica, electrónica, escrita u oral; así como de responder oportuna y adecuadamente tales solicitudes, independientemente del derecho que tienen las personas de ejercer los recursos administrativos o judiciales correspondientes, de conformidad con la ley.

En caso de abstención por parte de un funcionario público de recibir las representaciones o peticiones de las personas o no den adecuada y oportuna respuesta a las mismas, éstos serán sancionados de conformidad con la ley.

Ahora, la consagración general de este derecho específico a la subsanabilidad es el Art. 45 de la LOPA, al indicar que los funcionarios públicos de registro advertirán a los interesados de las omisiones o de las irregularidades o defectos de presentación de escritos y documentos que observen, sin que les sea dado rechazar la documentación. Tal señalamiento debe practicarse a través de la notificación administrativa[1285], y se refiere sólo a los requisitos del texto material del escrito, pero no a los elementos de prueba, que constituyen una carga del interesado[1286]. También cuando la exigencia -carga- de acompañar los recaudos exigidos la formula un acto de efectos generales, no surge obligación de notificación alguna que corresponda a la Administración pública[1287].

Por lo demás, el derecho a la subsanabilidad se consagra tanto a favor de las solicitudes que no requieren sustanciación (Art. 5 de la LOPA), como en aquellos casos en los que el procedimiento sí la requiere (Art. 50 de la LOPA); y, por último, es norma supletoria de todo procedimiento administrativo[1288].

En todo caso, se debe señalar que este derecho a conocer las fallas u omisiones, sólo procede en el caso de las peticiones o solicitudes administrativas, pero no cuando se trata del ejercicio de un recurso administrativo, puesto que el Art. 86 de la LOPA, dispone que el «recurso que no llenare los requisitos exigidos no será admitido». En el mismo sentido opina la doctrina (M.Rachadel y Brewer-Carías)[1289].

§297, Derecho al orden de entrada — Otro derecho de los interesados frente a la Administración pública es el que se manifiesta en el respeto por ésta, en forma rigurosa del principio de igualdad, el cual despliega su eficacia, bien directamente o a través de manifestaciones más particularizadas, tal como la del principio «*prior tempore potior in iure*» en el orden de entrada en los asuntos para su decisión. En efecto, dispone el Art. 34 de la LOPA, que en «el despacho de todos los asuntos, se respetará rigurosamente el orden en que éstos fueron presentados»; orden que debe constar del recibo y de los datos de registro que regula el Art. 44 de la LOPA.

Por tanto, el interesado tendrá el derecho de oponerse e incluso a exigir la imposición de sanciones, si el funcionario público responsable modifica dicho orden, si no median razones de interés público y mediante providencia motivada, de lo cual deberá existir constancia en el expediente administrativo correspondiente.

1285 Sent. de la CPCA, de fecha 25 de junio de 1984, RDP Nº 1, 116.

1286 Sent. de la CPCA, de fecha 10 de diciembre de 1987.

1287 Sent. de la CPCA, de fecha 19 de octubre de 1989.

1288 Sent. de la CPCA, de fecha 7 de marzo de 1985, RDP Nº 21, p. 132.

1289 Brewer-Carías, A.R., Ob. cit., nota 413, 334; y Rachadel, M. «Las garantías de los administrados en la Ley Orgánica de Procedimientos Administrativos». En *Procedimiento Administrativo*, Caracas, Vol. IV, IDP, 102.

§298. Derecho a una decisión expresa – El derecho de petición administrativa y de tramitación del procedimiento administrativo que en su caso corresponda, se infringen con el silencio o inactividad de la Administración pública. Ahora bien, ¿cuál es la defensa que tiene el administrado contra la misma?

Dentro de la categoría de asuntos administrativos iniciados espontáneamente por el interesado, puede darse el caso de que la Administración pública se comporte pasivamente y guarde silencio. A falta de una disposición procedimental que cree para el interesado el derecho a instar –es decir, a que la Administración pública tome efectivamente una decisión dentro de un plazo determinado–, éste queda inerme. Acudiendo en su ayuda el legislador ha creado ficciones o presunciones de decisión –silencio-rechazo o negativo; silencio-confirmación o positivo– después de cierto plazo de silencio (Arts. 5, 60 y 67 de la LOPA); es esto lo que establece el Art. 4 de la LOPA. Una ficción positiva es más rara, pero siempre posible. En cualquier circunstancia se impone una solución legislativa.

Finalmente, no es necesario insistir en lo que significa como garantía para el interesado la admisión del llamado principio «del silencio administrativo», supuesto que éste sea un auténtico principio, con el que se trata de combatir la llamada reprobable inactividad formal de la Administración Pública. La unidad que en este punto consagra la Ley es digna de elogio, pero no deja de plantear todavía algunas dificultades.

§299. Derecho a una decisión de calidad – Conforme a los principios de oficialidad y de la verdad material, en el procedimiento administrativo se encuentra el derecho «a una decisión de calidad», esto es, se exige a la autoridad administrativa decisora llegar al conocimiento exacto de los hechos, circunstancias y condiciones que van a influir en su decisión, por oposición al procedimiento judicial en el cual el juez debe atenerse al principio de la verdad formal, la cual puede o no coincidir con la verdad material.

Como corolario de los principios anteriores, la autoridad administrativa tiene la obligación jurídica de decidir sobre la base de un examen serio y suficiente de cada asunto, con perfecto conocimiento de causa y, por tanto, de proceder según la fórmula consagrada tanto por la jurisprudencia como la doctrina francesa, a un examen particular y completo del asunto –principio de globalidad de la decisión: Rachadell[1290]–. Así los actos administrativos pueden ser cuestionados, si aparece que el asunto planteado no ha sido objeto de un análisis profundo, que han sido dictados sobre la base de un expediente incompleto o ante la ausencia de documentos esenciales. Se trata de hacer del ejercicio de los poderes de la Administración pública dentro del procedimiento administrativo de una verdadera responsabilidad funcionarial.

§300. Derecho a la gratuidad – Finalmente, es de mencionar que la LOPA no formula el reconocimiento expreso del principio «de gratuidad» del procedimiento administrativo, supuesto que éste sea un auténtico principio. A pesar de ello, no se debe olvidar que su contenido presenta una auténtica relación con la tutela de los derechos e intereses que ejercitan las personas y, que como señala la doctrina, en ningún caso puede verse vulnerada por la falta de medios económicos para sufragarla (Diez Sánchez[1291]).

[1290] Rachadel, M. Ob. cit., nota1289, 83.
[1291] Diez Sánchez. Ob. cit., nota 1057.

IV. Garantías procedimentales derivadas del principio de objetividad

§301. Principio de objetividad – El principio «de objetividad» de la Administración pública y del funcionario opera en el ámbito del principio de juridicidad, definiendo el modo como ha de quedar vinculada la Administración pública a la ley y al Derecho, lo cual se traduce en el deber general del funcionario de interpretarla y aplicarla adecuándola a la voluntad de la norma, alejado de cualquier valoración o interés personal y subjetivo, impidiéndose así que quede al servicio de fines, intereses o ideologías ajenos a la propia declaración normativa. Siendo ello así, el principio de objetividad juega como técnica para lograr que la intensidad de la vinculación de la Administración pública al principio de juridicidad sea plena o, al menos, máxima, al eliminar el margen de apreciación que en la interpretación y aplicación de la juridicidad siempre dispone el funcionario, imponiéndole la obligación de que sus labores hermenéuticas y aplicativas se ajusten a la voluntad normativa y prescindan de cualquier tipo de fin o interés subjetivo, con lo cual se le impide que tenga un criterio distinto del de la ley, o se mueva en consideración a intereses distintos al que persigue la norma aplicable.

Según la doctrina, el principio de objetividad ha de ser interpretado como una directriz que se refiere a la actividad administrativa objetivamente considerada – lo que la distingue de la imparcialidad– y que obliga a la Administración pública a la exacta ponderación de los intereses en juego que la ley ordena proteger en cada caso (Santamaría Pastor)[1292], y que tiene clara relación con el vicio de desviación de poder (López Menudo)[1293].

§302. Derecho al contradictorio – De acuerdo con lo expuesto, el derecho «al contradictorio» –o de igualdad de trato– implica la necesidad de que se confronten adecuadamente, dentro del procedimien to administrativo, los intereses que sustentan la Administración pública y los interesados, pues no siempre son coincidentes sino, antes bien, contrapuestos o irreconciliables (Diez Sánchez[1294]).

Por su parte, la jurisprudencia[1295] señaló que en el procedimiento administrativo como en el jurisdiccional, impone necesariamente que se guarden con estricta rigurosidad determinadas fases o etapas, en las cuales las partes involucradas tengan iguales oportunidades para formular alegatos y defensas, así como controlar las pruebas que cada una promueva para demostrar sus argumentos o pretensiones.

De lo anterior deriva que, es consustancial a todo procedimiento administrativo, su carácter contradictorio, lo cual supone la existencia de hacer valer, dentro del mismo, los distintos intereses en juego, así como que esos distintos intereses puedan ser adecuadamente confrontados por sus respectivos titulares antes de adoptarse la decisión final.

Por su parte, la Alta Corte[1296] ha establecido que el principio de igualdad jurídica garantiza igual tratamiento proscribe el trato discriminatorio para todos los sujetos que se encuentren en la misma situación jurídica frente a una norma en los términos siguientes:

[1292] Santamaría Pastor, J.A. (1972). *La nulidad de pleno derecho de los actos administrativos. Contribución a una teoría de la ineficacia en derecho público.* Madrid, IEA.

[1293] López Menudo, Ob. cit., nota 1055.

[1294] Diez Sanchez, Ob. cit., nota 1057.

[1295] Sent. Nº 1641 del TSJ/SPA, de fecha 3 de octubre de 2007, RDP Nº 112, 499.

[1296] Sent. de CSJ/SPA (229), de fecha 14 de agosto de 1984, Magistrado Ponente: Luis H. Faría Mata, *RDP* Nº 20, p. 120.

> El principio de igualdad ante la Ley, cuya violación alega el impugnante, consagra como garantía jurídica igual tratamiento para todos aquellos sujetos que se encuentren en la misma condición o situación frente a la previsión hipotética que la norma regula. De esta manera se intenta preservar al individuo de trato discriminatorio al proscribirse la diferente aplicación de una norma a distintos sujetos que se encuentran en igual posición y por ende deben ser tratados en forma idéntica.

§303. Derecho a la objetividad arbitral — Además, se reconoce el derecho «a la objetividad arbitral», en ciertos casos donde el procedimiento administrativo es manifiestamente contradictorio, debido la existencia de intereses contrapuestos de los diversos interesados intervinientes, en virtud del ejercicio por parte de la Administración pública de una actividad administrativa «arbitral», a la cual se ha referido nuestra jurisprudencia[1297], en el caso de las Comisiones Tripartitas.

> La calificación de las decisiones de las Comisiones Tripartitas como actos administrados, conlleva dificultades en su tratamiento, por no tratarse tal actividad de las ordinarias que se desarrolla la Administración. En efecto, no se trata de la limitación de la actividad de los particulares, o de la creación y puesta en marcha de estímulos para fomentar y orientar la actividad de éstos, o en sancionar conductas antijurídicas, o en prestar a los administrados, determinados servicios. Se trata, en el punto especial de los actos de las Comisiones Tripartitas, de una actividad cuya particularidad reside en resolver controversias de derecho o de intereses entre particulares (entendiendo tal actividad en sentido material y no forma procesal, actividad esta última, reservada constitucionalmente a los tribunales, siendo decisiones administrativas en las cuales alguna de sus etapas o elementos tienen características judiciales). Los actos derivados de tal actividad, denominados por la doctrina italiana como actos administrativos de relaciones entre particulares (TREVES) y por la española la actividad arbitral de la Administración (GARCÍA DE ENTERRÍA), crean, modifican y resuelven relaciones jurídicas entre particulares.

La doctrina conceptúa a la actividad o función administrativa arbitral, como aquella que realiza la Administración pública cuando decide controversias entre los interesados sobre derechos administrativos o privados (R. Parada)[1298]. De ahí que en la doctrina española tal actividad arbitral ha sido objeto de tratamiento monográfico a propósito de la incidencia del Derecho administrativo en las relaciones entre particulares (J.L.Rivero Ysern)[1299], de la responsabilidad administrativa derivada de los actos arbitrales (J. Leguina Villa)[1300], de las jurisdicciones especiales (F. Sosa Wagner[1301]), o en fin con motivo de los procedimientos administrativos triangulares —por oposición al procedimiento administrativo lineal—(González Navarro)[1302].

Respecto a las causas que han determinado esa injerencia de la actividad administrativa, parece que la explicación reside en el insatisfactorio funcionamiento

1297 Sent. de la CPCA, de fecha 17 de abril de 1980, *RDP* N° 2, p. 113

1298 Parada, R. (2004). *Derecho Administrativo, Parte General,* T. I, 15a. ed. Madrid, Marcial Pons, 529 y ss.

1299 Rivero Ysern, J.L. (1969). *El derecho administrativo y las relaciones entre particulares.* Sevilla, IGO.

1300 LeguinaVilla, J. «Función arbitral en materia de Prensa y Responsabilidad de la Administración (en torno al concepto de causalidad jurídica)», en *RAP*, N° 60, pp. 133-174.

1301 Sosa Wagner, F., *Jurisdicciones administrativas especiales*, Sevilla, 1977.

1302 González Navarro, F. «Procedimiento Administrativo Común, Procedimientos Triangulares y Procedimientos Complejos», en *Libro Homenaje al Prof. Mesa Moles Segura.*

de la Justicia que se ha intentado remediar en casos puntuales con actividades mediadoras de la Administración pública (Parada)[1303].

En efecto, un aspecto interesante de la participación del interesado en el procedimiento administrativo de formación del acto administrativo, se refiere al caso en que existen intereses contrapuestos de distintos particulares interesados en un procedimiento administrativo —por ej., concursos, solicitudes de autorización, permisos, concesiones, etc.—. En estos supuestos, el procedimiento administrativo adquiere un pleno carácter contradictorio, y la Administración pública está obligada a asegurar que este carácter se haya cumplido con la participación igualitaria de los interesados, so pena de ilegitimidad de la decisión por afectar el trato igual que ella debe mantener durante el trámite, sin otorgar privilegios —prohibición de otorgar al contrario mayores derechos que los que la ley otorga[1304]—, ni sufrir desventajas[1305], ni imponer obligaciones —prohibición de trato discriminatorio[1306]—, cuando no se justifique.

Este principio consagrado con carácter general en el Art. 21, num. 1 de la C, cuando está referido al procedimiento administrativo ha recibido la denominación de «principio de igualdad formal».

V. Garantías procedimentales derivadas del principio de imparcialidad

§304. Principio de imparcialidad — El principio «de imparcialidad» de la Administración pública y del funcionario, en tanto en cuanto su cometido es la satisfacción de los intereses generales, no existe propiamente, sino tan sólo en un sentido figurado. Consecuentemente, la imparcialidad administrativa se identifica con la objetividad, consistiendo en la interpretación y ejecución de la ley, con exclusión de cualquier interés y finalidad personal, garantizando así la adecuación de dicha interpretación y aplicación a la voluntad de la norma. La imparcialidad del funcionario sería, como señala el Tribunal Constitucional español, «el cumplimiento de sus funciones de modo que no es posible predicar de éstos interés personal y directo en ningún procedimiento»[1307].

Por su parte, la LOPA ha consagrado una institución para asegurar el consecuente derecho «a la imparcialidad» en la actuación de los titulares de los órganos intervinientes dentro del procedimiento administrativo: el deber de inhibición. Este consiste en el acto espontáneo del funcionario responsable de la instrucción o de la decisión, en virtud del cual se separa del conocimiento de un procedimiento administrativo, por estimar que no reúne todas las condiciones y circunstancias objetivas y subjetivas para adoptar un comportamiento imparcial. La inhibición constituye, pues, una técnica para garantizar que las personas físicas que en un momento dado personifican a la Administración pública, van a realizar adecuadamente los fines normativos encomendados, evitando que la recta decisión pueda resultar desviada por las relaciones con las personas o los intereses en juego.

Empero, la jurisprudencia[1308] ha sentado que la solicitud de inhibición, aun en el supuesto de existir motivo para ello, no paraliza el procedimiento administrati-

1303 Parada, R. Ob. cit., nota 27, T. II, 454 y ss.
1304 Sent. de la CPCA, de fecha 18 de junio de 1987.
1305 Sent. de la CPCA, de fecha 29 de enero de 1987, caso Cristina O. de Contreras, RDP Nº 29, p. 102.
1306 Sent. de la CSJ/SPA, de fecha 14 de agosto de 1984, RDP Nº 20, p. 120.
1307 STC 99/2004, F.J 11
1308 Sent. de la CPCA, de fecha 11 de junio de 1984, RDP Nº 19, p. 119.

vo; y no es causa ni motivo de nulidad del acto emitido por quien debiendo inhibirse, no lo hizo, sobre la base analógica del Art. 103 del CPC[1309]. Posteriormente, la jurisprudencia[1310] al rectificar su criterio reconoce que la falta de inhibición es causa para la anulación del acto administrativo cuando se demuestra fehacientemente que su participación ha sido decisiva, de manera que si no hubiese participado, la decisión hubiera sido otra.

Por su parte, si bien inicialmente y con anterioridad a la vigencia de la LOPA, la jurisprudencia[1311] admitió la figura de la recusación, la cual debía ser tramitada conforme al procedimiento establecido en el CPC, hoy día se considera legalmente improcedente la técnica de la recusación en los procedimientos administrativos, como surge de la propia Exposición de Motivos de la LOPA y de la jurisprudencia[1312], al señalar que no existe pues, en el procedimiento administrativo, el recurso de recusación propio de los procedimientos judiciales, en razón de que rigiéndose el primero de los procedimientos por los principios de economía y de celeridad, porque así lo determina el Art. 30 *ejusdem*, no es posible que a través de dicho recurso y su posterior trámite, las personas puedan introducir dilaciones innecesarias y retardos.

§305. Causales de inhibición — El Art. 36 de la LOPA indica las diferentes causales o motivos por los que el funcionario está obligado a inhibirse en los asuntos cuya competencia le está legalmente atribuida, ampliando los supuestos previstos en el Art. 33, num. 10, letras a) a la d) de la LEFP, los cuales son analizados por la jurisprudencia[1313], así:

> 1°) Cuando personalmente, o bien su cónyuge o algún pariente dentro del cuarto grado de consanguinidad o segundo de afinidad, tuvieren interés en el procedimiento; 2°) Cuando tuviera amistad íntima o enemistad con cualquiera de las personas interesadas que intervengan en el procedimiento; 3°) Cuando hubieren intervenido como testigos y peritos en el expediente de cuya resolución se trate, o si como funcionario hubieren manifestado previamente su opinión en el mismo, de modo que pudieran prejuzgar ya la resolución del asunto, o, tratándose de un recurso administrativo, que hubieren resuelto intervenido en la decisión del acto que se impugna. Quedan a salvo los casos de revocación de oficio y de la decisión del recurso de reconsideración; 4°) Cuando tuvieren relación de servicio o de subordinación con cualquiera de los directamente interesados en el asunto.

Finalmente, se observa que la técnica de la inhibición debe sustanciarse en la forma prevista en los Arts. 37 al 40 de la LOPA[1314], los cuales establecen el procedimiento administrativo especial en materia de inhibición.

VI. Garantías procedimentales derivadas del principio de control público

§306. Principio de impugnabilidad — Dentro de la modalidad de control público (Araujo-Juárez[1315]), puramente jurídico, tenemos el control interno, el cual

---

[1309] Sent. de la CPCA, de fecha 23 de enero de 1985, RDP N° 21, p. 131; y de la CSJ/SPA, de fecha 11 de agosto de 1988, RDP N° 36, 71.
[1310] Sent. de la CPCA, de fecha 20 de mayo de 1994, RDP N° 57/58, 248.
[1311] Sent. de la CSJ/SPA, de fecha 11 de junio de 1980, RDP N° 3, 123.
[1312] Sent. de la CPCA, de fecha 16 de junio de 1984, RDP N° 19, 119.
[1313] Sent. de la CPCA, de fecha 16 de junio de 1984, RDP N° 19, 119.
[1314] Sent. de la CPCA, de fecha 16 de junio de 1984, RDP N° 19, 119.
[1315] Araujo-juárez, J. Ob. cit., nota 478.

tiene una finalidad análoga al control jurisdiccional: garantizar la juridicidad de la actividad administrativa y el respeto de los derechos e intereses de las personas.

En tal sentido, una última manifestación del régimen de las garantías de los interesados en el procedimiento administrativo, es el derecho «al control administrativo» —o a recurrir—, como corolario al principio del control público —o impugnabilidad— de los actos administrativos[1316], donde la regla es que, así como no hay acto administrativo que no sea justiciable, tampoco lo hay que sea inimpugnable ante la propia Administración pública; en principio, pues, no hay actos administrativos irrecurribles.

La recurribilidad del acto administrativo de efectos particulares en sede administrativa opera en sentido amplio[1317]; es un derecho público subjetivo, que corresponde a toda persona que se estime lesionada por los actos administrativos de las autoridades administrativas[1318], con el fin de obtener su reforma o extinción debido, bien a su inoportunidad, o bien a su ilegitimidad[1319].

En este orden de ideas, la doctrina y la jurisprudencia señalan que el derecho público subjetivo que tiene cualquier interesado para impugnar por la vía técnica procedimental, denominada recurso administrativo, no es prerrogativa, ni menos el reconocimiento de un privilegio. El recurso administrativo forma parte del patrimonio jurídico común de cualquier persona, aunque esté regido por normas administrativas (Isaac)[1320]. La Administración pública no concede gracia cuando el interesado interviene ante la misma. Como están organizados por ley, confiere a quien los ejercite, derecho a recurrir e impone a la autoridad la obligación de tramitarlo y resolverlo.

Por otro lado, las normas jurídicas que consagran recursos deben interpretarse en sentido amplio y las que los niegan, limitan o restringen, son de interpretación estrictísima, de acuerdo con una interpretación reiterada de la jurisprudencia[1321] que afirma:

> En primer término, porque es necesario recordar que, conforme a una constante y reiterada jurisprudencia, las normas jurídicas que consagran recursos deben interpretarse en sentido amplio (*favorabilia ampliari*) y que las que los niegan limitan o restringen son de estrictísima interpretación (*odia restringi*).

En este sentido, el Máximo Tribunal[1322], también ha sostenido, que la exclusión legal ha de interpretarse sólo a los recursos en vía administrativa, y no a los consagrados en vía jurisdiccional, así:

> No son, en efecto, infrecuentes los casos en que el Ordenamiento jurídico excluye el recurso jerárquico, utilizando las expresiones de que «contra lo decidido para el funcionario no se concede recurso alguno» o de que «sus

---

1316 Sent. de la CPCA, de fecha 6 de junio de 1988, RDP Nº 35, 101.

1317 Sent. de la CSJ/SPA, de fecha 10 de junio de 1980, RDP Nº 3, p. 130; CPCA, de fecha 14 de noviembre de 1985, caso *Yolanda Alzuru*, RDP Nº 24, 28.

1318 Sent. de la CF, de fecha 24 de noviembre de 1953, G.F. Nº 2, 1953, p. 185; 8 de diciembre de 1955, GF Nº 10, 1955, 117.

1319 Sent. de la CSJ/SPA, de fecha 29 de abril de 1993, caso *Hospal Medina*, RDP Nº 53/54, 217.

1320 ISAAC, G. Ob. cit., nota 1062.

1321 Sent. de la CSJ/SPA (129), de fecha 26 de mayo de 1981, RDP, Nº 7, 157.

1322 Sent. de la CSJ/SPA, de fecha 29 de septiembre de 1981. En el mismo sentido: CSJ/SPA, de fecha 22 de noviembre de 1990, caso *Agustín Gómez Marín*, RDP Nº 44, 156.

decisiones son inobjetables», u otras semejantes; pero la doctrina administrativa dominante permite considerar que tales previsiones se extienden, limitativamente, a la vía administrativa, de modo que quede siempre a salvo en vía jurisdiccional, a menos que el correspondiente ordenamiento los excluya expresa y categóricamente.

Finalmente, existe un principio general de que el acto de la máxima autoridad jerárquica agota la «vía administrativa». Sin embargo, como excepción al referido principio, la vía administrativa no se agota en las autoridades superiores del correspondiente organismo público, cuando una ley así lo dispone expresamente. En efecto, en nuestro Ordenamiento jurídico existen disposiciones que modifican el régimen de los recursos administrativos, al consagrar el fin de la vía administrativa en un nivel inferior, cuando la misma ley reguladora lo excluye a texto expreso, o la estructura del órgano no presenta relación jerárquica, o está dotado de autonomía funcional; de ello son ejemplo los supuestos contemplados en el Derecho positivo (Art. 135 de la LOTEL).

§306.a Derecho a la información de los recursos — Como corolario del derecho al control público, en el caso de actos administrativos de efectos particulares que le afecten sus derechos o intereses individuales o colectivos, el interesado tiene derecho a que la Administración pública le dé «la información de los recursos» que puede ejercer, ante cuál funcionario público y en qué lapso, y ello debe hacerse en la notificación (Art. 73 de la LOPA).

Ahora bien, este derecho a ser informado de los medios de defensa tiene una connotación importante, sobre la base del principio de buena fe en las relaciones administrativas. En efecto, ha sido consagrado por el Art. 77 de la LOPA, con arreglo al cual, cuando en virtud de la indicación equivocada de la Administración pública, los interesados no intentan el recurso pertinente o siguen una vía improcedente, no pueden sufrir las consecuencias del error a que han sido inducidos, pues en tal caso «el tiempo transcurrido no será tomado en cuenta a los efectos de determinar el vencimiento de los plazos que le corresponden para interponer el recurso apropiado».

§306.b Derecho al reclamo y el derecho a la queja — Por último, otras garantías frente a la Administración pública son aquella que establece el Art. 3 de la LOPA, esto es, el derecho «al reclamo» y el derecho «a la queja», para reaccionar contra las irregularidades dentro del procedimiento administrativo.

Ahora bien, esta materia por el roce constante que puede ofrecer con los bienes jurídicos, exige una cuidadosa delimitación de campos, ya que si la lesión se produjese sobre un bien jurídico o jurídicamente protegido, el objeto de la reclamación o queja se confundiría con un recurso administrativo. Por esta razón, una primera delimitación de los conceptos de reclamación o queja debe atender a la exclusión de su contenido de aquellos casos en que exista un derecho subjetivo, un interés jurídicamente protegido

Al respecto debemos señalar que no obstante la generalización de denominarlo recurso de queja (Brewer-Carías)[1323], no lo es, pues no tiene por objeto solicitar la revisión o impugnación de un previo acto administrativo, sino más bien reclamar el incumplimiento o distorsión del procedimiento administrativo legalmente esta-

[1323] Brewer-Carías, A.R., Ob. cit., nota 413, 120.

blecido. Bajo esta denominación se encuadran los medios arbitrados para conseguir que el procedimiento administrativo se produzca con ritmo y relación normal, corrigiendo «sobre la marcha» las anomalías —irregularidades o defectos— de diverso carácter que se observen en el desarrollo del procedimiento administrativo: por ejemplo, demoras, paralizaciones, negativas de acceso al expediente, etc.

El derecho al reclamo y a la queja, por tanto, constituyen una petición distinta del recurso administrativo, en cuanto que éste presupone una materia recurrible, a saber, el acto administrativo previamente constituido[1324], mientras que con aquellos no se impugna acto alguno, sino que va dirigido a solicitar que se corrijan los defectos sobre el funcionamiento de la organización, o de instrucción del procedimiento administrativo.

En tal sentido, cabe diferencias las dos clases de acción o vías en derecho: 1.ª, el reclamo propiamente dicho, que es una actuación pública o facultad general, esto es, de todas las personas sobre el funcionamiento del servicio en general, pero no relacionado con el fondo del asunto; el objeto de la reclamación, teóricamente al menos, recaerá sobre el funcionamiento de la organización, entendiendo por esta todos los aspectos relacionados con los procesos y métodos de trabajo y especialmente el comportamiento de los funcionarios con respecto a las personas, a través de los distintos medios de información —por ej., cartas, prensa, redes sociales, etc.—; y 2.ª, la queja, *strictu sensu*, cuyo ejercicio corresponde únicamente al interesado en el curso de un determinado procedimiento administrativo, solicitando que la conducta administrativa sea corregida en cuanto se oponga a los canones o normas procedimentales de obligada observancia en el caso en concreto. Su fundamento no es otro que el principio de economía procedimental, pues siempre es preferible subsanar los defectos previamente, que la impugnación de la decisión final, con la subsiguiente necesidad de reponer de nuevo el procedimiento administrativo.

§307. Conclusión — Después de analizar todas las claves constitucionales e institucionales del procedimiento administrativo, es oportuno concluir diciendo que es importante destacar que en el desarrollo correcto del procedimiento administratiivo, hay una coincidencia fundamental entre el interés público y los de laa persona. Al interés público y a la propia Administración pública, conviene que el procedimiento administrativo sea lo más regular y escrupuloso posible, en aras de poder contar con los elementos de juicio a la hora de decidir, y tenerlos sin tacha jurídica que puedan cuestionar la decisión final, pero también le interesa que no se prolongue excesivamente en el tiempo, ya que dañaría gravemente el interés público que está en cuestión, no solo por la pérdida de recursos y el coste de oportunidad y el grave daño a la seguridad jurídica, sino también por la pérdida de confianza y la consiguiente desafección a lo público por parte de la ciudadanía. Y paralelamente, a la persona le interesaría poder exponer los hechos y las debidas argumentaciones y pruebas, de modo a contribuir en la convicción de la autoridad decisioria, y, por supuesto, que el procedimiento administrativo no se prolongue en el tiempo y que concluya con una decisión expresa, motivada y de calidad.

En mérito a todo lo antes expuesto, podemos afirmar que el procedimiento administrativo es, en suma, un instrumento de garantía al servicio del interés público y del derecho de las personas[1325], o mejor, como señala García de

[1324] Sent. de la CSJ/SPA, de fecha 23 de mayo de 1988.

[1325] Sent. de la CPCA, de fecha 10 de junio de 1980, RDP N° 3, p. 122; 22 de junio de 1981, RDP N° 7, p. 155.

Enterría,[1326] el primer círculo de las garantías de la posición jurídica de la persona, y que unido al segundo círculo de garantías constituido por el sistema de recursos administrativos, más los correspondientes recursos contencioso-administrativos o tercer círculo de garantías, hacen efectivo y operante el principio de juridicidad y su sanción; la defensa de los derechos por las vías procedimentales recursivas, además de los modos ordinarios de participación procedimental en calidad de parte; y por último, el cauce que permite asegurar el principio de buena Administración.

Al respecto no debemos dejar de mencionar que un sector de la doctrina, cuando habla acerca del encuadramiento sistemático de las vías de reacción frente a la actuación del Poder público, hace referencia al bloque que integrarían la revisión en vía administrativa, en vía judicial y en vía constitucional, bajo la rúbrica de Derecho «administrativo garantizador», como una categoría jurídica esencial, carente todavía hoy de una adecuada teorización (Parada Vásquez, González Navarro)[1327].

En este último sentido, no hay duda de que el procedimiento administrativo representa, en el ámbito de la función administrativa, una manifestación capital de la cláusula constitucional Estado de Derecho, y expresión del cambio habido en las relaciones entre el Estado Constitucional y las personas. De ahí que el procedimiento administrativo se haya revalorizado enormemente en el seno del Derecho administrativo comparado, pues, sin duda, ha sido muy notable el progreso de las recientes codificaciones legislativas en Iberoamérica. El procedimiento administrativo es, así, un medio para hacer realidad el principio de buena Administración.

Partiendo, pues, de las premisas enunciadas y dentro del Ordenamiento jurídico, existen, sin duda, seguridades o garantías jurídicamente organizadas contra el Poder público en sus diversas manifestaciones —legislativo, judicial y administrativo—. De ese tipo de garantías y su relación con la Administración pública, han sido objeto de análisis sólo las previstas en sede administrativa, en cuanto destinadas en forma inmediata a la tutela plena de los derechos e intereses de las personas, lo cual constituyó el propósito esencial de este Capítulo.

Pero también es cierto, uno de los capítulos que exige una inminente reforma es el del procedimiento administrativo, que debería poner el acento en la continua mejora de los estándares de los procedimientos, la reorganización de las dependencias y el uso de los avances tecnológicos, la creación de nuevos y adicionales órganos y mecanismos de protección, ya no solo para reaccionar frente a los perentorios efectos de situaciones de anormalidad económica o pandémica de la globalización, sino para facilitar la cotidiana juridicidad y calidad en la gestión de los asuntos públicos que exigirá la vuelta de lo que se ha dado en llamar la nueva normalidad. Pero también, cierto es, un error creer que la mejora puede conseguirse sólo por la vía de las reformas legislativas, pues por encima de ellas está la modificación sustancial de los hábitos, de las prácticas y de las costumbres administrativas.

[1326] García De Enterría, E. y Fernández, T. R. Ob. cit., t. I, nota 13, 470.

[1327] Parada Vázquez, R., (1967). «Derecho Administrativo, Derecho Privado, Derecho Garantizador». En RAP, núm. 52, 59; y González Navarro, F. Ob. cit., t. II, nota 1049, 157.

CAPÍTULO XI
LA CONSTITUCIÓN ADMINISTRATIVA Y LA RESPONSABILIDAD PATRIMONIAL DE LA ADMINISTRACIÓN PÚBLICA

Sección 1.ª La responsabilidad patrimonial del Estado Constitucional

Introducción

§308. Planteamiento de la cuestión — En el ámbito del mundo jurídico, el principio de la responsabilidad está en la misma base de la naturaleza del Derecho. A él está unido también el concepto de sanción: no hay responsabilidad sin sanción, al menos entendida en su sentido más amplio. Sanción y responsabilidad son el punto de partida de toda consideración jurídica. Ahora, la responsabilidad es un tema muy amplio y nos encontramos, pues, en la necesidad de limitar y precisar su contenido, dentro del tema de que nos vamos a ocupar de seguidas.

El instituto o principio «de integridad patrimonial» de las personas y su correlativo, el principio de la garantía o de la responsabilidad patrimonial del Estado Constitucional —o «responsabilidad patrimonial»—, en general, y el de la responsabilidad patrimonial de la Administración pública —o «responsabilidad administrativa»—, en concreto, constituye uno de los temas más apasionantes del actual pensamiento jurídico del mundo occidental[1328]. La mejor piedra de toque para determinar el grado de penetración del Derecho administrativo garantista en las estructuras del Poder público, sin duda, la constituye el análisis de las garantías patrimoniales de que la persona dispone frente a la acción del Estado Constitucional, tanto en orden al control público de los actos y funciones estatales, como en punto a la obtención de las correspondientes indemnizaciones en aquellos supuestos en que la actividad estatal ha lesionado la esfera jurídica —derechos, bienes e intereses— de las personas.

Hoy día, el proceso de desarrollo de la teoría de la garantía patrimonial del Estado Constitucional, no deja lugar a dudas sobre la afirmación y extensión de la responsabilidad del mismo. Efectivamente, la garantía patrimonial del Estado

---

[1328] Son de destacar las magníficas obras específicamente dedicadas al tema de: González Pérez, J., *Responsabilidad patrimonial de las Administraciones Públicas*, 4a. edición, Thomson-Civitas, Madrid, 2006; Ortíz-Álvarez, L.A. (1995). *La Responsabilidad Patrimonial de la Administración Pública*, Editorial Jurídica Venezolana, Caracas; y Saavedra Becerra, R. (2018). *De la responsabilidad patrimonial del Estado*, 3 Vols. Bogotá, Ediciones Jurídicas Gustavo Ibañez.

Constitucional ha evolucionado desde la situación inicial de irresponsabilidad total, hasta la ampliación de la responsabilidad, al punto que se ha aceptado en lagunos supuestos, inclusive, la responsabilidad por riesgo objetivo. Así, no existen en la actualidad dudas sobre la posibilidad de exigir la responsabilidad patrimonial del Estado Constitucional, por lo que no sin razón Hauriou[1329] consideraba a la responsabilidad del Estado Constitucional, como uno de los dos pilares fundamentales del Derecho administrativo, cuando afirmaba acerca de la Administración pública lo siguiente: «que actúe, pero que obedezca la ley; que actúe, pero que pague el perjuicio».

Finalmente, por lo que respecta al principio de la integridad patrimonial de las personas, tenemos que el mismo se refleja a través de dos modalidades: 1.°, el régimen de la expropiación pública, que hemos analizado ampliamente más arriba; y 2.°, el régimen de la responsabilidad patrimonial de la Administración Pública, de la cual nos ocuparemos en este capítulo.

A. Principios de la responsabilidad patrimonial del Estado Constitucional

§309. Planteamiento de la cuestión – En el Derecho positivo, la evolución tanto de la doctrina como de la jurisprudencia del orden jurisdiccional administrativo ha transitado por diversas etapas. Por lo que respecta a la jurisprudencia, la primera etapa de responsabilidad patrimonial administrativa fue establecida conforme a las disposiciones del Código Civil, a partir de las sentencias de la Corte Suprema de Justicia[1330], aunque admitiendo en alguna de ellas referencia a cierto grado de autonomía mediante la aplicación de los principios generales del Derecho Público[1331].

Esto condujo por su parte a la doctrina[1332], a sostener que se había producido una suerte de paradoja, dado que «por un lado todavía emplean el término «responsabilidad civil», pero por el otro lado cada vez empujan más hacia el sistema de responsabilidad administrativa, siempre patrimonial, extra-contractual, propio y autónomo del Derecho administrativo clásico.

Luego, con el voto salvado del Mag. Farías Mata en un fallo del Máximo Tribunal[1333], se va a iniciar el reconocimiento progresivo de la autonomía de la

[1329] Hauriou, M., Ob. cit., nota 332, 505.

[1330] CSJ/SPA, sentencia de 19 de julio de 1984; ratificadas en sentencias de 11 de febrero de 1985; de 4 de marzo de 1993; de 5 de abril de 1994; de 30 de noviembre de 1994; de 3 de agosto de 1995; de 28 de junio de 1996.

[1331] CSJ/SPA, sentencia de 27 de enero de 1994; ratificada en sentencia de 25 de enero de 1996 y 23 de noviembre de 1999.

[1332] Iribarren Monteverde, H. (1992). «La responsabilidad administrativa extracontractual». En *Revista de la Facultad de Derecho de la Universidad Católica Andrés Bello,* N° 44. Caracas.

[1333] CSJ/SPA, sentencia de 4 de marzo de 1993, en el voto salvado del Magistrado Luis Henrique Farías Mata se señala que «la responsabilidad patrimonial que puede corresponder a las personas morales de Derecho público por el ejercicio de la actividad administrativa, no es ni general ni absoluta, como se ha dicho en la decisión a menudo considerada -no con todo fundamento- madre del Derecho Administrativo; no se rige, en efecto, directa ni literalmente por las reglas del Código Civil, concebidas para regular las relaciones entre simples particulares; y comporta reglas autónomas y propias, que debe determinar, como ya lo ha hecho, el juez venezolano del contencioso-administrativo, tomando en cuenta la naturaleza del servicio público involucrado, y la necesaria conciliación con el interés general en la prestación del servicio».

responsabilidad patrimonial en el sistema nacional de Derecho administrativo, que va a ser adoptado plenamente a través de reiteradas decisiones del TSJ[1334].

Posteriormente, la doctrina administrativista mayoritariamente viene sosteniendo que la responsabilidad patrimonial es un Derecho público[1335] autónomo, específico y propio el que se aplica a la responsabilidad del Estado Constitucional[1336], y una jurisdicción especial, contencioso-administrativa (Art. 259 de la C) a quien corresponde dirimir las contenciones que de la misma se deriven.

En tal sentido, se entiende por régimen de responsabilidad, el conjunto de condiciones que ha de reunir la víctima de un daño para ser indemnizada. En este marco, el estudio de la responsabilidad patrimonial de la Administración Pública debe partir de la diferenciación entre responsabilidad administrativa contractual y extra-contractual[1337]. En cuanto al primer extremo, que se produce en los casos en que la responsabilidad de la Administración Pública tiene origen convencional, se rige por otros principios, y de ahí que lo dejemos de lado en esta oportunidad.

I. Fundamento constitucional

§310. Planteamiento de la cuestión — El reconocimiento de la responsabilidad patrimonial del Estado Constitucional se remonta a la Constitución de 1830, la cual fue una de las primeras en hacerlo, aunque de forma muy genérica y tímida. Dicha Constitución declaró que el gobierno sería siempre republicano, popular, representativo, alternativo y sobre todo «responsable».

Luego, la Constitución de 1901 consagró la responsabilidad patrimonial del Estado Constitucional de manera un poco más clara y detallada que la Constitución de 1830. Así, su Art. 14 preveía que tanto los nacionales como los extranjeros no podrían pretender que la Nación o los Estados les indemnizaren algún daño, perjuicio o expropiaciones, que no hayan sido ejecutados por autoridades legítimas, obrando en su carácter público. De la disposición mencionada, por argumento «*contrario sensu*», se podría interpretar que la Constitución sí pretendía reconocer en su momento los daños, perjuicios o expropiaciones que les ocasionasen autoridades legítimas públicas. Es de destacar también, que tal disposición se reiteró en las demás Constituciones del siglo XX.

Posteriormente, la derogada Constitución de 1961 y una de las Constituciones que más años de vigencia ha tenido en el Derecho positivo, estableció la responsabilidad patrimonial del Estado Constitucional, casi de la misma manera en que lo hizo la Constitución de 1901. Así, el Art. 47 *eiusdem* preveía que: «en ningún caso

---

1334 Sent. N° 1013 del TSJ/SPA, de fecha31-07-2002, ratificada en sentencia 850, de fwecha 11-06-2003. Luego el criterio fue adoptado por unanimidad por las Sents. del TSJ/SPA, sentencia 968, de 2 de mayo de 2000; sentencia 2130 de 4 de octubre de 2001 y sentencia 1013, de 30 de julio de 2002; y del TSJ/SC, sentencia 2818, de 19 de noviembre de 2002; sentencia 189, de 8 de abril de 2010.

1335 Iribarren Monteverde, H., Ob. cit., nota 1332; Ortíz Álvarez, L. (2006). «La responsabilidad patrimonial del Estado en Venezuela en la Constitución de 1999 (Visión general sustantiva y el mito del carácter objetivo del sistema)», *Congreso Internacional de Derecho Administrativo en Homenaje al profesor Luis Henrique Farías Mata*, T. I. Caracas, Universidad Católica Andrés Bello, 333.

1336 Sent. del TSJ/SPA (943), del15 de mayo de 2001, *RDP* N° 85-86/87-88, p. 66, cuando afirma que el privilegio de la responsabilidad del Estado Constitucional es inherente al esencial postulado del Estado de Derecho.

1337 Soto Hernández, M. E. (2003). *El Proceso Contencioso Administrativo de la Responsabilidad Extracontractual de la Administración Pública Venezolana*. Caracas, EJV, 13-14.

podrán pretender los venezolanos ni los extranjeros que la República, los Estados o los Municipios les indemnicen por daños, perjuicios o expropiaciones que no hayan sido causados por autoridades legítimas en el ejercicio de su función pública».

Dicha norma fue acompañada con el Art. 206 de la Constitución de 1961, el cual consagraba que los órganos de la jurisdicción contencioso-administrativa tenían competencias para anular los actos administrativos generales o individuales contrarios a derecho, incluso por desviación de poder, así como para «condenar al pago de sumas de dinero y a la reparación de daños y perjuicios originados en la responsabilidad de la administración», y disponer lo necesario para el restablecimiento de las situaciones jurídicas subjetivas lesionadas por la actividad administrativa.

Así, pues, los Arts. 47 y 206 de la Constitución de 1961, en concatenación de los Arts. 3 —carácter responsable del gobierno—; 68 principio de la tutela judicial efectiva y el derecho de la defensa; 46, 121, 192 y 196 —responsabilidad de los funcionarios, en especial del Presidente y de los Ministros—; 56 y 223 —principio de la igualdad ante las cargas públicas—; 49, 117, 205 y 209 —control jurisdiccional—; y 99 y 101 —garantía de la propiedad y de la indemnización por expropiación—; fueron todos ellos el marco constitucional que respaldó, en su momento, un amplio sistema de responsabilidad patrimonial del Estado Constitucional.

Sin embargo, aún consagradas constitucionalmente las bases de la responsabilidad del Estado Constitucional a través de la propia Constitución de 1961, en ese momento y más aún en vísperas a la entrada al siglo XXI, era necesario reestructurar las normas mencionadas anteriormente, a los fines de incorporarle ciertos toques técnicos, actualizarlas y modernizarlas, y así estar a la par de muchos sistemas del Derecho comparado. Pues bien, afortunadamente dicha modernización en la materia tuvo entrada con la Constitución de 1999, a la cual pasaremos a hacer referencia de seguidas.

§311. Consagración constitucional — Una de las innovaciones importantes de la Constitución administrativa en materia de régimen general del ejercicio del Poder público, fue la consagración constitucional expresa y categórica del más arriba analizado principio «de la responsabilidad patrimonial» del Estado Constitucional, por los daños y perjuicios que cause en el ejercicio de sus funciones, a través de normas de mayor rigor técnico, más modernas, amplias y claras (L.Ortiz Alvarez)[1338].

Y es que la responsabilidad patrimonial del Estado es un principio fundamental del Derecho público, esencial en todo Estado de Derecho e indispensable para la modernización de todo país, y, de hecho, quizás sea la institución más importante en la materialización de todo Estado de Derecho y de Justicia (Ortiz-Alvarez)[1339].

En tal sentido, la Constitución de 1999, en armonía con el Derecho comparado, establece la responsabilidad del Estado de una manera amplia y moderna. El sistema es amplio e integral, y cubre todas las actividades estatales. En efecto, la Constitución administrativa realiza una regulación general del sistema de responsabilidad del

---

1338 Ortiz Alvarez, L. Ob. cit., nota 1328, 3.

1339 Ortiz Alvarez, L. (2020). «El principio de la responsabilidad patrimonial de la Administración Pública». En *Principios fundamentales del Derecho Público. Desafíos actuales. Libro conmemorativos de los 20 años de la publicación de la Constitución*. (Coords. Brewer-Carías, A.R. y Araujo-Juárez, J.). Caracas, EJVI.

Estado Constitucional en su Art. 2 *eiusdem*, al prever que Venezuela se constituye en un Estado democrático y social de Derecho y de Justicia, que propugna como valores superiores de su Ordenamiento jurídico y de su actuación, la vida, la libertad, la justicia, la igualdad, la solidaridad, la democracia, la responsabilidad social y, en general, la preeminencia de los derechos humanos, la ética y el pluralismo político.

Dicha consagración general se desprende también del Art. 6, *eiusdem*, el cual establece que:

> **Artículo 6.** El gobierno de la República Bolivariana de Venezuela y de las entidades políticas que la componen es y será siempre democrático, participativo, electivo, descentralizado, alternativo, responsable, pluralista y de mandatos revocables.

Más concretamente, el reconocimiento en cuestión respecto a la Administración Pública se realiza a través del Art. 141 de la C, el cual dispone que:

> **Artículo 141.** La Administración Pública está al servicio de los ciudadanos y ciudadanas y se fundamenta en los principios de honestidad, participación, celeridad, eficacia, eficiencia, transparencia, rendición de cuentas y responsabilidad en el ejercicio de la función pública, con sometimiento a la ley y al derecho.

Y finalmente, la responsabilidad administrativa, es decir, de las personas jurídicas estatales en sus respectivos niveles territoriales, por el funcionamiento de sus Administraciones Públicas, es regulada específicamente y de una manera mucho más clara en la Constitución de 1999 que en la Constitución de 1961, de la siguiente forma:

> **Artículo 140.** El Estado responderá patrimonialmente por los daños que sufran los particulares en cualquiera de sus bienes y derechos, siempre que la lesión sea imputable al funcionamiento de la Administración Pública.

Así, se tiene un gran avance en cuanto a la consolidación, al menos dentro del marco constitucional, de uno de los pilares fundamentales de todo Estado de Derecho, como es el sistema de responsabilidad patrimonial del Estado Constitucional, y de manera específica bajo la denominación general de responsabilidad «patrimonial administrativa», que englobaría todas las reparaciones debidas por el Estado Constitucional por daños causados por el funcionamiento «normal» como «anormal» de la Administración Pública, como estructura orgánica del Estado Constitucional.

Así las cosas, sin entrar en mayores detalles interesa desde el principio enunciar las principales características del régimen común de responsabilidad del Estado Constitucional, en cuanto que es: 1.°, un sistema unitario; 2.°, un régimen general; 3.°, un sistema de responsabilidad directa; 4.°, un régimen de carácter objetivo; y por último 5.°, un sistema que persigue una reparación integral, dentro del marco de los principios constitucionales siguientes.

a. *Principio de autonomía*

§311. a Planteamiento de la cuestión — Como señala P. Delvolvé[1340], parece sorprendente que exista un principio de responsabilidad propia a la Administra-

[1340] Delvolvé, P. (2002). *Le droit administratif*, Dalloz, 3ª. editión. Paris, 63-64.

ción pública, mientras que el primero de los grandes fallos de la jurisprudencia administrativa —fallo Blanco—, dijo lo contrario. En efecto, se observa que anteriormente predominaba la idea de que al Estado Constitucional en general debía aplicársele el mismo régimen de responsabilidad que a cualquier persona —Código Civil—; sin embargo, hoy día es claro el carácter autónomo del sistema de la responsabilidad patrimonial del Estado Constitucional, de Derecho público, que ha impuesto sus propias normas y principios.

En este sentido, el principio «de autonomía» con respecto al Derecho común, de la responsabilidad patrimonial del Estado Constitucional y de la Administración Pública, tiene su origen en la propia Constitución administrativa. La autonomía de este sistema ha sido reconocido por el Alto Tribunal[1341], incluso antes de la entrada en vigencia de la Constitución de 1999, donde se dispuso que:

> Se ha iniciado (...) la incorporación de nuestra jurisprudencia (...) al abandono de la justificación privatista de la responsabilidad patrimonial de la Administración Pública de Venezuela, fundamentada en la calificación de la acción del autor del daño (culpa) para dar paso a criterios *iuspublicitae* expresados en normas de rango constitucional, que hacen depender la responsabilidad de la situación de la víctima y de su patrimonio, permaneciendo la culpa como un criterio más a ser tomado en cuenta en materia de responsabilidad de la Administración, reduciendo así su preponderancia de origen civil.

Posteriormente, la jurisprudencia[1342] señaló en que no es propio acudir a las fuentes de las obligaciones que rigen en materia civil para declarar la responsabilidad patrimonial de la Administración Pública por su actividad, especialmente por lo que respecta a su actividad extra-contractual.

Sin embargo, es de señalar que aún en Francia, todo un sector de la actividad administrativa está sujeto al régimen de responsabilidad establecido por el Código Civil francés, ya en virtud de la jurisprudencia y doctrina francesas[1343] por lo que respecta a la gestión privada de la Administración pública, o ya de la ley, precisamente para remediar las carencias de la responsabilidad administrativa (Ley del 31 de diciembre de 1957 sobre los accidentes de vehículos).

Por su parte Dromi[1344], al señalar que la demandabilidad del Estado Constitucional deviene de su personalidad jurídica, manifiesta que la misma surge directamente del Ordenamiento jurídico constitucional, al hablarse de «Nación» o «República», lo cual permitiría otorgarle su cualidad de parte como sujeto procesal. Dicho autor también señala que en el Ordenamiento infraconstitucional o legal se concreta tal personalidad jurídica en el Código Civil y en el Derecho procesal administrativo, que estatuyen en la demandabilidad y responsabilidad estatal.

En tal sentido destaca Dromi[1345]:

> El reconocimiento de la personalidad jurídica estatal, desde un punto de vista técnico, permite las acciones por responsabilidad contractual y extracontractual

1341 Sent. de la CSJ/SPA, del 23 de noviembre de 1999, caso *Luz Magali Sierna Rugeles.*

1342 Sents. del TSJ/SPA (968), del2 de mayo de 2000, RDP N° 82, p. 242; y del TSJ/SPA (1013), del 30 de julio de 2002, Exp. 12836.

1343 *CE*, del 6 de febrero de 1903, fallo *Terrier*. En Long, M., Weil, P. y Braibant, G. Ob. cit., nota 708, 112.

1344 Dromi, J. R. (1986). *Derecho Subjetivo y Responsabilidad Pública*, Madrid-España, Grouz, 23.

1345 Dromi, J. R. Ob. cit., nota 1344, 24-25.

contra el Estado Constitucional y su consecuente deber reparatorio con bienes propios, respecto de los actos y hechos estatales emitidos por sus órganos en ejercicio de las funciones del poder. El deber de resarcimiento gravita sobre el Estado Constitucional, como sobre cualquier otro sujeto jurídico, como una exigencia del sometimiento de los poderes públicos al imperio del derecho»

En conclusión, la autonomía de la responsabilidad patrimonial del Estado Constitucional en el Derecho positivo no debe llamar a dudas, sostiene Ortíz-Álvarez[1346], por las mismas razones que en el Derecho comparado, entre ellas: 1.ª, la originalidad del fenómeno administrativo el cual exige soluciones propias y diferentes a las del Derecho privado; 2.ª, los principios propios a la responsabilidad administrativa -igualdad ante las cargas públicas, la perspectiva de la víctima y la idea de lesión como criterio general-; y por último, 3.ª, la existencia de principios generales y de todo un bloque normativo —de rango constitucional, principalmente— propio a la responsabilidad patrimonial del Estado Constitucional, en general, y de la Administración pública, en concreto, según pasaremos a analizar en la Sección siguiente.

b. *Principio de sistema mixto de responsabilidad*

§311.b Planteamiento de la cuestión — Ahora bien, el Art. 140 de la C no puede analizarse separado o de manera individual, sino que debe interpretarse conjuntamente con todas las demás disposiciones de la Constitución administrativa que tratan el sistema de la responsabilidad patrimonial del Estado Constitucional, pero en especial, con la EMC, cuya parte que se quiere resaltar en estos momentos es del tenor siguiente:

> Finalmente, en las disposiciones generales, se establece bajo una perspectiva de derecho público moderna la obligación directa del Estado de responder patrimonialmente por los daños que sufran los particulares en cualquiera de sus bienes y derechos, siempre que la lesión sea imputable al funcionamiento, normal o anormal, de los servicios públicos y por cualesquiera actividades públicas, administrativas, judiciales, legislativas, ciudadanas o electorales, de los entes públicos o incluso de personas privadas en ejercicio de tales funciones.

Del extracto que hemos citado se observa, claramente, la amplitud e integralidad en la que formalmente ha quedado reconocido en la Constitución administrativa, el sistema de la responsabilidad patrimonial del Estado Constitucional, el cual no sólo recae sobre el ejercicio de la función pública por parte de la Administración Pública —actuaciones, actos administrativos, contratos, omisiones, vías de hecho, retardos, abstenciones, ineficacia, etc.—, sino también sobre las demás funciones de los Poderes legislativo y judicial (R. Saavedra Becerra)[1347], electoral, ciudadano o cualquier otro tipo de función pública, pudiendo éstas ser ejercidas por personas públicas o privadas en ejercicio de las funciones públicas, bien sea mediando un funcionamiento normal —legal o sin falta del servicio— o anormal —ilegal o con falta de servicio—) de todos los órganos en el ejercicio del Poder público.

[1346] Ortíz-Álvarez, L. (1997). «Nota Proemial» a *Jurisprudencia de Responsabilidad Extracontractual del Estado Constitucional (1961-1997)*. Caracas, FUNEDA-EJV, 29.

[1347] Saavedra Becerra, R. «El principio de responsabilidad por el hecho del legislador. El principio de responsabilidad del Estado por la actividad jurisdiccional». En *Principios fundamentales del Derecho Público. Desafíos actuales. Libro conmemorativos de los 20 años de lapublicación de la Constitución*. (Coords. Brewer-Carías, A.R. y Araujo-Juárez, J.). Caracas, EJVI.

Conjuntamente con las generalidades ya mencionadas, el Art. 49, num. 8 de la C, señala con respecto a la responsabilidad patrimonial del Estado Constitucional por errores judiciales lo siguiente:

8. Toda persona podrá solicitar del Estado el restablecimiento o reparación de la situación jurídica lesionada por error judicial, retardo u omisión injustificados. Queda a salvo el derecho del o de la particular de exigir la responsabilidad personal del magistrado o de la magistrada, del juez o de la jueza; y el derecho del Estado Constitucional de actuar contra éstos o éstas.

Como puede observarse, formal y constitucionalmente, ha prevalecido lo que la doctrina ha denominado un sistema «mixto de responsabilidad», donde el pilar fundamental ya no es el autor del daño, sino el principio «de la integridad patrimonial» de las personas. En otras palabras, la falta —culpa— que pudiera haber en las actuaciones del Estado Constitucional pasa a un segundo plano, aunque pueden existir casos en que dicha falta es necesaria para la procedencia de la responsabilidad patrimonial del Estado Constitucional.

Ahora bien, el sistema mixto de responsabilidad patrimonial del Estado Constitucional no siempre ha sido reconocido. Aún cinco años después de la vigencia de la Constitución de 1999, la jurisprudencia de la CPCA[1348] había afirmado que en el Derecho positivo existe un régimen objetivo, que consiste en una garantía para las personas frente a los daños que le produzca la actividad de la Administración Pública «[...] sin que sea necesario evaluar la normalidad o no de la actuación de la Administración [...]». No obstante, la jurisprudencia del Alto Tribunal[1349] destaca el carácter mixto del sistema de responsabilidad patrimonial del Estado Constitucional, así como su naturaleza amplia e integral[1350]. Este criterio ha sido acogido por la Sala Político Administrativa del Alto Tribunal[1351].

Otras disposiciones de la Constitución administrativa que constituyen la base del sistema mixto de responsabilidad patrimonial del Estado Constitucional en el derecho positivo, son: los Arts. 25, 137, 138 y 350 de la C —principio de legalidad o de juridicidad—; los Arts. 4, 165 y 184 de la C —principio de corresponsabilidad por las gestiones públicas—; los Arts. 26 y 49 de la C —derecho a la tutela jurisdiccional efectiva—; el Art. 117 de la C —defensa de los derechos de los consumidores a recibir bienes y servicios de calidad y su consecuente derecho al resarcimiento por los daños causados por la violación de dicho derecho—; los Arts. 21, 133, 311 y 316 de la C —principio de igualdad de las cargas públicas—; el Art. 115 de la C —garantía de la propiedad, integridad patrimonial e indemnización en la expropiación pública—; los Arts. 7, 25, 46, 49, 139, 141, 199, 200, 216, 222, 232, 242, 244, 255, 281 y 285 de la C —responsabilidad de los funcionarios públicos, entre ellos el Presidente de la República y los Ministros—; y finalmente, los Arts. 19, 29, 30, 31 y 46 de la C —responsabilidad por violación de los derechos humanos—.

[1348] Sent. de la CPCA, del26 de julio de 2005, caso *Sindicato Agrícola*.
[1349] Sent. del TSJ/SC, del19 de noviembre de 2002, caso *Carmona*.
[1350] Ortiz Alvarez, L. Ob. cit., nota 1339.
[1351] Sents. del TSJ/SPA, del1 de octubre de 2002 y 25 de marzo de 2003 casos *Cadafe* y *Enelbar*, respectivamente.

c. *Principio de la integridad patrimonial de la persona*

§311.c Planteamiento de la cuestión – Por último, el sistema de responsabilidad patrimonial del Estado Constitucional se fundamenta también en el principio «de la integridad patrimonial» de las personas –denominado también de la reparación integral del daño–, y no en la culpa o falta que pudiera haber en determinadas situaciones. Debe prevalecer la idea de una lesión patrimonial antijurídica –moral o material–, que la persona no tiene el deber de soportar sin ser indemnizada por el daño que se le cause en el ejercicio de las funciones públicas, dado que ninguna norma le obliga a ello a favor del interés de los demás[1352].

En este mismo sentido, el Art. 259 de la C dispone lo siguiente:

> **Artículo 259.** [...]Los órganos de la jurisdicción contencioso administrativa son competentes para anular los actos administrativos generales o individuales contrarios a derecho, incluso por desviación de poder; condenar al pago de sumas de dinero y a la reparación de daños y perjuicios originados en responsabilidad de la Administración; conocer de reclamos por la prestación de servicios públicos; y disponer lo necesario para el restablecimiento de las situaciones jurídicas subjetivas lesionadas por la actividad administrativa.

La disposición transcrita prevé, en efecto, la ampliación del control de la jurisdicción contencioso administrativa, al incluir ahora la competencia para conocer los impropiamente denominados reclamos «por la prestación de los servicios públicos», que se conoce en doctrina como «contencioso de los servicios públicos» (Araujo-Juárez, y A. Canónico Saravia[1353]), y que regulan los Arts. 8, 26, num. 1, y 65, num.1 de la LOJCA.

En resumen, los grandes principios generales consagrados por la Constitución administrativa de donde se desprende la regulación en materia de la responsabilidad patrimonial del Estado Constitucional y de la Administración pública, son los principios de la integridad –o integralidad– patrimonial de las personas, del sistema mixto de responsabilidad patrimonial y de la autonomía de su régimen (Arts. 25, 29, 30, 140, 259, 46, num. 4, 49, num. 8, 115, 139, 141, 199, 216, 222, 232, 244, 255, 259, 281 y 285 de la C)[1354].

En mérito a lo expuesto, y por cuanto el régimen de responsabilidad del Estado Constitucional y de la Administración Pública tienen rango constitucional[1355], se comparte el criterio de Ortíz-Álvarez[1356], que de todo el mencionado bloque normativo constitucional, resulta una consistente base jurídico-constitucional para fundamentar y desarrollar técnicamente a fondo, los principios propios y autónomos de la responsabilidad patrimonial del Estado Constitucional y, en concreto, de la responsabilidad patrimonial administrativa, y agregamos, donde rija plenamente el modelo Estado de Derecho y de Justicia.

1352 Sents. del TSJ/SPA, de fechas 2 de mayo de 2000, caso *Elecentro* y del15 de junio de 2000, caso *Eleoriente*.

1353 Araujo-Juárez, J. Ob. cit., nota 505, 313 a 349; y Canónico Saravia, A. (2013). «Las demandas para el reclamo por la prestación de servicios públicos». En *III Congreso de Derecho Procesal Constitucional y I Congreso de Derecho Administrativo, La Justicia Constitucional y Justicia Administrativa como garante de los derechos humanos reconocidos en la Constitución. En Homenaje al Doctor Gonzalo Pérez Luciani*, t. I, Caracas, UMA-FUNEDA, 2013.

1354 Sent. del TSJ/SC N° 403 del 24 de febrero de 2006.

1355 Sent. del TSJ/SE (834), del26 de julio de 2005, *RDP* N° 102, p. 89.

1356 Ortiz Alvarez, L., *Ob. cit.*, nota 1328, 33; y Ortiz Alvarez, L. Ob. cit., nota 1339.

Sección 2.ª El principio de la Responsabilidad patrimonial de la Administración pública

Introducción

§312. Planteamiento de la cuestión — Tal como se ha visto *ut supra*, dada la evolución del sistema de la responsabilidad patrimonial del Estado Constitucional, la culpa ha dejado de ser el presupuesto único y principal para el funcionamiento del mismo, siendo que lo más importante ahora es la integridad patrimonial de la persona.

En efecto, una de las principales transformaciones de nuestro modelo de sistema administrativo introducidas por las principales modificaciones de la Constitución administrativa, ha sido en materia de responsabilidad patrimonial de la Administración pública. En efecto, la responsabilidad patrimonial administrativa constituye uno de los institutos claves del modelo de sistema administrativo constitucional, puesto que supone una de las principales garantías jurídica de la persona frente al Poder administrativo y, a la vez, viene a ser un justo límite frente a las potestades cada vez más crecientes de la Administración pública. No se puede olvidar que, como indica De Laubadére[1357], legalidad o juridicidad y responsabilidad constituyen los principios básicos en que se asienta el sistema de Derecho administrativo.

Más concretamente, el reconocimiento en cuestión respecto a la Administración Pública se realiza a través del trasncrito más arriba Art. 141 de la C. Por su parte, el principio de la responsabilidad administrativa lo reitera el Art. 13 de la LOAP, al disponer que la Administración Pública será responsable por los daños que sufran las personas en cualquiera de sus bienes y derechos, por la gestión de sus respectivos órganos, de conformidad con la Constitución administrativa y la ley, siempre que la lesión sea imputable a su funcionamiento.

Ahora bien, según el Art. 140 de la C ya citado, para que proceda la responsabilidad patrimonial de la Administración Pública, se requiere de la presencia de cuatro condiciones o elementos constitutivos, como lo son:

(i) La actividad o función administrativa productora de efectos jurídicos directos o indirectos en la esfera jurídica de la persona —hecho administrativo—.

(ii) La existencia de un daño constituido por una afección a un bien o derecho tutelado por el Ordenamiento jurídico o su disminución patrimonial —daño antijurídico—.

(iii) Una actuación u omisión que la cause, y atribuible a la Administración pública, lo que se extiende al Juez, al Legislador, al Ciudadano y al Electoral, según la Exposición de Motivos de la Constitución —imputabilidad—.

(iv) La relación de causalidad entre tales elementos —nexo causal—[1358].

1357 De Laubadere, A. Venezia J.-C. et Gaudmet, Y. Ob. cit., nota 828.

1358 Sents. del TSJ/SPA (968), del5 de febrero de 2000, RDP N° 82, p. 244; TSJ/SPA (943), del15 de febrero de 2001, RDP N° 85-86/87-88, 114.

Pues bien, pasaremos a tratar en detalle estos elementos constitutivos o presupuestos[1359], dejando claro antes, que aunque los mismos aplican para la responsabilidad patrimonial del Estado Constitucional en general, nos interesa por de pronto en la presente obra hacer referencia sólo a la Administración pública.

A. Elementos constitutivos

I. Hecho administrativo

§313. Planteamiento de la cuestión — La doctrina sostiene que el «hecho administrativo» es toda actividad administrativa material —actividad, inactividad, acto o situación, lícita o ilícita— productora de efectos jurídicos directos o indirectos (Dromi)[1360]. La diferencia conceptual con el acto administrativo está dada porque comporta un «hacer material», esto es, la operación técnica o la actuación física de un sujeto público en ejercicio de la función administrativa, en tanto que aquel significa siempre una declaración de voluntad (Araujo-Juárez).

Dentro de la actividad o función administrativa están comprendidos, pues, los denominados hechos administrativos —o modos de actuación material o técnica— de la Administración pública. Es evidente que el obrar material es jurídicamente relevante, si ocasiona un daño o lesión a una persona. Ahora bien, el hecho administrativo en sí es una actividad neutra, no es legítima ni ilegítima. Si bien el hecho administrativo genera efectos jurídicos directos —hecho jurídico—, el mismo no opera una modificación en el orden jurídico creando derechos y deberes de otros sujetos. Sus efectos jurídicos se reducen a crear derechos por vía consuetudinaria o a generar responsabilidad administrativa si ha ocasionado un daño (Dromi)[1361].

Finalmente, los hechos jurídicos pueden ser:

(i) *Positivos*, por actividad, por ej., la destrucción de un inmueble.

(ii) *Negativos*, por omisión o inactividad, por ej., lo que ocurre cuando la Administración pública no hace o no da algo que está obligado a hacer o dar (M.Argarañas[1362]).

II. Daño antijurídico

§314. Planteamiento de la cuestión — Al contrario de lo que prevalecía en el sistema de responsabilidad subjetivo, donde la falta o culpa era esencial para el surgimiento de la responsabilidad patrimonial de la Administración pública, actualmente el «daño» —o perjuicio— en la integridad patrimonial de la persona es el elemento esencial para ello. Lo anterior no significa que toda actividad proveniente de la Administración pública que cause un daño a un bien o derecho de

---

[1359] Sent. de la CSJ/SPA, del 28 de noviembre de 2001, caso *Consorcio Inversionista Fabril*, en la cual se destacó que: «(...) de acuerdo al texto del Art. 140 del Texto Fundamental (...) los elementos constitutivos que deben concurrir para la procedencia de la responsabilidad de la Administración, son: a) que se haya producido un daño a los administrados en la esfera de cualquiera de sus bienes y derechos; b) que el daño infligido sea imputable a la Administración, con motivo de su funcionamiento, sea éste normal o anormal; y c) la imprescindible relación de causalidad que debe existir entre el hecho imputado a la Administración y el daño efectivamente producido por tal hecho».

[1360] Dromi, R. Ob. cit., nota 1353.

[1361] Dromi, R. Ob. cit., nota 1353.

[1362] Argarañas, M. (1955). *Tratado de lo contencioso administrativo*, Buenos Aires, T.E.A.

una persona deba ser resarcido por el Estado Constitucional. En efecto, el hecho administrativo perjudicial debe ser directamente imputable a la Administración pública, y debe constituir una afección cierta al patrimonio de bienes y derechos de la persona[1363].

En tal sentido, el daño es simplemente una lesión, perjuicio o detrimento en la esfera jurídica de la persona. Sin embargo, no puede decirse que cualquier daño que se ocasione en el ejercicio de funciones públicas es indemnizable, ya que dicho daño debe ser antijurídico. En otras palabras, para que proceda el deber de indemnizar un daño a la persona, éste no debe tener el deber jurídico de soportarlo, es decir, no puede existir una norma en el Ordenamiento jurídico que legitime el daño que se le cause.

Por ejemplo, el pago de impuestos o de una multa por haber cometido algún ilícito, son daños patrimoniales que el particular tiene el deber de soportar sin indemnización, simplemente por ser daños lícitos a su patrimonio. En este sentido y de conformidad con el principio de juridicidad, no habría deber de indemnizar el daño si el Ordenamiento jurídico habilita a la Administración pública a causarlo como es el caso de las sanciones económicas o multas.

§314.a Cierto — Por otra parte, el daño debe haberse materializado, es decir, no se puede hablar de un daño que podría darse en un futuro, o eventual, más bien, debe haberse dado, ser real o efectivo, esto es, debe constituir una afección cierta al patrimonio de bienes y derechos de la persona[1364].

§314.b Individualizable — El daño también debe ser individualizable, es decir, singular respecto a un sujeto o grupo de sujetos determinado, que no deba ser soportado en general por todos las personas, y que vaya en contra del principio de igualdad ante las cargas públicas.

§314.c Integridad — Finalmente, el daño en el patrimonio de la persona no necesariamente debe ser sobre algo material, ya que dicho daño puede ser también moral[1365], lo importante es que sea evaluable económicamente —principio de integridad del patrimonio o de la reparación integral del daño—.

Ahora bien, en el Derecho positivo, en un primer momento los daños morales ocasionados a las personas fueron aceptados conforme a las reglas del CC (Art. 1196, *eiusdem*); sin embargo, posteriormente, la responsabilidad por daños morales se basó también en normas de Derecho público[1366]. Como reconocimiento jurisprudencial de la responsabilidad patrimonial de la Administración pública por daños morales, se tiene la emblemática sentencia del ya citado caso Betancourt, en la cual se dispuso que la indemnización por daños morales no persigue sancionar civilmente al causante del daño, sino indemnizar el «dolor sufrido» por una persona a raíz de una pérdida inmaterial, espiritual o afectiva.

III. Imputabilidad del daño

§316. Planteamiento de la cuestión — Otro elemento constitutivo para que proceda la responsabilidad patrimonial de la Administración pública, encontramos

---

1363 Sent. del TSJ/SPA (288), del25 de febrero de 2003, RDP, N° 93-94/95-96, 131.
1364 Sent. de TSJ/SPA (288), del 25 de julio de 2003, RDP N° 93-94/95-96, p. 131.
1365 CE, del24 de noviembre de 1961, fallo *Letisserand.*
1366 Sent. del TSJ/SPA, del9 de octubre de 2001.

la «imputabilidad del daño». No sólo es necesario entonces probar el hecho administrativo, la existencia de un daño antijurídico y la relación o nexo de causalidad del mismo; esto es, el acto u omisión de la Administración pública, sino que es imprescindible que dicho daño sea imputable o atribuible a ella.

IV. Nexo causal

§315. Planteamiento de la cuestión — Como último elemento constitutivo necesario para que pueda configurarse la producción de la responsabilidad patrimonial de la Administración Pública, es el «nexo causal» —o relación de causalidad— entre, por un lado, el hecho administrativo que va a causar la responsabilidad, y, por el otro, el daño antijurídico por los cuales se demande indemnización (Dromi)[1367].

No basta entonces con que la persona que reclama un daño antijurídico en su haber pruebe el mismo, sino que también es necesario que pruebe que exista un vínculo o relación de causalidad entre dicho daño antijurídico y el hecho administrativo imputable a la Administración pública, que es lo que comúnmente se denomina «relación causa-efecto».

Ahora bien, no es poco usual que cuando se demanda la responsabilidad patrimonial de la Administración pública, ésta se escude tras causas o motivos que interfieren en la relación de causalidad entre aquello que genera un daño y el mismo, o en la cadena causal. Dichas «causales de exoneración» que podrían interrumpir la producción del nexo causal y, por tanto, ser alegados por la Administración pública para exonerarse de la obligación de resarcimiento por daños ocasionados a un ciudadano, son generalmente: 1.ª, la fuerza mayor; 2.ª, el caso fortuito; 3.ª, el hecho de un tercero; y por último, 4.ª, la culpa de la propia víctima.

§316.a Fuerza mayor — La fuerza mayor se ha definido como acontecimientos inevitables ajenos —externos— al funcionamiento de la Administración pública, imprevisibles, de carácter irresistible, inevitables y no esperados razonablemente: por ej., inundaciones catastróficas, maremotos, incendios causados por la naturaleza misma, entre otros escenarios semejantes. Nótese entonces que, en los casos de fuerza mayor, la causa del daño es ajena al funcionamiento de la Administración pública.

§316.b Caso fortuito — Si, por el contrario, la causa está aunada a la prestación de un servicio público o es interna al mismo, por ej., el riesgo que implica la prestación del servicio eléctrico, se habla entonces de un caso fortuito que no exoneraría a la Administración pública de la obligación de indemnizar a la persona que sufra un daño por la prestación del mismo.

§316.c Hecho de un tercero — Otra de las causas por las cuales la Administración Pública pudiera argumentar la ruptura del nexo causal entre un hecho administrativo y el daño antijurídico causado a una persona, es el hecho de un tercero, o

[1367] En este sentido, Dromi, R., Ob. cit., nota 1353, 2 y 33, citando a Fiorini señala que: «El derecho reparador no nace por la simple existencia del daño, sino por la conexidad o la relación directa entre la actividad del Estado Constitucional por cualquiera de sus órganos y el perjuicio que se ha producido. [...] La vieja fórmula civilista de que no hay indemnización si no existe culpabilidad, se transforma en el derecho administrativo, por la regla de que todo daño injustamente ocasionado por el Estado Constitucional debe ser resarcido. El dato de injusticia proviene de la ruptura del respeto por el derecho individual».

aquel causado por un sujeto ajeno o distinto a la víctima y a la Administración pública, que deberá ser la única causa del daño pues, de lo contrario, la Administración pública será igualmente responsable.

§316.d Hecho de la víctima — Finalmente, se encuentra que la Administración pública puede alegar el hecho o culpa de la víctima para exonerarse de responsabilidad. Este es el caso en el que el afectado no actúe con la diligencia que exige ser «un buen padre de familia» y, por tanto, haber tenido toda la culpa en el origen del daño que se ha ocasionado. Si, por el contrario, la Administración pública concurre en la producción del daño, deberá ser responsable en la medida que haya contribuido a ello, esto es, el supuesto de «concurrencia de culpa».

§317. Conclusión — En mérito a lo anterior se observa que, dependiendo del régimen de responsabilidad administrativa en el que nos encontremos, es decir, el de responsabilidad sin falta —legal— o con falta —ilegal—, podrá la Administración pública acudir a unos u otros supuestos exoneratorios de su responsabilidad.

Así, tal como lo sostiene Ortíz Álvarez[1368], en el régimen de la responsabilidad administrativa sin falta, sólo serán admitidas como causales de exoneración total o parcial, el hecho de la víctima y la fuerza mayor, ya que ni el hecho de un tercero ni los casos fortuitos pueden alegarse frente a la víctima en este caso.

Y en el caso de la responsabilidad administrativa con falta, Ortiz-Alvarez[1369] ha sostenido que dicho régimen de responsabilidad administrativa admite las cuatro causales clásicas de exoneración mencionadas: 1.ª, la fuerza mayor; 2.ª el caso fortuito; 3.ª el hecho de un tercero; y por último, 4.ª, la falta de la víctima, peroque, sin embargo, en los casos de presunciones de funcionamiento anormal sólo son procedentes las dos primeras y no las dos últimas.

B. Sistema integral o mixto de la responsabilidad administrativa

§318. Planteamiento de la cuestión — La actividad de la Administración pública tiene por finalidad la satisfacción de las necesidades de la comunidad, en suma, el interés general o público. No obstante, en la práctica, por cuanto las diversas manifestaciones de la actividad del Poder público y distinto el régimen jurídico que favorecen o perjudican a las personas, y estos daños o provechos desiguales, obligan al Estado Constitucional a restablecer continuamente el equilibrio roto, se impone una clasificación.

Así la clasificación tradicional concibe en grandes líneas la responsabilidad de la Administración pública en: 1.ª, la contractual; y 2.ª, la extra-contractual, que no obstante, responder a unos mismos principios jurídicos, tienen un fundamento común y en buena parte están sometidos a regímenes jurídicos análogos, los dos supuestos presentan diferencias relevantes (González Pérez)[1370].

Así las cosas, solo pasaremos a analizar el sistema de responsabilidad patrimonial integral de la Administración pública o responsabilidad administrativa extra-contractual, que abarca tanto el funcionamiento «normal» como el funcionamiento «anormal» de la misma[1371]. Igualmente, se verá de seguidas, la responsabi-

---

1368 Ortíz-Álvarez, L. Ob. cit., nota 1328, 364.
1369 Ortíz-Álvarez, L. Ob. cit., nota 1328, 212-213 y 248-249.
1370 González Pérez, J., Ob. cit., nota 1328, 194.
1371 Sent. del TSJ/SPA ACC (2132), del16 de noviembre de 2004, RDP Nº 99-100, p. 77.

lidad de las personas jurídicas no estatales que ejecuten funciones públicas, previo mandato de la ley en colaboración con la Administración pública.

I. Fundamento constitucional

§319. Planteamiento de la cuestión — La jurisprudencia[1372] ha señalado que el carácter autónomo de la responsabilidad administrativa «extra-contractual» encuentra su origen en el régimen constitucional que ha estado presente en las sucesivas constituciones promulgadas durante el siglo XX. En este orden de ideas, la Constitución administrativa consagró en el Art. 140, una disposición que establece de manera expresa, y sin necesidad de recurrir a interpretación alguna, la responsabilidad patrimonial de la Administración Pública por los daños que sufran las personas en su esfera jurídica, siempre que el daño antijurídico sea imputable al funcionamiento de la Administración Pública.

Ahora bien, la responsabilidad extra-contractual de la Administración pública encuentra, según la jurisprudencia[1373], fundamento expreso en la actualidad en el principio «de igualdad ante las cargas públicas» —o de equilibrio ante las cargas públicas, conocido también como la teoría de la raya—, el cual se basa en que la Administración pública persigue la satisfacción y tutela de los intereses generales o públicos, y si ésta en ejercicio de sus potestades causa un daño a una persona, ésta no puede sufrir individualmente las cargas de la actividad dañosa de la Administración pública. Asimismo, sostuvo que, si bien en el pasado la doctrina consideró que el fundamento se encontraba en la teoría «del riesgo», conforme al cual quien se beneficie de una actividad deberá soportar las consecuencias que de ésta deriven; y si bien tal teoría no es incompatible, lo que ocurre es que existiendo un fundamento constitucional expreso, no sería necesario acudir a otra explicación de aquella.

Pues bien, el término Administración pública desde el punto de vista subjetivo debe entenderse en toda su amplitud. En efecto, señala Brewer-Carías que la expresión Administración Pública, en todo caso debe interpretarse conforme se utiliza la expresión en el Título IV, *Del Poder Público* de la Constitución, donde está ubicada, abarcando no sólo la Administración Pública conformada por los órganos que ejercen el Poder Ejecutivo en los tres niveles político-territoriales, sino la conformada por los órganos que ejercen el Poder Ciudadano y el Poder Electoral, así como la Administración Pública que constituye la Dirección Ejecutiva de la Magistratura del Tribunal Supremo de Justicia, y las unidades administrativas de la Asamblea Nacional[1374].

II. Regímen jurídico

§320. Planteamiento de la cuestión — La EMC señala que la responsabilidad patrimonial de la Administración Pública se extiende tanto a los casos de funcionamiento anormal como normal, es decir, por situaciones ilegales y legales, respectivamente. En consecuencia, la Constitución administrativa consagra un sistema integral de responsabilidad patrimonial de Estado Constitucional, esto es, no existe ninguna limitación ni restricción[1375].

1372 Sent. del TSJ/SPA (968), del2 de mayo de 2000, RDP, N° 82, p. 242.

1373 Sents. del TSJ/SPA (968), del2 de mayo de 2000, RDP, N° 82, p. 243; y del TSJ/SPA ACC (2132), del 16 de noviembre de 2004, RDP, N° 99-100, p. 77.

1374 Brewer-Carías, A. R., Ob. cit., nota 248, T. I, 310.

1375 Sent. del TSJ /SC (2818), del9 de noviembre de 2002, RDP N° 89-90/91-92, pp. 111-112.

En otras palabras, este sistema mixto de la responsabilidad patrimonial de la Administración Pública reconocido constitucionalmente, se divide a su vez en dos regímenes, donde el fundamento para exigir una indemnización patrimonial a la Administración Pública varía: 1.°, si se trata de la llamada responsabilidad con falta del servicio; o 2.°, si se trata de la llamada responsabilidad sin necesidad de probar la falta del servicio[1376], esto es, según la jurisprudencia se consagra un sistema de forma integral, sin distinción, pues lo hace respecto del funcionamiento anormal como normal[1377], y de seguidas nos ocuparemos del régimen de la responsabilidad por funcionamiento anormal de la Administración Pública.

a. *Funcionamiento anormal*

§321. Planteamiento de la cuestión — En primer lugar, la responsabilidad patrimonial por funcionamiento «anormal» —o por falta del servicio— de la Administración pública, denota principalmente una ilegalidad. Su fundamento es que todos las personas tienen derecho a un funcionamiento normal y eficaz de la Administración pública —principio de buena Administración—; por tanto, la falta del servicio: por ej., los actos administrativos ilegales, funcionamientos defectuosos, tardanzas, abstenciones, inactividades, vías de hecho, errores, impericias, ineficacias, imprudencias y negligencias o cualquier incumplimiento del Derecho o, en suma, la mala actuación de la Administración Pública que cause un daño, deberá ser indemnizado.

Para que proceda la declaratoria de la responsabilidad patrimonial por el funcionamiento anormal de la Administración pública —condición o elemento constitutivo de la responsabilidad—, es necesario que el afectado pruebe previamente la falta —ilegalidad— y, por supuesto, el daño y el nexo causal, salvo que para proteger a la persona afectada se presuma la falta por ser ésta de difícil prueba, lo cual hace necesario invertir la carga de la prueba, quedando así a cargo de la Administración pública el deber de probar la ausencia del funcionamiento anormal que se le imputa, para poder exonerarse de responsabilidad[1378].

Por otra parte, Ortiz-Alvarez[1379] ha sostenido que en el caso de la responsabilidad por falta no es necesario que se encuentre un daño «anormal» o «especial» —lo que sí se exige para el caso de la responsabilidad sin falta del servicio, como se verá

1376 Sent. de la CSJ/SPA, del25 de enero de 1996.

1377 Sent. del TSJ/SPA.ACC (2132), del16 de noviembre de 2004, *RDP* N° 99-100, p. 77.

1378 Según Ortíz Álvarez: «Este último supuesto se asemeja al ya citado caso resuelto por la jurisprudencia venezolana por la CPCA, del20 de marzo de 1986, caso *Silva Rosa Riera c. INAVI,* en el cual un niño resultó muerto al caer por el hueco de un ascensor desde un piso 12. En la especie venezolana la Administración no puede comprobar la ausencia de mal funcionamiento, implicando así su responsabilidad, y si bien el debate probatorio se desarrolló desde ambos lados -demandante al atacar y demandado al defenderse- y si pareciera también que el Tribunal trató el caso como un supuesto de falta probada, puede descubrirse un importante acento en el papel probatorio que incumbía a la Administración, como si el Juez hubiese intuido que en realidad se trataba de un caso susceptible de caer bajo el régimen de presunciones de falta. Así, por ejemplo, dice la Corte: «Por lo que atañe a la culpa... el organismo demandado... alegó que tomó las medidas necesarias para impedir el uso del ascensor dañado, lo cual no pudo demostrar. (-) La situación procesal tal como quedara planteada sólo permitía a la demandada demostrar, para liberarse de responsabilidad que fue diligente en su obligación de mantenimiento». A fin de cuentas, parece deseable que en Venezuela este tipo de casos, al igual que en la generalidad de accidentes sufridos por los usuarios por o (sic) en las obras públicas, se someta al régimen de presunciones de falta». Ver al respecto Ortíz Álvarez. L., Ob. cit., nota 1328, 340. Y sobre jurisprudencia venezolana y extranjera detallada en materia de presunciones de funcionamiento anormal, ver las páginas 338-348 de la referida obra.

1379 Ortíz Álvarez, L. Ob. cit., nota 1328, 248-250.

posteriormente—, sino que « [...] todo funcionamiento anormal administrativo convierte en antijurídico cualquier daño en el patrimonio de los particulares».

§322. Técnica de los estándares — Ahora bien, a pesar de que el Art. 140 de la C deja claro que la Administración Pública está plenamente sometida al principio de juridicidad, generalmente las leyes no traen consigo el código exacto de comportamiento o conducta que debe realizar en detalle la Administración Pública, esto es, la técnica «de los estándares».

En este sentido, y parafraseando las palabras del autor Ortiz Álvarez: 1.°, las obligaciones administrativas son ilimitadas; 2.°, elaborar un código general de deberes de la Administración pública es una labor imposible; 3.°, un texto no podría contener *a priori* todos los estándares de funcionamiento de la Administración pública, ya que dichos estándares son variables y evolutivos con el tiempo; 4.°, el derecho al funcionamiento correcto o normal de la Administración pública no es muy claro, pues las obligaciones extra-contractuales de la Administración pública no siempre están previstas de manera exacta pero que, sin embargo, existen y deben ser descubiertas por el Juez; y por último 5.°, lo más importante aquí es cómo el Juez debe ejecutar su obligación de establecer *a posteriori*, caso por caso, el contenido de las obligaciones administrativas.

En estos casos, donde el abanico de obligaciones no están contempladas y detalladas en las normas, la determinación de si la Administración pública ha actuado bien o mal es generalmente establecida por el Juez casuísticamente y de acuerdo con ciertos estándares.

Al respecto, Martín Rebollo[1380] ha considerado que « [...] es mejor que, en la medida de lo posible, haya pautas fijadas previamente que no criterios *a posteriori* establecidos casuísticamente en vía judicial. Parece mejor, [...] que esas pautas vengan establecidas desde fuera. Desde la propia Administración o, en su caso, desde el legislador». De lo contrario, «[...] las pautas para fijar los criterios de la normalidad dependerán de las personales convicciones de cada juez».

Ahora bien, siguiendo las ideas de Ortiz-Alvarez[1381], los métodos que podría utilizar el Juez contencioso-administrativo para determinar los contenidos de las obligaciones administrativas, pueden ser: 1.°, una apreciación textual de los actos normativos que delimitan claramente la intervención administrativa; y 2.°, a través de la apreciación funcional en los casos en que los textos no existan o sean muy generales.

Esta apreciación funcional del Juez contencioso-administrativo, deberá ceñirse a las obligaciones generales que tiene la Administración pública para la ejecución de una función pública que le ha sido encomendada por ley, para lo cual deberá añadir el conocimiento de ciertos estándares sobre los cuales el Juez competente deberá basarse para establecer el contenido de las obligaciones administrativas, los cuales pueden ser: «[...] geográfico, la tipología o naturaleza del servicio o actividad estatal en juego, las circunstancias de tiempo y lugar, las dificultades encontradas, los medios del servicio, la previsibilidad del incidente, etc.» (Ortíz Alvarez)[1382].

[1380] Martín Rebollo, L. (2006). «La responsabilidad patrimonial de la Administración Pública en España: Situación actual y nuevas perspectivas». En *Congreso Internacional de Derecho Administrativo en Homenaje al Prof. Luis H. Farías Mata*. Caracas, 291.

[1381] Ortíz Álvarez, L., Ob. cit., nota 1328, 264 y 270-277.

[1382] Ortíz Álvarez, L., Ob. cit., nota 1328, 351 y 352.

Como podrá verse, la apreciación funcional es muy subjetiva, pues dependerá de la cultura, sensibilidad, abstracción, conocimiento de los estándares generales de rendimiento promedio de un servicio en el mundo, su adaptabilidad real al sistema nacional, y hasta del grado de irritabilidad casual y humor del Juez de turno. Lo anterior se torna peligroso si se quiere implantar por medio del sistema de la responsabilidad del Estado Constitucional, un Estado de Derecho y de Justicia que no quede sólo en el papel.

Sin embargo, es una realidad que la gran mayoría de las veces las obligaciones de la Administración pública no se encuentran listadas en el Ordenamiento jurídico, por lo que se requerirá entonces de Jueces de la Jurisdicción Contencioso Administrativa con idoneidad y especialización técnica[1383], con criterios afinados para determinar los estándares mínimos en los que debe actuar de manera eficaz la Administración pública, que sean capaces de delimitar, oler, descubrir y detectar una falta, así como la fina línea divisoria —a veces borrosa— que existe entre la responsabilidad por funcionamiento anormal y por funcionamiento normal de la Administración pública.

Entonces, los Jueces del contencioso-administrativo juegan un papel fundamental en la determinación de estos estándares, ya que de los mismos va a depender muchas veces si un caso particular encuadra dentro del régimen de funcionamiento anormal o normal de la Administración pública. Expliquemos esto un poco mejor. Resulta que tal como lo reconoce la doctrina, no toda ilegalidad constituye un funcionamiento anormal de la Administración pública, ya que todo dependerá de los estándares dentro de los cuales se produzca dicha ilegalidad.

Así, es normal que la Administración pública, por dar un ejemplo, no dicte el acto administrativo que ponga fin a un procedimiento administrativo en el tiempo que le obliga el Ordenamiento jurídico, y que a veces pasen cierta cantidad de años para que se produzca una decisión. Dependerá, entonces, de la apreciación de la jurisprudencia y de los estándares que ella elabore, determinar en ejercicio de la función jurisdiccional cuándo se produce una anormalidad por demora en las decisiones administrativas. Lo dicho no quiere decir que la persona afectada por una decisión tardía de la Administración pública no pueda demandar la responsabilidad patrimonial por los daños que se le causen en estos casos, sino que dependiendo de si dicha tardanza entra o no dentro de los estándares de normalidad determinados, lo que se deberá alegar es un funcionamiento normal o anormal de la Administración pública, donde en el primero de los casos el afectado no deberá probar ilegalidad alguna y en el segundo sí. Así, la determinación de una ilegalidad como funcionamiento anormal de la Administración pública, dependerá de si la misma entra o no dentro de los estándares de normalidad que establezcan los Jueces de la Jurisdicción Contencioso Administrativa.

En definitiva, pareciera ser que son los Jueces contencioso-administrativos los que deberán ir, caso por caso, marcando las pautas de la mejor actuación de la Administración pública, aumentando vía jurisprudencial los niveles de exigencia acerca de cómo debe actuar la Administración pública —niveles altos de anormalidad funcional— cuando no exista un código predeterminado, lo que sucede -repetimos- la mayoría de las veces, apuntando siempre al deber de la Administración pública a responder al derecho de las personas a tener una mejor y más eficaz

---

[1383] Araujo-Juárez, J. Ob. cit., nota 478, 194-196.

prestación de la función administrativa cada día: en suma, el derecjo a un buena Administración.

§323. Delimitación – Ahora, la responsabilidad por falta del servicio se ha desarrollado de una doble manera: 1.ª, la Administración pública debe responder por las faltas de sus funcionarios públicos; y 2.ª, la Administración pública también debe responder por sus propias faltas.

Es necesario reconocer que la «falta» —anormalidad o ilegalidad— en el funcionamiento de la Administración pública, es materializada siempre y en realidad por las personas naturales —funcionarios — que actúan en nombre de las personas estatales, siendo entonces una ficción jurídica necesaria trasladar las faltas del servicio cometidas por los funcionarios a la Administración pública, con el fin de proteger a la persona afectada por los daños que se le causen.

En este sentido, la Administración pública realmente no actúa por sí sola ni existe físicamente hablando, lo que no quiere decir como bien lo apunta Ortíz Alvarez «[...] que los funcionarios no sean responsables en ningún caso, pues cuando, a la par de la determinación de una 'falta de servicio' [...] pueda efectivamente detectarse, conectarse e identificarse una 'falta personal', los funcionarios podrán quedar comprometidos patrimonialmente sea frente a las víctimas si éstas optan por demandarlos judicialmente, sea frente al Estado por vía de las acciones de regreso, en caso de que el Estado sea demandado directamente y condenado a indemnizar»[1384].

Así, la obligación de la Administración pública de responder por las faltas de sus funcionarios públicos no tiene nada de particular cuando, «inseparables» del ejercicio de sus funciones, aquellas se presentan, no como faltas personales puras o desprovistas de todo nexo con el servicio, sino como faltas «del servicio». En contrapartida, como señala DELVOLVÉ[1385], aún en el caso que el funcionario público haya cometido una falta personal, la jurisprudencia francesa ha progresivamente admitido que la Administración pública debía indemnizar a la víctima:

(i) Al sostener que tal falta se acompañaba de una falta del servicio[1386].

(ii) Después, admitiendo que tal falta podía a su vez revelar una falta del servicio[1387].

(iii) Y finalmente, al considerar que la falta se cometió con ocasión del servicio, o todavía más simple, que la misma no estaba desprovista de todo vínculo con el servicio[1388], pudiendo entonces las víctimas asegurarse de contar en la Administración pública con un deudor solvente.

En definitiva, la responsabilidad patrimonial de la Administración pública es directa, es decir, a la víctima poco le deberá importar saber quién es el funcionario -persona natural- que cometió la infracción o ilegalidad, bien sea porque es difícil de determinar en caso de que sean varios funcionarios los que hayan actuado, o hayan omitido actuar, o bien sea porque es inútil o innecesario saberlo, ya que se

[1384] Ortíz-Álvarez, L., Ob. cit., 1328, 353.
[1385] Delvolvé, Pierre, Ob. cit., nota 1349, 66.
[1386] CE, del3 de febrero de 1911, fallo *Anguet.*
[1387] CE, del26 de julio de 1918, fallo *Lemmonier.*
[1388] CE, del18 de noviembre de 1949, fallo *Mimeur.*

deberá entender en estos casos —de nuevo, por ficción jurídica— que la Administración pública ha actuado por ella misma —teoría «del órgano», Araujo-Juárez—[1389]. Así, la Administración pública responderá por los daños ocasionados por los funcionarios que materialicen y ejecutan las obligaciones que, en definitiva, les corresponden y están a cargo de aquella, no de los funcionarios como seres humanos.

Por otro lado, cuando la Administración pública debe responder por sus propias faltas en los supuestos siguientes.

(i) En ámbitos donde, ninguna falta o incluso ninguna responsabilidad fue admitida, ni la una ni el otro han sido reconocidos. Ello ha sido así en materia de policía: la irresponsabilidad que parecía justificar la función de la soberanía a la cual se le vinculaba, ha cedido lugar a la responsabilidad por falta desde muy temprano[1390].

(ii) En las actividades que, durante mucho tiempo, no podían comprometer la responsabilidad de la Administración pública sólo si la falta era grave, se encuentran ahora sometidas a un régimen de falta «simple»: por ejemplo, en materia de policía y del fisco que no presentan dificultades particulares[1391], así como para todas las actividades médicas y quirúrgicas[1392] del sector público.

b. *Funcionamiento normal*

§324. Planteamiento de la cuestión — A diferencia de la responsabilidad administrativa de la Administración pública por funcionamiento anormal recién tratada, en el caso de la responsabilidad administrativa por funcionamiento «normal» —o sin falta del servicio—, ni la víctima tiene nada que demostrar la falta de la Administración pública, ni ésta puede excusarse detrás del exacto cumplimiento de sus funciones, pues a pesar de que la Administración pública actúe sometida a los parámetros de la juridicidad, puede causar un daño antijurídico a la persona que por su gravedad —anormalidad— y especialidad, no tiene el deber jurídico de soportar, dado que ninguna norma así lo prevé.

Ahora bien, por un lado, el daño es «anormal» —o grave—, cuando sobrepasa los niveles normales de tolerabilidad, ya que son intensos o importantes o no cotidianos —como por ej., los daños corporales, daños materiales de bienes, entre otros—; mientras que por el otro, el daño es «especial», cuando es sufrido por una persona o grupo determinado de personas.

En este régimen de responsabilidad administrativa, es suficiente que el daño sea la realización de un riesgo o que rompa el mencionado principio de igualdad ante las cargas públicas; ya no importa la prueba de la culpa o de una ilegalidad, la misma pasa a ser irrelevante, lo que importa es la integridad patrimonial de la persona frente al funcionamiento de la Administración pública y las cargas que éste no debe soportar.

Recordando lo dicho *ut supra*, en los casos de la responsabilidad administrativa sin falta del servicio, sólo serán admitidas como causales de exoneración total o parcial, el hecho de la víctima y la fuerza mayor, ya que ni el hecho de un tercero ni los casos fortuitos pueden alegarse frente a la víctima en este caso.

[1389] Araujo-Juárez, J. Ob. cit., nota 478.

[1390] CE, del10 de febrero de 1905, fallo *Tomaso Grecco*. En Ob. cit., nota 708, 133.52.

[1391] CE, del29 de diciembre de 1997, fallo *Commune d'Arcueil*.

Finalmente, el régimen de la responsabilidad patrimonial de la Administración pública tiene fuerza de orden público, lo que quiere decir que el Juez contencioso-administrativo debe declararla de oficio, aunque el afectado alegue el régimen de responsabilidad administrativa por falta del servicio y esté dispuesto a probar una ilegalidad. Igualmente, se ha señalado por la doctrina[1393] que esta calificación trae como consecuencia que las demandas basadas en este régimen son admisibles en cualquier tiempo, aún transcurridos los lapsos para la presentación de las acciones o demandas contencioso-administrativos, que la argumentación del régimen de responsabilidad administrativa sin falta del servicio puede hacerse por primera vez en apelación, y que el hecho de que una decisión definitiva haya negado la responsabilidad administrativa por funcionamiento anormal, no puede ser obstáculo para que el demandante intente de nuevo otra demanda sobre los mismos hechos, si el Tribunal ha debido estudiar el caso desde el principio bajo la base del régimen de la responsabilidad administrativa sin falta del servicio.

§325. Supuestos – El primer supuesto de la responsabilidad «por riesgo» fue admitida por la jurisprudencia administrativa francesa mucho antes que el Derecho común. En efecto, en razón de las ventajas que la Administración pública toma de la actividad de terceros o de sus propias actividades se justifica que, en contrapartida, ella indemnice a quienes resultan siendo víctimas. Así tenemos que sus colaboradores, en primer lugar, los permanentes[1394], y después los ocasionales[1395], tendrán derecho, cuando no se benefician de una pensión, de ser cubiertos del perjuicio total sufrido en cumplimiento de la actividad de colaboración. Por otro lado, los riesgos particulares a los cuales expone la Administración pública no sólo a terceros, sino también a los usuarios, en los casos de obras peligrosas[1396], de armas peligrosas[1397], y actividades peligrosas[1398], dan derecho, a partir de su realización, a la indemnización de las víctimas, sin otra condición que la existencia del daño y su vínculo con el riesgo en causa.

El otro supuesto de responsabilidad sin falta del servicio es cuando el daño rompe el mencionado principio de igualdad ante las cargas públicas, presenta las características de especialidad y, además, de anormalidad, que son necesarias para caracterizar dicha ruptura. Así se ha admitido la responsabilidad administrativa en la jurisprudencia francesa en el caso de medidas administrativas, como fue la negativa, cuenta tenida de las circunstancias especiales, de hacer ejecutar una decisión judicial proferida por un tribunal francés[1399]; la adopción de un reglamento de policía[1400]; e incluso de un acto administrativo individual[1401].

El principio de igualdad ante las cargas públicas sirve también de fundamento a la responsabilidad por el hecho de las leyes[1402], y de las convenciones internacio-

---

1392 CE, del10 de abril de 1992, fallo *Époux V.*

1393 Ortíz Álvarez, L. Ob. cit., nota 1328, 113 y 114.

1394 CE, del21 de junio de 1895, Cames. En Ob. cit., nota 708, 76.

1395 CE, del22 de noviembre de 1946, fallo *Municipio de Saint-Priest-la-Plaine*. En Ob. cit., nota 708, 479..

1396 CE, del28 de marzo de 1919, fallo *Regnault-Desroziers*. En Ob. cit., nota 708, 286.

1397 CE, del 24 de junio de 1949, fallo *Consortes Lecomte*.

1398 CE, del 3 de febrero de 1956, fallo *Thouzellier*.

1399 CE, del 30 de noviembre de 1923, fallo *Couitéas*. En Ob. cit., nota 708, 324.

1400 CE, del 27 de febrero de 1963, fallo *Gavarnie*, cit. por Delvolvé, P. Ob. cit., nota 1349, 68.

1401 CE, del 28 de octubre de 1947, fallo *Cap Janet*, cit. por Delvolvé, P. Ob. cit., nota 1349, 68.

1402 CE, del 14 de enero de 1938, fallo *Sociedad Anónima de productos lácteos «La Florecilla»*. En Ob. cit., nota 708, 409.

nales[1403]. Así, el Derecho administrativo no sólo asegura la protección de las personas frente a la Administración pública, sino también frente a la función legislativa, interna e internacional, y aún frente a la función judicial, aspectos éstos que han sido tratados por la doctrina nacional[1404].

Por su parte, la responsabilidad administrativa por funcionamiento normal ha sido reconocida por la jurisprudencia venezolana[1405], aún antes de la entrada en vigencia de la Constitución de 1999, pero, en especial, se puede consultar la sentencia emblemática en la cual se sostiene que la responsabilidad del Estado Constitucional debe analizarse a partir de sus fundamentos constitucionales, en los cuales se «[...] contempla el deber de indemnizar por la Administración, derivados de su responsabilidad en general, o por la actuación de sus funcionarios competentes, de donde se desprende su obligación de indemnizar los daños causados a los particulares, aún por sus actos lícitos [...]»[1406].

Téngase en cuenta que posteriormente a la sentencia del caso Terra Cardón, el Alto Tribunal en el año 1996, señalaba que existe la responsabilidad por acto lícito, donde la indemnización se fundamenta en el principio de la igualdad ante las cargas públicas[1407]. E igualmente, el Alto Tribunal reconoce que la responsabilidad patrimonial del Estado Constitucional se fundamenta en el principio de integridad patrimonial y que puede haber casos de sacrificio particular, de daño especial y anormal[1408].

Finalmente, el daño necesario para la producción del régimen de responsabilidad administrativa por funcionamiento normal de la Administración pública deber ser anormal —grave— y especial —singular—, y debe sobrepasar el nivel de tolerabilidad o exigibilidad por la persona, de lo cual no se hace justificable el sacrificio de la misma a favor de las demás.

§326. Conclusión — En mérito a lo antes expuesto, es posible constatar que la Constitución de 1999 estableció las bases teóricas de la responsabilidad patrimonial del Estado de la manera más amplia y moderna posibles. En efecto, hay una amplia gama en la Constitución administrativa, de normas autosuficientes y de aplicación directa relativas a la responsabilidad directa del Estado, al derecho a la tutela judicial efectiva y al control pleno del Estado por parte de la Jurisdicción contencioso - administrativa, los cuales en su conjunto configuran un sistema global e integral de responsabilidad por todas las funciones estatales —administrativas, judiciales, legislativas, ciudadanas y electorales—.

Tales previsiones constitucionales de la responsabilidad estatal han venido, pues, a fortalecer la consolidación normativa más importante del sistema de res-

---

1403 CE, del 30 de marzo de 1966, Compañía general de energía radio-eléctrica. En Ob. cit., nota 708, 712.

1404 Badell, R. (2005). «La responsabilidad del Estado Juez en Venezuela». En RDP, Nº 15, TSJ. Caracas, 101-124; y Carrillo Artiles, C.L. y Menéndez Román, M.E. (2004). «Responsabilidad patrimonial derivadas de las conductad del Estado legislador en Venezuela». En *Libro Homenaje a N. Andrade Labarca*, Vol. I. Caracas, TSJ.

1405 Sents. de la CPCA, del5 de mayo de 1983, caso *F.L Cabello Sánchez;* de la CSJ/SPA, del30 de noviembre de 1994, caso *R. Gallardo Vs. INOS;* y del 16 de junio de 1980, caso *Cauchos General.*

1406 Sent. de la CSJ/SPA, del27 de enero de 1994, caso *Promociones Terra Cardón C.A. Médanos de Coro.*

1407 Sents. de la CSJ/SPA, del25 de enero de 1996, *caso Sermes Figueroa vs. Instituto Autónomo de Ferrocarriles del Estado;* y TSJ/SPA ACC (2132), del 16 de noviembre de 2004, RDP Nº 99-100, p. 77.

1408 Sent. de la CSJ/SPA, del29 de octubre de 1998, caso *Franz Weibezahn vs. CANTV y Oficina Técnica DINA.*

ponsabilidad patrimonial del Estado Constitucional. Se espera entonces que no todo quede sobre el papel, ni en hacer alarde de una Constitución administrativa que puede estar al nivel de otros sistemas del Derecho comparado que han tratado el tema de la responsabilidad patrimonial del Estado Constitucional —por ejemplo, España y Colombia—.

Se espera también que los principios y derechos establecidos en las ya mencionadas normas constitucionales sobre el régimen integral de responsabilidad patrimonial administrativa, sean puestos en práctica por parte de los Jueces de la República —idóneos e independientes—, guiando los pasos de aquellos que imparten la Justicia en nombre de la República y por autoridad de la ley, controlando la juridicidad de su actividad o inactividad y sus consecuencias, garantizando sobre todo la protección de la integridad patrimonial de las personas, que puede ser afectada por parte del Estado Constitucional en cualquier momento dado.

CAPÍTULO XII
LA REFLEXIÓN FINAL

1.ª Analizados el fondo y la esencia de la *Constitución administrativa* en lo que al diseño del modelo de Estado Constitucional en sus decisiones fundamentales refiere la obra que antecede, queda pendiente un aspecto que es más bien de índole pragmática y real.

Desde el momento en que surge en el horizonte del Estado contemporáneo el aparato político-administrativo ejecutor de los fines estatales denominado Administración pública, se manifiestan una serie de tensiones entre esta organización instrumenta, servicial, y las personas: tensiones que tratan de ser disciplinadas y reguladas por el nuevo Ordenamiento jurídico secotrial; el Derecho administrativo, fruto de un proceso complejo de decantación histórica y política que se debatirá siempre en un inestable equilibrio —complejo, pero no imposible— entre las potestades de Poder público y los derechos y garantías de las personas, entre el Derecho sustentador de una Administración pública fuerte y dotada de los medios que requiere la realización del los fines de interés general y, a la vez, el Derecho que limite y sirva de control del Poder público.

En esta combinación de factores, lo decisivo consiste en averiguar donde hay que poner el acento, qué es lo que interesa conseguir, y preguntarse si el Derecho administrativo que rige las relaciones entre la Administración pública y las personas constituye en la actualidad una respuesta válida y precisa para mantener o restablecer aquel perdido equilibrio, si posee suficientes técnicas y mecanismos de adaptación frente a los nuevos resortes de la Administración pública de nuestros días, y frente a los cambios producidos en la sociedad contemporánea. Será la Constitución vigente en cada Derecho positivo, la que nos habrá de servir de punto de partida para contestar la cuestión de dónde poner el centro de atención, en la medida en que en ella se ratifica del carácter servicial de la Administración pública de servir a las personas y a los fines de interés general, y se reafirma el sometimiento a la ley y al Derecho (Art. 141 de la C), y se reafirma la necesidad de la universalidad de su control jurisdiccional (Art. 259 de la C).

De ahí que los desafíos del Estado Constitucional y de la Administración pública —con carácter general— del siglo XXI atraen, cada vez con mayor intensidad, el interés de los estudiosos del campo del Derecho administrativo. Por ello no solo resulta positivo reflexionar, con sentido de actualidad, sobre las grandes conceptos, categorías e instituciones basilares del sistema de Derecho administrativo desde el prisma o marco de la Constitución, no porque coincida con un momento en que, una vez más, con una de las recientes severas crisis económica, política, social, sanitaria y ecomedioambiental en todas las latitudes que se ha ido afirmando como un proceso global sino, porque, al margen de esta situación temporal concreta, se impone más que nunca invitar a una reflexión de conjunto, lo que tanto contribuirá a seguir fomentando el análisis desde la perspectiva constitucional o, más propiamente, dentro del contexto o «marco de la Constitución», para ampliar el conocimiento «crítico» del Derecho administrativo acorde con nuestro tiempo.

En este orden de consideraciones hemos de partir, desde luego afirmando que, como todo Derecho, también el Derecho administrativo ha estado sometido a la evolución histórica, aun cuando lo sea bajo fórmulas distintas a las que rigieron la formación del Estado Constitucional que, a la vez, ha sido el telón de fondo dentro del cual se han dado los desafíos constantes de los procesos de su transformación, en razón de lo cual debería comprobarse, de tiempo en tiempo, si aún es adecuado a su objeto, lo que parece ser la clave de su gran vitalidad que ha mostrado tener desde sus orígenes en el Derecho administrativo comparado.

Es en tal sentido que se habla de cambios, tendencias de evolución, crisis, ruptura, transformaciones, etc., y con ello se plantea con carácter general, la «cuestión de una concepción del Derecho administrativo acorde con el tiempo» (E.Schmidt-Assmann)[1409]. Y es que hablar de transformaciones es tan antiguo como el Derecho administrativo mismo. Con todo hay tiempos de reforma o ruptura y tiempos de consolidación. La presente etapa que nos ha tocado, se singulariza por cambios profundos en la sociedad y en el Estado Constitucional, y nadie debería permanecer al margen del debate que se suscita.

Sin abandonar las irrenunciables conquistas propias del Estado democrático y social de Derecho y de Justicia, con el análisis del Derecho administrativo actual lo que persigue es una verdadera revisión profunda de los presupuestos y principales construcciones del Derecho administrativo desde la perspectiva del contexto o marco constitucional, para la depuración de residuos incompatibles con el estado actual de la sociedad y de la persona como centro de la acción de los Poderes públicos, pero teniendo en cuenta la evolución de su mismas referencias y bases fundamentales.

2.ª Ahora bien, volviendo al punto inicial, tal modo de comprender: 1ro., el propio Derecho administrativo y sus conceptos, categorías e instituciones; y 2do., su vinculación con la Constitución en general y con la Constitución administrativa en particular ha calado tan profundamente, por fortuna, que no es infrecuente encontrar artículos, ensayos o manuales de excelente factura, en los que el examen de una categoría o institución jurídica administrativa se encabeza con una exposición de los principios, valores superiores y reglas constitucionales, pues estos contienen «*les têtes de chapitres*» de la ciencia jurídica que se examina y, por supuesto, con su vinculación a otras ciencias sociales complementarias.

Así las cosas, la mención de las temas administrativos basilares que fueron analizados a lo largo de esta obra solo han sido meros ejemplos, fácilmente multiplicables, pero que constituyen muestra inequívoca de cómo la Constitución en general y la Constitución administrativa, en concreto, han sabido incorporar a su seno, las más destacadas categorías, conceptos e instituciones de la dogmática en orden a la transformación —adaptación e innovación— y enseñanza científica del Derecho administrativo, tan trabajosamente conseguidos y depurados, tras larga y

[1409] Schmidt-Assmann, E. Ob. cit., nota 15.

laboriosa evolución durante algo más de 2 siglos; y que desde el prisma o marco constitucional, el Derecho administrativo será más idóneo a servir, no solo de contrapeso y de canon de control público en el complejo equilibrio alcanzado del dilema Poder-Libertad, que es la columna vertebral del «deber ser» de esta disciplina, sino más comprometido con la protección, la defensa y la promoción del derecho a la dignidad humana y de los demás derechos fundamentales de la persona, no solo en tiempos de situación de normalidad institucional sino, de forma especial, en situaciones de anormalidad institucional —Estado o derecho de excepción constitucional—, frente a la actuación del Estado administrativo cuando se salga de la órbita del modelo jurídico-político de Estado democrático y social de Derecho y de Justicia definido por la Constitución —no solo en su «eficacia normativa» sino en su «vigencia social»—.

3.ª Y es que el Derecho administrativo como el Derecho en general no es, como nos enseña M. Baena del Alcázar[1410], un elemento estático de la sociedad sobre el que pasan los acontecimientos políticos. Justamente, al contrario, después de la Revolución Francesa y cada vez con una intensidad mayor, el «verdadero» Derecho ha llegado a ser un instrumento de ordenación social en manos de los que detentan el Poder político. Todavía en la época del liberalismo político y económico, la sociedad sufría transformaciones más lentas.

Hoy las cosas han cambiado completamente y el Estado Constitucional, a través del Derecho —leyes, sentencias, reglamentos y demás actos estatales— y con mayúscula, lleva a cabo todos los días una recomposición social —para bien o para mal—, cuyo programa cotidiano son las páginas de los boletines o gacetas oficiales. Todo esto no es precisamente una decadencia del Derecho, como ha dicho G. Ripert, sino una «transformación» del Derecho. La corriente del decadentismo solo es un punto de encuentro en la conducta por la aplicación o el «ejercicio» —público o privado— del Derecho.

4.ª En esta inteligencia, para Cassese[1411], tres conclusiones resultan del análisis que surge del proceso de transformación que sufre el sistema del Derecho administrativo: 1ra., el Derecho administrativo es cada vez menos estatal, aunque no por esto resulta desvinculado del Derecho, antes al contrario, aquél resulta vinculado a una pluralidad de derechos y ordenamientos jurídicos supranacionales; 2da., el Derecho administrativo está sometido cada vez más a las decisiones judiciales, con la consecuencia de que, al día de hoy, administrar y juzgar tienden a reunirse en una sola función; y 3ra., la irrupción de nuevos vínculos —constitucionales, convencionales, supranacionales—, y la guía de la Administración pública asumida por los Jueces reducen el espacio de la gestión administrativa, justamente cuando ésta es más necesaria.

A causa de las transformaciones Cassese se pregunta ¿el Derecho administrativo está realmente en crisis? A esta cuestión responde, sintéticamente que, si tal crisis existe, ésta afecta más a lo adjetivo que a lo sustantivo, porque el Derecho circunda cada vez más a la Administración pública y está en plena evolución. Y a lo dicho añade que si la crisis existe, no es tanto una crisis del Ordenamiento cuanto una crisis intelectual y, por ende, relativa a la capacidad de análisis de una ciencia

---

1410 Baena del Alcázar, M. (1965). «El papel del Derecho administrativo en la economía». En DA, núm. 94, 44.

1411 Cassese, S. (2014). *Derecho administrativo: historia y futuro*. Madrid, INAP, 452.

jurídica habituada desde antiguo a una historia fría, sin apenas cambios, que permitía actuar por mera acumulación y perfeccionamiento de las técnicas existentes. Y esa es la regla general, que tiene excepciones infortunadas, si se quiere -y otras pocas más que no hacen al caso, pero que no pasan de ser eso: excepciones en el horizonte de los sistemas de Derecho administrativo comparado.

5.ª Con las referencias sumarias que anteceden hemos procurado dejar identificadas, aunque en corte transversal, las grandes transformaciones del sistema del Derecho administrativo, remitiendo deferentemente al lector para profundizar hacia los desarrollos que constan de las diversas y excelentes obras publicadas por iusadministrativistas nacionales y extranjeros.

Y si una síntesis final es posible a este propósito, ésta debe ir en la dirección de destacar que el Ordenamiento o (sub)sistema normativo administrativo -por obra de la realidad administrativa o política, entre otras causas- se encuentra en un punto de cambio o transformación: en el que se procurará llevar a sus últimas consecuencias las exigencias del modelo de Estado Constitucional: *Estado social y democrático de Derecho y de Justicia* que, como decisiones constitucionales fundamentales son, al tiempo, «los valores básicos del Derecho administrativo» (Scmidt-Assman)[1412] y el cual es, radicalmente, incompatible con viejas —pero todavía existentes- tendencias autoritarias que tradicionalmente han marcado al Estado administrativo y su actuación en nuestro tiempo.

Fundamental es, también, que la transformación del sistema de Derecho administrativo que parece imponerse ahora, no sea una oportunidad perdida en términos de aproximación de los sistemas normativos en el espacio Iberoamericano. Renovar sobre este particular nuestros (sub)sistemas normativos administrativos, pero con el mejor conocimiento de las realidades administrativas más próximas, ultrapasándose una situación histórica -pero incomprensible-, que particularmente se hubo afirmado en el espacio nacional, de déficit de ese conocimiento. No se puede reincidir en una situación que tiene su momento, de alejamiento mutuo entre el Derecho administrativo y la aplicación o la realidad administrativa o política.

6.ª Analizado el fondo y la esencia de la Constitución administrativa en lo que al diseño del modelo de Estado Constitucional en sus decisiones constitucionales fundamentales refiere la obra que antecede, queda pendiente un aspecto que es más bien de índole pragmática y real. ¿Qué posibilidades hay que dicho modelo del Estado Constitucional no quede en algo meramente retórico y cristalice en la vida social? ¿Estamos ante una formulación meramente abstracta y programática, sin virtualidad para incidir verdaderamente en nuestra convivencia social? Con ello se busca reivindicar una doble superioridad al desbordar los enfoques estrechos y usuales del método jurídico para indagar, con indudable profundidad en los temas, no con tono de academicista puro, sino desde la perspectiva del ciudadano de a pié, y también desde los nuevos retos del Poder público -especialmente del Gobierno y de la Administración pública-, y también de las demás ciencia sociales complementarias que los estudian.

Nos encontramos ante la entrada cobijada por el pórtico de un nuevo tiempo, —y muy lejos de pretender dominar lo que se ha dado en llamar «futurología»—, tan imprevisible como lo es anticipar la figura que surgirá en un caleidoscopio cada

---

[1412] Schmidt-Assman, E. Ob. cit., nota 15, 51.

vez que se agita, y por ello la apasionante tarea de plantear un paradigma emergente para reformar el Estado Constitucional y la Administración pública que nuestra sociedad reclama perentoriamente, y superar la deriva autoritaria que ha sufrido en las últimas décadas, sin pretender desconocer que: 1ro., las grandes dificultades para reconstruir en el ámbito nacional el real Estado democrático y social de Derecho y de Justicia, son palmarias y de todas clases; y 2do., la desmoralización que cada día parece dominar más nuestras relaciones que las hacen cada vez más difíciles y polarizadas.

A pesar de la antigüedad del tema, con ella también corre pareja su actualidad. Tarea urgente e impostergable, por otro lado, si hemos de responder a las también exigencias urgentes de las nuevas generaciones cuyas esperanzas tiene su justificado fundamento.

7.ª Con esta reflexión conclusiva puede comprenderse la importancia de reivindicar, con carácter prospectivo, cuáles pueden ser algunos de los desafíos más acuciantes y que, de un modo más general, o transversal, se le presentan a nuestro sistema de Derecho administrativo y al Estado administrativo partiendo de la actual realidad administrativa y política, en términos que permitan la necesaria relegitimación social.

Esta relegitimación pasa, indefectiblemente, en primer lugar, por la llamada a redescubrir o «repensar el Estado Constitucional», con la puesta al día de un Estado administrativo abocado a una reforma que le permita adaptarse al cambio de sus funciones y roles tradicionales, que sepa responder al reto inmediato de situarlo en los cánones de modernización que exige el ingreso del país -con cierto retraso- al siglo XXI, dando paso a las iniciativas de reordenación con nuevos objetivos sobre la reforma administrativa, y con nuevos enfoque sobre los problemas democráticos y socioeconómicos.

Y es que, como señala Parejo Alfonzo[1413]: «el Estado, al menos en sus formas clásicas o establecidas (...), se experimenta como inadecuado e inidóneo», por la profunda imbricación entre ese Estado Constitucional y la sociedad, que caracteriza las nuevas formas contemporáneas del Estado democrático y social de Derecho y de Justicia. Ha ido quedando obsoleto, el modelo del Estado administrativo y de la Administración pública como actores unitarios, imparciales y garantes únicos del interés general o público, al que debe sustituir un perfil relacional, regulador y cooperativo, con el impulso de las nuevas tecnologías que permitan llevar las garantías jurídicas que existen en el mundo real al mundo virtual; en suma, con sensibilidad para descubrir en las aspiraciones y los movimientos de la ciudadanía formal y sustantiva, el signo de los tiempos.

En fin, un Estado administrativo donde se fortalezcan la cultura de los sistemas de mérito y de integridad —por ej., códigos de conducta, conflictos de intereses, grupos de presión, etc.—, sobre todo en sectores vulnerables como la contratación pública, con ética y responsabilidad para darse cuenta, lo que en la encrucijada de una nueva etapa histórica se espera del mismo, y donde se reflejen las grandes tendencias de la evolución actual, en extremo capital para la plena funcionalidad del Estado democrático y social de Derecho y de Justicia definido por la Constitución, capaz de superar así la realidad administrativa y política actual.

1413 Parejo Alfonso, L. (2000). «El Estado social administrativo: algunas reflexiones sobre la «crisis» de las prestaciones y los servicios públicos». En RAP, núm. 153, 217 y ss.

8.ª Frente a ese estado de cosas en la sociedad de nuestros días, al Estado administrativo le corresponde en primer lugar, la misión de crear un nuevo Ordenamiento jurídico institucional que, al superar la intensa actividad administrativa cada vez más interventora y autoritaria, pase a liderar las transformaciones de los modelos políticos y administrativos que se observan en los sistemas más desarrollados, mediante un conjunto de fenómenos como la preocupación por la «eficacia» con las consiguientes privatizaciones y desregulaciones; la vuelta al sentido genuino, material y realista de la descentralización administrativa y regional; de similar contextura son los problemas de racionalidad de la iniciática pública directa en la actividad económica, por el nuevo paradigma de la asunción y reforzamiento de la actividad de regulación, supervisión y control; los instrumentos de reducción de la burocracia y de la corrupción, la generación de mercados internos y competitividad, y un gran etc., tratando de centrar el ámbito de actuación que le es propio como Estado Constitucional, siendo como es el instrumento configurador por excelencia de la vida social, porque para implantar el bien común, el bienestar social.

Ahora, para ello no solo basta con las leyes, las sentencias y los demás actos estatales, pues no se trata solo de declaración del Derecho, sino de remediar necesidades individuales y colectivas concretas y perentorias —por ejemplo, las pandemias—. Y es que como señala Meilán Gil[1414], la vocación de nuestra tiempo tiene mucho que ver, como es obvio, con la Economía. Sin embargo, esa estrecha relación en modo alguno introduce criterios de jerarquía entre ambas ciencias. Y, por supuesto, mucho menos con el solo libre juego de las «leyes del mercado» donde recientemente —por poner un caso bien actual y concreto en tiempos de pandemia—, se puso de manifiesto cómo la falta de interés económico de las empresas de telecomunicaciones que dominan el mercado, aisló aún más la España «vaciada», contraviniendo incluso el desiderátum de la idea de A. Smith[1415] en sus lecciones de trascendencia fundamental, con la metáfora económica de que cada individuo deberá actuar en su propio interés, pero siempre y cuando se mantenga dentro de los límites de las buenas costumbres. Ahora, sí y solo sí esa competitividad se desarrolla dentro del marco de los derechos fundamentales garantizados por el Estado Constitucional, solo entonces será la «*invisible hand*» la que contribuirá a un desarrollo armonioso del mercado y de la competencia. Sólo de esta manera es que el interés propio serviría de palanca del interés general que, en el ejemplo traído al caso, es alcanzar la solidaridad y la cohesión económica, social y territorial.

9.ª En segundo lugar, según lo propone Martín-Retortillo Baquer[1416], se impone una mayor presencia del Derecho administrativo, pero no del Derecho administrativo de los privilegios y prerrogativas, de límites y de prohibiciones —en suma: del Poder público—, sino del Derecho administrativo del servicio a las personas centrado en la dignidad humana y los demás derechos fundamentales, y el del cumplimiento o realización de los fines de interés público.

De ahí que, en cierto modo, es válida aquella afirmación de que el Derecho administrativo no «es»; el Derecho administrativo «está siendo». Seguirá forjándo-

---

[1414] Meilán Gil, J.L. (1966). «El estudio de la Administración económica». En RAP, núm.50, 51 y ss.

[1415] Smith, A. (1996). *La riqueza de las naciones* (*Libros I-II-III y selección de los Libros IV y V*). Estudio preliminar C. Rodríguez Braun, Primera Reimpresión. Madrid, 551 y 554.

[1416] Martín-Retortillo Baquer, L. Martín-Retortillo Baquer, L. (2011). «El procedimiento como garantía (Una reflexión Sobre el fortalecimiento de las formas y la reducción de los principios». En VV. AA. *Derechos y garantías del ciudadano* (López Menudo, Coord.). Madrid, IUSTEL, 40.

se trabajosamente como sistema complejo, abierto, lo cual significa cuestionar la permanencia de los dogmas —o de algunos de ellos—, pero con nuevos enfoques o análisis serios del método jurídico de actualización y puesta al día. Por otro lado, intentar mantener dogmas o criterios exclusivamente jurídicos no es fácil, por lo que resulta necesario, asimismo, no descuidar y reforzar los enfoques interdisciplinar y prospectivo sobre las cuestiones doctrinales generales y sectoriales de los conceptos jurídicos, económicos, políticos y sociales de la Ciencia de la Administración y de otras ciencias sociales complementarias, para afrontar los nuevos retos que plantea la vocación del Derecho administrativo de nuestro tiempo.

Y en este orden de ideas, señala Martín-Retortillo Baquer[1417], es así cómo aparecen nuevos significados, se amenguan otros, a veces se paralizan para luego reaparecer, pasan las modas y los ejemplos foráneos, pero al final podemos concluir que el edificio del sistema de Derecho administrativo, levantado por una pléyade de eminentes juristas provenientes de los diversos sistemas jurídicos del mundo occidental, permanece en su esencia con sus señas de identidad, y cuyas aportaciones todavía siguen vivas entre nosotros.

Lo que significa que las más importantes construcciones conceptuales del sistema de Derecho administrativo, con las adaptaciones oportunas, seguirán siendo válidas y de enorme utilidad. Milagrosamente nacido, el Derecho administrativo subsiste gracias a un prodigio diariamente renovado, donde los progresos del pasado garantizan los del futuro; doctrina y jurisprudencia sabrán —estamos seguros de ello— efectuar los ajustes necesarios y construir el Derecho administrativo del mañana sobre los mitos del de hoy (Weil)[1418], y por ello el sino del Derecho administrativo: un permanente proceso de actualización e innovación: en suma, de «transformación» desde que se consolidó como tal, según el conocido título de L. Duguit[1419] que ya cumplió la nada despreciable cifra de más de 100 años.

10.ª En tercer lugar, qué duda cabe, también es imprescindible que se haga presente el abogado iusadministrativista, y si bien no es que se espere de él la grandeza de cambiar la Historia misma —consciente de las grandes dificultades por superar—, pero sí que cada uno de inicio al cambio, así sea un poco, y del conjunto de todas y cada una de las aportaciones con honestidad intelectual -fundadas y probadas- y crítica -desde la ecuanimidad y el respeto a aquello que juzga-, y sin caer ni en el dogmatismo ni en la opinión totalitaria, se plantee un constante debate institucional, jurídico y doctrinal en el reto de la «racionalización» del Estado administrativo, como utopía permanente o principio de orden inexcusable —organización y actividad— que, al fin y al cabo, redundará en un movimiento de transformación, revalorización y enseñanza científica integral de la sistematización, contenido y misión del Derecho administrativo.

11.ª Y por último -pero no en importancia-, y con ello en absoluto incurrimos en un contrasentido, lo cual no es más que recordar algo perfectamente simple, no debemos olvidar que: 1ro., siempre hay que releer o redescubrir a los clásicos, por cuanto es indudable que muchas de las conclusiones a las que llegaron otras mu-

[1417] Martín-Retortillo Baquer, L. Ob. cit., nota 1416, 39 y 40.

[1418] Weil, P. et Pouyaud, D. (2010). *Le Droit Administratif*, 24ème ed. Paris, PUF, Col. Que sais-je?, 17; y Weil, P. Ob. cit., nota 28, 11 y 106.

[1419] Duguit, L. (1913). *Les transformations de Droit public*. Paris; y Duguit, L. (2007). *Las Transformaciones del Derecho Público y Privado*. Madrid, Ediciones Colmenares.

chas de las que que se ha dado en llamar las bases, los dogmas o las «señas de identidad» -en cuanto ideas o pensamientos que vertebran el sistema de Derecho administrativo-, a partir de las cuales se construyó el Derecho administrativo, serán perfectamente trasladables y utilizables en nuestro tiempo, ya que después de todo, como alguien dijo, los clásicos nunca terminan de decir lo que han de decir; y 2do., llamar la atención sobre la importancia de los estudios de Derecho administrativo comparado —trasnacional o global—, pues siempre han sido determinantes para llevar a cabo los esfuerzos de innovación jurídica.

Por todo lo anterior, entre las ciencias sociales, a la que corresponderá el papel más importante, seguirá siendo siempre el Derecho administrativo, *tout court*, cumpliéndose así la deseable profecía de Schmidt-Assmann[1420] cuando afirma: «El Derecho Administrativo continuará manteniendo por ello una posición central en el sistema jurídico». En nuestro tiempo, el cambio se habrá de dar, en principio, de manera generalizada como plasmación de la experiencia de nuestra más reciente historia, en la idea de una impostergable transformación del sistema de Derecho administrativo, cerrándose así una etapa funesta de la realidad nacional en su propia esencia cíclica.

Y no deseo extenderme más en esta reflexión —por fuerza incompleta, de propósito limitado, pero de gran trascendencia—, de parte de la temática que plantea una obra sobre la Constitución administrativa, en lo que nos parece más acuciante, más de nuestros días. Por ello es más bien un apunte —con lagunas de las que estoy consciente— sobre el reto del Derecho de ser «administrativo», *tout court*, acorde con nuestro tiempo, y que precisará un tratamiento más amplio y más acabado. Por de pronto queriendo destacar en la reflexión conclusiva —siendo partidario de la copa medio llena y no de la medio vacía—, la función estimuladora por sobre todo de lo que tiene de afirmativo, de positivo y, en fin, de alentador de todo aquello que nos permita mirar esperanzadamente hacia el porvenir para la formación intelectual de las futuras generaciones de abogados iusadministrativistas.

Ahora sí, ya para para cerrar, me permito invocar y compartir de nuevo las palabras de Martín-Retortillo Baquer[1421] cuando afirma:

> De modo que, lejos de nosotros las tentaciones derrotistas o abandonistas, sino todo lo contrario. ¡Muy importantes reglas, muy importantes principios!

[1420] Schmidt-Assman, E. (2001). «El Derecho Administrativo General desde una perspectiva europea». En JA, Nº 13, 25.

[1421] Martín-Retortillo Baquer, L. Ob. cit., nota 1416, 41.

BIBLIOGRAFÍA

AA.VV. *Los principios fundamentales del Derecho Público. Desafíos actuales. Libro conmemorativo de los 20 años de la publicación de la Constitución de 1999*. (A.R. Brewer-Carías y J. Araujo-Juárez, J. Coords.). Caracas, EJVI, 2020.

AA.VV. *Tratado General de los Contratos Públicos*, Tomos I, II y III. Dir. Cassagne, J.C. Buenos Aires, Ed. La Ley, 2013.

AA.VV. *Constitucionalización del Derecho administrativo, XV Jornadas Internacionales de Derecho Administrativo*, Ed. A.Montaño Plata y A.F. Ospina Garzón. Bogotá, UEC, 2014.

AA.VV. *V Foro Iberoamericano de Derecho Administrativo. El Marco Constitucional del del Derecho Administrativo en Iberoamérica*. Quito, Ecuador, 2006.

ABENDROTH, W. «El Estado Constitucional de Derecho democrático y social como proyecto político», en *El Estado Constitucional Social*, Centro de Estudios Constitucionales, Madrid, 1986.

AGUILÓ REGLA, J. *Teoría general de las fuentes del Derecho (y del orden jurídico)*, Ariel Derecho, Barcelona, 2000,

ALEGRE MARTÍNEZ, M.A. «Significado e implicaciones de la reforma del Art. 127 de la Constitución italiana: la desaparición del control previo de constitucionalidad sobre las leyes regionales», en *Teoría y Realidad Constitucional*, t. II, 2004.

ALESSI, R., *Instituciones de Derecho Administrativo*, Trad. de la 3a. ed. italiana, Tomo I, Bosch, Barcelona, 1970.

ALEXY, R. (2003), *Tres escritos sobre los derechos fundamentales y la teoría de los principios* (traducción de Carlos Bernal Pulido). Bogotá, Universidad Externado de Colombia,

ALLI ARANGUREN, J. C. (2004). *Derecho Administrativo y Globalización*. Madrid, Thomson-Civitas,

ALTAMIRA GIGENA, J. I. *Responsabilidad del Estado Constitucional*, Astrea, Buenos Aires, 1978.

ALFONSO PARADISI, J.D. (2020). «De los deberes constitucionales de los ciudadanos en la Constitución de 1999». En *Principios fundamentales del Derecho Público. Desafíos actuales. Libro conmemorativo de los 20 años de la publicación de la Constitución de 1999* (A.R. Brewer-Carías y J. Araujo-Juárez, J. Coords.). Caracas, EJVI.

ALLI ARANGUREN, J. C. *Derecho Administrativo y Globalización*. Thomson-Civitas, Madrid, 2004.

AMSELEK, P. «Le service publique et la puissance publique-Reflexions autor d'une étude récente», en *Actualité Juridique-Droit Administratif*, 1968.

ARAGON REYES, M. *Constitución y democracia*, Ed. Tecnos, Madrid, 1990.

- «Sobre las nociones de supremacía supralegalidad constitucional», en *Revista de Estudios Políticos*, num. 50, marzo-abril. Madrid, 1986.
- «La eficacia jurídica del principio democrático. En REDC, num. 24,1988.
- «El control como elemento inseparable del concepto de Constitución». En REDC N° 7, 1987.
- «El buen Derecho constitucional». En REDC, núm. 97,2013.
- *Constitución y democracia,* Madrid, Tecnos,1990.

ARAUJO-JUÁREZ, J. *Derecho Administrativo Constitucional.* «Prólogo» de A.B. Brewer-Carías. Caracas, CIDEP-EJV, 2017; y *Derecho Administrativo Constitucional.* «Prólogo» de A.B. Brewer-Carías. Santiago-Chile, Ediciones Olejnik, 2020.

- *Derecho Administrativo General.* Vol. I *Concepto y Fuentes*. Ediciones Paredes, Caracas, 2012.
- *Derecho Administrativo General.* Vol. II. *Administración Pública*. Caracas, Ediciones Paredes, 2011
- *Derecho Administrativo General.* Vol. III. Acto y Contrato Administrativo. Ediciones Paredes, 2011
- *Derecho Administrativo General.* Vol. IV *Servicio Público,* Ediciones Paredes, Caracas, 2010.
- *Derecho Administrativo General.* Vol. V *Procedimiento y Recurso Administrativo,* Ediciones Paredes, Caracas, 2010.
- *Principios Generales del Derecho Procesal Administrativo,* Ed. Vadell Hnos. Caracas, 2da. Reimpresión, 2001.
- «Los derechos fundamentales económicos y el Derecho de los servicios públicos», en *Servicio Público. Balance & Perspectiva,* Vadell Hnos. Editores, Caracas, 1999-
- «El Amparo Constitucional y los Derechos Fundamentales Prestacionales», en *Revista de Derecho Administrativo* N° 4, Editorial Sherwood, Caracas, Septiembre-Diciembre, 1998.
- (2019) «El derecho administrativo constitucional y su enseñanza». En RTD, N° 30, Edición impresa/ N° 5 Edición digital. San Cristóbal, UCAT,
- *La Nulidad del Acto Administrativo*. Caracas, Ediciones Paredes, 2017; y Araujo-Juárez, J., *La Nulidad del Acto Administrativo*.Santiago, Ediciones Olejnik, 2020.
- *Justicia administrativa y el contencioso de anulación*. «Prólogo» de L. Rodriguez R. Caracas, CIDEP-FUNEDA, 2019; y *Justicia administrativa y el contencioso de anulación*. «Prólogo» de L. Rodriguez R. Santiago, Ediciones Olejnik, 2020.
- *La teoría de la cláusula exorbitante*. Caracas, CIDEP-EJV, 2017; y Araujo-Juárez, J., *La teoría de la cláusula exorbitante*. Santiago, Ediciones Olejnek, 2020.

ARIÑO ORTIZ, G., *Principios de Derecho Público Económico*, Ed. Comares, Granada, 1999.

ARROYO JIMÉNEZ, L. «Derecho administrativo y Constitución española». En RAP N° 209, 2019.

AUBY, J.-M. y DRAGO, R. *Traité de contentieux administratif*, 2 vols., LGDJ, Paris, 1975.

BALLBE, M. *Sistemática del Derecho Administrativo*, Barcelona, 1947.BACHOF, O., *Jueces y Constitución*, Madrid, 1987.

BARBE-PÉREZ, H. *Derecho administrativo*, Oficina de apuntes del Centro de Estudiantes de Notariado, 1a. ed., 1982, Montevideo.

BARNÉS, J. «La interacción entre la Constitución y el Derecho administrativo: límites y patologías», en *Constitucionalización del Derecho administrativo, XV Jornadas Internacionales de Derecho Administrativo*, Ed. A. Montaño Plata y AF. Ospina Garzón, Universidad Externado de Colombia, Bogotá, 2014.

- «Una reflexión introductoria sobre el Derecho administrativo y la Administración Pública de la Sociedad de la Información», en *RAnAP*, num. 40, octubre-diciembre de 2000.

BERNAL PULIDO, C. «La racionalidad de la ponderación». En REDC, núm. 78, 2006.

BERTHÉLEMY, H. *Traité Elémentaire de Droit Administratif*, Rousseau, Paris, 7a. ed., 1913.

BIDART CAMPOS, G.J. *El derecho de la Constitución y su fuerza normativa*, Ediar, Buenos Aires, 1995.

BIELSA, R., *Derecho administrativo*, Buenos Aires, La Ley, T. I, Buenos Aires, 1964.

BILBAO UBILLOS, J.M., REY MARTÍNEZ, F. Y VIDAL ZAPATERO, J.M. *Lecciones de Derecho Constitucional* I, 4ª edición. Pamplona, Thomson Reuters-Aranzadi, 2018.

BISCARETTI DI RUFIA, P. *Derecho Constitucional*, Tecnos, Madrid, 1973.

BOBBIO, N. *Dalla struttura alia funzione*. Roma, Editore Laterza, 2007.

BOGDANDY, A. V. FIX-FIERRO, H. Y MORALES ANTONIAZZI, M. (Coords.) *Ius constitutionale commune en América Latina: Rasgos, potencialidades y desafíos*. México: Instituto de Investigaciones Jurídicas de la UNAM/Instituto Max Planck de Derecho Público Comparado y Derecho Internacional.

BON, P., «Peut-on parler de 'pouvoir' administratif?» en *Cinquantième anniversaire de la Constitution francaise*, Dalloz, 2008.

BREWER-CARIAS, A.R. *Tratado de Derecho Constitucional* T.I *Historia Constitucional de Venezuela*. Caracas, EJV, 2013.

- *Tratado de Derecho Constitucional* T.II *Orígenes del Constitucionalismo Moderno en Hispanoamérica*. Caracas, EJV, 2014.
- *Tratado de Derecho Constitucional*. Tomo XVI. *La destrucción del Estado de Derecho, la ruina de la democracia y la dictadura judicial*. Caracas, *2017*.
- *Derecho Administrativo*, 2a. edición, Ed. Universidad Externado de Colombia - Universidad Central de Venezuela, 2 vols. Caracas, 2005.
- *El sistema de justicia constitucional en la Constitución de 1999* (Comentarios sobre su desarrollo jurisprudencial y su explicación, a veces errada, en la *Exposición de Motivos)*, EJV, Caracas, 2000.
- «El derecho a la democracia entre las nuevas tendencias del derecho administrativo como punto de equilibrio entre los poderes de la Adminis-

tración y los derechos del administrado», en *Revista Mexicana Statum Rei Romanae de Derecho Administrativo,* Núm. 1 / Julio-Diciembre 2008 / Revista Semestral, México, 2008.

- *Estado Constitucional de Derecho y control judicial,* Instituto de Administración Pública, Alcalá de Henares-Madrid, 1987.
- «Algunos aspectos del proceso de constitucionalización del Derecho administrativo en Venezuela», en *Los requisitos y vicios de los actos administrativos, V Jornadas de Derecho Administrativo Allan Randolph Brewer Carías,* FUNEDA, Caracas, 2000.
- *El sistema de justicia constitucional en la Constitución de 1999,* Caracas, EJV, 2000.
- «Bases constitucionales del Derecho Administrativo en Venezuela», en *Revista de Derecho Público,* Editorial Jurídica Venezolana, N° 16, octubre-diciembre 1983.
- *Las Constituciones de Venezuela,* UCT, CEC, IAL, Madrid, 1985.
- *Principios Fundamentales del Derecho Público,* Cuadernos de la CátedraAllan R. Brewer-Carias N° 17, EJV, Caracas, 2005.
- «Marco Constitucional del Derecho Administrativo», en *Derecho Administrativo Iberoamericano* (Coord. Víctor Hernández-Mendible), Caracas, 2007.
- «El derecho a la democracia entre las nuevas tendencias del derecho administrativo como punto de equilibrio entre los poderes de la Administración y los derechos del administrado», en *Revista Mexicana Statum Rei Romanae de Derecho Administrativo,* Núm. 1 / Julio-Diciembre 2008 / Revista Semestral, México, 2008.
- «Algunos aspectos del proceso de constitucionalización del Derecho administrativo en Venezuela», en *Los requisitos y vicios de los actos administrativos,* V Jornadas de Derecho Administrativo Allan Randolph Brewer Carías, FUNEDA, Caracas, 2000.
- *Prólogo* al libro de Parejo Alfonso, L. *El concepto del derecho administrativo,* EJV, Caracas, 1984.
- *El sistema de justicia constitucional en la Constitución de 1999,* Caracas, EJV, 2000.
- «Prólogo» al libro *El concepto del derecho administrativo,* EJV, Caracas, 1984,
- *La constitución de 1999,* Ed. Arte, Caracas, 2000.
- *El juez constitucional y la perversión del Estado Constitucional de derecho. La «dictadura judicial» y la destrucción de la democracia en Venezuela,* 2ª. Edición actualizada, Col. Estudios Políticos N° 13, EJVI, Caracas, 2016.
- «A Manera de Prólogo sobre 'el marco constitucional de los servicios públicos´», al libro *Los Servicios Públicos domiciliarios,* (Director: Víctor Hernández-Mendible), EJV-Cerdeco- Funeda, Caracas, 2012.
- *Principios del Estado de Derecho,* Col. Cátedra Mezerhane, EJVI, Caracas, 2015.
- «Bases constitucionales del Derecho Administrativo en Venezuela». En RDP, EJV, N° 16, octubre-diciembre 1983;
- «Algunos aspectos del proceso de constitucionalización del Derecho administrativo en Venezuela». En *Los requisitos y vicios de los actos administra-*

tivos, V Jornadas de Derecho Administrativo Allan Randolph Brewer-Carías. Caracas, FUNEDA, 2000.

- «Modelo Político y Derecho Administrativo». En *La Constitucionalización del Derecho Administrativo. XV JornadasInternacionales de Derecho Administrativo,* Alberto Montaña Plata y Andrés Fernando Ospina Garzón (Editores).Bogotá, Universidad Externado de Colombia, 2014.
- «Los condicionamientos políticos de la Administración Pública en los paíseslatinoamericanos». En *Revista de la Escuela Empresarial Andina,* Convenio Andrés Bello, N° 8, Año 5,1980.
- *Estudios sobre el Estado Constitucional* (2005-2006). 2007.
- «A Manera de Prólogo sobre 'el Marco constitucional de los servicios públicos'». En *Los Servicios Públicos domiciliarios,* (Director: Víctor Hernández-Mendible). Caracas, EJV-CERDECO- FUNEDA, 2012.

BRITO, MARIANO R. «Principio de legalidad e interés público en el Derecho positivo uruguayo» en *La Justicia Uruguaya,* Tomo XC, Sección Doctrina.

- «Estudio de las relaciones entre el Derecho administrativo y el Derecho Constitucional en el Uruguay», en *V Foro Iberoamericano de Derecho Administrativo. El Marco Constitucional del Derecho Administrativo en Iberoamérica,* Quito, Ecuador, 2006.
- «Principio de legalidad e interés público en el Derecho positivo uruguayo» en *La Justicia Uruguaya,* Tomo XC, Sección Doctrina.

CABALLERO ORTÍZ, J. *El derecho del trabajo en el régimen jurídico del funcionario público.* Caracas, Ed. Paredes, 2006.

- «¿La referencia constitucional al trabajador es extensible a la noción de funcionario público?». En *Derecho del Trabajo y Derecho de la Seguridad Social: Normas laborales, Decisiones Judiciales y Estudios.* Caracas, 2006.
- «Bases constitucionales del Derecho de la función pública». En *RDC,* núm. 5. Caracas, Editorial Sherwood, 2011.
- *El derecho del trabajo en el régimen jurídico del funcionario público.* Caracas, Ed. Paredes, 2006.

CANÓNICO SARABIA, A. «Las demandas para el reclamo por la prestación de servicios públicos». En III Congreso de Derecho Procesal Constitucional y I Congreso de Derecho Administrativo, La Justicia Constitucional y Justicia Administrativa como garante de los derechos humanos reconocidos en la Constitución. En *Homenaje al Doctor Gonzalo Pérez Luciani,* t. I, Caracas, UMA-FUNEDA, 2013.

CANOSA USERA, R. (1988). *Interpretación constitucional y fórmula política.* Madrid, CEC,

CANOVA GONZÁLEZ, A., *Reflexiones sobre la Reforma del Sistema Contencioso Administrativo Venezolano,* Ed. Sherwood, Caracas, 1998.

CARMONA CUENCA, E. *El Estado Constitucional Social de Derecho en la Constitución.* Consejo Económico y Social, Madrid, 1996.

CARRÉ DE MALBERG, R. *Contribution à la théorie générale de l'Etat; spécialement d'après les données fournies par le droit constitutionnel français,* Vol. I. Paris, Dalloz, 2003; y Carre de Malberg, R. Teoría General del Estado Constitucional, 2ª edición en español. México, Fondo de Cultura Económica, 1998.

CASSAGNE, J. C. *Los grandes principios del Derecho Público (Constitucional y Administrativo)*. Madrid, Reus, 2016.

CASAL, J. M. *Los Derechos Humanos y su Protección (Estudio sobre derechos humanos y derechos fundamentales)*, UCAB, Caracas, 2006.

- *Constitución y Justicia Constitucional, Los fundamentos de justicia constitucional en la nueva Carta Magna*, UCAB, Caracas, 2004.
- *Apuntes para una historia del Derecho constitutcional en Venezuela*. Caracas, CIDEP-EJV

CASSESE, S. *Las Bases del Derecho Administrativo*, Col. Estudios, MAP, Madrid, 1994.

- *La construction du droit administratif. France et Royaume-Uni*, trad. del italian, Montcrestien, 2000.
- «Las tres etapas de la constitucionalización del Derecho administrativo», en *La constitucionalización del Derecho administrativo. XV Jornadas Internacionales de Derecho Administrativo*, Montaña Plata, A, y Ospina Garzón, A, Universidad Externado de Colombia, Bogotá, 2014.

CASTÁN TOBEÑAS, J. (1975). *Derecho Civil Español, Común y Foral*, Tomo Primero. *Introducción y Parte General*. Vol. I. Madrid, Reus, S.A.,

CEA EGAÑA, J. L. «La constitucionalización del Derecho». En *Revista de Derecho Público*, núm. 59.1996.

CHAPUS, R., *Droit administratif general*, 15eme ed., T.1, Montchrestien, Paris, 2001.

- «Le service public et la puissance publique», en *Revue du Droite Public*, 1968.

CHAVERO GAZDIK, R. J. «La participación social en la gestión pública», en *Ley Orgánica de Administración Pública*, Colección Textos Legislativos N° 24, Editorial Jurídica VENEZOLANA, CARACAS, 2002.

CHIARACANE, S. *Espejismo de una Constitución y Autoridad Global*, Tesis de Doctorado en Derecho y Relaciones Internacionales, Agosto de 2016 (consultado en original).

DE LA CUÉTARA, J.M. (1986). *Las potestades administrativas*. Madrid, Tecnos,

DELPIAZZO, C. E. «Marco constitucional del Derecho Uruguayo» en *V Foro Iberoamericano de Derecho Administrativo. El Marco Constitucional del Derecho Administrativo en Iberoamérica*, Quito, Ecuador, 2006.

DELVOLVÉ. P. *Le droit administratif*, 3ª. ed., Dalloz, Paris, 2002.

- «La actualidad de la teoría de las bases constitucionales del Derecho administrativo», en *La constitucionalización del Derecho administrativo. XV Jornadas Internacionales de Derecho Administrativo*, Montaña Plata, A, y Ospina Garzón, A. F., Universidad Externado de Colombia, Bogotá, 2014,

DEMICHEL, A. *Le droit administratif. Essai de réflexion théorique*, LGDJ, Paris, 1978.

DE OTTO, I. *Derecho Constitucional. Sistema de Fuentes*, Ariel. Derecho, Barcelona, 7ª. Reimpresión, 1999.

DÍAZ REVORIO, F.J. *Valores superiores e interpretación constitucional*, Col. Estudios Constitucionales, Madrid, 1997.

- «Las sentencias interpretativas del Tribunal Constitucional», Ed. Lex Nova, 2001.

DROMI, R. *Derecho Administrativo,* 10a. edición, Ciudad Argentina, Buenos Aires, 2004.

- *Prerrogativas y Garantías Administrativas,* t. I, Ed. UNSTA, Buenos Aires, 1979.

DUVERGER, M. *Instituciones políticas y Derecho constitucional,* Barcelona, Ariel, 1962.

DWORKIN, R. *Los derechos en serio.* Barcelona, Editorial Ariel, S.A., 1984.

DUGUIT, L., *La Transformaciones del Derecho Público y Privado,* Ed. Colmenares, 2007,

ENTRENA CUESTA, R. *Derecho Administrativo,* 13a. ed., T.1/Vol. 1, Tecnos, Madrid, 1998.

EISENMANN, CH. *Cours de Droit Administratif,* Vol. I, LGDJ, Paris, 1979.

- La théorie des «bases constitutionnelles du droit administratif», en *Revue du Droit Publique,* Paris, 1972.
- «Le droit administratif et le principe de légalité», en *EDCE,* 1957.

ESMEIN, CH. *Elements de Droit Constitutionnel,* 5a. ed., Paris, 1952.

EXPOSICIÓN DE MOTIVOS. Gaceta Oficial N° 5.453, Extraordinario, de fecha 24 de marzo de 2000.

FAVOREU, L. «Le principe de constitutionnalité. Essaie de définition d'après la jurisprudence du Conseil constitutionnel». En Waline, M. (Ed.) *Recueil d'études en hommage à Charles Eisenmann.* Paris, Ed. Cujas, 1975.

- «El bloque de la constitucionalidad». En *Revista del Centro de Estudios Constitucionales* No. 5, enero-marzo 1990. Madrid.
- y PHILIP, L., *Les grandes décisions du Conseil constitutionnel,* 7ª. Éd., Paris, 1993.
- y RUBIO LLORENTE, F. *El bloque de la constitucionalidad.* Simposium Franco-Español. Madrid, Civitas, 1991.

FERNÁNDEZ VÁZQUEZ, E. *Diccionario de Derecho Público,* Ed. Astrea, Buenos Aires, 1981.

FIORINI, B. *Derecho administrativo,* t. I, 2a. ed. actualizada, reimpresión, Buenos Aires, Abeledo-Perrot, 1997.

FORSTHOFF, E. *Tratado de Derecho Administrativo,* trad. española de la 5.ª edición. Madrid, IEP,

- «Problemas constitucionales del Estado Constitucional social», en *El Estado Constitucional Social,* Centro de Estudios Constitucionales, Madrid, 1986.
- «Concepto y esencia del Estado Constitucional social de derecho», en *El Estado Constitucional Social,* Centro de Estudios Constitucionales, Madrid, 1986.
- «*Abbiamo Troppo o Troppo Poco Stato*», en *Stato di Diritto in Transformazione,* Milan, Giuffré, 1973.

FREIXES SANJUÁN, T., y REMOTI CARBONEL, C. «Los valores y principios en la interpretación constitucional». En REDC, año 12, núm. 35, 1995.

GALLEGO ANABITARTE, A. «Constitución y política», apéndice a LOEWENSTEIN, K., *Teoría de la Constitución*, Barcelona, 1983.

GARCÍA DE ENTRERRÍA, E. *La batalla por las medidas cautelares. Derecho Comunitario Europeo y proceso contencioso-administrativo español*, Segunda edición ampliada, Civitas, Madrid, 1995.

- *La Constitución como norma y el tribunal constitucional*, Tercera edición, Civitas, Madrid, 1985.
- *La lengua de los derechos. La formación del derecho público europeo tras la Revolución Francesa*, Civitas, Madrid, 2a. ed., 2001.
- *Hacia una nueva justicia administrativa*, Segunda edición ampliada, Civitas, Madrid, 1992.
- «La participación del administrado en las funciones administrativas», en Libro Homenaje a Segismundo Royo- Villanova, Madrid, 1977.
- *Las Transformaciones de la Justicia Administrativa: de Excepción Singular a la Plenitud Jurisdiccional. ¿Un cambio de Paradigma?*, Thomson-Civitas, Pamplona, 2007.
- *La lucha contra las inmunidades del poder en el Derecho administrativo*, Tercera edición, Cuadernos Civitas, Madrid, 1983.
- *Revolución francesa y Administración contemporánea*. 2ª. edición. Madrid, Taurus,1981.
- «Los fundamentos constitucionales del Estado». En REDC, núm. 52. Madrid, CEPC,1998.
- «El Derecho constitucional como Derecho». En REP, Nº 15,1982.
- «La Constitución como norma jurídica». En *La Constitución Española de 1978*. (A. Predieri y E. García de Enterría). Madrid, Civitas, 1980.
- y Fernández, T. R. *Curso de Derecho Administrativo* T. I, Décimonovena edición. Madrid, Civitas-Thomson Reuters, 2020; y *Curso de Derecho Administrativo*. T. II, Decimosexta edición, 2020.

GARCÍA PELAYO, M. «Consideraciones sobre las cláusulas económicas de la Constitución», en Vol. *Estudios sobre la Constitución de 1978*, Madrid, 1979.

- «El Estado Constitucional Social y Democrático de Derecho en la Constitución Española», en *Obras Completas*, Tomo II, Centro de Estudios Constitucionales, Madrid, 1991.
- «El Estado Constitucional Social y sus Implicaciones», en *Obras Completas*, Tomo II, Centro de Estudios Constitucionales, Madrid, 1991.
- «Estado Constitucional legal y Estado Constitucional constitucional de Derecho», en *Obras Completas*, Vol. I, Centro de Estudios Constitucionales, Madrid, 1991.

GARCÍA-TREVIJANO FOS, J. A. (1974).*Tratado de Derecho Administrativo*, t. II, Vol. I, tercera edición, Madrid, Editora Revista de Derecho Privado,

GARRIDO FALLA, F. «La posición constitucional en la Administración Pública, en *La Administración en la Constitución*, CEC; Madrid, 1980.

- PALOMAR OLMEDA, A. Y LOZADA GONZÁLEZ, H. *Tratado de Derecho Administrativo*, Vol. I, *Parte General*. Décimoquinta edición. Madrid, Ed. Tecnos, 2010.

GARRORENA MORALES, A. *Derecho constitucional. Teoría de la Constitución y sistema de fuentes,* 4ª edición. Madrid, Ed. CEPC, 2020.

- *El Estado español como Estado social y democrático de Derecho*. Madrid, Tecnos, 1992.
- «Cuatro tesis y un corolario sobre el Derecho Constitucional». En REDC, núm. 51, 1997.

GIANNINI, M. S. (1987). M. *Premisas sociológicas e históricas del Derecho administrativo, 2ª edición,* traducción, M. Baena del Alcázar y J.M. García Madaria. Alcalá de Henares, INAP, Estudios Administrativos,

GONZÁLEZ PÉREZ, J. *El Derecho a la tutela jurisdiccional,* 2da. Ed., Cuadernos Civitas. Madrid, 1998.

- *Nuevos sistemas de control de la administración pública,* Tucumán, 1981.
- *Manual de Derecho Procesal Administrativo,* 2da. edición, Civitas, Madrid, 1992.
- «El método en el derecho administrativo», en RAP, N° 22, Madrid, 1957.
- *Administración Pública y libertad,* México, UNAM, 2006.
- *El Administrado*. Madrid, Abella, 1966.
- *La dignidad de la persona.* Madrid, Civitas, 1986.
- *Responsabilida patrimonial de las Administraciones Públicas,* 4a. edición, Thomson-Civitas, Madrid, 2006.

GORDILLO, A. *Tratado de Derecho Administrativo. Parte General,* T. 1, 5a. ed., Buenos Aires, Fundación de DerechoAdministrativo, 1998.

- *Tratado de Derecho Administrativo,* T. 2, *La defensa del usuario y del administrado,* Medellín, 2000.
- «El estado actual del derecho administrativo», en *Revista de Derecho Administrativo,* N° 14, Depalma, Buenos Aires.

GRISANTI VELANDIA, R. *Inexistencia de los actos cuasijurisdiccionales,* Vadell Hnos. Editores, Caracas, 1994.

GUASTINI, R. (1993). *Le fonti del diritto e línterperetazione*. Milano, Giuffrè,

HÄBERLE, P. (2001). *El Estado Constitucional*. México, UNAM,

HAMILTON, A., MADISON, J. Y JAY, J. (2001). *El Federalista,* trad. esp. de G. R. Velasco, Segunda edición en español.México, FCE.

HAURIOU, M. *Précis de droit adninistratif et de droit public,* 12ª. Ed. Libraire du Recueil Sirey, Paris, Réédition, 2002.

- *Obra escogida* (traducción de Santamaría Pastor y Muñoz Machado), Madrid, 1976.

HELLER, H. «¿Estado Constitucional de Derecho o dictadura?», en *Escritos políticos,* Madrid, Alianza, 1985.

HERNÁNDEZ, G., J.I. *Introducción al concepto constitucional de Administración Pública en Venezuela,* Cuadernos de Cátedra A.R. Brewer-Carias, UCAB, N° 27, EJV, Caracas, 2011.

- *Derecho administrativo global y arbitraje internacional de inversiones,* EJVI-CEDIP, Caracas, 2016.

HERNÁNDEZ-MENDIBLE, V. «Los principios generales del Derecho en el Derecho Administrativo», en *Principios en el Derecho Administrativo Iberoamericano*, VII Foro de Derecho Administrativo, Valladolid, Salamanca, Ed. Netbiblo, 2008.

- «Balance y Perspectiva de la Justicia Administrativa (Año y medio de la Constitución de 1999)», en *Estudios de Derecho Público. Libro Homenaje al Dr. Humberto J. La Roche*. Caracas, 2001.

HESSE, K. (2011). *Escritos de Derecho Constitucional*, Madrid, CEPC, Col. Democracia y Derecho,

IBAÑEZ NAJAR, J. E., «El Derecho Público Colombiano», en *V Foro Iberoamericano de Derecho Administrativo. El Marco Constitucional del Derecho Administrativo en Iberoamérica*, Quito, Ecuador, 2006.

IBLER, M. «Pasado y presente de la relación entre el derecho constitucional y el Derecho administrativo». En *Cuadernos Constitucionales de la Càtedra Fadrique Furió Ceriol* nº 50/51. Valencia,2006.

JELLINEK, G. *Teoría General del Estado*, trad, esp. Buenos Aires, 1954.

JEZE, G., *Principios generales del derecho administrativo*, t. III, Depalma, Buenos Aires, 1949.

JIMÉNEZ ASENSIO, R. (2005). *El constitucionalismo. Proceso de formación y fundamentos del Derecho constitucional*. Tercera edición.Madrid, Marcial Pons,

JOUNJAN, O. «La Constitution», en *Traité de droit administratif*, T. I, Dalloz, 2011.

KELSEN, H. (1977).*Teoría pura del Derecho. Introducción a la ciencia del Derecho*. Buenos Aires, Editorial Universitaria de Buenos Aires. 1977.

LAFUENTE, J.M. (2000). *La judicialización de la interpretación constitucional*. Madrid, Colex,

LARES MARTÍNEZ, E. *Manual de Derecho administrativo*, 12ª. Edición, UCV, Caracas, 2005.

LAS CONSTITUCIONES DE VENEZUELA. «Estudio Preliminar» de Allan R. Brewer-Carias, UCT-CEC-IEAL, Madrid, 1985.

LOEWENSTEIN, K. *Teoría de la Constitución*, Traducción y estudio por A. Gallego Anabitarte, Reimpresion de la 2ª. ed. Barcelona, Ariel, 1979.

LORETO GONZÁLEZ, I. (2005). *Génesis del Constitucionalismo en Venezuela*. Caracas. Centro de Investigaciones Jurídicas 2005.

LUCAS VERDÚ, P. «El Derecho constitucional como Derecho administrativo (La «ideología constitucional» del profesor Eduardo García de Enterría). En REP, Nº 13. 1982.

- «Art. 1°. Estado Constitucional social y democrático de Derecho», en *Comentarios a la Constitución española de 1978* (Dir. O. Alzaga). Tomo I, Cortes Generales-Edersa, Madrid, 1996.

MAGALDI, N., *Procura existencial, Estado Constitucional de Derecho y Estado Constitucional Social*, en Serie de Historia Jurídica y Filosofía del Derecho, n° 48, Universidad Externado de Colombia, Bogotá, 2007.

MARIENHOFF, M. S. *Tratado de Derecho Administrativo*, T. I, Abeledo-Perrot, Buenos Aires, 1970.

MARTIN-RETORTILLO, S. *Derecho Administrativo Económico*, T. I, La Ley, Madrid, 1988.

- «Presupuestos constitucionales de la función administrativa en el Derecho positivo español». En RAP núm. 26,1958.

MAYER, O. *Derecho administrativo alemán*, Vol. I, trad. directa del original francés. Buenos Aires, Depalma, 1949-1951.

MARTÍN BASSOLS, M. (1980). «Sobre los principios originarios del derecho administrativo y su evolución». En *Libro homenaje al profesor Juan Galván Escutia*, Valencia,

MEILÁN GIL, J.L. *Categorías jurídicas en el Derecho Administrativo*. Madrid, Iustel, 2011.

- «La administración pública a partir de la Constitución española de 1978 (1),» *Revista Española de Derecho Constitucional*, Año 16, N° 47, 1996.
- «El Marco Constitucional del Derecho Administrativo en España», en *V Foro Iberoamericano de Derecho Administrativo. El Marco Constitucional del Derecho Administrativo en Iberoamérica*, Quito, Ecuador, 2006.

MERK, A., *Teoría General del derecho administrativo*, Comares, Granada, 2004.

MESTRE, J. L. (1993). «Aux origins de l'enseignement du droit administrative: le 'Cours de legislation administrative' de Portiez de l'Oise (1808)». En *Revue Franç[1]ise de droit administrative*, 244 ; y Mestre, J.L. (2002). «Administration, justice et droit administratif». En *Annales historiques de la Révolution française*. Paris, La Révolution et le Droit, núm. 328, avril-juin,

MIR PUIGPELAT, O. *Globalización, Estado Constitucional y Derecho. Las transformaciones recientes del Derecho Administrativo*, Cuaderno Civitas, Thomson-Civitas, Madrid, 2004.

MODERNE, F. *Principios Generales del Derecho Público*, «Prólogo» de García de Enterría,. Santiago de Chile, Editorial Jurídica de Chile, 2005.

- «El control previo de constitucionalidad en la Europa contemporánea», en *Revista Chilena de Derecho*, num. 20, 1993.

MOLES CAUBET, A., «La progresión del Derecho Administrativo», en *Estudios de Derecho Público*, (Oswaldo Acosta-Hoenicka-Compilador), UCV-FCJP-IDP, Caracas, 1997.

- «Estado y Derecho (Configuración Jurídica del Estado)», en *Estudios de Derecho Público*, (Oswaldo Acosta-Hoenicka-Compilador), UCV-FCJP-IDP, Caracas, 1997.
- «El Sistema Contencioso-administrativo venezolano en el Derecho Comparado», en *Estudios de Derecho Público* (Oswaldo Acosta-Hoenicka-Compilador), UCV, Caracas, 1997.
- «El principio de legalidad y sus implicaciones», en *Estudios de Derecho Público*, (Oswaldo Acosta-Hoenicka-Compilador), UCV-FCJP-IDP, Caracas, 1997.
- «El Sistema Contencioso-administrativo venezolano en el Derecho Comparado», en *Estudios de Derecho Público*, (Oswaldo Acosta-Hoenicka-Compilador), UCV-FCJP-IDP, Caracas, 1997.

MONTAÑA PLATA, A. «El Estado Constitucional de Derecho y la idea constitucional de un Derecho administrativo», en *Constitucionalización del Derecho adminis-*

trativo, XV Jornadas Internacionales de Derecho Administrativo, Ed. A. Montaña Plata y A.F., Ospina Garzón, Universidad Externado de Colombia, Bogotá, 2014.

MONTESQUIEU. *Del Espíritu de las Leyes*, Origen, Barcelona, 2003.

MORENO, L.F. *Servicios Públicos Domiciliarios. Perspectivas de Derecho Económico*, Universidad Externado de Colombia, Bogotá, 2001.

MUÑOZ MACHADO, S. *Tratado de Derecho Administrativo y Derecho Público General* T III *Los principios de constitucionalidad y legalidad*. Madrid, Agencia Estatal BOE, 2015.

NIETO, A. «Peculiaridades jurídicas de la norma constitucional», en *RAP* 100-102, enero-diciembre, 1983.

- «La vocación del Derecho administrativo de nuestro tiempo», en RAP N° 76, Madrid, CEC, 1975.

NIKKEN, C. (2018). *Consideraciones sobre las fuentes del Derecho Constitucional y la interpretación de la Constitución*. Caracas, CIDEP-EJV.

ORLANDO, V. E. *Principios de Derecho Administrativo*, Trad. española de la ed. Valiana. Madrid, INAP,1978.

ORTIZ ALVAREZ, L. *La Responsabilidad Patrimonial de la Administración Pública*, Editorial Jurídica Venezolana, Caracas, 1995.

- «La Responsabilidad patrimonial del Estado Constitucional en Venezuela en la Constitución de 1999 (Visión general sustantiva y el mito del carácter objetivo del sistema)», en *Congreso Internacional de derecho administrativo en Homenaje al Prof. Luis Farías Mata*, T.I, UCAB, Caracas, 2006.
- *La responsabilidad civil de los funcionarios públicos*. Caracas, Editorial Sherwood, 2002.
- y HENRÍQUEZ MAIONICA, G. *Las Grandes Decisiones de la Jurisprudencia de Amparo Constitucional* (1969-2004), Editorial Sherwood, Caracas, 2004.

OSPINA GARZÓN, A.F. «Presentación» a la obra *Constitucionalización del Derecho administrativo, XV Jornadas Internacionales de Derecho Administrativo*, Universidad Externado de Colombia, Bogotá, 2014.

PARADA VÁZQUEZ, R. *Derecho Administrativo* T. II *Régimen Jurídico de la Actividad Administrativa*. Madrid, Dykinson, 2019.

PAREJO ALFONSO, L. *Lecciones de Derecho Administrativo*, 10ª Edición. Madrid, Tirant lo Blanch, 2020.

- *Garantía institucional y autonomías locales*. Madrid, IEAL, 1981.
- *Perspectivas del Derecho Administrativo para el próximo milenio*, Ed. Gustavo Ibañez, Bogotá, 1998.
- *El concepto de derecho administrativo*, EJV, Caracas, 1984.
- «El Estado social Administrativo: Algunas reflexiones sobre la 'crisis' de las prestaciones y los servicios públicos», en RAP Número 153, 2000.
- *Constitución y valores del ordenamiento*. Madrid, Centro de Estudios Ramón Areces, 1990.

PÉREZ LUÑO, A.E., «La interpretación de la Constitución». En *Revista de las Cortes Generales*, núm. 1,1984.

- *Derechos humanos, Estado de derecho y Constitución*, Madrid, Tecnos,1991.

PÉREZ ROYO, J. Y CARRASCO DURÁN, M. *Curso de Derecho constitucional.* Décimosexta edición. Madrid, Marcial Pons, 2018.

PRAT, J. A., *Derecho administrativo,* t. I, 2a. ed., Acali, Montevideo, 1979.

PRIETO SANCHÍS, L. (1982). *Los derechos fundamentales en la Constitución española de 1978,* UCM, 1982 (tesis doctoral).

- *Ley, principios, derechos.* Madrid, Dykinson, 1998.

RINCÓN CÓRDOBA, J.I. «La igualdad material como responsabilidad de la administración pública», en *Constitucionalización del Derecho administrativo, XV Jornadas Internacionales de Derecho Administrativo,* Universidad Externado de Colombia, Bogotá, 2014.

RIVERO, J. *Derecho Administrativo,* Trad. al esp. de la 9a. edición francesa, Instituto de Derecho Público, Universidad Central de Venezuela, Caracas, 1984.

- «Apologie pour les 'faiseurs de systèmes'». Paris, Dalloz, 1951.
- «Los principios generales del derecho en el Derecho administrativo francés contemporáneo». EnRAP, núm. 6, 1951.
- *Les libertés publiques,* Vol. II, Paris, 1981.
- et WALINE, J., *Droit Administratif,* 21éme. edition, Dalloz, Paris, 2006.

RIVERO ORTEGA, R. *La necesaria innovación en las instituciones administrativas. Organización, procedimiento, función pública, contratos administrativos y regulación,* Col. Estudios y Documentos, INAP, Madrid, 2012.

ROBERT, J., «Droit administratif et droit constitutionnel», en *Revue de Droit Publique,* N° 4, Paris, 1998.

RODRIGUEZ GARCÍA, A. «El Marco Constitucional del Derecho Administrativo en Venezuela», en *V Foro Iberoamericano de Derecho Administrativo. El Marco Constitucional del Derecho Administrativo en Iberoamérica,* Quito, Ecuador, 2006.

RODRIGUEZ, L. *Derecho Administrativo. General y Colombiano,* 2 Vols, Ed. Themis. Bogotá, 2021.

- «Los sistemas de control jurisdiccional de la Administración en el derecho comparado», en *El Control y la Responsabilidad en la Administración Pública, IV Congreso Internacional de Derecho Administrativo,* Coord. Alejandro Canónico, EJV, Caracas, 2012.

RODRÍGUEZ-ARANA, J. *Aproximación al Derecho Administrativo Constitucional,* Editorial Jurídica Venezolana, Caracas, 2007.

- «El marco constitucional del Derecho administrativo (El derecho administrativo constitucional)», en *Revista de la Asesoría Jurídica de la Xunta de Galicia,* n° 6, 2011.
- «Un Nuevo Derecho Administrativo: El Derecho del Poder para la Libertad». En *Revista de Derecho Administrativo,* RPUCP, 2006.
- *Derecho Administrativo y Constitución.* Granada, EEMCi, Temas de Administración Local. Granada. 2000.

RODRIGUEZ DE SANTIAGO, J. M. *La administración del Estado Constitucional social,* Marcial Pons, Madrid, 2007.

ROSSI, P. (1877). *Cours de Droit Constitutionnel,* Tome premiére. París, Librairie de Guillamin,

RUBIO LLORENTE, F. *La forma del poder. Estudios sobre la Constitución*. Vols. I Tercera edición.Madrid, CEPC, 2012.

- «El constitucionalismo contemporáneo». En REDC, núm 105, 2015.
- «El bloque de la constitucionalidad». En *Estudios sobre la Constitución Española. Homenaje al Profesor Eduardo García de Enterría*, T. I. Madrid, Civitas, 1991.

SAAVEDRA BECERRA, R. (2018). De *la responsabilidad patrimonial del Estado Constitucional*, Vols. I, II y III. Bogotá, Ediciones Jurídicas Gustavo Ibañez, 2018.

SANCHEZ MORÓN, *Derecho Administrativo. Parte General*, Ed. Tecnos, Madrid, 2006.

SANTAMARÍA PASTOR, J.A. *Fundamentos de Derecho Administrativo* I. Madrid, Editorial Centro de Estudios Ramón Areces, S.A., 1988.

- *Principios de Derecho Administrativo General*, T. 1, Quinta edición,. Ed. Madrid, IUSTEL, 2018.

SANTOFIMIO, GAMBOA, J.O. (2018). *El concepto de convencionalidad. Vicisitudes para su construcción sustancial en el sistema interamericano de Derechos Humanos. Ideas rectoras*, 2° ed. Bogotá, UEC.

SARMIENTO GARCÍA, J.H. (2020). «El Preámbulo de la Constitución Argentina». En *Revista Foro de Cuyo*. Suplemento Especial. Mendoza.

- «Principio de la supremacía constitucional». *Los principios fundamentales del Derecho Público. Desafíos actuales. Libro conmemorativo de los 20 años de la publicación de la Constitución de 1999*. (A.R. Brewer-Carías y J. Araujo-Juárez, J. Coords.). Caracas, EJVI, 2020.

SARTORI, G., *Teoría de la democracia*, Ed. Alianza, Madrid, 1988.

SAYAGUÉS LASO, E. *Tratado de Derecho Administrativo*, T. 1, Ed. Fundación de Cultura Universitaria, Montevideo, 9ª. edición puesta al día a 2004.

SCHMIDT-ASSMANN, E., *La Teoría general del Derecho administrativo como sistema. Objeto y fundamentos de la construcción sistemática*, Marcial-Pons-INAP, Madrid, 2003.

- «El concepto de constitucionalización del Derecho administrativo», en *La constitucionalización del Derecho administrativo: XV Jornadas Internacionales de Derecho Administrativo*, Ed. A. Montaño Plata y AF., Ospina Garzón, Universidad Externado de Colombia, 2014.
- «El Derecho Administrativo General desde una perspectiva europea», en JA, núm. 13, 2001.
- «Cuestiones fundamentales sobre la reforma de la teoría general del Derecho administrativo». En *Innovación y reforma del Derecho administrativo*, J. Barnés (ed.). Sevilla, Global Law Press,2012.

SCHMITT, K., *Teoría de la Constitución*, trad. española de la 1a. ed. alemana, Taurus, Madrid, 1984.

SOLOZABAL ECHAVARRÍA, J.J. (1985). «Alcance jurídico de las cláusulas definitorias constitucionales». En REDC, N° 15, 1985.

STIRN, B., *Les sources constitutionnelles du droit administratif - Introduction au droit public*, 5 . édition, Ed. LGDJ, Paris, 2006.

TORRELABA SANCHEZ, M.A. *Manual de contencioso administrativo*, (*Parte General*) Segunda Reimpresión, Funeda, Caracas, 2009.

- «Las demandas contra las vías de hecho en la jurisdicción contencioso-administrativa», en *III Congreso de Derecho Procesal Constitucional y I Congreso de Derecho Administrativo,* La Justicia Constitucional y Justicia Administrativa como garante de los derechos humanos reconocidos en la *Constitución. En Homenaje al Doctor Gonzalo Pérez Luciani,* t. I, UMA-FUNEDA, Caracas, 2013.

TORRES DEL MORAL, A. (1992). *Principios de Derecho Constitucional Español,* 3a. ed. renovada. Madrid, Ed. SPFD,

TREVES, *Gli istituti ed i principi fondamentali del diritto administrativo italiano,* Bologna, 1956.

UROSA MAGGI, D. «Régimen Estatutario del Funcionario Público de la Constitución de 1999», en *El Régimen jurídico de la Función Pública en Venezuela, Libro Homenaje a la Doctora Hildegard Rondón de Sansó.* Caracas, FUNEDA, 2006.

VEDEL, G. «Les bases constitutionnelles du Droit Administratif», en *Etudes et Documents du Conseil d'Etat,* núm. 8 (1954).

- «Les bases constitutionnelles du droit administratif», en *La pensé de Charles Eisenmann,* Presses Universitaires d'Áix-Marseille, Aix-en-Provence, 1986.
- *Derecho Administrativo,* trad, española, Biblioteca Jurídica Aguilar, Madrid, 1980.
- y DEVOLVE, P. (1992). *Droit Administratif,* tomo I, 12.ª ed., Paris, PUF, 1992.

VERDU, P.L. «El Derecho constitucional como Derecho administrativo (La «ideología constitucional» del profesor Eduardo García de Enterría). En REP, N° 13. Madrid, 1982.

- «Reflexiones en torno y dentro del concepto de Constitución», en *Revista de Estudios Políticos (Nueva Época),* Núm. 83. Enero-Marzo. 1994.

VILLAR PALASI, J. L., *Derecho administrativo. Introducción y teoría de las normas,* Facultad de Derecho, 1968.

- *Apuntes de Derecho Administrativo,* t. I.Madrid.

VON MOHL, R., *La science policiére selon les principes de l'Etat de droit,* Tubinguen, Laupp, 1832-1834.

WADE, *Derecho Administrativo,* Trad. al esp. de la 2da. ed. inglesa, Instituto de Estudios Políticos, Madrid, 1971.

WEIL, P. (2020). *El Derecho Administrativo.* Santiago-Chile, Ediciones Olejnik.

- y POUYAUD, D., *Le Droit Administratif,* 24ème. ed., *Que sais-je?* PUF, Paris, 2010.

CONSTITUCIÓN ADMINISTRATIVA
de JOSÉ ARAUJO-JUÁREZ,
se imprimió en la República Argentina en setiembre de 2021

www.ingramcontent.com/pod-product-compliance
Ingram Content Group UK Ltd.
Pitfield, Milton Keynes, MK11 3LW, UK
UKHW042112021026
15589UKWH00001B/343

9 789564 070025